Tomoyuki Fukuda **福田友之**

津軽海峡域の
先史文化研究

A Study of Prehistoric Cultures in the Coastal Regions of
the Tsugaru Channel, Northern Japan

六一書房

北海道産黒曜石製石器（青森市三内丸山遺跡）

北海道産黒曜石製石槍
（青森市三内丸山遺跡）

ヒスイ製首飾り（六ヶ所村上尾駮（1）遺跡）

三角形玦状耳飾り
（野辺地町向田（18）遺跡）

琥珀製玉
（青森市三内丸山（6）遺跡）

口絵 1

鬲状三足土器（外ヶ浜町今津遺跡）

舟形土製品（函館市戸井貝塚）

口絵2

序

　本州最北端にある青森県域は，西は日本海，東は太平洋という二つの海域によって挟まれ，さらに北は津軽海峡によって北海道と隔てられている。しかし，この海峡をめぐって，本県域を主とする東北地方北部と北海道南部とでは，先史時代の昔から密接な交流を行ってきた。それを具体的に示しているのが，両地域から発見される遺構・遺物である。これらの資料からうかがわれる類似性，密接な交流関係から，両地域については津軽海峡文化圏とも称されている。

　津軽海峡をめぐる人々の往来は，後期旧石器時代に遡るが，その内容が比較的よく分かるようになるのは縄文時代に入って早期以降のことである。土器文化でいえば，早期前葉の押型文土器，中葉の貝殻文土器の文化以降である。この後，前期以降には，初頭には縄文尖底土器，中葉から中期中葉にかけては円筒土器の文化が展開し，後半には東北地方南部に盛行した大木式土器の文化も北上している。そしてこの後，後期には十腰内式土器の文化，晩期には亀ヶ岡式土器の文化が展開しているが，亀ヶ岡文化は，より北の地域，より南の地域にまでも広範に展開している。この後，本州最北の地で稲作が行われる弥生時代には，北海道ではその痕跡は未だみられないものの，対岸地域からの影響をうけた恵山式土器の文化が展開している。そしてさらに古代以降，現代にいたるまで連綿と交流が行われてきている。

　この海峡をめぐる先史文化の交流については，明治期の坪井正五郎を嚆矢とする諸先学によって研究が行われ，土器文化を主とした当初の研究から，その他の遺物・遺構・動物遺体などへの研究とその裾野を広げている。

　津軽海峡は，列島の南北を結ぶ海の道であるばかりでなく，縄文文化の盛行した地域のなかでは，唯一日本海と太平洋，すなわち西と東を結ぶ海の道でもある。このような地理的条件下にある海峡域を舞台に，他地域ではみられない特色ある先史文化が展開してきた。

　このような津軽海峡域のもつ文化にひかれ，筆者はこれまで海峡の南北地域の出土品のなかからいくつかをとりあげては，その異同について種々の考察を加えてきた。本書は，この研究成果を集めた論考集である。先史時代の津軽海峡史についての概説書ではない。このため，一般の読者にとっては難解な部分が多々あるかと思われるが，本書によって津軽海峡域にかつて展開した先史文化の魅力を感じ，興味をもっていただくことができるならば，著者にとって大きな喜びである。

目　次

　序

第Ⅰ章　津軽海峡域の先史文化
　　1　津軽海峡と亀ヶ岡文化……………………………………………………………………1
　　2　津軽海峡と縄文文化………………………………………………………………………15
　　3　三内丸山遺跡と津軽海峡…………………………………………………………………25

第Ⅱ章　津軽海峡域の文化交流
　　1　津軽海峡の先史文化交流 ―青森県出土の黒曜石製石器・硬玉製品・外来系土器―…………27
　　2　亀ヶ岡文化圏の物の動き ―東北地方北部の黒曜石・ヒスイ製品を中心として―…………49
　　3　津軽海峡を巡る黒曜石の動向……………………………………………………………57
　　4　オンネアンズと糸魚川……………………………………………………………………62
　　5　ベンガラの利用と交易……………………………………………………………………65
　　6　津軽海峡を巡る交易の品々………………………………………………………………69

第Ⅲ章　津軽海峡域の装身具
　　1　ヒスイ以前の津軽海峡域 ―縄文前期以前の石製装身具を中心にして―………………………75
　　2　津軽海峡域における玦状耳飾り ―三角形玦状耳飾りを中心にして―…………………………88
　　3　津軽海峡域における先史ヒスイ文化……………………………………………………107
　　4　首飾りの色 ―本州北端・縄文晩期の例から―……………………………………………118
　　5　青森県出土の琥珀…………………………………………………………………………126
　　6　津軽海峡とサメの歯 ―本州北辺地域出土のサメの歯をめぐって―……………………………131

第Ⅳ章　津軽海峡域の貝類文化
　　1　北日本におけるベンケイガイ交易 ―津軽海峡を渡った貝輪―………………………………149
　　2　津軽海峡域と南海産貝類 ―津軽海峡域におけるイモガイ形製品をめぐって―……………170

第Ⅴ章　津軽海峡域の漁猟・祭祀
　　1　津軽海峡域における土器片錘 ―下北半島発茶沢(1)遺跡の資料をもとにして―………………187
　　2　縄文期のサケ漁具2例 ―民俗資料との比較から―………………………………………202
　　3　本州北辺地域における先史アスファルト利用…………………………………………210

4　宇鉄遺跡の石鏃装着 —津軽海峡南岸の恵山文化期の例— ………………………………… 231
　　5　津軽海峡域における動物装飾付き土器と動物形土製品 ……………………………………… 239
　　6　津軽海峡交流と弥生石偶 —青森県畑内遺跡出土の石偶をめぐって— …………………… 246
　　7　弥生の水田稲作と津軽海峡域 …………………………………………………………………… 258

第VI章　津軽海峡域の特殊な遺物

　　1　ロシア連邦国立極東博物館所蔵の大型磨製石斧 ……………………………………………… 261
　　2　津軽半島今津遺跡の鬲状三足土器 —「江南文化和古代的日本」に関連して— ………… 267
　　3　津軽海峡と青玉象嵌 ……………………………………………………………………………… 272

付　章

　　1　津軽海峡と亀ヶ岡文化 …………………………………………………………………………… 279
　　2　津軽海峡を巡る黒曜石の動向 …………………………………………………………………… 281
　　3　ベンガラの利用と交易 …………………………………………………………………………… 283
　　4　津軽海峡域における玦状耳飾り ………………………………………………………………… 285
　　5　津軽海峡域における先史ヒスイ文化 …………………………………………………………… 288
　　6　青森県出土の琥珀 ………………………………………………………………………………… 293
　　7　津軽海峡とサメの歯 ……………………………………………………………………………… 295
　　8　北日本におけるベンケイガイ交易 ……………………………………………………………… 296
　　9　津軽海峡域と南海産貝類 ………………………………………………………………………… 298
　　10　津軽海峡域における土器片錘 ………………………………………………………………… 301
　　11　本州北辺地域における先史アスファルト利用 ……………………………………………… 303
　　12　津軽海峡交流と弥生石偶 ……………………………………………………………………… 306
　　13　ロシア連邦国立極東博物館所蔵の大型磨製石斧 …………………………………………… 307
　　14　津軽半島今津遺跡の鬲状三足土器 …………………………………………………………… 310

引用文献

写真所蔵・提供者等一覧

あとがき

初出一覧

第Ⅰ章　津軽海峡域の先史文化

1　津軽海峡と亀ヶ岡文化

津軽海峡を渡った先史文化

　本州と北海道を隔てている津軽海峡（写真1）の渡海には比較的造船技術の進歩していた江戸時代においてすら，難潮のため非常な苦労を重ねたようであり，その様子がいくつかの古い文献に書かれている（島谷1944）。また，この海峡は生物分布上，ひとつの境界線であるブラッキストンラインとしても有名である。

　この海峡を先史時代の人々が頻繁に渡っていたということはなかなか理解し難いことであるが，考古学的遺物のうえから，そのあとをたどることができる。

　最近の地質学，考古学の成果によれば，津軽海峡が成立したのは第4氷期主ウルム第3亜氷期で，今からおよそ17,000年前頃といわれ，海峡を渡った最初の人は，およそ14,000年前頃，細石器を使用していた後期旧石器時代人であった可能性が指摘されている。しかしながら，その渡海が海上交通か結氷期の氷橋によるものかあきらかではない（湊・井尻1966）。可能性としては，むしろ，後続する中石器時代人の方が，より強いこともまた指摘されている。彼らは丸木舟製作などの木材加工に適した局部磨製石斧をひろくもつようになっていたことが，その大きな理由である（芹沢1965ほか）。

　その後，縄文時代になると，人は比較的頻繁に海峡を渡ったようであり，北海道（とくに南部）と東北地方（とくに北部）では，極めて類似した遺物が検出されている。この点を具体的な資料をもとに最初に指摘したのは坪井正五郎で，明治28年のことである（坪井1895）。その後，今日に至るまで，両地域では発掘調査が進み，ぼう大な量の資料が蓄積されてきている。そして，幾人かの研究者が両地域の先史文化の交流について既に述べている（江坂1961，千代1972，橘1974ほか）。今，これらの資料および業績により，縄文時代およびそれ以降の時期における両地域の文化交流について，土器の面から，おおまかであるがたどっていこう。

　縄文時代早期前半の土器様相は，東北地方北部および北海道において不明な点が多いが，後半の時期では，関東，東北地方（とくに表日本側）に密に分布する貝殻・沈線文土器が道南地方に多くみられる。縄文時代前期においては，関東・東北地方に濃く分布するループ文，コンパス文の土器が，その初頭に道南地方に分布しており，それ以降においては，東北地方北部に盛行した円筒土器下層式土器が道南地方にみられる。縄文時代中期では，東北地方（主に北部）に濃密に分

写真1　福島港沖より松前半島をのぞむ

布するの円筒土器上層式土器が道南地方は勿論，道央部にまで広がっており，更に東北地方南部に盛行した大木式土器に類した土器も道南地方に密にみられる。縄文時代後期では，本州地方に広くみられる前半の沈線文土器，中頃の磨消縄文，入組文土器，後半の貼瘤文土器が北海道にも広範に分布している。縄文時代晩期には，東北地方に盛行した亀ヶ岡式土器が北海道（とくに道南地方）に密に分布する。縄文時代に後続する続縄文時代においては，逆に，北海道で盛行した恵山式土器が津軽，下北両地方に分布し，更に後続する後北式土器，北大式土器も東北地方南部にまで南下する。しかし，型式的に連続するわけではない。また，わが国の律令国家の展開に密接な関連をもつと思われる一群の土師器が北海道にも分布し，逆に北海道に広く分布する擦文土器が東北地方北部にもみられる。

　北海道と東北地方の両地域に共通する土器について，年代順にそのあらましを述べたが，各土器に伴う遺物，遺構等についても類似している場合が多く，縄文時代およびそれ以降の時代を通じて，両地域間において密に文化交流が行われ，大筋としては共通した文化基盤にたっていたことが窺われる。しかしながら，北海道南部と東方地方北部の先史文化を細かく時期，地域を区切って，比較・検討すれば，土器を含めたその文化内容には差違もまた指摘できるように思われる。時の経過とともに津軽海峡をめぐる文化交流の内容はたえず流動的であったといえるのであり，海峡の存在そのものを考えざるをえない場合も多い。

　小稿では，縄文時代のなかで晩期に位置づけられる亀ヶ岡文化にスポットをあて，北海道南部

および東北地方北部の文化内容の比較・検討を行い，両地域の文化交流について考えてみたい。

亀ヶ岡文化

　本州の北の果て，青森県の津軽半島に亀ヶ岡遺跡がある（西津軽郡木造町（現つがる市））。この遺跡から出土する土器（「奇代之瀬戸物」）は，そのつくり，形態，文様がすぐれている点からか，江戸時代以来，多くの好事家の賞翫の対象とされていたが，明治時代に入って，中央の学者の注目するところとなり，数度に亘る発掘調査が行われた。この一連の調査の結果，亀ヶ岡遺跡の文化内容が次第に明らかにされてきたが，大正から昭和にかけて亀ヶ岡遺跡とほぼ同年代の八戸市是川遺跡の発掘調査が行われ，多量の植物性遺物が発見され，その文化内容の豊かさが指摘されることとなり，あらためて学界の注目するところとなった。

　これら両遺跡出土の土器は後に亀ヶ岡式土器と呼びならわされるが，これらの土器が果して他の土器といかなる年代上の関連をもち，また，それ自体どの様に推移したものか等の問題が明らかにされるようになったのは大正から昭和の初めにかけて，山内清男を中心として進められた縄文土器の全国的編年作業によってであった。昭和5年の「所謂亀ヶ岡式土器の分布と縄紋式土器の終末」（山内1930），昭和12年の「縄紋土器型式の細別と大別」（山内1937）は，その意味で記念碑的な意味をもつものである。この結果，亀ヶ岡式土器は大洞諸型式（大洞B，B―C，C_1，C_2，A，A′式の6型式―岩手県大船渡市大洞貝塚を標式遺跡とする）に型式分類され，それぞれ年代順に継起するものであり，縄文時代全体のなかで，最終末期の「晩期」に位置づけられるものであるとされた。また，亀ヶ岡式土器の年代を考える場合，これとほぼ平行して，雑誌『ミネルヴァ』を舞台に展開された石器（縄文）時代の終末期をめぐる論争があったことも想い起こす必要がある。亀ヶ岡式土器の型式編年によって，西日本と東日本においては，石器時代はほとんど大差なく終結したとする山内清男理論が，東北地方等の僻地では石器時代は鎌倉時代あるいはそれ以降まで存続したとする喜田貞吉博士の常識的考え方を見事に論破した論争であり，"ミネルヴァの論争"として名高い。

　亀ヶ岡式土器の基礎的研究の推移は以上の通りであるが，その後今日まで，発掘調査の増加とともに，その文化内容がより深められてきている。これから，そのあらましについて述べたい。

　亀ヶ岡式土器は山内氏の6型式分類が今も基本的にはいきている[1]。大洞B式（第1図1～5）では三叉文，B―C式（第1図6）では羊歯状文，C_1式（第1図7～9）では曲線的雲形文，磨消縄文，C_2式（第1図10～12）ではC_1式の文様の直線化，A式（第1図13～16）では工字文，A′式（第1図17・18）では流動的な工字文が各型式の特徴として把握されているが，前半型式の編年には疑問が提出されている。昭和35年，芹沢長介は岩手県金田一村（現二戸市）雨滝遺跡の発掘調査所見により，大洞B，B―C式は同一型式であり，二者の文様は別形態の土器に施された文様であるとし，別に雨滝式を提唱している（芹沢1960）が，いまだに決着がついていない。亀ヶ岡式土器には精製，粗製の区分[2]があり，器種には，土器型式の違い等により，組合わせ等が異なるが，基本的には鉢形，甕形，壺形，皿形，注口，香炉形等があり，片口，脚，台を有するもの

4　第Ⅰ章　津軽海峡域の先史文化

第1図　亀ヶ岡文化期の遺物（1）（縮尺不同）
1・15・21〜31. 是川遺跡　2〜5. 高野遺跡　6. 蒔前台遺跡　7. 細野遺跡　8. 麻生遺跡　9・11・14・16・19. 札苅遺跡　10・12・13・18. 亀ヶ岡遺跡　17. 砂沢遺跡　20. 大浦貝塚

がある。また，小型のいわゆる袖珍(しゅうちん)土器もみられる。とくに，亀ヶ岡式土器の特色として，赤色顔料や漆を塗った土器が多いのが注意される。亀ヶ岡式土器の用途としては，煮沸，貯蔵，祭祀，埋葬用のほかに，製塩（近藤1962）に用いられた例がしられている。

亀ヶ岡式土器の分布は，今のところ，北は北海道の稚内市から釧路市，西，南は近畿地方の滋賀県大津市，和歌山県川辺町（現日高川町）まで広範囲に分布しているが，東北地方を中心として盛行したものであることには間違いがない。かつて，その発生は関東地方であると考えられたことがあったが（大場1931・1932），現在では東北地方において発生したものであると考えられている（芹沢1960，矢羽(あもう)1965）。北海道，関東，北陸，中部，東海，近畿地方に分布する亀ヶ岡式土器は，主として，各地方の土着の土器に客体的に混在するものである。

亀ヶ岡式土器に伴う諸遺物により，亀ヶ岡文化の内容についてみよう。

石器・石製品（第2図）―石鏃(せきぞく)（1・2），尖頭器(せんとうき)（3・4），異形石器，石匙(せきひ)（5・6），削器(さっき)（7・8），石錐(せきすい)（9・10），石篦(いしべら)（12・13），石斧（14・16），棒状打製石器，石鋸，石皿（25），磨石(すりいし)（17），敲石(たたきいし)（19），くぼみ石（20），円盤状石製品（21），砥石（26），浮石，石錘（22），石偶（11），岩偶，岩版(がんばん)（19），独鈷石(どっこいし)（18），青竜刀形石器(せいりゅうとう)，異形石製品，石刀（15），石棒，ボタン状石製品（24），飾玉(かざりだま)類（ヒスイ等）（23）等。

土製品（第2図）―土錘（27），円盤状土製品（28），三脚状土製品，糸巻形土製品，匙形土製品，鈴形土製品，土偶（34・35），土版（29），土面，動物類を模した土製品，腕輪・耳飾・玉等の土製装飾品等。

骨角器・骨角牙製品（第2図）―骨鏃，尖頭器，燕尾形銛頭(えんびがたもりがしら)，銛(30)，ヤス，弭形角製品(やはずがたつの)，矢筈形角器(やはずがたつのき)，根挟み(ねばさみ)，釣針（31～33），網針(あばり)，骨針，骨斧，骨ヒ(こつひ)，骨篦，骨角牙製各種装飾品，骨角穿孔製品(せんこう)，棒状角製品(つの)，管状骨製品(くだ)等。

貝製品―貝輪等。

植物性製品（第1図）―木器・木製品〔高坏(たかつき)（22），鉢，椀（23），弓（31），篦状木製品（29），異形棒状，握り付棒状品，槍？，棒状品，杵(くい)状品，飾り太刀(たちょう)様木製品（30），櫛（25），腕輪（26），耳飾（27・28）等〕，藍胎漆器(らんたい)（21），籠（24），樹皮製容器，蔓(つる)製品，編布，敷物？等。

ガラス製品―ガラス玉

亀ヶ岡文化にみられる遺物の内容は，共伴する土器型式，遺跡の性格などにより，組み合わせは異なるが，ほぼ上の様になろう。このなかで，とくに亀ヶ岡文化を特徴づけるものとして，石製品では岩版，石刀，飾玉（ヒスイ等）類，土製品では土偶（遮光器土偶等），土版があげられよう。また，多様な植物性遺物も特徴的なものである。赤色顔料，漆，アスファルト等をさかんに使用していることも注意される。この様な亀ヶ岡文化人の技術的背景として，木器製作には，鉄器を使用した可能性を考える研究者（三田史学会1959ほか）もいる

これら亀ヶ岡文化期の諸遺物にみられる諸技術の水準は，縄文時代の最終末期にあって，縄文文化数千年間の技術の粋を集め，最高水準に達したものであると考えられるが，その社会的背景として，特殊技術者集団（清水1966）（たとえば土器作りの）の存在を考えたり，サケ・マスの常食

6   第Ⅰ章　津軽海峡域の先史文化

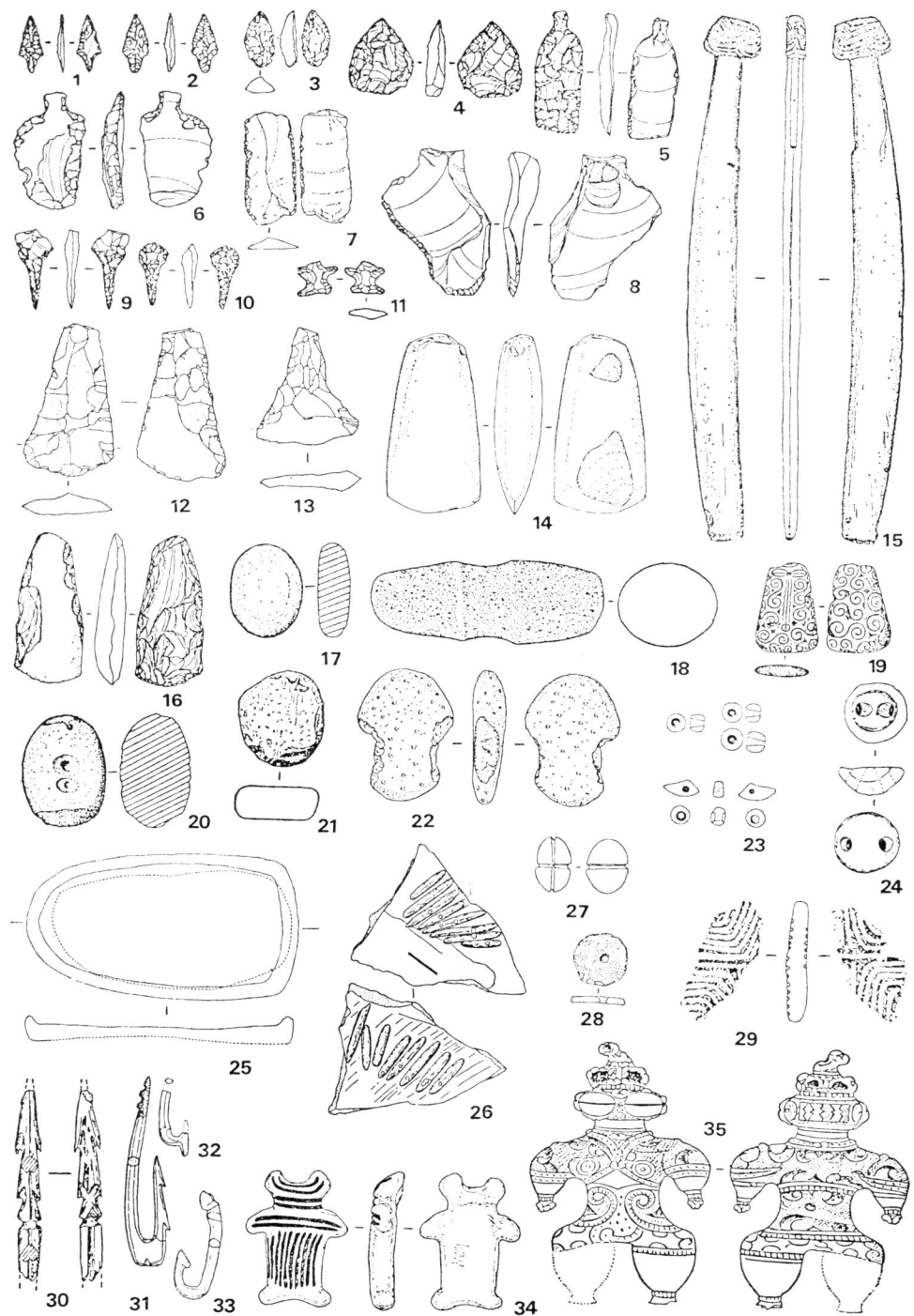

第2図　亀ヶ岡文化期の遺物 (2)（縮尺不同）

1・2・4～6・8～10・14・16・22. 高野遺跡　3・7・12・13・15・23・24・28・34. 札苅遺跡　11. 八森遺跡　17・20・25・26・29～31. 亀ヶ岡遺跡　18・21. 大森勝山遺跡　19. 麻生上野山遺跡　27. 是川遺跡　32・33. 大浦貝塚　35. 古懸程ノ森遺跡

化（芹沢 1960 ほか）を考えたり，あるいは既に農耕が行われていた（江坂 1967a）ためというように様々な解釈がなされている。事実，稲の花粉が検出されたという報告（藤・四柳 1970）もある。しかしながら，遺物の面についてみる限り，農耕を裏づけるものはない。また，サケ・マス論についても，実証することはむづかしい。亀ヶ岡文化にみられる食料獲得，調理に使用したと思われる諸利器は，基本的には縄文時代後期の延長線上にあると考えられる。亀ヶ岡文化の社会的背景を考える場合，注意しておく必要があるのは，亀ヶ岡文化を特徴づける諸遺物，あるいは諸技術が食料獲得等の目的をもった利器に対して行使される以上に，むしろ，祭祀的，呪術的な用途をもつと考えられる遺物に対して，より行使されている点である。狩猟・漁撈・採集の自然経済を基軸としながら，それに関する祭祀体系が高度に発達したのが亀ヶ岡文化であって，清水潤三の説く特殊技術者集団もこの祭祀体系にくみいれられていたと解することができようか。

ところで，前に農耕とか鉄器使用等について触れたが，これはいずれも弥生文化を特色づける要素である。亀ヶ岡文化期の最終末期の大洞 A′ 式の時期には，近年，モミ痕（佐藤 1969）が検出されたり，ガラス玉（青森県教委 1974b）等の縄文離れした遺物が検出されてきている。北進する弥生文化との接触を示すものであろう。とすれば，山内以来，縄文時代最末期に位置づけられてきた大洞 A′ 式は，むしろ，弥生文化（続縄文文化）により近い位置におかれるべきではないだろうか。この意味で，大洞 A′ 式の所属時期については再検討を要する。

津軽海峡に面した地域の亀ヶ岡文化（第 3 図）

津軽海峡に面した北海道南部における亀ヶ岡式土器は昭和 7 年，甲野勇によって報告（甲野 1932）されて以来，積み重ねられてきている。とくに近年は開発に伴う緊急調査がなされ，亀ヶ岡文化期の資料が増加してきている。そして，これらの資料によって，北海道における亀ヶ岡式土器の総括的な研究（野村 1975）も発表されている。

これから，これらの資料によって，道南地方と東北地方北部の亀ヶ岡文化について述べ，その異同を明らかにしたい。

まず，両地域における亀ヶ岡文化期の遺跡を型式順に述べていこう。

大洞 B 式―北海道では従来，該型式の資料が不明であったが，近年，松前町高野（たかの）遺跡で良好な資料が出土している。北海道に広く分布する上ノ国（かみのくに）式土器に伴って出土している。道南の日本海沿岸に上ノ国式が顕著である。大洞 B 式は東北地方北部では，青森県の亀ヶ岡，森田村（現つがる市）石神 II 号，弘前市大森勝山，大間町ドウマンチャ貝塚，是川，三戸（さんのへ）町泉山ほかの遺跡で出土している。

大洞 B—C 式―北海道側の資料が不明である。東北地方北部では，青森県の亀ヶ岡，岩木山麓，平内町槻の木，ドウマンチャ貝塚，東通村札地（ふだち）貝塚，是川，泉山ほかの遺跡で出土している。

大洞 C_1 式―北海道では道央部まで分布するが，渡島半島では，上ノ国町竹内屋敷，松前町大津，知内（しりうち）町サンナシ，木古内町札苅（さつかり），函館市西桔梗 E_1，南茅部（みなみかやべ）町（現函館市）大船の諸遺跡で出土しており，東北地方北部では，青森県の亀ヶ岡，岩木山麓，槻の木，札地貝塚，是川ほかの遺

8   第Ⅰ章　津軽海峡域の先史文化

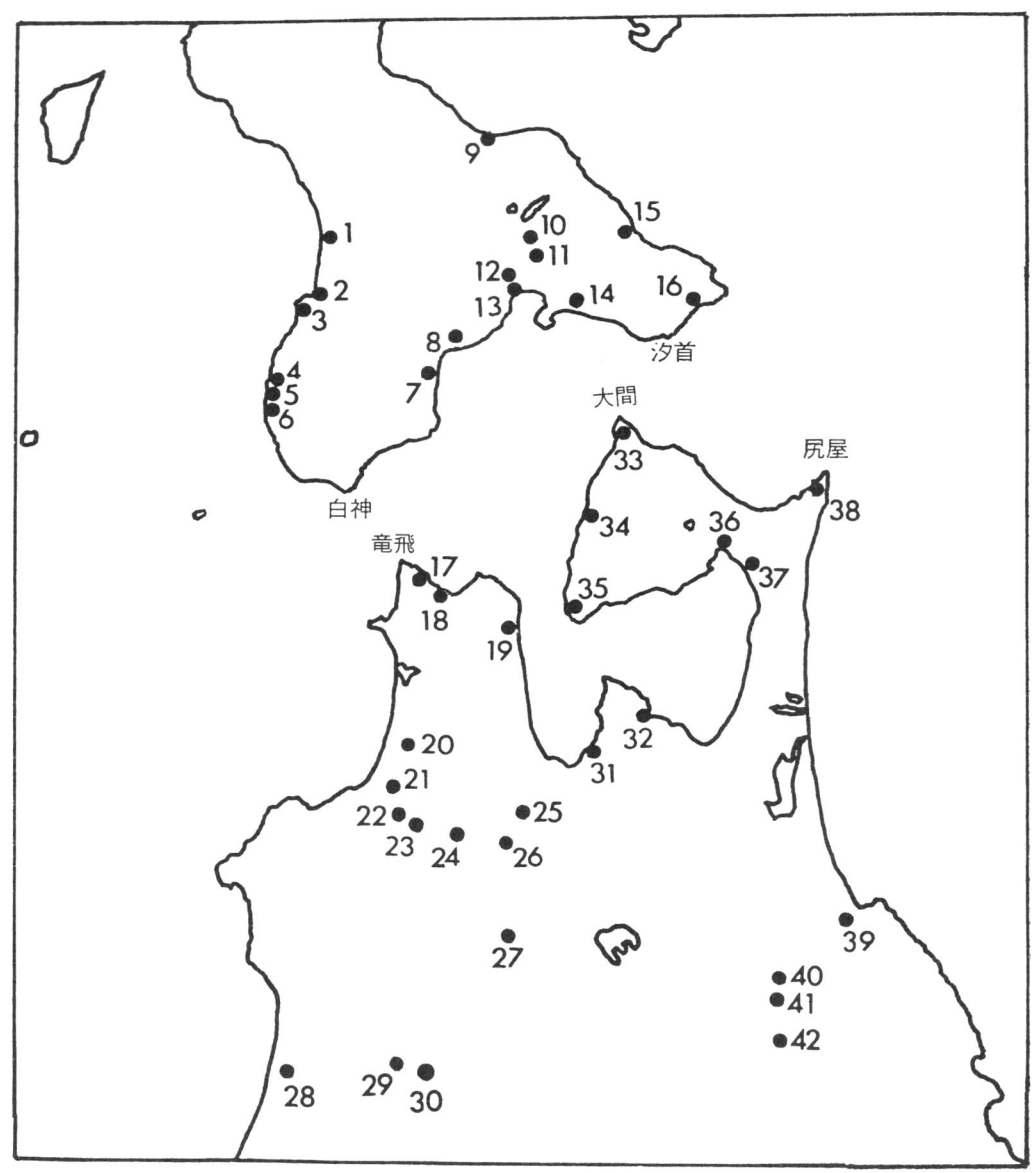

第3図　亀ヶ岡文化期の遺跡

1. 元和 2. 竹内屋敷 3. 四十九里A 4. 大津 5. 高野 6. 小浜 7. サンナシ 8. 札苅 9. 市渡 10. 聖山 11. 西桔梗E₁ 12. 久根別 13. 添山 14. 女名沢 15. 大船 16. 日ノ浜 17. 宇鉄 18. 浜名 19. 今津 20. 亀ヶ岡 21. 石神Ⅱ号 22. 大森勝山 23. 砂沢 24. 土井Ⅰ号 25. 細野 26. 八幡崎 27. 程ノ森 28. 柏子所 29. 麻生 30. 藤株 31. 大浦 32. 槻の木 33. ドウマンチャ 34. 福浦Ⅱ号 35. 九艘泊 36. 八森 37. 江豚沢 38. 札地 39. 是川 40. 泉山 41. 雨滝 42. 蒔前台

跡で出土している。

大洞C_2式—北海道では西南部に分布しており，渡島半島では，乙部町元和，サンナシ，札苅，上磯町（北斗市）久根別，同添山，西桔梗E_1，函館市女名沢，尻岸内町（現函館市）日ノ浜，大船，森町市渡等の遺跡で出土している。東北地方北部では，青森県の三厩村（現外ヶ浜町）宇鉄，平舘村（現外ヶ浜町）今津，青森市大浦貝塚，亀ヶ岡，岩木山麓，板柳町土井I号，佐井村福浦II号，脇野沢村（現むつ市）九艘泊岩陰，是川ほかの遺跡で出土している。

大洞A式—北海道では，従来日ノ浜式と呼称されていたものであり，道北・道東部にまで広く分布している。渡島半島では，上ノ国町四十九里A，札苅，久根別，添山，七飯町聖山，女名沢，日ノ浜，大船の諸遺跡で出土している。東北地方北部では，青森県の今別町浜名，亀ヶ岡，岩木山麓，土井I号，是川ほかの遺跡で出土している。

大洞A′式—北海道では実体が不明である。東北地方北部では，津軽地方の砂沢式，下北半島の江豚沢式と呼称されている土器が該当し，浜名，岩木山麓ほかの諸遺跡で出土している。

また，北海道の上ノ国式土器（第1図の19）に類似する資料がドウマンチャ貝塚，亀ヶ岡遺跡等で出土している点も注意される。

両地域にみられる亀ヶ岡文化期の遺跡はあらましこの様になるが，次に，これらの遺跡がどの様な文化内容をもっていたのか検討したい。

この地域の亀ヶ岡文化期の遺跡のなかで，とくに，その文化内容を理解するうえで重要と思われる6遺跡を選択し，説明を加えよう。

高野遺跡（松前町）（峰山編1974）—標高22mほどの海岸段丘上に位置。遺物包含地，配石遺構。大洞B式土器（上ノ国式土器と共伴して出土）。石鏃，尖頭器，石匙，削器，石錐，石斧，礫器，石鋸，砥石，打製円盤，敲石，石錘，土偶？，土版，土錘，各種土製品が出土。

札苅遺跡（木古内町）（野村編1974，北海道開拓記念館1976）—標高6〜12mほどの海岸段丘上に位置。集落跡，墳墓跡。大洞C_1〜A式土器（上ノ国式土器も出土）。石鏃（アスファルト付着），尖頭器，石匙，削器，石錐，石篦，石斧，石皿，くぼみ石，砥石，石錘，石刀，石棒，ボタン状石製品，飾玉（ヒスイ等）類，弓形石，土偶，土版，土製垂飾品，糸巻形土製品，三脚状土製品，円盤状土製品，サメの歯等が出土。大洞C_1とC_2式（A式）期の円形の竪穴住居跡（2軒），集石跡，焼土，大洞C_2〜A式の土壙墓60基。

ドウマンチャ貝塚（大間町）（江坂ほか1967）—標高20mほどの海岸段丘上に位置。貝塚。大洞B〜A式土器（北海道に盛行する上ノ国式土器に類する土器が出土）。石鏃，尖頭器，石匙，削器，石篦，石斧，敲石，石錘，石棒，土製垂飾品，骨針，骨斧，骨匕，骨角製装飾品，貝輪等が出土。人骨。浅海岩礁性のタマキビ，クボガイ，エゾボラ等の貝類。ウニ類。マダイ，メバル，スズキ，ブリ等の魚類。鳥類。猪，鹿。鯨・トド等の海獣等。

今津遺跡（平舘村（現外ヶ浜町））（橘・工藤1974）—標高9〜10mほどの海岸段丘上に位置。遺物包含地。大洞C_2式土器。製塩土器。石鏃，尖頭器，石匙，削器，石錐，石篦，石斧，石刀，石棒，円盤状土製品等が出土。

大森勝山遺跡（弘前市）（村越ほか 1968）——岩木山麓の独立丘陵上（標高およそ 130 m）に位置。集落跡，環状列石。大洞 B～C₁ 式土器。石鏃，尖頭器，異形石器，石匙，削器，石錐，石篦，石斧，石皿，磨石，敲石，くぼみ石，円盤状石製品，浮石？，岩版，独鈷石（どっこいし），石刀，石棒，飾玉，土偶等が出土。大洞 B 式期の不整楕円形の大竪穴住居跡 1 軒，ピット 3 基，長径およそ 48 m，短径およそ 42 m の不整楕円形状の環状列石（晩期前半）。

　是川遺跡（八戸市）（杉山 1930，清水 1966，保坂 1972）——新井田川（にいだ）河岸に位置。遺物包含地，集落跡？。大洞 B～A′式土器（主体は B～C₂ 式）。石鏃，尖頭器，異形石器，石匙，削器，石錐，石篦，石斧，石皿，磨石，敲石，くぼみ石，砥石，浮石，岩偶，岩版，独鈷石，青竜刀形石器，石刀，石棒，飾玉（ヒスイ等）類，土錘，土偶，土版，土製腕輪・耳飾等，骨角製尖頭器，高坏（たかつき），鉢，椀，弓，箆状木製品，飾り太刀様木製品，櫛，腕輪，耳飾，籃胎漆器，籠，樹皮製容器，蔓製品等，貝殻，鹿角，トチ，アスファルト等が出土。

　これらの遺跡により，両地域の亀ヶ岡文化について述べよう。高野遺跡は，祭祀，呪術的な意味をもっていたと思われる遺物は少なく，石鏃，石匙，石錐，石斧，敲石等の日常用いる利器が大多数を占める例であるが，同じ状況を示す例は青森県の石神 II 号でもみられる。しかし，高野ほどの多数の石錘の出土例はない。札苅遺跡にみられる墳墓群は，今のところ，道南では，日ノ浜遺跡が考えられる。札苅遺跡では，埋葬用として精製土器を製作したことが考えられる。ドウマンチャ貝塚では，亀ヶ岡文化に特徴的にみられる祭祀等に関したと思われる遺物は勿論，精製土器も出土していない。また，利器も極めて限定されたものであり，漁業に専従した共同体の可能性が指摘されている（江坂ほか 1967）。九艘泊岩陰，福浦 II 号遺跡等，下北半島の亀ヶ岡文化期の遺跡に共通する事例である。今津遺跡においては製塩土器が確認されている。大浦貝塚（北林 1972，第 1 図の 20），むつ市八森遺跡等（橘・工藤 1974）でも確認されており，いずれも陸奥湾沿岸に限定されている。同様に，精製土器等の出土は少ない。大森勝山遺跡は環状列石の遺跡であるが，今のところ，この地方では他に例がない。しかしながら，亀ヶ岡文化のひとつの祭祀形態を反映している遺構と考えられる。是川遺跡では赤色顔料，丹漆等を塗った土器，精製土器が多量に出土しており，多様な植物性遺物も遺存している。この様な土器の出土状況は，津軽地方の岩木川流域にある亀ヶ岡遺跡，土井 I 号遺跡，平川流域にある尾上町（現平川市）八幡崎遺跡などの河川流域に位置している遺跡に多くみられる。祭祀的行為と結びつけて考えられるべきであろう。

　亀ヶ岡文化期の各種の遺物について述べてきた。そして，祭祀的な色合が濃いことも指摘してきたが，各種の遺跡に共通する点は，遺跡が位置する地理的環境，遺跡の性格，時期が異なることはあれ，遺物の面では，基本的に縄文文化の伝統的利器である石器類を保持していることに注意しておきたい。

　両地域の文化内容の比較を行うには，石器，土器等の諸遺物の組み合わせ，遺物と遺構との関係等に視点をすえるべきであるが，そういったデータが不足しているので，遺物の文様，形態的な面から行わざるをえないが，土器の面については，道南の大洞 B 式には，東北地方にみられ

る玉抱き三叉文が欠如している。道南にみられる大洞B，C₁，C₂，A の各型式は，東北地方の同型式にみられるモチーフと極めて類似しているものがある（宇鉄遺跡出土例と札苅遺跡出土例は酷似している）。しかし，道南におけるこれらの型式の土器には，北海道に盛行する土器群と混在して出土する場合が多い。他の遺物面では，刃関（はまち）を有する内反（うちぞり）の石刀，中央部に一段高い長方形の台を作出した石皿，ボタン状石製品，飾玉（ヒスイ等）類，土偶，円盤状土製品，更にアスファルト使用等共通する面があるが，道南部にみられる亀ヶ岡文化の遺物相は東北地方北部の内陸の河川流域の祭祀関係の遺跡にみられる遺物相に比して，ヴァラエティに乏しく，また量も少ないものである。それは，北海道に対してのみならず，津軽・南部地方と下北半島との関係についても傾向として言えそうである。

まとめ

津軽海峡沿岸地域の亀ヶ岡文化について，大雑把ではあるが述べてきた。そして，東北地方北部と北海道南部との異同についても触れてきた。しかしながら，両地域の文化交流を考える前に，次の問題点があることに注意すべきである。ひとつは，両地域における類似する性格の遺跡が出揃っていないという点であり，もうひとつは，両地域を対比する形でとりあげられる文化交流の問題の前に，亀ヶ岡文化内部における地域的な研究がたち遅れている点の2点である。このため，北海道南部と東北地方北部それぞれの地域性を明らかにすることができない。しかしながら，両地域間の文化交流について，今までみてきた資料により次の様に説明されようか。

亀ヶ岡式土器が東北地方で誕生し，周囲へ分布を拡大したものとすれば，北進する亀ヶ岡式土器は必然的に津軽海峡に直面する。海峡を越えた最初の亀ヶ岡文化人（大洞B式人）は，その一歩を松前半島にしるして以後，次第に分布範囲を広げ，大洞A式期には，北海道東部，北海道北部地方の海岸部にまで亀ヶ岡式土器が分布するようになる。また，この北上する亀ヶ岡式土器とは逆に，亀ヶ岡文化期前半には，北海道に盛行する上ノ国式土器が津軽，下北両半島に南下してきている。

北海道の大洞B式土器のありかたは東北地方北部とは異なり，客体的であり，遺物面においても，岩版等の祭祀的な遺物を欠いているが，これが大洞C₁，C₂，A式と型式を重ねるにつれ，北海道南部では亀ヶ岡式土器が主体を占めるようになり，土着の土器が客体的なり，共伴する遺物面においても，東北地方北部にみられる遺物が顕著になってくる。このことは，亀ヶ岡文化人にとって，津軽海峡が直接，文化交流の障害とならなかったことを意味するわけであるが，それでは，全く同質にならなかったという逆の現象の説明を行う必要がある。札苅遺跡では墓壙中よりサメの歯が出土しているが，これは縄文時代後期末葉の静内町（しずない）（現新ひだか町）御殿山遺跡からも出土している。とすれば，北海道の埋葬様式の伝統と考えられる。

海上交通によって文化の交流は行われても，陸上交通に比してはるかに交通頻度が高くなりえない海にかこまれた北海道には，その地域に育まれた伝統がある。亀ヶ岡文化期の北海道南部と東北地方北部の文化交流について考える際に注意しなければならない点と思われる。また，亀ヶ

岡文化期には，津軽半島，下北半島，渡島半島において，北海道に盛行する土器と東北地方に盛行する土器を併せもつ遺跡がある。これらの地域は，両地域の事情に通じていた人間集団のいた地域と考えられるが，文化交流の中継者としての意味をもっていたと考えられる。これらの人間集団には，対岸から移住して来た人も含まれていたのであろう。因みに縄文時代後期前葉の松町半島には津軽地方よりカメ棺葬を保持していた人間集団が移住していたのはほぼ確実である。これらの地域は亀ヶ岡文化期の各時期にあって，北から南からの文化を摂取しながら，ときにはより強い文化に色濃く染められるのであろう。ただ，この文化の交流が，ヒスイとかアスファルトの原材入手，食料の獲得等を目的としたものか，あるいは別の目的・事情によるものか，その主体者はどの様な人間集団であったのか等の文化交流のあり方が不明であり，今後，追求される必要がある。

最後に亀ヶ岡文化人の渡海の問題について述べたい。

津軽海峡に臨む地域から縄文時代の舟が出土した確実な例はないが，縄文時代の遺跡から出土する舟はすべて丸木舟である。亀ヶ岡文化人もおそらく丸木舟によって渡峡したものと思われる。この亀ヶ岡文化人の丸木舟像を描くのに参考と思われる丸木舟の資料を第4図にまとめておいた。

A．千葉市検見川出土例（須藤編 1968）（第4図の1・2）—縄文時代後期。カヤ材。全長 5.87 m，幅 0.48 m，深さ 0.44 m。平面は鰹節形。断面は半円形。櫂有り。

B．苫小牧市沼の端勇払川河岸出土例（苫小牧市立図書館・苫小牧市教委 1966）—寛文 7（1667）年以前。昭和 41 年発掘された 5 艘の内の 2 例。（3 号艇—第 4 図の 3）—カツラ材。全長 7.40 m，幅 0.73 m，深さ 0.35 m。3.72 m 長の棹 1 本有り。（4 号艇—第 4 図の 4）—ヤチダモ材。全長 7.66 m，幅 0.72 m，深さ 0.27 m。イタオマチップ。

C．津軽藩江戸屋敷勤仕侍，比良野貞彦が実見した例（比良野 1788）（第 4 図 5・6）—天明 8（1788）年頃，おそらく津軽地方沿岸で使用されていたと思われる 2 例。1 例（第 4 図 5）は全長 3 間，幅 2 尺，深さ 1 尺 6，7 寸。

D．つい最近まで青森県上北郡六ヶ所村泊で使用していた例（青森県立郷土館 1975b）（第 4 図 7）—全長 4.50 m，幅 0.75 m，深さ 0.42 m。丸木舟を基礎とし，これに別材で両舷，舳，艫を付した準構造船。岩礁地帯のコンブ，アワビ漁に使用。車櫂。

われわれ現代人にはともすれば，津軽海峡を丸木舟で渡り切ることを冒険視する面があるが，前述した C および D 例に類似した形態と思われる丸木舟によって，江戸時代に実際に，津軽海峡を渡った例が記録に残されている（笹沢 1953）。いずれも函館から 1 人〜2 人で下北半島の大畑付近に到着している。

また，昭和 45 年から 46 年まで計 4 回にわたって北大探検部によって行なわれたドラムかんのイカダ（キナンボ号）による津軽海峡漂流実験の結果，4 度目に津軽半島の権現崎より松前半島の矢越岬に無事到着している。

この漂流実験の成功は，われわれに，人間の技術と意思が加わった丸木舟による海峡渡海が決して無理なものでないことを如実に示している。

1 津軽海峡と亀ヶ岡文化　13

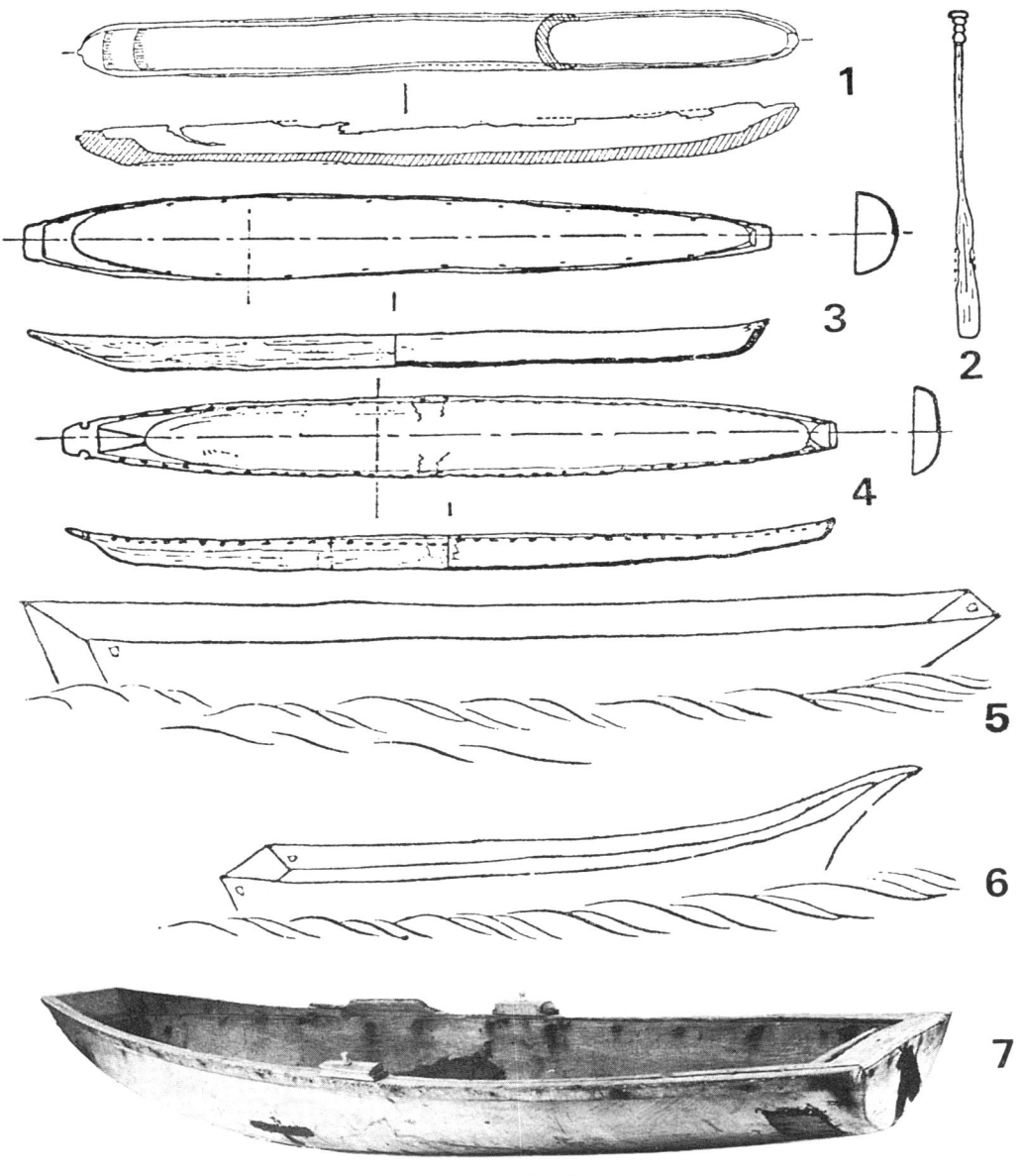

第4図　丸木舟
1・2. 検見川　3・4. 勇払川岸　5・6. 津軽　7. 泊

　ところで，下北半島の大間埼に立つと，海峡のむこうに汐首岬，左手には函館山を極めて間近に眺めることができる。因みに，大間埼—汐首岬間はおよそ 18.8 km，大間埼—大鼻岬（函館山）間は 27.7 km，竜飛埼—白神崎間は 19.4 km である。この狭い海峡では，日本海沖を北流して来た対馬暖流が，津軽海峡西口でわかれ，大きな潮流となって東へ流れており，その速度は，竜飛埼沖で，1〜5.5 ノット，大間埼沖では 1.25〜7 ノットである[3]。位置，季節，干満等により，流速および，流れの方向に幅がある。おそらくは，亀ヶ岡文化人は，海洋漁撈を通じ，父から子

へ，海峡の潮流の速度，方向，天候，風向等のよみかた，船の操作技術を体験的に身に付けさせていたものであろう。渡峡の基本的コースは，津軽半島―松前半島，下北半島―亀田半島の二つのコースが考えられる。津軽半島から松前半島へ渡る場合には，左手沖合の小島，下北半島より函館湾，亀田半島へ渡る際には，函館山をひとつの目印としたであろうし，松前半島から津軽半島へ，函館湾から下北半島へ渡る場合には，竜飛埼，大間埼，弁天島，そして背後の山々が目印となったのであろうか。潮流が東流していることを考え，亀ヶ岡文化人は舟を沖に出す際には，潮流を遡る形で（西へ）海峡中央部まで漕ぎ進み，その後は，潮流を斜め後方からうけとめながら目的地へ達したものであろうか。これが，どの程度の人数でなされたかは不明であるが，漁撈目的もあったと思われるのであり，2人以上と考えられよう。

（付記）
　津軽海峡（最浅部は約120～140m）の成立年代については，その後，第4氷期主ウルム第3亜氷期の頃の海水面降下が最大で約120mとみられるようになったことから，海峡はそれ以前に既に成立していたと考えられるようになってきている。

　また，亀ヶ岡式土器の分布については，この後，より範囲を広げ，西日本の福岡市雀居遺跡や高知県土佐市居徳遺跡などからも出土している。

　また，本文に掲載した松前町高野遺跡の石匙図等については，亀ヶ岡文化期ではなく，より古い時期のものではないかとする旨の指摘が大沼忠春氏（当時，北海道教育委員会）からあった。ご指摘に対し感謝申し上げる次第である。

註
1)　山内清男はこの後，9型式分類をした（1964）が，遂に具体的な形では発表しなかった。
2)　この区分は山内（1930）によるが，最近では半精製の区分を入れている報告もある（青森県教委 1974b）
3)　海上保安庁水路部編「海図6075号」による。

2 津軽海峡と縄文文化

津軽海峡は，幅が最も狭い大間岬―汐首岬間では約 18.8 km，竜飛岬―白神岬間で約 19.4 km しかない。この狭い海峡を最大 7 ノットの潮流が東へ流れており，周辺地域の人々は「しょっぱい川」と親しみをこめて呼んでいる。この海峡は，潮流の速いことと複雑なことで知られており，船が大型化し操船技術の進歩していた江戸時代においてすら，その渡海には非常に苦労したようであり，いくつかの文献にその状況が記されている。また，この海峡は生物分布上のひとつの境界線であるブラキストンラインとしても広く知られている。

この海峡を今から数千年前の縄文人はもとより 10,000 年以上も前の旧石器時代人が渡っていたことは一般的には余り知られておらず，しかも理解されにくいことである。しかしながら，海峡の北と南の地域から発見される考古学的遺物によって，海峡人の活動をあとづけることができる。海峡人は間違いなく小さな丸木舟を利用して海峡を渡っていたのである。

津軽海峡の成立は第 4 氷期ウルム第 3 亜氷期の頃で，今からおよそ 18,000 年前と言われ，海峡を渡った最初の人は，およそ 14,000 年前の旧石器時代後期の人々であった。両地域のこの時代の石器文化には細石器がみられるなどの共通点が指摘されているためである。津軽海峡に面した北海道知内町湯の里 4 遺跡ではほぼこの時代の赤色顔料を散布した墓坑が発見され，内部から国外産とされる石材を用いた装飾品の玉が発見されている。この玉は，海峡人の装いの初現をなすものであり，北海道今金町美利河 1 遺跡の玉とともに現在のところわが国最古の装身具として位置づけられている。

今からおよそ 13,000〜12,000 年前になるとわが国において細石器文化のなかから土器文化が発生した。ほぼこの時代にはほかに有舌尖頭器（石槍や石鏃の用途をもつと思われる）もみられ，既に弓矢が使用されていた。この時代は，土器をもつことから縄文時代草創期と呼称されている。草創期の遺跡・遺物は北海道南部では未発見であるが，青森県では，今年（昭和 63 年）の春新聞紙上で紹介されたように，六ヶ所村表館遺跡から隆線文土器が発見された。この時代の土器はほかに蟹田町（現外ヶ浜町）大平山元 I 遺跡，八戸市鴨平(2)遺跡等で発見されているが，いずれも断片的なものであって，文化内容は全く不明である。

およそ 10,000 年前を境にして氷河期は終り，気温が次第に暖かくなるにつれて，海水域が拡大し，多雪の日本海沿岸型と少雪の太平洋沿岸型という現在の気候区分ができあがったと言われている。縄文文化の成立と展開はこの気温の温暖化と軌を一にしているらしい。

縄文時代はこの後，早期・前期・中期・後期・晩期と続くが，青

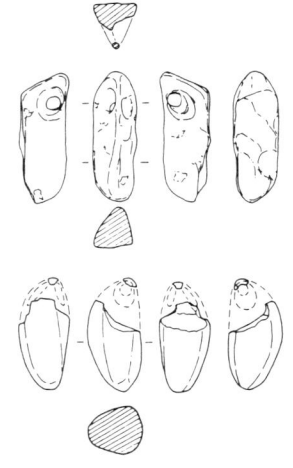

第 1 図　旧石器時代の玉類（湯の里 4 遺跡）

森県や北海道南部の地域でその文化内容が判明してくるのは、およそ8,000年前に始まる早期になってからである。早期の中頃の時代には両地域に多数の遺跡がみられるようになる。この時代の土器は尖底深鉢形を呈したものが一般的であり、表面にアカガイ・サルボウガイ等の貝殻の腹縁部を押しつけたり、ひっかいたりして施文した土器が特徴的である。道南地域では函館市住吉町遺跡出土の土器が古くから有名であって、青森県の下北半島や南部地方から発見されている土器の文様ときわめて類似している。また、石器文化の内容も類似する部分が多い。早期には、その後の縄文文化の基本的石器である石匙・石皿等も加わるようになる。また、竪穴住居跡が構築され、さらには青森県の太平洋岸地域には貝塚（八戸市長七谷地貝塚など）がみられるようになるなど、縄文文化の基本的性格が形成された時代と言えるが、貝塚から発見される釣針・銛・石錘などの漁撈用具や魚骨・貝類などによって、海との係わりが強まった時代とも言えるわけであって、海峡を挟んだ両地域にとっては双方の交流の基盤が築かれた時代と考えることができる。

約6,000年前に始まる前期になると、尖底土器から平底土器に変化するようになる。口縁がやや外側に開いた深鉢形の土器である。表面に縄文や木の軸に縄を巻いて施す撚糸文を用いるようになり、さらに土器自体に植物繊維を混入する、いわゆる繊維土器が一般化する。これは、厚手で大型の土器を作るための一つの技法と考えられる。前期の中頃からみられる土器は口径と底径とがほぼ同一の数値をもつ円筒深鉢形を呈することから、文字通り円筒土器と呼称されている。前期の土器は円筒土器下層式と呼称されており、海峡を挟んで北海道と東北地方に広く分布している。分布のうえからはちょうど津軽海峡地域が中心となる。この時代の遺跡としては、北海道では函館市サイベ沢遺跡が知られているが、ここ10数年の間に南茅部町（現函館市）ハマナス野遺跡や函館市函館空港内遺跡の調査が行われ、大規模な集落跡が発見されている。青森県では森田村（現つがる市）石神遺跡が知られていたが、ここ10年ほどの間に大鰐町大平・十和田市明戸・六ヶ所村上尾駮(1)遺跡等が調査され、同様に大規模な集落跡が発見されている。この時代には、双方の石器文化においても共通点が多数みられる。特徴的な石器としては半円状扁平打製石器が顕著であるが、今のところ用途が不明である。また、切り込みの入った耳飾り（玦状耳飾り）も作られた。土偶も特徴的である。板状を呈したもので、のちの立体的なものとは様相がおおいに異なる。

前期には気温の温暖化がさらに進み、海水面が現在より最大5mほど高かったと言われている。いわゆる縄文海進である。函館市の大半は水面下に沈み、函館山は完全に島であった。下北半島では田名部川流域の大半が水面下に潜ることになり、津軽半島

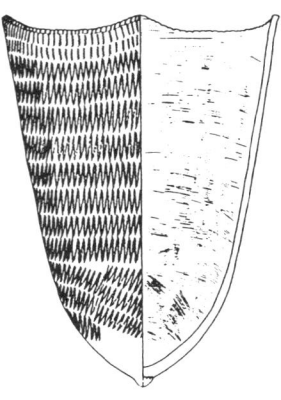

第2図　貝殻文土器（下田代納屋B遺跡）

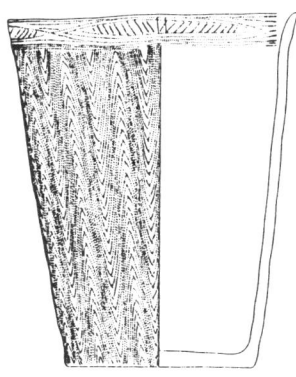

第3図　円筒土器下層式（上尾駮(1)遺跡）

第4図 主要遺跡位置図

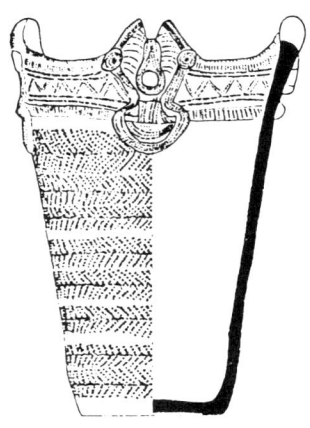

第5図 円筒土器上層式
（石神遺跡）

の岩木川流域では古十三湖と言うべきものが森田村（現つがる市）石神遺跡（貝塚もある）付近まで広がっていた。

　約5,000年前に始まる中期になると，土器は厚手になりさらに大型化した。土器の上半部には太い粘土紐（隆起帯）を貼りつけたり，縄を押しつけたりする手法が顕著になり，口縁に山形・扇状の装飾把手をもち外側に向って開いた土器が現われてくる。青森県では，この時代の土器が最も豪壮である。これはわが国の一般的傾向と軌を一にしている。この時代の土器は円筒土器上層式と呼称されており，海峡を挟んで北海道と東北地方に広く分布している。前期と同様，津軽海峡地域が分布の中心となる。この時代の遺跡としては，北海道では知内町森越遺跡や南茅部町（現函館市）臼尻B遺跡で大規模な集落跡が調査され，青森県では青森市三内遺跡が古くから知られているが，今別町山崎遺跡でも集落跡が発見されている。青森市の近野遺跡では長辺19.5m，短辺7.0mの長方形の大型住居跡も発見されており，集会場や共同作業場的な用途が考えられている。両地域のこの時代の住居跡さらには石器文化には前期同様，共通している点が多く，石製装身具では硬玉（ヒスイ）製の大珠が出現してくる。

　中期には下北半島や小川原湖周辺で大規模な貝塚が形成された。天間林村（現七戸町）二ツ森貝塚は11ヶ所の地点貝塚が楕円状に並び，600m×200mの範囲に広がっており，県下一の規模をもっている。

　約4,000年前に始まる後期になると，土器には沈線による渦巻文・入組文・羽状縄文，貼瘤文等が施された。土器は小型化し，さまざまな器形が作られるようになった。土器は従来の深鉢形土器に加えて，壺形土器・浅鉢形土器・台付鉢形土器・香炉形土器がみられるようになり，精巧に作られた精製土器と日常使用する粗製土器との区分もみられるようになった。従来みられない土器も出現した。土器の表面に狩猟場面を描いたいわゆる狩猟文土器は八戸市韮窪遺跡で初めて発見されたが，北海道戸井町（現函館市）釜谷2遺跡でも類似したモチーフのものが発見されている。また，土器に人面や人物像を付した土器も双方の地域から発見されている。

　後期の集落跡の規模は中期と比較して同一かやや小規模化するようであるが，北海道南部と青森県ではほぼ同一の歩調をとっている。後期の海峡周辺地域に特徴的な遺構としては甕棺墓が指摘される。甕棺は特徴的な形態と文様をもち，北海道では松前町大津遺跡等でみられ，青森県では県下全域にみられる。六ヶ所村弥栄平遺跡から発見された甕棺内には20才前後の女性人骨が入っており，一旦洗骨したものを拾い集めて甕棺に入れ，墓坑に納めたとする葬法が想

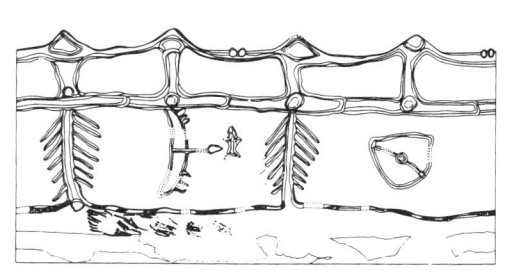

第6図 狩猟文土器展開図（韮窪遺跡）

定されている。

　後期には各種の土製品・石製品が作られるようになるが，大半は用途が特定できないものである。石棒や装身具としての玉類はまとまって墓坑に埋納されるようになった。

　土偶は板状のものから立体的なものに変わるようになる。南茅部町（現函館市）著保内野遺跡出土のものは中空で高さが41.5cmもあり，わが国最大の土偶である。後期には土偶をめぐる祭祀形態に大きな変化がおこったことも充分考えられる。また，赤色顔料もこの時代から多用されるようになる。

第7図　突瘤文土器（尻高(4)遺跡）

　後期の終り頃，北海道に主たる分布圏をもつ突瘤文土器が津軽・下北半島にも南下してくる。平舘村（現外ヶ浜町）尻高(4)遺跡で伴出した黒曜石製石器を分析した結果，北海道赤井川産の黒曜石を使用していることが判明し，むつ市大湊近川遺跡で伴出した黒曜石製石器はさらに遠く，北海道網走地方の白滝・置戸産のほか十勝産・赤井川産の黒曜石を用いていることが判明している。これらの結果によって，この時期に明らかに北海道からの移住者があったことが推定される。これに対して，北海道千歳市美々4遺跡で出土した後期の終り頃の硬玉製玉類多数は逆に新潟県糸魚川・姫川産の硬玉原石を用いていることが分析の結果判明している。後期の終り頃というのは，津軽海峡をめぐる文化交流史のなかでは一つの画期として考えられるかも知れない。

　およそ3,000年前に始まる晩期には，かつてないほどの美術・工芸的にすぐれた土器が多数みられるようになった。青森県では亀ヶ岡遺跡が江戸時代から広く知られており，亀ヶ岡式と呼称される場合が多く，この時代を一般的に亀ヶ岡文化の時代と呼びならわしてきているが，正式には大洞式（岩手県大船渡市大洞貝塚が標式遺跡）の土器型式が用いられている。亀ヶ岡式土器の文様には三叉文・羊歯状文・雲形文・χ字状文・工字文等があり，沈刻・半肉彫・磨消等の手法を用いて施文されている。土器は薄手で小型化し，器形はさらに分化した。鉢形・浅鉢形・壺形・台付鉢形・香炉形などのほかに片口や高坏も作られ，小型土器も一般化した。精製土器の区別は一層明確になり，さらに赤色顔料や漆が塗られた土器が特徴的に増加している。しかしながら，一方では精製土器の数倍に達する数の，粗製で煮こぼれの付着した土器も作られている。晩期のこれらの土器群の作られた背景には，土器作りを専門とする工人集団の存在を想定せざるを得ない。

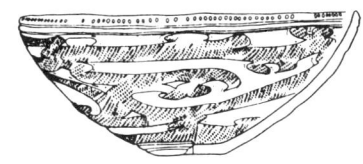

　晩期の集落は意外にも他の時代ほど明確にはされていないが，土坑墓の検出例が北海道南部と青森県で知られるようになってきた。北海道では松前町上川・木古内町札苅遺跡等があり，青森県では木造町（現つがる市）亀ヶ岡・十和田市明戸・八戸市是川・六ヶ所村上尾駮(1)等の遺跡があり，内部

第8図　亀ヶ岡式土器（上尾駮(1)遺跡）

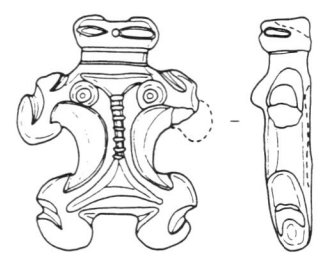

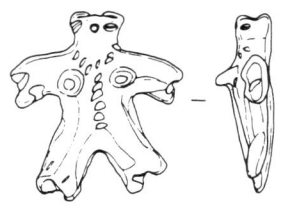

第9図　土偶（明戸遺跡）

から赤色顔料が特徴的に検出されるが，遺物では，各種玉類や漆塗り櫛等が副葬品として発見される。遺物から想定される頭の向きは，両地域において類似する場合も多い。

晩期には各種の遺物が作られた。石器は，後期以来の伝統をうけついでいるが，これに岩版・石刀・石剣等祭祀的な石製品が加わる。また，土製品も多様化した。土偶は亀ヶ岡遺跡出土のものに代表される遮光器（雪めがね）土偶が特徴的に出土するが，一方では小型で簡略化されたものも多い。遮光器土偶は東北地方から多数発見されるが，とくに北部に集中しており，北海道ではごく稀にしか出土しない。土版もあり，岩版とともに護符的な意味をもつと考えられている。亀ヶ岡遺跡と是川遺跡はともに河川流域の低湿地から各種の木製品を出土することでも知られており，とくに是川遺跡では木製の弓・櫛・腕輪・籃胎漆器・ヘラ状木製品等が発見されている。

亀ヶ岡文化期には陸奥湾沿岸地域で製塩土器が多数作られている。津軽半島の今津，下北半島横浜町桧木，青森市大浦貝塚等が知られている。焼けてボロボロになった土器片であり，海水を煮つめるために使用されたと考えられている。しかしながら，北海道南部では現在のところこの種の土器は発見されていない。

亀ヶ岡式土器の分布は広く，東日本一帯にみられるが，その最北は，樺太を望む北海道稚内市，最東は釧路市，最西・南は近畿地方の神戸市や和歌山県付近である。東北地方では，この時代殆ど亀ヶ岡式土器一色に塗りつぶされるが，その他の地域ではそれぞれ土着の土器に客体的にみられる状況がある。津軽海峡を挟んで北海道南部も亀ヶ岡式土器に大半がおおわれ，七飯町聖山・木古内町札苅・函館市女名沢・恵山町（現函館市）日の浜遺跡等で出土しているが，この時期に北海道南部でみられる刺突文を主体とする土器群も津軽・下北両半島に南下してきている。

近年，平舘村（現外ヶ浜町）今津遺跡から袋状の足が3ヶ所に付された三足土器が発見され，大陸地方の鬲との関係が指摘された。従来，亀ヶ岡文化期では石剣・石刀が大陸地方の青銅器と類似する点が指摘されていたが，この土器の発見によって，さらに双方の関連が強調されることとなっている。しかしながら，その関連を具体的にどう考えるのかという面では必らずしも明確ではない。日本海を横断して直接大陸と何らかの交渉を行ったのかどうかは今後の課題であるにしても，現段階では第三者・第四者を介して情報が伝わったとする文化交流の一つの方式も考える必要がある。

亀ヶ岡文化期の各種の遺物が産み出された背景として，従来，食料が充分に獲得されたことを第一に考える研究者は多い。有名なサケ・マス論がその筆頭である。しかしながら，この考えには反対する研究者もある。亀ヶ岡文化期の遺物の産み出された社会的背景をどのように考えるかが今後に残された大きな課題である。

紀元前300年頃，大陸の文化的影響を強くうけた弥生文化が青森県域に達し，弘前市砂沢遺跡では小規模な稲作が開始された。この時期の土器は工字文を主として施されており，色調も黒っぽい色から橙色に変わってくる。この後，弥生時代の中期には津軽平野に大規模な水田が開かれ（田舎館村垂柳遺跡），農耕社会の成立をみるにいたった。土器には主に連続山形文（鋸歯文）が施されることになるが，津軽海峡を越えて北海道においてもほぼ類似した文様の土器がみられる。縄文時代晩期の終り頃から，工字文をもつ土器は北海道南部にもみられ，以後，連続山形文や菱形文を重ねたような文様が多用される。土器には赤色顔料が塗られ，器形には壺形・甕形・浅鉢形・台付鉢形土器があるが，熊とみられる動物の把手が付されたものもみられる。この時代の土器は北海道では続縄文土器と呼称している。縄文土器の伝統を残し，しかも稲作を行わなかった点が，東北地方と決定的に異なっている。続縄文土器は古くから北海

第10図　高坏（宇鉄遺跡）

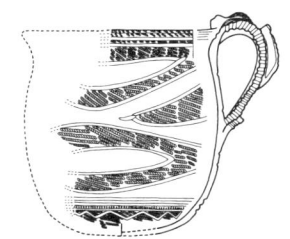

第11図　カップ形土器（宇鉄遺跡）

道恵山町（現函館市）恵山貝塚出土のものが知られており，骨角器に優れたものがみられる。恵山貝塚出土の遺物をもとに称される恵山文化は，その中心は本来的に内浦湾沿岸にあったようであり，昨年発掘調査された伊達市有珠10遺跡では，墓坑内部からおびただしい数の骨角器が発見され，しかも見事な彫刻・装飾が施されたものである。恵山文化人は高度の文化をもった漁撈民であったのであろう。恵山文化の影響は海峡沿いの津軽半島や下北半島にもみられ，三厩村（現外ヶ浜町）宇鉄遺跡からは恵山文化にみられるカップ形土器がみられ，骨角器の先端に付されたとみられる石製銛頭も数点出土している。

以上のように津軽海峡をめぐる文化交流は旧石器時代，縄文・弥生時代そして古代以降，東北地方北部と北海道南部では密接な関係をもちながら推移してきた。

ところで，津軽海峡をめぐる先史時代の文化交流を考える場合，いつも出されるのは今まで述べてきたような事例の紹介である。しかしながら，これだけでは，文化交流のアウトラインはつかめても，その交流の内容を理解したことにはならない。問題は先史時代人がどのような理由から海峡を渡ったのかという視点が欠けていることである。

この視点は，どこの地域を考える場合でも必要とされる視点であるが，津軽海峡の場合はどのように考えられるであろうか。

これには近年，進展が著しい遺物の自然科学的分析の結果等が大きな示唆を与えてくれる。それらの分析結果については一部紹介したが，黒曜石・硬玉の原石そして猪の問題等がある。黒曜石は割れ口が鋭利なため，旧石器時代以降，石器の材料として用いられてきており，近年，各原石産地の特徴が把握されるようになってきた。そして，それによって，各地で発掘される黒曜石がかなりの確率で産地が判明してきている。それによれば，北海道から出土する黒曜石製石器

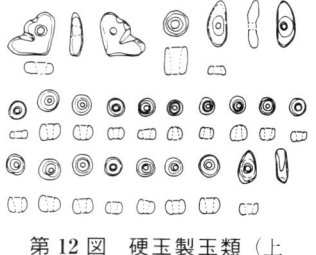

第12図 硬玉製玉類（上尾駮(1)遺跡）

はすべて道内産のものを用いているのに対し，青森県から発見される黒曜石の石器には地元の木造町出来島産，深浦町産のものを使用した例が多いが，分析資料の増加によって，意外にも北海道産の黒曜石を用いた例もあることが判明してきており，一部には秋田県男鹿半島産のものも含まれている。石器を作るにあたって，肉眼的にも北海道産のものが良質であり，青森県産のものは気泡が多く質的に劣るため利用しにくいといった状況があったのであろう。

つぎに，硬玉の問題であるが，緑色や緑白色を呈した硬い玉であって，縄文時代にこの石を穿孔して勾玉や丸玉等，各種の装身具が盛んに作られた。この硬玉の産地は日本にはきわめて少なく数ヶ所しかないと言われている。このなかで，質的に良く，しかも距離的に東北・北海道地方に近いのは新潟県糸魚川・姫川産のものである。硬玉の自然科学的分析の進展によって，糸魚川・姫川産の硬玉が日本各地へ運ばれている状況が判明してきた。その結果，北海道出土の硬玉製品や青森県の下北半島（六ヶ所村上尾駮(1)・(2)遺跡など）出土の硬玉製品はすべて糸魚川産であるとの結果が出されている。緑色の硬質の石は硬玉以外にもあるが，あえてこの硬玉に固執せざるをえない社会的状況があったのであろう。

このほかにアスファルトの存在も注意される。アスファルトは粘着力が強く，接着・固着用に使用されてきており，石鏃の柄に付着したり，各種土製品の割れ口に付着する例が多く，しばしば塊となって出土したり土器内部に溜まった状態で発見される。

天然アスファルトは新潟県から秋田県地方にいたる地域と北海道石狩地方の石油鉱床地帯に産出すると言われており，秋田県昭和町（現潟上市）槻ノ木では縄文時代に採取された痕跡が確認されている。北海道南部から発見された遺物にもアスファルトが付着したものがあるので，秋田県産のアスファルトが海峡を渡っていることも充分考えられる。

最後に猪の問題がある。猪は温暖な地域に生息する中型獣であり，肉味が良いことで知られている。縄文時代には猪の牙や骨を利用して種々の骨角器が盛んに作られた。この猪は現在，本州以南の地域に生息しており，北海道には生息していないというのが定説となっている。しかしながら，北海道の縄文時代の遺跡からは近年，意外に多くの猪の骨が出土している。北海道釧路市緑ヶ岡遺跡では頭骨が出土し，千歳市内の遺跡などでは四肢骨が出土している。また，以前から猪の幼獣（ウリンボウ）を模した土製品も出土している（恵山町（現函館市）日ノ浜遺跡）。縄文時代に生息していたものが全滅したものか，あるいは縄文人が本州から持ち込んだものか明確でないが，何らかの儀礼に伴って持ち込まれたと推定する研究者は多い。

第13図 猪形土製品（日ノ浜遺跡）

以上のように原産地と供給先とみられる位置関係が次第に判明してきた結果，津軽海峡をめぐる文化交流の要因のひとつとして，

第1表　津軽海峡域の先史時代年表

おおよその推定年代	時代	区分	おもな土器型式	おもな遺跡（青森県）	おもな遺跡（北海道）	おもなできごと
30,000年前	旧石器	前期				津軽海峡の形成（約18,000年前）
12,000年前		後期				
8,000年前	縄文	草創期	隆線文・爪形文土器	六ヶ所村表舘	知内町湯ノ里4	土器の製作開始（日本各地）
		早期	白浜・吹切沢・物見台・ムシリ・赤御堂	東通村田代納屋B・六ヶ所村千歳(13)・八戸市長七谷地		貝塚の形成（青森県）竪穴住居の構築
6,000年前		前期	円筒土器下層 a・b・c・d	森田村（現つがる市）石神・十和田市明戸	函館市住吉町・函館市中野	縄文海進のピーク集落の大規模化
5,000年前		中期	円筒土器上層 a・b・c・d	森田村石神・青森市三内・天間林村（現七戸町）二ツ森	函館市サイベ沢・南茅部町（現函館市）ハマナス野	
4,000年前		後期	十腰内1・2・3・4・5	弘前市十腰内・むつ市大湊近川・八戸市韮窪	函館市サイベ沢・南茅部町（現函館市）白尻B	甕棺墓群の構築（松前町大津・六ヶ所村上尾駮(2)）
3,000年前		晩期	大洞B・BC・C₁・C₂・A・A′	木造町（現つがる市）亀ヶ岡・十和田市明戸・六ヶ所村上尾駮(1)・八戸市是川	南茅部町（現函館市）著保内野・上磯町（現北斗市）茂辺地	亀ヶ岡・是川遺跡で低湿地遺跡の形成、土坑墓群の構築（亀ヶ岡・是川・札苅）
2,300年前	弥生	前期	砂沢・二枚橋	弘前市砂沢・三厩村宇鉄	函館市女名沢・木古内町札苅・恵山町（現函館市）日の浜	
2,100年前		中期	田舎館	田舎館村垂柳	恵山町（現函館市）恵山・伊達市有珠10	稲作の開始（砂沢）
1,900年前	（続縄文）	後期	天王山		恵山町（現函館市）恵山・伊達市有珠10	大規模な水田耕作（垂柳）
1,700年前						

それぞれの原石や原材料の採掘・入手の問題が浮かびあがってきた。また，各種儀礼に関する動物入手の問題も浮びあがってきた。これらの要因に付随する形で人の移動や文化の伝播が行われたのかも知れない。しかしながら，その交流が単一の要因のみで行われたと考えるよりは複数の要因がからみあって行われたと考える方が文化交流の実態にあっているようでもある。今後，津軽海峡をめぐる交流の問題は，両地域の出土遺物のさまざまな角度からの検討・分析によって次第に明らかにされてくると思われるが，その際，交流の問題を交易の問題におきかえて考えることが必要である。

(付記)

　津軽海峡（最浅部で約120〜140m）の成立年代については，その後，第4氷期主ウルム第3亜氷期の海水面降下が最大で約120mと少なめにみられるようになったことから，海峡はそれ以前に既に成立していたと考えられるようになってきている。

　また，掲載図は，旧石器時代の玉類は道埋文（1985b），貝殻文土器は青森県立郷土館（1976），円筒土器下層式・硬玉製玉類・亀ヶ岡式土器は青森県教委（1988），円筒土器上層式は江坂編（1970），狩猟文土器展開図は青森県埋文（1984c），突瘤文土器は青森県埋文（1985d），土偶は十和田市教委（1984），高坏・カップ形土器は青森県立郷土館（1979）から転載したものであり，猪形土製品は市立函館博物館の所蔵品である。

3 三内丸山遺跡と津軽海峡

　平成6年7月，巨木建築の出現によって急転直下保存されることになった青森市の三内丸山遺跡は，考古学界や青森県民の大きな関心事となっている。大きなムラのあとが4,5,000年の時を越えて再び陽の光を浴びることになった。規模の大きさ，膨大な量の土器，土偶・ヒスイ・漆塗り製品など数々の出土品，盛り土などの土木工事，巨木建築，そしてそこから窺われる縄文人の定住性・計画的な土地利用，さらに原始農耕の問題など…。新聞・テレビは調査経過を連日報じ，現場の一般公開によって，従来の県内の発掘調査では考えられないほど多くの見学者があった。この遺跡に対する人々の関心の大きさが伝わってくる。

写真1　三内丸山遺跡の調査（1994年11月）

写真2　現在の三内丸山遺跡

　言うまでもなくこの遺跡は，かつてこの地に営まれた人々の生活のあとである。しかし，このような本州島最北の，寒冷でしかも三方を海に囲まれた閉鎖的とも思われる地に，なぜこのような豊かな内容をもつ遺跡が残されたのかという問題がある。この地が食料的に他の地域よりとくに恵まれていることもないし，他と異なったことをしているわけではないであろう。この理由であるが，ここ数年考えていることがある。結論的に言えばこの地域の地理的条件が大きく関与しているのでないかということである。三内丸山遺跡の終り頃，つまり中期の終り頃という今から約4,300～4,000年ほど前に時代を限定すると，それを端的に表している出土品がある。

　この遺跡で目だつ石の装身具ではヒスイ（硬玉）が多く，

特に，幾つかあるゴルフボールほどの大きな大珠(たいしゅ)は他にはあまり例がないほどおおぶりである。ヒスイの産地は500kmも離れた北陸の糸魚川(いといがわ)一帯であり，工房跡もそのあたりに集中している。また，装身具用の琥珀(こはく)もある。これは岩手県北部の久慈地方に大産地がある。そのほか，黒光りするガラス質の石で作られた槍先は北海道産の黒曜石を用いたものであろう。また，矢じりの根元に付着した黒い物質，これは秋田県昭和町（現潟上町）一帯の油田地域産の天然アスファルトであろう。これらは，いずれも遠距離を運ばれて来たものであって，産地がある程度限定されているためにわかったわけである。しかし，ほかにまだまだあったはずの交易品やそれらと交換するための産物については，残念ながらまだ特定されていない。

　ところで，これらの交易品は，実は三内丸山遺跡のみにみられるものではない。この時代の本県域には同じような遺跡がほかに何箇所かあり，さらに津軽海峡の向こうの北海道南部にもある。北陸や東北北部のものが多数，海峡を渡っている。またこの動きとは逆に，北海道産黒曜石が本県域に南下してきている。

　海は決して人々の交流・物の動きを遮断するものではなく，逆に舟（丸木舟）による交流を活発にしているようである。このことから考えられるのが，本県域が当時，海上交易の拠点となり，対北海道，対東北南部との中継交易の舞台となっていたのではないかという考えである。

　三内丸山遺跡の北には波静かな陸奥湾が広がり，その北で津軽海峡とつながっている。この海峡は北海道と本州を結ぶだけでなく日本海と太平洋をも結んでいる。日本列島のなかでもっとも縄文文化の発達した東日本地域で，このような海路があるのはこの海峡域だけである。この遺跡一帯には良港としての好条件がある。海上交易が長距離交易の中心であったこの時代には，人・物・情報が集まる交易拠点のひとつであったにちがいないのである。

　三内丸山遺跡のみならず，本県域の縄文遺跡・縄文文化の成立には，津軽海峡という交易路の存在が大きくかかわっていたように考えられる。

(付記)
　本稿には，もともと写真や図は付されていなかったが，本書作成に当たり新たに写真2枚を付した。

第Ⅱ章　津軽海峡域の文化交流

1　津軽海峡の先史文化交流
――青森県出土の黒曜石製石器・硬玉製品・外来系土器[1]――

はじめに

　近年，わが国では縄文時代の遺跡などから出土する黒曜石製石器や硬玉（ヒスイ）製品の自然科学的分析が積極的に行われるようになり，かなりの確率でその原石産地が判明するようになってきた。

　青森県出土の黒曜石製石器についても昭和56年頃から産地分析が積極的に行われるようになり，その結果，地元産の黒曜石原石のほかに北海道（東村1986）・秋田県産などの原石や新潟県糸魚川産の硬玉製品（藁科・東村1988a・b）が持ち込まれていることなどが判明してきた。また，北海道産の黒曜石製石器とともに北海道系縄文土器[2]が多数出土する事例も知られるようになってきた。原産地（製品あるいは土器の場合は生産地）と出土遺跡（供給先）の関係が具体的に判明することによって従来述べられてきた津軽海峡をめぐる文化交流[3]にいくつかの交流ルートが想定され，さらにその交流の目的も推定されるようになるなど先史時代の津軽海峡交流は新たな研究段階に入ったと言えよう。

　本稿では，本県出土の黒曜石製石器や硬玉製品の産地分析の結果（既発表および未発表のものを含めて），および本県出土の北海道系土器などの外来系土器について述べ，先史時代の津軽海峡をめぐる交流ルート・交流の様相などを考えてみたい。

1. 青森県出土の黒曜石製石器の産地分析の結果（第1表，第1図）

　本県では現在まで木造町（現つがる市）亀ヶ岡，むつ市大湊近川，六ヶ所村表館(1)，三厩村（現外ヶ浜町）宇鉄，鰺ヶ沢町大曲，八戸市根城など25遺跡（鈴木正1984，藁科・東村1987a・1989，輿水1989，宇部1989）247点の分析結果が発表されている。一方，筆者は昭和57年に十和田市明戸遺跡出土のものを京都大学原子炉実験所の東村武信・藁科哲男両氏に産地分析を依頼して以降現在まで15遺跡81点の分析を終えている。この結果については断片的に紹介したことはあるが（福田1988a・b），まだ一括して発表したことはなく今回が初めてである（第1表）。これを既発表分とあわせ計37遺跡（3遺跡は重複）328点の分析結果について紹介したい。本県出土の黒曜石製石器は，つぎの6地域の原産地産のものである。

　なお，本稿で述べる黒曜石原産地および産地分析は亀ヶ岡・大曲・宇鉄（3点のうち1点）の3

第1表　青森県出土の黒曜石製石器産地分析結果一覧

試料番号	番号	遺　　跡	遺　物	時　　代	原石産地(確率)	判　定	備　　考
8446	1	十和田市明戸	石　匙	縄文晩期大洞C₁・C₂式		不　明	出土品
8447	2	〃	剝　片	〃		〃	
12414	1	中津軽郡岩木町薬師Ⅰ号	〃	縄文晩期	出来島(0.5%)	出来島	表面採集
12415	2	〃	〃	〃	〃 (93%)	〃	
12416	3	〃	〃	〃	〃 (1%)	〃	
12417	4	〃	〃	〃	〃 (15%)	〃	
12418	5	〃	〃	〃	〃 (81%)	〃	
12419	6	〃	搔　器	〃	〃 (30%)	〃	
12420	7	〃	剝　片	〃	〃 (40%)	〃	
12421	8	〃	〃	〃	〃 (44%)	〃	
12422	9	〃	〃	〃	〃 (33%)	〃	
12423	10	〃	搔　器	〃	〃 (80%)	〃	
12424	1	〃 小森山東部	原　石	縄文後・晩期	〃 (50%)	〃	
12425	2	〃 〃	原石片	〃	〃 (28%)	〃	
12426	3	〃 〃	剝　片	〃	〃 (22%)	〃	
12427	4	〃 〃	〃	〃		不　明	〃 ，12434と同一
12428	5	〃 〃	〃	〃	出来島(1%)	出来島	〃
12429	6	〃 〃	〃	〃	〃 (3%)	〃	
12430	7	〃 〃	〃	〃		不　明	
12431	8	〃 〃	〃	〃	出来島(4%)	出来島	表面採集
12432	9	〃 〃	〃	〃	〃 (0.02%)	〃	
12433	10	〃 〃	〃	〃		不　明	
12434	11	〃 〃	〃	〃		〃	表面採集，12427と同一
12435	1	西津軽郡森田村石神	〃	縄文前・中〜晩期	出来島(9%)	出来島	
12436	2	〃	原石片	〃	〃 (59%)	〃	
12437	3	〃	剝　片	〃	〃 (79%)	〃	
12438	4	〃	〃	〃	〃 (24%)	〃	
12439	5	〃	原石片	〃	〃 (24%)	〃	
12440	6	〃	〃	〃	〃 (13%)	〃	
12441	7	〃	剝　片	〃	〃 (43%)	〃	
12442	8	〃	原石片	〃	〃 (14%)	〃	
12443	9	〃	剝　片	〃	〃 (1%)	〃	
12444	10	〃	原石片	〃	〃 (61%)	〃	
12445	11	〃	剝　片	〃	〃 (22%)	〃	
12446	12	〃	原石片	〃	〃 (10%)	〃	
12447	13	〃	〃	〃	〃 (28%)	〃	
12448	14	〃	〃	〃	〃 (9%)	〃	〃 ，12449と同一
12449	15	〃	〃	〃	〃 (0.0004%)	〃	〃 ，12448と同一
12450	1	東津軽郡平舘村尻高(4)	剝　片	縄文後期末堂林式	定性的判定	赤井川	第6号竪穴住居跡地床炉
12451	2	〃	〃	〃	〃	〃	
12452	3	〃	〃	〃	〃	〃	第9号土坑
12453	4	〃	〃	〃	〃	〃	第8号土坑
12454	5	〃	〃	〃	〃	〃	

1 津軽海峡の先史文化交流

試料番号	番号	遺跡	遺物	時代	原石産地(確率)	判定	備考
12455	6	東津軽郡平舘村尻高(4)	剝片	縄文後期末堂林式	定性的判定	赤井川	第8号土坑
14278	1	下北郡東通村大平D地点	円形掻器	続縄文～擦文	出来島(10%)	出来島	表面採集
14279	1	東津軽郡三厩村宇鉄	剝片	弥生前・中期	〃 (8%)	〃	〃
14280	2	〃	〃	〃	〃	〃	〃
14281	1	北津軽郡小泊村縄文沼	剝片	縄文晩期後半	出来島(1%)	〃	
14282	2	〃	〃	〃	不明Ⅰ	不明Ⅰ	
14283	3	〃	〃	〃	〃	〃	
14284	4	〃	〃	〃	出来島(0.4%)	出来島	
14285	5	〃	〃	〃	不明Ⅰ	不明Ⅰ	
14286	6	〃	〃	〃	不明Ⅱ	不明Ⅱ	
14287	7	〃	〃	〃	出来島($D^2=65$)	出来島	
14288	8	〃	〃	〃	不明Ⅱ	不明Ⅱ	
14289	9	〃	〃	〃	不明Ⅰ?	不明Ⅰ?	
14290	10	〃	原石片	〃	不明Ⅰ	不明Ⅰ	

不明どうしで組成の似るもの　14282, 14283, 14285, 14290 …………不明Ⅰ群
　　　〃　　　　　　　　　　14286, 14288 …………………………不明Ⅱ群

試料番号	番号	遺跡	遺物	時代	原石産地(確率)	判定	備考
16215	1	東津軽郡平内町横峰	剝片	縄文晩期後半	深浦(37%)	深浦	表面採集
16216	2	上北郡横浜町吹越	細石刃	旧石器後期	深浦?	深浦?	
16217	3	〃	〃	〃	〃	〃	
16218	4	上北郡東北町長者久保	掻器	〃	深浦(58%)	深浦	出土品
16219	5	〃	〃	〃	〃 ($D^2=59$)	〃	
16220	6	東津軽郡平舘村今津	石鏃	縄文晩期大洞C_2式	男鹿($D^2=51$)	男鹿	F-86区
16221	7	〃	〃	〃	出来島($D^2=69$)	出来島	G-84区
16222	8	〃	異形石器	〃			H-87区
16887	1	上北郡六ヶ所村大石平Ⅰ	掻器	縄文後期	赤井川(1.3%)	赤井川	遺物包含層
16888	2	八戸市売場	石鏃	〃 早期	〃 ($D^2=40$)	〃	1号住居跡
16889	3	東津軽郡平舘村尻高(4)	剝片	〃 晩期?	〃 ($D^2=34$)	〃	第29号土坑
16890	4	〃 〃	石鏃	〃 後期末堂林式	置戸($D^2=73$)	置戸	第6号竪穴住居跡
16891	5	〃 〃	〃	〃	赤井川($D^2=75$)	赤井川	
16892	6	〃 〃	〃	〃	〃 (0.2%)	〃	
16893	7	〃 〃	〃	〃	〃 (0.4%)	〃	
16894	8	〃 〃	剝片	〃	〃 ($D^2=42$)	〃	
16895	9	〃 〃	尖頭器	〃	十勝三股(4%)	十勝	第7号竪穴住居跡
16896	10	〃 〃	石鏃	〃	赤井川($D^2=171$)	赤井川	
16897	11	〃 〃	石匙	縄文後・晩期	置戸(0.1%)	置戸	遺物包含層
16898	12	〃 〃	石鏃	〃	赤井川(13%)	赤井川	
16899	13	〃 〃	〃	〃	置戸(0.1%)	置戸	
16900	14	〃 〃	〃	〃	赤井川($D^2=55$)	赤井川	
16901	15	〃 〃	〃	〃	〃 ($D^2=71$)	〃	
16902	16	〃	尻高(3)	〃	縄文晩期(?)	置戸($D^2=66$)	置戸

(註) このなかで，十和田市明戸出土品は十和田市郷土館，横浜町吹越，東北町長者久保出土品は野辺地町立歴史民俗資料館，平舘村（現外ヶ浜町）尻高(3)・(4)，今津，六ヶ所村大石平Ⅰ，八戸市売場出土品は青森県埋蔵文化財調査センターのそれぞれ所蔵になるものである。

＊市町村名は平成の大合併により次のように変わった。岩木町→弘前市，森田村→つがる市，平舘村・三厩村→外ヶ浜町，小泊村→中泊町

遺跡を除いてすべて京都大学原子炉実験所の東村武信・藁科哲男両氏によるものである。
A．北海道東部産でつぎの3ヶ所が知られている。
   a．白滝産（紋別郡白滝村）（現遠軽町）
   b．置戸産（常呂郡置戸町）
   c．十勝（三股）産（河東郡上士幌町）
B．北海道南西部の赤井川産（余市郡赤井川村）
C．青森県西部産でつぎの4ヶ所が知られている。
   a．折腰内産（北津軽郡小泊村）（現中泊町）
   b．出来島産（西津軽郡木造町）（現つがる市）
   c．N群（南津軽郡大鰐町，同碇ヶ関村（現平川市）かあるいは秋田県北部に産するとみられるもの）
   d．深浦産（西津軽郡深浦町）
D．秋田県西部の男鹿産（男鹿市）
E．岩手県北上川流域の雫石（岩手郡雫石町）・花泉（西磐井郡花泉町）（現一関市）・折居産（水沢市）（現奥州市）
F．伊豆諸島の神津島産（東京都神津島村）
G．産地不明

以上であるが，これら原産地と出土遺跡について旧石器時代から縄文・弥生時代さらに古代に至るまで年代順に並べてみるとつぎのようになる。

【旧石器時代】
帰属時期に問題を残すものもあるが後期のものが分析されている。蟹田町（現外ヶ浜町）大平山元II遺跡7点（剥片など），同大平山元III遺跡6点（細石刃核，剥片），木造町（現つがる市）丸山溜池遺跡1点（細石核），東北町長者久保遺跡2点，横浜町吹越遺跡2点の18点である。その結果，大平山元IIは1点が折腰内産，2点が男鹿産，4点が不明，大平山元III・丸山溜池はすべて折腰内（系）産，長者久保は2点とも深浦産（長者久保—深浦間は直線距離で約90km），吹越は2点とも深浦産？と判定された。

なお，富山県の立美遺跡からは深浦産（立美—深浦間は直線距離で約540km）の黒曜石製尖頭器が6点出土している（藁科・東村1985）。

【縄文時代草創期】
大平山元I遺跡20点（彫器，剥片など）が分析されている。その結果，9点が深浦（系）産，5点が深浦系？，6点が不明と判定された。

【縄文時代早期】
南郷村（現八戸市）鴨平(1)遺跡2点（剥片），三沢市根井沼(1)遺跡3点（剥片），八戸市売場遺跡（末葉も含めて）4点（石鏃，剥片），六ヶ所村表館(1)遺跡（末葉）25点（石鏃，石槍，剥片など），同上尾駮(1)遺跡A地区5点（剥片），八戸市長七谷地貝塚5点（剥片），同和野前山遺跡4点（石鏃，石槍，石匙，不定形），表館(1)遺跡（末葉〜前期初頭）4点（石匙，剥片，石核）が分析されている。

১　津軽海峡の先史文化交流　31

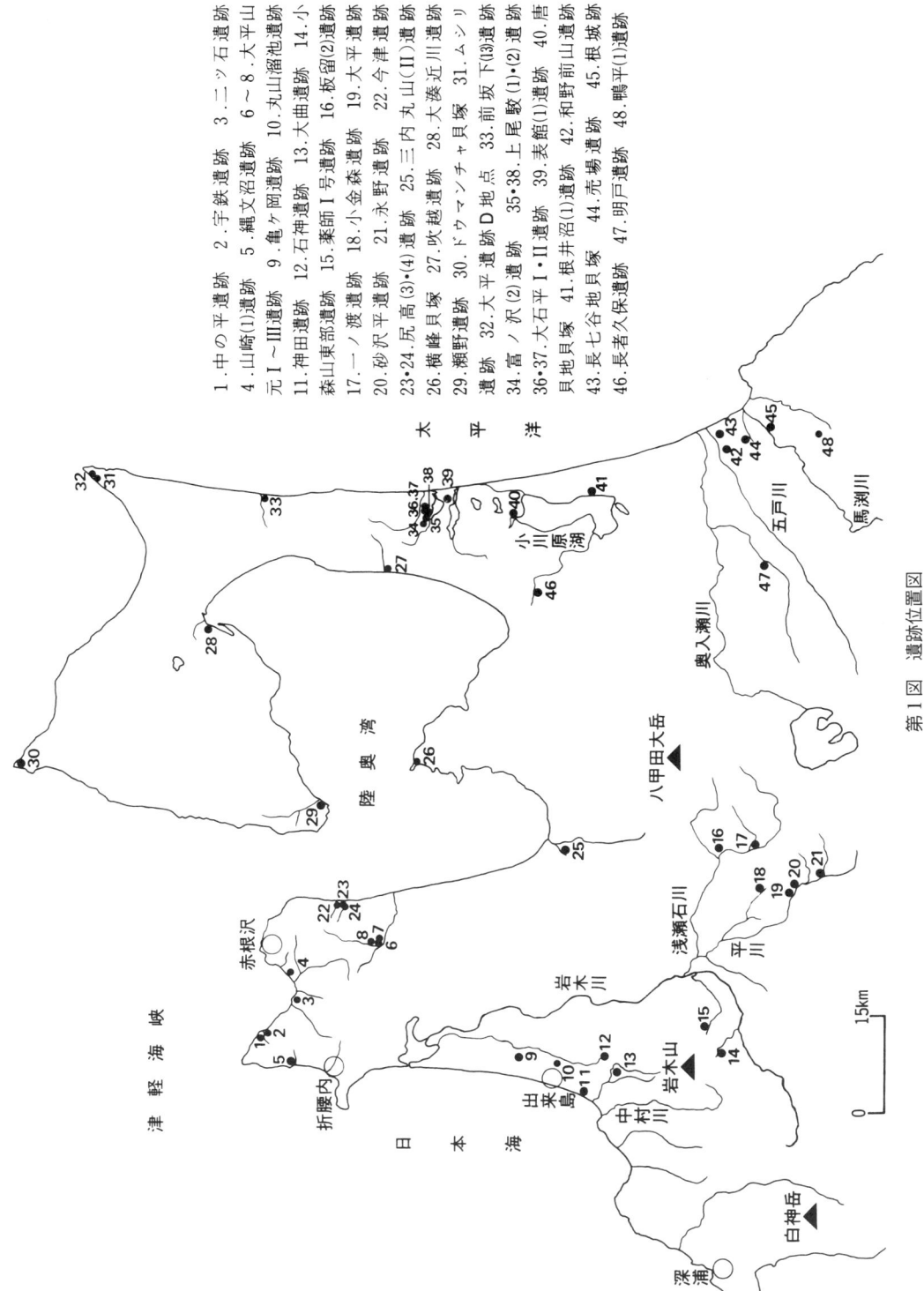

1.中の平遺跡 2.宇鉄遺跡 3.ニッ石遺跡 4.山崎(1)遺跡 5.縄文沼遺跡 6〜8.大平山元Ⅰ〜Ⅲ遺跡 9.亀ヶ岡遺跡 10.丸山溜池遺跡 11.神田遺跡 12.石神遺跡 13.大曲遺跡 14.小森山東部遺跡 15.薬師Ⅰ号遺跡 16.板留(2)遺跡 17.一ノ渡遺跡 18.小金森遺跡 19.大平遺跡 20.砂沢平遺跡 21.今津遺跡 22.今津遺跡 23・24.尻高(3)・(4)遺跡 25.三内丸山(Ⅱ)遺跡 26.横峰貝塚 27.吹越遺跡 28.大湊近川遺跡 29.瀬野遺跡 30.ドゥマンチャ貝塚 31.ムシリ遺跡 32.大平遺跡 33.前坂下(13)遺跡 34.富ノ沢(2)遺跡 35〜38.上尾駮(1)・(2)遺跡 39.表館遺跡 40.唐貝地貝塚 41.根井沼(1)遺跡 42.和野前山遺跡 43.長七谷地貝塚 44.売場遺跡 45.根城遺跡 46.長者久保遺跡 47.明戸遺跡 48.鴨平(1)遺跡

第1図　遺跡位置図

その結果，鴨平(1)は1点が雫石・花泉・折居産，1点が不明，根井沼(1)はすべて神津島産（根井沼(1)—神津島間は直線距離で約750 km），売場は2点が赤井川産，1点が赤井川または十勝系産，1点が不明，表舘(1)（末葉）は8点が赤井川（系）産，1点が赤井川または十勝（系）産，2点が十勝産，1点が男鹿系産，13点が不明，上尾駮(1)は2点が赤井川（系）産，3点が赤井川または十勝（系）産，長七谷地は1点が赤井川産，4点が赤井川または十勝系産，和野前山は3点が赤井川産，1点が赤井川または十勝系産，表舘(1)（末葉～前期初頭）は2点が赤井川産，1点が赤井川または十勝系産，1点が不明と判定された。なお，東通村ムシリ遺跡からはわが国では北海道にしか見られない黒曜石製石刃鏃（せきじんぞく）が1点採集されている（小野1961）。未分析であるが北海道東部産の原石の可能性がつよい。

【縄文時代前期】

大鰐町大平遺跡1点（石匙），碇ヶ関村（現平川市）永野遺跡4点（石鏃），表舘(1)遺跡（初頭）2点（石鏃，剝片），黒石市板留(2)遺跡（末葉）1点（石鏃）が分析されている。その結果，大平・板留(2)はともに出来島産，表舘(1)はともに赤井川産，永野は1点が出来島系産，3点がN群と判定された。

【縄文時代中期】

青森市三内丸山(II)遺跡（前葉）6点（石槍，剝片）が分析されている。その結果，5点が赤井川産，1点が赤井川または十勝産と判定された。また，三厩村（現外ヶ浜町）中の平遺跡（中期？）2点（石鏃）も分析されており，1点が男鹿産，1点が出来島産と判定された。また，この遺跡出土の1点の大型の黒曜石製石槍（中・後期とみられる。現在，青森県立郷土館で展示中）（青森県教委1975c）は赤い色が入ったいわゆる「花十勝」（はなとかち）であり，未分析であるが北海道東部産の原石の可能性がつよい。

【縄文時代後期】

六ヶ所村大石平Ⅰ遺跡（前葉）1点，大石平Ⅰ遺跡（縄文時代後期～弥生時代）1点（剝片），同上尾駮(2) B・C遺跡（前葉）1点（石鏃），むつ市大湊近川遺跡（末葉）91点（石鏃，石錐，剝片），平舘村（現外ヶ浜町）尻高(4)（しりたか）遺跡（末葉）13点，尻高(4)遺跡（後・晩期）5点，また，岩木町（現弘前市）小森山東部遺跡（後・晩期）11点が分析されている。その結果，大石平Ⅰは2点とも赤井川産，上尾駮(2) B・Cは不明，大湊近川は30点が北海道置戸産（大湊近川—置戸間は直線距離で約330 km），21点が赤井川産，15点が出来島産（大湊近川—出来島間は直線距離で約90 km），14点が十勝産（大湊近川—十勝間は直線距離で約280 km），3点が赤井川または十勝産，男鹿（大湊近川—男鹿間は直線距離で約185 km）・白滝産（大湊近川—白滝間は直線距離で約335 km）が各1点であり，6点が不明である。尻高(4)（末葉）は11点が赤井川産（尻高(4)—赤井川間は直線距離で約210 km），1点が置戸産，1点が十勝三股産，尻高(4)（後～晩期）は3点が赤井川産，2点が置戸産，小森山東部は7点が出来島産，4点が不明と判定された。

【縄文時代晩期】

木造町（現つがる市）亀ヶ岡遺跡13点（剝片），十和田市明戸遺跡2点（中葉），岩木町（現弘前

市) 薬師 I 号遺跡 10 点, 森田村 (現つがる市) 石神遺跡 (縄文時代前・中期のものも含まれる) 15 点, 小泊村 (現中泊町) 縄文沼遺跡 (中～後葉) 10 点, 平内町横峰貝塚遺跡 1 点, 平舘村 (現外ヶ浜町) 今津遺跡 (中葉) 3 点, 同尻高(3) (晩期?)・(4)遺跡 (晩期?) 各 1 点が分析されている。その結果, 亀ヶ岡はすべて出来島産, 明戸は 2 点とも不明, 薬師 I 号・石神はすべて出来島産, 縄文沼は 3 点が出来島産, 7 点が不明, 横峰は深浦産, 今津は 1 点が出来島産, 1 点が男鹿産, 1 点が不明, 尻高(3)は置戸産, 同(4)は赤井川産と判定された。

　そのほか縄文時代 (細別時期が不明) のものも分析されている。表館(1)遺跡 1 点 (石鏃), 永野遺跡 3 点 (石鏃, 剥片), 大鰐町砂沢平遺跡 2 点 (石鏃, 剥片), 長七谷地貝塚 1 点であるが, 分析の結果, 表館(1)は赤井川産, 永野・砂沢平はすべて N 群, 長七谷地は赤井川または十勝産と判定された。

【弥生時代】

　鰺ヶ沢町大曲遺跡 (前期) 3 点 (剥片), 三厩村 (現外ヶ浜町) 宇鉄遺跡 (前・中期) 3 点, 六ヶ所村大石平 II 遺跡 (中期) 3 点 (石鏃) が分析されている。その結果, 宇鉄の 2 点は出来島産, 大石平 II はすべて白滝産と判定された。また, 宇鉄の 1 点 (石銛), 大曲 3 点は北海道産ではないと判定された。

【続縄文～古代】

　東通村大平遺跡 D 地点 1 点 (円形掻器), 八戸市根城跡東構(ひがしがまえ)地区 (7～8 世紀) 26 点 (剥片) が分析されている。その結果, 大平 D は出来島産, 根城は 19 点が赤井川産, 3 点が雫石産, 1 点が出来島産, 3 点が不明と判定された。

2. 青森県出土の硬玉製品と外来系土器 (第 2・3 図)

(1) 青森県出土の硬玉製品

　近年, 黒曜石製石器とともに産地分析が積極的に行われているのは硬玉製品である。硬玉産地は現在, 日本列島では新潟県糸魚川市, 北海道日高町, 鳥取県若桜(わかさ)町, 岡山県大佐町 (現新見市), 長崎県長崎市などで確認されているが, 本県の遺跡からも硬玉製品が出土しており, 従来から肉眼によるものではあるが糸魚川産ではないかと推定されていたものである。県内出土のものはすべて玉類であり現在までに, 六ヶ所村上尾駮(1) (藁科・東村 1988a), 同富ノ沢(2)・上尾駮(2)・大石平 I, 三厩村 (現外ヶ浜町) 中の平 (藁科・東村 1988b) など 5 遺跡の出土資料 106 点の分析結果が発表されている。以下, その分析結果について年代順に述べる。なお, 本稿で述べる硬玉製品の産地分析はすべて京都大学原子炉実験所の東村武信・藁科哲男両氏によるものである。

【縄文時代中期】

　富ノ沢(2)遺跡 1 点 (勾玉状大珠) のみが分析されている。その結果, 糸魚川産と判定された。

【縄文時代後期】

　上尾駮(2)遺跡 B・C 地区 (前葉) 6 点 (大珠, 不整方・長円形玉), 同大石平 I 遺跡 (前葉) 1 点 (不整方形玉), 中の平遺跡 3 点 (不整形玉) が分析されている。その結果, いずれも糸魚川産と判

【縄文時代晩期】

上尾駮(1)遺跡 C 地区（中葉）95 点（小玉，丸玉，長円形，不製形，勾玉，管玉など）が分析されている。その結果，いずれも糸魚川産と判定された。ちなみに上尾駮(1)—糸魚川間は直線距離で約 530 km ある。

なお，県内の硬玉製品のうち旧石器時代から縄文時代前期までと弥生時代の資料は資料的な制約があって未分析である。

また，糸魚川産の硬玉を使用した製品は津軽海峡を越えて北海道からも出土しており，千歳市の美々(び)4 遺跡（後期中葉）の玉類は分析の結果，12 点のうち 1 点は日高産，他の 11 点はすべて糸魚川産と判定された（藁科・東村 1987b）。

(2) 青森県出土の外来系土器

近年，本県から北海道系縄文土器の出土例が増えてきており，一方では主に東北地方南部以南に分布する縄文土器も本県に北上してきている。以下，本県から出土したこれらの外来系土器について述べる。

まず，北海道系縄文土器であるが現在のところ 14 遺跡からの出土例が知られている。津軽半島では今別町山崎(1)遺跡 A 地区から縄文時代中期末のノダップ II 式土器（青森県埋文 1982b），同二ツ石遺跡から後期末の堂林式土器と竪穴住居跡（黒曜石製石器の出土はない）（青森県埋文 1989a），平舘村（現外ヶ浜町）尻高(4)遺跡から中期末〜後期初頭の余市式土器，さらに後期末の堂林式土器と竪穴住居跡（青森県埋文 1985d），木造町（現つがる市）亀ヶ岡遺跡から晩期前半の上ノ国式土器（三田史学会 1959，青森県立郷土館 1984），また，津軽地方内陸部の平賀(ひらか)町（現平川市）小金森遺跡からも堂林式土器のほぼ完形品（葛西 1973・1974），黒石市一ノ渡遺跡から縄文時代晩期前半の上ノ国式土器（青森県埋文 1984a）が出土している。また，下北半島では大間町ドウマンチャ貝塚から晩期初頭の三ツ谷式土器（江坂ほか 1967），東通村ムシリ遺跡から早期の東釧路 III 式・中茶路(なかちゃろ)式土器（山内 1979），同前坂下(13)遺跡から中茶路式土器（青森県埋文 1983a），むつ市大湊近川遺跡から後期末の多数の堂林式土器，晩期初頭の三ツ谷式土器と竪穴住居跡（青森県埋文 1987b），六ヶ所村上尾駮(1)遺跡 A 地区から早期の東釧路 IV 式土器（青森県埋文 1988a），同表館(1)遺跡第 4 地区から多数の東釧路 III〜IV 式土器（青森県教委 1981a），表館(1)遺跡から中茶路式・東釧路 IV？式土器（青森県埋文 1989d），同唐貝地(からかいち)貝塚から東釧路 III？式土器と推定される土器（二本柳ほか 1957），南部地方の八戸市売場遺跡から早期の東釧路 III 式・中茶路式・東釧路 IV 式土器（青森県埋文 1985e・f）が出土している。

つぎに東北地方南部に主な分布圏をもつ土器であるが，大鰐町大平遺跡（青森県教委 1980a）や森田村（現つがる市）石神遺跡（江坂編 1970）からは山形県地方を中心とする縄文時代前期末の吹浦式土器が出土している。

なお，県外でもそれぞれの地域における外来系土器の出土が紹介されており，富樫泰時氏は秋

1　津軽海峡の先史文化交流　　35

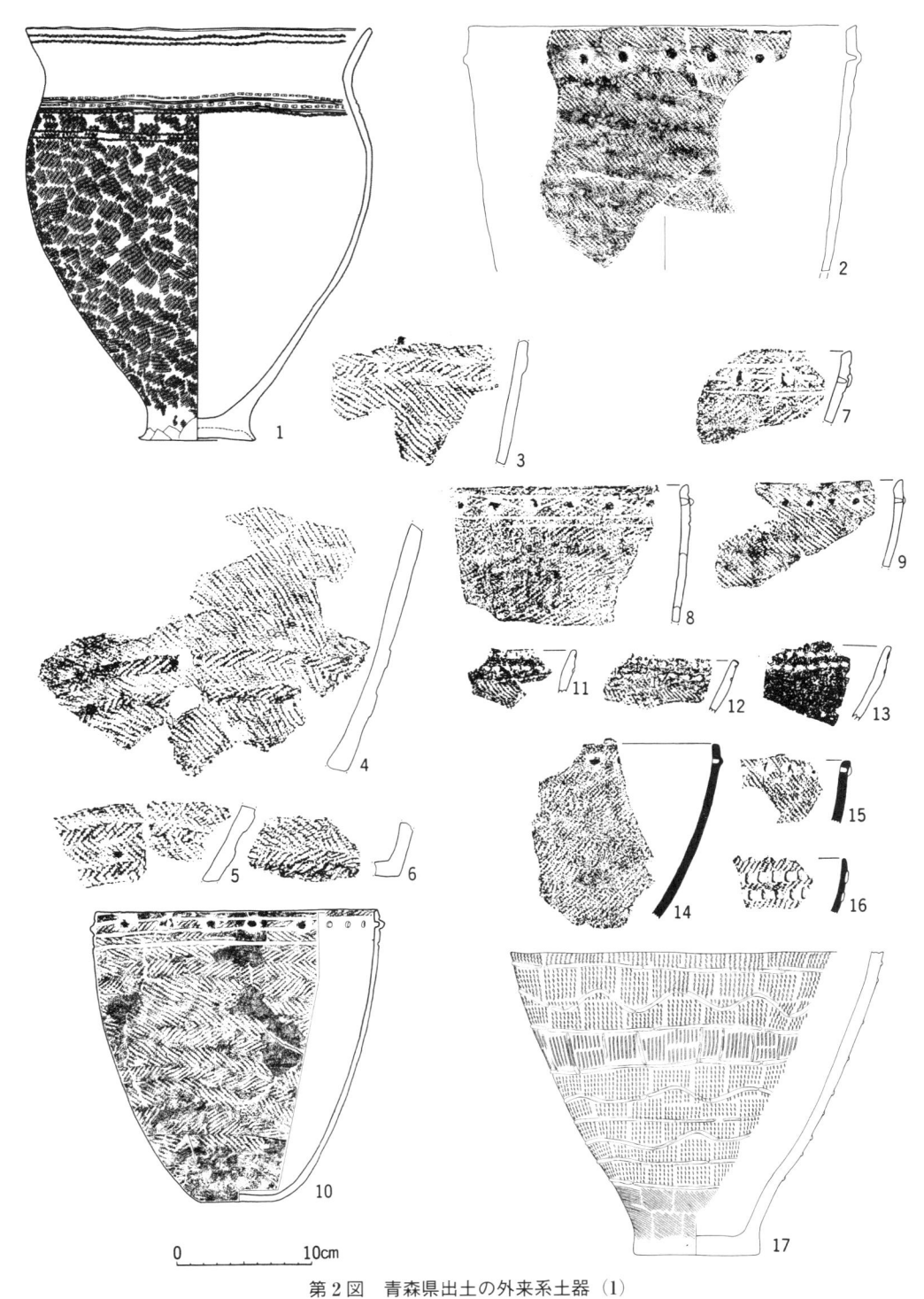

第 2 図　青森県出土の外来系土器 (1)

1. 山崎(1)遺跡　2. 二ツ石遺跡　3〜9. 尻高(4)遺跡　10. 小金森遺跡　11〜13. 一ノ渡遺跡　14〜16. ドウマンチャ貝塚　17. 前坂下(13)遺跡

第Ⅱ章　津軽海峡域の文化交流

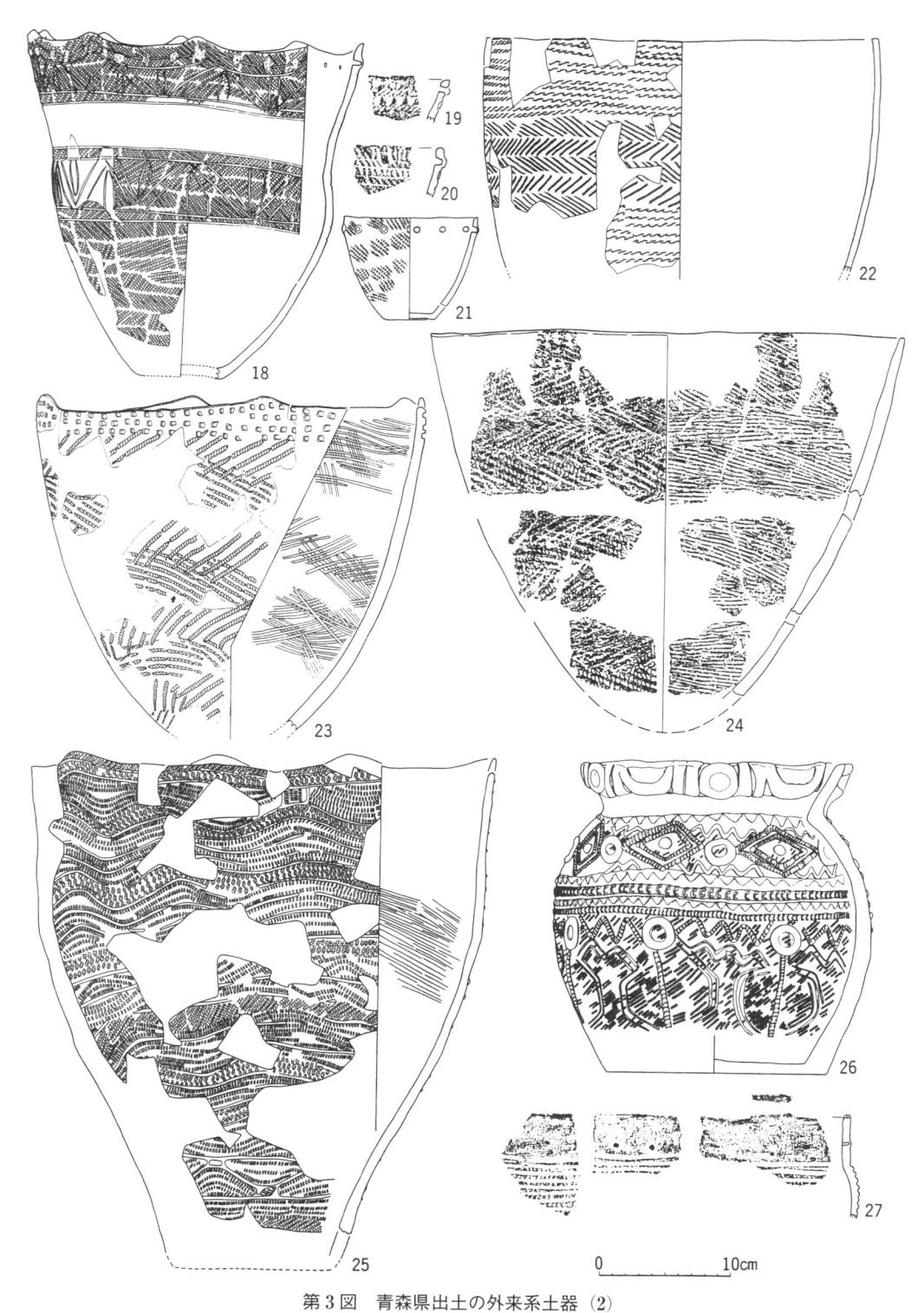

第3図　青森県出土の外来系土器（2）
18〜21．大湊近川遺跡　22．上尾駮(1)遺跡　23．表館(1)遺跡第4地区　24・25．表館(1)遺跡　26．大平遺跡
27．瀬野遺跡

田県における前・中期の21遺跡出土の北陸系縄文土器を紹介している（富樫1984）。また，北海道白老町の虎杖浜（こじょうはま）2遺跡では主に東北地方南部に分布し本県では未発見の前期の大木（だいぎ）3式土器も出土している（白老町教委1978）。

また，弥生・続縄文時代においても主として北海道東部に分布し，本州では当遺跡しか知られていない突瘤文をもつ前北式系の土器が脇野沢村（現むつ市）瀬野（ぜんぼく）遺跡で竪穴住居跡から出土している（伊東・須藤1982）。

なお，近年，土器の胎土分析により土器の製作地を探る研究がなされているが，以上述べた資料に関しては行われていない。

3. 青森県各地の様相

つぎに今まで述べてきた本県出土の各種遺物について遺跡の位置する地域ごとにまとめて述べ各地域の様相や地域的特徴を把握することとする。

本県は出土した黒曜石製石器を主として考えた場合，大きく7ヶ所に区分される。

(1) 津軽半島の津軽海峡沿岸地域

この地域では三厩村（現外ヶ浜町）中の平・宇鉄遺跡がある。中の平では縄文時代の出来島・男鹿産の黒曜石製石器と肉眼的に北海道産とみられる黒曜石製石器さらに同後期の糸魚川産の硬玉製品が出土しており，宇鉄では弥生時代の出来島産の黒曜石製石器が出土している。

この地域は対馬海流の津軽海峡への入口部分に当たり，北海道と対峙しており当然のことながら北海道と密接な文化的関連が考えられる地域である。また出土資料の分析が遅れている地域でもある。近隣地域産の黒曜石は当然のことながら見られるが，秋田県および対岸の北海道産のもの，糸魚川産の硬玉も見られる。今別町の山崎(1)遺跡A地区，二ツ石遺跡からはそれぞれ北海道系のノダップⅡ式，堂林式土器（竪穴住居跡内出土）が見られるのもその辺の事情を物語っている。近隣地域産のものは陸路，北海道および秋田県以南産のものは津軽海峡を渡ったり日本海沿岸を対馬暖流によって海路丸木舟で運び込まれたものであろう。本県では秋田県以南に密に分布する縄文時代前期の吹浦式土器が出土したり，秋田市四ツ小屋遺跡では同前期の黒曜石剥片2点が信州霧ヶ峯群産（東村1986）のものであったり，秋田県からは同前・中期の北陸系縄文土器が多数出土している（富樫1984）ことからも縄文時代前期から日本海沿岸のルート[4]による交流が盛んに行われていたことがわかる。

(2) 津軽半島の日本海沿岸地域

この地域では小泊村（現中泊町）縄文沼遺跡がある。縄文時代晩期中・後葉の出来島産の黒曜石製石器が出土している。

この地域は本県有数の黒曜石原産地であるが出土資料の分析が遅れている状況である。近隣地域産のものであり陸路運び込まれたのであろう。

(3) 津軽地方の内陸河川流域

　この地域では蟹田川流域の蟹田町（現外ヶ浜町）大平山元Ⅰ～Ⅲ，岩木川流域の木造町（現つがる市）丸山溜池・亀ヶ岡，岩木山北麓の森田村（現つがる市）石神，南麓の岩木町（現弘前市）小森山東部・薬師Ⅰ号，浅瀬石川流域の黒石市板留(2)・一ノ渡，平川流域の大鰐町大平・砂沢平，碇ヶ関村（現平川市）永野遺跡がある。

　大平山元Ⅱ・Ⅲ，丸山溜池では旧石器時代後期の折腰内（系）産の黒曜石製石器が出土している。大平山元Ⅱでは男鹿産も用いられており，男鹿産が多数を占める。これによって当然のことではあるが大半は近隣地域産のものが使用されていることがわかる。おそらく陸路運び込まれたものと思われるが大平山元Ⅱ例は日本海沿いに海路運び込まれた可能性もある。大平山元Ⅰでは縄文時代草創期の深浦（系）産の黒曜石製石器が出土しており，これも近隣地域産のものである。亀ヶ岡では同晩期，岩木山麓では同前～晩期，浅瀬石川流域では同前期の出来島産，平川流域でも同前期の出来島系産の黒曜石製石器が出土しており，いずれも近距離産のものを使用している。これらは岩木川流域の河川ルートや陸路を運び込まれたものであろう。なお，出来島産の黒曜石については類似したものが中村川上流の岩木山麓にあり本来的な原産地がここであるという考え方（東村1986）もなされている。このため岩木山麓やそれ以南の地域から出土したものについては直接出来島に行って採取したとするよりは縄文人がまだ知られていない本来的原産地から採取した可能性もあろう。

　この地域では旧石器時代以降弥生時代に至るまで北海道産の黒曜石がまったく見られないのが特徴である。平賀町（現平川市）小金森，木造町（現つがる市）亀ヶ岡，黒石市一ノ渡遺跡では北海道系の堂林式土器や上ノ国式土器が出土しているので今後北海道産の黒曜石が発見される可能性は多少はあろう。これは北海道産の原石に関する情報がまったくなかったためではなく，石器の主たる材料である頁岩が津軽半島の山地に産出しており，副次的な黒曜石については敢えて遠隔地まで行かなくても近隣地域産のもので充足できたためと思われる。

(4) 津軽・下北半島の陸奥湾沿岸地域

　この地域では津軽半島の平舘村（現外ヶ浜町）今津，尻高(3)・(4)，陸奥湾奥部の青森市三内丸山(Ⅱ)，夏泊半島の平内町横峰，下北半島のむつ市大湊近川遺跡がある。

　今津では縄文時代晩期中葉の出来島・男鹿産の黒曜石製石器，尻高(3)では置戸産，尻高(4)では北海道系の余市式土器，堂林式土器と赤井川・置戸・十勝産の黒曜石製石器が出土している。三内丸山(Ⅱ)では同中期前葉の赤井川産（または十勝産），横峰では同晩期の深浦産，大湊近川では北海道系の堂林式土器，三ツ谷式土器と置戸・赤井川・出来島・十勝・男鹿・白滝産の黒曜石製石器が出土している。

　この地域は三方を陸地で囲まれた内湾地域であり，同中期以降赤井川産の黒曜石製石器が見られる。後期の末葉になるときわめて特徴的な傾向であるが，各地域の黒曜石が使用される遺跡が見られるようになる。尻高(4)・大湊近川から出土した黒曜石の大半は北海道産のもので，とも

に竪穴住居跡から堂林式土器と共伴して出土している。本県では同早期から一遺跡で複数の原産地の黒曜石が出土する例が見られるが，大湊近川には東北地方北部と北海道各地産のものが見られ，あたかも当時の黒曜石の見本市の観を呈している。この地域において各地産のものが使用されたのは，陸奥湾が外海に比して波穏やかで海上交流が頻繁に行われやすい地理的条件下にあるため，北海道や津軽・下北地方など各地の情報を得やすい（集まりやすい）状況があったためであろう。

　北海道から津軽海峡を南下して来るルートには渡海後陸奥湾に直接入ってくるルートも縄文時代中期には既にあったと考えられる。大湊近川の遺物や瀬野の前北式土器もこのルートによったものであろう。また，夏泊半島の深浦産の黒曜石も海路運び込まれた可能性がある。

(5) 下北半島の津軽海峡沿岸地域

　この地域では下北半島の東通村ムシリ・大平遺跡D地点がある。ムシリでは北海道系土器と北海道系の黒曜石製石刃鏃，大平Dでは続縄文時代〜古代の出来島産の黒曜石製石器が出土している。

　この地域は海峡を挟んで北海道と対峙しており，当然のことながら北海道と密接な文化的関連が考えられる地域であり，大間町ドウマンチャ貝塚では北海道系の三ツ谷式土器が出土している。また，大平D出土の出来島産の黒曜石は海路運び込まれたものであろう。

(6) 下北半島〜南部地方の太平洋沿岸地域

　この地域では尾駮・鷹架沼周辺の六ヶ所村上尾駮(1)，同(2) B・C，大石平Ⅰ・Ⅱ，富ノ沢(2)・表館(1)遺跡，小川原湖東岸の三沢市根井沼(1)遺跡，五戸・馬淵川流域の八戸市売場・和野前山・長七谷地・根城などの遺跡があり，県内で最も発掘調査や出土資料の各種分析が進んでいる地域である。富ノ沢(2)では縄文時代中期の糸魚川産の硬玉製品，上尾駮(1)では同早期の北海道系の土器と赤井川（系）（十勝（系））産の黒曜石製石器，また地点は異なるがこの遺跡からは同晩期の糸魚川産の硬玉製品が多数出土している。上尾駮(2)では同後期の糸魚川産の硬玉製品，大石平Ⅰでは同後期〜弥生時代の赤井川産の黒曜石製石器と同後期の糸魚川産の硬玉製品，表館(1)では縄文時代早期の北海道系土器と同早〜前期の赤井川（系）・十勝・男鹿系産の黒曜石製石器が出土している。根井沼(1)では同早期の伊豆諸島の神津島産，長七谷地では同早期の赤井川（十勝系）産，和野前山では同早期の赤井川（十勝系）産，売場では同早期の北海道系土器と同早期の赤井川（十勝）産，大石平Ⅱでは弥生時代中期の白滝産の黒曜石製石器が出土している。根城では7〜8世紀の赤井川・雫石・出来島産の黒曜石製石器が出土している。

　縄文時代早期の黒曜石の分析資料はいずれも太平洋側地域出土のものであり，下北半島の六ヶ所村から三沢・八戸市にかけての沿岸部のものが大半である。このなかで六ヶ所村のものは北海道南西部の赤井川産と東部の十勝（系）産であって男鹿系産はきわめて少ない。また，とくに注目されるのは根井沼(1)の資料であり，すべて伊豆諸島の神津島産である。距離的に約750 km

も離れた遠隔地のものが直接運ばれてきたものかどうかは別にして北上する黒潮（日本海流）を利用して来たものであろう。関東地方や東北地方南部に分布する早期の貝殻文土器に類似した土器群が本県の太平洋沿岸地域に分布していることと密接な関係があるものと思われる。

太平洋沿岸地域では黒曜石の原産地がない（確認されていない）にも係わらず日本海沿岸地域産の黒曜石がきわめて稀にしか発見されないのが特徴である。当時この地域産の黒曜石に関する情報がなかったためと考えるよりは北海道産の黒曜石がより良質であったか，あるいは北海道への海路がより往来しやすかったからであろうと思われる。また，そのほかに北海道に（から）行きやすい（来やすい）という社会的環境があったのであろう。この後縄文時代はもちろん弥生・古代に至るまで北海道産のものが継続して見られるのであり縄文時代早期には北海道と本県の太平洋沿岸地域を結ぶルートが確立されていたと思われる。太平洋沿岸地域の表館(1)・ムシリ・売場では北海道産の黒曜石製石器のほか中茶路・東釧路Ⅲ～Ⅳ式土器が出土したり，さらにまた太平洋岸の東通村前坂下(13)で中茶路式土器が出土しているのもその辺の事情を物語っている。

尾駮・鷹架沼一帯には早期以降各地域からの遺物が集まっているが，この要因はこの地域が，北海道から南下して来た場合本州最初の内湾地域であり，波穏やかな良港としての性格をもっていたのであろう。しかも陸奥湾に最短距離で出られるという地理的好条件もあったためであろう。おそらくこの地域の縄文人は北海道およびその他の地域に関して多くの情報をもっていたはずである。この状況は小川原湖沿岸地域，八戸地方の馬淵川流域にもほぼ当てはめて考えられることである。この現象はこの頃から顕著になる気候の温暖化に伴ういわゆる縄文海進により人間活動がより活発化したことにもよるのであろう。

六ヶ所村では中期以降糸魚川産の硬玉製品が出土しており，後・晩期にまで受け継がれている。おそらく新潟県から対馬暖流に乗って日本海を北上し（直接来たかどうかは別にして）津軽海峡を東流したのち太平洋岸沿いを南下して来たものであろう。

(7) 南部地方の内陸地域

この地域では東北町長者久保，南郷村（現八戸市）鴨平(1)遺跡がある。長者久保では旧石器時代後期の深浦産の黒曜石製石器，鴨平(1)では縄文時代早期の雫石・花泉・折居産の黒曜石製石器が出土している。

深浦産の黒曜石製石器は約 540 km 離れた旧石器時代後期の富山県の立美遺跡からも出土しており，おそらくこの時期に深浦産の黒曜石原石が広く知られており長者久保例と同様に海路丸木舟によって運び出されたものであろう。

また，鴨平(1)の例は岩手県北部から本県南部にいたる内陸河川ルートによって運び込まれたものであろう。

4. 津軽海峡の先史文化交流（第4図）

津軽海峡は幅が 19 km ほどの狭い海峡であるがこの海峡を，日本海を北上してきた対馬暖流

の分流が最大流速7ノットで東流している[5]。この海峡は潮流の速さ・複雑さのため江戸時代以来海の難所として知られ，その渡航に困難をきわめた様子がいくつかの文献（島谷1944）に出ているわけである。この自然環境は縄文・弥生時代もほぼ同様であり，双方の交流を阻む大きな障壁であったはずであるが，先史時代人は丸木舟によりこの海峡を巧みに乗り切り交流を行ったのである。

　ここでは主に海流の方向を参考にして原産地から出土遺跡までの運ばれた道筋（ルート）を想定し，その交流の様相について述べる。なお，運搬方法は必ずしも明確ではないが黒曜石などの原石は重量があり，縄文土器はかさばるので当時の陸路の運搬手段としては人力によるしかないため近隣地域間はともかくとして，原則的にはなるべく海路丸木舟を利用するのが一般的であったと考えられる。海峡の交流ルートは，海流の方向のほかに過去の渡航・漂流例，原産地と出土遺跡との関係から想定されるものであるが，以下に述べるこれらのルートは原産地と出土遺跡を結ぶという地図上の単純な位置関係から想定されており，実際には原産地から出土遺跡に至るまで遺物が各地を経由してきたことなども充分考えられることをあらかじめ断わっておきたい。

(1) 津軽海峡の航海ルート（第4図）

【本州発ルート】

Aルート…日本海を北上して北海道南部西海岸に到着するルートであり，過去の漂流例[6]などから想定される。なお，これには陸路を併用した可能性もある。

Bルート…日本海を北上したあと津軽海峡を東行し北海道に到着するルートであり，千歳市美々4遺跡の硬玉製品，また，過去の漂流例などから想定される。なお，これには陸路を併用した可能性もある。

Cルート…日本海を北上したあと津軽海峡を東行し津軽半島の津軽海峡沿岸地域に到着するルートであり，中の平の黒曜石製石器と硬玉製品，宇鉄の黒曜石製石器などから想定される。なお，これには陸路（を併用した）の可能性もある。

Dルート…日本海を北上したあと津軽海峡を東行し，陸奥湾沿岸地域に到着するルートであり，長者久保・横峰・今津の黒曜石製石器などから想定される。なお，これには陸路（を併用した）の可能性もある。

Eルート…日本海を北上したあと津軽海峡を東行し，下北半島に到着するルートであり，大平Dの黒曜石製石器などから想定される。なお，これには陸路（を併用した）の可能性もないわけではない。

Fルート…日本海を北上したあと津軽海峡を東行し，下北半島を周り南下し八戸地方以北の沿岸地域に到着するルートであり，表館(1)・根城の黒曜石製石器および六ヶ所村の硬玉製品などから想定される。なお，これには陸路（を併用した）の可能性もないわけではない。

Gルート…津軽・下北半島，陸奥湾沿岸地域から北海道に到着するルートであり，江戸時代の

渡航例（布施1975，笹沢1953）や過去の渡航例[7]，青函連絡船（昭和63年以前）やフェリー航路さらに松岡達郎氏の渡航シミュレーション（松岡1981），縄文時代以来の各種遺物（土器・土偶・石器・石製品など）などから想定される。なお，これには陸路を併用した可能性もある。

Hルート…南部地方の太平洋沿岸地域から北海道に到着するルートであり，白老町虎杖浜2の東北地方南部系縄文土器さらに現在のフェリー航路などから想定される。なお，これには陸路を併用した可能性もある。

【北海道発ルート】

Aルート…北海道から津軽半島の津軽海峡沿岸地域に到着するルートであり，山崎(1)A・二ツ石の北海道系縄文土器，中の平の黒曜石製石器，江戸時代の渡航例（布施1975，笹沢1953）や過去の渡航例，青函連絡船やフェリー航路さらに松岡氏の渡航シミュレーション，北海道系の恵山式土器などから想定される。

Bルート…北海道から下北半島の津軽海峡沿岸地域に到着するルートであり，ドウマンチャ・ムシリの北海道系遺物，恵山式土器，江戸時代の渡航例（布施1975，笹沢1953）や過去の渡航例，青函連絡船やフェリー航路さらに松岡氏の渡航シミュレーションなどから想定される。

Cルート…北海道から陸奥湾沿岸地域に到着するルートであり，尻高(3)・(4)，三内丸山(II)，大湊近川の黒曜石製石器あるいは北海道系縄文土器さらに青函連絡船やフェリー航路などから想定される。なお，これには陸路を併用した可能性もある。

Dルート…北海道から日本海を南下し日本海沿岸地域に到着するルートであり，木造町（現つがる市）神田（小山内・岡田1983），能代市寒川II（秋田県埋文1988b）などの北海道系続縄文土器である後北式土器などから想定される。なお，これには陸路を併用した可能性もある。

Eルート…北海道から太平洋沿岸を南下し東通村以南の太平洋沿岸地域に到着するルートであり，前坂下(13)の北海道系縄文土器，六ヶ所村・八戸地方出土の黒曜石製石器および北海道系縄文土器さらにフェリー航路などから想定される。なお，これには陸路を併用した可能性もある。

(2) 津軽海峡をめぐる交流の様相

本県はその地理的位置により従来から津軽海峡を挟んで北海道との交流の問題が考古学的に取りあげられることが多く，坪井正五郎が明治28年に説いて（坪井1895）以来多くの研究者がこの問題について述べている（江坂1961，千代1972，橘1974，福田1976・1982）。そして，海峡が成立した旧石器時代後期から縄文・続縄文時代に至る先史時代において相互に密接な交流が行われたことが明らかにされてきた。海峡をめぐる交流の問題については，従来海峡がもっぱら本州と北海道を結ぶ交通路としての意味をもっていたことが述べられてきたが，今まで述べてきたことに

1 津軽海峡の先史文化交流　43

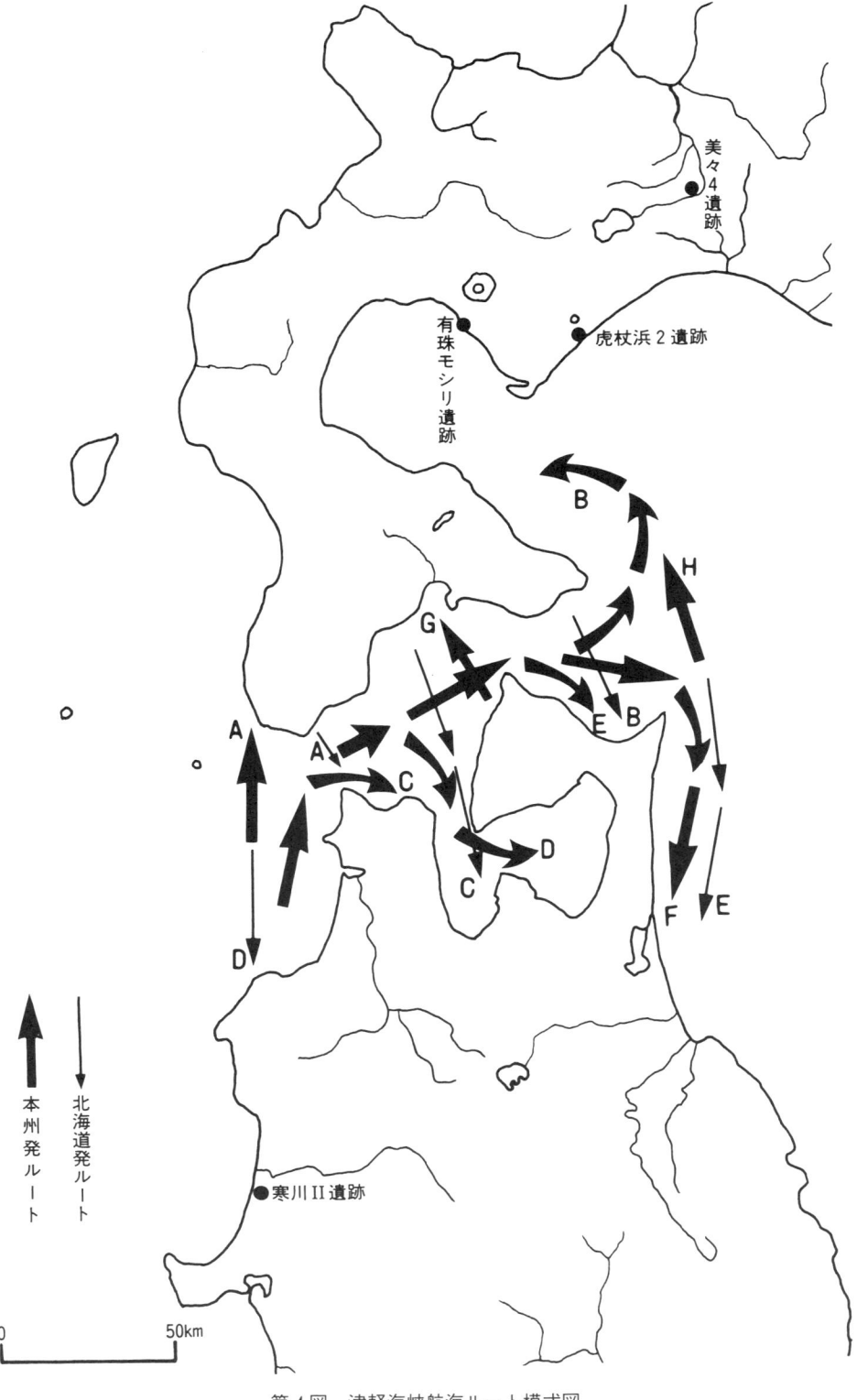

第4図　津軽海峡航海ルート模式図

よって海峡は南北をつなぐ以外にも日本海と陸奥湾・下北半島・太平洋など東西をつなぐ役割あるいはさらにより広域的な地域へ至る交通路としての役割も果たしてきたことが判明してきた。この海峡をめぐる交流は，明らかに何らかの目的により行われたものと考えられるのであって，以下，それら交流の様相について具体的に述べる。

黒曜石製石器や硬玉製品さらには外来系土器から津軽海峡をめぐる交流の内容はどのように考えられるであろうか，これらの出土事例を分析してみるとつぎの4通りに分類される。

① 外来系の黒曜石製石器や硬玉製品が出土する事例であり，三内丸山(Ⅱ)・根城跡，上尾駮(1)・(2)遺跡など1や2-(1)に述べた諸例がある。

② 外来系土器が出土する事例であり，二ツ石・小金森・ドウマンチャ・前坂下(13)・瀬野遺跡など2-(2)に述べた諸例がある。このなかで二ツ石・瀬野例は竪穴住居跡から出土したものである。

③ 外来系の黒曜石製石器と外来系土器が同じ遺跡から出土する事例であり，表館(1)・売場遺跡などの諸例がある。

④ 外来系の黒曜石製石器と外来系土器が同一竪穴住居跡から共伴して出土する事例であり，尻高(4)・大湊近川遺跡の例がある。

このなかで①の事例は，当然のことながら人の移住などの結果起こった現象とも考えられるが，結論から言うと，ともに原産地が特定・限定されていることから何らかの交易によって本県にもたらされたものと考えられる（福田1988a・b）。黒曜石は旧石器時代以降，石器を製作する材料として必需品であり，当然交易の対象となるものである。この場合原石そのものが交易されたのか石器という製品に加工して交易されたのかという2つの考え方ができるが，県内では石器製作時の剥片が多い点から大半が原石で交易され，当地で石器製作を行ったものと考えられる。また，硬玉製品も装身具あるいは呪術具として用いられ全国各地から出土しており，縄文・弥生時代人にとっての必需品である。県内の遺跡では未製品を出土したのは亀ヶ岡遺跡以外なく，大半が製品のみを出土することから，直接ないし間接的に糸魚川やその周辺地域から製品が県内の各遺跡へ交易されたものと考えられる。

つぎに②の事例である。外来系の土器はいわゆる搬入品（運び込まれたもの）という扱い方がなされるが，それ以外のものとの区別は必ずしも厳密ではない。搬入品としたもののなかには肉眼的には製作技法，文様など同一に見えるが本場の土器を模倣して本県で製作したものも含まれる可能性があるからである。これには今後，土器の胎土分析の進展が望まれる（この場合，粘土の交易は考えないことにしなければならないが…）。ところで本県の場合，外来系土器の出土数は他の地元の土器数に比して極端に少ないのが一般的である。このような事例は，土器自体が交易の対象として持ち込まれた結果と考えるよりは，主に他の交易活動や人の移住などに付随した結果起こった現象と考えるべきであろう。

つぎに③の事例であるが，①と②の事例をそのまま当てはめて考えられる。同一遺跡から出土していることから④の事例とは類似してはいるが，石器と土器が必ずしも同時に使用されたとは

考えられない点が大きく異なる。

　最後に④の事例であるが，③の事例と類似したものと考えられはするが 2 遺跡とも竪穴住居跡から両者が多数出土しているという状況が大きく異なる。つまり両者が同時にその竪穴住居で使用されたと考えられるからである。この場合，竪穴住居の居住者がそれらをすべて交易によって得たとも考えられるが，それよりはむしろ，外来系の人々が居住した結果つまり北海道人の移住の結果起こった現象であると考えた方が無理がない。

　以下，これによって津軽海峡の交流史についてを推定を交えながら述べよう。

　旧石器時代の黒曜石については資料的に乏しく，本県の太平洋側地域のものは未分析でありその様相は不明である。しかしながら前に述べたように深浦産の黒曜石が富山県から出土しており，他県の例では隠岐島産のものが旧石器時代以降島根県の出雲地方に多く見られ，また，神津島産のものが旧石器時代以降関東地方とその周辺地域に見られることなどが知られており（東村 1986），さらに北海道産のものが宗谷海峡を越えてサハリンの後期旧石器時代の遺跡から出土している[8]ことなどから，本県の太平洋側地域と北海道間ではおそらく旧石器時代から海峡を越えて広域的に黒曜石が交易されていたと推定される。縄文時代早・前期の下北半島頸部の尾駮・鷹架沼周辺地域には北海道産の黒曜石と北海道系縄文土器が出土している。しかしながら外来系土器の数は必ずしも多くはない。北海道からの移住者によるものか黒曜石などの交易に伴って土器が持ち込まれたのであろう。津軽地域ではこの時期の黒曜石の分析資料がなく不明であるがおそらく海岸地域はともかくとしても内陸部は出来島産などの近隣地域産のものが使われていたのであろう。中期や後期の分析資料はまだ少なく推定ではあるがそれ以前と大差はなかったであろう。また，後期末の陸奥湾沿岸地域の尻高(4)・大湊近川遺跡では北海道系縄文土器と北海道産の黒曜石がセットで竪穴住居跡に多数残されており，北海道からの移住者が残したものと考えられる。また，晩期は太平洋側地域では分析資料がないが後続する弥生時代以降の事例を考えると北海道系の黒曜石が主体的であったろう。また，弥生時代については太平洋側地域では一部北海道産の黒曜石が引き続き用いられ，津軽地方では出来島産など近隣地域産などが引き続き用いられている。

　これら黒曜石製石器からみた結果では，津軽地域ではどちらかといえば伝統的に近距離（地元）産の黒曜石を用いているのに対し，太平洋側地域ではこれも伝統的に主として北海道系の黒曜石を用いる傾向が窺われる。これは，内陸地方では近距離産を用い，日本海沿岸部を除いた海岸地域では北海道系を用いるという傾向と考えてもよいだろう。おそらく太平洋側地域と北海道間には黒曜石の道とも言うべき一定の海上ルートがあったのであろう。青森県という一地域のなかで一方は地元産，一方は遠隔地産を継続して用い続けるというように土器文化圏と黒曜石の交易圏とは細かくみると必ずしも一致しない場合があるようである。

　また，硬玉製品であるが縄文時代中期から晩期にかけて津軽海峡では糸魚川産の硬玉が運ばれており，下北半島や北海道にも渡っている。それ以前は硬玉を用いる風習は県内にはまだみられない。また，弥生時代以降の硬玉製品については宇鉄遺跡（青森県立郷土館 1979）など資料はある

ものの未分析である。しかしながらすでにルートが確立している糸魚川産のものが引続き海峡を運ばれた可能性がつよい。

　つぎに分析によって原産地が判明したもの以外の遺物等について述べる。

　縄文時代後・晩期には県内において石鏃などにアスファルトが付着している事例が多数見られる。接着剤，固着剤などとして用いられたものである。秋田県などの日本海沿岸地域産のアスファルトとされているものであり，奥羽山脈を横断するルート（安孫子 1982）以外にも津軽海峡を運ばれて北海道や太平洋沿岸地域へもたらされた場合もあったと思われる。また，後・晩期以降，東北地方などにおいて縄文土器に赤色顔料を塗る技法が流行する。津軽半島先端部の今別町赤根沢は，産出する赤土・赤岩（ベンガラ，酸化第二鉄）が江戸時代には幕府にまで知られた名産地である（現在，一部県の天然記念物に指定）が，縄文時代後・晩期から弥生時代にかけて既に津軽海峡を北海道やその他各地に交易品として運ばれていた可能性がきわめてたかい。

　つぎに縄文土器であるが，後期前半には本県が主たる分布圏である甕（土器）棺が北海道の津軽海峡沿岸地域に見られる。これは土器による埋葬方法が同一であるという状況を抜きにしては考えられないことから，ともに墓制を同じくする集団の残したものと考えられ，海峡を越えた双方の密接な関係が窺われる。移住，交易の結果起こった現象とも考えられるが，土器は女性が主に製作したという観点から考えてみると海峡を越えて女性同士の結び付きの強さが窺われるのであって，おそらく婚姻関係により起こった現象と考えるべきであろう。その意味で津軽海峡沿岸地域は通婚圏と考えることもできる。海峡をめぐる土器文化の様相については註 3)に述べた通りであり，早期以降，海峡の北と南ではきわめて類似した土器文化が展開している。この地域を一つの土器文化圏として把握してもよいが，おそらく縄文時代を通じての通婚圏であったのであろう。そしてこのなかで上述した交易活動もなされたのであろう。この傾向はおそらく縄文時代以降もずっと続き現在に至っていると考えられるものである。

　最後に，縄文時代後・晩期から続縄文時代にかけて，北海道には自然生息していないといわれるイノシシの骨が北海道から出土しており東北地方北部から幼獣などが儀礼に関連して運び込まれた可能性が指摘されている（西本 1984）。北海道では道南の三ツ谷貝塚や内浦湾沿岸の貝塚から多数出土している。北海道において縄文時代以来自然生息していたかどうか不明ではあるが海峡を越えて運び込まれた可能性はつよい。また，縄文時代晩期から続縄文時代にかけての遺跡として近年とくに注目されている，北海道内浦湾に面した伊達市有珠モシリ遺跡では縄文時代晩期のオオツタノハ製の貝輪（大島 1988c）や続縄文時代のイモ貝製の貝輪（大島ほか 1989）など南海産の貝製品が出土しており，明らかに交易によるものである。この時期に単に北海道と東日本などという距離関係以上に日本列島的な規模での広範囲にわたる交易が行われていたことが想定される。

　以上大雑把ではあるが津軽海峡をめぐる交易の様相について述べた。この交易には前に述べた各ルートがそのままかあるいは組合わさって用いられたのであろう。縄文時代後期以降交易がとくに活発化するようにも思われるが未だ明確ではない。また，交易の場合当然のことながら物々

交換という形態をとったと思われるのであり，物資の搬入に対しては何んらかの物資が搬出されたと考えられる。これについての手がかりとして考えられるのは本県産黒曜石の県外における出土例や明確に本県産の土器の県外における出土・分布状況についての情報であるが，現在のところ分析が行われているのかどうかを含めて明らかではない。

今後，交流の問題について述べる場合には現在最も一般的な黒曜石製石器や硬玉製品の産地分析に関しては時代ごと地域ごとの分析結果をさらに積み上げていくことが必要であろう。また，土器の胎土分析も積極的に進める必要があろう。生息地域が限定されている貝や動物などの自然遺物の分析もきわめて有効かつ重要になろう。その際，交流の背後にそれらを企てた人間が常にいることを忘れてはならない。これらの各種分析によって得られた結果を先史地理学的観点から組み立てていくことによって，交易の主体者たる先史時代人の動き，経済活動がダイナミックに把握できるであろうし生きた津軽海峡交流史を描くことができるであろう。

(付記)

註3)の津軽海峡（最浅部で約120～140m）の成立年代については，その後，第4氷期ウルム第3亜氷期の海水面降下が最大で約120mと少なめにみられるようになったことから，海峡はそれ以前にすでに成立していたと考えられるようになってきている。

また，根井沼(1)例はすべて神津島産と判定されているが，その後，北海道では，豊泉（豊浦町）の産地が発見された結果，豊浦産と訂正されるにいたった（本書第Ⅱ章3）。

註
1) 外来系土器というのはその分布が主として県外にある土器という意味で使用している。のちに述べる北海道系縄文土器もこのなかに含まれる。なお，現在のところ土器の胎土分析が行われていないので，あくまで肉眼的に見て外来系土器と考えられたものである。
2) 北海道系縄文土器というのはその分布が主として北海道にあり，本州ではきわめて稀な縄文土器という意味で使用している。したがって，分布が北海道と本州にまたがっている貝殻文土器，円筒土器，亀ヶ岡式土器などの縄文土器は含まれていない。
3) 津軽海峡の成立は第4氷期ウルム第3亜氷期の頃で，今からおよそ18,000年前とされ，海峡を渡った最初の人は旧石器時代後期の人であった。この後，縄文時代になってからは早期以降北海道南部と東北地方北部ではほぼ共通した土器文化が展開する。早期中葉の貝殻文土器，前期初頭の縄文施文の尖底土器は北海道と東北地方以南に分布し，さらに前期の円筒土器下層式，中期の円筒土器上層式は道南部から東北地方北部にかけて分布している。中期後葉の東北地方南部に主に分布する大木式土器は北海道にもみられ，後期には東北地方北部の大湯・十腰内式土器が北海道にも広く分布するが，後期前葉の道南部には本県と同様に甕棺も分布する。晩期は東北地方が主たる分布地域である亀ヶ岡式土器の時代であるが道南部にも分布するようになり，その影響をうけた土器は道北・道東部にまで分布している。弥生・続縄文時代に至ってもこの状況は続き道南部の恵山式系土器が津軽・下北両半島に南下し，北海道に分布する後北式土器が東北地方南部にまで分布している。逆に東北地方の天王山式系の弥生式土器も

道南部に分布する。そして古代では大和朝廷と密接な関係をもった土師器(はじき)・須恵器(すえき)も北海道に分布するようになり，古式土師器が札幌市から出土している。また，これとは逆に平安時代には北海道に主に分布する擦文(さつもん)土器が本県に南下するようになる。

　大雑把ではあるが以上述べた土器文化中心の視点によって従来，津軽海峡をめぐる文化の交流について論じられてきたわけであるが，海峡をどのようなルートで行き来したのかといった観点にたった場合，土器の分布や文化圏同士の比較では明確にできない状況があった。

4）　ソ連邦沿海州の石器時代の遺跡からは隠岐島産・男鹿産の黒曜石製石器が出土しているという（昭和63年4月29日付けの河北新報による）。

5）　海上保安庁水路部編の「海図6075号」による。

6）　本州から北海道への漂流の具体例で最近のものでは昭和41年の秋田市の男性（22）の例がある。8月21日に秋田市の海水浴場から貸しボートに乗ったまま流され同29日に北海道松前町の海岸に無事漂着している（8月29日付けの毎日新聞）。また，昭和58年では，秋田県雄物川河口でボートで釣りをしていた男性（48）が5月26日の日本海中部地震の津波で沖にさらわれ37日後の7月2日に北海道内浦湾の豊浦沖20kmを遺体となって漂流しているのが発見されている（7月2日付けの東奥日報夕刊）。

7）　実際に小舟を漕いで津軽海峡を渡った具体例は（笹沢1953）の文献のほか大正9年にもある。1月24日昼すぎ津軽半島小泊村（現中泊町）の横泊（新聞では横浜になっているが間違いであろう）沖でソイ釣りをしていた漁師秋元春吉（22）と弟（15）の2人は強い風雨のため沖に流されたが翌日北海道松前港に到着し，無事の電報を打ったあと乗ってきた磯舟（長さ2間，幅2尺）を再び兄弟で漕ぎ28日の昼頃4日ぶりに帰村している（2月2日付けの東奥日報）。

8）　サハリンのソーコル遺跡から出土した黒曜石製剝片4点のうち2点が白滝産，1点が置戸産であるという（加藤1989）。また，サハリンのドーリンスクⅠ遺跡の黒曜石製剝片は白滝産であった（輿水・野村1990）。

2 亀ヶ岡文化圏の物の動き
―― 東北地方北部の黒曜石・ヒスイ製品を中心として ――

はじめに

　亀ヶ岡文化はおもに亀ヶ岡式土器を用いた人々の物質的・精神的文化の総体であり，北海道南部と東北地方がこの文化圏に含まれる。

　縄文時代晩期にはこの文化圏の内外をとわず，土器や石器，石・土製品，食料等さまざまな物資が動き，そしてまた技術・精神文化が動いたはずである。これは，当然のことではあるが亀ヶ岡文化人のさまざまな動きの結果によるものである。

　小稿ではこのなかで，ここ10年来進展が著しい，黒曜石の石器（以下，黒曜石製品）とヒスイ（硬玉）の玉（以下，ヒスイ製品）の産地分析成果をもとに，亀ヶ岡文化圏の一大中心地である東北地方北部における物の動きについて述べてみたい。

1. 黒曜石・ヒスイ製品の産地分析

(1) 青森県域の黒曜石製品

　晩期では次の14遺跡の資料が産地分析されている（分析は亀ヶ岡遺跡以外はすべて京都大学原子炉実験所の藁科哲男・東村武信両氏による）。

① 平舘村（現外ヶ浜町）今津遺跡（中葉・大洞C_2式）―出土品3点（石鏃・異形石器）のうち出来島（青森県木造町（現つがる市）七里長浜）産1，男鹿（秋田県男鹿市）産1，不明1（福田1990b）。

② 平舘村（現外ヶ浜町）尻高(3)遺跡（晩期？）―出土品1点（石鏃）は置戸（北海道置戸町）産（福田1990b）。

③ 平舘村（現外ヶ浜町）尻高(4)遺跡（後～晩期）―出土品6点（石鏃・石匙・剝片）のうち赤井川（北海道赤井川村）産4，置戸産2（福田1990b）。

④ 小泊村（現中泊町）縄文沼遺跡（中～後葉）―採集品10点（剝片・原石）のうち出来島産3，不明7（福田1990b）。

⑤ 市浦村（現五所川原市）五月女萢遺跡―採集品3点（剝片）はすべて出来島産（藁科・東村1991）。

⑥ 木造町（現つがる市）亀ヶ岡遺跡（中葉・大洞C_1式主体）―出土品13点（剝片）はすべて出来島産（青森県立郷土館1984）。

⑦ 五所川原市観音林遺跡（晩期中葉・大洞C_2式主体）―出土品46点のうち出来島産40（原石・剝片），戸門（青森市）産2（原石・剝片），白滝（北海道白滝村（現遠軽町）。五所川原―白滝間は直線距離で約400km）産1（横型石匙），十勝産（北海道上士幌町）1（小型石槍），男鹿産1（スクレイパー），不明1（剝片）（五所川原市1993）。

⑧ 弘前市尾上山遺跡—採集品11点（剝片）はすべて出来島産（藁科・東村1991）。

⑨ 岩木町（現弘前市）薬師Ⅰ号遺跡—採集品10点（スクレイパー・剝片）はすべて出来島産（福田1990b）。

⑩ 岩木町（現弘前市）小森山東部遺跡（後〜晩期）—採集品11点（原石・剝片）のうち出来島産7，不明4（福田1990b）。

⑪ 青森市玉清水遺跡—採集品1点（石鏃）は長野県霧ヶ峰産（青森—霧ヶ峰間は直線距離で約570km）（藁科・東村1991）。

⑫ 平内町横峰貝塚（後半）—採集品1点（剝片）は日本海側の深浦産（青森県深浦町）（福田1990b）。

⑬ 十和田市明戸（あけど）遺跡（中葉・大洞C_1〜C_2式）—出土品2点（石匙・剝片）のうち岩手県北上川上流域の雫石（しずくいし）（雫石町）産1（当遺跡—雫石間は直線距離で約100km），不明1（藁科・東村1988c）。

⑭ 名川町（現南部町）剣吉荒町（けんよし）遺跡（終末）—出土品2点（剝片）は出来島産（藁科・東村1991）。

(2) 青森県域のヒスイ製品

ヒスイ製品の出土遺跡は，平成2年の発表（福田1990a）に加えると現在65カ所となる。内訳は縄文（中〜晩期）58，弥生4，古代3で，ヒスイ総数は風張(1)遺跡の石質未鑑定分（坂川1992）も含めて600点前後である。そのうち晩期（晩期と断定できないものも含む）は，以下の27遺跡で227個以上にのぼる。

① 三厩村（みんまや）（現外ヶ浜町）宇鉄遺跡（晩期？）—1点（勾玉）。

② 平舘村（現外ヶ浜町）今津遺跡（中葉・大洞C_2式）—2点（小玉）。

③ 小泊村（現中泊町）大澗遺跡—1点（勾玉）。

④ 金木町（現五所川原市）妻の神（さいかみ）遺跡—1点（大型勾玉）。

⑤ 木造町（現つがる市）亀ヶ岡遺跡（中葉・大洞C_1式が主か・土壙墓）—45点（大型勾玉3・勾玉4・丸玉17・小玉14・楕円形玉，未製品含む）以上。

⑥ 板柳町土井Ⅰ号遺跡—2点（勾玉・小玉）以上。

⑦ 弘前市十腰内遺跡—9点（大型勾玉・勾玉5・小玉3）。

⑧ 弘前市野脇遺跡—2点（勾玉・玉未製品）。

⑨ 浪岡町（現青森市）源常平（げんじょうたい）遺跡（中葉・大洞C_1〜C_2式・土壙墓）—7点（勾玉2・小玉5）。

⑩ 浪岡町（現青森市）細野遺跡—1点（大型勾玉）。

⑪ 平賀町（現平川市）石郷遺跡（前半・大洞B〜C_1式）—5点（勾玉・小玉4，未製品を含む）。

⑫ 碇ヶ関村（現平川市）程ノ森遺跡（晩期？）—1点。

⑬ 青森市岡町(1)遺跡（晩期？）—1点（方型玉）。

⑭ 青森市細越遺跡（中葉・大洞C_1〜C_2式）—2点（小玉）。

⑮ 青森市朝日山遺跡（前〜中葉・大洞BC〜C_2式・土壙墓）—15点（勾玉・小玉）。

2 亀ヶ岡文化圏の物の動き　51

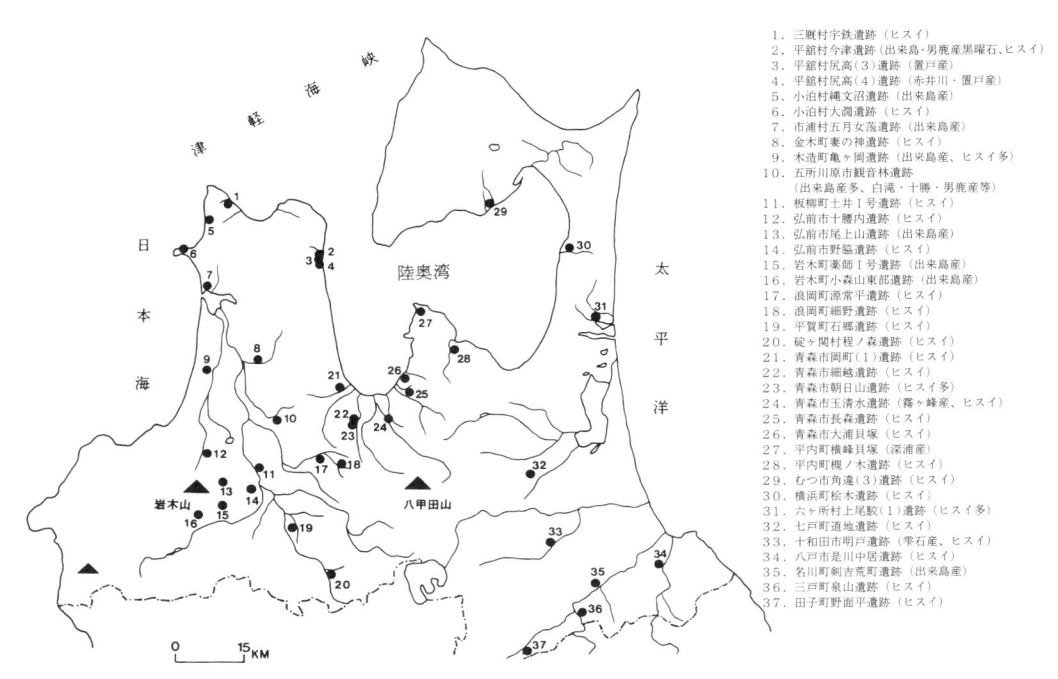

1. 三厩村宇鉄遺跡（ヒスイ）
2. 平舘村今津遺跡（出来島・男鹿産黒曜石、ヒスイ）
3. 平舘村尻高(3)遺跡（置戸産）
4. 平舘村尻高(4)遺跡（赤井川・置戸産）
5. 小泊村縄文沼遺跡（出来島産）
6. 小泊村大澗遺跡（ヒスイ）
7. 市浦村五月女萢遺跡（出来島産）
8. 金木町妻の神遺跡（ヒスイ）
9. 木造町亀ヶ岡遺跡（出来島産、ヒスイ多）
10. 五所川原市観音林遺跡（出来島産多、白滝・十勝・男鹿産等）
11. 板柳町土井1号遺跡（ヒスイ）
12. 弘前市十腰内遺跡（出来島産）
13. 弘前市尾上山遺跡（ヒスイ）
14. 弘前市野脇遺跡（ヒスイ）
15. 岩木町薬師1号遺跡（出来島産）
16. 岩木町小森山東部遺跡（出来島産）
17. 浪岡町源常平遺跡（ヒスイ）
18. 浪岡町細野遺跡（ヒスイ）
19. 平賀町石郷遺跡（ヒスイ）
20. 碇ヶ関村程ノ森遺跡（ヒスイ）
21. 青森市岡町(1)遺跡（ヒスイ）
22. 青森市細越遺跡（ヒスイ）
23. 青森市朝日山遺跡（ヒスイ多）
24. 青森市玉清水遺跡（霧ヶ峰産、ヒスイ）
25. 青森市長森遺跡（ヒスイ）
26. 青森市大浦貝塚（ヒスイ）
27. 平内町横峰貝塚（深浦産）
28. 平内町槻ノ木遺跡（ヒスイ）
29. むつ市角違(3)遺跡（ヒスイ）
30. 横浜町桧木遺跡（ヒスイ）
31. 六ヶ所村上尾駮(1)遺跡（ヒスイ多）
32. 七戸町道地遺跡（ヒスイ）
33. 十和田市明戸遺跡（雫石産、ヒスイ）
34. 八戸市是川中居遺跡（ヒスイ）
35. 名川町剣吉荒町遺跡（出来島産）
36. 三戸町泉山遺跡（ヒスイ）
37. 田子町野面平遺跡（ヒスイ）

第1図　青森県域亀ヶ岡文化期の黒曜石・ヒスイ製品出土遺跡

⑯ 青森市玉清水(1)遺跡（前半・大洞B～C_1式）—2点（勾玉・小玉）。
⑰ 青森市長森遺跡（宮田遺跡も含む）（中葉・大洞C_1～C_2式・土壙墓）—5点（勾玉・台形玉・小玉3）。
⑱ 青森市大浦貝塚—1点（鰹節形玉）。
⑲ 平内町槻ノ木遺跡（前半）—1点（小玉）。
⑳ むつ市角違(3)遺跡（前半）—1点（丸玉）。
㉑ 横浜町桧木遺跡（前半）—1点（小玉）。
㉒ 六ヶ所村上尾駮(1)遺跡（中葉・大洞C_1～C_2式・土壙墓）—93点（大型勾玉・勾玉・丸玉・小玉等86）で，すべて糸魚川産（糸魚川—下北半島間は直線距離で約550km）原石を用いたと判定された（青森県教委1988）（この分析は京都大学原子炉実験所の藁科哲男・東村武信両氏による）。
㉓ 七戸町道地遺跡（後期末か晩期中葉）—1点（三角形玉）
㉔ 十和田市明戸遺跡（中葉・大洞C_1～C_2式・土壙墓）—6点（勾玉2・丸玉4）。
㉕ 八戸市是川中居遺跡（中葉・大洞C_1～C_2式が主体か）—17点（大型勾玉・勾玉3・小玉6等）以上。
㉖ 三戸町泉山遺跡（前半・土壙墓）—2点（勾玉）以上。
㉗ 田子町野面平遺跡—2点（大型勾玉・小玉）以上。

2. 黒曜石・ヒスイ製品の動き

(1) 黒曜石製品

1) 青森県域の黒曜石製品

本県域における晩期の黒曜石製品の分析結果をみると，亀ヶ岡遺跡が位置する津軽地域では，おもに付近の海岸で容易に採取できる出来島産が用いられ，海岸部ではそれに混じって秋田県男鹿産や北海道産（ともに大半が製品）が少数用いられた。この状況は，内陸部の岩木川流域にもある。津軽のこの傾向は晩期に限ったことではなく前期以来のものであって，晩期以降にも続いている。また，太平洋側の南部地域では出土数（分析数）がきわめて少ないが，これは太平洋側に黒曜石の産地がない（未発見）ためであろう。この地域の数少ない分析例のなかに出来島産や岩手県産があるが北海道産は今のところない。しかし，この地域では縄文時代早～後期，さらに続縄文時代に北海道産が南下することから，晩期にも北海道産が用いられたと推定される。

2) 他県域の黒曜石製品

まず，他県域における本県域産の黒曜石の問題であるが，晩期に限って言えば分析結果はないようである。しかし，秋田県南部（藁科1992）や函館市（道埋文1993）等の縄文遺跡に本県の出来島・深浦産があることから，双方の交流が考えられる。ただし，その数量は少ない。これは剝片石器が，北海道渡島半島や東北地方北部が頁岩主体地域であるため黒曜石はとくに不可欠なものではなく，しかも出来島産が多気泡で質的に劣ることを考えれば，理解できる。

次に，他県域の状況であるが，北海道では，亀ヶ岡文化圏の北辺・道央部の千歳市ママチ遺跡等では晩期に白滝産が置戸・十勝・赤井川産を圧倒し（杉浦1990），余市町栄町5遺跡（晩期後半・大洞A式）では地元赤井川産とともに白滝産がほぼ同数用いられた（道埋文1990a）。また，道南部では伊達市稀布川遺跡（晩期中葉）や上ノ国町四十九里沢・新村4両遺跡（後～晩期）で赤井川産が用いられた（藁科・東村1991）。また，秋田県では横手市上猪岡遺跡（晩期）では山形県月山産また，晩期ではないが秋田県北部の縄文遺跡では地元男鹿産，南東部では近隣の岩手県雫石産が用いられた（藁科1992）。この状況は当然晩期にもあったとみてよい。また，岩手県では衣川村（現奥州市）東裏遺跡（晩期中葉）で地元折居産が用いられた（鈴木・戸村1990）。

以上をまとめると次のようになる。東北北部の晩期には原則的に，産地付近の日本海側では伝統的に近くの原石が用いられ，これとともに周辺地域のものも用いられた。また，産地から離れた太平洋側でも，北海道を含めて周辺地域のものが用いられたようである。そしてその運搬には，それぞれ陸・海上の他に内陸河川ルートが利用され

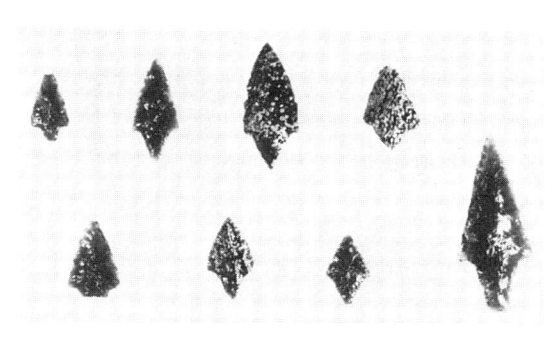

写真1　北海道産黒曜石で作られた石鏃（縄文後期末葉・上尾駮(1)遺跡）

たとみられる。また，北海道産は本県域にのみ南下した。この黒曜石の利用状況は，縄文早〜前期以降の状況とほぼ同一であると言える。注目されるものとして，陸奥湾沿岸で確認された信州霧ヶ峰産がある。かなりの遠距離ではあるが，霧ヶ峰は，ヒスイ原石産地である糸魚川地域（以下単に糸魚川）の南方約 100 km，しかも糸魚川と関東地域を結ぶ内陸ルート沿いであることを考えればその運搬経路は比較的容易に想定される。この遠隔地産の石器は単なる日常的利器の意味を越えて，なかば貴重品的な意味があったと考えられる。

(2) ヒスイ製品

1) 北日本に多いヒスイ製品

本州最北の本県域では，晩期に糸魚川産のヒスイ製品（本県では上尾駮(1)遺跡以外に六ヶ所村富ノ沢(2)遺跡等の 4 遺跡（中・後期）で 20 点近く分析され，すべて糸魚川産であった）（藁科・東村 1988b）が多数用いられ，現在 27 カ所の遺跡で 227 点以上の多きにのぼっている。

東北各県の晩期のヒスイ製品の出土遺跡をみると，東北南部の山形県では羽黒町（現鶴岡市）玉川遺跡の総数約 60 点という例があるものの他の遺跡では一般的に少なく，秋田，岩手各県でもそれぞれ県北の米代川流域や新井田川流域を除いて少なく，宮城県や福島県でも同様の傾向であって各県では多くても 10 カ所，他は数ヶ所どまりで，数量も数点〜数十点程度（森編 1988）であろう。

しかしこの一方で，晩期にはヒスイ製品は津軽海峡を越えて北海道にも多数出土しており，たとえば余市町沢町 5 遺跡（晩期初頭）では 50 点の出土数がある（野村 1990）。これらのヒスイ製品は，時代は異なるものの千歳市美々 4 遺跡（後期中葉）の例（青柳 1988）から考えれば，北海道出土のものも大半が糸魚川産と考えられる。北海道では晩期のヒスイ製品の出土遺跡は道央以南に多く，美々 4 遺跡例（後期中葉〜晩期初頭・158 点）以外にも 9 カ所・総数 92 点の出土例がある（野村 1990）。

ヒスイ製品が本県域の晩期にとくに多いという傾向は他の時代にも共通しており，先に述べたように本県の出土遺跡が縄文・弥生あわせて 62 カ所（縄文 58，弥生 4），総点数 600 点前後というのは，原石産地に近い新潟県，富山県，長野県よりやや少ない（あるいはほぼ同数）程度できわめて多いと言わざるをえない。この傾向は北海道でも同様で，43 遺跡・539 点（縄文〜続縄文）（野村 1990）ある。

写真 2 ヒスイの首飾り（縄文晩期中葉・上尾駮(1)遺跡）

2）ヒスイ製品の長距離交易

糸魚川産ヒスイ製品は晩期には，東北地方北部に多数搬出された。これは，縄文中期後半以降のヒスイ大珠と同一の状況でもある。しかも，ヒスイ製品は東北地方南部等の中間地域ではさほど多くないということから，途中何カ所かで中継されて来たとするよりは長距離運搬されたと考えるべきであろう。しかも，海上運搬である。このヒスイ製品の動きの背景には，当然縄文人の移住・漁労活動などの諸活動に伴うものもあったと思われるが，おもに交易しかも糸魚川との長距離交易によるものであろう。すなわち，糸魚川から目的地である津軽海峡南岸一帯へ直接運ばれたものが多かったことを示すものであろう。

また，より北の道央地域との関わりであるが，糸魚川と道央地域との双方間の長距離交易も可能性としては考えられるが，亀ヶ岡文化圏を交易圏としてみた場合，それ以上に津軽海峡域の住人がその中継を行っていたと考えた方が考えやすい。当時の交易は物々交換が主であったと思われ，糸魚川のヒスイ製品に対して，考古学的には明確に指摘できないが，東北地方北部からは亀ヶ岡式土器等の遺物や各種文物の製作技術，今で言えばソフト的なものあるいはトータル的に文化そのものが搬出されたと考えられ，道央からはアザラシ・ヒグマなどの獣皮のほか鮭鱒あるいは昆布類などの特産品が南下したのかも知れない。この時期における，北海道産黒曜石の本県域への南下はその中継交易の一端を物語るものであろう。

糸魚川と，日本海によって津軽海峡南岸さらにはより北方の地域を結ぶ海の道は，ヒスイ製品にみられるように日本海沿岸の北の交易路の存在も考えさせるものである。

3）ヒスイ製品の分配

津軽海峡域でヒスイ製品を出土した晩期の遺跡のなかに，とくに多く出土する遺跡が点在する。大半が土壙墓の遺跡である。本県域では日本海側で岩木川流域の木造町（現つがる市）亀ヶ岡遺跡，陸奥湾沿いの青森市朝日山遺跡，さらに太平洋側で下北半島六ヶ所村上尾駮(1)遺跡，また八戸市是川中居遺跡等があり，さらに北海道では津軽海峡域の木古内町札苅遺跡（野村1990）の例がある。これらの遺跡は交易拠点地としての性格をもった遺跡（拠点遺跡）と思われる。また，ヒスイ製品を1～数点しか出土しない遺跡は直接糸魚川地域との関わりで入手したとするよりは，これらの拠点遺跡から何らかの意味で分配（栗島1985）された可能性がつよい。津軽海峡域にヒスイ製品を出土する遺跡がとくに多いのは，結果としてこのような分配先が多かったためと考えられる。当時の交易路に面した本県の海峡域の海岸線が，他県に比してきわめて長いという地理的条件も無視できないが，それ以上に，津軽海峡域では晩期中葉に集中してこのような分布傾向があるのは，そのような拠点遺跡からの分配と考えた方が理解しやすい。道央部にもこのような状況があるが，これも，同様のケースを考えていいのかもしれない。

ヒスイ製品は，縄文時代最高の宝飾品であり，また呪術具や権威の象徴すなわち威信財の意味もあわせもっていたものである。北日本の住人は，この製品に対し特別な価値観をもっていたわけであって，ヒスイ製品の分配とみられるこの分布状況は縄文晩期のある種の階層性を象徴したものと思われる。

2 亀ヶ岡文化圏の物の動き　55

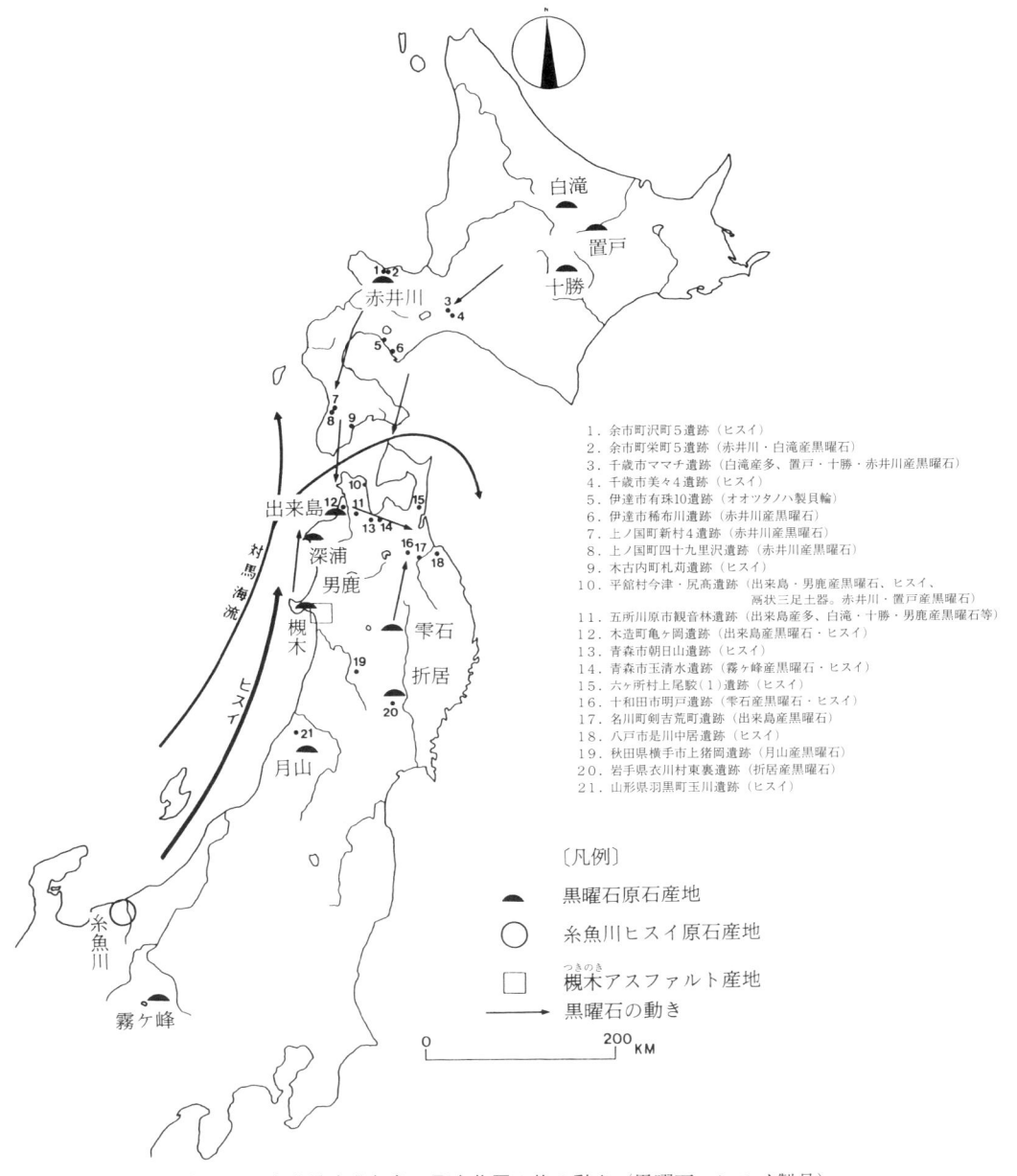

1. 余市町沢町5遺跡（ヒスイ）
2. 余市町栄町5遺跡（赤井川・白滝産黒曜石）
3. 千歳市ママチ遺跡（白滝産多、置戸・十勝・赤井川産黒曜石）
4. 千歳市美々4遺跡（ヒスイ）
5. 伊達市有珠10遺跡（オオツタノハ製貝輪）
6. 伊達市稀府川遺跡（赤井川産黒曜石）
7. 上ノ国町新村4遺跡（赤井川産黒曜石）
8. 上ノ国町四十九里沢遺跡（赤井川産黒曜石）
9. 木古内町札苅遺跡（ヒスイ）
10. 平舘村今津・尻高遺跡（出来島・男鹿産黒曜石、ヒスイ、鐸状三足土器。赤井川・置戸産黒曜石）
11. 五所川原市観音林遺跡（出来島産多、白滝・十勝・男鹿産黒曜石等）
12. 木造町亀ヶ岡遺跡（出来島産黒曜石・ヒスイ）
13. 青森市朝日山遺跡（ヒスイ）
14. 青森市玉清水遺跡（霧ヶ峰産黒曜石・ヒスイ）
15. 六ヶ所村上尾駮（1）遺跡（ヒスイ）
16. 十和田市明戸遺跡（雫石産黒曜石・ヒスイ）
17. 名川町剣吉荒町遺跡（出来島産黒曜石）
18. 八戸市是川中居遺跡（ヒスイ）
19. 秋田県横手市上猪岡遺跡（月山産黒曜石）
20. 岩手県衣川村東裏遺跡（折居産黒曜石）
21. 山形県羽黒町玉川遺跡（ヒスイ）

〔凡例〕
● 黒曜石原石産地
○ 糸魚川ヒスイ原石産地
□ 槻木（つきのき）アスファルト産地
→ 黒曜石の動き

第2図　東北地方北部亀ヶ岡文化圏の物の動き（黒曜石・ヒスイ製品）

おわりに

　今まで，東北地方北部の縄文晩期における物の動きを黒曜石とヒスイ製品から垣間見てきた。
　糸魚川と津軽海峡域を結ぶ海上ルートが活発化したのは，縄文中期後半以降とみられるが，晩期にはヒスイ製品にみられるように日本列島規模に交易・情報網が張り巡らされていたとみられる。このルートによって各種文物やアスファルト・黒曜石などの物資そして各種情報が動いたの

である。また，黒曜石製品によれば，太平洋側の地域では晩期にも北海道と本県域を結ぶ海上ルートが続いていたようである。津軽海峡域の晩期には中国の鬲(れき)に類似した土器（晩期中葉）（新谷・岡田1986）が発見され，伊豆諸島産とされるイモガイの模倣品（福田1992b）が分布し，さらには噴火湾沿岸で南海のオオツタノハ製腕輪（大島ほか1990）が出土したのもこのような交易・情報網によるものであった。この黒曜石・ヒスイ製品によって，縄文晩期には東北地方北部とくに津軽海峡南岸地域が交易の一大拠点地域であったことが窺われるが，この地域は，海峡によって北海道と本州を結ばれるだけでなく東日本では唯一の日本海と太平洋を結ぶ海上交通路に面している。そして，この海峡を日本海を北上した対馬暖流の分流が東流したあと，一部は北海道の太平洋沿岸を北上し，一部は下北半島を迂回して三陸沖に達しているわけであるが，この流れがヒスイ製品の動きときわめて類似していることに驚かされる。

　舟による海上輸送は，多量の物資をより遠方に運ぶことを可能にする。縄文晩期の東北地方北部にみられる北海道産の黒曜石製品，遠隔地産のヒスイ製品の多さは（他の時期にもみられるが），津軽海峡という海の交易路の存在を抜きにしてはありえなかったのである。

3 津軽海峡を巡る黒曜石の動向

1. 津軽海峡を巡る交流と黒曜石

　津軽海峡を巡る交流の問題について，具体的なモノによって言及できるようになったのは昭和60年代に入ってからで，とくに列島各地に産地がある黒曜石の産地分析の進展によるところが大きい。本州島で最初に北海道島産黒曜石が確認されたのは，昭和60～61年のことで，津軽半島平舘村（現外ヶ浜町）尻高(4)遺跡（縄文後期後葉）出土の赤井川産石鏃である。本県域ではこの後，主として京都大学原子炉実験所の藁科哲男氏らによって分析が進められ，筆者の知る範囲では，現在まで本県域73遺跡の1,117点が分析されている。その結果，北海道島産が31遺跡から338点確認されている（全体のほぼ30％）。縄文早期中葉を最古とし，縄文・弥生を経て古代まである。この北海道島産の南下に対して，平成5年以降には本県域等の本州島北辺産が，北海道島渡島半島からも少数確認されるようになり，現在縄文早期中葉を最古とする5遺跡の9点がある。

　このような津軽海峡を巡る黒曜石交流のなかで，画期的な産地分析例は，昭和59・60年に調査された下北半島むつ市大湊近川遺跡（縄文後期後葉），平成4年から調査が始まった青森市三内丸山遺跡（縄文前期中葉～中期）の出土資料であり，それまで見られないほど多数の北海道島産黒曜石とともに，それ以外の複数産地例も確認され，海峡交流・交通の経路を暗示する資料ともなっている。

2. 青森県域の北海道島産黒曜石

　本県域では，北海道島産黒曜石のなかで，白滝（現遠軽町）・置戸（置戸町）・十勝（上士幌町）・赤井川（赤井川村）・豊泉（豊浦町）産が確認され，秋田・岩手県域からも確認例がある。北海道島産のなかでは，産地の規模及び本県域に近い点からか，赤井川産が最も多い。また，本県域における北海道島産は縄文早期中葉以降，晩期，弥生時代，さらに古代のものがあり，長期にわたって本県域で利用されている。ただし，本県域における剥片石器は，津軽半島等に多出する珪質頁岩を主体としており，遺跡によっては黒曜石が出土しない場合も多い。

　本県域出土の黒曜石の産地分析が進められた結果，本県域における黒曜石の様相は，大きく二つの地域に分けて考えることができるようになった。

　一つは下北半島・太平洋側などの東部地域である。この地域では縄文早期中葉以降，前期～晩期・弥生，さらに古代に，下北半島の津軽海峡側や太平洋側の六ヶ所村尾駮・鷹架沼周辺，及び八戸地方で北海道島赤井川産黒曜石が主体的に用いられた。このなかの，むつ市大湊近川遺跡では，北海道島産黒曜石を出土する住居跡等も多数検出され，北海道島人のコロニーと考えられるほどである。しかし，下北半島の津軽海峡側の黒曜石出土数に比べ，六ヶ所村以南の出土数は著しく少ない。また，東部地域からは本県域産つまり津軽産の黒曜石も出土しているが，北海道島

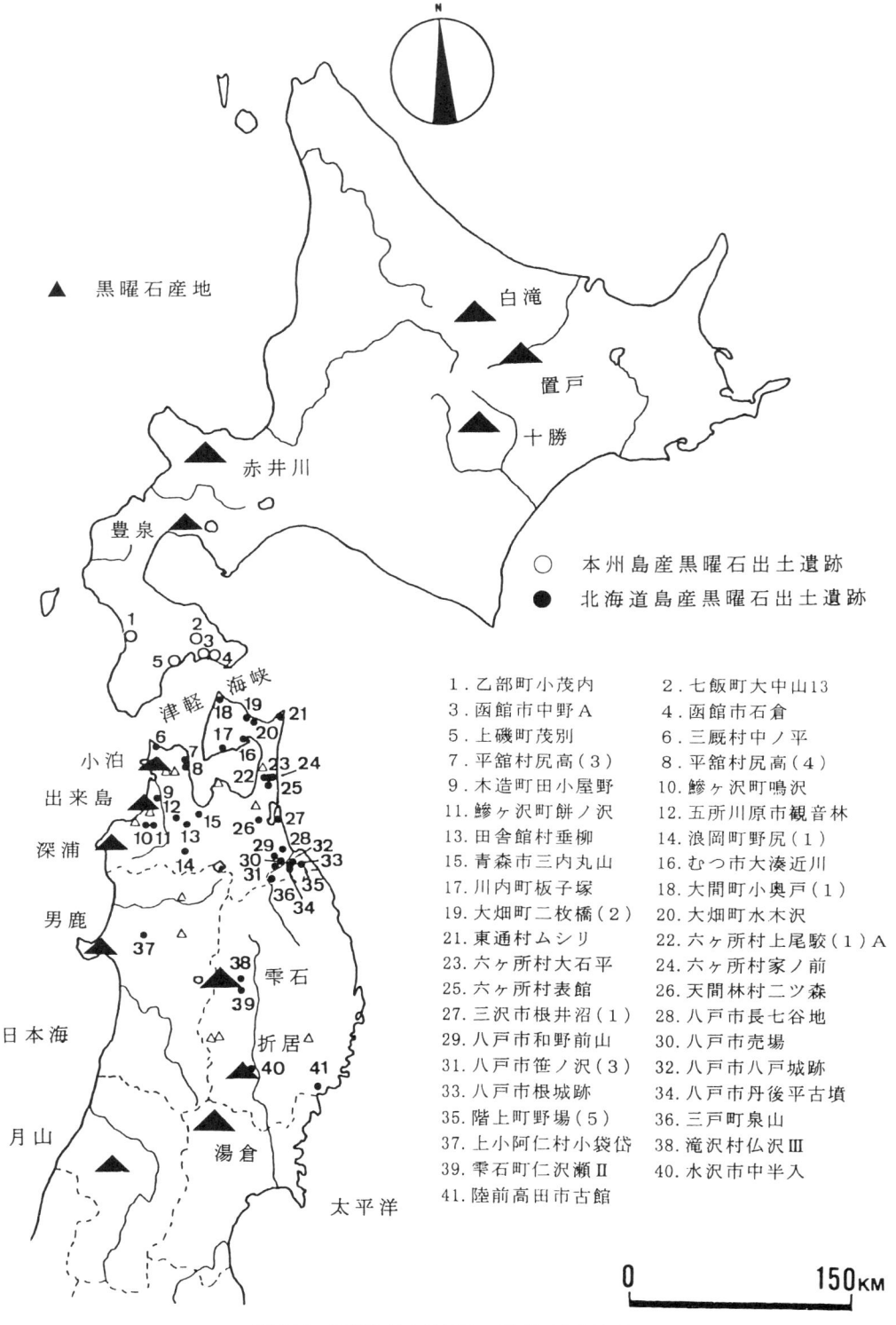

58　第Ⅱ章　津軽海峡域の文化交流

▲ 黒曜石産地

○ 本州島産黒曜石出土遺跡
● 北海道島産黒曜石出土遺跡

1．乙部町小茂内	2．七飯町大中山13
3．函館市中野A	4．函館市石倉
5．上磯町茂別	6．三厩村中ノ平
7．平舘村尻高（3）	8．平舘村尻高（4）
9．木造町田小屋野	10．鰺ヶ沢町鳴沢
11．鰺ヶ沢町餅ノ沢	12．五所川原市観音林
13．田舎館村垂柳	14．浪岡町野尻（1）
15．青森市三内丸山	16．むつ市大湊近川
17．川内町板子塚	18．大間町小奥戸（1）
19．大畑町二枚橋（2）	20．大畑町水木沢
21．東通村ムシリ	22．六ヶ所村上尾駮（1）A
23．六ヶ所村大石平	24．六ヶ所村家ノ前
25．六ヶ所村表舘	26．天間林村二ツ森
27．三沢市根井沼（1）	28．八戸市長七谷地
29．八戸市和野前山	30．八戸市売場
31．八戸市笹ノ沢（3）	32．八戸市八戸城跡
33．八戸市根城跡	34．八戸市丹後平古墳
35．階上町野場（5）	36．三戸町泉山
37．上小阿仁村小袋岱	38．滝沢村仏沢Ⅲ
39．雫石町仁沢瀬Ⅱ	40．水沢市中半入
41．陸前高田市古館	

第1図　津軽海峡交流関連の黒曜石出土遺跡

産に比べて著しく少ないのは，この地域と北海道島間では海路で結ばれた緊密な関係が既につくられていたためであろう

　もう一つは津軽半島など日本海側の西部地域である。この地域では，内陸部では縄文草創期及び縄文前期〜晩期，弥生時代までは，近隣の地元産が主体的に用いられているが，北海道島産も少数ある。この地域における北海道島産利用の開始は，前期中葉以降であり東部地域に比べて遅れるが，これはこの地域における早期遺跡数の少なさによるものである。また，この地域には古墳時代等の古代例が見られないが，これは，本州島北辺―北海道島南部間のこの時代の交流が，太平洋側主体で行われていたためであろう。また，この地域の陸奥湾沿岸部には，尻高(4)・三内丸山例のように，北海道島産を多数出土する縄文遺跡もあるが，東部地域と同様に海路で結ばれた緊密な関係があったものとみられる。

3．縄文草創期以前の津軽海峡を巡る黒曜石の動向

　北海道島における本県域産黒曜石のなかで，最も古いのは縄文早期中葉の函館市中野A遺跡の深浦産（2点）であり，それ以前に遡る例は未確認である。また，本県域における縄文草創期以前の黒曜石については，後期旧石器時代では蟹田町（現外ヶ浜町）大平山元(2)（19点）・大平山元(3)（6点），木造町（現つがる市）丸山遺跡（3点）等の計30点の分析例があるが，大平山元(2)例は深浦11・岩木山1・男鹿2・小泊1・不明4，大平山元(3)例は小泊4・不明2，丸山例は小泊・戸門（とかど）であり，いずれも地元産が大半を占め，北海道島産は未確認である。また，草創期では，大平山元(1)（32点）・東北町長者久保(2)（2点）・八戸市櫛引遺跡（2点）の計36点の分析例があるが，大平山元(1)例は深浦（？）26・不明6，櫛引例は深浦であり，同様に北海道島産は未確認である。また，深浦産については，岩手県域や遠隔の富山県域等の後期旧石器例にも確認されており，北海道島で確認されてもおかしくない状況がある。深浦産は，縄文早期以降も県域内外で利用されるが，利用頻度は著しく減少し前期中頃以降は，出来島産にとって代わられるようになる。

　以上のように，後期旧石器〜縄文草創期に本県域で主体的に利用された深浦等の地元産黒曜石は，この時代の北海道島ではまだ確認されていない。この状況については，縄文早期以降も本州島産が北海道島ではあまり利用されていない状況と類似している点から，いずれは北海道島でも確認されるであろうと考えてもよいが，本県域における縄文早期中葉以降の北海道島産利用の状況を考えれば，この時代の本県域出土例に北海道島産が認められない状況は，分析数の少なさもあるが多少理解しにくい部分でもある。これに類した状況は，縄文草創期以前の土器文化・石器文化についても認められるものであり，後期旧石器時代には既に成立していたとされる津軽海峡の交流を妨げる何らかの要因，たとえば造船・操船を含めた渡海技術が未発達で，渡海が困難であった等の可能性をも想定すべきかも知れないが，現段階では時期尚早の感もなしとしない。

　後期旧石器〜縄文草創期の津軽海峡を巡る黒曜石の動向については，今後の産地分析の進展におおいに注目・期待していきたい。

第1表　北海道島・本州島北辺出土の黒曜石産地分析・文献一覧表

(北海道島出土の本州島産黒曜石一覧)

No.	遺 跡 名	時 期	分析数	遺物名・点数・産地判定・文献等
1	乙部町小茂内	縄文後期末葉～晩期初頭	4	4 出来島 (藁科・東村 1996b)
2	七飯町大中山13	縄文早期?	3	石鏃 1 深浦・石鏃 2 白滝 (道埋文 1995a)
3	函館市中野A	縄文早期中葉	25	剝片 1 深浦・石鏃 7 等 14 赤井川・剝片 6 豊泉等・石鏃 1 置戸・石鏃 1 白滝・石鏃 1 十勝他 (道埋文 1993)
4	函館市石倉貝塚	縄文早期末葉～前期	128	スクレーパー 1 出来島・96 赤井川・24 置戸・1 白滝・1 十勝他 (道埋文 1996b)
5	上磯町茂別	縄文～続縄文時代	118	R 剝片 1 出来島・剝片石器 1 男鹿・76 赤井川・26 白滝・7 十勝・1 豊泉・1 置戸 (道埋文 1998b)

(本州島北辺出土の北海道島産黒曜石一覧)

No.	遺 跡 名	時 期	分析数	遺物名・点数・産地判定・文献等
6	青森県三厩村中ノ平	縄文中期?	3	石核 1 赤井川十勝系・石鏃 1 出来島・石鏃 1 男鹿 (青森県埋文 1989d)
7	平舘村尻高(3)	縄文晩期?	1	石鏃 1 置戸 (福田 1990b)
8	平舘村尻高(4)	縄文後～晩期	19	石鏃・尖頭器・石匙・剝片 ヶ 15 赤井川・3 置戸・1 十勝 (福田 1990b)
9	木造町田小屋野貝塚	縄文前期中葉	36	石鏃 1 白滝・剝片 1 赤井川・剝片 1 豊泉、剝片・石核 32 出来島・他 1 (青森県立郷土館 1995a)
10	鰺ヶ沢町鳴沢	縄文早期末葉主体	15	石匙 1 赤井川・出来島・石鏃 1 男鹿 (青森県 1992a)
11	鰺ヶ沢町餅ノ沢	縄文前期末葉～中期初頭	18	石鏃・石錐・石匙・剝片・原石。石鏃等 3 赤石山・石鏃 1 置戸・石鏃 1 赤井川、石鏃・剝片・原石等 12 出来島・石鏃 1 金ヶ崎 (青森県埋文 2000b)
12	五所川原市観音林	縄文晩期	46	石鏃 1 十勝・石匙 1 白滝、剝片・石鏃・石核 40 出来島・剝片 2 戸門・剝片 1 男鹿他 (五所川原市 1993)
13	浪岡町野尻(1)	縄文中期	1	異形石器 1 置戸 (青森県埋文 1999b)
14	田舎館村垂柳	弥生中期	2	石匙 2 白滝 (1 点は表面採集)。田舎館式期 (藁科・東村・福田 2001)
15	青森市三内丸山(2)	縄文中期前葉	6	石鏃・剝片 5 赤井川、1 赤井川十勝 (青森県埋文 1989d)
〃	三内丸山	縄文前期中葉～中期	248	石鏃・石錐・異形石器・剝片・石匙 9 白滝・剝片 13・十勝 3・赤井川 41・豊泉 4・男鹿 12・深浦 4・戸門 42・鷹森山 29・出来島鶴ヶ坂 42・月山 3・佐渡板山 2・霧ヶ峰和田峠 21・零石 3 他 (青森県教委 1998a・c, 斎藤 1999・藁科 2000)
16	むつ市大湊近川	縄文後期後葉	91	剝片・石鏃 3・石錐 1 等 30 置戸・剝片・石鏃 3 等 21 赤井川・14 十勝・15 出来島・1 男鹿 (青森県埋文 1987b)
17	川内町板子塚	弥生時代	28	石匙・スクレーパー・剝片 11 置戸、石鏃・石鈷・剝片 1 赤井川、剝片 1 赤井川戸門、他 3 (青森県埋文 1995b)
18	大間町小奥戸(1)	縄文前期初頭	2	剝片 2 赤井川。表館式期 (青森県教委 1993)
19	大畑町二枚橋(2)	縄文前期	3	剝片 3 置戸。Ⅳ式期か (青森県教委 1993)
		縄文晩期後半	36	石鏃・石匙・石錐・異形石器・石匙・石片・20 赤石山・5 赤井川・1 置戸か所川・1 十勝・9 出来島か鶴ヶ坂 (大畑町教委 2001)

60　第Ⅱ章　津軽海峡域の文化交流

3　津軽海峡を巡る黒曜石の動向　61

		時期	点数	内容	
20	大畑町木野沢	縄文前期～後期?	3	大型石鏃 1（円筒下層 d 式～円筒上層 a 式期あるいは縄文後期か）・スクレーパー 1（円筒下層 d 式～円筒上層 a 式期）・異形石器 1（円筒下層 d 式～円筒上層 a 式期）・はすべて赤井川（麥科・東村・福田 2001）	
21	東通村ムシリ	縄文早期	1	石刃鏃 1（表面採集・未分析）（平成 15 年青森県考古学会発表要旨）	
22	六ヶ所村上尾駮(1) A	縄文早期末葉	5	剥片 3 赤井川十勝系・剥片 2 赤井川（福田 1990b）	
23	六ヶ所村大石平(1)	縄文後期	1	スクレーパー 1 赤井川（青森県埋文 1989d）	
〃　 大石平(2)	弥生中期	3	石鏃 3 白滝（青森県埋文 1989d）		
24	六ヶ所村家ノ前	縄文早期後半～前期初頭	1	剥片 1 赤井川（青森県埋文 1993b）	
25	六ヶ所村表館(1)	縄文早期末葉～前期初頭	31	剥片・チップ・石鏃。2 十勝・石斧・2 赤井川十勝・12 赤井川・男鹿系 1 他（青森県埋文 1989d）	
〃　 表館	縄文時代	1	石鏃 1 赤井川（青森県埋文 1989d）		
26	天間林村二ツ森貝塚	縄文前期～中期	18	剥片 1 赤井川、剥片 17 出来島（青森県立郷土館 1995a）	
27	三沢市根井沼(1)	縄文早期中葉	3	剥片 3 豊泉（麥科・東村・福田 2001）	
28	八戸市長七谷地貝塚	縄文早期末葉	6	剥片 5 赤井川十勝系・剥片 1 赤井川（青森県埋文 1989d）	
29	八戸市和野前山	縄文早期末葉	4	石鏃・石匙等。1 赤井川十勝系・3 赤井川（青森県埋文 1989d）	
30	八戸市売場	縄文早期	1	石鏃 1 赤井川（福田 1990b）	
〃	縄文早期末葉	3	石鏃 2・剥片 1。2 赤井川十勝系・1 赤井川（青森県埋文 1989d）		
31	八戸市笹ノ沢(3)	縄文前期末葉～中期初頭	1	石匙 1 赤井川（青森県埋文 2003a）	
〃	古墳時代	4	剥片 1 赤井川・剥片 2 赤井川・剥片 1 湯倉（SK-257）・剥片 2 赤井川・男鹿（SK-261）（青森県埋文 2003a）		
32	八戸市八戸城跡	古代	14	剥片・スクレーパー。5 十勝三股・1 赤井川・1 男鹿・7 湯倉（八戸遺跡調査会 2002b）	
33	八戸市根城跡	7～8 世紀	36	剥片 30？赤井川・1 出来島・3 雫石・他（宇部 1989）	
34	八戸市丹後平古墳	7 世紀後葉～9 世紀後葉	2	剥片 2 赤井川十勝（八戸市教委 2002c）	
35	階上町野場(5)	縄文後期後葉初頭	1	尖頭器 1 置戸（青森県埋文 1993d）	
〃	時期不明	1	表面採集。石鏃 1 赤井川（青森県埋文 1993d）		
36	三戸町泉山	縄文晩期前葉	5	剥片 1 赤井川・剥片 1 出来島他（青森県埋文 1995d）	
37	秋田県上阿仁村小袋岱	縄文中期～後期初頭	18	尖頭器・スクレーパー・チップ各 1 赤井川・チップ 11 男鹿・石鏃 1 和田峠・3 不明（秋田県埋文 1999b）	
38	岩手県滝沢村仏沢Ⅲ	弥生終末～古墳時代	2	ラウンド・スクレーパー 1 置戸、ピエス・エスキーユ男鹿 1。4 世紀（後北 C$_2$～D 式期）（滝沢村教委 1993）	
39	雫石町仁沢瀬Ⅱ	古墳時代	20	剥片。1 十勝・14 湯倉・2 雫石・3 不明。5～6 世紀（南小泉式期）、土壙墓（岩手県埋文 1993）	
40	水沢市中半入	古墳時代	5	剥片。スクレーパー・尖頭器。2 十勝・1 雫石・1 脇本（岩手県埋文 2002b）	
41	陸前高田市古館	縄文中期	30	剥片。1 置戸・23 雫石折居花泉・1 月山・5 不明（岩手県埋文 1988）	

＊市町村名は、平成の大合併により次のように変わった。上磯町→北斗市、三厩村・平舘村→外ヶ浜町、木造町→つがる市、浪岡町→青森市、川内町・大畑町→むつ市、天間林村→七戸町

4 オンネアンズと糸魚川

　北海道北見市にほど近い置戸町に「オンネアンズ」という美しい響きをもった川が流れている。平成3（1991）年の9月，この町の清水の沢林道にある黒曜石産地を歩いた。その際友人に「あそこでも以前黒曜石を拾ったことがある」と連れて来られたのがこの川である。その時はオンネ（大きな，年老いたという意味のアイヌ語）のあとのアンズの意味が実はわからなかったのであるが，あとでアンチ（アンジ），すなわち黒曜石（十勝石）のことであることがわかった。つまり黒曜石がある大きな川という意味である。

　オホーツク海に注ぐ常呂川の支流の一つで，付近にはポンオンネアンズ川やポンポオンネアンズ川も流れている。このオンネアンズ川のほとりで30分ほどの間に10個ほどの黒曜石を拾うことができた。車での帰路，砂利道で光るものが目に入って来た。車を止めて見ると，あたり一面に黒曜石の細片が散らばっており，陽の光を受けるたびにキラキラと光りを放つのであった。

　黒曜石は火山噴出物の一種でガラス質のため，縄文人などが槍や矢じりなどを作る際に盛んに用いた石であるが，置戸町は，網走管内の白滝村（現遠軽町），十勝管内の上士幌町，小樽市に近い赤井川村などと並んで，実は良質の黒曜石の一大産地なのであった。

写真1　オンネアンズ川の黒曜石（1991.9.28）

写真2　遠軽町赤石山の黒曜石大露頭（1991.9.26）

　近年，各地の遺跡から発掘される考古資料の理化学的分析が進んできた結果，黒曜石の石器などの産地が次第にわかるようになってきた。この産地分析の方法は，黒曜石が発する蛍光X線の波長を計って各元素を区別し，その元素比によって日本各地の原産地資料と比較するというものであるが，青森県の縄文遺跡から出土した石器の分析の結果，ごく普通に北海道産が含まれていることがわかってきた。

　最も多いのは本県に近い赤井川産であるが，ほかに十勝や置戸産さらには白滝産も含まれている。今のところ，北海道産の黒曜石が発見された縄文遺跡は県内で12ヶ所ほどであるが，そのなかでむつ市大湊近川や平舘村（現外ヶ浜町）尻高(4)遺跡などで置戸産が出土している。いずれも縄文時代後期後半（約3,000年前）のもので，津軽海峡を越えて400km以上の長い距離を運ばれて来たものである。この下北，津軽半島から出土した黒曜石の石器には，冒頭に

述べたオンネアンズ川一帯のものも含まれていたに違いないのである。

　産地分析によって原産地が判明したもう一つの考古資料はヒスイ（硬玉）である。ヒスイはアクセサリーなどとして古代人が愛用したもので，県内では津軽，下北〜南部のほぼ全域に計60ヶ所ほどの出土遺跡があり，その総数は400個以上である（これは東北地方南部の各県の出土数よりはるかに多い）が，その一部を分析した結果，新潟県糸魚川産（糸魚川市を流れる姫川・小滝川，青海町（現糸魚川市）を流れる青海川，さらには付近の海岸で発見されるものの総称）であることが判明した。ちなみに糸魚川―下北間は直線距離で600kmほどである。

　今春，調査報告が出された八戸市の丹後平古墳（7世紀後半―8世紀前葉）のヒスイ勾玉も糸魚川産だとすれば，縄文時代中期後半（約4,500年前）から断続的ながらも実に3,200年間も糸魚川産が本県域にもたらされたことになる。この糸魚川産ヒスイは，現地の工房（工房址は糸魚川一帯に多く，東北地方北半部にはない）で製品化されたあと，おもに当時の長距離運搬の手段である丸木船によって，日本海沿岸を北に向かって運ばれたのであろう。

　当然，航海に際しては日本海沖を北上し津軽海峡に入って東へ流れる対馬暖流というものへの知識ももちあわせていたはずである。そして，その際の所要日数は，間宮林蔵の樺太調査記録が一つの目安になる。林蔵は樺太が島であることを確認したあとの帰路，文化6（1809）年ノテトからアイヌ人とともに樺太西海岸を小舟で南下し，35日かかって樺太南端のシラヌシに到着している。総距離はおよそ633kmで，糸魚川―下北間とほぼ同じであるから，同程度の日数をみればいいだろう。

　ただし，糸魚川産のヒスイ製品は原則的に（複数の）第三者を介した交易によってもたらされたと思われるので，実際はもっと日数がかかったものと思われる。また，ヒスイがとくに津軽海峡域に多い理由として考えられるのは，この海峡域の縄文人が，遠隔地のため入手困難なヒスイにステイタス・シンボルとしての意味をとくに強くもたせていたと思われるふしがあり，このため糸魚川から津軽海峡域に向けて多量のヒスイが遠隔交易品として運び出された可能性もある。あるいはまた，津軽海峡域が一つの重要な中継地（ステーション）であり，さらにここから北海道など各地へ運ばれたのかも知れない。

　当時の交易は物々交換が原則であると思われるので，この交換品としてはヒグマなど北方系の動物や海産物などが考えられよう。すなわち，津軽海峡域は縄文時代の交易拠点であったと考えてもよい。ヒスイ以外にもさまざまな物，そして人や情報が各地から海峡域に集まったと思われる。東北地方北部という気候的には決して恵まれない地域に高度な文化内容をもった縄文文化が展開したのもこの海峡の存在抜きにしては語れないのである。

　本県域の古代人がつよい憧れを抱いたヒスイの道を追体験するため，昨年（平成2年）9月に糸魚川のヒスイ原産地に行った。もちろん原石拾いも兼ねてのことである。姫川河口から15kmほどの明星山の大岸壁の下，小滝川のなかに白っぽい色をした巨大なヒスイ塊がいくつも鎮座していた。長い間の念願であったこの光景を目の当たりにして，しばしの間声を忘れたのを今でも覚えている。

写真3　小滝川のヒスイ原産地（1990.9.23）　　写真4　青海町（現糸魚川市）の海岸で採取したヒスイ原石（1990.9.24）

　ところで，縄文時代晩期（つまり亀ヶ岡文化期）の中頃（約2,500年前）には，本県域でもヒスイの小玉が多数用いられた。ヒスイ原石は小さいものであれば，わざわざ交通不便な山中の原産地まで行かなくても姫川下流や付近の海岸でも拾えると言われている。もしそうだとすれば，この頃にはおもに海岸で拾われた原石が用いられたことも充分考えられるのである。
　糸魚川を発つ日，青海町（現糸魚川市）の寺地遺跡（縄文時代のヒスイ工房址）に寄ったあと，近くの海岸で古代人と同じようにヒスイ探しをした。首尾よく薄緑（青）の入ったヒスイの小石を見つけることができた。万葉人が欲した沼名河（一説に姫川とも言われる）の底にあるという玉は青海の浜にもあったのである。

（付記）
　新聞に掲載した本稿には，付図・写真として，オンネアンズ川付近略図，黒曜石原産地・ヒスイ出土遺跡等を入れた地図，オンネアンズ川の黒曜石写真，新潟県小滝川のヒスイ原産地写真，木造町（現つがる市）亀ヶ岡遺跡のヒスイ勾玉写真を付したが，本書ではそれらの多くが他の論考にも掲載されているため，オンネアンズ川の黒曜石写真，新潟県小滝川のヒスイ原産地写真のほかは削除し，新たに白滝村（現遠軽町）赤石山の黒曜石大露頭，青海町（現糸魚川市）の海岸で採取したヒスイ原石写真を加えている。
　また，青森市三内丸山遺跡では，縄文時代中期のヒスイ製品・未製品・原石も出土していることから，工房址は未確認であるが，ヒスイ加工が行われていたことは間違いない。

5 ベンガラの利用と交易

1. 葬送のシンボルカラー

　北海道や東北地方などの縄文時代後・晩期の墓を調査すると，穴の底に赤い色が広がったり，人骨が赤く染まって発見される場合がある。これは，埋葬の際に赤い粉を遺体にかけたものとみられる。人間が生きている証しとしての血の色＝赤は，縄文人が死者の復活・再生を願う色でもあり，死者の霊をしずめる鎮魂の色，そしてまた，死者から悪霊（魔）を遠ざける色，聖なる色でもあった。

　日本列島では，北海道南部にある湯の里4遺跡の例によって，旧石器時代最末期から墓にこの赤い粉を用いたことが知られているが，縄文早期末から前期にかけては北海道東釧路貝塚のように，赤い粉をかけた墓群が明確に見られるようになる。赤はこのあと，中期後半から晩期にかけての墓や北海道後期末に特徴的な周堤墓などの縄文時代の墓にも引きつづき用いられており，縄文人にとって赤は葬送の色としても，大きな意味をもっていた。

2. 彩色顔料としてのベンガラ

　この赤い粉の大半が，ベンガラ（弁柄・ベニガラ・紅殻）つまり酸化第二鉄（Fe_2O_3）である。縄文人は，経験的にこれを多く含む赤い石（赤鉄鉱）や赤土を採取し，粉砕・水簸して用いたとみられる。

　縄文早期中ごろの函館市中野A遺跡には，ベンガラ容器とみられる尖底土器があるが，この利用目的ははっきりしていない。しかし，彩色顔料としてのベンガラは，前期以降に明確になる。これには，日本列島で漆利用が始まり，漆がベンガラの膠着材としても利用されたことが大きい。福井県鳥浜貝塚では前期初頭の赤漆塗り櫛，青森県三内丸山遺跡では前期中ごろの土器容器や赤漆塗り木製品，鳥浜貝塚や山形県押出遺跡では前期後半の赤漆地に黒漆文を描いた彩文土器がある。また，北海道新道4遺跡では前期末の赤漆塗り木製品がある。関東地方でも前期後半の諸磯式にはベンガラ塗りの土器が特徴的にある。縄文中期初頭では青森県館野遺跡，後半では千葉市荒屋敷遺跡などの土器にベンガラが塗られ，福島県法正尻遺跡や青森県野場(5)遺跡などにはベンガラ漆塗りの土器がある。また，後期前葉になると青森県や北海道南部のかめ棺に特徴的にベンガラが塗られ，後期中ごろには小樽市忍路土場遺跡などで水銀朱も併用されるようになる。東北地方晩期には祭祀を主な特徴とする亀ヶ岡文化社会が成立し，ベンガ

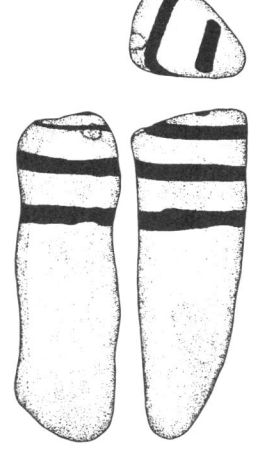

黒い模様は赤く彩色された部分
0　　　　10cm

第1図　北海道戸井貝塚の赤く彩色された石（戸井町教委1993）

写真1 ベンガラ漆で飾られた亀ヶ岡式土器群
（青森県亀ヶ岡遺跡）
縄文晩期にはベンガラやベンガラ漆で彩色された土器が多い。

写真2 蓋付き壺（青森県大石平遺跡）
全面にベンガラが塗られている。縄文後期前葉には、ベンガラ塗りの壺が多い。

ラを墓に用いるほか、精製土器・木器・飾り弓・籠（籃胎漆器）などの漆塗り製品や、土偶・仮面・土版・岩版などの祭祀・呪術用具、耳飾り・ヒスイの玉の緒などの装身具にもさかんに用いている。この時期には、ベンガラの利用が漆の多用とあいまって、多方面におよび、技法的にも最高水準に達している。このことを製作面から裏づけるように、各地の晩期遺跡からは磨石・石皿などのベンガラ精製に関する用具や容器として使われた土器が出土している。

3. ベンガラの産地・赤根沢

　青森県の縄文遺跡からは、各地の特産品が発見されている。代表的なものとしては糸魚川産のヒスイがあり、秋田県槻木（豊川油田）産とみられるアスファルトが付着した石鏃もある。また、北海道産の黒曜石も南下してきている。ヒスイやアスファルトは中期以降にみられるが、とくに晩期に多い。この時期、東北地方や北海道南部は、工芸の精緻をきわめた亀ヶ岡文化の舞台となり、ベンガラが必需品となる。

　この産地とみられる場所が、亀ヶ岡文化の本場・津軽にある。津軽半島先端の今別町砂ヶ森の海岸にある赤根沢（写真3）で、一帯に赤岩や赤土が露出している。かつて津軽藩によって採掘

写真3 ベンガラの産地、赤根沢（青森県今別町。青森県指定天然記念物）

写真4 赤根沢の赤岩とベンガラの製作用具

5 ベンガラの利用と交易　67

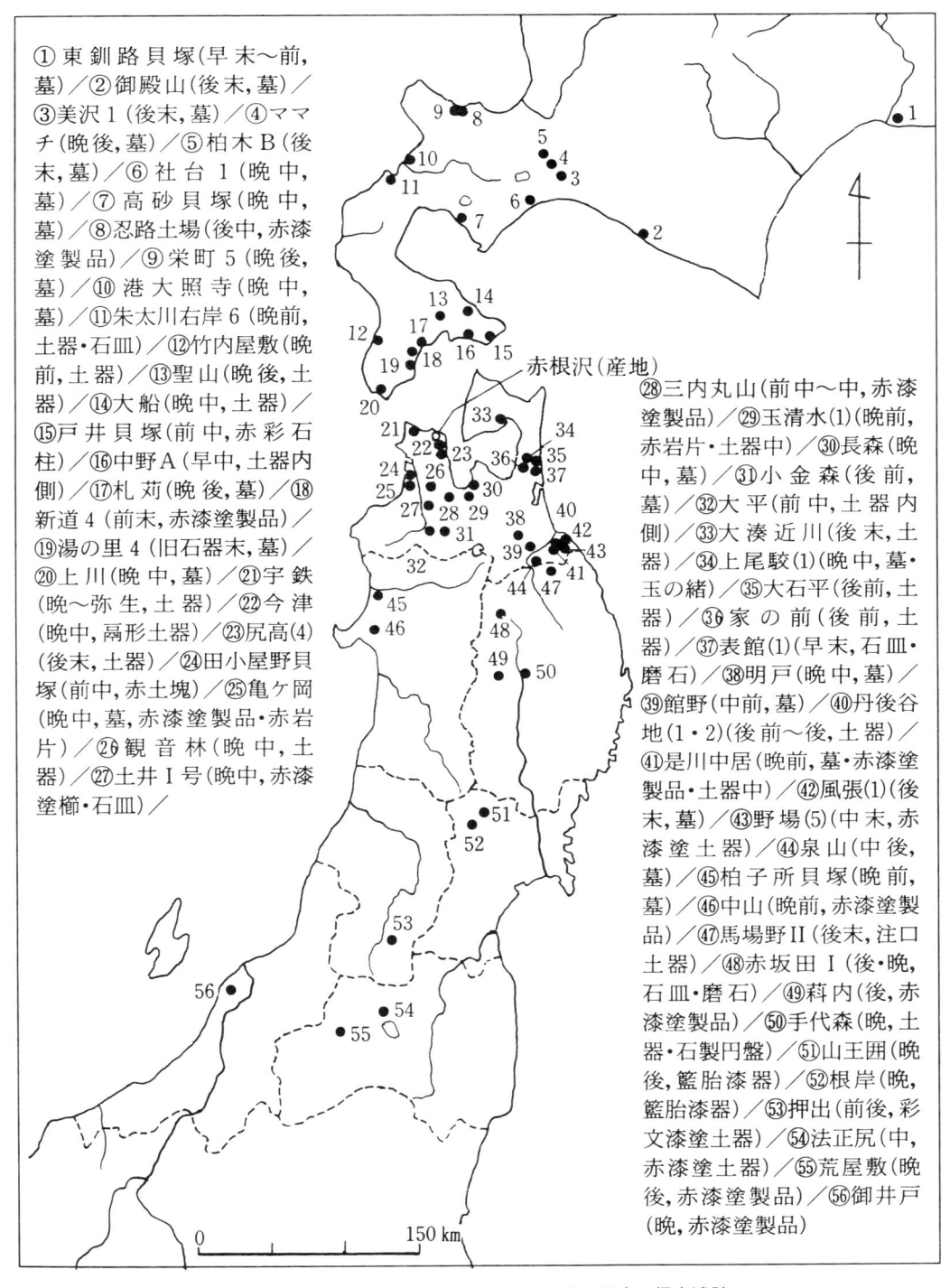

①東釧路貝塚(早末～前,墓)/②御殿山(後末,墓)/③美沢1(後末,墓)/④ママチ(晩後,墓)/⑤柏木B(後末,墓)/⑥社台1(晩中,墓)/⑦高砂貝塚(晩中,墓)/⑧忍路土場(後中,赤漆塗製品)/⑨栄町5(晩後,墓)/⑩港大照寺(晩中,墓)/⑪朱太川右岸6(晩前,土器・石皿)/⑫竹内屋敷(晩前,土器)/⑬聖山(晩後,土器)/⑭大船(晩中,土器)/⑮戸井貝塚(前中,赤彩石柱)/⑯中野A(早中,土器内側)/⑰札苅(晩後,墓)/⑱新道4(前末,赤漆塗製品)/⑲湯の里4(旧石器末,墓)/⑳上川(晩中,墓)/㉑宇鉄(晩～弥生,土器)/㉒今津(晩中,鬲形土器)/㉓尻高(4)(後末,土器)/㉔田小屋野貝塚(前中,赤土塊)/㉕亀ヶ岡(晩中,墓,赤漆塗製品・赤岩片)/㉖観音林(晩中,土器)/㉗土井I号(晩中,赤漆塗櫛・石皿)/

赤根沢(産地)

㉘三内丸山(前中～中,赤漆塗製品)/㉙玉清水(1)(晩前,赤岩片・土器中)/㉚長森(晩中,墓)/㉛小金森(後前,墓)/㉜大平(前中,土器内側)/㉝大湊近川(後末,土器)/㉞上尾駮(1)(晩中,墓・玉の緒)/㉟大石平(後前,土器)/㊱家の前(後前,土器)/㊲表館(1)(早末,石皿・磨石)/㊳明戸(晩中,墓)/㊴館野(中前,墓)/㊵丹後谷地(1・2)(後前～後,土器)/㊶是川中居(晩前,墓・赤漆塗製品・土器中)/㊷風張(1)(後末,墓)/㊸野場(5)(中末,赤漆塗土器)/㊹泉山(中後,墓)/㊺柏子所貝塚(晩前,墓)/㊻中山(晩前,赤漆塗製品)/㊼馬場野II(後末,注口土器)/㊽赤坂田I(後・晩,石皿・磨石)/㊾莇内(後,赤漆塗製品)/㊿手代森(晩,土器・石製円盤)/51山王囲(晩後,籃胎漆器)/52根岸(晩,籃胎漆器)/53押出(前後,彩文漆塗土器)/54法正尻(中,赤漆塗土器)/55荒屋敷(晩後,赤漆塗製品)/56御井戸(晩,赤漆塗製品)

0　150km

第2図　津軽海峡域を中心としたベンガラ関連の縄文遺跡

され，領内に供給されていたが，徳川三代将軍家光のころには，江戸城内や日光の東照宮造営の際にここの赤土が献上されたほどで，赤根山神社や赤土御番所，赤土倉が設けられていた。現在は，当時の採掘坑と小さなほこらが残されているにすぎないが，北海道を間近に望むこの地点は，下北半島・青森湾奥へいたる海上交通にはきわめて便利な位置にあり，交易には格好の地である。ここのベンガラは，もっとも遅くみても縄文晩期には各地へ供給されていたとみられ，ヒスイ・アスファルトなどとの交換財として広く流通していた可能性が十分考えられる。

　ベンガラの産地は列島各地にあって，近年，永嶋正春氏（国立歴史民俗博物館）によって，縄文前期から古墳時代にかけてのベンガラにパイプ状粒子の存在が指摘されている。しかし，赤根沢などの自然露頭からはパイプ状粒子は未発見である。理化学的手法による産地決定は，今後の進展に期待するところがきわめて大きい。

6 津軽海峡を巡る交易の品々

　北海道島と本州島を隔てる津軽海峡は，幅約18.7〜19.5 km。北上してきた対馬暖流の分流が早い速度で東へ流れ，江戸時代には海の難所として知られてきた。この海峡を縄文人が頻繁に渡っていたことは，海峡の北と南から出土する土器等の類似により，容易に理解されるが，渡る際の舟で運ばれた品々については特定できない状態がつづいてきた。しかし，ここ20数年来の石器・石製品等の理化学的産地分析の進展等もあって，その中身が少しづつ判明してきた（福田1990b・1999c）。

1. 北海道島から本州島へ運ばれた品

　黒曜石がある。黒曜石は黒色系の火山性噴出物でガラス質。破片が鋭利な縁をもつため，旧石器〜縄文時代には石鏃・石槍・ナイフ等の石材として各地で用いられた。火山国のわが国では北海道島から九州島にかけて約90カ所の原産地が知られ，とくに北海道島十勝産は江戸時代から有名で，別に「十勝石」とも称されている。

　北海道島の黒曜石産地には，白滝（遠軽町）・置戸（置戸町）・十勝三股（上士幌町）・赤井川（赤井川村）の4大産地のほか豊泉（豊浦町）などがあり，これらの黒曜石を用いた石器が青森県域の縄文遺跡等から出土していることが蛍光X線分析の産地研究によりわかってきた。また，本県域では日本海側に出来島（現つがる市）・深浦（深浦町）や小泊（中泊町）の産地があり，これらの黒曜石を用いた石器は本県各地域の縄文遺跡から出土しており，さらに北海道島渡島半島の縄文早期中葉以降の遺跡からも稀ながら出土している。

　本県域では外ヶ浜町の尻高(4)遺跡（縄文後期後葉）で北海道島産が最初に確認されて以降，県内30カ所の縄文遺跡から350点以上の北海道島産が確認されている。前・中期の大規模集落跡として全国的に知られている青森市三内丸山遺跡では，これまでに666点を分析したところ，61％以上の地元産とともに赤井川・白滝・置戸産等の北海道産も25％以上確認され，さらに山

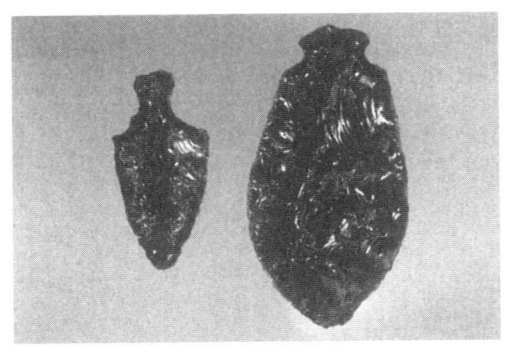

写真1　北海道島産の黒曜石製石器（三内丸山遺跡）

写真2　約850グラムもあるヒスイ原石片（近野遺跡）

形県月山や長野県霧ヶ峰・和田峠産等の中期例もみられ，東日本各地との広範な交流がうかがわれる。

　北海道島産は，下北半島〜八戸などの太平洋側では，縄文早期中葉以降，弥生・古代にいたる遺跡から発見され，日本海側では，前期中葉以降，弥生にいたる遺跡から発見されている。数量的には少ないものの，そのなかでは，距離的に近い赤井川産がもっとも多い。北海道島産には，石器だけがもち込まれた場合と，剥片の出土例によって，原石ももち込まれた場合も想定される。

2．本州島から北海道島へ運ばれた品々

　代表格はヒスイであり，ついで琥珀・アスファルト・ベンガラ・貝製品などがある。

(1) ヒスイ（翡翠・硬玉）

　ヒスイは青・緑色の美しい石で，硬度7と非常に硬質であるが，この加工品（玉類）が縄文中期〜晩期の遺跡から出土しており，この時代の人びとにとっては最高の装身具・宝飾品，そして権威のシンボルであり，魔除け・再生に係わる呪術具でもあったようである。

　ヒスイの原石産地は，東日本では新潟県の糸魚川市から富山県域北部にかけてにあり，蛍光X線による産地分析結果では，列島各地出土のヒスイ製品のほとんどすべてはこの糸魚川産を用いている。糸魚川産を用いた玉類は，400〜740kmも離れた秋田県域北部から本県域・北海道島南西部の150カ所以上から出土し，遺跡数や出土点数は産地に近い新潟県域北部〜東北南部よりはるかに多い。

　津軽海峡域における糸魚川産ヒスイの本格利用は，糸魚川地域と同様に縄文中期初頭（円筒上層 a 式期）にさかのぼる（福田 2004）。中期例は一般的に大珠で，地域により形態が異なる特色がある。また，後期後葉〜晩期例は，本県域や北海道島南西部では土坑墓を中心に急増し，丸玉に勾玉等を連ねた首飾りがおもになる。ヒスイ製品の大半は完成品であるため，多くは製品としてもたらされたが，三内丸山遺跡（中期）の円塊・円盤状の大珠は，渡島半島〜秋田県域北部に限られ，糸魚川地域には見られない独特の形態である。三内丸山には未製品・原石片等を含め約50点もの出土数があり，隣接する近野遺跡からは，重さ約850gの原石片（中期）も発見されていることから，縄文中期のこの地域では原石を搬入しヒスイ加工を行っていたことは間違いない。

(2) 琥珀

　琥珀は松・杉・檜などの樹脂が地中で化石化したものである。半透明で黄褐色の色合いや輝きがあり，しかも軟質で加工しやすいことから，縄文人は装身具としておもに用いた。原石産地は，北海道島や東北・関東などに20カ所ほど知られているが，岩手県域北部の久慈一帯に大規模で埋蔵量も多い産地があり，現在「久慈琥珀」として知られている。産地推定は，赤外線照射による化合物の種類を同定する赤外分光分析などの理化学的産地分析が行われているが，まだ実用段階ではなく，おもに分布や年代によって考えざるをえない状況である。

写真3 琥珀の出土状況（二ツ森貝塚）

写真4 アスファルト塊の出土状況（三内丸山（6）遺跡）

写真5 ベンガラ（赤鉄鉱）塊の出土状況（宇鉄遺跡）

写真6 ベンケイガイの成貝（七里長浜沖）

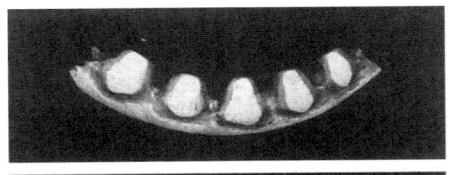

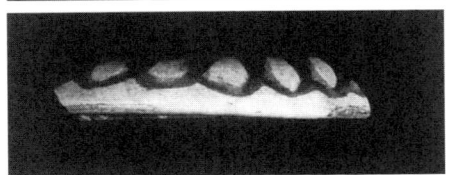

写真7 猪の牙を加工した装身具（入江貝塚）

　琥珀は岩手県域北部〜本県域の太平洋側の遺跡に多く，大半が原石片で出土することから，おもに原石が交易されていたとみられる。本県域では，縄文前期末葉例が最古で，中期例が多い。太平洋側を中心に出土し，日本海側には少ない。また，岩手県域では北部から多く出土し，前期後半を最古に中期中葉〜後期前葉のものが多い。岩手〜本県域の出土例は，久慈に近く，しかも年代もほぼ同じことから，久慈産であったとみられる。また，北海道島南西部にも前期末葉〜中期末葉例がある。これも久慈産であった可能性がつよい。

(3) アスファルト

　アスファルトは，東北では秋田〜新潟県域の油田地帯などを中心に産出し，東北〜北海道島など東日本の縄文人は接着剤として用いた。石鏃や鹿角製の釣針・銛などの柄の固定などに用いら

れ，東北北部にはとくに多く，本県域では140カ所以上の縄文遺跡から出土している。縄文前期からみられ中期中葉に利用が一般化したようである。後期・晩期にピークに達し，弥生時代には衰退した。

アスファルトは，普段は固体か半固体で，加熱によって溶ける性質がある。石器等に付着した状態で出土する場合が大半であるが，塊状固体として発見される場合もある。多くは固体として交易されていたとみられる。産地は，秋田市の北隣，潟上市（旧昭和町）槻木産が中期の利用例として知られているが，近年，同県域北部の能代市駒形地区でも新たな産地が確認された。

東北北部や北海道島出土のアスファルトは，元素分析など理化学産地分析が行われているが，すべて明確に産地判定できる段階ではないが，距離的に近い秋田県域北部産が主であったのであろう。

(4) ベンガラ

ベンガラは鉱物質の赤色顔料（酸化第二鉄）で，北海道島を間近にのぞむ津軽半島北端の今別町赤根沢に大規模産地がある。江戸時代には津軽藩が管理していたほどで，一帯に赤岩・赤土が露出している。海峡域では縄文早期中葉から用いられ，後期以降には漆とともに土器・木器・籃胎漆器，さらには土坑墓散布にも使われた。赤根沢に近い外ヶ浜町宇鉄遺跡（晩期）はその加工遺跡で，赤岩の小礫片がまとまって出土しており，晩期には小塊に割ったものが交易されていたとみられる。しかし，ベンガラ産地は各地にあり，理化学的手法による産地分析はまだむずかしい状況にある。

(5) 貝製品・猪

北上したとみられる貝類のなかで大半を占めるのはベンケイガイである。暖流系の二枚貝でホッキ貝（ウバガイ）に似た固い殻の貝である。成体での殻長は8.5cmほどになる。中央に穴を開け，貝輪（ブレスレット）に加工されたものが各地の縄文〜弥生遺跡から出土している。

本県域では，縄文前期〜晩期等の例が十三湖周辺，下北半島〜八戸市周辺など15カ所ほどで出土例があり，秋田県能代市の柏子所貝塚（晩期）では1,100点以上の出土例もある。また，北海道島では噴火湾を中心にした縄文〜続縄文遺跡の土坑墓から出土している。

平成2・3年の津軽半島つがる市の田小屋野貝塚（前期中葉）の調査を通じ，遺跡西方約4kmの七里長浜沖にベンケイガイ生息地があることが考古学研究者に知られることとなり，さらに付近の海岸では比較的容易にこの打ち上げ貝が採集できることから，田小屋野はベンケイガイの打ち上げ貝を加工した貝輪製作遺跡であったことが判明した。北海道島のベンケイガイ生息地は，従来未発見であったため，道内出土のものは，津軽など東北北部から運ばれたものが大半であったとみられる（福田1999c）が，近年，函館市の海岸におけるベンケイガイの打ち上げ例の確認により，道島南部産ベンケイガイの利用も指摘されてきている（忍澤2006）。

その他の貝製品には，タカラガイやイモガイ・オオツタノハなどの加工品がある（福田1998c）。

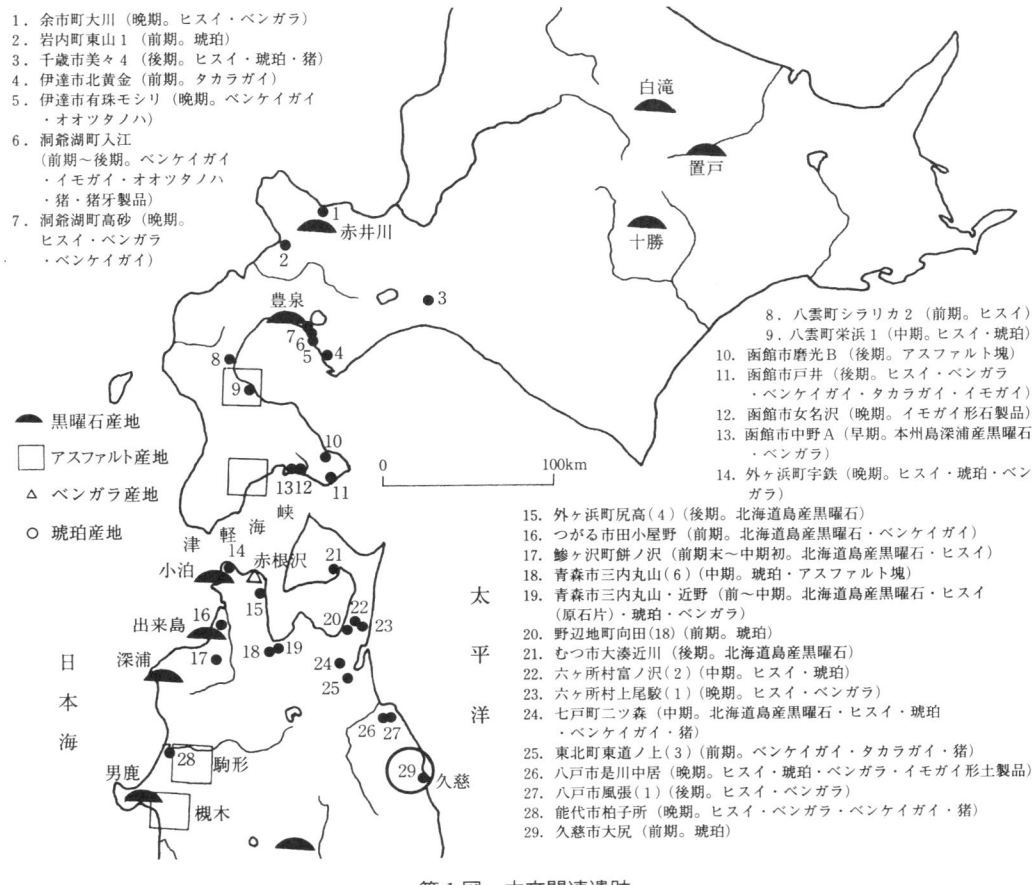

1. 余市町大川（晩期。ヒスイ・ベンガラ）
2. 岩内町東山1（前期。琥珀）
3. 千歳市美々4（後期。ヒスイ・琥珀・猪）
4. 伊達市北黄金（前期。タカラガイ）
5. 伊達市有珠モシリ（晩期。ベンケイガイ・オオツタノハ）
6. 洞爺湖町入江（前期～後期。ベンケイガイ・イモガイ・オオツタノハ・猪・猪牙製品）
7. 洞爺湖町高砂（晩期。ヒスイ・ベンガラ・ベンケイガイ）

8. 八雲町シラリカ2（前期。ヒスイ）
9. 八雲町栄浜1（中期。ヒスイ・琥珀）
10. 函館市磨光B（後期。アスファルト塊）
11. 函館市戸井（後期。ヒスイ・ベンガラ・ベンケイガイ・タカラガイ・イモガイ）
12. 函館市女名沢（晩期。イモガイ形石製品）
13. 函館市中野A（早期。本州島深浦産黒曜石・ベンガラ）
14. 外ヶ浜町宇鉄（晩期。ヒスイ・琥珀・ベンガラ）
15. 外ヶ浜町尻高（4）（後期。北海道島産黒曜石）
16. つがる市田小屋野（前期。北海道島産黒曜石・ベンケイガイ）
17. 鰺ヶ沢町餅ノ沢（前期末～中期初。北海道島産黒曜石・ヒスイ）
18. 青森市三内丸山（6）（中期。琥珀・アスファルト塊）
19. 青森市三内丸山・近野（前～中期。北海道島産黒曜石・ヒスイ（原石片）・琥珀・ベンガラ）
20. 野辺地町向田（18）（前期。琥珀）
21. むつ市大湊近川（後期。北海道島産黒曜石）
22. 六ヶ所村富ノ沢（2）（中期。ヒスイ・琥珀）
23. 六ヶ所村上尾駮（1）（晩期。ヒスイ・ベンガラ）
24. 七戸町二ツ森（中期。北海道島産黒曜石・ヒスイ・琥珀・ベンケイガイ・猪）
25. 東北町東道ノ上（3）（前期。ベンケイガイ・タカラガイ・猪）
26. 八戸市是川中居（晩期。ヒスイ・琥珀・ベンガラ・イモガイ形土製品）
27. 八戸市風張（1）（後期。ヒスイ・ベンガラ）
28. 能代市柏子所（晩期。ヒスイ・ベンガラ・ベンケイガイ・猪）
29. 久慈市大尻（前期。琥珀）

第1図　本文関連遺跡

相模湾以南などの海域に生息する暖流系の貝で，その希少性・呪術性にあやかり装身具等に加工したようである。北海道島の噴火湾沿岸や東北の前期～晩期の貝塚などから出土しているが，北端に近い礼文島の後期中葉の遺跡からは大型のイモガイ・タカラガイ製品が出土し，注目された。

また，動物では猪の問題もある。現在，自然状態では北海道島には生息しておらず，かつて生息していたという記録もない。しかし，噴火湾岸の洞爺湖町入江貝塚からは縄文後期前半とみられる猪牙製装身具と成獣下顎も出土している（虻田町教委1994）。猪はまた，道島南部を中心に前期中葉例を最古に後・晩期の出土例があり，本州島からもち込まれた後，一定期間飼育された可能性が指摘されている（高橋2001）。本県域では猪は明治10年代に絶滅したが，八戸周辺などからは早期後葉～晩期の骨類が出土しており，本県域から幼獣でもち込まれていた可能性は充分ある。

3. 津軽海峡をめぐる交流・交易

以上述べてきた品々は，道島南部と本州島北端間の交易や相互の現地採取等によったものとみ

られる。また、装身具類には渡海者の着装品も多かったのであろう。また、道島東部・道島北部の黒曜石等は、道島南部で中継され本県域にもたらされたとみられる。これらの品々とは別に遠方産のヒスイは、糸魚川―本県域間の偶発的な運搬結果によるものではなく、双方の交易によるものであったと考えられる。もちろん、糸魚川―道島南部間の直接交易も否定できないが、海峡を熟知した本州島北端住民の中継交易が主であったものと考えられる。そして、これらの品々との交換物は、基本的に等価交換が原則であった社会を想定すれば、ヒスイ以外は近距離間のため、上に述べた品々を含む各地の産物や食料等が主であったとみられるが、遠方で入手が困難なヒスイとは、より価値のたかいアザラシ・オットセイの毛皮など北方の特産物等が交換されたのであろうか。そのなかには玉の緒の顔料として、赤根沢産ベンガラも含まれていた可能性が考えられる。

　海峡交易は、縄文早期中葉〜前期後葉以降の黒曜石・ベンガラ・貝製品・猪の品々に、前期末葉〜中期前葉以降は琥珀・アスファルト、さらに中期初頭には遠方の糸魚川産ヒスイ等も加わって、より広範に展開され、後・晩期にはさらに交易品目が追加されていったようである。

　さて、今回述べた品々については、いずれもある程度産地が限定されたため、交易品と考えられるものであり、当時の一般的な交易品目とはずれている可能性もあるが、その一部であることは間違いない。海峡交易の品々として、このほかにも指摘されているものがある。北海道島から南下してきたものに、近年磨製石斧材として、岩石学的調査により日高の沙流川水系の額平川産の緑色片岩、神居古潭産の青色片岩が用いられたとする考えも提起されている（齋藤ほか2006）。また、わが国では北海道島のみに生息するヒグマ（牙製品など）の本州島からの発見も期待できる。一方、本州島から北海道島へは、各種の漆塗り製品が重要な交易品として、前期以降海を渡っていた可能性があり、さらに、北限の塩でもある陸奥湾産の塩の一部も、晩期中葉には道島南部の縄文人に重宝されたであろう。

　津軽海峡をめぐる縄文時代の交易の問題には、各種出土品への理化学的手法による産地分析研究の応用や、さまざまな視点からの検討が今後ますます必要になってきている。

第 III 章　津軽海峡域の装身具

1　ヒスイ以前の津軽海峡域 ——縄文前期以前の石製装身具を中心にして——

はじめに

　ヒスイ（硬玉）は，白地に青色の入った美しい硬質の石材で，これを加工した玉類は縄文時代（以下，時代を省略）中期以降，弥生・古代に至るまで，列島住民にとって最高級の装身具であった。またこれは，威信財や魔よけ・再生等を願う呪術具としても用いられてきた。このヒスイの産地は新潟県南部から富山県北部にかけての糸魚川市と周辺地域であるが，縄文中期（約5,000～4,000年前）から晩期にかけて，この産地から400～740 kmも離れた本州島北端と北海道島南部の縄文遺跡には，産地により近い東北地方南部～新潟県北部をはるかに凌駕する数量の糸魚川産ヒスイがもたらされた[1]。このようなヒスイ文化の盛行が，いったいどのような経緯のもとに生まれてきたのか。この観点から，津軽海峡両岸の地域すなわち津軽海峡域では，ヒスイ使用以前にはいったいどのような装身具が用いられ，どのような経緯のもとにヒスイ文化へ移行してきたのか，縄文前期以前の装身具の様相について述べ，若干の考察をくわえてみたい。

1. 津軽海峡域におけるヒスイ以前の装身具

　この地域におけるヒスイの利用は，縄文中期から本格的に始まるため，それ以前の旧石器～縄文前期末葉までの装身具類についてふれる。装身具には骨角製品もあるが，石製品を主として述べる。

(1) 旧石器～縄文草創期（～約9,000年前）（第1図）

　この時期のものは，本州島北端では未発見であるが，北海道島南部には後期旧石器例が3ヶ所ある。いずれも細石刃文化期のもので，知内町湯の里4遺跡（以下，遺跡を省略）では，ベンガラを伴う土壙墓から橄欖岩製小玉2点（1・2）・垂飾品1点（3）とコハク製垂飾品（4）の計4点（道埋文1985b）が出土し，今金町美利河1では，橄欖岩製小玉7点（5・6）（道埋文1985c），千歳市柏台1ではコハク製小玉1点（7）（道埋文1999b）が出土している。この時期の装身具は列島全体でも13ヶ所しか知られていない（麻柄2004）なかで，3ヶ所がこの津軽海峡域北部に集中している点は非常に注目される。

(2) 縄文早期〜前期初頭（〜約6,000年前）（第1〜3図）

この時期のものもさほど多くないが，本県域の八戸市長七谷地では，早期末葉〜前期初頭の小型環状の玦状（けつじょう）耳飾り例（23：滑石（かっせき））（青森県教委1980d）がある。また，大鰐町砂沢平には，前期初頭の勾玉（まがたま）状垂飾品（24：頁岩（けつがん）・深郷田（ふこうだ）式）（青森県教委1980b）もある。これに対して，北海道島南部では早期中葉の例があり，函館市中野Aには有孔石製品（8：凝灰岩）（道埋文1992），中野Bには垂飾品とみられる小型の有孔磨製石斧（9：蛇紋岩）・ヘラ状垂飾品（10：凝灰岩）（道埋文1998a）がある。また，玦状耳飾りでは，伴出土器が必ずしも明確でなく，ここで述べるには問題がある例もあるが，後半例では苫小牧市美沢3に環状例（11：橄欖岩・東釧路Ⅳ式）（道埋文1990b）があり，登別市川上B例（12：滑石・早期後半）（道埋文1983）もある。前期例では，千歳市美々（びび）5の土坑（どこう）に環状例（13：メノウ・前期前半）（道埋文1981b）があり，千歳市キウス5にも環状例（14：滑石・前期前半）（道埋文1996a）がある。また，函館市八木A（15：ネフライト・円筒下層a式以前）（南茅部町埋文調査団1995）にもある。この地域におけるこのような環状・円形の玦状耳飾りの分布状況は，縄文早期後半から列島各地で広く使用される状況と軌を一にしている。

このほか，早期後半〜前期初頭例では太平洋側において貝塚出土の有機質装身具例もある。本県域では，長七谷地に鹿角（38）・鹿骨（41）・鳥骨（39）・エイ尾棘（びきょく）製（40）等のかんざし（青森県教委1980d），同市赤御堂に獣骨製かんざし（42）・鹿角製平玉（43）（八戸市教委1989），さらには三沢市野口にベンケイガイ製腕輪（福田1995a）もある。これらは，早期から前期中・末葉へと時期が下がるにつれ，鳥獣骨・歯牙・魚類・貝類等に多様化している。また，研究者によっては装身具ともされる有孔の土器片円盤も八戸市売場（早期末葉・早稲田5類）（青森県埋文1985f），函館市中野B（早期中葉）（道埋文1998a）等に見られる。

(3) 縄文前期中〜後葉（約5,500〜5,100年前）（第2・3図）

この時期には，日本海側における遺跡数の増加に伴い各種の装身具類が見られるが，この地域のなかで，とくに資料がまとまっている青森市三内丸山例（中葉・円筒下層a・b式）から述べる。

三内丸山では，石製品としては，小玉（25）（細粒凝灰岩（ぎょうかいがん））・玦状耳飾り（26・27）（環状・細粒凝灰岩）（青森県教委1998a）・（28）（環状・細粒凝灰岩）（青森県教委2000）・岩版状垂飾品（29）（緑色凝灰岩）（青森県教委1998a）がある。また，有機質製品では，サメ椎骨製小玉（44〜47），アシカ（48）・キツネ牙製品（49），陸獣骨製かんざし（50・51）（青森県教委1998a）等もある。

本県域における類例で，玦状耳飾りは，弘前市沢部(2)に未製品（滑石・円筒下層a式）（青森県教委1974a）があり，福地村（現南部町）館野には本県域唯一の土壙墓出土の玦状耳飾り（31：緑色ホルンフェルス・前期後葉）（青森県埋文1989c）がある。また，小玉類はつがる市石神（円筒下層b式）（村越1991）にもある。岩版状垂飾品としては碇ヶ関村（現平川市）大面（おおづら）例（30：凝灰岩・円筒下層b式）（青森県教委1980c）等もあるが，呪術性がより強い垂飾品であろう。またここには，凝灰岩製の有孔石製品もある。以上のほかに，秋田県大館市池内（いけない）には円筒下層a・b式期のコハク玉（秋田県埋文1999a），岩手県久慈市大尻には円筒下層c・d式期のコハク原石塊（久慈市教委

1987）もある。

　また，有機質製品では，石神には中葉（円筒下層ｂ式か）の鹿角製櫛（江坂編 1970）とされるもの，歯牙製品では八戸市畑内に円筒下層 a・b 式期のツキノワグマ犬歯製の穿孔品（52）等（青森県埋文 1997b）がある。また，つがる市田小屋野（円筒下層 a・b 式）にはイルカ牙製の穿孔途中品（53）があり，さらに，ベンケイガイ製腕輪の破片が多数（54・55）（青森県立郷土館 1995a）もあって，その製作遺跡とみられる。

　つぎに，北海道島南部では，噴火湾沿岸の伊達市若生に骨製勾玉状垂飾品（早期）（名取・峰山 1957），同茶呑場に骨製かんざし（早～前期前半）（名取・峰山 1963），同北黄金に骨製かんざし（早～前期）（名取・峰山 1954）・鹿骨製かんざし（56：前期）（伊達市教委 1998）等があり，北黄金や苫小牧市静川 22 にはベンケイガイ製腕輪もある（中葉）（大島 1989）。また，北黄金にはメダカラガイの穿孔品（中～後葉）（福田 1998c）があり，函館市ハマナス野（中葉・円筒下層ｂ式）の土壙墓にはホオジロザメの未穿孔歯 3 本が残されていた（南茅部町教委 1983）。

（4）縄文前期末葉（約 5,000 年前）（第 1～4 図）

　この時期（円筒下層ｄ式）には，装身具類が多様化し各種装身具が見られるようになるが，とくに石製装身具が多い。まず本県域では，代表的なものに三角形玦状耳飾りがある。硬質の蛇紋岩や軟質の滑石などを用いたもので，青系の美しい色調のものが多い。ほぼ県域一円から出土し，一部は中期初頭まで用いられた。しかし，土坑から出土した例は皆無である。破片が多いなかで，野辺地町向田（18）（32：蛇紋岩）（野辺地町教委 2004），七戸町二ツ森（天間林村教委 1994），むつ市瀬野（西野編 1998），八戸市熊ノ林の各例（33：蛇紋岩・円筒下層 d_1 式）（八戸市教委 2002a）や畑内例（34：緑色凝灰岩）（青森県埋文 1999c）等は完形または接合完形品である。また，向田（18）にはこの時期の久慈産とみられるコハク玉（35）（野辺地町教委 2004）もある。前期末葉のコハク片は畑内（青森県埋文 2001c）にもある。その他に，つがる市牛潟（1）にはこの時期の滑石製垂飾品（両眼と紐孔と周囲に線刻がある）[2]，向田（18）（36）（野辺地町教委 2004）や鰺ヶ沢町餅ノ沢（青森県埋文 2000b）には石製玉類（37）もある。また，骨角器類では，二ツ森に見事な透かし彫りの入った鹿角製かんざし（57）（天間林村史編纂委 1981）等がある。

　つぎに，北海道島南部では，三角形玦状耳飾りが余市町フゴッペ（16：蛇紋岩）（道埋文 1991），小樽市手宮公園下（滑石）（小樽市教委 1993），岩内町東山 1（滑石）（岩内町教委 2004），千歳市美々 4（17：滑石）（道埋文 1981b），寿都町寿都 3（18：滑石）（寿都町教委 1980），函館市ハマナス野（19：ネフライト・円筒下層 d1 式）（南茅部町埋文調査団 1991），松前町松城（滑石）（松前町教委 1991），八雲町コタン温泉（滑石）（八雲町教委 1992）等多数の出土例がある。破片で滑石製が多い。本州島北端と同様に土坑から出土した例は皆無である。手宮公園下には，ほかに「の」字状石製品に類した環状の滑石製品（20）（小樽市教委 1993）もある。また，岩内町東山 1 の土坑にはコハク玉（21）（岩内町教委 2004）もある。これらのほかに，特筆すべき例として，八雲町シラリカ 2 には，前期後葉（円筒下層ｃ式）とされる糸魚川産ヒスイの垂飾品（59）（道埋文 2000）がある。この時期が間

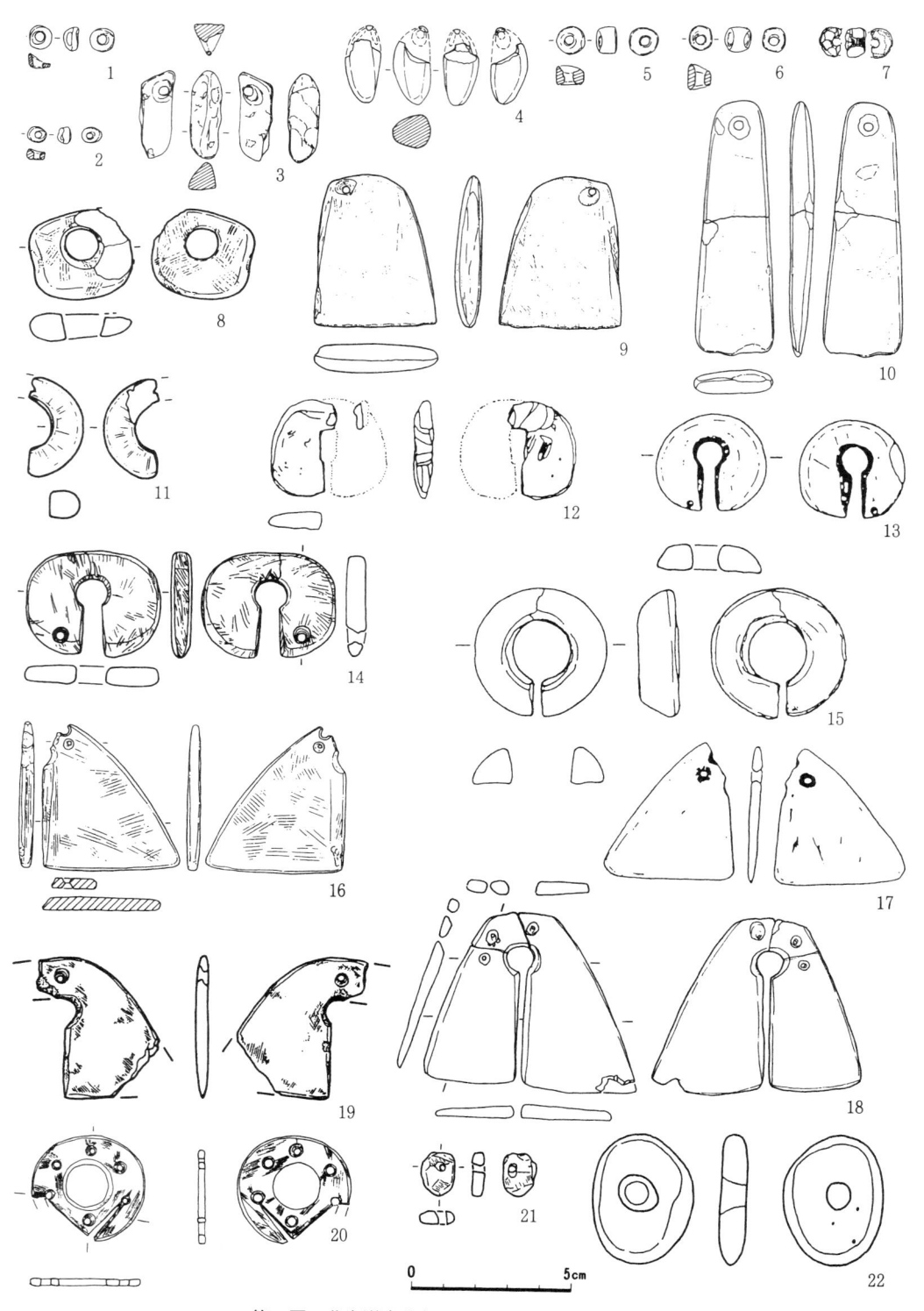

78　第III章　津軽海峡域の装身具

第1図　北海道島南部のヒスイ以前の石製装身具

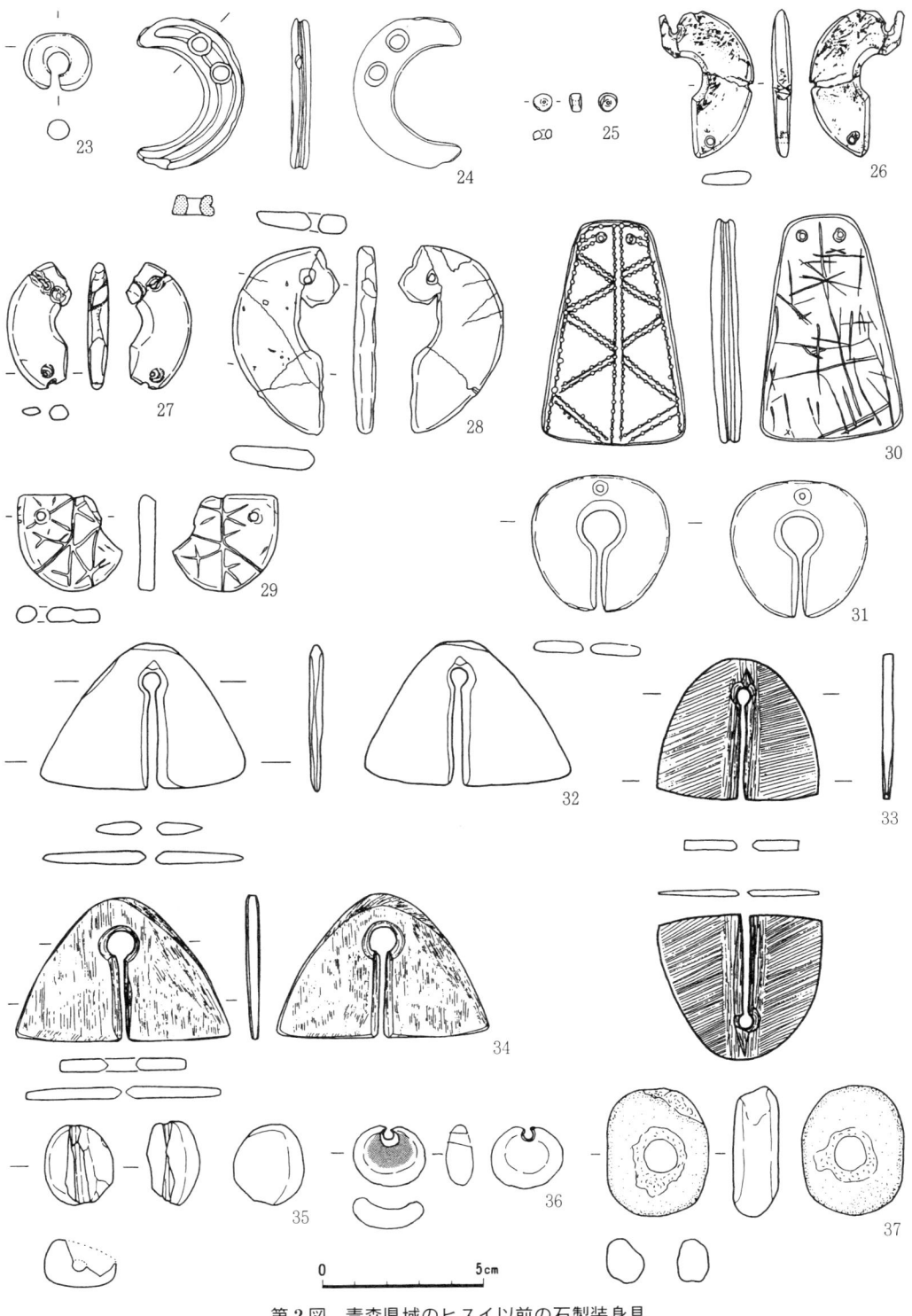

1 ヒスイ以前の津軽海峡域　79

第 2 図　青森県域のヒスイ以前の石製装身具

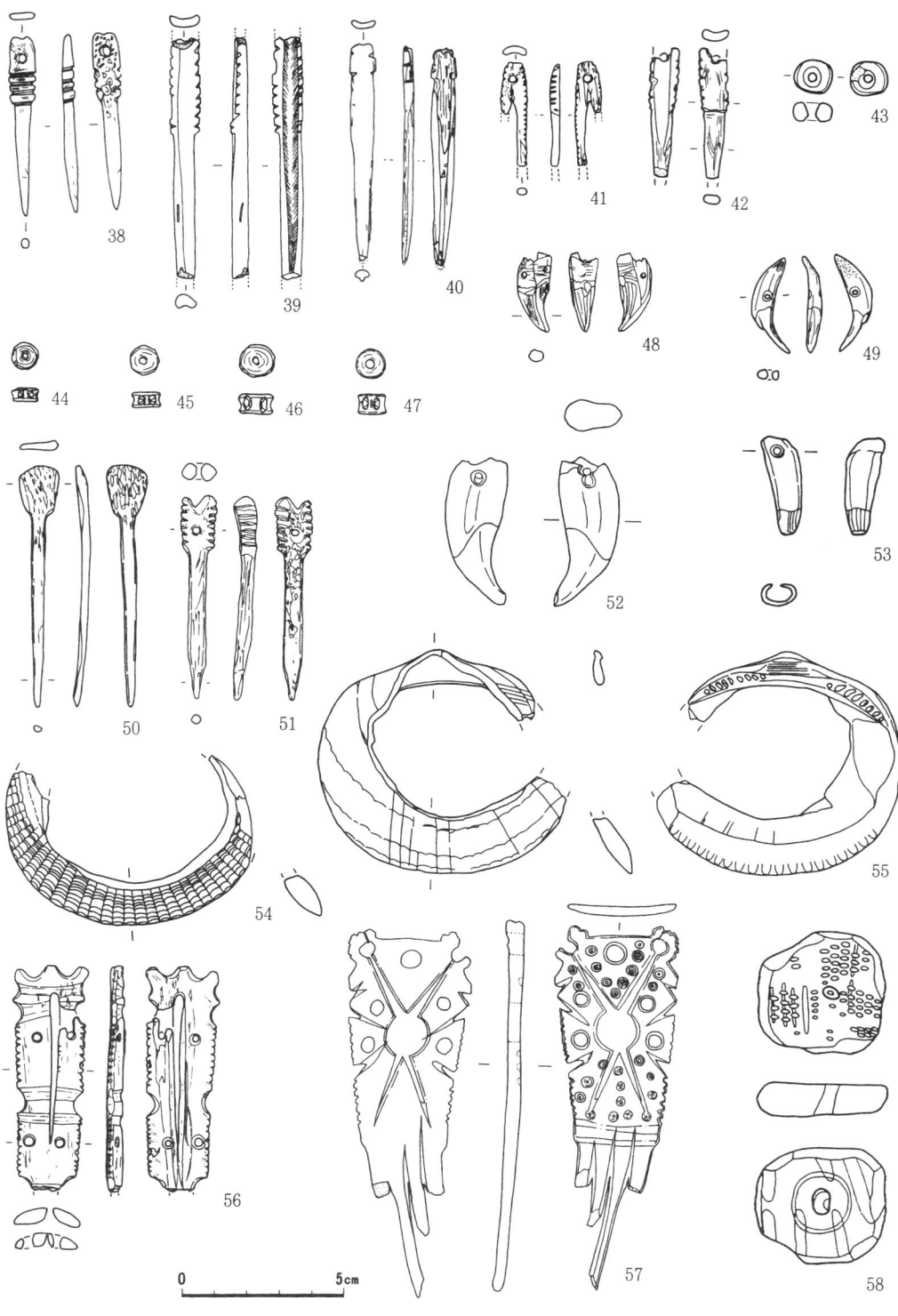

80   第III章　津軽海峡域の装身具

第3図　津軽海峡域のヒスイ以前の骨角製装身具等

違いないとすれば，北海道・東北地方では最古の例ということになる。ハマナス野にはほかに，前期末葉の有孔自然円礫やそれを加工した垂飾品の可能性がある石製品（22）（南茅部町教委1981）があるが，類例はこの地域一帯に多い。また，ここには装身具とされる有孔土器片円盤（58）多数のほかに土製耳飾りとされるものもあり，土製装身具類は中期以降に増加してくる。

2. 津軽海峡域における縄文中期のヒスイ（第4図）

本県域出土のヒスイ数は，報告された例では縄文遺跡78ヶ所・約650点あり，原産地に近い東北地方他5県の合計304点[3]をはるかに凌駕している。

これらのなかで最古例は，餅ノ沢の方形の大珠(たいしゅ)未製品（64）（青森県埋文2000b）で，中期初頭（円筒上層a式）までは確実に遡るが，前期末葉の土器（円筒下層d式）も伴っているため，この時期に遡る可能性もある。縄文中期例は12ヶ所で63点ほどある。笹ノ沢（3）（65：中期初頭）（青森県埋文2004d），三内丸山（66：前葉～末葉）（青森県埋文1994b），青森市山吹（1）（70：後半～末葉）（青森市教委1991）等の土壙墓例のほかに，三内丸山の盛土出土例（67～69）（青森県教委1996），八戸市松ヶ崎の大珠未製品（71：中葉～後葉・大木9式以前）（八戸市教委1996a），六ヶ所村富ノ沢（2）の大珠（中期後半）（青森県埋文1993a）等がある。三内丸山には中期前葉～末葉の円盤・円塊状の大珠，玉類・未製品・原石片・原石塊（ハンマー・ストーン状）等計49点があるが，細かな時期等に関する詳細はまだ明らかではない。

この三内丸山等の円盤・円塊状の大珠については，分布が本県域や北海道島南部といった津軽海峡域に限定されるものであるが，この製作には，製品のほか未製品・原石片・原石塊（ハンマー・ストーン状）があることから，筋砥石・工房跡は明確ではないものの，この地でヒスイ玉類の製作を行ったとみられる。これは，東北地方以北では唯一の製作遺跡を推測させるもので，それには糸魚川地域と関わりをもつ者の協力や技術指導があったり，この地域からの技術者が当地に来て製作した可能性もあると推測した（福田2004）。このほか，岩手県九戸村田代IV例は，長楕円形大珠2点が中期後葉（大木9式）の土器棺から出土したものである（72・73）（岩手県埋文1995a）。

また，北海道島のヒスイは，大半が石狩低地帯と苫小牧市を結ぶライン以西から出土している。筆者が知り得た範囲では，縄文62ヶ所・634点である。これらのなかで，フゴッペ例（60）（道埋文1991）は，土壙墓から前期末葉～中期初頭（円筒下層d～円筒上層a式）の土器とともに出土していることから，本県域の餅ノ沢例と同様に，前期末葉に遡る可能性もある。縄文中期例は10ヶ所ほどで14点ほどある。八雲町栄浜1（八雲町教委1987）には土壙墓例（末葉）があるが，大半は土坑外からの出土例である。寿都(すっつ)3の偏球状大珠（61）（寿都町教委1980），泊村ヘロカルウスの方形大珠（62：中葉・見晴町式）（道文化財研究所1987），東山（中期中葉）（岩内町教委1958b）や上ノ国町大岱沢(おおたいさわ)Aの太い管玉状大珠（63：中葉・サイベ沢VII式）（上ノ国町教委1987）等がある。

このように，ヒスイには土壙墓から出土する例と土壙墓外から出土する例が見られるが，大半は土壙墓外から出土している。また，土壙墓出土例は大きめの玉類が1～2点である。この状況

第Ⅲ章　津軽海峡域の装身具

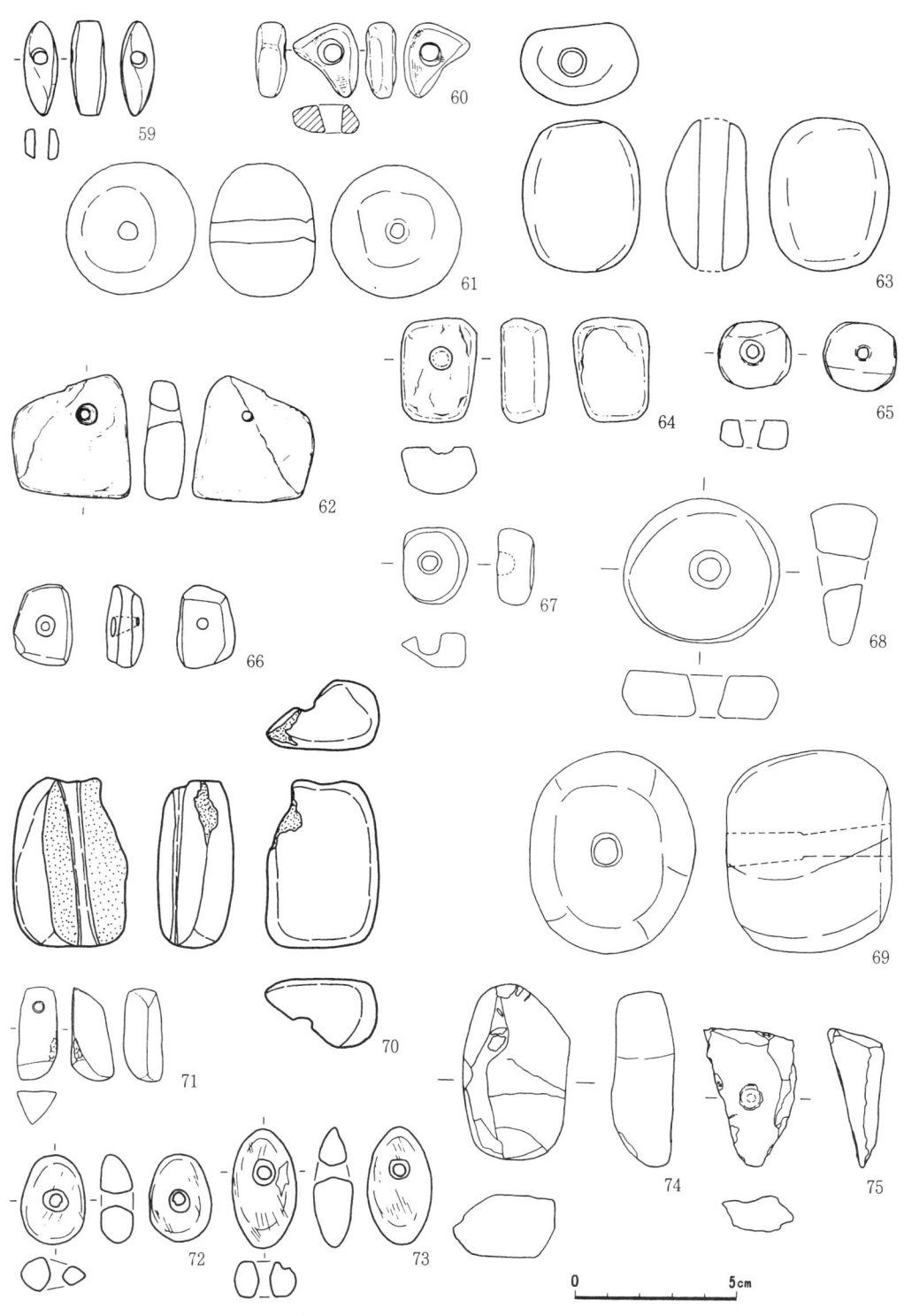

第4図　津軽海峡域等のヒスイ製品

1 ヒスイ以前の津軽海峡域　83

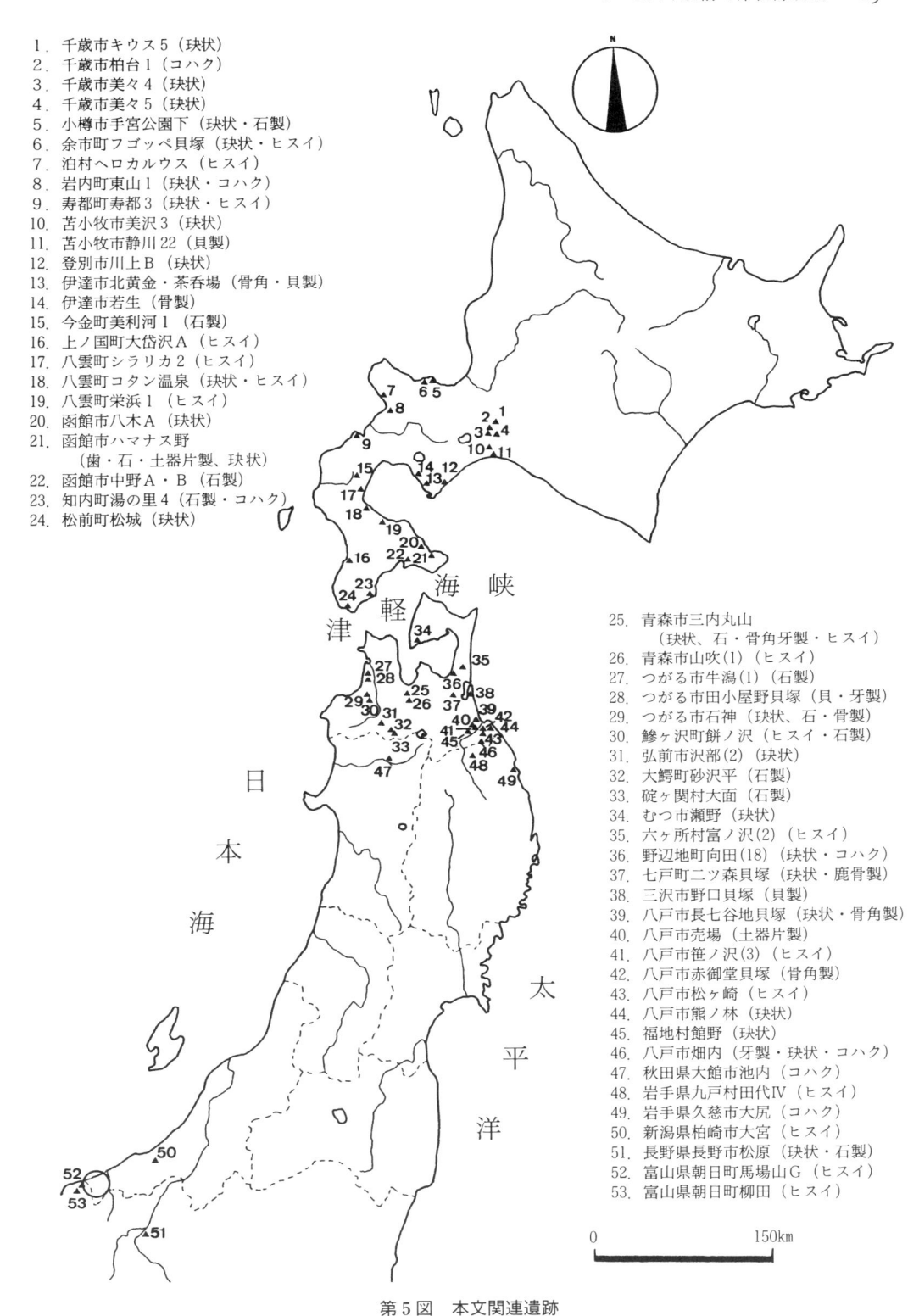

1. 千歳市キウス5（玦状）
2. 千歳市柏台1（コハク）
3. 千歳市美々4（玦状）
4. 千歳市美々5（玦状）
5. 小樽市手宮公園下（玦状・石製）
6. 余市町フゴッペ貝塚（玦状・ヒスイ）
7. 泊村ヘロカルウス（ヒスイ）
8. 岩内町東山1（玦状・コハク）
9. 寿都町寿都3（玦状・ヒスイ）
10. 苫小牧市美沢3（玦状）
11. 苫小牧市静川22（貝製）
12. 登別市川上B（玦状）
13. 伊達市北黄金・茶呑場（骨角・貝製）
14. 伊達市若生（骨製）
15. 今金町美利河1（石製）
16. 上ノ国町大岱沢A（ヒスイ）
17. 八雲町シラリカ2（ヒスイ）
18. 八雲町コタン温泉（玦状・ヒスイ）
19. 八雲町栄浜1（ヒスイ）
20. 函館市八木A（玦状）
21. 函館市ハマナス野
　　（歯・石・土器片製、玦状）
22. 函館市中野A・B（石製）
23. 知内町湯の里4（石製・コハク）
24. 松前町松城（玦状）

25. 青森市三内丸山
　　（玦状、石・骨角牙製・ヒスイ）
26. 青森市山吹(1)（ヒスイ）
27. つがる市牛潟(1)（石製）
28. つがる市田小屋野貝塚（貝・牙製）
29. つがる市石神（玦状、石・骨製）
30. 鰺ヶ沢町餅ノ沢（ヒスイ・石製）
31. 弘前市沢部(2)（玦状）
32. 大鰐町砂沢平（石製）
33. 碇ヶ関村大面（石製）
34. むつ市瀬野（玦状）
35. 六ヶ所村富ノ沢(2)（ヒスイ）
36. 野辺地町向田(18)（玦状・コハク）
37. 七戸町二ツ森貝塚（玦状・鹿骨製）
38. 三沢市野口貝塚（貝製）
39. 八戸市長七谷地貝塚（玦状・骨角製）
40. 八戸市売場（土器片製）
41. 八戸市笹ノ沢(3)（ヒスイ）
42. 八戸市赤御堂貝塚（骨角製）
43. 八戸市松ヶ崎（ヒスイ）
44. 八戸市熊ノ林（玦状）
45. 福地村館野（玦状）
46. 八戸市畑内（牙製・玦状・コハク）
47. 秋田県大館市池内（コハク）
48. 岩手県九戸村田代IV（ヒスイ）
49. 岩手県久慈市大尻（コハク）
50. 新潟県柏崎市大宮（ヒスイ）
51. 長野県長野市松原（玦状・石製）
52. 富山県朝日町馬場山G（ヒスイ）
53. 富山県朝日町柳田（ヒスイ）

第5図　本文関連遺跡

は，縄文後期後葉以降に見られる土壙墓から勾玉や数珠状の小玉類が数10点もまとまって出土する状況とはきわめて対照的である。中期のヒスイ製品は，まだ連珠の首飾りとしての使用や特定個人の所有物にはなっていなかったことを示しているのであろう。

3. 縄文前期末葉の石製装身具に関する問題

以上，津軽海峡域における縄文前期以前の装身具及び縄文中期のヒスイ製品について概観してきたが，このなかでヒスイ直前の前期末葉に見られる三角形玦状耳飾り及びコハク玉の使用年代，そしてヒスイ垂飾りの使用開始年代の問題について，考察をくわえてみたい。

(1) 三角形玦状耳飾りの分布と年代

本県域の玦状耳飾りについては，以前まとめたことがある（福田1999a）が，現在ではさらに増え，早期末葉〜前期初頭から中期中葉までの例が22遺跡に51点ある。このなかで三角形のものが最も多く，18遺跡に37点と全体の73％を占めており，三内丸山でも14点のうち9点がこの形態である（川崎2000）。また，北海道島では三角形玦状耳飾りが15遺跡から36点出土しており，同島南部の出土総数46点（22遺跡）の78％強を占めている。

この三角形玦状耳飾りは，従来，樋口清之氏によってE類と分類（樋口1933）されてきたものであり，北海道島南部から本県全域にかけてとくに多く分布している。類例は，日本海側では秋田県男鹿半島例があり，太平洋側では岩手・宮城県例があり，さらに千葉・神奈川県等の関東地方や伊豆諸島八丈島（八丈町倉輪遺跡調査団1987），長野県（長野県埋文1998）等の中部地方，そして玦状耳飾り製作の本場・北陸地方にもあり，それ以西にも散発的ながら分布し，九州南部にもある。しかし，山形・新潟県には資料収集した範囲では見当たらないようである。三角形玦状耳飾りは，近年津軽海峡の南北地域において出土例が増加しており，日本列島のなかではこの地域にもっとも多い型式である。この濃密分布地域は，まさに石狩低地帯から，本県域全域と秋田県北部・岩手県北部域にかけての円筒土器文化圏にほぼ重なっている。

この三角形玦状耳飾りの年代は，共伴した土器によって，縄文前期末葉（円筒下層d式）〜中期初頭（円筒上層a式）とみられるが，大半は円筒下層d式期である。

(2) コハク玉使用の開始

縄文前期末葉の時期には，三角形玦状耳飾りのほかに，北海道島南部においては小自然円礫の利用やその加工品の使用も顕著であるが，そのほかの重要な石材として，コハク玉が見られるようになる。東北地方北部におけるコハクの産地は，現在でも国内有数の産地として知られる岩手県域北部の久慈地方であるが，この地域にはコハクを出土する縄文遺跡が多数分布しており，しかもこの地域を中心にほぼ同心円状の濃淡分布を示すことから，東北地方北部の縄文時代のコハクの大半は久慈産であった可能性がたかい。東北地方北部では，大館市池内のコハク玉（前期中葉）がもっとも古く，久慈市大尻では前期後葉の原石塊（円筒下層c・d式主体），末葉例では向田

(18)の玉のほか，畑内例（原石塊）もある。また，北海道島南部では前期末葉の東山1例がある。東山1例が久慈産かどうかは不明であるが，津軽海峡域におけるこの時期は，コハク使用が顕著に見られる時期と言うことができよう。

　これらの点から，この前期末葉には，三角形玦状耳飾りのような青系，あるいは白・灰色系の石製装身具だけではなく，コハク等の他の貴石（寺村2003）に対する入手意識・願望も強まっていたことが窺われる。

(3) ヒスイ垂飾り使用の開始

　列島におけるヒスイのもっとも古い時期の製品として従来，山梨県大泉村（現北杜市）天神の前期後半（諸磯c式）の大珠（藤田1989）や富山県朝日町馬場山Gの中期前葉（新崎式）の穿孔途中品（第4図75）（富山県教委1987）が知られていたが，その後新潟県柏崎市大宮では前期後半（諸磯a～b式）の原石加工例（平吹2004），富山県朝日町柳田では前期末葉（福浦上層式）の原石加工例（第4図74）（朝日町教委2003）が出土しており，縄文前期末葉～中期前葉は，わが国の「ヒスイ玉の出現期」と考えられてきている（藤田2003b）。

　この北陸地域のヒスイ加工は，すでに縄文前期には北陸地方北東部において確立されていた蛇紋岩製磨製石斧，さらには玦状耳飾りの製作技術に基づいたものとみられる（木島2004）。

　さて，津軽海峡域におけるヒスイ利用の開始は，北海道島フゴッペ・シラリカ2の例及び本県域の餅ノ沢・笹ノ沢(3)の例等によって，前期末葉に遡る可能性があるものの，遅くとも中期初頭（円筒上層a式）には使用されていたことは間違いないと考えられ，糸魚川地域とは大きな時間差なしに利用されはじめたようである。これらの点から，津軽海峡域におけるヒスイは，前期末葉以降の三角形玦状耳飾りにやや遅れて利用が開始され，この玦状耳飾りの使用が終末を迎える中期初頭になって重視され，以後の継続使用にいたったものと考えられる。

　また，このヒスイの濃密分布域は，三角形玦状耳飾りの分布域とほぼ重複し，同様にいわゆる円筒土器文化圏ともほぼ一致している。

4．三角形玦状耳飾りからヒスイ垂飾りへ

　以上，ヒスイ以前の津軽海峡域における石製品を中心にした装身具について概観し，関連する問題にもふれてきたが，その結果，つぎのようにまとめることができる。

(1) 津軽海峡域における縄文前期中葉という画期

　この地域において装身具がセット・組み合わせとしてもっともよくまとまっている最古の例は，縄文前期中葉である。三内丸山では石製品では玦状耳飾り・小玉類・岩版状垂飾品，有機質製品ではサメ類椎骨の小玉類，獣類の牙製品・鹿角や獣骨製のかんざしがあり，さらにベンケイガイ製等の腕輪もあり，頭部・胸部・腕部に装着する装身具がセットとして見られる。後期旧石器や縄文早期中葉にも，石製の垂飾品と玉類が同一遺跡に見られる例はあるが，他の有機質製品が不

明である（貝塚以外にはなかなか見られないという特殊性はあるが）ため，縄文前期中葉はこの地域における装身具の展開のなかで，一つの画期であるとみることができる。ちなみにこの時期は，関東地方の宇都宮市根子谷台に玦状耳飾り・管玉・丸玉類のセット（川崎 1998）が見られる時期とほぼ同じである。

　これに続く前期後葉のなかで，とくに末葉では貴石以外の石製垂飾品とともに，三角形玦状耳飾りやコハク玉等の貴石が利用され，石製装身具の多様化が見られる。この時期にはまた，鹿角製のかんざしや当地域において晩期まで継続する獣類の犬歯穿孔品やベンケイガイ製腕輪等に窺われるような有機質製品の一層の多様化も想定される。ちなみに，この前期末葉（～中期初頭）の時期は，中部地方の長野市松原，伊豆諸島の倉輪の三角形玦状耳飾り・玉斧・「の」字状石製品・棒状石製品のセット（川崎 1998）が見られる時期でもある。

(2) 三角形玦状耳飾りからヒスイ垂飾りへ

　三角形玦状耳飾りは，前期末葉（円筒下層 d_1 式）にヒスイ垂飾りに先行して津軽海峡域に登場し広まったが，その分布範囲は，中期初頭以後のヒスイ濃密分布地域，そして，円筒土器文化圏とほぼ重なるものであった。この点から，この地域におけるヒスイ使用の背景には，北陸地方の三角形玦状耳飾りの使用が大きな契機となっていたことが推測される。三角形玦状耳飾りには，青系の色調をもつ蛇紋岩や滑石などの美しい石材が用いられており，この装身具によって触発された円筒土器文化人の貴石ないしは美石に対する信仰が，産地が限定されより希少性のたかいヒスイへと展開していったとみられる。

　初期のヒスイ利用には，山梨県天神（前期後半），北海道フゴッペ・青森県笹ノ沢(3)（中期初頭）例のように，墓とみられる土坑からの出土例がある。これらは被葬者が生前身につけていたものと考えられるが，被葬者たちは，原石産地・製作地が遠隔地の北陸地方にあるため，簡単には入手しがたいヒスイの玉類に対しては，希少価値とともに，再生・魔よけ等の呪力を認め，その入手は被葬者（おそらくムラの長であろうが）にとってのステイタスとしても，必要なものになりはじめていたとみられる。円筒土器文化人の装身具に対する共通の意識ができあがりはじめていたのであろう。

　この津軽海峡域には，これ以降も後期，そして晩期と引き続き糸魚川産ヒスイが大量にもたらされるわけであるが，この背景には，糸魚川地域と津軽海峡域との海上交通の利便性・相互のつながりの緊密さとともに，対ヒスイとの交換財（具体的には指摘できないが，北方の産物等か）に恵まれていたという地域性もあったとみられる。

　ところで，この糸魚川産ヒスイの北上に関わる象徴的な現象が，前期末葉～中期初頭の土器文化にも見られる。東北地方南部を主たる分布圏とする大木系土器文化の北上，津軽海峡域を主たる分布圏とする円筒下層～上層式土器の日本海側における南下という従来から指摘されている事例とは逆に，近年では，北陸系の朝日下層系土器も三内丸山・畑内など本県域5ヶ所から確認されてきている（茅野 2002）。北海道島南部における類例については不明であるが，まさに，糸魚

川産ヒスイの津軽海峡域への分布と類似した現象であり，この時期における北部日本海をめぐる広域交流の活発化を土器文化の面から示している。

　糸魚川産ヒスイは北陸地方における使用開始当初の段階から，津軽海峡域にもたらされたわけであり，この時期の北部日本海交流の活発さが背景にあったとみられるが，ある意味では，円筒土器文化期における津軽海峡域人のヒスイ獲得行動が，北部日本海交流活発化のひとつの要因であった可能性も充分考えられるのである。

おわりに

　以上，糸魚川産ヒスイが津軽海峡域で用いられるまでの石製装身具の様相，そしてヒスイ利用の契機について考察をくわえてきた。

　その結果，津軽海峡域におけるヒスイ利用は，縄文前期末葉の石製装身具のなかで，とくに三角形玦状耳飾りの利用が大きな契機となっていたことが判明した。耳飾りとしての玦状耳飾りの使用によって触発された貴石による装身志向は，コハクの利用にも及び，やや遅れて招来された垂飾品としてのヒスイ製品獲得にいたったと思われる。

　この地域に住む人々は，後期旧石器時代以降，美しい石で身を飾ることをとくに好むという土地柄であったようである。そして，白地に青の美しい色合いをもつ遠来のヒスイに対しては，とくに興味を示し，執着したようである。遠来の貴重なヒスイのもつ色合いと呪術性に心惹かれたのであろう。この色合いは，直感的に言えば，雪のなかに芽吹き・再生等を感じ取り，春を待ちこがれる人々の思いと合致していたのであろうか（福田 2003）。そして，このヒスイを入手するためのさまざまな条件に，この地域はまた恵まれていたようである。

註
1) 福田（2004）において津軽海峡域にヒスイ出土数が多いとしたのは，とくに各県域ごと等の面積や縄文中～晩期の遺跡数・調査件数を勘案したうえでのことではないが，かりにそれらを勘案したとしても，その絶対数の多さは変わらないものと考えている。
2) 1997年7月26日付けの東奥日報による。
3) 本県域以外の東北地方のヒスイ出土数は，他の5県で計304点である（鈴木 2004）。

2 津軽海峡域における玦状耳飾り ——三角形玦状耳飾りを中心にして——

はじめに

　日本列島各地の縄文遺跡からはさまざまな装身具類が出土している。そのなかに環（円）形・方形・三角形を主とし，中央部に周縁と切目でつながる孔を設けた小型の石製品「玦状耳飾り」がある。この青森県域における様相については，1998年度末にまとめたことがあり（福田1999a），その際に，各種の形態のなかで，とくに三角形を呈するものが，本州島北端部の青森県域及び北海道島南部（両地域を併せて，以下，津軽海峡域と呼称）から多数出土していることが判明した。この形態の濃密分布は，この装身具が直接，耳に装着されることに注目した場合，当時の人々の頻繁な動きを示唆するものとみられる。この意味で，この装身具類の研究は，縄文時代の津軽海峡域及び北日本地域における文化交流を考える際には，見過ごすわけにはいかないものであろう。

　そこで本稿では，この地域における玦状耳飾りの集成を行ったあと，とくに三角形を呈するものについて，年代・分布等について考察をくわえることとする。

1. 津軽海峡域における玦状耳飾りの様相

　津軽海峡域における玦状耳飾りは，縄文時代早期末葉から中期にかけて用いられており，各資料の詳細を第1・2表に示す。以下，その様相について本州島北端部と北海道島南部の地域ごとにまとめて述べる。

　なお，以前紹介した青森県域の出土例のなかで，出土地がまったく不明なものや形態的に問題があるものについては，今回は除外した。

（1）本州島北端部（第1〜3図）

　青森県域における玦状耳飾りは，2004年度末までの報告例では22遺跡から51点の出土数がある。このなかで三角形の玦状耳飾りは18遺跡から37点，その他の形態のものは7遺跡（三角形と重複例がある）から14点出土している。八戸市長七谷地遺跡（以下，遺跡は省略）の小型環状例（1：早期末葉〜前期初頭）を最古とし，青森市三内丸山などの円形例（3〜5：前期中葉・円筒下層a〜b式期），南部町館野の円形例（6：前期後葉）のあと，野辺地町向田(18)（25・26）・むつ市瀬野(27〜29)などの三角形例（台形・将棋形も含む。前期末葉・円筒下層d式期〜中期初頭・円筒上層a式期）を経て，八戸市西長根の縦長長方形（14：中期中葉）等まで用いられた。このなかで，もっとも多いのは三角形例で37点あり，全体の73％を占めており，三内丸山でも18点のうち10点がこの形態である。

　土坑から出土した例としては，前述の館野例が唯一である。不整長方形の土坑（II区第4号土壙。1.30×1.10m大，深さ0.90mの土坑墓）の底面直上から出土した円形の完形品1点である。他

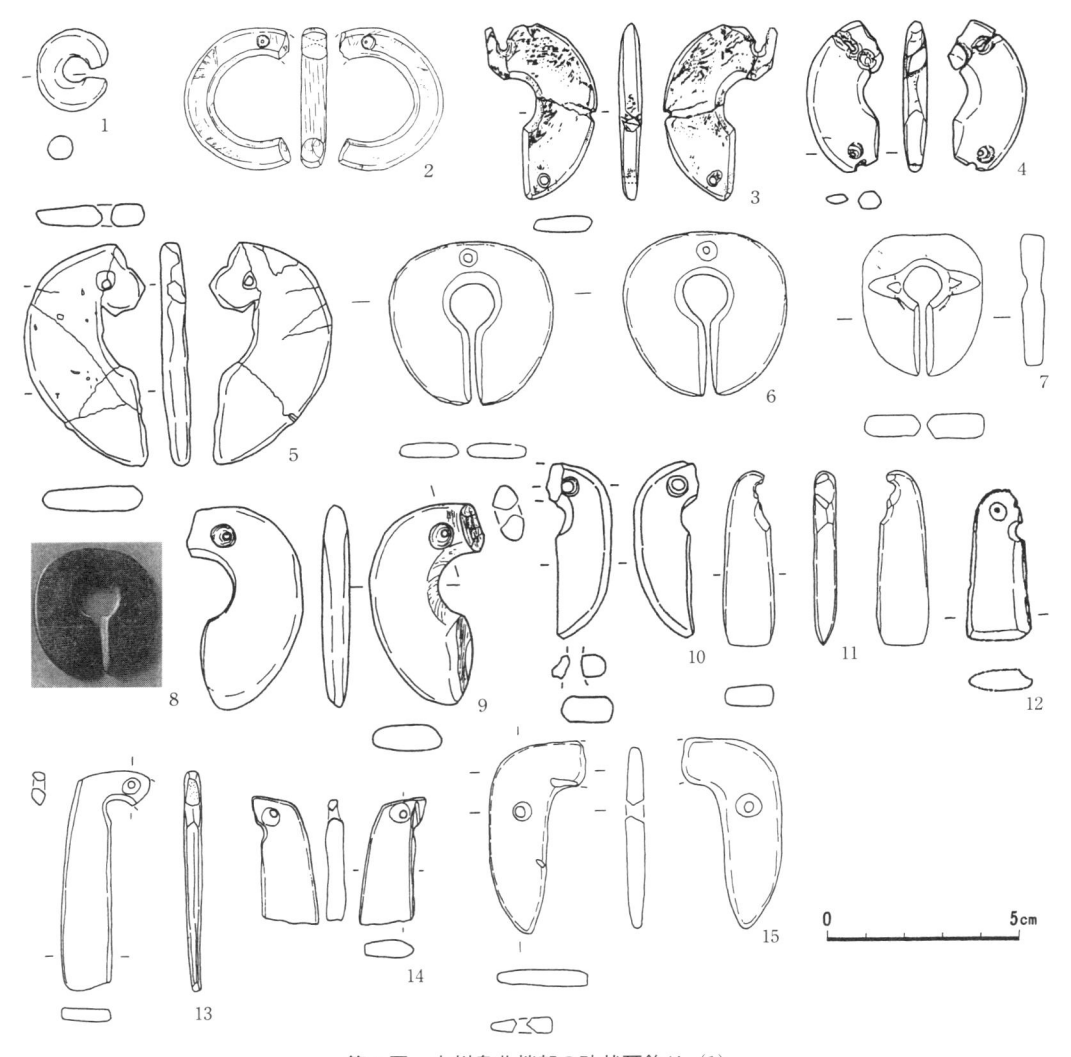

第1図　本州島北端部の玦状耳飾り（1）

　の遺物や人骨・赤色顔料は検出されていないが，被葬者に装着されていた可能性がある。また，他の類例としては，岩手県西和賀町清水ヶ野（岩手県埋文2001a）では，不整楕円形の土坑（7号土坑，径3.1×2.3m，深さ1.10mの土坑墓）の覆土から，円形破片が1点出土している。人骨・赤色顔料は検出されていないが，共伴した土器により前期末葉の大木6式期のものとみられる。

　なお，本州島北端部でもっとも出土数が多い三角形例で，土坑から出土した例はない。

　また，製作工程を示す例としては，未完成品が弘前市沢部(2)にあるものの，1点と少ないことから，自家用に製作したものとみられる。しかし，秋田県大仙市上ノ山Ⅱ（前期中葉・大木4・5式期主体）（秋田県埋文1988a）からは，欠損品・未製品を主体とする50点が出土し，岩手県北上市滝ノ沢（前期末葉〜中期初頭・大木6〜7a式期主体）（北上市教委1983）からは，破片を主体として未製品を含め27点，同遠野市新田Ⅱ（前期中葉・大木2〜4式期主体）（遠野市教委2002）からも欠損

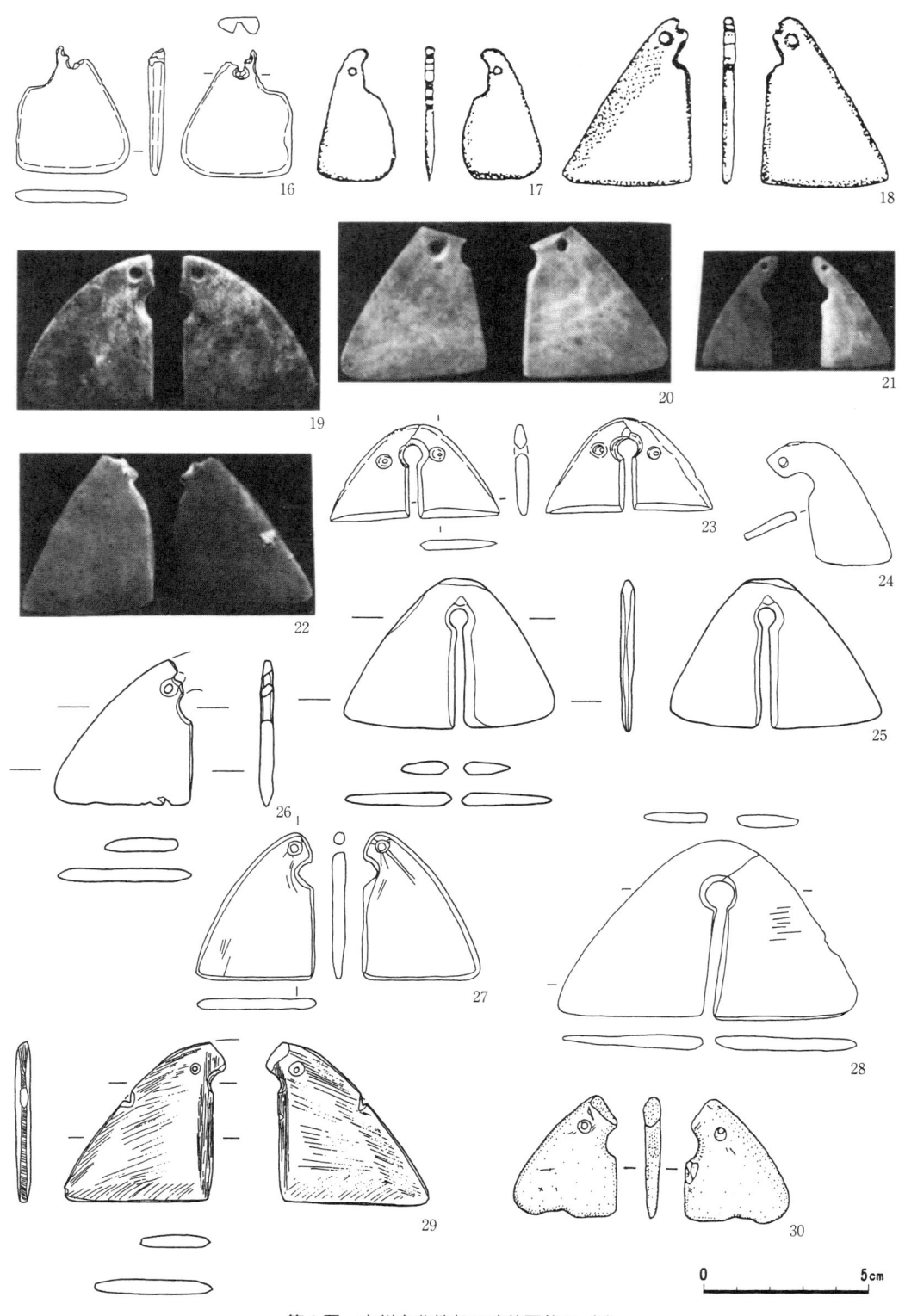

90 第III章　津軽海峡域の装身具

第2図　本州島北端部の玦状耳飾り（2）

第3図　本州島北端部の玦状耳飾り（3）

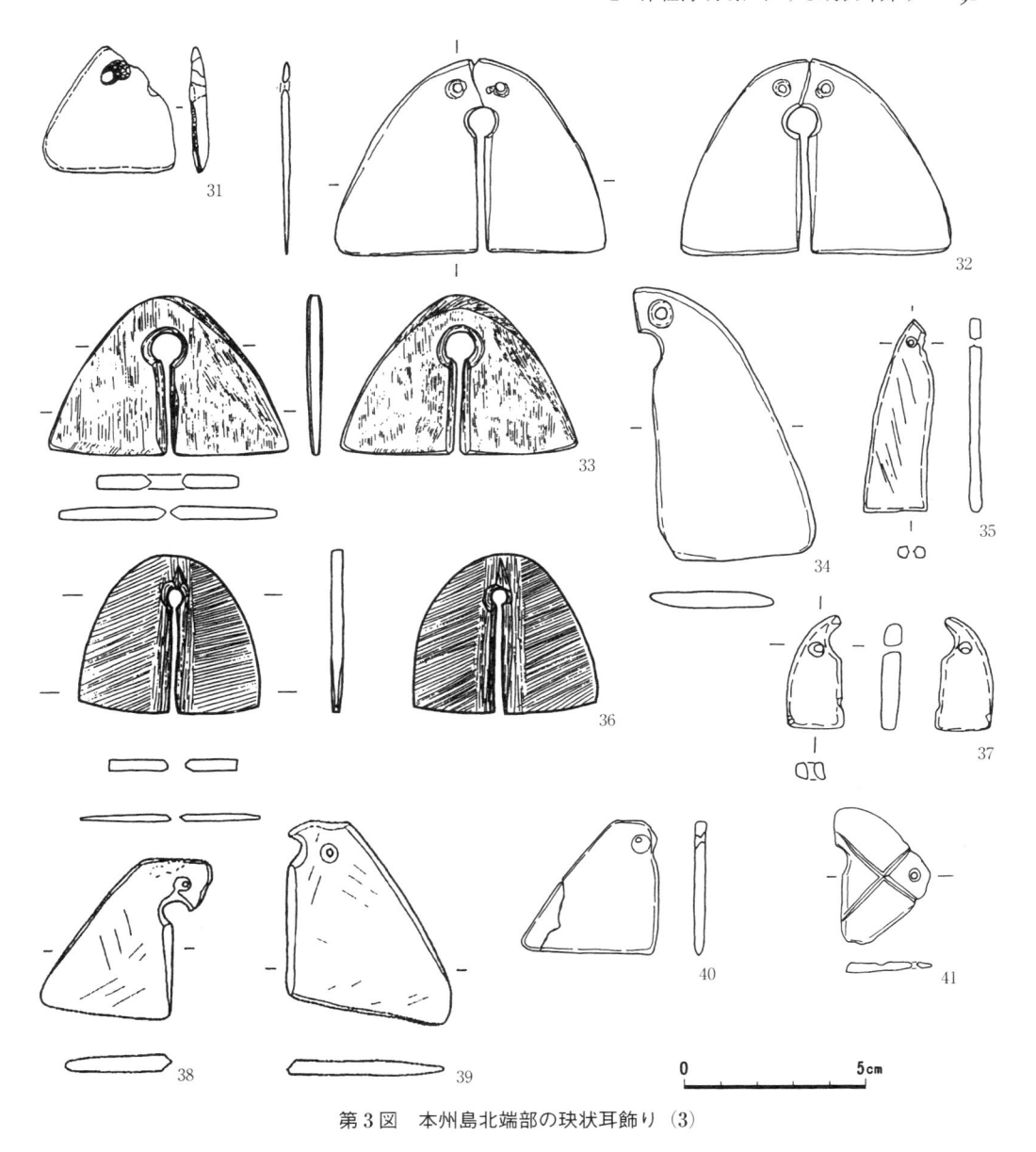

品を主体とする50点が出土しており，他への供給分も含めた製作遺跡と考えられる。

　なお，三角形例については，製作工程を示す例はない。

　また，使用される石材の肉眼判定では，本県例では51点のうち，不明分を除いた45点では，蛇紋岩系（軟玉を含む）がもっとも多く20点で約44％，ついで滑石6点で約13％，緑色凝灰岩・凝灰岩系9点で約20％を占めている。また，三角形例（台形・将棋形も含む）37点のうち，不明分を除いた32点では，蛇紋岩系（軟玉を含む）が同様に多く，18点で約56％，滑石4点で約13％を占めている。

第 1 表 本州島北端部（青森県域）の玦状耳飾り一覧

番号	遺跡名	点数	出土状況	年代（土器型式）	石材	引用文献	備考（形態・分類など）
3-34	つがる市矢伏字長根	1	表面採集	前期末葉（円筒下層d式か）	滑石	西村・櫻井 1953	ほぼ正三角形、Ⅳ-2、破片、1孔、旧勝山ヤマシン長根配石遺跡
2-17	つがる市石神	1	1区包含層	前期末葉（円筒下層d式）	滑石	江坂編 1970	横長三角形、Ⅳ-1、1孔
2-18	つがる市石神	1	4区包含層	前期末葉（円筒下層d式）	礫岩質硬砂岩	江坂編 1970	横長三角形、Ⅳ-1、1孔
2-19〜21	つがる市石神	3	採集	前期か中期	記載なし	江坂編 1970	横長三角形、Ⅳ-1、孔不明、Pl.38-8・10・11
2-22	つがる市石神	1	採集	前期か中期	記載なし	江坂編 1970	横長三角形、孔不明、Pl.38-9
—	—	1	表面採集	前期末葉（円筒下層d式主体か）	滑石	森田村教委 1997	横長三角形、Ⅳ-1、破片、1孔
2-16	鯵ヶ沢町鳴沢	1	第9号住居跡覆土	前期末葉（円筒下層d式a式）	粘板岩	青森県埋文 1992a	横長三角形、Ⅳ-1、破片、2孔
2-23	深浦町津山	1	—	中期初頭（円筒上層a式）	軟玉	青森県埋文 1997d	横長三角形、Ⅳ-1、破片、1孔、9.0g、住居跡は円筒下層d式期
2-24	五所川原市原子	1	—	前期中葉（円筒下層d式）	蛇紋岩	福田 1997b	横長三角形、Ⅳ-5、2点接合完形（各1孔）、色違い
1-7	弘前市沢部(2)	1	—	前期中葉〜中期初頭	滑石	青森市教委 1974a	円形、Ⅳ-5、未製品、因版第5図-4、田沢沢部Ⅱ号遺跡
1-13	青森市三内霊園	1	—	前期か中期	緑色片岩？	青森県教委 1962	円形、Ⅱ-5、完形
3-41	青森市三内丸山	1	—	前期か中期	緑色凝灰岩	青森県教委 1996・川崎 2004	縦長長方形、Ⅳ-6、刻線あり、破片に石脚発見接合
1-3	青森市三内丸山	1	—	前期か中期	細粒凝灰岩	青森県教委 1996・川崎 2004	三角形、Ⅳ-6、破片、後に石脚再加工
1-4	青森市三内丸山	1	—	前期か中期	細粒凝灰岩	青森県教委 1998a	円形、Ⅳ-1、破片、上下端2孔、8g
1-11	青森市三内丸山	1	第95号住居跡積土	中期か中葉か	凝灰岩	青森県教委 1998b	縦長長方形、Ⅱ-3、破片、7.0g
1-5	青森市三内丸山	2	—	前期末葉	泥質石片岩	青森県教委 2000	縦長長方形、Ⅱ-3、破片、1孔、14.0g
1-8	青森市三内丸山	1	—	前期末葉	緑色片岩？	川崎 2000・2004a、朝日新聞社 1997	円形、Ⅱ-5、完形
1-12	青森市三内丸山	1	—	前期末葉	軟玉（透緑閃岩）	川崎 2000・2004a	縦長長方形、Ⅳ-5、破片
3-38	青森市三内丸山	1	—	前期末葉	軟玉（透緑閃岩）	川崎 2000・2004a	縦長長方形、Ⅳ-6、破片、2孔、11.4g
3-39	青森市三内丸山	1	—	前期末葉	軟玉（透緑閃岩）	川崎 2000・2004a	縦長長方形、Ⅳ-1、破片、1孔
—	青森市三内丸山	1	—	前期末葉	白雲母片岩	川崎 2000・2004a	台形、Ⅳ-4、破片、1孔
—	青森市三内丸山	1	—	前期末葉	緑泥石片岩	川崎 2000・2004a	三角形で脚か弧状
—	青森市三内丸山	2	—	前期末葉	緑色片岩？	川崎 2000・2004a	横長三角形、Ⅳ-1、破片、1孔
3-40	青森市田館	1	—	前期末葉（円筒下層d式主体）	蛇紋岩	青森市教委 2002	横長三角形、Ⅳ-1、破片、2002年の青森県埋蔵文化財調査センターの調査で出土
2-25	野辺地町稲山	1	—	前期末葉（円筒下層d式主体）	蛇紋岩	野辺地町教委 2004	横長三角形、Ⅳ-1、完形、18.4g、口絵1
2-26	野辺地町向田(18)	1	捨て場A	前期末葉（円筒下層d式主体）	蛇紋岩	野辺地町教委 2004	縦長長方形、Ⅳ-2、破片、2孔、11.4g
3-35	むつ市関ケ平	1	捨て場A	前期末葉（円筒下層d式主体）	玉髄	青森県埋文 1995c	縦長長方形、Ⅳ-5、破片、1孔
3-37	七戸町二ツ森	1	第2号住居跡覆土	前期末葉〜中期初頭	珪質頁岩	天間林村教委 1994	縦長長方形、Ⅳ-6、2点接合完形（各1孔）、19.5g
1-1	八戸市長七谷地	1	—	早期末葉〜前期初頭	滑石	青森県教委 1980d	はば正三角形、Ⅰ-2、完形
1-14	八戸市西長根	1	第10号住居跡	中期中葉（大木8b式）	蛇紋岩	青森県教委 1995a	縦長将棋形、Ⅲ-3、破片、1孔、9.7g
2-28	八戸市瀬野	1	第5号住居跡覆土	前期末葉（円筒下層d式）	セスイ	西野編 1998	環形、Ⅳ-2、破片、1孔、4.3g
2-29	八戸市瀬野	1	表面採集	前期末葉（円筒下層d・d2式）	蛇紋岩	青森県教委 2002a	縦長将棋形、Ⅲ-3、2点接合完形、30.7g、住居跡は円筒下層b式期
2-30	八戸市水木沢	1	Ⅱ区、第4号土壙底面	前期末葉	蛇紋岩	茅野 2000	ほぼ正三角形、Ⅳ-1、完形、14.0g
3-31	むつ市二枚橋(2)	1	—	中期中葉〜中期	セスイ	大畑町教委 1977	横長三角形、Ⅳ-1、破片、1孔、8.0g
1-15	六ヶ所村鷹ノ沢(2)	1	第9号住居上層e式〜榎林式	中期中葉〜中期	緑色ホルンフェルス	青森県埋文 1992b	縦長長方形、Ⅳ-4、破片、1孔、7.7g
3-32	南部町熊ノ林	1	表面採集	前期末葉〜前期初頭	緑色細粒凝灰岩	青森県埋文 1994	縦長三角形、Ⅳ-5、2点接合完形（各1孔）、19.5g
1-6	南部町館野	1	—	前期末葉（円筒下層d・d2式）	蛇紋岩	青森県埋文 1989c	縦長将棋形、Ⅰ-3、完形、14.6g
3-36	八戸市館内	1	第40号住居跡	前期中葉〜末葉か	緑色ホルンフェルス	青森県埋文 1999c	円形、Ⅱ-5、完形、上部に1孔、16.0g
3-33	八戸市館内	1	—	前期末葉	緑色凝灰岩	青森県埋文 1999c	横長三角形、Ⅱ-5、完形、再加工、17.7g
1-9	八戸市館内	1	—	前期中葉〜末葉か	蛇紋岩	青森県埋文 2001c	円形、Ⅱ-5、破片、1孔、16.4g
1-10	八戸市館内	1	—	前期中葉〜末葉か（円筒下層a〜d1式）	記載なし	—	円形、Ⅱ-5、破片、1孔

（2） 北海道島南部（第4～6図）

　この地域における玦状耳飾りは，2004年度末までに知り得た報告例では22遺跡から46点の出土数がある。このなかで三角形の玦状耳飾りは15遺跡から36点，その他は11遺跡（三角形と重複例あり）から10点出土している。苫小牧市美沢3の環状例（早期後葉）(42)，千歳市美々5(44)・苫小牧市美沢4(45)などの円形で下端に1孔をもつ例（早期後葉），千歳市キウス5の下端に1孔をもつ横長の隅丸方形例（前期前半）(46)，函館市八木Aの環状例（前期前葉）(43)のあと，

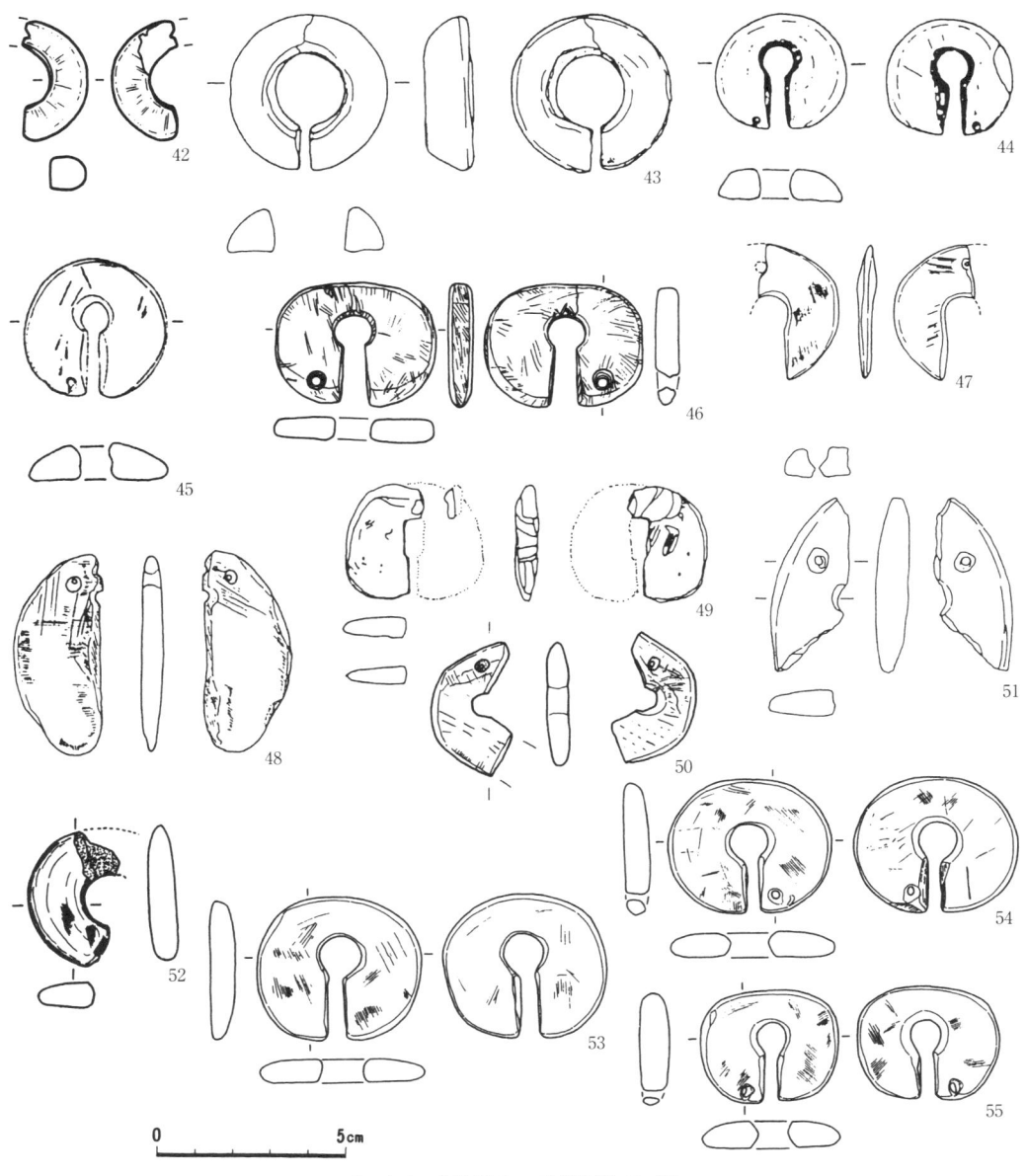

第4図　北海道島の玦状耳飾り（1）

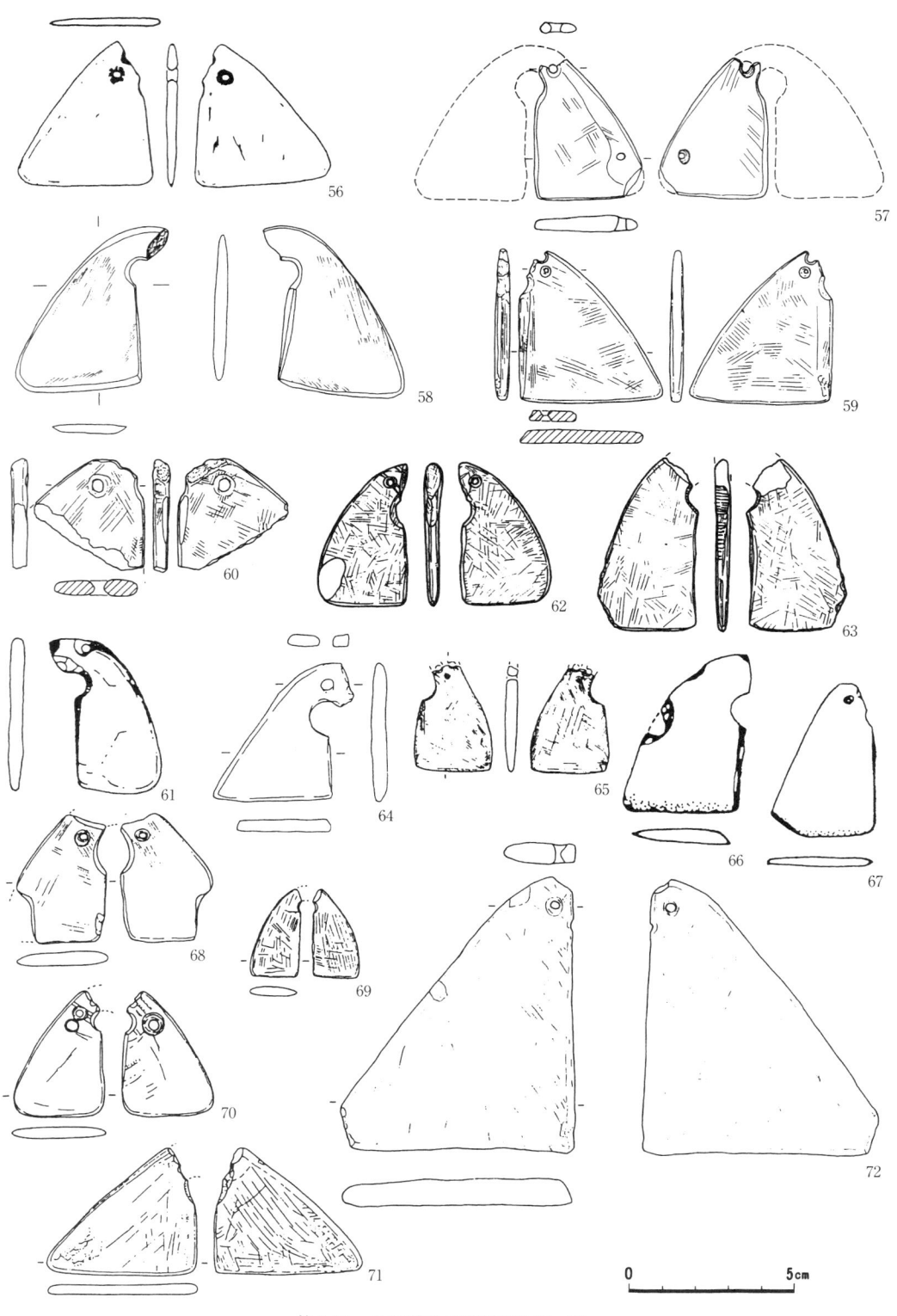

94　第III章　津軽海峡域の装身具

第5図　北海道島の玦状耳飾り（2）

2 津軽海峡域における玦状耳飾り　95

第6図　北海道島の玦状耳飾り（3）

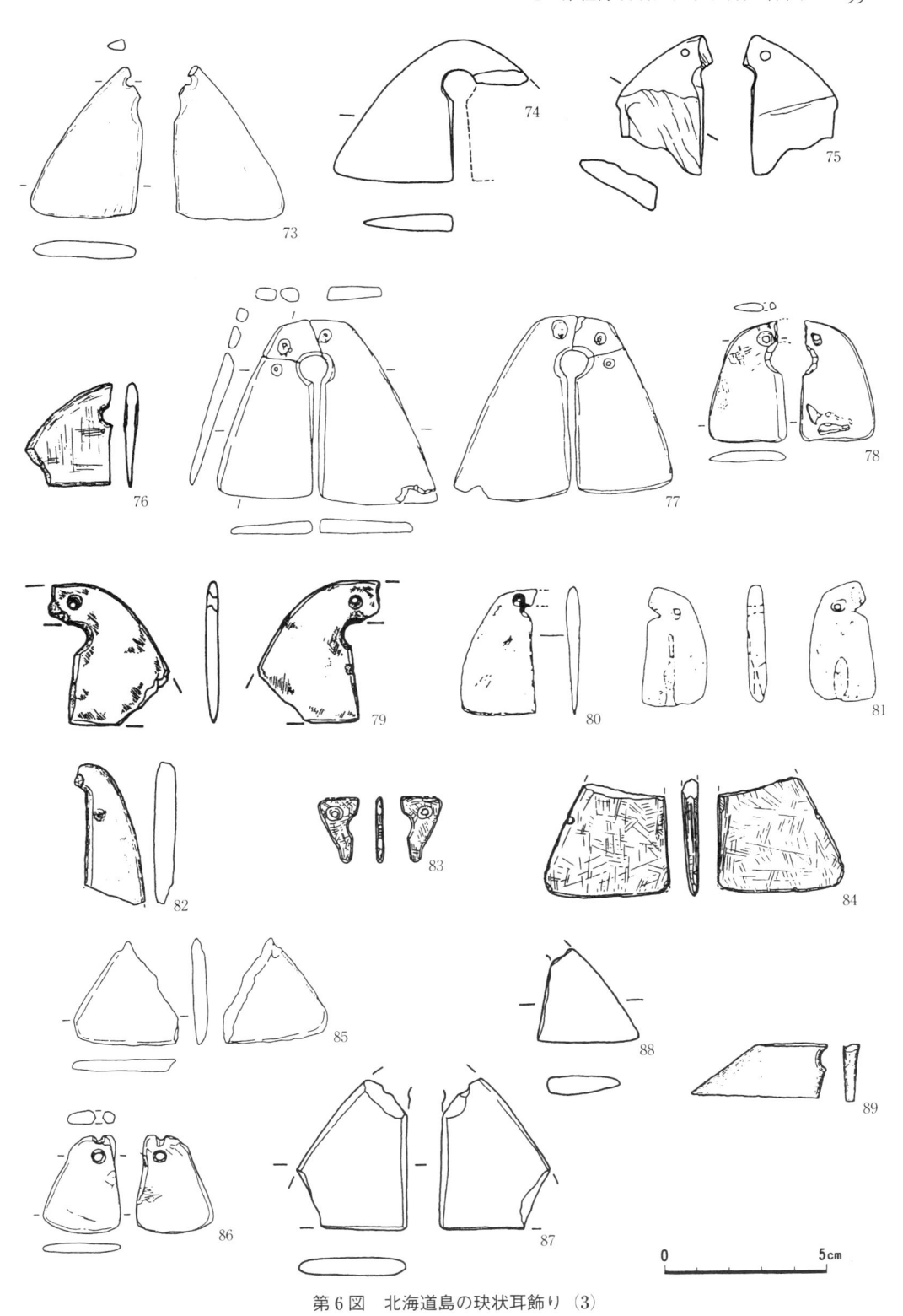

第Ⅲ章 津軽海峡域の装身具

第 2 表 北海道島南部の玦状耳飾り一覧

番号	遺 跡 名	点数	出土地区	年 代（土器型式）	石 材	引用文献	備 考（形態・分類など）
4-46	千歳市キウス5	1	B地区	前期前半	滑石	道埋文1996a	円形、Ⅱ-2。完形、脚下端1孔、15.9g
5-56	千歳市美々4	1	水つき4区	前期前葉（円筒下層式）	滑石	道埋文1981b	横長三角形、Ⅳ-1。破片、9.7g
4-44	千歳市美々5	1	MP-49覆土	早期後葉（東鋼路Ⅲ・Ⅳ式）	めのう	道埋文1981b	円形、Ⅱ-1。完形、脚下端1孔、14.2g
5-57	石狩市石狩紅葉山	1	包含層	前期前葉か	深成岩か?	石狩市教委2005	横長三角形、Ⅳ-1。破片、2孔、10.9g
5-58	小樽市手宮公園下	1	大津	前期末葉（円筒下層d₁式）	滑石	小樽市教委1993	円形、Ⅳ-1。破片
5-59	余市市フゴッペ	1	FH20-1住居跡	前期末葉（円筒下層d₁式・円筒上層式か）	蛇紋岩		横長三角形、Ⅳ-1。2孔、14.1g
5-60	余市市フゴッペ	1	FH24-105住居跡	前期末葉（円筒下層d₂式・円筒上層式か）	蛇紋岩	道埋文1991	横長三角形、Ⅳ-1。1孔、7.2g
5-61	岩内町東山	1	第1地点	前期か中期	蛇紋岩	岩内町教委1958a	ほぼ正三角形、Ⅳ-1。1孔
6-62	岩内町東山1	1	H-2覆土	前期末葉（円筒下層d₁式）	滑石	岩内町教委2004	円形、Ⅱ-1。完形、脚下端1孔、9.0g
6-83	岩内町東山1	1		前期末葉～中期（円筒式）	滑石	岩内町教委2004	三角形、Ⅳ-6。完形、1孔、0.8g、再加工品か
5-63	岩内町東山1	1		前期末葉～中期（円筒式）	滑石	岩内町教委2004	ほぼ正三角形、Ⅳ-2。破片、12.1g
6-84	岩内町東山1	1		前期末葉（円筒上層式か）	滑石	岩内町教委2004	三角形、Ⅳ-6。破片、12.2g
4-51	寿都町寿都3	1		前期未葉（円筒下層d₁式か）	滑石	寿都町教委1980	三角形、Ⅱ-7。破片、1孔、10.7g
6-77	寿都町寿都3	1		前期未葉（円筒下層d₁式か）	滑石	寿都町教委1980	台形、Ⅳ-4。3点接合完形、計3孔、23.7g
5-64	寿都町寿都3	1		前期未葉主体（円筒下層d₁式か）	滑石	寿都町教委1980	三角形、Ⅳ-1。破片、1孔、8.9g
6-85	寿都町寿都主体	1		前期未葉主体（円筒下層d₁式か）	滑石	寿都町教委1980	三角形、Ⅳ-6。破片、5.8g
4-42	苫小牧市美沢3	1	Ⅱ黒	早期末葉（東鋼路Ⅳ式か）	かんらん岩	道埋文1990b	環形、Ⅰ-1。破片、5.7g
4-45	苫小牧市美沢4	1		早期後葉（東鋼路Ⅲ・Ⅳ式）	滑石	道埋文1980	円形、Ⅱ-1。完形、脚下端1孔、18.8g
4-49	登別市川上B	1		早期後半	滑石	道埋文1983	破片、3.5g
4-47	洞爺湖町入江	1		不明	不明	虻田町教委1991	横長三角形、Ⅳ-1。破片、3孔
5-65	洞爺湖町入江	1		前期末葉（円筒下層d₁式）	貴石	上ノ国村・江差町教委1955	円形、Ⅳ-4。破片、上部1孔
5-66	上ノ国町勝山館	1		前期末葉（円筒下層d₁式）	貴石	上ノ国村・江差町教委1955	横長三角形、Ⅳ-1。破片、1孔
5-67	上ノ国町勝山館	1		前期末葉（円筒下層d₁式）	滑石	八雲町教委1992	横長三角形、Ⅳ-6。垂飾品に再加工、1孔、4.4g
6-86	八雲町コタン温泉	1	第3貝塚	前期末葉（円筒下層d₁式）	滑石	八雲町教委1992	台形、Ⅳ-4。破片、1孔、4.9g
6-78	八雲町コタン温泉	1	第3貝塚	前期末葉（円筒上層a-d式）	滑石	八雲町教委1992	横長三角形、Ⅳ-7。破片、上部1孔、再加工、2.0g
4-50	八雲町コタン温泉A	1	第3貝塚	中期（円筒上層式）	滑石	八雲町教委1992	ほぼ正三角形、Ⅳ-2。破片、9.9g
4-48	八雲町浜町	1	C区遺構外	前期か中期	記載なし	戸井町教委1991	円形、Ⅱ-6。破片、1孔
6-80	函館市サイベ沢	1		前期末葉（円筒下層d₁式）	蛇紋岩	市立函館博1958	将棋形、Ⅳ-7。破片、1孔
6-81	知内町森越	1		前期末葉（円筒下層d₁式）	薄い緑系石材	知内町教委1975	将棋形、Ⅳ-6。破片、縦3.7cm、5.0g
-	知内町森越	1		前期末葉（円筒下層d₁式）	薄い緑系石材	知内町教委1975	横長三角形、Ⅳ-1。破片、高さ3.7cm、7.0g
5-72	八雲町栄浜1	1	202号住居址	前期末葉（円筒下層d₁・d₂式）	蛇紋岩	八雲町教委1987	横長三角形、Ⅳ-1。破片、1孔、6.5g
6-73	八雲町栄浜1	1		前期末葉（円筒下層d₁式）	蛇紋岩	八雲町教委1987	横長三角形、Ⅳ-1。大型破片、6.3g
4-43	函館市中ノ沢A	1		中期（円筒上層式か）	ネフライト	南茅部町埋文調査団1995	環形、Ⅰ-4。完形、24.87g
-	函館市ハマナス大野	1	HP-113	不明	不明	南茅部町教委1983	横長三角形、Ⅳ-6。破片、片面に登さ完途中
6-79	函館市ハマナス大野	1	HP-200	前期末葉（円筒下層d₁式）	ネフライト	南茅部町埋文調査団1991	台形、Ⅳ-4。破片、1孔、9.9g
4-50	函館市浜町A	1	HP-20覆土	中期（円筒上層a-d式）	滑石	戸井町教委1991	横長三角形、Ⅱ-7。破片、上部1孔、再加工、住居跡は円筒下層d式期
4-48	函館市浜町	1	C区遺構外	前期か中期	記載なし	戸井町教委1991	円形、Ⅱ-6。破片、1孔
6-81	知内町森越	1		前期末葉（円筒下層d₁式）	蛇紋岩		将棋形、Ⅳ-7。破片、1孔
6-75	松前町松城	1	B地点	前期末葉（円筒d₁式）	滑石	松前町教委1991	横長三角形、Ⅳ-1。破片、1孔、6.5g
6-74	松前町松城	1		前期末葉（円筒d₁式）	滑石	松前町教委1991	三角形、Ⅳ-6。破片、1孔、11.7g
6-88	松前町松城	1		前期末葉（円筒d₁式）	滑石	松前町教委1991	三角形、Ⅳ-6。破片、12.9g
6-87	松前町大津	1		中期（円筒上層d₁式）	蛇紋岩	松前町教委1974	三角形、Ⅳ-6。破片、5.0g
6-82	松前町大津	1	B地点	前期末葉（円筒下層d₁式）か	記載なし	松前町教委1974	ほぼ三角形、Ⅳ-6。破片、14.0g
6-89	松前町大津	1	B地点	前期末葉（円筒下層d₁式）か	記載なし	松前町教委1974	横長三角形、Ⅳ-1。破片
6-76	松前町大津	1	B地点	前期末葉（円筒下層d₁式）か	記載なし	松前町教委1974	横長三角形、Ⅳ-1。破片

余市町フゴッペ（59・60），八雲町コタン温泉（68～71），寿都町寿都3（64・77），松前町松城（74・75）などの三角形（台形・将棋形も含む。前期末葉主体）例を経て，函館市浜町A例（中期）（48）まで用いられた。このなかで，もっとも多いのは三角形例で36点あり，全体の78％強を占めており，青森県域と酷似した傾向がある。また，土坑から出土した例として，唯一千歳市美々5の例がある。不整円形プラン（MP49：径2.00m，深さ0.48mの土壙墓）の覆土から，環状の完形品が1点出土している。人骨や赤色顔料は検出されていないが，被葬者に装着されていたものとみられる。遺跡から出土する大半の土器型式により，早期後葉（東釧路Ⅲ・Ⅳ式か）のものとみられる。北海道島における類例としては，十勝支庁管内芽室町小林に，土坑2基の出土例（前期前半）がある。1基（墓96）の底から，円形例が2点重なって出土し（53・54），他の1基（墓3）の埋土から，やや隅丸方形気味の例が1点（55）出土している（芽室町教委2000）。人骨は出土していないが，墓96例は，被葬者とともに副葬されたものとみられる。しかし，もっとも出土数が多い三角形例では，青森県域と同様に土坑から出土した例はない。

製作工程を示す例としては，未製品はあるものの，全道でも他への供給分を含めた製作遺跡はない。また，石材（肉眼判定）では滑石が26点あり，全体の約59％，蛇紋岩系（軟玉・貴石を含む）は9点で約20％を占めている。三角形例（台形・将棋形も含む）36点のなかで，不明分を除いた31点では，滑石がやはり多く，21点で約68％，蛇紋岩系（軟玉を含む）は8点で約26％を占め，本県域とはまったく異なる状況を示している。なお，苫小牧市美沢11のU字形例（苫小牧市教委・苫小牧市埋文1993）は，玦状耳飾りとは認められないため，除外した。

2. 津軽海峡域における玦状耳飾りの分類

玦状耳飾りの分類は，樋口清之氏（樋口1933）以降，多くの研究者が行っているが，本州島北端部・北海道島南部については，それとは別な観点から形態分類を行うこととする。

分類は，海峡域北岸・南岸両地域を一括して行い，図及び表は，各地域ごとにまとめて示す。また，玦状耳飾り各部位の名称（上辺・頭部・肩・側辺・脚・下辺・切目・中央孔）は，樋口氏によった。

Ⅰ類：平面形がほぼ環状を呈するもので，断面は厚手・円形・三角形等である（第1・4図）。
1：断面が厚手でやや幅広のもので，北海道美沢3例（42）である。
2：小型環状で断面が円形のもので，青森県長七谷地例（1）である。
3：環の大きさに比べて，断面が細め・方形のもので，岩手県二戸市米沢例（2）（岩手県埋文2002a）である。
4：断面が厚手・三角形のもので，北海道八木A例（43）である。

Ⅱ類：平面形がほぼ円形を呈するもので，楕円・横長・縦長・不整円形の各種がある。断面は三角形・薄手・厚手である（第1・4図）。
1：円形で片脚に1孔をもち，断面が三角形のもので，北海道美々5（44）・美沢4（45）例である。

2：横長の隅丸方形で片脚に1孔をもち，断面が扁平なもので，北海道キウス5例（46）である。
   3：縦長の不整円形で片脚に1孔をもち，断面が扁平なもので，青森県三内丸山の3例（3〜5）である。
   4：円形で薄手，切目幅が広いもので，北海道入江例（47）である。
   5：上辺が平坦気味の不整楕円形のもので，側辺がやや直線的なものもある。青森県館野（6）・三内丸山（7・8）・畑内（9・10）例などである。
   6：大型の不整楕円形で，小さい中央孔と長い切目をもつものである。北海道浜町A例（48）である。
   7：その他のもので，II類の未製品か再加工品とみられる。北海道川上B（49）・浜町A（50）・寿都3（51）例などである。
III類：平面形が縦長の長方形か将棋形を呈するもので，断面は薄手・扁平である（第1図）。
   1：頭部全体が弧状で，脚下部がやや広いもので，三内丸山例（11）である。
   2：上辺が弧状で，脚下部がやや広いもので，三内丸山例（12・13）である。
   3：上辺が山形状で，脚幅が狭いもので，青森県西長根例（14）である。IV類4に類するが，脚が折損し短くなっている。
   4：脚部末端が尖り，切目幅が広いもので，青森県富ノ沢(2)例（15）である。
IV類：平面形がほぼ三角形を呈するもの，台形・将棋形を呈するもので，断面は扁平である。三角形のものは，縦（高さ）・横幅比（両脚の揃った完形品を推定）の違いにより，横長三角形・ほぼ正三角形・縦長三角形の各種に分類される。上辺・側辺は弧状で，両端が丸味をもつものが多い（第2・3・5・6図）。
   1：上辺・側辺が弧状で，横長三角形のものである。縦・横幅比は1：1.16〜2.3で，1：1.5以下よりも1：1.5以上のものが多い。青森県津山（16）・石神（17〜22）・原子（23）・三内霊園（24）・三内丸山・向田（18）（25・26）・瀬野（27〜29）・水木沢（30）・二枚橋(2)（31）・二ツ森（32）・畑内（33），北海道美々4（56）・石狩紅葉山49号（57）・手宮公園下（58）・フゴッペ（59・60）・東山1（62）・寿都3（64）・入江（65）・勝山館（66・67）・コタン温泉（68〜71）・栄浜1（72・73）・松城（74）・大津（76）例である。このなかで，71のコタン温泉例はとくに横長で，横幅は縦幅よりも2.3倍もある。またこのなかには，原子・畑内例のように両端が丸味をもたずに，尖るものがある。
   2：上辺・側辺が弧状で，ほぼ正三角形に近いものである。縦・横幅比は1：1.04〜1.11である。青森県矢伏長根（34）・熊ヶ平（37）・熊ノ林（36），北海道東山（61）・東山1（63）・コタン温泉（69）例である。またこのなかには，熊ノ林例のように両端が丸味をもたずに，尖るものがある。
   3：上辺・側辺が弧状で，縦長三角形のものである。青森県熊ヶ平例（35）のみで，縦・横幅比は1：0.67である。

4：台形・将棋形のもので，縦・横幅比は1：1.10〜1.72である。青森県三内丸山（38・39）・稲山（40），北海道寿都3（77）・コタン温泉（78）・ハマナス野（79）・サイベ沢（80）・森越（81）例である。ハマナス野例のように横長のもの，森越例のようにほぼ正三角形のものがある。台形の稲山・寿都3例の側辺は直線的である。これらの例は，IV類1〜3を再加工したものも含まれていると考えられる。

5：上辺・側辺が弧状で，中央孔と切目の区分が不明確なものである。北海道大津例（82）である。

6：その他のもので，IV類の破片か再加工品とみられるものである。青森県三内丸山（41），北海道東山1（83・84）・寿都3（85）・コタン温泉（86）・松城（87・88）・大津例（89）である。

3. 津軽海峡域における玦状耳飾りの年代

つぎに，上記I〜IV類の年代等について述べるが，本稿の主眼とする三角形（IV類）以外のものから先に述べる。

(1) I〜III類玦状耳飾りの年代

I類（環状）のなかで，美沢3例（42）は縄文時代早期末葉の東釧路IV式を主体とする地点から出土しており，この時期のものとみられる。類例は北海道浦幌町共栄Bに早期後葉の浦幌式期例（52）（浦幌町教委1976）がある。また，長七谷地例（1）は，伴出土器により早期末葉〜前期初頭とみられ，米沢の滑石例（2）は，伴出土器により前期初頭とされている。八木A例（43）は，伴出土器により前期前葉であろう。類例は宮城県蔵王町持長地に乳白色の滑石片岩例（前期初頭）（宮城県教委1980b）がある。これらのなかで，早期末葉〜前期初頭に遡るものは，藤田富士夫氏によって，日本列島における最古段階，すなわち始源期の玦状耳飾りの一部をなすものとして位置づけられている（藤田2003a）。

II類（円形）のなかで，美々5（44）・美沢4（45）例は，それぞれ大半を占める土器により早期後葉の東釧路III〜IV式期のものとみられる。キウス5例（46）は，前述の小林例（墓3：前期前半・綱文式期）（53〜55）に酷似している点から，前期前半であろう。三内丸山例（3〜5）は，伴出土器により前期中葉（円筒下層a式期主体）である。脚に孔をもつ点で，美々5・美沢4・キウス5例と類似しているが，薄手である。キウス5例に近い年代とみられる。入江例（47）は，小林（墓96）の1点（53）とやや類似している点があり，前期前半であろうか。三内丸山・畑内・館野例のなかで，上辺が平坦で側辺がやや直線的な三内丸山（7・8）・畑内（10）例は，類例が岩手県北上市鳩岡崎上の台の大木5式期例（岩手県埋文1995c）にあり，この時期のものであろう。また，上辺が平坦気味で，側辺が丸い館野（6）・畑内（9）例は，類例が岩手県清水ヶ野7号土坑の大木6式期例（岩手県埋文2001a）にあり，前期末葉であろう。浜町A例（48）は，北上市滝ノ沢IIの泥岩製（大木7a式期）（北上市教委1990）に類しており，中期初頭であろうか。沢部（2）の未製品も

このⅡ類5である可能性がある。川上B例（49）は，早期後半とされている（道埋文1983）が，類例がないものである。未製品であろう。

Ⅲ類（縦長長方形）では，三内丸山例（11・12）は，共伴した土器は明らかにされていないが，類例が鳩岡崎例（大木7a式期）（岩手県教委1982）にあることから，中期初頭であろうか。三内丸山例（13）も，共伴した土器は明らかにされていないが，類例が北上市樺山例（大木8a式期）（北上市教委1968）にあることから，中期中葉であろう。西長根例（14）は，伴出土器により中期中葉の榎林式期とみられる。類例は未確認である。富ノ沢(2)例（15）は，中期中葉の円筒上層d・e式〜榎林式期とみられる。類例は未確認である。

（2）Ⅳ類玦状耳飾り（三角形玦状耳飾り）の年代

本稿でⅣ類とした，三角形を基本とする玦状耳飾りは，この装身具研究の先鞭をつけられた樋口氏の分類，すなわちA〜F類のなかでは，E類とされ，秋田・長野県出土の4点が図示されたが，その後も，西口陽一氏の⑥・⑧・⑨タイプ（西口1983）や堀江武史氏のD類（堀江1992）等に分類されており，筆者も先に分類を行った際，A〜Fタイプ分類のなかでEタイプとしたものである（福田1999a）。

この三角形を基本とする玦状耳飾りは，全国的な玦状耳飾りの編年研究のなかで，藤田氏らによって，位置づけがなされてきており，それまでの出土例によって，「縄文時代前期末葉〜中期初頭」の年代が考えられており（藤田1989），最近では川崎保氏による編年も提出された（川崎2004b）が，同様の年代観である。そして，とくにこの形態に関した論考としては非常に少ないなかで，藤田氏は，富山県朝日町馬場山H遺跡の報告書のなかで，このタイプの編年について述べたものがある。そこでは，このタイプを，頂円タイプ・頂平タイプと縦長・横長に分類している（藤田2000）。前期末葉から中期初頭までの年代観を示したなかで，流れとしては，円筒下層d式期の青森県熊ヶ平例等の下辺部が平坦化したものが，中期初頭の下辺平坦の形態を生み出したと考え，さらにこれには，上辺部が隅丸形で推移する「頂平タイプ」と，半円形で推移する「頂円タイプ」があると考えている。

さて，このⅣ類玦状耳飾りの津軽海峡域域における年代について検討してみると，一覧表に示したように，共伴した土器型式は，前期末葉（円筒下層d_1式）〜中期初頭であり，それ以前の円筒下層c式，以降の円筒上層b式に伴った例はない。また，円筒上層a式単独型式の遺跡もあまりない。そこで，このような年代幅をさらに狭められるかどうかという観点から，細分形態によってみると，Ⅳ類1〜4は，いずれも前期末葉の円筒下層d式期の遺跡から出土したものが多い。しかし，この地域では，前期末葉の円筒下層d式と中期初頭の円筒上層a式が混在する場合も多く，両者を明確に区分しがたい状況もあり，共伴した土器型式を明確に区分できない場合も多い。したがって，円筒下層d_1式・d_2式期のものは明らかにあることは言えるが，円筒上層a式期のものはあるともないとも言えない。結論としては，従来通り円筒下層d式〜上層a式期（前期末葉〜中期初頭）に用いられたとせざるを得ない。

4. 東北地方南部以南のIV類玦状耳飾り（三角形玦状耳飾り）

さて，IV類玦状耳飾りは東北地方南部以南にも散発的ながら広範囲に及んでいることが知られている。そこでこれらの資料を紹介し，津軽海峡域との比較を行ってみる。

(1) 各地の出土例（第7・8図）

東北地方では，日本海側の秋田県男鹿市北浦例（IV-1：石質・時期不明）(90)（梅原1971）や同仙北市高野例（IV-3：緑色凝灰岩製破片1・中期初頭～中葉）(91)（秋田県埋文2004）がある。また，太平洋側では前述の岩手県鳩岡崎例（IV-2・IV-3：滑石・細粒凝灰岩製破片各1・大木7a式）(92・93)（岩手県教委1982b），滝ノ沢例（IV-1・IV-2：石質不明・大木7a式）(94～96)（北上市教委1983）があり，さらに宮城県涌谷町長根貝塚例（IV-1：石質不明破片1・大木7a式期）(97)（宮城県教委1969a）もある。また，関東地方では千葉県船橋市海老ヶ作貝塚例（IV-1：硬玉製？破片1・加曽利E1式期）(98)（金子1972），神奈川県川崎市金程向原例（IV-4：第2号土壙2，蛇紋岩・滑石製各1・五領ヶ台式頃，第3号土壙1・滑石製破片1・五領ヶ台式頃）(99～101)（日本大学史学研究室1986），金程向原例（IV-1：黒色滑石製破片1・中期）(102)（金程向原土地区画整理組合ほか1996），横浜市小丸例（IV-1：滑石製破片2・中期前葉）(103)（横浜市ふるさと歴史財団埋文1999）があり，さらに，伊豆諸島の東京都八丈町倉輪例（IV-1：蛇紋岩製完形品1・前期末葉～中期初頭）(104)（八丈町倉輪遺跡調査団1987），山梨県一宮市釈迦堂例（IV-3：石質不明破片1・中期？）（山梨県教委ほか1986）もある。また，信越地方では長野県にやや多く，長野市松原例（IV-1：蛇紋岩製破片3・前期末葉～中期初頭）(105～107)（長野県埋文1998），下諏訪町高木例（IV-1：石質・時期不明破片1）(108)（樋口1933），高森町牛牧例（IV-1：石質・時期不明破片1）(109)（樋口1933）ある。また，北陸地方では，富山県朝日町馬場山H（IV-1：蛇紋岩質未製品1・前期末葉～中期初頭）(110)（藤田2000），富山市直坂例（IV-1）(111)（富山県埋文1998），石川県辰口町（現能美市）宮竹ウショウヤマA例（IV-1：滑石？破片1・前期）(112)（石川県立歴史博1995），東海地方では，岐阜県揖斐川町上原例（IV-1：頁岩（泥岩）製破片1・前期後葉～末葉）(113)（岐阜県文化財保護センター2000），愛知県小坂井町稲荷山貝塚例（IV-1：石質・時期不明破片1）(114)（清野1969）がある。

この形態のものは，さらにそれ以西にも散発的に分布し，島根県沖の隠岐の島町岩井津（岩泉）例（IV-3，とくに横長：灰白色砂岩製1・前期）(115)（関西大学・島根大学共同隠岐調査会編1968），そしてさらに九州島では福岡県宗像市沖ノ島例（IV-2：粘板岩製・時期不明）(116)（宗像神社復興期成会編1986）の島嶼部，南部の鹿児島県南さつま市鳥越例（IV-3：茶褐色石材・時期不明）(117)（上田1981）もある。

(2) 各地と津軽海峡域出土例との比較

これらの例を津軽海峡域のものと比較すると，形態は大半がIV類1に分類されるもので，上辺が弧状を呈する例が多い。しかし，富山県・関東地方以西の例は，上辺が弧状ではあるが，海

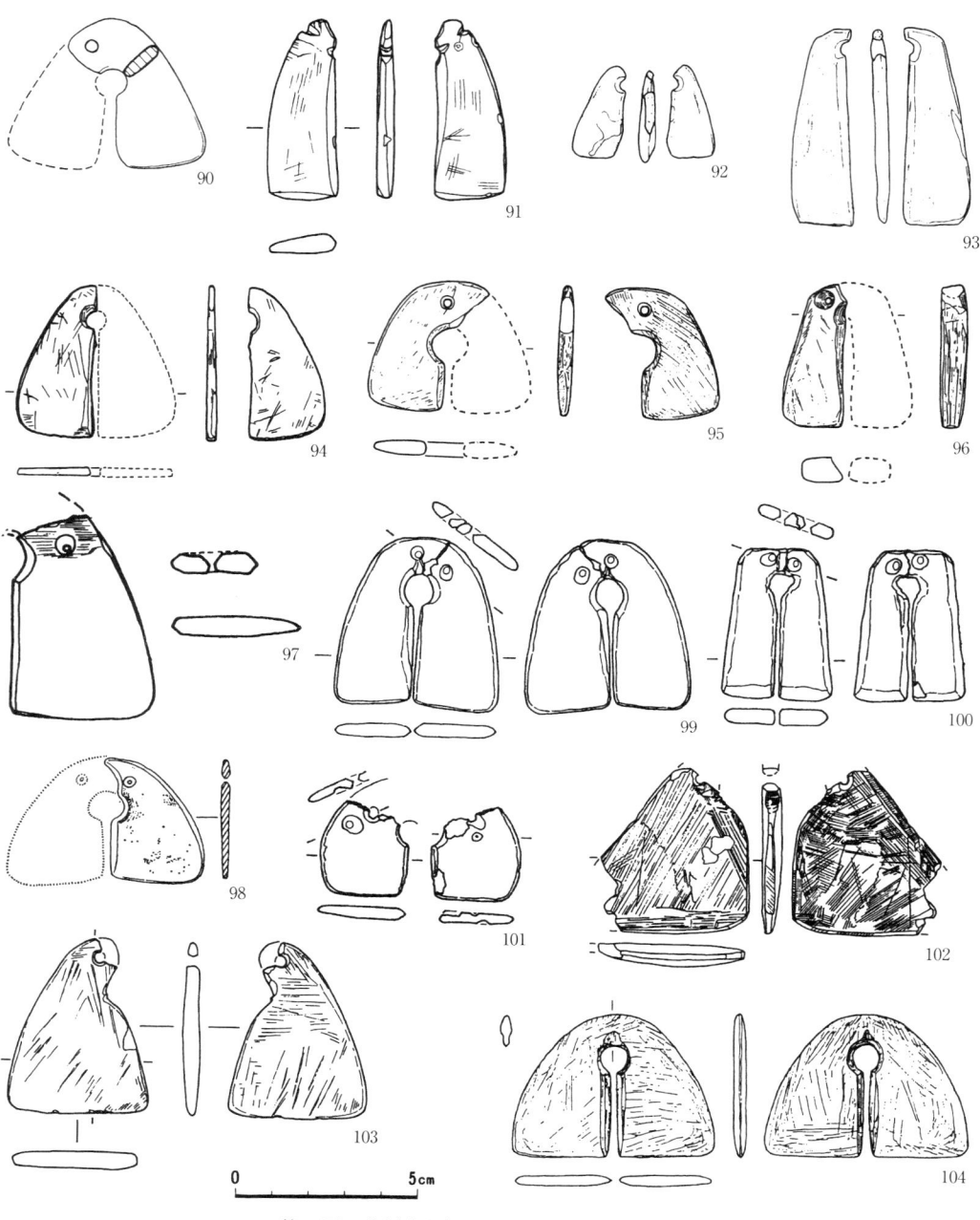

102　第Ⅲ章　津軽海峡域の装身具

第7図　本州島北部～関東地方の玦状耳飾り

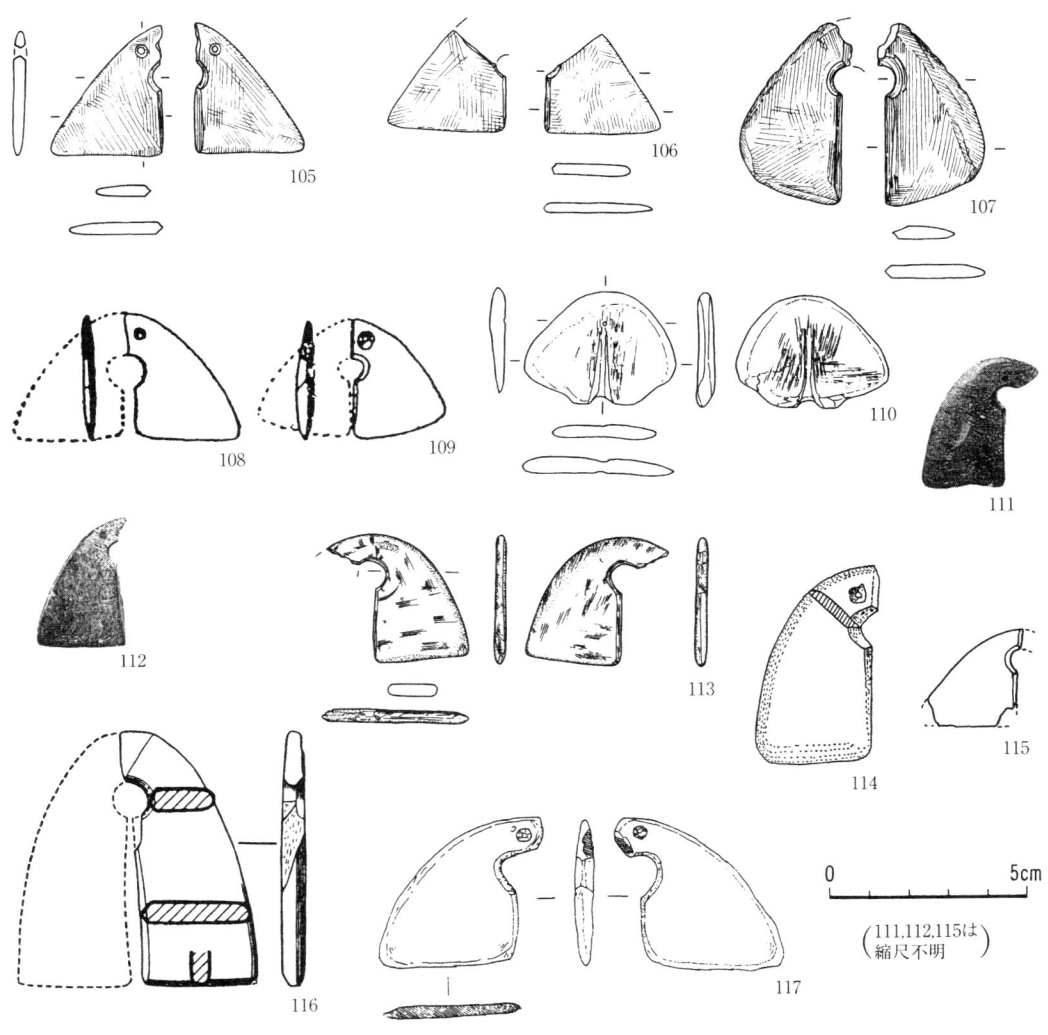

第 8 図　中部地方〜九州島の玦状耳飾り

峡域のものに比べて，より膨らみをもち，側辺も長野県例を除いてほぼ弧状である点がやや異なる。また，隠岐の島・鹿児島県例はとくに横長である。長野県松原・牛牧，富山県馬場山 H 例は，下辺中央部が弧状に膨らむ形態であり，海峡域にはまったく見られないものである。松原例 2 点は，側辺が直線的な三角形例で海峡域のものに酷似している。しかし，中央孔（孔の中心）の位置・高さは海峡域に比べてやや低い。つまり，より中央部に近い点が異なっている。この中央孔の位置・高さは，他の例にも当てはまることで，関東地方以西例の中央孔の位置は，縦・孔高比が，海峡域では計測可能な 37 点のうち，0.50 以下 1 例，0.51〜0.60 は 3 例，0.61〜0.70 は 15 例，0.71〜0.80 は 16 例，0.81〜0.9 は 2 例で，0.61〜0.80 が計 31 例で全体の約 84% を占め，平均値が約 0.70 であるのに対し，関東地方以西 15 点のうち，0.6 以下は 5 例，0.61〜0.70 が 6 例，0.71〜0.80 は 4 例，0.61〜0.80 は計 10 例で全体の約 67% と低く，平均値

104　第III章　津軽海峡域の装身具

1. 浦幌町共栄B
2. 芽室町小林
3. 千歳市キウス5
4. 千歳市美々4
5. 千歳市美々5
6. 石狩市石狩紅葉山49号
7. 小樽市手宮公園下
8. 余市町フゴッペ
9. 苫小牧市美沢3
10. 苫小牧市美沢4
11. 登別市川上B
12. 洞爺湖町入江
13. 八雲町コタン温泉
14. 八雲町栄浜1
15. 岩内町東山1
16. 寿都町寿都3
17. 上ノ国町勝山館
18. 函館市八木A
19. 函館市ハマナス野
20. 函館市浜町A
21. 函館市サイベ沢
22. 知内町森越
23. 松前町松城
24. 松前町大津

● 三角形玦状耳飾りの遺跡
○ その他の玦状耳飾りの遺跡

25. 深浦町津山	26. 鰺ヶ沢町鳴沢
27. つがる市矢伏長根	28. つがる市石神
29. 弘前市沢部(2)	30. 五所川原市原子
31. 青森市三内霊園	32. 青森市三内丸山
33. 青森市稲山	34. 青森市宮田館
35. 野辺地町向田(18)	36. むつ市熊ヶ平
37. むつ市瀬野	38. むつ市水木沢
39. むつ市二枚橋(2)	40. 六ヶ所村富ノ沢(2)
41. 七戸町二ツ森	42. 八戸市長七谷地
43. 八戸市西長根	44. 八戸市熊ノ林
45. 南部町館野	46. 八戸市畑内
47. 秋田県男鹿市北浦	48. 秋田県仙北市高野
49. 秋田県大仙市上ノ山II	50. 岩手県二戸市米沢
51. 岩手県西和賀町清水ヶ野	52. 岩手県北上市鳩岡崎
53. 岩手県北上市滝ノ沢	54. 岩手県北上市樺山
55. 岩手県遠野市新田II	56. 宮城県涌谷町長根
57. 宮城県蔵王町持長地	

58. 千葉県船橋市海老ヶ作	59. 神奈川県川崎市金程向原
60. 神奈川県横浜市小丸	61. 東京都八丈町倉輪
62. 山梨県一宮市釈迦堂	63. 長野県長野市松原
64. 長野県下諏訪町高木	65. 長野県高森町牛牧
66. 富山県朝日町馬場山H	67. 富山県富山市直坂
68. 石川県金沢市宮竹ウショウヤマA	
69. 岐阜県揖斐川町上原	70. 愛知県小坂井町稲荷山
71. 島根県隠岐の島町岩井津	72. 福岡県宗像市沖ノ島
73. 鹿児島県南さつま市鳥越	

第9図　三角形玦状耳飾り等の出土遺跡

も約0.66とやや低めであるのが異なっている。また，IV類4の台形・将棋形の類例も皆無である。これらは，地域差を示すものと考えられる。

　年代は，明確に縄文時代前期後葉〜末葉とされているのは上原例，前期末葉〜中期初頭とされているのは松原・倉輪例であり，多くは中期（初頭）とされているが，細別年代は不明なものである。なお，千葉県海老ヶ作例は唯一，中期後半例とされているが，伝世品ではないのであろうか。

　なお，神奈川県金程向原例は唯一，土坑出土例であるが，一つの土坑からやや形態の異なる2点が出土している。中期初頭の五領ヶ台式期頃とされる楕円形土坑（第2号土壙，0.9×0.75m）から，補修孔のある蛇紋岩製1点が滑石製の長方形（台形）例1点とともに（ともに接合完品）出土し，他の長楕円形土坑（第3号土壙，1.2×0.93m）からは，補修孔のある滑石製破片（側辺が弧状）が1点出土している（日本大学史学研究室1986）。これらは，側辺が弧状のものと直線状のものが同一土坑から出土し，同一年代とみられるため，必ずしも異形態のものは，年代が異なるわけではないことを示している。

　以上の点から，今の段階では，海峡域のものとの形態・年代差を明確に指摘することはできないが，形態の系譜については，IV類のなかでとくにIV類1は，年代的には，II類の円形に系譜を求めなければならないが，形態上はつながらない。確かに，海峡域の側辺がやや弧状を呈する例や，松原・牛牧・馬場山H例の下辺が弧状に膨らむ例，頭部が弧状に膨らむ例は円形状である。また，縦・孔高比も中心部に寄っている。これらは，II類のなごりと言えないこともないが，判然としない。このIV類の形態の系譜・変遷等については，先の藤田氏の私案も含め，今後の検討課題としておきたい。

おわりに─IV類玦状耳飾りの広域分布の問題─

　以上，津軽海峡域における玦状耳飾りについて集成し，とくに，三角形のIV類玦状耳飾りを細分し，その年代・分布について考察をくわえた。その結果，津軽海峡域のIV類に類似する東北地方南部以南の諸例は，形態等がやや異なる部分があることが判明した。とくに，IV類1の中央孔の位置は，関東地方以西の例が海峡域の例に比べてやや下にある傾向が確認された。また，年代については海峡域の諸例と同様に，前期末葉を主体としながら中期初頭に及ぶとみられるものの，土器との確実な共判例は少ない状況にあることもまた確認された。

　つぎに，IV類玦状耳飾りの広域分布についてであるが，玦状耳飾りのなかでI類の環状形が最初に列島内で用いられた段階で，その開始が大陸に分布する環状形との関連を視野に入れて論じられている（藤田1998b）。しかし，津軽海峡域に濃密に分布しながら広域分布を示すIV類は，大陸にはないようであり，このIV類の系譜は列島内で考えるべきことを示している。IV類は津軽海峡域に濃密に分布する点から，この海峡域において成立した後に各地へ広がっていったと想定はされるものの，それ以前から玦状耳飾りや玉作りを盛んに行っている北陸〜中部地方のIV類との先後関係が明らかでないため，まだ断定はできない。今後の課題としておきたい。

なお，IV類玦状耳飾りの津軽海峡域における濃密分布は，中期初頭以降の糸魚川産ヒスイの海峡域における濃密分布（福田 2004）にやや先行してみられる事象であり，このIV類が円筒土器文化圏において，ヒスイ以前に用いられた本格的な石製装身具であったことを示している（福田 2005b）。

藤田氏は，この形態が島嶼部に目立って出土する点から，この前期末葉～中期初頭に海洋文化隆盛の波があったと解釈している（藤田 1989）。この点は，IV類玦状耳飾りや糸魚川産ヒスイの広域分布，さらには北部日本海沿岸における円筒土器文化の展開等を考慮すれば，この時期に広域交流が盛んに行われたことはまちがいないであろう。

さて，冒頭に述べたように，IV類玦状耳飾りは，身体に直接，装着して使用されることから，土器・石器などの第三者を介しても運ばれるものとは異なって，人々の動きに連動していると想定されることから，今回集成を行ってみた。しかし，この地域における土壙墓内のIV類出土例や人骨に装着されたままの出土例が皆無であるため，装着者の性別・年齢，さらに片耳・両耳装着，他の形態との併用等については，まったく不明のままで，現状把握にとどまらざるを得なかった。ただし，大阪府藤井寺市国府の環状例（前期中葉）にみられるように，仮にこのIV類の装着者を女性と想定した場合，この耳飾りは婚姻の問題とも関わってくることになる。約5千年前の縄文時代前期末葉～中期初頭に，津軽海峡をめぐって婚姻関係が多数成立していた可能性がおおいに考えられる。今後，土壙墓内におけるIV類及びIV類を装着した被葬者の出土に期待が寄せられる。また，津軽海峡域におけるIV類玦状耳飾りの製作地はいったいどこかという問題があるが，製作遺跡がまったく発見されていない状況である。今後，その発見とともに，石材の産地分析の進展も期待したい。

3 津軽海峡域における先史ヒスイ文化

はじめに

列島各地からは石製装身具が多数出土しており，このなかに硬玉製すなわちヒスイ製玉類[1]がある。白地に青の入った美しい硬質の玉類で，縄文時代から弥生時代・古代にいたるまで，列島住民にとって最高級の装身具であった。また，威信財や魔除け・再生を願う呪術具としても用いられた。このヒスイは，東日本では新潟県糸魚川市を流れる姫川の上流・小滝川や近くの青海川橋立峡等に良質の原石産地があり，さらにその下流域や富山県域北部に至る海岸からも小円礫が採集される。列島各地から出土するヒスイは，京都大学原子炉実験所の藁科哲男氏らの蛍光Ｘ線分析による産地判定の結果，大半がこの糸魚川地域一帯からもたらされたものである。

この糸魚川地域から400～740kmも遠く隔たった青森県域を主とする本州島北辺と北海道島南部の縄文遺跡からは，ここ十数年来の調査の進展によって，糸魚川産ヒスイ（肉眼鑑定も含め）を用いた玉類が多数出土することが判明してきた。そして，その出土数は，原石産地により近い東北地方南部～新潟県域北部をはるかに凌駕している状況がある[2]。

そこで，この本州島北辺及び北海道島南部（以下，津軽海峡域と呼称）における縄文・弥生時代のヒスイの様相について述べ，関連する２，３の問題について考察してみたい。

1. 津軽海峡域出土のヒスイ（第１～３図）

(1) 本州島北辺（第２図）

本州島北辺（ここでは秋田県域北部の米代川流域から岩手県域北部の馬淵川・新井田川流域を結ぶライン以北の地域とする）で，筆者が知り得た範囲では，青森県域のヒスイ（肉眼鑑定のものを含む）出土数は，報告されたものは縄文遺跡78ヶ所・約650点（未発表資料を含めると80ヶ所・約670点），弥生遺跡5ヶ所・8点であり，秋田県域北部は縄文6ヶ所・10点，岩手県域北部では縄文5ヶ所・33点であり，ともに弥生例はない。そのなかで，発掘調査による出土品で資料報告され，ある程度年代が明確なヒスイに限定すると，青森県域では縄文48ヶ所・475点，弥生5ヶ所（宇鉄は縄文と重複）・8点となり（福田1990a・1999b），これに両県域北部（秋田6ヶ所・10点・岩手4ヶ所・32点）を加えた合計数は，縄文58ヶ所・517点，弥生5ヶ所・8点となる。

これらの出土例のなかでもっとも古いのは，青森県（以下，省略）鰺ヶ沢町餅ノ沢遺跡（以下，遺跡を省略）の第2号捨場から出土した方形大珠の未製品（1）（青森県埋文2000b）である。少なくとも縄文中期初頭（円筒上層a式）には遡るが，前期末葉の土器（円筒下層d式）も伴っているため，この時期に遡る可能性もある。中期例は15ヶ所ある。川内町（現むつ市）熊ヶ平例（前～中葉）（2）（青森県埋文1995c），青森市三内丸山の土壙墓（3）（青森県埋文1994b）・同山吹(1)の土壙墓（後葉）（9）（青森市教委1991）・同三内丸山(6)の土壙墓例（中葉・円筒上層e式），八戸市松ヶ崎の未

製品（中葉・大木9式以前）(10)（八戸市教委 1996a），六ヶ所村富ノ沢(2)の牙形状大珠 (14)（青森県教委 1975b）・長楕円形 (12・13)（青森県埋文 1993a）等がある。三内丸山（青森県教委 1996）には円盤状 (4)・厚い円盤状の円塊状 (6・7) の大珠，垂玉・未製品 (5)・原石破片・原石塊（ハンマー・ストーン状のもの）等 49 点があるが，未報告分が多く，詳細は不明である。また，秋田県鹿角市天戸森例は中期後半の大珠（大木 8b～10 式）(11)（鹿角市教委 1984），岩手県九戸村田代 IV 例は，長楕円形大珠 2 点 (15・16) が中期後葉（大木 9 式）土器棺から出土した（岩手県埋文 1995a）。

後期例は 13 ヶ所ある。多くは前葉（十腰内 I 式）例である。黒石市一ノ渡には太目の長楕円形大珠があり，本県最大の長さ 11.8 cm と 11.0 cm のものが 2 点並んで出土した (17)（青森県埋文 1984a）。また，六ヶ所村上尾駮(2)では大珠等 4 点が一ヶ所からまとまって出土しており，うち 2 点 (18・19)（青森県埋文 1988c）はビヤ樽状長方形で，両面と上下方向の両端から穿孔されている。また，この時期には青森市近野の半月形 (21)（青森県教委 1975a），六ヶ所村沖附(2)の方形 (22)（青森県埋文 1986c），六ヶ所村大石平(1)の不整・台形 (23・24)（青森県埋文 1987a）など各種形態がある。また，岩手県二戸市大向上平では，後期前葉（十腰内 I 式）の小型かめ棺内から田代 IV 例と酷似した大珠 2 点 (20)（岩手県埋文 2000a）が発見され，秋田県大館市萩ノ台 II には，この時期とみられる縦の切目の入った長楕円形・不整方形大珠がある (25・26)（秋田県埋文 1993）。

しかし，後期中葉例は八戸市田面木平(1)（十腰内 II 式）1 ヶ所の大珠 (27)（八戸市教委 1988a）1 点のみである。また，後期後葉例も八戸市風張(1)（十腰内 IV・V 式）1 ヶ所のみである。ここでは土壙墓 19 基から勾玉・丸玉・不整楕円形・不整方形・管玉等 239 点が出土し（八戸市博 1997），1 基から 97 点，44 点というように連珠の玉類を多数出土する墓も見られる。1 遺跡からの出土点数としては，糸魚川地域より北では最多数であろう。公式報告書の早期刊行が期待される。また，後期末葉～晩期初頭例では岩手県軽米町大日向 II の土壙墓例があり，人骨の首・腰の位置から勾玉が 2 点づつ出土した（岩手県埋文 1995b）。

晩期例は 30 ヶ所（うち土壙墓 9 ヶ所）あり，ヒスイ数が増加している。大半が土壙墓出土例である。晩期前半では三戸町泉山の獣形勾玉 (28)（青森県埋文 1996）や青森市朝日山(1) (29・30)（青森県埋文 1994a）の例があるが，中葉（大洞 C_1～C_2 式）の土壙墓例がもっとも多く，内部から多数の玉が出土している。青森市朝日山(2) (31)（青森県埋文 2003b）・同長森，浪岡町（現青森市）源常平，六ヶ所村上尾駮(1) (32～34)（青森県教委 1988），十和田市明戸 (36～38)（十和田市教委 1984）等の例がある。勾玉・丸玉・管玉・長楕円形・鰹節形・台形・方形など各種あるが，小玉や径 1 cm 前後の丸玉が大半を占める。このなかの上尾駮(1)では 1 基から勾玉・丸玉等計 50 点が出土した例もある。晩期中葉では，他に八戸市是川中居 (35)（八戸市教委 1983）・木造町（現つがる市）亀ヶ岡例等があり，弘前市野脇 (39)（青森県埋文 1993c）・平賀町（現平川市）石郷 (40・41)（平賀町教委 1979）等には未製品もある。また，晩期後葉（大洞 A 式）では，宇鉄例等があるが全般に少ない。

弥生時代例は，全国的なヒスイ激減傾向と軌を一にしており，減少する。三沢市小山田(2)の前期（砂沢式）の方形玉 (42)（三沢市教委 1999），金木町（現五所川原市）神明町の前期（二枚橋式）

土壙墓の玉，三厩村（現外ヶ浜町）宇鉄の中期（宇鉄Ⅱ式）土壙墓の勾玉（43）（青森県立郷土館1979），川内町（現むつ市）板子塚の中期土壙墓の勾玉・小玉（44・45）（青森県埋文1995b）等5ヶ所・8点である。

(2) 北海道島南部（第3図）

　北海道島においては，とくに石狩低地帯と苫小牧市を結ぶライン以南・以西から多数出土している。青柳文吉（青柳1988）・野村崇（野村2003）両氏による集計にその後の例を加えると縄文・続縄文時代のヒスイ（肉眼鑑定の例も含む）は，筆者が知り得た範囲では，64ヶ所・638点である。そのなかで，発掘調査による出土品で資料報告され，ある程度年代が明確なものに限定すると，縄文57ヶ所・629点，続縄文3ヶ所・4点（大川は縄文と重複）の計633点となる。これらのなかで，もっとも古いのは八雲町シラリカ2例（46）（道埋文2000）で，前期後葉（円筒下層c式）とされる鰹節形1点がある。また，余市町フゴッペ例（47）（道埋文1991）は，土壙墓から前期末葉～中期初頭（円筒下層d～円筒上層a式）の土器とともに出土していることから，中期初頭以前のもので，前期末葉に遡る可能性もある。

　中期例は10ヶ所ほどある。八雲町栄浜1では土壙墓例（末葉）があるが，大半は土坑外からの出土例である。泊村ヘロカルウスの方形大珠（中葉・見晴町式）（48）（道文化研究所1987），寿都町寿都3（49）（寿都町教委1980）や奥尻町青苗の円塊状大珠2点（52・53）（青柳1988），岩内町東山（50）（中期中葉）（岩内町教委1958a）や上ノ国町大岱沢Aの太い管玉状大珠（中葉・サイベ沢Ⅶ式）（51）（上ノ国町教委1987）がある。中期ではほかに登別市千歳5（北筒式）の長方形大珠や泊村堀株1の不整形玉，八雲町山崎4の大珠破片，長万部町オバルベツ2例，戸井町（現函館市）浜町A例の円盤・鏡餅形大珠例（54）（戸井町教委1991）がある。また，森町濁川左岸例は中期中葉～後期前葉の穿孔途中の大珠未製品（55）（道埋文2003b）である。

　後期例は急増し，24ヶ所ほどある。1遺跡からの出土数も多く，まさに北海道島南部独特の様相を呈している。ほとんどすべてが土壙墓出土品である。しかし，本州島北辺で顕著に見られた後期前葉例は少なく，渡島半島の函館市石倉の墓2基（十腰内Ⅰ式）に方形・楕円形玉（56～58）（函館市教委1999），八雲町浜松5の配石遺構1基に丸玉1点があるにすぎない。しかし，後期中葉～後葉例は，本州島北辺とはまったく状況が変わっている。中葉例は7ヶ所ほどあり，函館市日吉・南茅部町（現函館市）八木B（59）（南茅部町埋文調査団1992）のほか八雲町浜松2では配石遺構2基からホッケマ式期の勾玉・小玉・三角形玉等17点，ニセコ町北栄（60）・滝台（61）（駒井1959）では環状列石中の配石を伴う墓から半月形例が出土しており，滝台例は長さ7cm以上の大珠である。中葉例では，この地域の北端からさらに約240kmも離れた礼文町船泊の土壙墓（7号墓）から，船泊上層式期の長楕円形大珠（62）が熟年男性骨の首元付近から出土している（礼文町教委2000）。この形態は，恵庭市ユカンボシE3A地点の土壙墓例（中～後葉）（63）（ユカンボシE3・E8遺跡発掘調査団1992）と酷似している。また，千歳市美々4の中葉（船泊上層・手稲・ホッケマ式）例（64～78）（道埋文1985a,藁科・東村1996a）は土壙墓30基から小玉・勾玉・管玉等

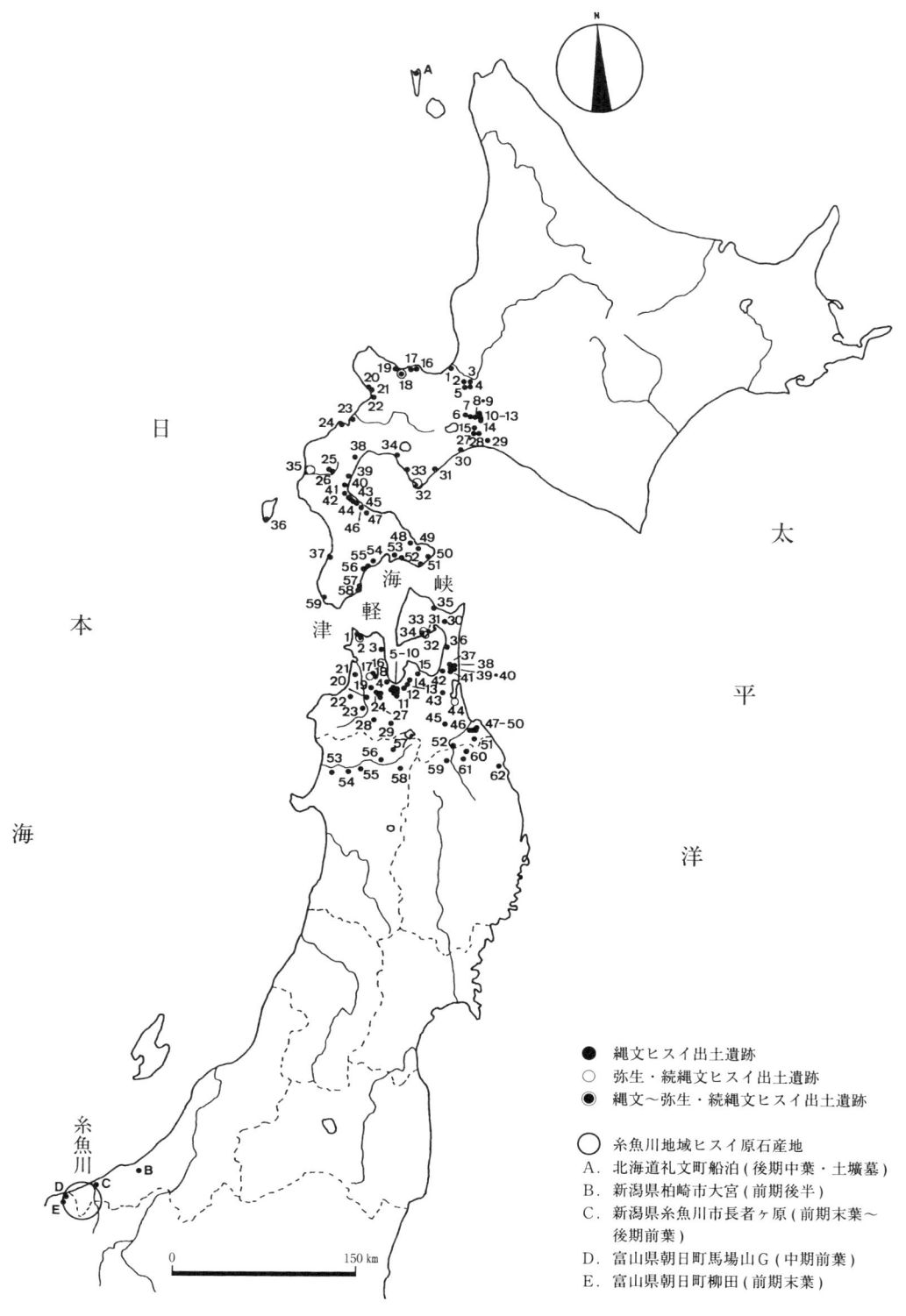

110　第Ⅲ章　津軽海峡域の装身具

● 縄文ヒスイ出土遺跡
○ 弥生・続縄文ヒスイ出土遺跡
◉ 縄文〜弥生・続縄文ヒスイ出土遺跡
◯ 糸魚川地域ヒスイ原石産地
A．北海道礼文町船泊（後期中葉・土壙墓）
B．新潟県柏崎市大宮（前期後半）
C．新潟県糸魚川市長者ヶ原（前期末葉〜後期前葉）
D．富山県朝日町馬場山G（中期前葉）
E．富山県朝日町柳田（前期末葉）

第1図　津軽海峡域のヒスイ出土遺跡

北海道島南部のヒスイ出土遺跡

1. 石狩市志美第4(晩期中葉・土壙墓)
2. 江別市旧豊平河畔(縄文か・土壙墓)
3. 江別市萩ヶ岡(中期中葉)
4. 江別市高砂(中期後半～後期中葉・土壙墓)
5. 江別市大麻1(後期か)
6. 恵庭市柏木B(後期後葉・周堤墓)
7. 恵庭市カリンバ3(後期後葉・土壙墓)
8. 恵庭市ユカンボシE3(後期末葉・土壙墓)
9. 千歳市オサツ14(後期中葉～後葉・土壙墓)
10. 千歳市キウス1(後期)
11. 千歳市キウス4(後期後葉)
12. 千歳市キウス5(後期・晩期)
13. 千歳市キウス7(後～晩期)
14. 千歳市丸子山(後期後葉・周堤墓)
15. 千歳市美々4(後期中葉～晩期初頭・周堤墓)
16. 小樽市忍路土場(後期中葉)
17. 余市町フゴッペ貝塚(中期初頭・土壙墓)
18. 余市町大川(晩期中葉・続縄文・土壙墓)
19. 余市町沢町(晩期前葉・土壙墓)
20. 泊村ヘロカルウス(中期中葉)
21. 泊村堀株1(中期)
22. 岩内町東山(中期中葉)
23. 蘭越町港大照寺(晩期中葉・土壙墓)
24. 寿都町寿都3(前期末葉～中期中葉)
25. ニセコ町北栄(後期中葉・環状列石墓)
26. ニセコ町滝台(後期中葉・環状列石墓)
27. 苫小牧市美沢1(後期後葉・周堤墓)
28. 苫小牧市美沢2(後期・土壙墓)
29. 苫小牧市柏原5(後期)
30. 白老町社台1(晩期中葉・土壙墓)
31. 登別市千歳5(中期)
32. 室蘭市絵鞆(続縄文・土壙墓)
33. 伊達市有珠善光寺(晩期・土壙墓)
34. 虻田町高砂貝塚(晩期中葉・土壙墓)
35. 瀬棚町南川(続縄文・土壙墓)
36. 奥尻町青苗(中期)
37. 上ノ国町大岱沢A(中期中葉)
38. 長万部町オバルベツ2(中期)
39. 八雲町シラリカ2(前期後葉)
40. 八雲町山崎4(中期後半か)
41. 八雲町春日2(中～後期)
42. 八雲町コタン温泉(後期)
43. 八雲町浜松2(後期中葉・配石遺構)
44. 八雲町浜松5(後期前葉・配石遺構)
45. 八雲町野田生1(後期)
46. 八雲町栄浜1(中期末葉・土壙墓)
47. 森町濁川左岸(中期中葉～後期前葉)
48. 南茅部町八木B(後期中葉・配石遺構)
49. 南茅部町垣ノ島A(中期後半～後期)
50. 恵山町日ノ浜(晩期・土壙墓)
51. 戸井町浜village A(前期末葉以後)
52. 函館市石倉貝塚(後期初頭～前葉・土壙墓)
53. 函館市日吉(後期)
54. 木古内町大釜谷3(晩期中葉・土壙墓)
55. 木古内町札苅(晩期中葉・土壙墓)
56. 木古内町新道4(後期)
57. 知内町湯の里5(後期か)
58. 知内町湯の里4(晩期)
59. 松前町上川(晩期中葉・土壙墓)

本州島北辺のヒスイ出土遺跡

1. 三厩村中ノ平(後期前葉)
2. 三厩村宇鉄(晩期中葉～後葉、弥生中期・土壙墓)
3. 平舘村今津(晩期中葉)
4. 青森市宮本(2)(後期前葉)
5. 青森市三内丸山(中期・盛土・土壙墓)
6. 青森市近野(中期後半・後期前葉)
7. 青森市三内丸山(6)(中期中葉・土壙墓)
8. 青森市細越(晩期中葉)
9. 青森市朝日山(1)(晩期前半・土壙墓)
10. 青森市朝日山(2)(晩期中葉・土壙墓)
11. 青森市山吹(1)(中期後半・土壙墓)
12. 青森市玉清水(1)(晩期前半)
13. 青森市長森(晩期中葉・土壙墓)
14. 青森市蛍沢(晩期中葉)
15. 平内町槻ノ木(晩期前半)
16. 金木町妻ノ神(1)(後期中葉)
17. 金木町神明町(弥生前期・土壙墓)
18. 金木町千苅(1)(晩期後半)
19. 五所川原市紅葉(中期か)
20. 板柳町土井(1)(晩期)
21. 木造町亀ヶ岡(晩期中葉・土壙墓)
22. 鰺ヶ沢町餅ノ沢(前期末葉～中期初頭)
23. 弘前市野脇(晩期中葉か)
24. 浪岡町野尻(4)(後期か)
25. 浪岡町羽黒平(3)(晩期初頭)
26. 浪岡町平野(晩期・土壙墓)
27. 浪岡町源常平(後期後葉・土壙墓)
28. 平賀町石郷(晩期前半)
29. 黒石市一ノ渡(後期前葉)
30. むつ市最花貝塚(中期末葉)
31. むつ市角違(3)(晩期前半)
32. 川内町戸沢川代(弥生前期)
33. 川内町板子塚(弥生・土壙墓)
34. 川内町熊ヶ平(中期初頭)
35. 大畑町二枚橋(2)(晩期後半)
36. 横浜町桧木(晩期前半)
37. 六ヶ所村富ノ沢(2)(中期後半)
38. 六ヶ所村大石平(1)(後期前葉)
39. 六ヶ所村上尾駮(1)(晩期中葉・土壙墓)
40. 六ヶ所村上尾駮(2)(後期前葉)
41. 六ヶ所村沖附(2)(後期前葉)
42. 野辺地町有戸鳥井平(7)(晩期)
43. 天間林村二ツ森貝塚(晩期中葉)
44. 三沢市小山田(2)(弥生前期)
45. 十和田市明戸(中期、晩期中葉・土壙墓)
46. 八戸市田面木平(1)(後期中葉)
47. 八戸市是川中居(晩期)
48. 八戸市風張(1)(後期後葉・土壙墓)
49. 八戸市西長根(中期中葉)
50. 八戸市松ヶ崎(中期中葉)
51. 階上町滝端(晩期)
52. 三戸町泉山(晩期前半・土壙墓)

(秋田県)
53. 能代市柏子所(晩期前半)
54. 二ツ井町麻生(晩期)
55. 鷹巣町藤株(晩期)
56. 大館市萩ノ台Ⅱ(後期前葉)
57. 小坂町はりま館(中期)
58. 鹿角市天戸森(中期中葉～末葉)

(岩手県)
59. 二戸市大向上平(後期前葉・かめ棺)
60. 軽米町大日向Ⅱ(後期後葉～晩期初頭・土壙墓)
61. 九戸村田代Ⅳ(中期後葉・土器棺)
62. 久慈市二子貝塚(晩期中葉)

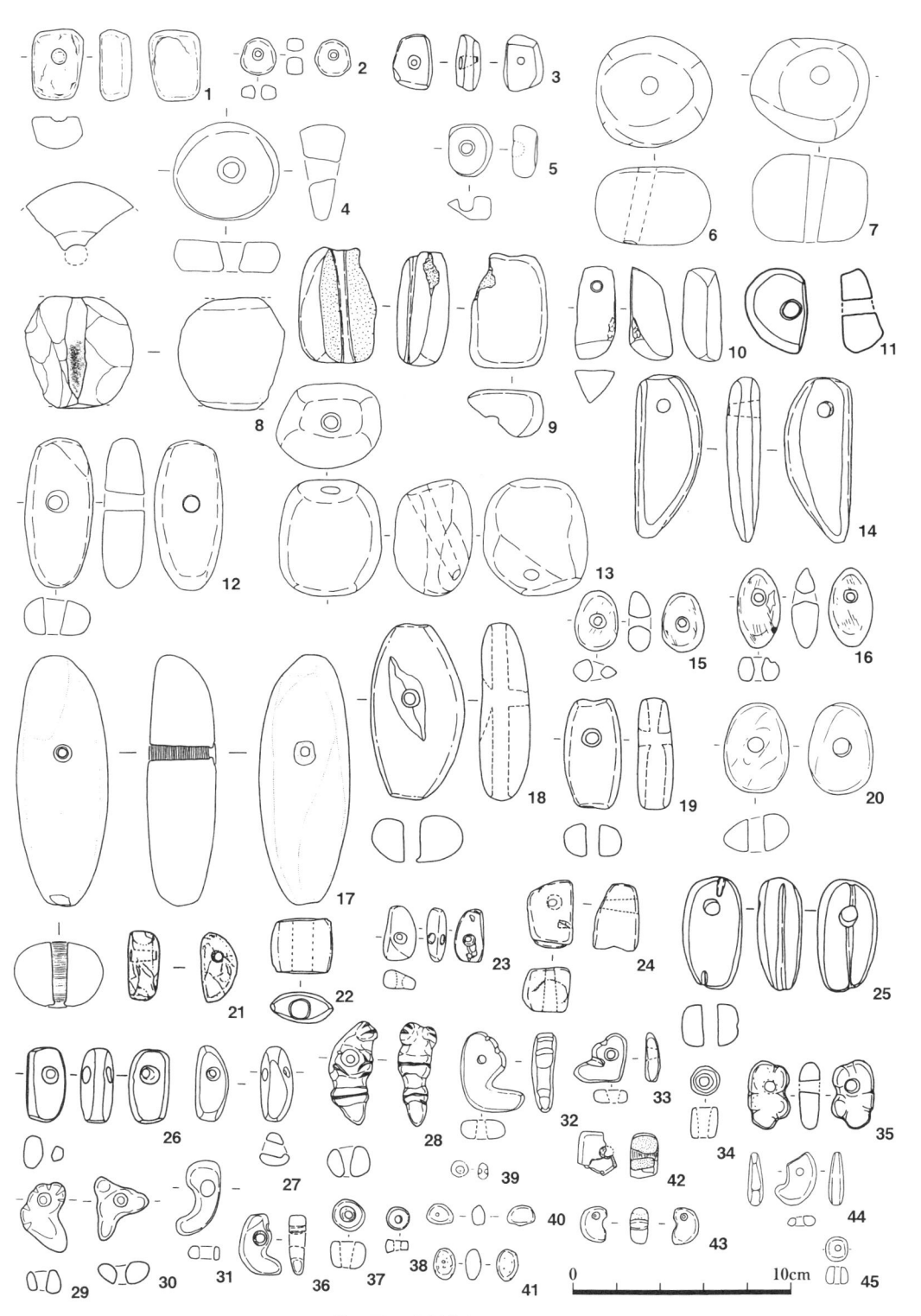

112 第III章 津軽海峡域の装身具

第2図 本州島北辺のヒスイ

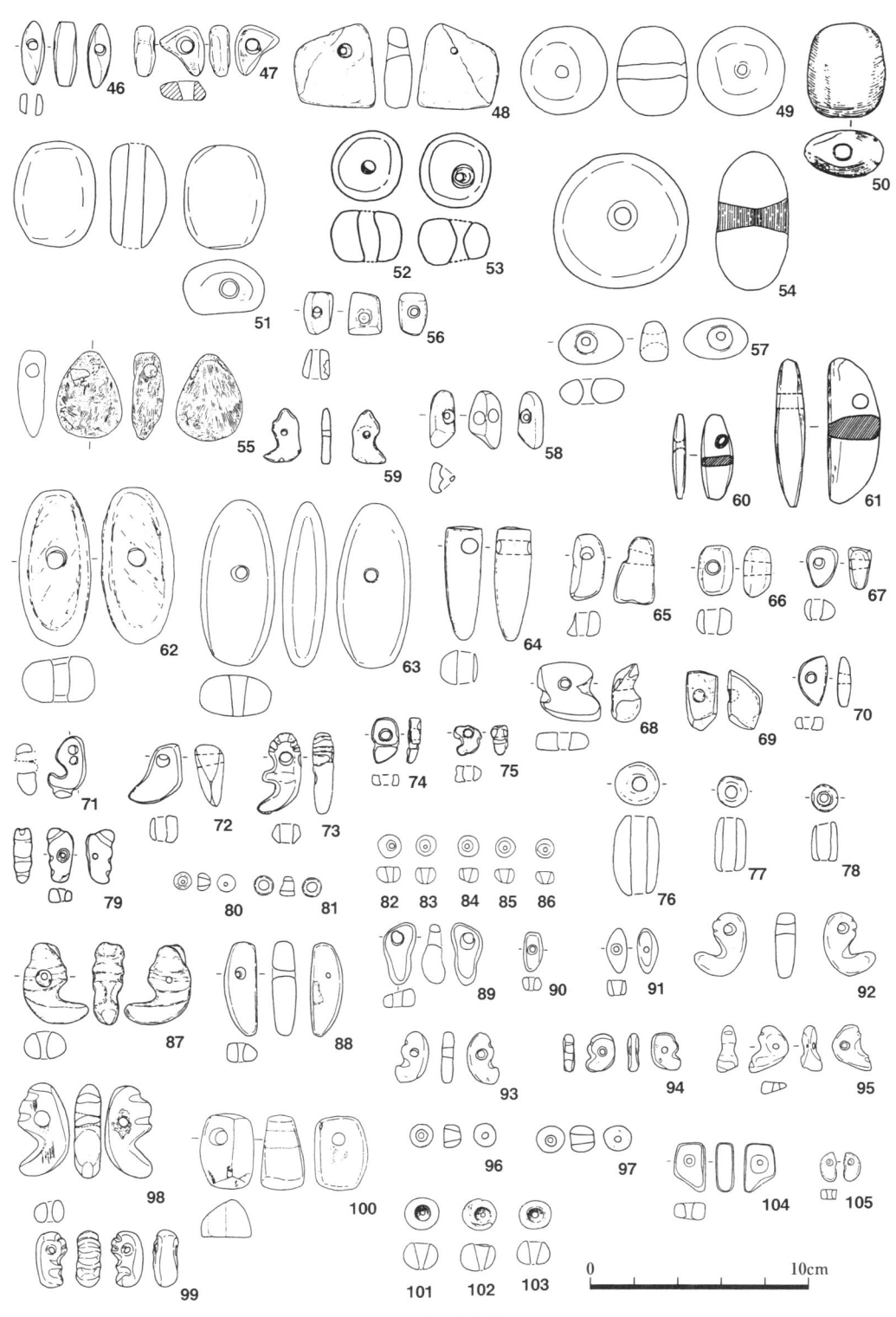

3 津軽海峡域における先史ヒスイ文化　113

第3図　北海道島南部のヒスイ

各種の玉類91点が出土しており，うち1基からは玉類33点が出土している。また，小樽市忍路土場にもこの時期（手稲・ホッケマ式）の小玉がある。後期後葉例は7ヶ所ほどあり，千歳市丸子山では堂林式期の周堤墓から勾玉（79）（千歳市教委1994），同キウス4では盛土から小玉類が多数（80・81）（道埋文2001）出土し，苫小牧市美沢1では堂林式期の周堤墓4ヶ所，恵庭市柏木Bでは周堤墓3ヶ所から堂林式期の玉類が多数出土しており，柏木B例には1基（第1112号土壙墓）から小玉59点（82〜86）（恵庭市教委1981）を出土した土壙墓もある。また近年，多種多様で豪華な副葬品が出土したことで注目された恵庭市カリンバ3では，後期末葉の土壙墓から櫛・額飾り・首飾り・腕輪・耳飾り・玉類が出土し，ヒスイも少数含まれている（恵庭市郷土資料館2003）。

晩期例は13ヶ所ほどあり，本州島北辺と同様に大半が土壙墓出土例である。千歳市美々4では後期末葉〜晩期初頭（堂林〜大洞BC式）の土壙墓から66点（87・88）（道埋文1984），余市町沢町では前葉（大洞B・BC式）の土壙墓から勾玉・丸玉類約50点（89〜91）（余市町教委1989），余市町大川では前〜中葉（大洞C_1式）の墓から勾玉・丸玉等85点が出土している（92〜97）（余市町教委2000a）。中葉（大洞C_1〜C_2式）例は本州北辺と同様に増加し，石狩市志美第4の土壙墓，蘭越町港大照寺の土壙墓の大型勾玉（98）（蘭越町教委・小樽市博1973），虻田町（現洞爺湖町）高砂の土壙墓（大洞C_1式）の勾玉（99）（札幌医科大学解剖学第二講座1987）のほか，白老町社台1の土壙墓の勾玉・丸玉や断面三角形の大珠（100）（道埋文1981a）があり，木古内町札苅の土壙墓の丸玉（101〜103）（道開拓記念館1976），木古内町大釜谷3の土壙墓の丸玉，松前町上川の土壙墓の勾玉等もある。

続縄文時代例は，本州島と同様にヒスイが減少し，前半（恵山式）では余市町大川の不整方形（104）（余市町教委2000b），室蘭市絵鞆，瀬棚町（現せたな町）南川の勾玉例（105）（瀬棚町教委1976）など3ヶ所の土壙墓例4点があるにすぎない。

2. 津軽海峡域のヒスイに関する2, 3の問題

(1) 糸魚川産ヒスイの利用開始時期（第2・3図）

本州島北辺の青森県域では鰺ヶ沢町餅ノ沢の縄文前期末葉〜中期初頭例（1）（円筒下層d式〜円筒上層a式）（青森県埋文2000b）・川内町熊ヶ平例（2）（円筒上層a式）によって，少なくとも糸魚川産ヒスイの利用は中期初頭まで遡ることは確実で，前期末葉に遡る可能性もある。この状況は他の東北5県では見られない状況である。一方，北海道島では，南部の八雲町シラリカ2の前期後葉（円筒下層c式）とされる例（46）（道埋文2000）や余市町フゴッペ貝塚の前期末葉〜中期初頭（円筒下層d〜円筒上層a式）例（47）（道埋文1991）が知られている。

この状況を，原石産地の糸魚川地域を擁する北陸・中部地方と比較すると，山梨県大泉村（現北杜市）天神の前期後半（諸磯c式）の土坑例（藤田1989）が以前から知られており，新潟県柏崎市大宮にはさらに遡る前期後半（諸磯a〜b式期）のヒスイ加工例（中野1998）もある。また，藤田富士夫氏によれば，糸魚川市長者ヶ原には前期末葉の原石大礫（藤田1989）がある。最近の例では富山県朝日町柳田に前期末葉（福浦上層式期）のヒスイ加工品があり（朝日町教委2003），さら

に朝日町馬場山Gでは，中期前葉（新崎式期）の住居跡にヒスイ玉の未製品（富山県教委1987）がある。このことから，藤田氏は前期末葉～中期前葉をわが国における「ヒスイ玉の出現期」と考えておられる（藤田2003b）。津軽海峡域におけるヒスイ利用の開始は，資料的にまだ問題なしとは言えないが，糸魚川地域一帯とほぼ同時期であることから，前期末葉に産地付近で加工されたヒスイは，ほぼ同時に北の津軽海峡域にもたらされて好評を得，中期初頭からの本格的流通に至ったと考えられる。直感的になるが，白地に青の入った美しいヒスイの玉は，津軽海峡域という雪国の住民気質・好み（福田2003）等と一致したのであろうか。ちなみに，この前期末葉～中期初頭の時期は，従来の円筒下層式系土器の北陸への南下例とは逆に，津軽においても近年，北陸系の朝日下層式系土器の出土例が少しづつ増えるなど，日本海沿岸北部をめぐる交流の活発化が認められる時期でもあり，ヒスイの北上もその流れに沿ったものと考えられる。

(2) ヒスイの円盤・円塊状大珠と未製品 (第2・3図)

縄文中期のヒスイ大珠には，地域により形態に差があることが知られている。北陸地方～北海道島に広範に分布するいわゆる鰹節・長楕円形，北陸～関東・東北地方南部に分布する玉斧形，岩手県域の三角形，東北地方北部～北海道島南部に分布する円盤形・円塊状等である。青森県域では，従来から下北半島を除いて全県的に円盤状・円塊状のいわゆる緒締形が知られていたが，三内丸山から新たに4点（4・6・7）（円塊状は3点まとまって）出土した。類例として，その後青森市内や天間林村（現七戸町）二ツ森例（中葉・榎林式）（8）（福田1999b）が追加された。また，このタイプは，北海道島の寿都町寿都3（49）・奥尻町青苗（52・53）・戸井町（現函館市）浜町A（54）にもあり，秋田県域でも中期とみられる中仙町（現大仙市）野口II・八郎潟町沢田例もあって，いわゆる津軽海峡域に特徴的な形態である。しかし，このタイプの大珠は糸魚川地域一帯の原石産地付近には見られない。そこで，このタイプの大珠の生産地は一体どこかという問題になる。常識的には，原石産地一帯でこの形態を作り，津軽海峡域にすべてを供給したとすれば考えやすいが，そうとも断定できない点もある。すなわち，三内丸山からは北日本では中期では他に例がない49点という多数のヒスイが出土しており，完成品以外に，穿孔途中品（5）・原石破片・敲石（ハンマー・ストーン）状の原石塊があることから，砥石類や工房跡は未確認という弱点はあるが，その規模や継続性は別にして，ここで玉作りを行っていたことが想定されるからである。すべてのこのタイプの大珠をここで作っていたかどうかは不明であるが，おそらくこの遺跡地内で，独自にこのタイプを考案して作られたのであろう。三内丸山に隣接する近野からは，平成14年度の青森県埋蔵文化財調査センターが行った調査で長さ約11 cm×7 cm大，重さ850 gのヒスイ大礫片（中期後半）1点が出土しているのは，この辺の事情を示しているものであろう。

ところで，北海道島と青森県域からはヒスイ未製品が出土している。中期～晩期では，ほとんどすべてが墓以外の包含層や住居跡覆土等から出土している。筆者の知る範囲では，北海道島では森町濁川左岸（中期中葉～後期前葉）の大珠穿孔途中品（55）がある。また，青森県域ではいくつかあり，餅ノ沢例（1）（円筒上層a式以前）がもっとも古い。中期例では三内丸山以外にも，三

内丸山(6)（末葉〜晩期），八戸市松ヶ崎(10)（中葉・大木9式以前）・西長根（中葉・大木8b式）等に大珠の未製品があり，いずれも穿孔途中のくぼみが残されている。また，かつて下北半島佐井村で実見した中期とみられる例（八幡堂か）には，筆者の知る限り，本県唯一の竹管状の穿孔痕（いわゆるヘソ）が残されていた。後期の未製品は未発見であるが，晩期では宇鉄・野脇(39)・石郷(40・41)・二枚橋(2)・亀ヶ岡例（採集品）等がある。

なお，宇鉄・弘前市十腰内(2)・亀ヶ岡・泉山等の遺跡では，緑色凝灰岩等の原石や未製品・砥石なども出土しており，ヒスイとは異なる石材ではあるが玉作りを行っていた形跡がある。

津軽海峡域の多数かつ長期にわたるヒスイの入手は，基本的にはヒスイ交易によるものであり，中期以降，北陸地方との交易によってもたらされたものが大半であるが，時期や地域の事情によっては，未製品等から窺われるような在地の玉作り技術を援用して，ヒスイ加工を行っていたとみられる。

先ほど述べた三内丸山等の円盤形・円塊状大珠は，おそらくこの地では，呪術的な意味や好み等によって，この形態になったのであろう。そして，原石の確保や穿孔等に要する高い技術については，糸魚川産地に関わりをもつ者の協力や技術的指導もあったのであろう。あるいは，糸魚川地区からの技術者が当地に滞在して作った可能性も捨てきれない。

(3) 津軽海峡域におけるヒスイ分布密度の違い（第1〜3図）

縄文中期〜晩期の糸魚川産ヒスイが多数出土する津軽海峡域では，北海道島南部と本州島北辺では，ヒスイ分布の密度に，年代を異にして著しく異なった状況がみられる。すなわち，後期前葉の北海道島南部では，津軽海峡に近接した渡島半島を除いては，本州島北辺にくらべヒスイの分布密度は低いが，後期中〜後葉になると逆に北海道島南部では分布密度が著しく高くなるのに対し，本州島北辺はその比ではなく，わずかに太平洋側の八戸市域に1ヶ所（風張(1)）あるにすぎない。北海道島南部のこの時期のヒスイは，ほとんどすべてが墓から出土しているが，この分布密度の違いをどのように考えるかという問題になる。この状況の背景には，墓の多い・少ない（つまり，人口の多い・少ない）という状況が考えられ，住民の大規模な移動による増減があったとみられるが，それだけとはどうも考えにくい。

本州島北辺の後期前葉に多いヒスイは，大半が大珠であるが，後葉には八戸市風張(1)のように各種小玉類に移行する。また，北海道島では後期中葉には大珠と小玉類が併存し，末葉には小玉類に移行しており，後期中葉を境にしてヒスイの大きさ・形態が変化している。これは，全国的な傾向と軌を一にするもので，糸魚川地域における大珠から小玉（連珠）への移行が，それまで大珠信仰が根強かった本州島北辺においては，ヒスイに対する信仰を低下させる結果となったが，北海道島南部の恵庭市〜苫小牧市域等を中心とする地域では，小玉とは言え遠隔地産の希少価値の高いヒスイを葬送儀礼に不可欠なものとして重要視し，多数のヒスイを入手したとは考えられないであろうか。

まとめ

　以上，先史時代の津軽海峡域における糸魚川産ヒスイの様相について年代順に述べ，関連する問題について若干の考察を加えた。この地域における糸魚川産ヒスイの分布密度の濃さは，糸魚川地域―本州島北辺間の海路による遠距離交易と本州島北辺住民の北海道島南部との中継交易によるものであったとみられ（福田1999c），津軽海峡という日本海と太平洋を結ぶ海の道筋にある地理条件下に成立した文化現象であると考えられる。そして，この交易の実態について藤田氏は，見返り品を求めない贈与行為であって，交易ではない（藤田1998a）とされているが，基本的にはやはり何らかの見返り品を求めた物々交換が主体であったとみられる。大量のヒスイに対する見返り品は，この海峡域で入手可能な北方地域の各種特産品や津軽産のベンガラ等であろうと推測されるが，なかなか証明できない。また，今回はじめて指摘したが，津軽海峡域にみられる縄文後期におけるヒスイ分布密度の逆転現象は，海路によるヒスイの遠距離交易ルートとどのように関わっているのかという問題にもなる。糸魚川産ヒスイの津軽海峡域における大量分布とその展開の意味は依然として漠としている。この地域におけるヒスイ文化の細かな分析が今後の大きな研究課題である。

註
1) 本稿で扱うヒスイは，自然科学的分析等によって硬玉とされたものと肉眼鑑定によるものを含んでいるため，軟玉や蛇紋岩等の石材が含まれる可能性があることを断わっておきたい。
2) 国立歴史民俗博物館の西本豊弘氏によれば，東北地方以北の道県別のヒスイ出土数（8割程度の集成とする）は，縄文時代では玦状耳飾りを除き，北海道41遺跡432点，青森県52遺跡485点，他の東北5県で計60遺跡102点である（西本2000）。

4 首飾りの色 ——本州北端・縄文晩期の例から——

はじめに

本州北端地域における縄文人の生活は，どのような色で彩られ，色にはどのような意味が込められていたのか。近年，縄文文化研究が多様化し，青森県においても少しずつこの色の問題にも注意が向けられるようになってきた（福田1997a, 児玉2002）。しかし，具体的な色の内容はまだ漠とした状況にある。

そこで，この問題について，縄文人が最も色に執着したとみられる装身具のなかで，豊富な資料がある縄文晩期（約3,000～2,300年前）の首飾りをもとにして考えてみたい。

1. 青森県域出土の首飾り

縄文晩期には，首飾り（ネックレス）と考えられる連珠の玉類が多く用いられた。墓（土葬）から出土するものが大半で，被葬者が生前用いたとみられるものである。

(1) 玉類の色

下北半島では，六ヶ所村上尾駮(1)遺跡C地区の例（晩期中頃）（青森県教委1988）がある。多数の墓のうち，とくに第35号墓にはヒスイ（硬玉）の勾玉・丸玉等計51個と緑色凝灰岩（以下，凝灰岩とする）の小玉破片等7個があり，ヒスイの玉類はのちに第1図・口絵1のような首飾りに復元された（長さ約37cm）。（白地で部分的に）薄青みがかった千草・青磁や深緑・暗緑の色調を呈するものが多いが，親玉の勾玉2個は半透明である。凝灰岩の玉はこれには連ねられていないが，他の墓同様に白み，薄青みがかっている。間隔をおいて配された勾玉・楕円玉類，深緑・暗緑色の玉類は，華やかさのなかでアクセントとなっている。また，第73号墓にはヒスイの丸玉2個と凝灰岩の玉4個があるが，うち凝灰岩の2個を，当時まだ類例が少なかった赤塗り（赤橙色）の帯状装身具（第2図）の紐が貫いていた。この帯状装身具は，岩手県立博物館の赤沼英男氏の分析によって，太さ1mm程度のセルロース系繊維を動植物系の樹脂で固定したあと，辰砂か赤鉄鉱（水銀朱かベンガラ）の赤色顔料を施したものを1本の糸とし，それを10数本束ねて紐状にしたものと推定され，ヒスイは，京都大学原子炉実験所の藁科哲男氏によって，ほとんどすべてが糸魚川産硬玉であるとする分析結果が出されている（青森県教委1988）。

津軽地方では，浪岡町（現青森市）源常平遺跡の例（晩期後葉）がある（青森県教委1978）。第30号墓には土製（報告書では頁岩製）赤塗りの小玉57個があり，さらに乳幼児用土器棺には，凝灰岩の玉8個と赤塗りの土製小玉13個もある。それぞれを一連の首飾りと想定すれば，赤塗りの玉類がない上尾駮(1)例とは好対照をなすものである。津軽で首飾りを出土した墓として，ほかに青森市長森（青森市教委1985）・朝日山(2)[1)]，三厩村（現外ヶ浜町）宇鉄（葛西編1996），浪岡町

（現青森市）平野遺跡（浪岡町教委2002）等があり，平野には赤の紐状製品もある。

　つぎに，南部地方では，晩期墓からの出土例はないが，名川町（現南部町）平虚空蔵(たいらこくぞう)遺跡では合せ口土器棺（晩期中葉）から幼児骨とともに，灰白猪牙製の短冊形製品（首飾り）7個と深緑の碧玉(へきぎょく)製？玉1個が出土している（江坂1960）。

　なお，参考例であるが，倉石村（現五戸町）薬師前遺跡の第3号土器棺（縄文後期前葉）からは，ベンケイ貝の腕輪（ブレスレット）を7個はめた壮年女性骨とともに，エナメル質光沢のある灰白猪牙製の短冊形製品（首飾り）が12個出土し，線刻文には赤彩痕もあった（第3図）（葛西2002）。また，八戸市風張(かざはり)(1)遺跡（後期後半）では，多数の墓のうち第72号墓からは，首飾りとみられるヒスイ（硬玉）の玉類が133個も出土している（八戸市博1997）。

(2) 玉の緒の色

　上尾駮(1)では，玉付きの赤い帯状装身具のほかに玉の孔に赤が残っていたことから，首飾りの玉の緒(お)は赤であったことが判明した。類例は，朝日山(2)・宇鉄・平野例等にあり，本県域における晩期の玉の緒は赤であったようである。

　なお，この帯状装身具について，以前には鉢巻きと考えていた（青森県教委1988）が，アイヌ民族の頸飾帯（ネックバンド）の可能性もあるため，今後はこの点も含めて考えることとしたい。

2. 周辺地域出土の首飾り

　以上のように，本県域における縄文晩期の首飾りには，下北・津軽では赤の帯状装身具や紐状製品があり，これに玉類が付くものと付かないものの二者があり，さらに，津軽の玉類には，薄緑〜深緑系の玉類と赤塗りの土製玉類の二者がある。下北にも白〜薄緑・深緑系の玉類がある。また，南部には，深緑の親玉が付いた灰白猪牙の短冊形を連ねた首飾りがあり，さらに風張(1)例等によれば，薄緑〜深緑系の首飾りも県内他地域と同様に用いられていたことが推定される。そこで，これらと比較するために周辺他地域の例を見よう。

　まず，隣接する秋田・岩手両県域では，ともに緑系の玉類が主体を占めるという点では共通しているが，秋田県増田町（現横手市）平鹿(ひらか)遺跡（晩期後葉）（秋田県埋文1983）には，土製の小玉555個（赤塗りが多い）と碧玉の勾玉1個・凝灰岩を主とする玉75個がある。墓からの出土品ではないが，一連の首飾りと考えれば，津軽の源常平例と玉の材質・色調の点で類似している。また，北海道では道南の後〜晩期の墓に，ヒスイ・土製の玉類や何らかの繊維を束ねた首飾りがある点では共通しているが，津軽海峡側の木古内(きこない)町泉沢2遺跡では，土器内（晩期中葉）に首飾りとみられる黒色焼成のみの土製玉類46個があり（鈴木2001），さらに函館市女名沢(めなざわ)遺跡（晩期）には，首飾りとみられる110個ほどの土製玉類もある[2]。全体が黄橙(おうとう)・黒・赤色焼成の3色で構成され，明らかな配色意識が窺われる。また，噴火湾以北の墓には，縄文後期から続縄文期にかけて，首飾り等の装身具とみられる灰白の貝製平玉が多数あり（第4図，虻田町（現洞爺湖町）入江遺跡・後期前葉）（苫小牧市埋文1990），さらに道央〜道東・道北の墓には，縄文晩期末葉から続

縄文期にかけて，首飾り等とみられる深緋のコハク製平玉も多数ある（第5図，余市町大川遺跡・続縄文）（余市町教委 2000b）。貝類は付近の海岸から採取したものとみられるが，コハクは北海道以北産が利用されたようである。近年，注目を集めた恵庭市カリンバ3遺跡（後期末葉）では多数の墓から漆塗り製品・コハク・ヒスイ・サメ歯等の多種多様な装身具が出土している。身体各部位に付ける赤漆塗りの各種装身具があり，しかも赤には一般的な赤のほかにピンク系・オレンジ系の赤もある。また，首飾りにはコハクと滑石（灰白系）の玉類との組み合わせもある（上屋・佐藤 2000）。このほかに，小樽市忍路土場遺跡にはトチの実を連ねた暗褐色の首飾りもある（第6図，後期中葉）（道埋文 1989）。出土例として知っている限りでは，本例のみであるが，当時トチの木が生育していた東日本では，今後各地から類例が発見されるものと予想される。このように北海道では，津軽海峡以南と比較して，多少の時代差はあるものの，色彩のまったく異なる首飾り等も用いられていたようである。

3. 首飾りの色 ―赤・黒・緑・白―

以上のように，本県域から出土した縄文晩期の首飾りには，玉の緒の「赤」，玉類の「白地に緑」・「緑」系があり，さらに猪牙の「灰白」もあった。つぎに，これらの色の縄文時代等における利用状況について述べる。

(1) 赤

赤は，縄文時代以前から人工的に作られ用いられてきた顔料のなかでもっとも代表的なものであった。列島では縄文前期以降，とくに顔料として用いられた。これは，この時期に漆の利用が始まり，赤色顔料の膠着材としても用いられたことが大きい（赤漆）。縄文人は，赤い石や土を採取して粉砕・水簸して用いたとみられる。本県域では早期末葉から用いられ，後期末葉から晩期にかけて最盛期を迎え，精製土器や木器・木製品，籃胎漆器等の漆塗り製品等のほかに土偶・土版・岩版等の呪具にも用いられた。本県域でもこれを裏付けるように，後・晩期のすり石・石皿等の顔料作りの道具や土器容器が出土している。赤の顔料には現在，ベンガラ（酸化第二鉄）と水銀朱（硫化水銀）の2種類があり，ベンガラの利用がより古くしかも利用頻度が高い。本県域でとくに注目されるのは，津軽半島先端の今別町赤根沢地区のベンガラ産地（第7図）である。津軽藩によって良質の赤岩・赤土が採掘され，江戸城や日光東照宮造営の際には徳川幕府に献上されたほどであったと言う。この地区産の赤土・赤岩が，晩期には海路・陸路を通じて各地へ供給されていたと推測される（福田 1997a）。

また，水銀朱は後期中葉（忍路土場）から利用され（道埋文 1989），本県域では平舘村（現外ヶ浜町）尻高(4)遺跡例（後期後葉）（青森県埋文 1985d）がある。天然には辰砂として各種岩石を母岩として産出するが，その際には必ずベンガラを伴い，ベンガラはまた水銀を伴うと言われている（市毛 1998）点から，県内各地，さらには赤根沢でも産出していた可能性もある。

（2） 黒

　黒は漆の色であり，しかも漆に炭粉・スス等を混ぜた可能性があるが，本県域ではまだ具体例が明確でない。漆は単独で土器や漆器に塗られる場合のほかに，赤漆と2色に塗り分けられる場合もある。この2色の漆を用いて，木造町（現つがる市）亀ヶ岡遺跡（晩期）の土器・籃胎漆器等のように，χ字状等の赤漆文様が流麗に描かれる例もある。縄文時代のこの赤と黒2色の塗り分けの色彩感覚は，古代以降も列島で引き継がれており，その初源的なものとみられる。また，膠着剤としての漆は接着剤でもあり，宇鉄（晩期）では，土製品に美しい緑の石をはめ込む際にも用いられた（葛西編1996）。また，黒の接着剤としては天然アスファルトも用いられている。秋田県北部の油田地帯から採取されたものが，近距離にある本県域では中期以降，矢じり等を柄に固定させる際に盛んに用いられており，五所川原市観音林遺跡（晩期）には，これを塗料として用い両眼・口を表現した土偶もある（五所川原市1993）。

（3） 緑（以後，青と呼称）

　薄緑〜深緑（緑は古くから青に含めて呼称されてきたため，以後青と呼びかえる）の玉類や白地に薄緑〜深緑が入った玉類がもつ天然の色である。ヒスイがとくに重視されたが，青い石は，縄文時代以前，ヒスイの利用以前から玉類の材料として用いられており，青い石に対する列島住民の伝統的な意識が窺われる。ヒスイは東日本では糸魚川一帯に産地が限定され，しかも非常に硬い（硬度6.5〜7。日本列島で産出する岩石のなかで最も硬質）ため加工が難しいが，縄文中期から糸魚川一帯で玉作りが盛んに行われた。本県域でも中期初頭から糸魚川産のヒスイが利用され，中期中葉〜後期前葉には球状・円形・鰹節形等の大ぶりの玉類（大珠）がペンダントとして用いられた。その後，後期後葉から晩期にかけては首飾りに連ねる小型の勾玉・丸玉等に変わり，弥生時代以降には急速に減少するが，宇鉄第14号墓例（弥生中期）では，佐渡産の碧玉製管玉356個（この色も色調はヒスイとは異なるものの深緑系，つまり青である）を連ねた首飾りの親玉として用いられている（第8図）（青森県埋文1993e）。ヒスイの玉類は，現在，本県域では縄文遺跡だけで79カ所から650点以上も出土し，北日本では抜群の出土数がある。また，凝灰岩は各地に産出し，軟質で加工しやすいため，本県域でも宇鉄（葛西編1996）・亀ヶ岡（青森県教委1974b）や三戸町泉山遺跡（青森県埋文1996）などで玉作りが行われた。

（4） （灰）白

　動物の牙や骨，貝殻等の天然の（灰）白は，光沢を帯びて堅く，しかも材料が入手しやすい（呪術的意味がある場合もある）材質であることから，盛んに利用された。縄文時代を通じて，列島では動物の牙に穿孔した装身具や動物の骨，貝類を加工した装身具が首飾りの一部に連ねられている。本県域には，前述したように白と対極にある赤を塗った猪牙製首飾りや青い石を親玉とした猪牙製首飾りがある。

　なお，八戸市是川中居遺跡（晩期前半）にはイモガイ殻頂部に酷似した土製垂飾品（八戸市博

122　第III章　津軽海峡域の装身具

第1図　ヒスイの首飾り（上尾駮(1)，赤と緑）

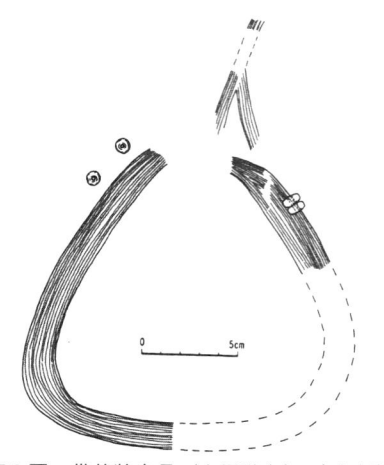

第2図　帯状装身具（上尾駮(1)，赤と緑）

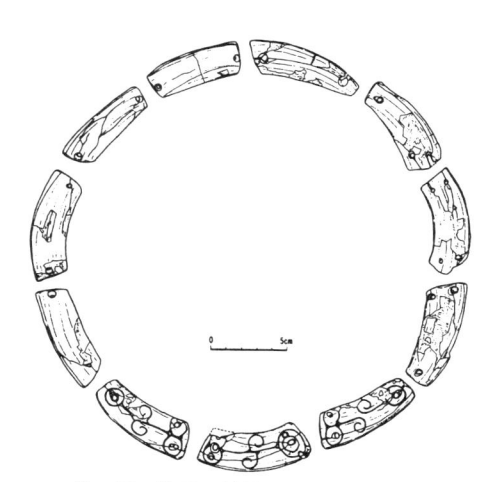

第3図　猪牙の首飾り（薬師前，灰白）

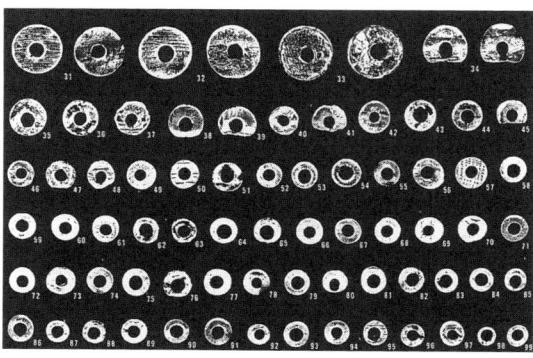

第4図　貝玉の首飾り（入江，灰白）

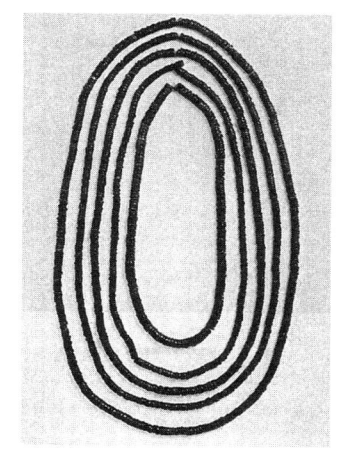

第5図　コハクの首飾り（大川，深緋）

4　首飾りの色　123

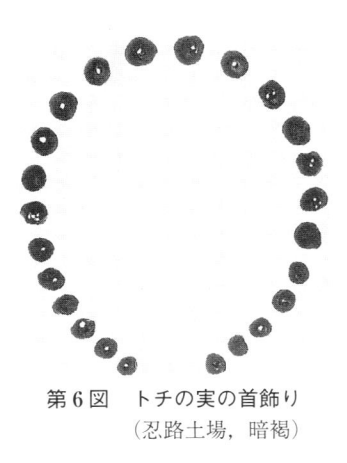

第6図　トチの実の首飾り
（忍路土場，暗褐）

第7図　今別町赤根沢のベンガラ産地

第8図　碧玉とヒスイの首飾り（宇鉄，緑）

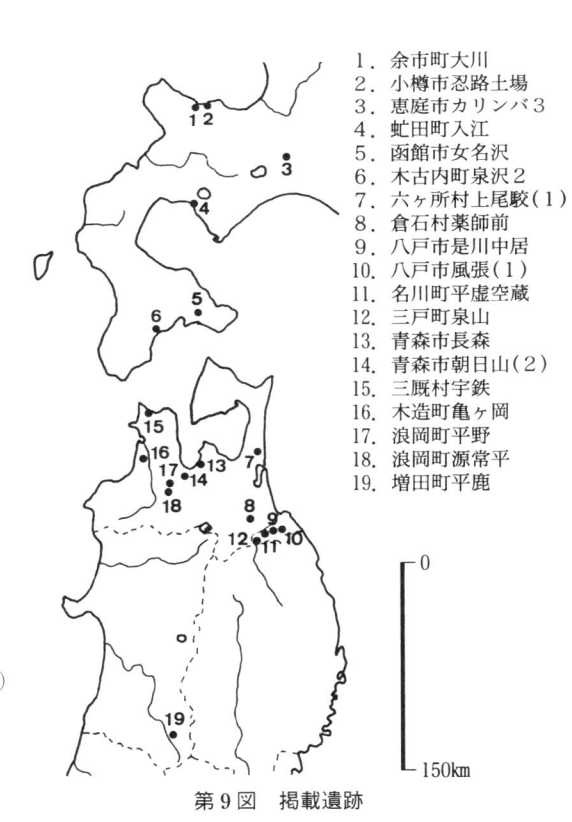

1. 余市町大川
2. 小樽市忍路土場
3. 恵庭市カリンバ3
4. 虻田町入江
5. 函館市女名沢
6. 木古内町泉沢2
7. 六ヶ所村上尾駮（1）
8. 倉石村薬師前
9. 八戸市是川中居
10. 八戸市風張（1）
11. 名川町平虚空蔵
12. 三戸町泉山
13. 青森市長森
14. 青森市朝日山（2）
15. 三厩村宇鉄
16. 木造町亀ヶ岡
17. 浪岡町平野
18. 浪岡町源常平
19. 増田町平鹿

第9図　掲載遺跡

1988b）があり，幾つかには白い顔料が付着している。顔料の内容は不明であるが，イモガイという南海産の美しい巻貝，当地では入手したくても入手できない貝を土製品で代用し，その色に似せて白く塗ったとみられる。本県域の赤・黒以外の使用顔料としては，筆者の知る限り唯一の例である。

4. 赤と青の意味

つぎに，首飾りに用いられた色のなかで，とくに赤と青について，その意味を述べてみたい。

（1）赤

赤は，縄文時代やそれ以前・以降にわたって，埋葬の際に墓に敷いたり，遺体にかけた状態で検出されている。この出土状況や各地に伝わる民俗（族）事例等から，よく言われることであるが，赤は生きている証しとしての血液と同色で，本来的には死者の再生に関わる色とされ，再生を妨げる魔を遠ざけ（魔よけ），生命力・強さを示すという呪術的意味が込められた色でもあった。それが，のちには祝意を示すハレの色としても広く用いられるようになった。後～晩期に多い赤塗り，とくに赤漆塗りされた各種の出土品は，全体の作りが非常に丁寧に行われており，さまざまな呪術・儀礼等に用いられることを見越して作られたことを示している。

（2）青

青い玉類のなかで，ヒスイの玉類は遠隔地で作られるため，希少価値のある貴重な玉類であった。そして，この玉類は（人骨とともに）墓から出土する場合が多いことから，生前用いていた被葬者の何らかの社会的位置も象徴しており，上尾駮(1)でとくにヒスイの玉類が多い第35号墓の被葬者は，ムラ社会のなかで特殊な立場にあった呪術者であったとみられる。首飾りはその死に際し，被葬者の再生，死後の魔よけのために遺体に添えた副葬品であったとみられる。この点で，色の語義では正反対になる赤と共通する意味があったとみられ，源常平例で青と赤の玉類が一連の首飾りに連ねられ，さらに玉の緒も赤である意味が良く理解される。

ところで，玉は古代から魂のタマに通じるとされ，民族学的事例に詳しい故金関丈夫（かなさきたけお）氏によれば，玉の緑（すなわち青）は魂の色であるという（金関1975）。そしてまた，一般的にも言われることであるが，青は青葉若葉のみずみずしい命の色で生命・再生，ひいては長寿を象徴する神秘的な色ともされている。玉類には一般的には装身具・宝物・権威の象徴としての意味があるが，上記のように，それ以外の呪具としての大きな意味も込められていたのである。

白地に薄緑あるいは深緑の色合いをもつ青いヒスイは，縄文時代中期以降，雪深い北陸の地で盛んに作られ全国に広まったが，とくにより北の雪国の住民に受け入れられたようである。この点に注目するならば，この玉の色に，「長い間，雪に埋もれた厳しい冬（白）がはやく過ぎ去り，雪が消えて青葉の芽ぶく春（青）が来ることを待ち望んだ北国の縄文人の気持ち・心情がうかがわれる」としたら，豪雪地に住む研究者の勝手なよみすぎ，想いの込めすぎであろうか。

おわりに

　青森県域の縄文時代晩期の墓から出土した首飾りを中心にして，その色について述べてきた。その結果，天然の青い石を玉類に用い，人工的な顔料・塗料としては赤，ついで黒を多く用いる点では共通性が認められた。これはおそらく，晩期以外の縄文時代各期，さらに弥生時代以降にもほぼ共通するとみられるものである。しかし，北日本を広く見渡した場合，首飾りの色には，地域によって明らかに違いがあることも認められた。とくにそれは，東北地方北部と北海道との間で顕著である。しかし，これを直ちに固定的なものとして理解するのは，時期尚早であろう。色には，使う者の性・年令・社会的位置，そして場所・儀礼の場面等により使い分けがあったと想定され，それを考えるための資料が出揃っていないためである。

　このように首飾りの色一つをとっても，考慮しなければならない課題がさまざまある。縄文時代にはまた，首飾りのほかにも，各部位に付ける装身具や文様・化粧品，祭器，家屋等の建築物にもさまざまな色の顔料が用いられ，衣類も各種染料で染められていたとみられる。しかし，これらの具体的な内容を知るための資料も不足しており，今後の新たな資料発掘，そして新しい視点による研究が必要となろう。

　なお，本稿で用いた色名は，『新版　色の手帖』（永田監修2002）を一部，参考にした。

註
1) 青森県埋蔵文化財調査センターが平成14年度に行った発掘調査によって出土したもので，本稿掲載誌刊行後に発行された（青森県埋文2004b）。
2) 市立函館博物館で実見した。

5　青森県出土の琥珀

はじめに

　野辺地町の向田(18)遺跡から出土した琥珀の玉（付章第9図1・2）は，縄文前期末葉ということで，目下青森県最古の琥珀製品ということになる。これを機会に，本県における琥珀出土例についてまとめ，若干の考察を加えたい。琥珀（Amber）は松・杉・檜に代表される松柏類などの樹脂が土に埋もれて固まり，化石化したものである。黄色，黄色半透明または赤褐色を呈し，光沢をもち，しかも硬度2.0～2.5と軟質で加工しやすいため，日本列島では後期旧石器時代以来，玉類などの装身具として用いられてきた。わが国では岩手県北部の久慈市一帯や千葉県銚子市，福島県いわき市，北海道厚田村（現石狩市）など20数ヶ所に産地があるが，久慈市一帯の白亜期の久慈層群にわが国最大規模の鉱脈があり，ここに産出する琥珀は久慈琥珀の名で全国的に知られている。さきに筆者は，本県の16遺跡から出土した琥珀を集成し，年代・産地等の問題について述べたことがある（福田1995b）が，その後の調査の進展により出土地が38遺跡に急増し，それまでの考え方を変えざるを得ない状況になってきた。

1. 青森県の琥珀出土例（第1・2図，第1表）

　本県では，八戸市などの県南を中心として38遺跡から琥珀が出土している（第1表）。縄文例は21遺跡あり，野辺地町向田(18)の縄文前期末葉の例が最も古い。中期例になると増加して12遺跡あるが，加工痕の不明な原石塊・破片が大半で，玉類は青森市三内丸山(6)（中期中葉・円筒上層d式期）及び六ヶ所村富ノ沢(2)（中期後半）の2点のみであり，富ノ沢(2)例は穿孔途中品である。また，三内丸山例（中期後半）は環状配石墓内から出土したものであるが，土坑は未確認である。後期例は，明確なものは未発見である。晩期例は不明確なものも含めて4遺跡あり，中葉例は三厩村（現外ヶ浜町）宇鉄の破片である。木造町（現つがる市）亀ヶ岡の玉，八戸市是川中居の原石例もこの時期の可能性がある。しかし，いずれも土壙墓から出土したものではない。弥生例は4遺跡ある。すべて玉類であり，縄文とは好対照をなしている。このなかの川内町（現むつ市）板子塚例は土壙墓から出土したものである。

　古代例は15遺跡ある。天間林村（現七戸町）森ヶ沢の古墳時代前期（4世紀後半）の例が最も古く，勾玉・棗玉等30点ほどが土壙墓から出土している。しかし，調査報告書が未刊のため詳細は不明である。これ以降では，奈良時代以前の円墳から副葬品として，また住居跡から原石破片として出土している。奈良時代の八戸市酒美平の4号住居跡では，ピット埋め土上部から原石小塊，住居跡底面から穿孔途中品が出土しており，住居跡内の玉作りが推測されることから，古代の琥珀の塊・小破片を出土した住居跡では，琥珀の玉作りが行われていた可能性が想定される。

5 青森県出土の琥珀　127

1. 三戸町泉山(縄文中期)
2. 南郷村畑内(縄文前期末葉～中期初頭)
3. 南郷村砂子(平安)
4. 階上町野場(5)(縄文中期末葉)
5. 八戸市沢堀込(縄文中期中葉)
6. 八戸市丹内(7世紀後半)
7. 八戸市松ヶ崎(縄文中期後半)
8. 八戸市西長根(縄文中期後半)
9. 八戸市子林(7世紀中～後葉)
10. 八戸市新井田古館(江戸)
11. 八戸市是川中居(縄文晩期・弥生前期)
12. 八戸市石手洗(縄文中期中葉)
13. 八戸市田向冷水(5世紀末葉～6世紀初頭)
14. 八戸市丹後山古墳(8世紀前葉)
15. 八戸市根城古墳(7～8世紀)
16. 八戸市酒美平(7世紀後半～8世紀前半)
17. 八戸市櫛引(平安)
18. 八戸市笹ノ沢(3)(縄文中期初頭)
19. 八戸市一日市(奈良)
20. 八戸市岩ノ沢平(平安)
21. 八戸市大仏(11世紀前半を主体)
22. 八戸市上蛇沢(2)(縄文中期末葉)
23. 下田町阿光坊(7～8世紀)
24. 下田町天神山(8世紀前葉)
25. 天間林村二ツ森(縄文中期後半)
26. 天間林村森ヶ沢(続縄文)
27. 六ヶ所村富ノ沢(2)(縄文中期後葉)
28. 六ヶ所村富ノ沢(3)(縄文中期中葉)
29. 大畑町二枚橋(2)(縄文晩期後半)
30. 川内町板子塚(弥生)
31. 野辺地町向田(18)(縄文前期末葉)
32. 野辺地町槻ノ木(1)(縄文中期後半～後期末葉?)
33. 青森市三内丸山(6)(縄文中期中葉)
34. 青森市三内丸山(縄文中期後半)
35. 三厩村字鉄(縄文晩期後半・晩期?)
36. 木造町亀ヶ岡(縄文晩期)
37. 弘前市砂沢(縄文晩期末葉～弥生初頭)
38. 田舎館村垂柳(弥生中期)

第1図　青森県の琥珀出土遺跡

0　　　15KM

第2図　青森県出土の琥珀製品

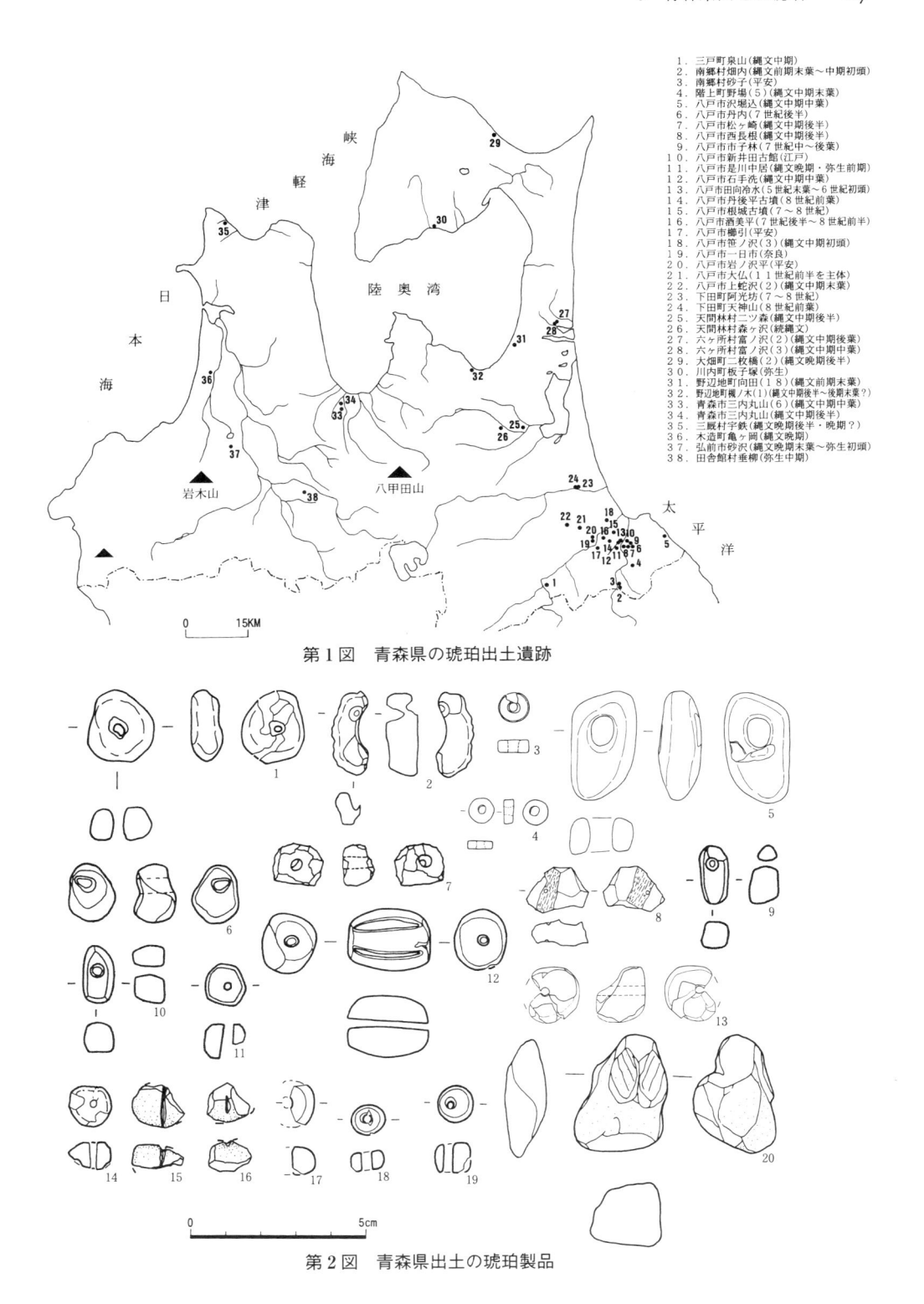

0　　5cm

128　第III章　津軽海峡域の装身具

第1表　青森県出土の琥珀一覧

第1図	遺跡名	出土区・出土遺構	時期（土器型式）	備考（第2図の番号・引用文献など）
1	三戸町泉山	DA-99 VI層	縄文中期	塊片5.7g・平成4年の青森県埋文の調査で出土
2	南郷村畑内	西捨て場 BK-1・II層 第84号竪穴住居跡 第108号竪穴住居跡覆土	縄文中期 縄文前期末葉（円筒下層d式） 縄文前期末葉（円筒下層d₂式） 〜中期初頭（円筒上層a式）か	小塊片・平成4年の青森県埋文の調査で出土 小塊片 小塊片（青森県埋文2001c）
3	南郷村砂子	第4号竪穴住居跡覆土 第24号竪穴住居跡覆土 第34A号竪穴住居跡カマド付近	平安時代 平安時代 平安時代	加工品2（図15・16）・0.7g・0.5g, 砕片1・0.3g 砕片1.7g 小塊4.7g（青森県埋文2000c）
4	階上町野場(5)	第10号住居跡1層 第11号住居跡床面直上 第15号住居跡覆土 第9号土壙覆土	縄文中期後葉（大木9式） 縄文中期後葉（大木9式） 縄文中期後葉（最花・大木9式） 縄文中期後葉（最花・大木9式）	小破片3 小塊片 小塊片 小塊片・フラスコ状土坑（青森県埋文1993d）
5	八戸市沢堀込	C-11号住居跡床面	縄文中期（円筒上層d式）	小破片（青森県教委1992）
6	八戸市丹内	第1号住居跡覆土1層 性格不明遺構1	7世紀後半か 7世紀中葉〜後葉	小塊片2 小破片2（青森県埋文2000a）
7	八戸市松ヶ崎	第4号竪穴住居跡2層 第16A号竪穴住居跡床面・覆土 第1号竪穴遺構 第9号・27号・31号・34号住居跡	縄文中期中〜後葉（最花・大木9式以前） 縄文中期（5世紀末葉〜6世紀初頭） 縄文中期中・後葉（最花・大木9式以前） 縄文中期中・後葉（榎林・大木9式併行型式）	小破片0.1g（八戸市教委1994） 小破片1.45g（八戸市教委1994） 小破片20g（八戸市教委1994） 小破片（八戸市教委1996a）
8	八戸市西長根	第4号住居跡4・5・8層	縄文中期・後葉（大木9式併行型式以前）	小破片（八戸市教委1995a）
9	八戸市市子林	A地点第1号竪穴住居跡堆積土	7世紀中葉〜後葉	小塊1（八戸市教委1994）
10	八戸市新井田古館	SK83土壙墓（人骨2体埋葬）	江戸時代（1739年以降）	蝉羽状細工製品（図20）（八戸市教委1997a）
11	八戸市是川中居		縄文晩期か 弥生前期	円礫状小塊2（八戸市博1988b） 玉・平成14年の八戸市教委の調査で出土
12	八戸市石手洗	第2号竪穴住居跡	縄文中期中葉（円筒上層d式）	小塊（八戸市教委1990）
13	八戸市田向冷水	第1号竪穴住居跡炉2・3焼土塊	古墳時代（5世紀末葉〜6世紀初頭）	赤褐色塊の破片2.3g（八戸遺跡調査会2001）
14	八戸市丹後平古墳	21号墳主体部 23号墳主体部 9号墳主体部確認面	奈良時代（8世紀初頭〜前葉） 奈良時代（8世紀初頭〜前葉） 奈良時代（8世紀初頭〜前葉）	長楕円不整形丸玉2（図9・10）（八戸市教委1991b） 丸玉1（図11）・0.85g（八戸市教委1991b） 棗玉1（図12）・4.10g（八戸市教委1996b）
15	八戸市根城古墳	主体部か	7〜8世紀	勾玉1（頭部破損）・2.4cm長（保坂1972）
16	八戸市酒美平	3号竪穴住居跡の中央部2層 4号竪穴住居跡の埋土上部・床面	7世紀後半〜8世紀前半 7世紀後半〜8世紀前半	小塊1 小塊1・穿孔途中品1（図8）（八戸市教委1997b）
17	八戸市櫛引	第33号竪穴住居跡床面	平安時代（9世紀後葉〜10世紀初頭）	円筒形に近い不整球状玉1（図14）（県埋文1999d）
18	八戸市笹ノ沢(3)		縄文中期初頭（円筒上層a式）	小塊・平成14年の青森県埋文の調査で出土
19	八戸市一日市	SI4竪穴住居跡	奈良時代	小破片少量（八戸市教委1999）
20	八戸市岩ノ沢平	第6号竪穴住居跡床面	平安時代（9世紀後半〜10世紀後半）	平玉3（図17〜19）（八戸市教委1992a）
21	八戸市大仏	第6号竪穴住居跡床面2ヶ所	平安時代（10世紀後半〜11世紀後半）	破片（八戸市教委2000）
22	八戸市上蛇沢(2)	第1号竪穴住居跡床面	縄文中期末葉（大木10式）	細片（八戸市教委1995b）
23	下田町阿光坊古墳	第3号墳周湟2層 第6号墳周湟底面 第3号土壙底面・直上層	7〜8世紀 7〜8世紀 7世紀中葉〜後半	不整形小玉1（図6）・1.3g（下田町教委1989） 玉1（図なし）・1.35g（下田町教委1990） 玉1（図7）（下田町教委2001）
24	下田町天神山	第2号墳主体部	奈良時代（8世紀前葉）	玉1（図13）（下田町教委2003）
25	天間林村二ツ森貝塚	A-2区、A-6区	縄文中期後半（榎林〜最花式）	小塊1・小破片1（天間林村教委1995）
26	天間林村森ヶ沢	10号墓	続縄文（北大I式・4世紀後半か）	勾玉・棗玉等・30点以上（国立歴史民俗博1994）
27	六ヶ所村富ノ沢(2)	第102号住居跡覆土 第360号住居跡床面 第361号住居跡覆土 第408号住居跡覆土	縄文中期後葉（最花〜弥栄I式） 縄文中期中・後葉（榎林〜最花式） 縄文中期後葉（榎林式） 縄文中期後葉（最花）	小塊片2 穿孔途中品1（図2） 破片1 小破片（青森県埋文1992b・1992c）
28	六ヶ所村富ノ沢(3)		縄文中期中葉	小破片・平成元年の青森県埋文の調査で出土
29	大畑町二枚橋(2)		縄文晩期？	6cm大の塊1（大畑町教委2001）
30	川内町板子塚	第1号土壙墓の底面	弥生	大型垂飾品1（図5）・3.9g（青森県埋文1995b）
31	野辺地町向田(18)		縄文前期末葉（円筒下層d式）	玉1と親指大小塊1（追記：野辺地町教委2004）
32	野辺地町槻ノ木(1)	第1号土坑の中位第7層	縄文中期後半〜後期末葉？	小破片・フラスコ状土坑（青森県埋文1995a）
33	青森市三内丸山(6)	第37号竪穴住居跡2層 沢IV D200-1 III a3	縄文中期後葉（円筒上層d式） 縄文中期中葉（円筒上層d式）	楕円形玉1（図1、口絵1）・小塊片2・分析結果 破片・分析結果あり（青森県埋文2001b・元興寺文化財研2001）
34	青森市三内丸山	南側の盛土遺構ほか 第14号配石（環状配石墓）内	縄文中期後半 縄文中期中葉〜後葉	小塊片・破片（青森県埋文1994e） 1〜1.4cm大の小塊片2点（青森県教委2003b）
35	三厩村宇鉄		縄文晩期か 縄文晩期中〜後葉（大洞C₂〜A式）	小円礫（青森県立郷土館1994） 小破片（児玉大成氏の教示による）
36	木造町亀ヶ岡	泥炭層	縄文晩期	3cm長の棗状玉1・透明度高い（野口1952）
37	弘前市砂沢	b8 III 3付近のIV 4' 下層	縄文晩期末葉〜弥生初頭（大洞A'〜砂沢式）	平玉1（図3）・0.1g（弘前市教委1991）
38	田舎館村垂柳	第1号水路跡	弥生中期（田舎館式）	平玉1（図4）（青森県埋文1997c）

＊市町村名は、平成の大合併により次のように変わった。南郷村→八戸市，天間林村→七戸町，下田町→おいらせ町，大畑町・川内町→むつ市，三厩村→外ヶ浜町，木造町→つがる市

2. 若干の考察

(1) **使用時期**…本県における琥珀使用の時期について，かつて縄文中期後半を初現とした（福田1995b）が，向田(18)例により一気に前期末葉に遡ることになった。他の南郷村（現八戸市）畑内・八戸市笹ノ沢(3)例にも前期末葉～中期初頭例があるため，この時期が現段階では本県最古の利用例になる。またこの時期は，琥珀産地において最も古い久慈市大尻例（原石塊。前期後半・円筒下層c・d式期主体）（久慈市教委1987）にも近い。しかし，琥珀出土例がほとんどない秋田県の大館市池内(いけない)例は，前期中葉（円筒下層a・b式期）の玉であり（櫻田1997，秋田県埋文1999a），さらに同様の山形県の高畠町押出(おんだし)例は，前期後半（大木4式期）の玉である（山形県教委・山形県埋文緊急調査団1987）。高畠例はともかくとしても，池内例は久慈産と考えてもおかしくない近距離にあるため，東北地方における久慈産琥珀の流通開始期は前期中葉に遡る可能性は強い。しかも，北海道の渡島半島では後期旧石器例（墓）（道埋文1985b）があり，道東には早期例（墓）もあるため，東北地方北部においてはさらにそれ以前に遡る例が出土する可能性もある。

(2) **産地・分布**…産地分析については，三内丸山(6)例が赤外分光分析が行われているが，明確な産地特定には至っていない（元興寺文研2001）。しかし，本県の縄文・古代の諸例は，八戸市などの県南に濃密に分布し，県南から離れるに従って少なくなるという同心円状の分布を示していることから，北海道から南下したものも当然あったとは考えられるが，大半は久慈琥珀を用いたとみられる。しかし，弥生では，津軽・下北の例が，北海道で琥珀が盛行する続縄文例と同一形態等であることから，北海道との関わりを強く窺わせるものである。また，大規模な琥珀産地を抱えている岩手県久慈市では，古代の上野山(こうづけやま)（岩手県埋文1983c）・中長内(なかおさない)（久慈市教委1988）等の琥珀の玉作り集落が想定され，この久慈地域から大半が本県にもたらされたとみられる。ただし，古代の琥珀の玉作りは，大和政権が久慈以外の近畿地方などで久慈産琥珀を材料とした玉作りを行い，各地に供給したとみられる例（たとえば丹後平・阿光坊古墳の琥珀玉等）があるため，産地＝製作地と短絡的に考えることはできない。

3. 太平洋側から日本海側へ運ばれた物 ―まとめにかえて―

以上，本県域における琥珀使用時期と産地等の問題について若干の考察を加えたが，縄文時代における物の動きの観点から興味深い点が指摘される。それは，まだ類例は少ないものの，それまでの亀ヶ岡例以外にも，宇鉄・池内例のように津軽や秋田県北部の日本海側からの琥珀出土例が少し増えてきたことである。これまでは，縄文時代における奥羽山系越えの物の動きは，日本海側産の黒曜石や秋田県北部産の天然アスファルト，新潟県南部から富山県北部にかけての糸魚川産ヒスイが太平洋側地域から出土している点から，日本海側から太平洋側へ運ばれた物のみが取り上げられてきたが，（久慈琥珀の可能がある）池内例は，天然アスファルトやヒスイとほぼ同じと想定されるルートを逆方向に動いた物の存在を示したものである。かつて，天然アスファル

トやヒスイは秋田県北部の米代川流域から十和田湖の南を通り，安比川・馬淵川流域を経て岩手県北部に至ったとするルートを想定した（福田1999c）が，久慈琥珀は，まさにこのルートを逆に辿った物の可能性が高い。

このような観点から，東北地方北部においては，今後出土例が希少な日本海側における発見・確認を視野に入れていくことも必要になってくるのである。

（付記）

天間林村（現七戸町）森ヶ沢遺跡出土例については，その後調査報告書が刊行されたので，付章第9図に記載している。

6 津軽海峡とサメの歯 ── 本州北辺地域出土のサメの歯をめぐって ──

はじめに

　縄文時代の遺跡からサメの歯が出土することがある。サメの歯は，四方を海で囲まれた列島各地から出土しているが（長沼1984，金子・忍沢1986a・b），北日本ではとくに北海道に多く，しかも本州と異なって墓壙から出土する例が多いこともまた指摘されている（長沼1984）。しかしながら，地理的に津軽海峡によって隔てられているとはいえ北海道にもっとも近い本州北辺地域の様相がほとんど知られていないため，この地域が北海道のサメの歯利用とくらべてどのような特色をもっているのか，はっきりしない状況がある。このことはまた，筆者がテーマとしている津軽海峡をめぐる文化交流（福田1990b・1995a）の理解の仕方とも密接に関わってくる問題でもある。

　本稿では，本州北辺地域出土の縄文時代のサメの歯を紹介し，北海道との比較を通じて，津軽海峡の果たした文化交流上の意味を考えてみたい。

　本稿ではまた，サメ出土遺跡やサメの椎骨加工品出土例についてもあわせて紹介するが，これについての考察は今回は行わないこととする。

1. 本州北辺地域のサメの歯

(1) 青森県域のサメ出土遺跡（第1図）

　本県域でサメ（歯のみの出土例は除外）が出土した遺跡は，縄文時代～近世では23カ所ある。おもに貝塚から出土しているが（福田1998a），それ以外からも出土している（金子1975，五所川原市教委1992，小林1997）。地域的には，貝塚が集中する太平洋側と下北半島から多く出土する傾向がある。

　これを時期別にみると，縄文時代の遺跡は20カ所あり，早期末葉（赤御堂式期，八戸市長七谷地貝塚）が最も古く，以後前期，中期，晩期の例となる。弥生時代～中世の例はないが，近世の例は3カ所ある。このことから，本県域のサメの利用は，縄文早期末葉まで遡ることがわかる。

(2) 青森県域のサメの歯の加工品（第2図，写真1）

　以上のほかに本県域では，サメの歯の加工品が下北半島の2遺跡から出土している。
○横浜町桧木遺跡…縄文時代（以後，時代を省略）晩期前半（大洞B～C₁式期）のサメの歯の化石が1点出土している。下顎歯の歯根部1カ所に穿孔された垂飾品（第2図1，写真1-1）である。完形品で，長さは3cmある（横浜町教委1983）。エナメル質の高さから，体長2.8mほどのホオジロザメの歯とみられる。
○六ヶ所村富ノ沢(2)遺跡…縄文中期後半のサメの歯が3点出土しており，うち1点はホオジロ

132　第Ⅲ章　津軽海峡域の装身具

1. 大間町ドウマンチャ貝塚（晩期初・後半）
2. むつ市女館貝塚（前期後半）
3. むつ市最花貝塚（中期末）
4. 東通村岩屋洞穴（江戸）
5. 東通村札地貝塚（晩期）
6. 横浜町大平貝塚（17世紀前葉〜後葉）
7. 六ヶ所村桧木（中期後半）
8. 六ヶ所村富ノ沢(2)（中期後半）
9. 六ヶ所村平沼貝塚（中期前葉〜後葉）
10. 上北町古屋敷貝塚（晩期）
11. 十和田市高谷（早期後半）
12. 八戸市長七谷地貝塚（晩期）
13. 八戸市八幡（晩期）
14. 八戸市一王寺貝塚（前期後半・中期か）
15. 八戸市風張(1)（後期末・中期）
16. 八戸市松ヶ崎（前期末・中期）
17. 八戸市松舘貝塚（晩期前葉）
18. 八戸市林通貝塚（晩期中葉）
19. 八戸市熊ノ林貝塚（前期末・中期）
20. 階上町白座（前期中葉）
21. 南郷村畑内（前期中葉）
22. 名川町平虚空蔵（晩期後半）
23. 青森市大浦貝塚（晩期中葉）
24. 青森市三内丸山（前期中葉）
25. 三厩村字鉄（晩期中葉）
26. 三厩村中の平（前期末・中期後半、後期前葉）
27. 木造町小屋野貝塚（前期中葉）
28. 木造町亀ヶ岡（晩期中葉）
29. 五所川原市観音林（晩期）
30. 板柳町土井Ⅰ号（晩期）
31. 碇ヶ関村古懸（江戸）
32. 岩崎村松神洞穴（江戸）

第1図　青森県域のサメ関連遺跡

〈凡例〉
● 骨出土遺跡
○ 椎骨製品出土遺跡
▽ 歯出土遺跡
▼ 歯模造品出土遺跡

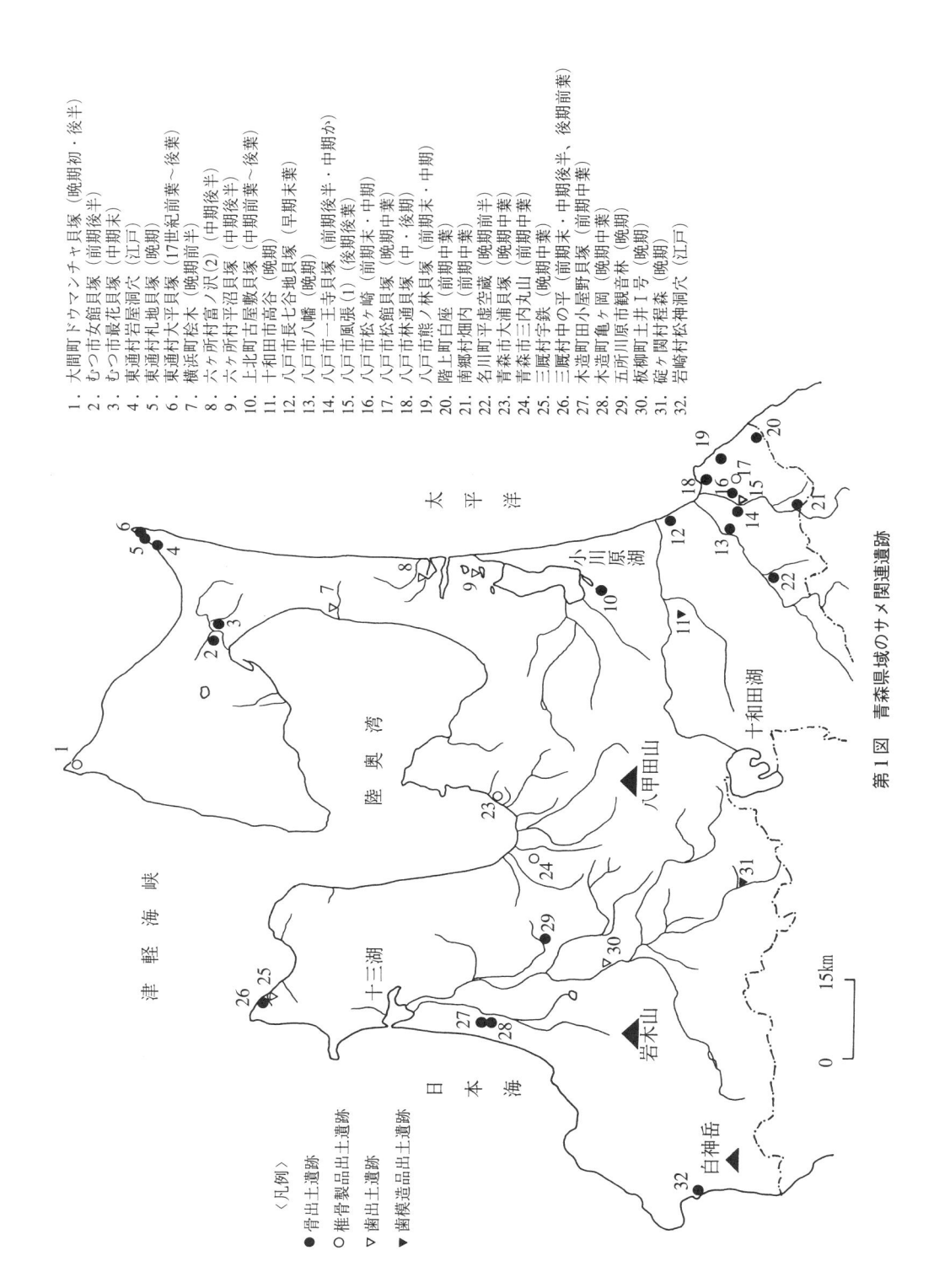

ザメの歯根部に1カ所穿孔された垂飾品である。ただし，報告書に図示されていないために詳細は不明である（西本1993a）。また，他の2点はアオザメのものとみられる歯の歯冠部で，第29号住居跡（中期後葉・円筒上層e式期）から出土した歯（第2図2）は長さが3.8cm，第285号住居跡（中期後葉・円筒上層e式期以前）覆土から出土した歯（第2図3）は長さが2.8cmある（青森県埋文1992b）。ただし，ともに歯根部が欠損しているため穿孔の有無は不明である。

(3) 青森県域のサメの歯の未加工品（第2図，写真1）

以上のほか，加工痕のないサメの歯も，本県域の6遺跡から出土している。

○六ヶ所村平沼貝塚…縄文中期後半とされるサメの歯が1点採集されているが，図・写真等が示されていないため，詳細は不明である（小笠原1981）。

○八戸市風張(1)遺跡…縄文後期後葉の第30号竪穴住居跡床面から大型のサメの歯の歯冠部の化石が1点（第2図4）出土しているが，歯根部が欠損しているため穿孔の有無は不明である。長さは13.3cm，重さは325gある（八戸市教委1991a）。新生代第三紀のホオジロザメ属のカルカロドン・メガロドン（Carcharodon megalodon）の上顎歯とみられる。

○南郷村（現八戸市）畑内遺跡…縄文前期中葉（円筒下層a・b式期）のアオザメの歯の歯冠部2点，ヨシキリザメ？の歯の歯冠部1点とサメ類の椎骨2点のほか，前期末葉（円筒下層d_2式期）の第6号住居跡覆土からホオジロザメの歯の歯冠部が1点出土している（小林1997）。

○青森市三内丸山遺跡（No.6鉄塔地区）…縄文前期中葉（円筒下層a・b式期）のホオジロザメ？のものとされる歯の歯冠部少数とネズミザメ科の椎骨2点等が出土している（樋泉1998）。

○三厩村（現外ヶ浜町）宇鉄遺跡…縄文晩期中葉（大洞C_2～A式期）のアオザメ・ホオジロザメの歯の歯冠部が3～4点出土している（葛西編1996）。

○三厩村（現外ヶ浜町）中の平遺跡…縄文中期後半，後期前葉のネズミザメ類のものとみられる大きな歯が4点以上と前期末葉頃の小椎骨が11点出土している（金子1975）。

○板柳町土井Ⅰ号遺跡…縄文晩期のサメの歯が1点（写真1-2）採集されている（板柳町教委1993）。下顎歯の歯冠部である。長さは2.2cm，幅は1.5cmあり，エナメル質の高さから，体長2.8mほどのホオジロザメのものとみられる。

(4) 青森県域のサメの歯の模造品（第2図，写真1）

また，サメの歯を石で模倣した例も本県域から出土している。確実なものは1点であるが，その可能性があるものも2遺跡から出土している。

○十和田市高谷…晩期とみられるものが1点（第2図5，写真1-3）採集されている。凝灰岩製で長さが8.2cm，重さが16.1gある。上辺が浅く弧状にくぼみ，周縁を鋸歯状に整形している。欠損しているため1孔しか残っていないが，本来は2孔あったものとみられる。片面には斜線が刻まれている（鈴木克1984，青森県立郷土館1996，春成1996）。大きさ，形態はホオジロザメかメジロザメ属の上顎歯に類似している。

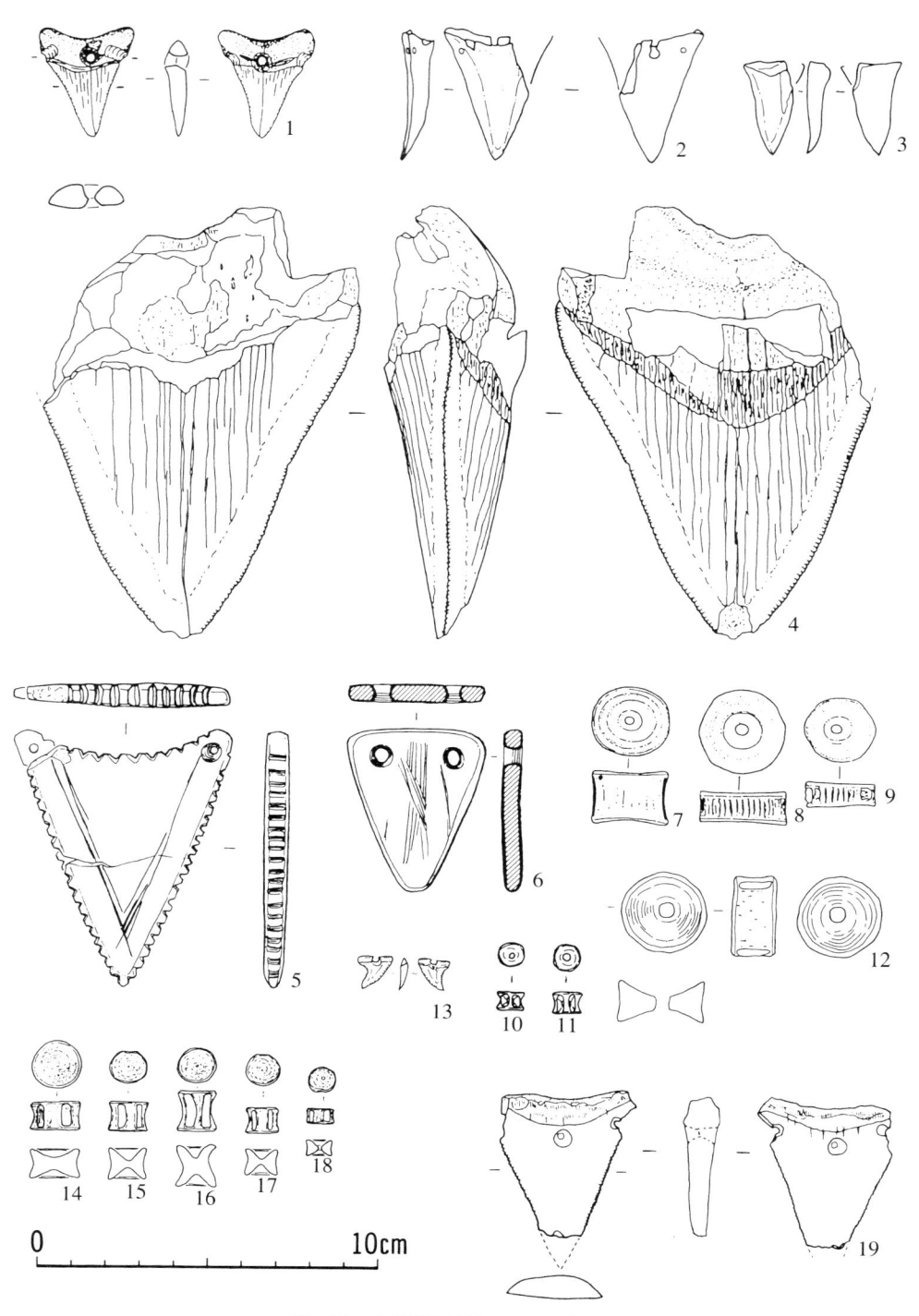

134　第III章　津軽海峡域の装身具

第2図　本州北辺地域のサメの歯など

○青森市三内丸山遺跡…縄文中期とみられる石製品が1点出土している。二等辺三角形の完形品で，上部両端2カ所に穿孔されている[1]。
○碇ヶ関村（現平川市）程森（ほどのもり）遺跡…縄文晩期とみられる石製品が1点（第2図6）採集されている。凝灰岩製で長さが5.3cm，重さが11.7gある。二等辺三角形をした完形品で，上部2カ所に穿孔されている（鈴木克1984，春成1996）。

(5) 青森県域のサメの椎骨製品（第2図）

また本県域では，サメの歯のほかにサメの椎骨の加工品が4遺跡から出土している。いずれも装身具（形態的に，耳飾りが主体を占めるものであろう）とみられるものである。
○大間町ドウマンチャ貝塚…縄文晩期（大洞B・A式期）のオナガザメの椎骨製品が2点，ネズミザメの椎骨が28点出土している（江坂ほか1967，八戸市博1988a）。
○八戸市松舘貝塚…縄文晩期の穿孔・未穿孔の椎骨製品が14点採集されている（青森県埋文1991b）。
○青森市大浦貝塚…縄文晩期の穿孔された椎骨製品が3点（第2図7～9）出土している（金子・忍沢1986b）。
○青森市三内丸山遺跡…縄文前期中葉（円筒下層b式期）のホシザメの椎骨製品が2点（第2図10・11）出土している（青森県教委1997）。

(6) 隣接県域のサメの歯・椎骨製品（第2・4図）

つぎに，岩手県域北部・秋田県域のものであるが，岩手県域北部ではつぎの2例がある。
○久慈市二子（ふたご）貝塚…縄文晩期中葉（大洞C_1式期）のものとみられるネズミザメ科，アオザメ・メジロザメ科の歯（未穿孔）少数と穿孔されたサメ目の椎骨製品が1点（第2図12）出土している（久慈市教委1993）。
○野田村根井貝塚…縄文後期後葉（十腰内Ⅳ・Ⅴ式期）の1号住居址覆土からネズミザメの歯の穿孔品が1点（第2図13）出土している。歯根部に1カ所穿孔されているが，孔の上部は欠損している。長さは9.5mm，重さは0.1gある。ほかにネズミザメの椎骨が16点と加工品（未穿孔）が5点（第2図14～18）出土している（岩手県立博1987）。

また，秋田県域では，北部では未発見であるが，内陸南部につぎの1例がある。
○増田町（現横手市）平鹿（ひらか）遺跡…縄文晩期中葉（大洞C_1式期）のホオジロザメのものとされる歯の化石がSK087土壙（どこう）（ほぼ円形で径215×202cm。第4図5）覆土（ふくど）から，多数の土器片のほか石鏃・くぼみ石などとともに1点（第2図19）出土している。青灰色で歯冠部2カ所に穿孔されており，一部が欠損している。長さは4.3cm（秋田県埋文1983）ある。

2. 北海道におけるサメの歯の状況（第3・4図）

つぎに北海道の状況をみる。この地域では，優れた研究成果を発表された長沼孝氏（長沼

1984）によると，1984年時点で北海道全域のサメの歯出土遺跡19カ所のうち，津軽海峡北側・渡島（おしま）半島の縄文時代の出土遺跡は5カ所である。すなわち八雲町栄浜1遺跡（西本1983）（中期後半の17号住居跡覆土からホオジロザメの歯が1点出土），厚沢部（あっさぶ）町稲倉石岩陰（西本1979）（後～晩期のヨシキリザメの歯の穿孔品が2点出土。第3図22・23），南茅部町（現函館市）ハマナス野遺跡（南茅部町教委1983）（前期中葉・円筒下層b式期。第15号墳墓底部からホオジロザメの未穿孔歯が3点出土。第3図24・25，第4図3），上磯町（現北斗市）添山遺跡（上磯町教委1982）（晩期中葉・大洞C_2式期。ホオジロザメ属のカルカロドン・メガロドンの化石歯の穿孔品が1点出土。長さ7.5cm，重さ45g。第3図49），木古内（きこない）町札苅（さつかり）遺跡（道開拓記念館1976）（晩期中葉・大洞C_2式期。69号土壙墓の底部からメジロザメ属の未穿孔歯が1点出土，第3図48，第4図4）であるが，その後あらたに出土したつぎの4遺跡を加えると計9遺跡となる。すなわち，八雲町コタン温泉遺跡（八雲町教委1992）（サメ・第3図12，アオザメ・第3図13，シロワニ類・第3図14の2カ所穿孔歯3点，ネズミザメ・第3図15・16，アオザメ類？・第3図17，ホシザメ・第3図18～21の椎骨穿孔品が12点出土），戸井町（現函館市）戸井貝塚（西本1993b）（アオザメ・第3図26～29，ホオジロザメ・第3図30・31の1カ所穿孔歯8点，2カ所穿孔歯4点・ホオジロザメ・第3図32・33，アオザメ・第3図34，鹿角？によるサメの歯の模造品3点・第3図35・36，サメの椎骨の穿孔品2点，ネズミザメ・第3図37，ホオジロザメ・第3図38，ホシザメ・第3図41，小型サメ・第3図39・40の椎骨未穿孔品が16点出土），函館市湯川貝塚（函館市教委1997）（アオザメ・第3図42，サメ類・第3図43～46の1カ所穿孔歯6点，ホシザメ，サメ類（第3図47）の椎骨加工・未加工品が計15点出土），木古内町新道（しんみち）4遺跡（道埋文1988）（メジロザメの1種が，円形土壙墓GP-6に埋納された土器に入った状態で出土，第5図）である。これらはいずれも後期前葉（最初の3例は余市式期，最後の例は大津B群期）のものである。

　つぎに，これらを出土状況をみると，渡島半島では墓壙（ぼこう）出土のものは3例のみと少ないが，北海道全域では，縄文時代の出土遺跡20カ所のうち13遺跡の墓壙から出土しており，時期的には早期末葉（東釧路Ⅳ式），前期中葉，後期後葉，晩期前葉・中葉・末葉のものがある。また，時期を続縄文時代以降アイヌ文化期まで下げると，道全体25遺跡の過半数を占める16遺跡では墓壙から出土している（長沼1984）。この点，本州北辺地域では，秋田県平鹿のわずか1例のみという状況とは大きく異なっている。北海道では，道央部の石狩市から苫小牧市，さらに日高地方の海岸部にかけて，縄文後期～晩期のサメの歯を多く出土する遺跡が多く（千歳市美々（びび）4遺跡呑口（のみくち）地点（道教委1979）（第3図2～4），後期末葉の千歳市美々4遺跡（道教委1979）・苫小牧市美沢（みさわ）1遺跡（道教委1977）や恵庭市柏木B遺跡（恵庭市教委1981）の環状土籬（かんじょうどり）と晩期初頭（苫小牧市美沢1遺跡（道教委1977），第3図6～10，第4図2）・晩期中葉の墓壙からサメの歯が多数出土しており，石狩市志美（しび）第4遺跡（晩期中葉）では，1基の墓壙からアオザメの歯が111点も出土し（石狩町教委1979），静内（しずない）町（現新ひだか町）御殿山遺跡（後期末葉）では4基の墓壙からホオジロザメとメジロザメ属の歯が23点（長沼1984，藤本編1963）出土している。また，近年では余市町大川遺跡（晩期～続縄文，中世）では380点以上のメジロザメ科のサメの歯が出土した例（晩期の墓壙1基から約180点出土した例もある）（宮・青木1994）があり，札幌市N30遺跡（晩期後葉・大洞A式期）で

6 津軽海峡とサメの歯　137

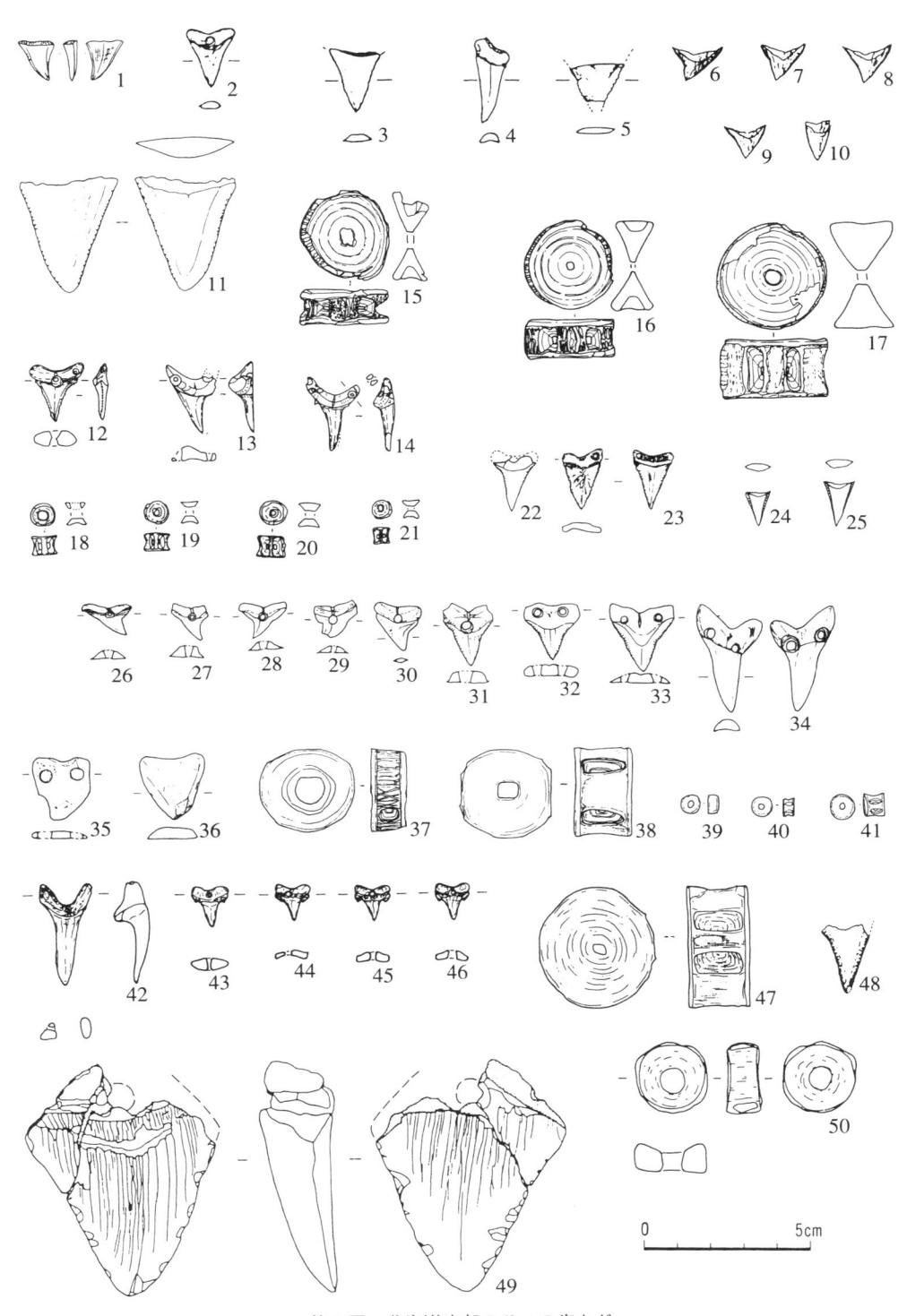

第3図　北海道南部のサメの歯など

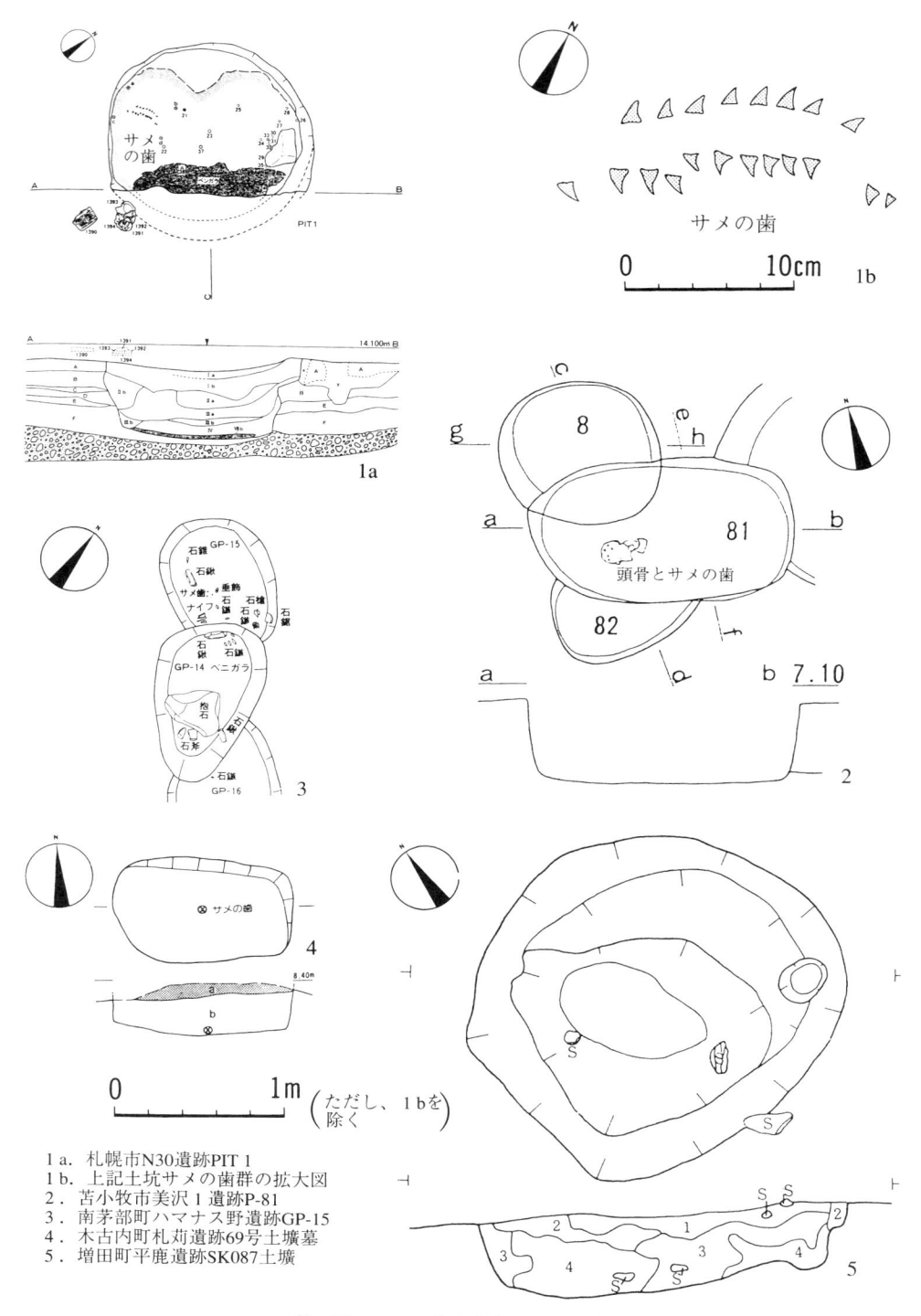

138　第Ⅲ章　津軽海峡域の装身具

1 a．札幌市N30遺跡PIT 1
1 b．上記土坑サメの歯群の拡大図
2．苫小牧市美沢1遺跡P-81
3．南茅部町ハマナス野遺跡GP-15
4．木古内町札苅遺跡69号土壙墓
5．増田町平鹿遺跡SK087土壙

第4図　サメの歯を出土した遺跡（1）

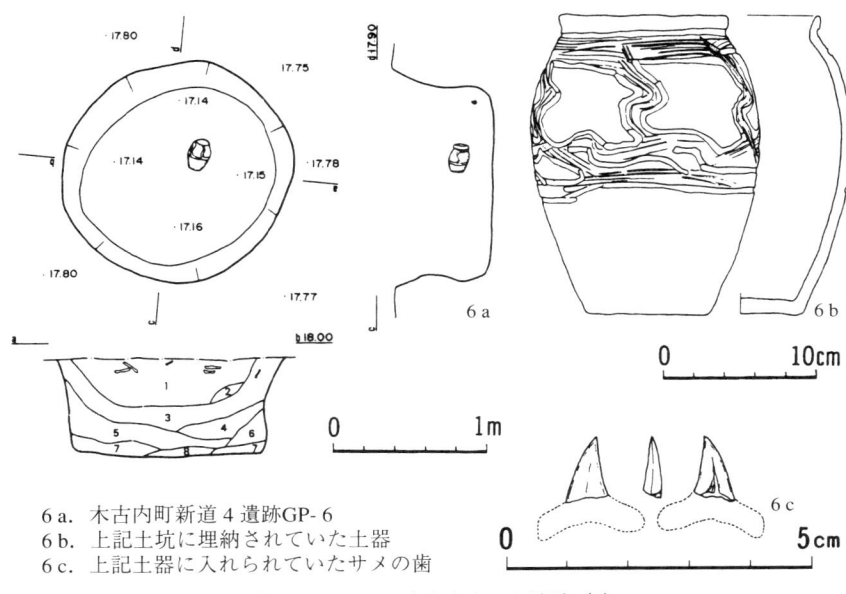

6　津軽海峡とサメの歯　139

6a. 木古内町新道4遺跡GP-6
6b. 上記土坑に埋納されていた土器
6c. 上記土器に入れられていたサメの歯

第5図　サメの歯を出土した遺跡（2）

は1基の墓壙からサメの歯が2列に20点並んで出土した例もある（札幌市教委1998）（第3図1，第4図1）。

　また参考までに，続縄文時代の例では，白老町アヨロ遺跡では1基の墓壙からホオジロザメの上顎歯（未穿孔）が1点出土している（高橋編1980）（第3図11）。

　なお，サメの椎骨穿孔品は，道南では松前町寺町貝塚の11号住居址（中期末葉～後期初頭）から出土している（松前町教委1988）（第3図50）。

3. 本州北辺地域のサメの歯に関する諸問題

　以上，本州北辺地域と北海道の縄文時代のサメの歯の状況について述べたが，本州北辺地域の例を軸にしながら，関連するいくつかの問題についてふれてみたい。

(1) サメの歯の時期的な出土傾向と出土状況

　青森県域を中心とした本州北辺地域のサメの歯の利用は，縄文中期後半と後期後葉，晩期にみられ，とくに晩期に増加する傾向がある。長沼氏によれば北海道のサメの歯で最も古い例は早期末葉で，前・中期に散発的になり，後期・晩期に出土例が増加する（長沼1984）ということであり，この傾向は，双方の地域ともほぼ同様であると言える。また，本州北辺地域におけるサメの歯の出土状況は，貝塚や遺物包含層から出土し，遺構においても住居跡出土例でみると，青森県富ノ沢(2)・畑内・風張(1)，岩手県根井貝塚に類例があり，富ノ沢(2)の例は，渡島半島の栄浜1（西本1983）と出土状況および時期（縄文中期後半）が共通している。これらの点からみれば，双方におけるサメの歯の廃棄方法はほぼ同様であったことが窺われる。しかしながら，墓壙におけ

る出土状況にはきわだった違いが認められる。すなわち北海道では，墓壙からの出土例が過半数を占めるのに対し，本州北辺地域では秋田県平鹿の1例があるのみである。

(2) サメの歯の用途
【サメの歯の用途】

　縄文時代の骨角器を集大成した金子浩昌氏らは，サメの歯を利用した製品を，垂飾状歯牙・骨角製品に区分し，さらに穿孔品・耳飾り・鏃・副葬品に細分している（金子・忍沢1986a）。このなかの穿孔品には，本州北辺地域では青森県2例，岩手県北部1例，秋田県南部1例が該当しよう。これらは，一般的には垂飾品と考えられているものである。以下，若干述べてみる。

　サメの歯は，北海道では柏木B（恵庭市教委1981），美沢1（道教委1977），大川（宮・青木1994）などでは，人骨の頭部付近から未穿孔の歯が出土しており，頭部の装身具（頭飾り）の一部と考えられている。また，札幌市N30の例について，報告者は何らかの軸にサメの歯を植え込んで作った短剣，棍棒などの武器ないしは工具と考えている（札幌市教委1998）。類例はミクロネシアやハワイ諸島にもあり（篠遠1978），筆者もホノルル市のビショップ博物館で実見したことがある（Nelson Foster 1993）。

　これに関連して，宮城県気仙沼市にある田柄貝塚（後期後葉～晩期初頭）では，穿孔されたサメの歯の大半にアスファルトが付着している点から，何らかの物に装着した装身具と考えられるとしたうえで，なかには細工用の工具も含まれると想定している（宮城県教委1986b）。

　以上のように，北海道や東北地方南部におけるサメの歯の穿孔品には，垂飾品以外にも，頭飾りや何らかの物に装着して用いられたとされる装身具があり，さらに工具あるいは武器と考えられる例もあるが，本州北辺地域出土の数少ない穿孔品については，現在のところ複数まとまって出土する例がない点や形態上から，単品で用いられた垂飾品と考えられる。

　なお，前項では穿孔部分が残されていないものをサメの歯の未加工品として扱ったが，本県の富ノ沢(2)・土井Ⅰ号の例等は，明確ではないものの，歯根部にあったはずの穿孔部が欠損したものと解釈し，同様に垂飾品と考えておきたい。

【副葬品としてサメの歯】

　歯が用いられたサメは，本州北辺地域出土のものはホオジロザメ・アオザメ・ネズミザメであるが，北海道ではホオジロザメ・メジロザメ属が多く（長沼1984），ほかにアオザメがある。このなかで，ホオジロザメ・メジロザメ属・アオザメはともに外洋性で，凶暴・肉食性でときには人間を襲うものであり，海洋の熱帯・温帯部に広く分布する。日本近海ではホオジロザメは東京近海以南，アオザメは本州中部以南に分布するが，ときには寒海にも出没する（岡田1971，阿部1989，矢野1976）。とくに，このなかのホオジロザメは全長9mに達するものもあり，外国では「人食いザメ」と呼ばれている。また，アオザメは全長7mほどである（岡田1971，阿部1989，矢野1976）。メジロザメ属も全長7mほどであり，性質凶暴・肉食性で本州中部以南の太平洋の熱帯部の中層から上層に分布する（矢野1976）。また，ネズミザメ（モウカザメ）は全長3mほどの

肉食性で，東北地方～北海道等周辺の寒海に分布する（矢野1976）。なお，このネズミザメ（津軽ではカドザメ）漁が冬季には津軽海峡で盛んに行われ（日下部1988），以前はよく食卓にのぼったが，最近では正月以外あまり見かけなくなってしまった。

　以上のように北日本の縄文人が利用したサメの歯の多くは，性質凶暴で人間に危害を加えるものである。この点から，サメに詳しい矢野憲一氏（矢野1979）らによって，サメの歯のもつ意味について筆者の考えを述べる。

　すなわち，サメは海域に住む魚のなかでは最強のものである。海域に住み日常的に海で漁をする人々にとっては，もっとも恐ろしい魚であり，このサメに特別な力が備わったものと考えていた。縄文人はこのサメのなかで，サメを象徴し人間を襲う鋭利な歯に対しては特別な感情をもっていたものとみられる。この歯を意識的に自らの身体につけることによって，その威力を取り込み目的を遂げる。すなわち，サメの威力によって魔物を遠ざけ身を守る。この考えがあったものとみられる。凶暴なサメを捕獲しその歯を身につけた者には，勇敢な男という名誉が与えられ，ムラの人々に長く記憶されたことであろう。サメの歯は端的に言えば，捕獲者としての名誉を象徴する勲章的な意味と魔除けなどの呪術的意味をもっていたものとみられる。北海道では，このサメの歯が墓壙に副葬されているわけであるが，それは被葬者とともに，被葬者が身につけていたサメの歯に憑いていた霊魂をあの世に送り，さらにあの世での被葬者自身を引き続きサメの歯に守護してもらうという意味が込められていたものと考えられる。

(3) サメの歯の模造品

　本県の十和田市高谷出土のサメの歯の模造品は石製の優品であるが，列島他地域ではほかに骨・貝製品などがある（長沼1984，金子・忍沢1986a・b）。北海道千歳市の美々4呑口地点（道教委1979）（縄文後～晩期）にもホオジロザメを模倣した泥岩製品（第3図5）があり，渡島半島の戸井町（現函館市）戸井貝塚（西本1993b）（縄文後期前葉）には鹿骨製とみられる模造品（第3図35・36）がある。これは，内陸部に住む縄文人が，サメの歯の入手が困難なために，その代りに作ったものであり，これによってサメのもつ呪術的な意味にあやかろうとしたものとみられる。ただし，この2遺跡では模造品のほかにサメの歯自体も用いられており，またサメの歯を入手しやすい沖縄など南西諸島に模造品が多いこと（長沼1984，新里・上村1998）を考慮すれば，サメの歯の模造品が，実物がないか不足した場合の一時しのぎ的な用途しかなかったというものではなく，実物がもちえない，実物とは異なった装身具としての独自の用途があったものともみられる。

(4) サメの歯の化石

　本県の八戸市風張(1)（縄文後期後葉）から大型のホオジロザメ属の歯の化石が1点出土している。サメの歯の化石は列島各地から出土しており，周辺地域では，北海道添山・秋田県平鹿に各1点の出土例があるが，岩手県衣川村（現奥州市）東裏遺跡では19点の出土例（M. megalodon）（佐藤1980）がある。ただし，これらはいずれも晩期のもので，風張(1)の例はこの海峡域では目

下もっとも古い時期のものとなる。これらの化石は，江戸時代には正体不明のため「天狗の爪」（矢野1976，木内1801）と呼ばれ，その大きさや海から隔たった山中で採取されることから，必ずしもサメの歯とは認識されていなかったものである。このような化石の歯について，長沼氏は，現生のサメの歯と形がほとんど変わっていない点から，現生のサメの歯と同様な意義をもっていたと考えている（長沼1984）。確かに平鹿・添山さらに東裏の例はサメの歯に似ており，晩期人がサメの歯と認識して用いたものと考えてよい。しかし，風張(1)の例はきわめて大きく，サメ以外の動物，得体の知れない伝説上の動物・魔物のものとして用いられた可能性がよりつよいと考えられる。

サメの歯の化石は，垂飾品や何らかの道具類として用いられたとみられる。ちなみに，ハワイに行くとホノルル市内のみやげ店ではサメの歯の化石を用いたペンダントが「魔除け」として売られている（写真1-4）。

(5) サメの歯にみられる交流

本県域の内陸部からもサメの歯が出土している。日本海側の岩木川流域にある土井Ⅰ号は，河口の十三湖まで35km離れている。これは，あきらかにサメの歯が内陸まで運ばれたことを示し，人々の交流を物語っている。同様の例は，道南では，稲倉石岩陰例（西本1979）（海岸から約26km離れている）があり，またサメの歯を出土した千歳・恵庭市の遺跡も海岸から20～30km離れている。このような例は，東北地方南部でもみられ，北上川河口から100kmも上流にある岩手県北上市九年橋遺跡（縄文晩期中葉・大洞C_2式主体）では，アオザメなど4点のサメの歯が出土している（藤村編1980）。このようなサメの歯にみられる広範な交流は，列島各地にみられる[2]（江坂・野口編1974）。

また本県域では，縄文晩期（とくに中葉以前）に北陸地方の糸魚川産ヒスイや秋田県八郎潟付近産とみられる天然アスファルトなどが流通しており（福田1994a），さらに鯨類などの海産物も内陸に運ばれている（福田1998b）。また，これと時期をあわせて青森県の陸奥湾（北林1994），さらには宮城県の仙台湾一帯（小井川・加藤1994）では塩の生産が行われており，塩をめぐる交流も行われていたことが想定される。ヒスイ・天然アスファルトは道南にも多数分布しており，この時期には北日本各地では活発に交流が行われていたことが窺われるが，サメの歯の動きもその一環とみられる。

内陸部から発見されるサメ・鯨類など海産食料は，基本的にクマなどの陸獣類や山間部の山菜などの食料と交換されたとみられるが，入手困難な凶暴なサメの歯などについて金子氏は，内陸に棲むクマの犬歯などと交換されたものと考えておられる（金子1982）。

なお，サメの歯にはホオジロザメ・アオザメのように暖海性のサメが多く，東北地方北部の海域では決して獲れないわけではない（樋泉1998）が入手が困難であるため，このなかには遠方からもたらされたものも含まれていた可能性もある。富山湾に面した富山県朝日町境A遺跡（縄文中期～後・晩期）ではサメの歯が138点（アオザメ科120点，ネズミザメ科15点，ホオジロザメ科2点，

6 津軽海峡とサメの歯　143

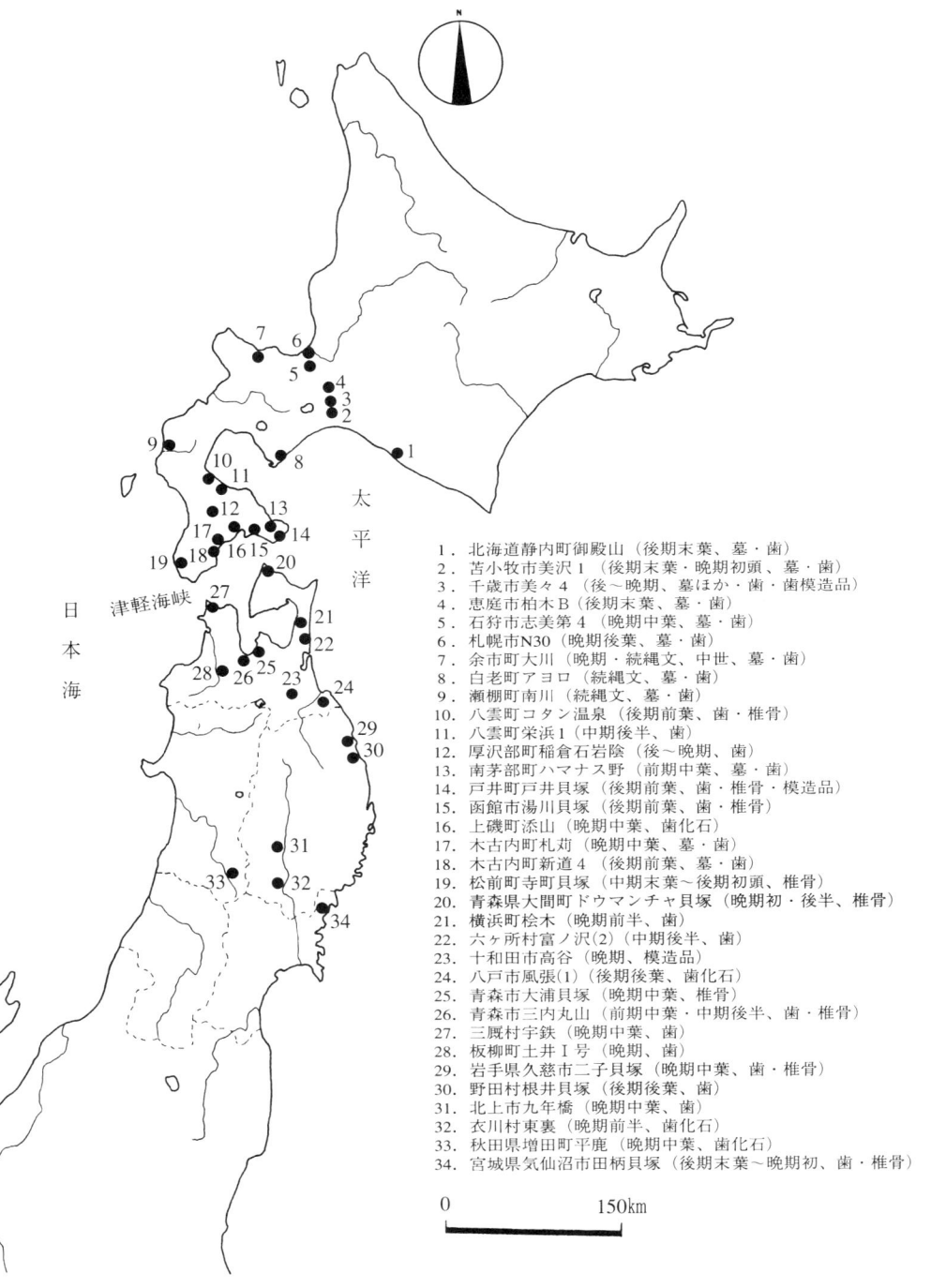

太平洋

日本海

津軽海峡

1. 北海道静内町御殿山（後期末葉、墓・歯）
2. 苫小牧市美沢1（後期末葉・晩期初頭、墓・歯）
3. 千歳市美々4（後〜晩期、墓ほか・歯・歯模造品）
4. 恵庭市柏木B（後期末葉、墓・歯）
5. 石狩市志美第4（晩期中葉、墓・歯）
6. 札幌市N30（晩期後葉、墓・歯）
7. 余市町大川（晩期・続縄文、中世、墓・歯）
8. 白老町アヨロ（続縄文、墓・歯）
9. 瀬棚町南川（続縄文、墓・歯）
10. 八雲町コタン温泉（後期前葉、歯・椎骨）
11. 八雲町栄浜1（中期後半、歯）
12. 厚沢部町稲倉石岩陰（後〜晩期、歯）
13. 南茅部町ハマナス野（前期中葉、墓・歯）
14. 戸井町戸井貝塚（後期前葉、歯・椎骨・模造品）
15. 函館市湯川貝塚（後期前葉、歯・椎骨）
16. 上磯町添山（晩期中葉、歯化石）
17. 木古内町札苅（晩期中葉、墓・歯）
18. 木古内町新道4（後期前葉、墓・歯）
19. 松前町寺町貝塚（中期末葉〜後期初頭、椎骨）
20. 青森県大間町ドウマンチャ貝塚（晩期初・後半、椎骨）
21. 横浜町桧木（晩期前半、歯）
22. 六ヶ所村富ノ沢(2)（中期後半、歯）
23. 十和田市高谷（晩期、模造品）
24. 八戸市風張(1)（後期後葉、歯化石）
25. 青森市大浦貝塚（晩期中葉、椎骨）
26. 青森市三内丸山（前期中葉・中期後半、歯・椎骨）
27. 三厩村宇鉄（晩期中葉、歯）
28. 板柳町土井Ⅰ号（晩期、歯）
29. 岩手県久慈市二子貝塚（晩期中葉、歯・椎骨）
30. 野田村根井貝塚（後期後葉、歯）
31. 北上市九年橋（晩期中葉、歯）
32. 衣川村東裏（晩期前半、歯化石）
33. 秋田県増田町平鹿（晩期中葉、歯化石）
34. 宮城県気仙沼市田柄貝塚（後期末葉〜晩期初、歯・椎骨）

0　　150km

第6図　津軽海峡域を中心としたサメ関連遺跡

ネコザメ科1点）も出土しており，サメの歯の内陸地域への供給地であった可能性が考えられている（金子1992）。この遺跡はまたヒスイの大珠や丸玉の一大生産地でもあることから，ヒスイ製品とサメの歯装身具がセットとして各地へ供給されたことも想定されている（藤田1998a）。

4．津軽海峡とサメの歯

　以上，本州北辺地域のサメの歯について北海道と比較しながら述べてきたが，ここでは，津軽海峡をめぐるサメの歯の利用の違いと津軽海峡の意味について述べる。

（1）サメの歯利用上の境界線としての津軽海峡

　本州北辺地域でもサメの歯が出土する遺跡は決して少ないわけではないが，北海道と違って墓壙に副葬される例が（ほとんど）ない点が，今回明らかになった。サメの歯が本州では墓壙からほとんど出土しないという指摘は，長沼氏がすでに行った通りである（長沼1984）が，北海道にもっとも近い本県域も本州以南の他地域とほぼ同じ様相であることは，サメの歯の墓壙副葬の分布境界線が津軽海峡であったことを示している。

　それでは，列島各地でサメの歯が用いられるなかで，北海道の墓壙のみにサメの歯が副葬され，アイヌ文化期まで継続するということは，どのように解すべきであろうか。

　まず，北海道の置かれた地理的条件を第一に考えると，たとえば，周囲を海域で囲まれた島であるためにサメ漁がさかんに行われ，それに伴って，サメにかかわる独自の呪術が発生していたと考えるべきであろうか。それとも寒冷地であることとサメが何らかの関わりをもっていたと考えるべきであろうか。しかし，これらは北海道特有の条件ではなく，海域に接した寒冷地である東北地方もほぼ同様の条件下にある。したがって，これはとくに北海道の墓壙のみにサメの歯が副葬される理由にはならない。

　そこで，筆者にはつぎの点が重要であると考えられる。すなわち，縄文時代の道南や東北地方北部では，墓壙の副葬品の内容がきわめて豊かであり，そのなかに糸魚川産ヒスイという遠隔地からの玉類が，より産地に近い東北地方南部以上に多く含まれている。サメの歯はとくに縄文後期・晩期に北海道で用いられているが，ヒスイの玉類もこの時期に大量に北海道にもたらされている。また，北海道の墓壙に入れられているサメの歯も，北海道周辺の海域ではあまり捕獲されない暖海系のホオジロザメ・メジロザメ属・アオザメなどが主体である。

　このことから，北海道の縄文人は，入手が非常に難しいものを多数入手している傾向がみられる。これはすなわち，入手しにくいものに対してより高い価値を与え，呪術的な意味をもたせ，独自の装身価値観・呪術体系をもっていたということであろう。サメの歯も，おそらくはそれに基づいた装身方法・呪術があって（とくにサメの歯を用いた華やかな装飾があり，サメのもつ呪術力がより強いものと考えられていた），それが北海道という島で，他の地域とは異なった装身・埋葬習慣として受け入れられ伝統的に保持されてきたものであろう。なぜ北海道だけがサメの歯を副葬したのかという意味については，具体的には明確に述べることはできないが，おそらくは以上のよ

6 津軽海峡とサメの歯　145

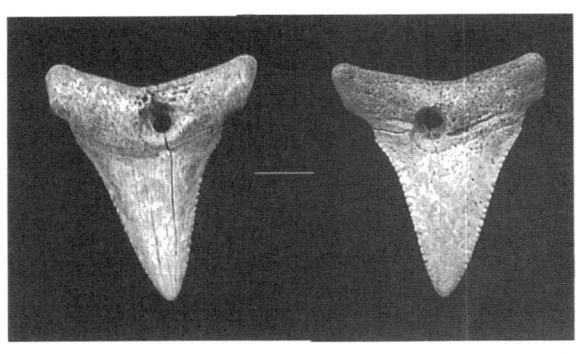

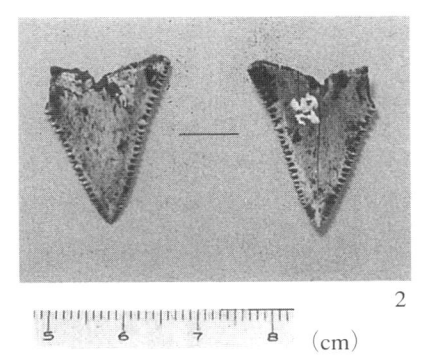

(3の縮尺は不同)

1. ホオジロザメの歯の垂飾品
   （横浜町桧木遺跡）
2. ホオジロザメの歯
   （板柳町土井Ⅰ号遺跡）
3. サメの歯形をした石製垂飾品
   （十和田市高谷）
4. サメの歯の化石の垂飾品
   （参考：ハワイで購入）

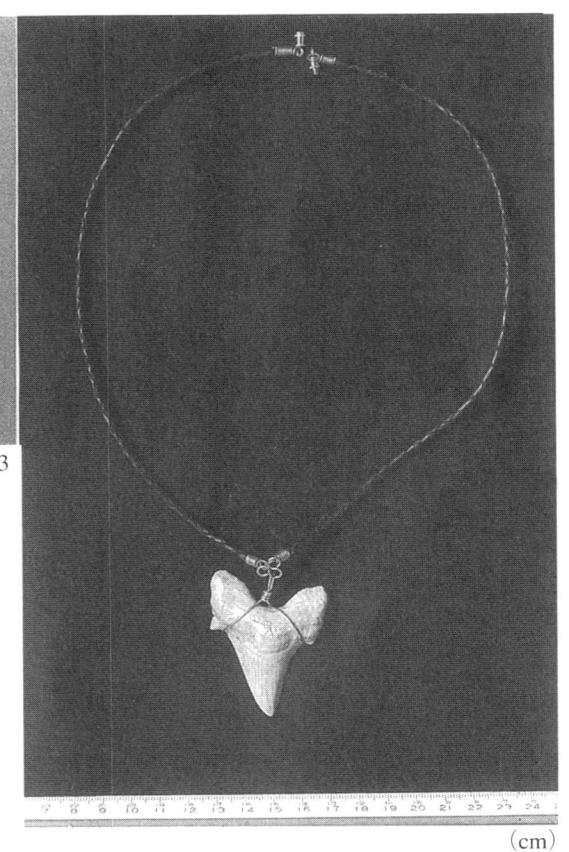

写真1　青森県域のサメの歯など

うなことであろう。北海道と本州の墓壙内の副葬品の違いについては，実はサメの歯と同様の事例がある。すなわち，北海道と本州では，縄文後期末葉には石棒，晩期には石刀が共通して用いられるが，北海道では，ともに墓壙に副葬品として納められているのに対し，本州では津軽海峡に近いむつ市大湊近川（青森県埋文1987b）や三厩村（現外ヶ浜町）宇鉄の両遺跡（葛西編1996）の例を除いて，墓壙外から出土するのが一般的である。これらの石製品は呪術・祭祀用具と考えられており，これらの利用の仕方が，北海道と本州北辺地域双方で異なっているのはサメの歯と類似した現象である。しかし，その理由については，同様に具体的に指摘することはできない。

　北海道南部と本州北辺地域とでは，縄文時代におけるサメの歯をめぐる装身内容，呪術の意味，そしてそれらを含む葬送習慣が大きく違っていたということであろう。北海道では縄文早期に始まるものであるが，それが中期を経て後期・晩期にとくに明確になり固定化したものとみられる。このような北海道のもつ独自性を促進し決定づけたのは，津軽海峡の存在である。

(2) 障壁としての津軽海峡

　北海道と本州を隔てている津軽海峡は，先史時代以来人々の往来が頻繁に行われてきた。舟という交通手段がある以上，海の難所といえども双方間の交流を阻止できるものではなく，逆に各地との交流，とくに遠距離交流を促進する場合が多かったとみられる。しかし，海峡は陸上とは異なって，いつでも誰もが簡単に渡ることはできない。この点を直視すれば，海峡は文化の日常的な交流の障害となっていたと言わざるをえない。たとえば土器文化でみれば，縄文草創期の土器は本州最北端の下北・津軽両半島まで北上しているのに対し，北海道に上陸したという点はまだはっきりしない。また，縄文後期初頭に北海道に分布する余市式土器は本県域にはほとんど南下してきていない。また，後期末葉に北海道に分布する堂林式土器は，ほとんど本県域の津軽海峡沿岸地域に限られた分布状況を示している。これは，海峡が日常的な文化交流の障壁となっていたことを具体的に示したものとみられる。動物考古学の西本豊弘氏は，縄文後期初頭の時期には，土器文化からみて，海峡交流があまり活発ではなかったと述べておられる（西本1993c）が，類似した状況は津軽海峡沿岸各地や各時代に，しばしばみられたものと思われる。

　これまで述べてきた津軽海峡を境界にしたサメの歯の墓壙内副葬の有無の問題は，海峡を境界線とした単なる遺物の分布上の違いではなく，サメの歯の利用上の違い，すなわちサメの歯をめぐる文化の違いである。しかも，縄文時代の一時期の問題ではなく，早期から晩期へ，そしてさらに続縄文時代からアイヌ文化期まで続く際だった違いである。本州北辺地域との間に生まれた違いが，北海道内で連綿と受け継がれてきた背景には，津軽海峡が日常的な文化交流を遮る障壁として働いてきたことを認めざるをえないのであり，この存在がまた，双方の独自の縄文文化形成に大きく関わってきたのである。

(3) 津軽海峡をめぐるサメの歯の交流

　先に述べたように，富山県境Aではヒスイ工房跡とともにアオザメ科を筆頭にネズミザメ科，

ホオジロザメ科などの歯が多数出土しており，ヒスイ製品とサメの歯の装身具がセットとして各地に供給されたことが想定されている（藤田1998a）。

縄文時代においては，中期以降，晩期にいたるまで北陸の糸魚川産ヒスイが，遠隔の本州北辺地域や北海道に多数もたらされており，津軽海峡はその通り道であった。この点を考慮すれば境Aのサメの歯がヒスイとともに北海道や本州北辺地域にもたらされた可能性は充分考えられる。事実，北海道や本州北辺地域においてサメの歯を出土する遺跡からは，ヒスイが出土する場合が多い。しかし，ヒスイ出土遺跡全体からみればサメの歯の出土例は少なく，北海道では墓壙内においてセットとして埋納される場合が少ない。また，とくに本州北辺地域ではヒスイの玉を出土する遺跡は多数あるが，サメの歯を出土する遺跡はきわめて少ない。また，北海道ではサメの歯の墓壙副葬がヒスイの流通以前の縄文早期・前期から既に行われている。また，これらのサメの捕獲は北海道や東北地方北部の周辺海域でも偶発的であろうが行われる（捕獲された場合には，一時に多数のサメの歯が入手できる）ことがある（樋泉1998）。これらの点から，ただちに北海道・本州北辺地域出土のサメの歯がすべて北陸からもたらされたと考えることはできない。現時点では，北陸産のサメの歯も含まれていた可能性を考えるにとどめておきたい。

おわりに

もう20年以上も前になるが，北海道新千歳空港予定地の遺跡発掘調査に従事していたことがある。縄文時代の土壙に，内陸部の遺跡であるにもかかわらずサメの歯が入れられていることに心ひかれるものがあった。その後，青森県教育委員会に勤務するようになって，縄文時代の墓地遺跡を調査したことがあるが，サメの歯は出土しなかった。サメの歯はその後少しずつ発見されてきてはいるが，土壙墓から発見されたという報告はいまだになく，北海道とは依然として好対照をなし続けている。この違いがどこから来るのか，自分なりに考えを整理したいと思い，本稿をまとめてみたわけであるが，結果的には，明確な結論を導き出すことはできなかった。しかし，このことによって津軽海峡が北海道・本州北辺地域双方の先史文化の形成に大きく関わっていた事実，津軽海峡の存在の意味があらためて思い知らされることになった。

註
1) 青森市の三内丸山遺跡にある三内丸山遺跡展示室で実見した。
2) 長野県飯山市の山ノ神遺跡（晩期）からシュモクザメとみられる線刻画のある土器が出土している（江坂・野口編1974）

第 IV 章　津軽海峡域の貝類文化

1　北日本におけるベンケイガイ交易 ——津軽海峡を渡った貝輪——

はじめに

　筆者が勤務する青森県立郷土館では，木造町（現つがる市）にある田小屋野貝塚を平成2・3年にわたって発掘調査した。この貝塚は津軽半島の岩木川流域にあるヤマトシジミ主体の貝塚であるが，この調査においてとくに注目されたのはベンケイガイ（弁慶貝）の出土である。20 m²という狭い調査区ではあったが，縄文時代前期（以下，縄文前期）中頃の貝層から50点以上のベンケイガイ破片が出土した。従来，この地域ではこの貝が出土してはいたが，数量的にはきわめて少ないものであった。したがって，この事例は従来のベンケイガイに関する知見の見直しを迫るとともに，この遺跡がベンケイガイ製貝輪（貝製腕輪）の製作にかかわる場所であることを示唆することにもなった。この地域でベンケイガイ製貝輪が製作されたとするならば，それはどこに供給されたのかという点が問題になる。筆者はすでに，予報的に北海道へ供給された可能性を指摘したことがある（福田1994a）が，本稿ではこの問題について，その後行った青森県域各海岸におけるベンケイガイの現地踏査結果を含め，より広い視野から検討してみることとしたい。

1. 田小屋野貝塚のベンケイガイ

(1) 田小屋野貝塚の概要（写真1）

　田小屋野貝塚は西津軽郡木造町（現つがる市）大字舘岡字田小屋野にある国史跡である。津軽平野を北へ流れる岩木川の左岸，標高10～15 mほどの洪積台地に位置しており，ちょうど国史跡・亀ヶ岡遺跡のすぐ北隣にあたる。筆者らは，この貝塚の一部（未指定区域）を平成2・3年8月に各9日間調査した。その結果については既に概報として発表した（福田1992a）が，現在なお整理継続中であるため，同様に概略を述べるにとどめたい。

　遺構では，混貝土層の下から長径約4.6 mの楕円形の竪穴住居跡が1軒検出された。この混貝土層は，中央部が厚さ15～25 cmほどの凹レンズ状を呈しており，この層と床面直上から各種遺物が出土した。

　まず，自然遺物では，貝類は汽水産のヤマトシジミが主体で，淡水産のイシガイが次ぐ。海水産で砂泥性のハマグリ・アサリや岩礁性の貝は調査時点ではほとんど確認されなかった。そのほか，クジラ・イルカなどの海獣骨が顕著であった。つぎに，人工遺物では，土器は縄文前期中頃

の円筒土器下層a・b式の深鉢が主体的に出土しており，混貝土層や竪穴住居跡はこの時期のものと考えられる。石器には石鏃・石匙・不定形石器（スクレイパー類）・磨製石斧・石錘・半円状偏平打製石器・くぼみ石などがある。黒曜石の石器・フレイクも少数あり，京都大学原子炉実験所の藁科哲男氏の蛍光X線による産地分析では，地元・出来島産に混じって北海道白滝産や赤井川産も各1点含まれていた[1]。骨角牙製品は14点ほどで，骨製刺突具・骨針・鯨骨製ヘラ・イルカ牙製の垂飾り未製品などがある。貝製品では，以下に述べる本題のベンケイガイ片が多数出土した。

(2) 田小屋野貝塚出土のベンケイガイ（第1図，写真1）

ベンケイガイは，出土品のほかに付近から表面採集されたものを併せて60点ほどあり，大半が破片であり，完成品は1点もない。このなかで最も多いのは弧状の破片（以下，弧状片）で，「C」字状に残ったもの（2）もある。弧状片では，腹縁部片（3～5）がとくに多く，全体の2分の1程度を占めている。ついで殻頂部（蝶つがい部）を含む弧状片が多く，そのほかは少ない。このうち，5の表面にはスス状の黒色炭化物が付着している。弧状片には幅が狭いものと広いものがあり，なかに，腹縁部弧状片が摩滅し整形されたようなヘラ状のもの（6・7）もある。これについては，概報では人工のヘラと考えたが，その後の調査で必ずしもそうではないとも考えようになった。それは，付近の海岸（七里長浜）に同様な破片が散布しているためである。また，この遺跡では，腕通しの穴をあけた場合にできる背面部破片が出土していないのが注意される。このほかに，まったく打ち欠きがないにもかかわらず摩滅したものも7点ある。殻長7.5～8cm・殻高7～7.3cm大が2点，殻長6～7cm・殻高5.7～6.7cm大が4点，殻長5.6cm・殻高5cm大が1点である。そのうち殻頂部に穴があいたものが4点，穴はないが人為的に擦られ殻頂部が薄くなったものが1点（1）ある。殻頂部の穴は人工によるものではない。七里長浜の海岸では，同様のものを容易に採取することができるからである。ツメタガイなどの巻貝に食されたためか，あるいはこの部分がとくに薄いため穴があきやすいものと思われる。またこの海岸では，この遺跡の出土品にもある暖流系のカズラガイなども採取され，さらに，前に述べたようにこの遺跡出土品のなかに，この海岸で容易に採取される出来島産黒曜石が見られる点などから，この遺跡のベンケイガイは西方約4kmほどの七里長浜の海岸（写真4上）から採取されたものと考えられる。

さて，この遺跡に多い弧状片は，貝殻の背面中央部に腕通しの穴をあけ環状にしようとした際に割れた破損品ないしは完成後の破片と考えられる。小型でまったく打ち欠きがないものは，小さすぎるため腕輪とはなし得なかったものであろう。これらの点から，この遺跡はベンケイガイ製貝輪の製作地と考えられる。しかし，この遺跡には整形を終えた完成品が1点もないのは，破損した結果，調査区以外の地点に廃棄されたためとするよりは，完成品がこの遺跡以外の地へ供給されたためであろう。

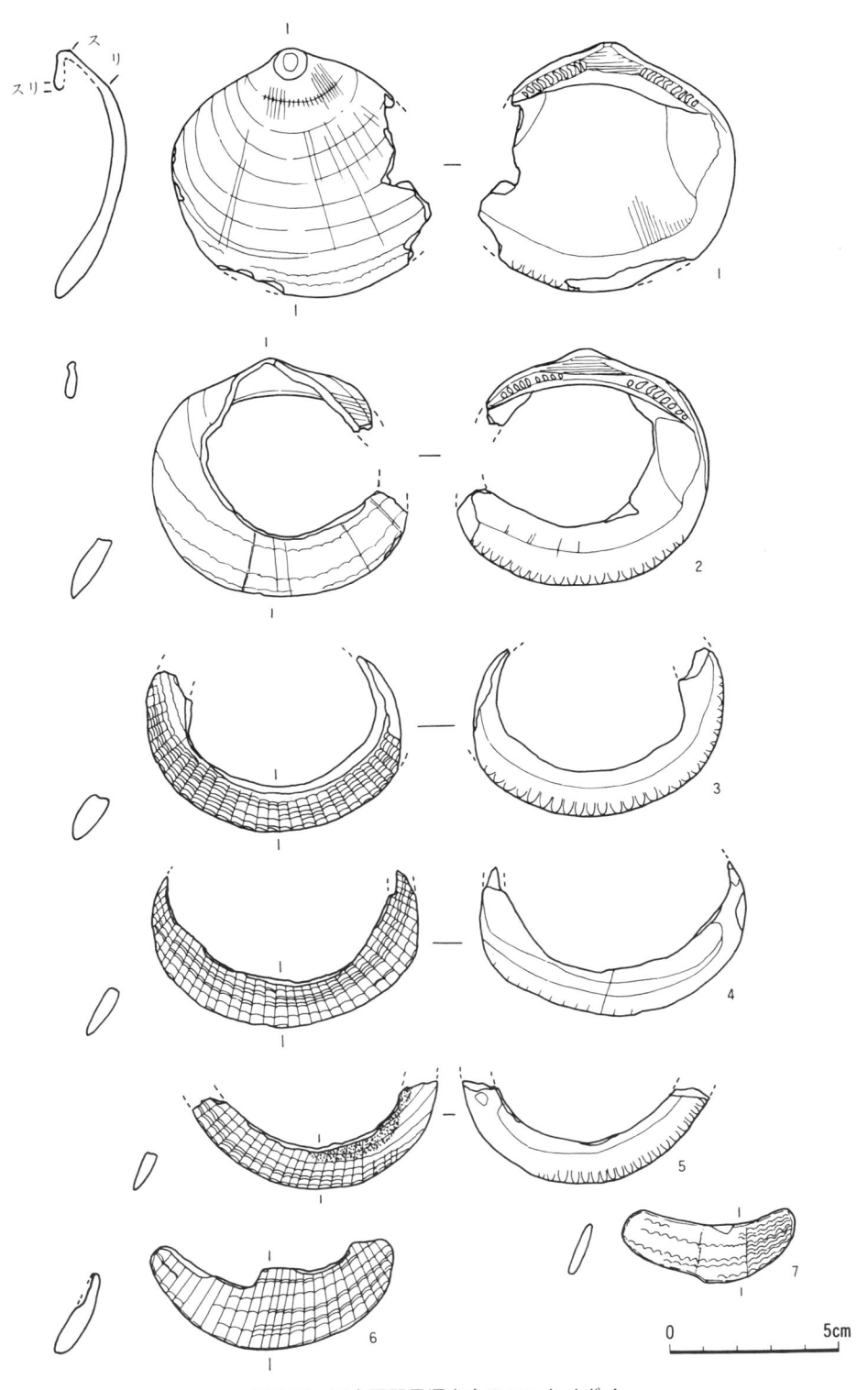

1　北日本におけるベンケイガイ交易　151

第1図　田小屋野貝塚出土のベンケイガイ

第IV章　津軽海峡域の貝類文化

ベンケイガイの出土状況

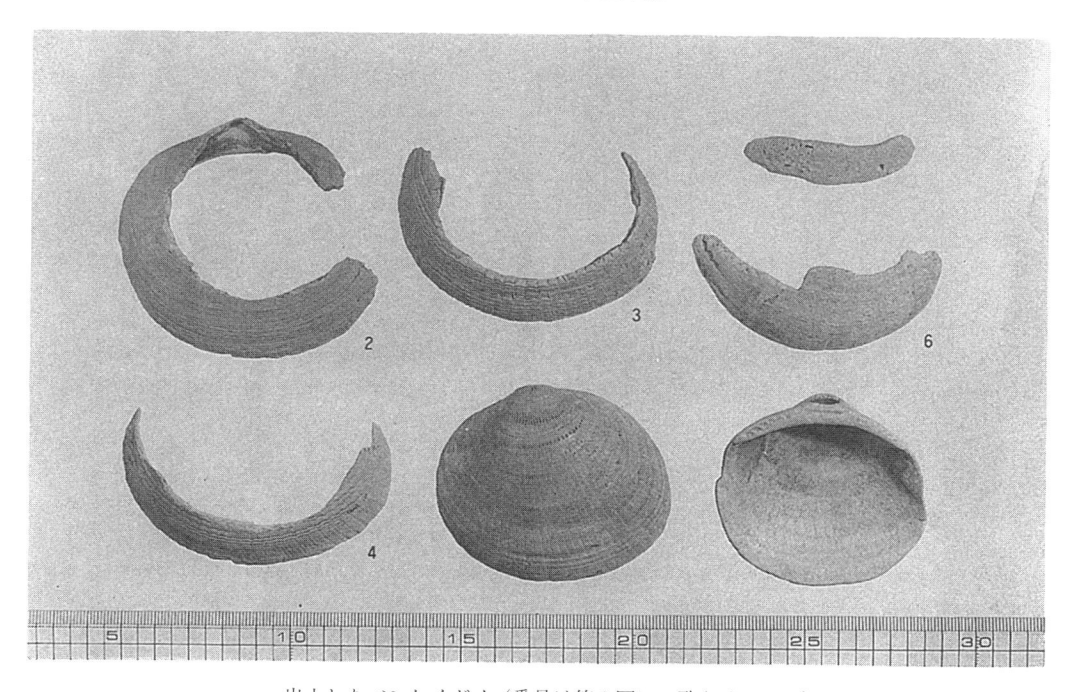

出土したベンケイガイ（番号は第1図に一致させている）

写真1　田小屋野貝塚のベンケイガイ

(3) ベンケイガイ製貝輪の製作（写真3・4）

　この遺跡を貝輪製作地と考えた場合，その製作に当たってはまず付近の砂浜で採取した（潜水や網漁による採捕の可能性は低い）ベンケイガイを遺跡まで運ぶ。その際，数が多い場合には海岸で背面中央部に穴をあけ（腕を通す部分であるが，これに縄を通すなどしてまとめて）たのち運んだのであろう（もちろん，少ない場合は採取地では穴あけなどをせず，遺跡にそのまま運び込んだ場合もあったであろう）。それは，前述したようにこの遺跡ではベンケイガイの中央部破片が見られないのである。遺跡ではその後の加工を行うことになるわけであって，背面中央部や殻頂部の穴を広げるとともに，おそらく砥石によって内外両面をすり磨いて成形したようである。ただし，この遺跡ではその後の整形はあまり行われなかったようであり，それを示す破片は確認されていない。このことは，その後の仕上げたとえば環状部分の両側の磨きなどは，供給先でそれぞれの腕や手の太さ・大きさに合わせて行ったことを推定させる。そして，製品を運ぶには，能代市柏子所貝塚の出土状況にある（大和久 1966）ように貝輪を何枚も重ね紐を通してまとめたのであろう。

　この貝輪製作にかかる時間であるが，実際に七里長浜沖で漁師が採った[2]ベンケイガイ（写真3-1・2）で実験的に製作してみたところ，先がやや細い金槌による穴あけ・穴を広げる作業から砥石・紙やすりによる整形・磨きまではおよそ1時間ほどで2個完成した。縄文時代にどの程度の製作時間がかかったかは想像するしかないが，道具などは異なるものの製作時間は大差なかったと思われる。なお，試作用のベンケイガイ2点は，出土品とほぼ同じ大きさのものを選んだ。殻長が8.1，8.2cm，殻高はそれぞれ6.9，7.2cmであり，完成品の内側（内周長）はそれぞれ18.0，18.1cmであった（写真4中）。ちなみにこれを，勤務先の若い成人女性の腕にはめてみてもらったところ，多少きついものの大柄・太った女性には無理であったが，身長155〜160cm程度の者では半数以上の腕にはまった。したがって，これより小柄の者であればさらにその比率は高まるであろうし，環状部の幅を狭くすればおそらく，当時の成人女性の大半はいつでも着脱可能であったものと想像される。

　つぎに，青森県域におけるベンケイガイの様相について述べてみたい。

2. 青森県域におけるベンケイガイの様相

(1) 青森県域のベンケイガイ（第2・4図，写真2）

　青森県域でベンケイガイを出土した遺跡は，田小屋野貝塚以外につぎの18ヶ所があり，その概要を述べる。

○三沢市野口貝塚―縄文早期末葉〜前期初頭（早稲田6類主体）のベンケイガイ製環状貝輪数点（破片も入れれば数はさらに増える―筆者注）（写真2上）とサルボウガイ製貝輪1点（岡本・加藤 1963，八戸市博 1988a）。

○鰺ヶ沢町浮橋貝塚―縄文前期中頃（円筒土器下層 b 式）のベンケイガイ2〜3点で貝輪はない（村越 1968）。

○天間林村（現七戸町）二ツ森貝塚―縄文前期末葉〜中期後半とみられるベンケイガイ（村越・小

第IV章　津軽海峡域の貝類文化

● ベンケイガイ出土遺跡
1. 木造町田小屋野貝塚（縄文前期中頃）
2. 尾上町五輪野遺跡（弥生前期）
3. 鰺ヶ沢町浮橋貝塚（縄文前期中頃）
4. 木造町亀ヶ岡遺跡（縄文晩期）
5. 市浦村オセドウ貝塚（縄文前期～中期）
6. 市浦村墳館（古館遺跡か）（時期不明）
7. むつ市最花貝塚（縄文中期末）
8. 脇野沢村九艘泊岩陰遺跡（縄文晩期中頃～弥生前期）
9. 大間町大間貝塚（弥生前期）
10. 大間町ドウマンチャ貝塚（江戸時代）
11. 東通村岩屋洞穴遺跡（縄文時代）
12. 東通村札地貝塚（古代～中世）
13. 東通村大平貝塚（縄文早期末～前期初頭）
14. 三沢市野口貝塚（縄文前期末～中期後半）
15. 天間林村二ツ森貝塚（縄文前期前葉）
16. 倉石村薬師前遺跡（縄文後期前葉）
17. 名川町平（虚空蔵）遺跡（縄文晩期前半）
18. 八戸市熊ノ林貝塚（縄文前期末～中期）
19. 八戸市骨沢貝塚（縄文晩期後半）

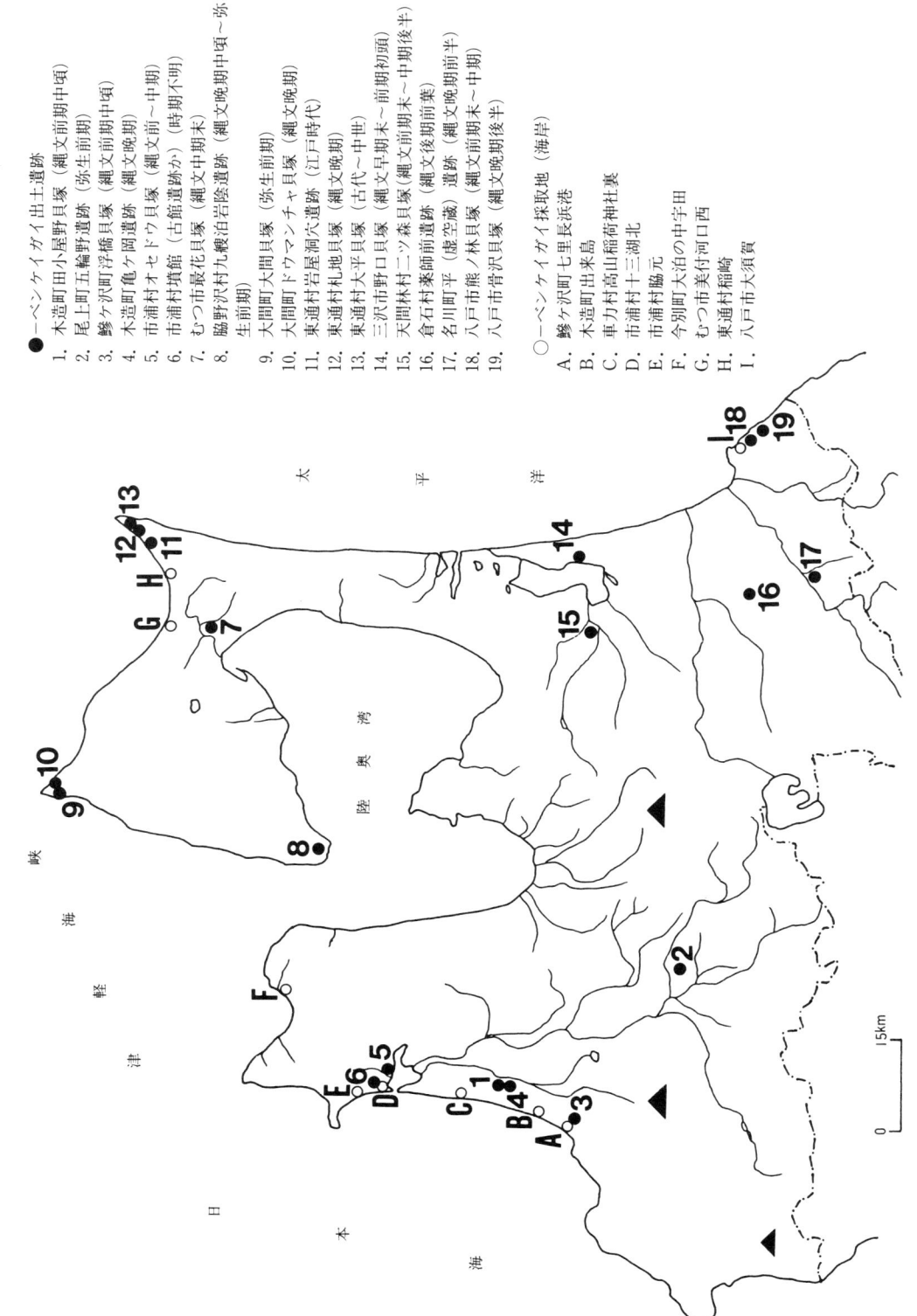

○ ベンケイガイ採取地（海岸）
A. 鰺ヶ沢町七里長浜浜港
B. 木造町出来島
C. 車力村高山稲荷神社裏
D. 市浦村十三湖北
E. 市浦村脇元
F. 今別町大治の中宇田
G. むつ市大美付河口西
H. 東通村稲崎
I. 八戸市大須賀

第2図　青森県域のベンケイガイ出土遺跡とベンケイガイ採取地

片 1963)と中期のアカガイ製貝輪破片 2 点（八戸市博 1988a），サルボウガイ？製半環状貝輪 1 点[3]など。
○八戸市熊ノ林貝塚—縄文前期末葉〜中期のベンケイガイ。種不明（アカガイ製？）の半環状貝輪 1 点（八戸市立商業高等学校社会科研究会 1962，八戸市博 1988a）。
○むつ市最花(さいばな)貝塚—縄文中期末葉のベンケイガイ 1 点（金子ほか 1978）とベンケイガイ製環状貝輪 2 点（金子ほか 1983）。
○市浦村（現五所川原市）オセドウ貝塚—縄文前〜中期とみられるベンケイガイ少数（吉田・直良 1942）とアナダラ属の環状貝輪破片（清野 1969）。
○倉石村（現五戸町）薬師前遺跡—縄文後期前葉（十腰内Ⅰ式）の第 3 号甕棺内に壮年女性の左上腕骨にはめられたベンケイガイ製とみられる環状貝輪 7 点のほかに貝種不明の環状貝輪 3 点・猪牙製垂飾り 12 点（市川 1980）。
○名川町（現南部町）平（虚空蔵）遺跡—縄文晩期前半のベンケイガイ（音喜多 1956）
○八戸市骨沢貝塚—縄文晩期後葉（大洞 A 式）のベンケイガイ（渡辺 1968）。
○東通村札地(ふだち)貝塚—縄文晩期のベンケイガイ（殻長部に小穴あるものあり）（金子 1967，江坂 1983）。
○大間町ドウマンチャ貝塚—縄文晩期（大洞 B・A 式主体）のベンケイガイ製環状貝輪 6 点。アカガイ製貝輪 3 点，猪牙製腕輪 1 点（江坂ほか 1967，八戸市博 1988a）。
○脇野沢村（現むつ市）九艘泊(くそうどまり)岩陰遺跡—縄文晩期中葉（大洞 C_2 式）〜弥生前期のベンケイガイ製環状貝輪が 3 点重なって出土（8）（江坂ほか 1965）。
○大間町大間貝塚—弥生前期（二枚橋式）のベンケイガイがごく少数（橘・奈良 1974）。
○尾上町（現平川市）五輪野遺跡—弥生前期の第 2 号甕棺（底部穿孔）内にベンケイガイ製貝輪片 3 点（9）と細片。人骨はない（葛西ほか 1983）。
○東通村大平貝塚—古代〜中世のベンケイガイ。貝輪はない（橘 1967）。
○東通村岩屋洞穴遺跡—A〜C 洞窟すべてから江戸時代のベンケイガイ。貝輪はない（鈴木ほか 1952）。
○市浦村（現五所川原市）墳館（古館遺跡か）—ベンケイガイ 2 点（写真 2 下）。出土状況・時期不明[4]。

　これらのほかに，明確ではないが木造町（現つがる市）亀ヶ岡遺跡からもかつて出土したようである。縄文晩期の Pectunculus Sp. 1〜2 点（佐藤 1896a〜c）であって，酒詰仲男はこれをベンケイガイとした（酒詰 1961）。

　以上の資料については，出土品がたとえば打ち欠きがあるものか，完成品なのか，さらに弧状片なのかどうかよくわからない部分があるが，三沢市野口貝塚でも多数のベンケイガイ製貝輪破片が出土しており，貝輪の製作地と解してよい。本県域では目下，田小屋野貝塚とこの遺跡の 2 ヶ所が明確なベンケイガイの貝輪製作地と考えられる。ただし，この貝輪製作にはとくにはむずかしい技術は要らず，材料さえ入手できれば，各遺跡で自家消費分程度を製作したことは充分考えられる。

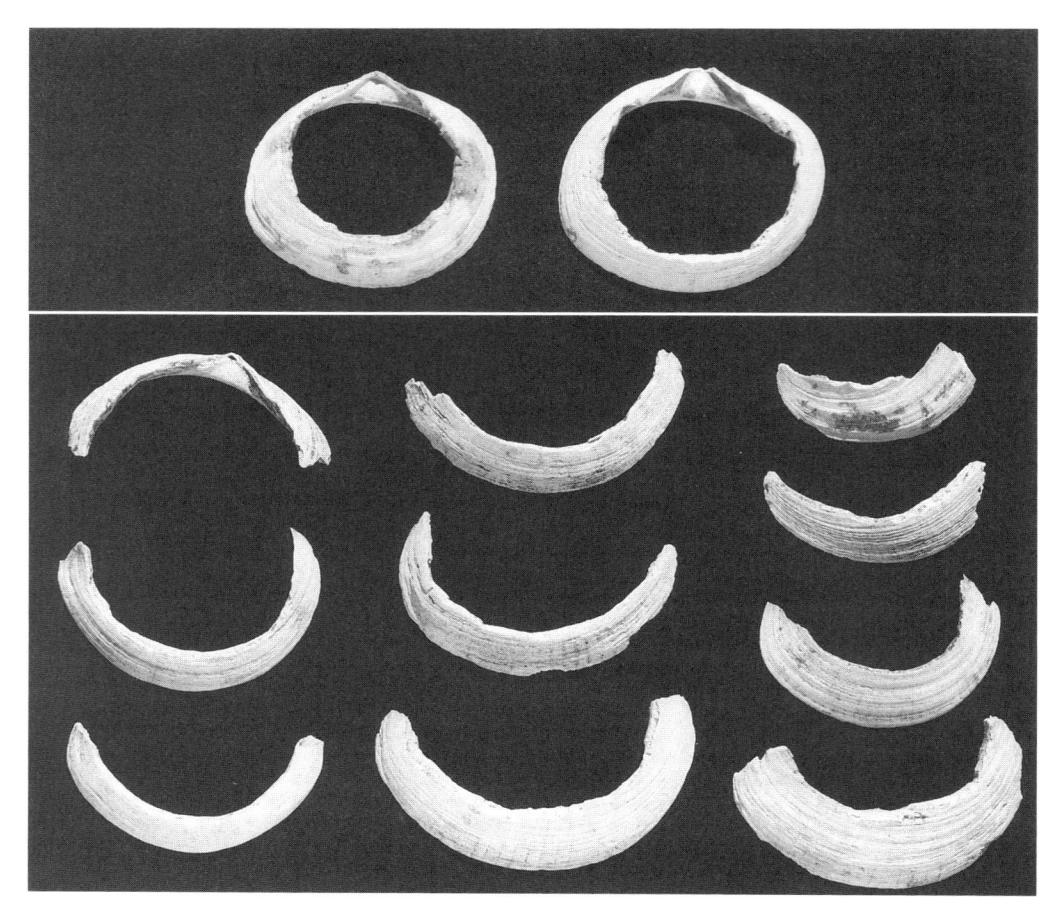

156　第 IV 章　津軽海峡域の貝類文化

三沢市野口貝塚出土品

市浦村（現五所川原市）墳館出土品

写真 2　青森県域出土のベンケイガイ

本県域では縄文前期初頭からベンケイガイ製環状貝輪が使われ，以後中期・後期・晩期，そして弥生中期にまで継続する。ただし，この時期のベンケイガイ製貝輪の出土数は，これが増加する後期・晩期の貝塚が少ないためきわめて限られたものである。この状況は貝塚の少ない日本海沿岸他地域でも同様である。また，これらのなかで，薬師前遺跡出土の例は丁寧に仕上げられている。このような例は本県域では少なく，大半は必ずしも最後まで丁寧に仕上げられてはいない。とくに，内縁部の整形は多少粗いものが多いわけであって，これを未製品とするよりはこの状態で使用されたことを示していると考えられる。

なお，ベンケイガイが食料としても採集されたのではないかという考え方もできるが，縄文〜弥生時代には，もっぱら貝輪の材料としてのみ利用されたと考えられる。食料として利用されたのであれば，付近に生息しているものを食料としないことは考えられず，生息分布域にある貝塚にはもっと多量に含まれ，しかも破片も弧状片主体という状況にはならなかったであろう。ただし，当地の古代〜近世には，ベンケイガイなどの貝輪が製作・使用されていないため，出土したこの時期のベンケイガイは非常時などの食料とされた可能性はある[2]。つぎに，本題であるベンケイガイ交易の問題について述べる。

3. 北日本におけるベンケイガイ交易

(1) ベンケイガイの生息分布 (第2図，写真3・4)

ベンケイガイ交易の問題をあつかうにあたり，まずこの貝の生息分布について述べておく。

ベンケイガイ *Glycymeris albolineata* (LISCHKE) は二枚貝綱 (あるいは斧足綱) のウグイスガイ目 (あるいは真多歯目) タマキガイ科に属する暖流系の二枚貝で，成体での大きさは殻長8.5・殻高7cmほどであり，貝自体も厚い。ベンケイという名が冠せられたのは，この貝が「色が黒くて，ごつくて，毛も生えていて弁慶を彷彿とさせることから付けられた」[5]ものである。ちなみに，青森県の十三湖一帯では，この貝を「かまけ (けは貝の津軽方言)」[6]，韓国語では투박조개トゥパクチョゲと言う (江坂1983)。

市販されている貝類の図鑑によれば，この貝の生息地域が外洋の水深5〜20mの細砂底という点ではほぼ一致しているが，生息分布については記述に大きな差がある。すなわち，分布を房総半島〜九州とするもの (波部・小菅1968，波部・奥谷監修1990)，本州以南とするもの (吉良1971)，本州〜九州・朝鮮半島とするもの (岡田1973)，あるいは北海道南部〜九州・朝鮮半島とするもの (波部1977) 等がある。この生息分布についての記載の違いは，この貝の交易の問題をあつかうにあたってはきわめて大きな問題となる。ところで，本県域では，すでに下北半島太平洋側平沼海岸の高瀬川河口付近 (青木1959)，下北半島津軽海峡側の東通村石持納屋 (奈良1965) などでその生息分布が確認・報告されている。また，陸奥湾内でも青森市野内や下北半島横浜町吹越で打ち上げられたものが確認されたという記載 (三輪編1988) もある (これについてはまだ確認してはいない)。また，これは平成2年の田小屋野貝塚調査中に知ったことであるが，七里長浜沖では今でもベンケイガイ漁が行われ付近の食堂のメニューとなっているほどであり，この地域では現

在でも多数生息している。また，ビノス貝など寒流系の貝が生息する太平洋側八戸市南部の大須賀海岸沖でも生息していることが確認されている[7]。したがって，生息分布が房総半島以南と言うのは明らかに誤りである。

このことから，安易に図鑑の情報のみを基にしたのでは具体的な交易の問題はあつかうことができない。この問題をあつかうには，もう少し具体的に実際にどの海岸にベンケイガイが多いのか，そしてどのような状態で採取されるのかといった問題も解決することが必要である。そこで筆者は，実際に海岸を踏査してみる必要があると考え，平成3年秋から平成6年春まで断続的にではあるが，秋田県能代市浅内，青森県鰺ヶ沢町七里長浜港（A），木造町（現つがる市）出来島（B）（写真4上），車力村（現つがる市）高山稲荷神社裏（C），市浦村（現五所川原市）十三湖北（D），市浦村（現五所川原市）脇元（E），今別町大泊の中宇田（F），大畑町（現むつ市）釣屋浜，むつ市美付川河口西（G），東通村稲崎（H）・老部川河口南，六ヶ所村尾駮漁港北，八戸市大須賀（I），平内町小湊，青森市野内等の各海岸（砂浜）を踏査してみた。

その結果，ベンケイガイが採集されたのは能代市浅内（最大殻長5.3cmで殻頂部に穴あり），鰺ヶ沢町七里長浜港（A）（最大殻長7.5cm），木造町（現むつ市）出来島（写真3-3）とその南部（B）（写真3-4〜6），車力村（現つがる市）高山稲荷神社裏（C），市浦村（現五所川原市）十三湖北（D）（写真3-7〜10）（木造町〜市浦村のものは最大殻長7.7〜8.2cmで殻頂部に穴あるものあり。摩滅した弧状片多），市浦村（現五所川原市）脇元（E）（最大殻長7.4〜7.9cmで殻頂部に穴があるものもあり。写真3-11・12），今別町中宇田（F）（摩滅した弧状片のみ。写真3-13〜15），むつ市美付川河口西（G）（最大殻長8.3cm。写真3-16），東通村稲崎（H）（最大殻長5.7cmで殻頂部に穴あり），八戸市大須賀（I）の海岸（最大殻長6.7cm。写真3-17）等であった。そのなかで，もっとも多く採取されたのは，日本海沿岸の木造町（現つがる市）出来島から車力村（現つがる市）高山稲荷神社裏を経て市浦村（現五所川原市）十三湖北にいたる七里長浜と脇元の海岸であった。また，数が少ないものの，大型で貝輪の材料として利用できるものが採取されたのは津軽海峡に面したむつ市美付川河口西の海岸であった[8]。

以上の点から，本県域では津軽・下北半島，さらに八戸市などの海岸ではベンケイガイを採取できることが確認されたわけであるが，そのうち大型のベンケイガイが多量に採取されたのは，木造町から出来島を経，十三湖の河口一帯にいたる七里長浜であった。県内すべての海岸を踏査したわけではないので，このほかにも採取される海岸はあると思われるが，対馬暖流が流れる七里長浜がもっとも容易にしかも多量に採取しやすい地域であると考えられる。この暖流が流れる状況は，海進・海退，土地の隆起・沈降などの地形変化はあったとしても，縄文〜弥生時代も現在とは大差なかったものと思われる。したがって，縄文前期の田小屋野貝塚の時代にもベンケイガイが多数採取され貝輪が製作されたということは，当然のこととして理解される。今のところは縄文前期のみの製作地が確認されたにすぎないが，縄文〜弥生時代の各期にもこの砂浜でベンケイガイが採取され，付近のムラで貝輪製作が行われたものと考えられる。

なお，図鑑に生息分布の北限ともされる北海道南部のベンケイガイの問題であるが，伊達市在

住の貝類研究者である福田茂夫氏に電話でお伺いしたところ，「噴火湾など道南部ではまったく確認されていない。ただし，奥尻島でベンケイガイが生息しているという情報があり，その可能性はつよいが，まだ実際に現地に行って確認してはいない」とのことであった。津軽半島と距離的に近く，しかも対馬暖流が流れる北海道南部にはベンケイガイが生息する可能性がないわけではないが，筆者が聞き取り調査した範囲ではまだ確認されていない。また，この地域の縄文〜弥生時代の貝塚を構成する貝ともなっていない。したがって，現段階では，縄文〜弥生時代の北海道ではベンケイガイが採取されなかったという前提で論を進めることとする。

(2) 各地のベンケイガイ製腕輪（第3〜5図，写真4）

わが国では，縄文時代の貝輪（腕輪）として二枚貝ではサルボウガイ・アカガイなどとともにベンケイガイが一般的に用いられている。ベンケイガイは「神奈川県吉井城山第一貝塚，滋賀県石山貝塚の早期資料を最古とし，前・中期にはそれ程目立たないが，後期に入って急激に増加し，晩期には一遺跡から非常に多くの資料の得られる例も見られるようになる。ほぼ全国的に分布する貝種である」（金子・忍沢1986a）という。東日本では，関東地方や東北地方南部，岩手県三陸地方（以下，地方は省略）で多数出土しているが，日本海側の東北地方南部以南ではベンケイガイの生息分布地域でありながら，出土数がきわめて少ない。このことは太平洋岸にくらべて，ベンケイガイを包蔵すべき貝塚が少ないため発見されにくいという要因が大きいと考えるべきであろう。

なお，貝輪の型式には中央部に腕通し用の大きな穴があいたドーナッツ状の環状型とそれを半分に割ったような半環状型（両端に連結用の紐通し穴がある）があることを断わっておきたい。

【東北地方北部〜南部】（第4図，写真4）

地域的に順に南からみると，東北地方南部では仙台湾周辺では気仙沼市田柄貝塚（縄文晩期初頭を主とする時期の貝輪111点のうちアカガイ製62点，ベンケイガイ製37点で環状型と半環状型がある。17〜24，宮城県教委1986b），岩手県花泉町（現一関市）貝鳥貝塚（縄文後期後半〜晩期を主とする時期のベンケイガイ製64点で環状型と半環状型がある。未加工品1点もある。13〜16，草間・金子編1971）で多数のベンケイガイ製貝輪が出土している。また，これらの両遺跡には南海産のオオツタノハ製の貝輪もある。これらの例については，黒潮本流の及ぶ房総半島あるいは相模湾以南から供給されたものと考えている研究者は多い（宮城県教委1986b，林1993）。また，秋田県北部には能代市柏子所貝塚の例が突出しており，縄文晩期前半期のものが1,100点以上も出土しており（大洞BC式主体で1,153点あり，完成品1点，環状型が多い。内側に刻みをもつものもある。10〜12，写真4下，大和久1957・1966)[9)]。これらの遺跡のなかで，柏子所貝塚はとくに数量的に多いというほかにベンケイガイの生息地域内にあることから，他地域への交易品を主に製作した遺跡と思われる。青森県の状況は前述したように数が多いわけではないが，これは東北地方南部でベンケイガイ製貝輪が多く出現してくる後・晩期の貝塚が本県では少ないという時期的な偏りが大きな要因であろう。

160　第 IV 章　津軽海峡域の貝類文化

1・2
七里長浜沖

3
木造町出来島海岸

4～6
木造町南部海岸

7～10
市浦村十三湖北岸

11・12
市浦村脇元海岸

13～15
今別町中宇田海岸

16
むつ市美付川河口西海岸

17
八戸市大須賀海岸

写真 3　青森県各地から採取されたベンケイガイ

【北海道】（第5図）

　つぎに，北海道であるが，その地域の広大さにくらべて少ないという状況がある。大島直行氏によれば（大島1989），北海道におけるベンケイガイ製貝輪の分布は札幌市以南にあり，縄文前期中頃から続縄文恵山式期まで14ヶ所ある。日本海側では北から順に泊村茶津2号洞窟（縄文後期，環状型5点，28，西本1989）・同4号洞窟（続縄文恵山式期，半環状型7点），島牧村栄磯岩陰遺跡（縄文後・晩期，環状型2点と半環状型1点，29・30，金子1973），乙部町三ツ谷貝塚（縄文晩期，不明型貝輪・貝匙など3点。大場・渡辺1966）があり，太平洋側では東から順に苫小牧市静川22遺跡（縄文前期中頃，不明型4点），やや内陸になるが苫小牧市美沢1遺跡（縄文後期，環状型5点，25，道教委1979），伊達市北黄金貝塚（縄文前期中頃，環状型19点・半環状型2点），伊達市有珠善光寺2遺跡（縄文後期，環状型13点），伊達市南有珠7遺跡（恵山式期，半環状型1点），伊達市有珠10遺跡（縄文晩期，環状型6点・半環状型2点，恵山式期，半環状型62点，27，大島ほか1990），虻田町（現洞爺湖町）高砂貝塚（縄文後期初頭，半環状型3点・不明型1点，26，大島1987），豊浦町礼文華貝塚（恵山式期，半環状型1点）などがあり，材料とした貝の種類から言えば貝輪の全体のうち大半がベンケイガイでほかにアカガイ・ウバガイ・エゾタマキガイが少数あり，サルボウガイ製はない。また，貝輪の型式から言えば，縄文前期以降，環状型が多いなかに，半環状型も前期から少数見られ，後期初頭の高砂貝塚（半環状型貝輪3＋不明1点）・晩期をへて，続縄文にはすべて半環状型になるようである。

　以上のうち，苫小牧市美沢1遺跡では，縄文後期末葉の堂林式期のヒスイ管玉1点と環状型5点（すべて破片）もともにあり，これは土壙墓内で伸展葬人骨に着装されていたらしい（道教委1979）。また，よく知られた有珠10遺跡の例は特殊で，縄文晩期には南海産のオオツタノハ製の貝輪，続縄文恵山式期には南海産のイモガイ製貝輪（横つなぎ型）なども見られる（大島ほか1990）。また，大島氏があげた以外の例では，厚沢部町稲倉石岩陰遺跡に縄文後～晩期のベンケイガイ破片1点があり（西本1979），近年津軽海峡に面する戸井町（現函館市）戸井貝塚でも縄文後期初頭～前葉の半環状型を主とした貝輪片が68点出土しており，ほかにタールが付着した装身具（34，西本1993b）もある。この遺跡もベンケイガイ製貝輪の製作地と思われる。ここにはまた，南海産のオオツタノハ製貝輪やイモガイ製装身具も少数ある（31～39，西本1993b）。また，道東の釧路市幣舞遺跡にも続縄文前半期のベンケイガイ製貝輪19点（半環状型）が出土している（釧路市埋文1994）。

　これらをみてもわかるように，出土分布状況は，日本海沿岸より噴火湾沿いや石狩低地帯南部の太平洋側により多い。この状況は本州の事情と同様である。また，北海道出土の貝輪の形態は，本県域ではまだ資料的制約があるものの，縄文～弥生を通じてすべて環状型であるのとは状況がおおいに異なる（熊ノ林・二ツ森貝塚の半環状型の例はベンケイガイ製ではない）。ただし，この差がおもに時期的な違いを反映しているものなのか，当初から使用法を異にした本質的な差なのか，あるいは半環状型が単に環状型を製作する際の破損品利用なのか，環状品の再利用なのかどうかについては資料の増加をまちたい。

162　第 IV 章　津軽海峡域の貝類文化

1. 苫小牧市美沢1遺跡（縄文後期）
2. 虻田町高砂貝塚（縄文後期初頭）
3. 伊達市有珠10遺跡（縄文晩期〜恵山式期）
4. 泊村茶津洞窟（縄文後期〜続縄文）
5. 島牧村栄磯岩陰遺跡（縄文後・晩期）
6. 乙部町三ツ谷貝塚（縄文晩期）
7. 厚沢部町稲倉石岩陰遺跡（縄文後〜晩期）
8. 戸井町戸井貝塚（縄文後期初頭〜前葉）
9. 大間町ドウマンチャ貝塚（縄文晩期）
10. 東通村札地貝塚（縄文晩期）
11. むつ市最花貝塚（縄文中期末葉）
12. 脇野沢村九艘泊岩陰遺跡（縄文晩期中頃〜弥生前期）
13. 木造町田小屋野貝塚（縄文前期中頃）
14. 尾上町五輪野遺跡（弥生中期）
15. 三沢市野口貝塚（縄文早期末葉〜前期初頭）
16. 倉石村薬師前遺跡（縄文後期前半）
17. 八戸市熊ノ林貝塚（縄文前期末葉〜中期）
18. 能代市柏子所貝塚（縄文晩期前半）
19. 岩手県花泉町貝鳥貝塚（縄文後期後半〜晩期が主）
20. 宮城県気仙沼市田柄貝塚（縄文晩期初頭が主）

第3図　北日本のおもなベンケイガイ出土遺跡

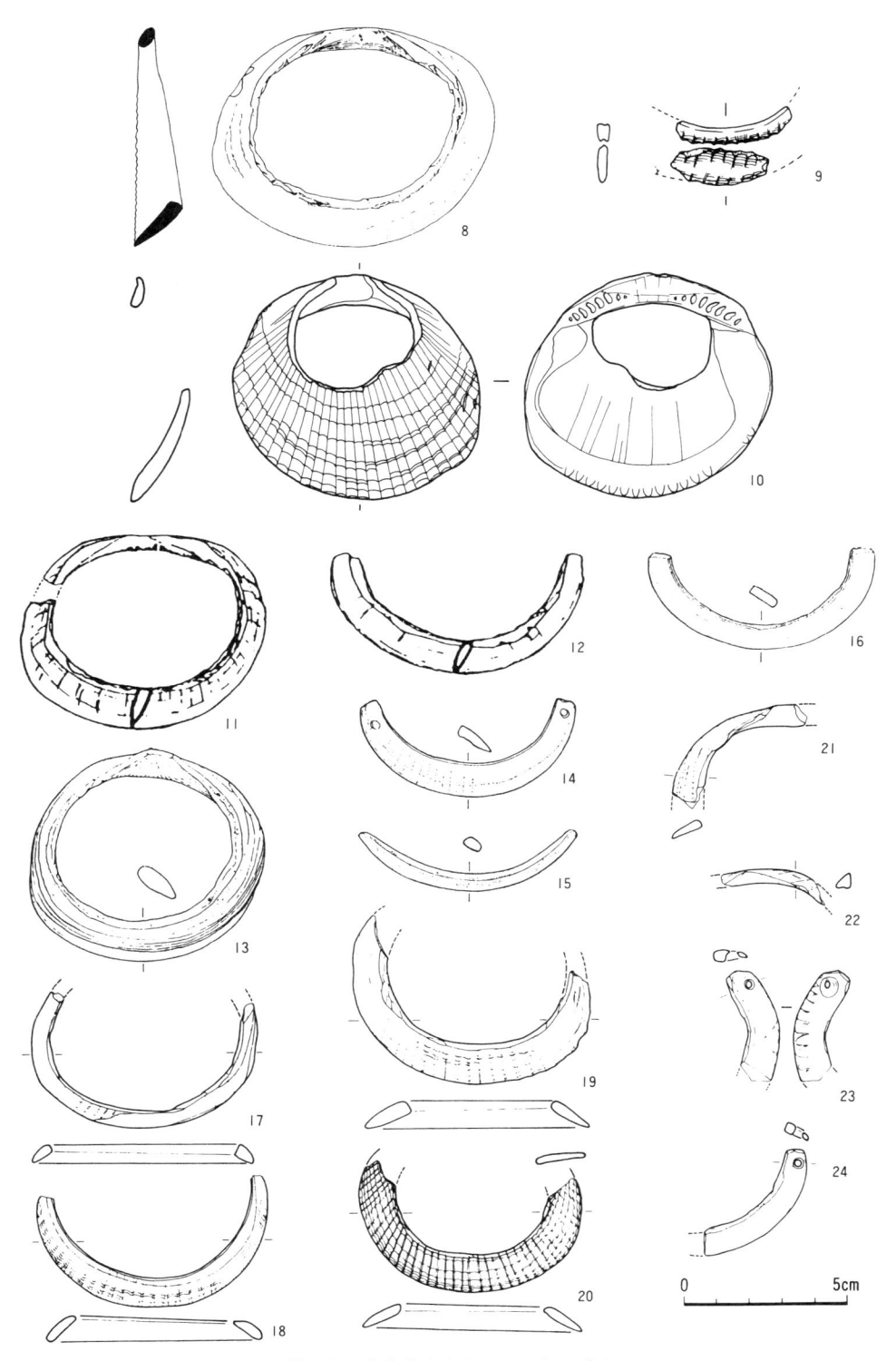

1 北日本におけるベンケイガイ交易 163

第4図 東北地方出土のベンケイガイ

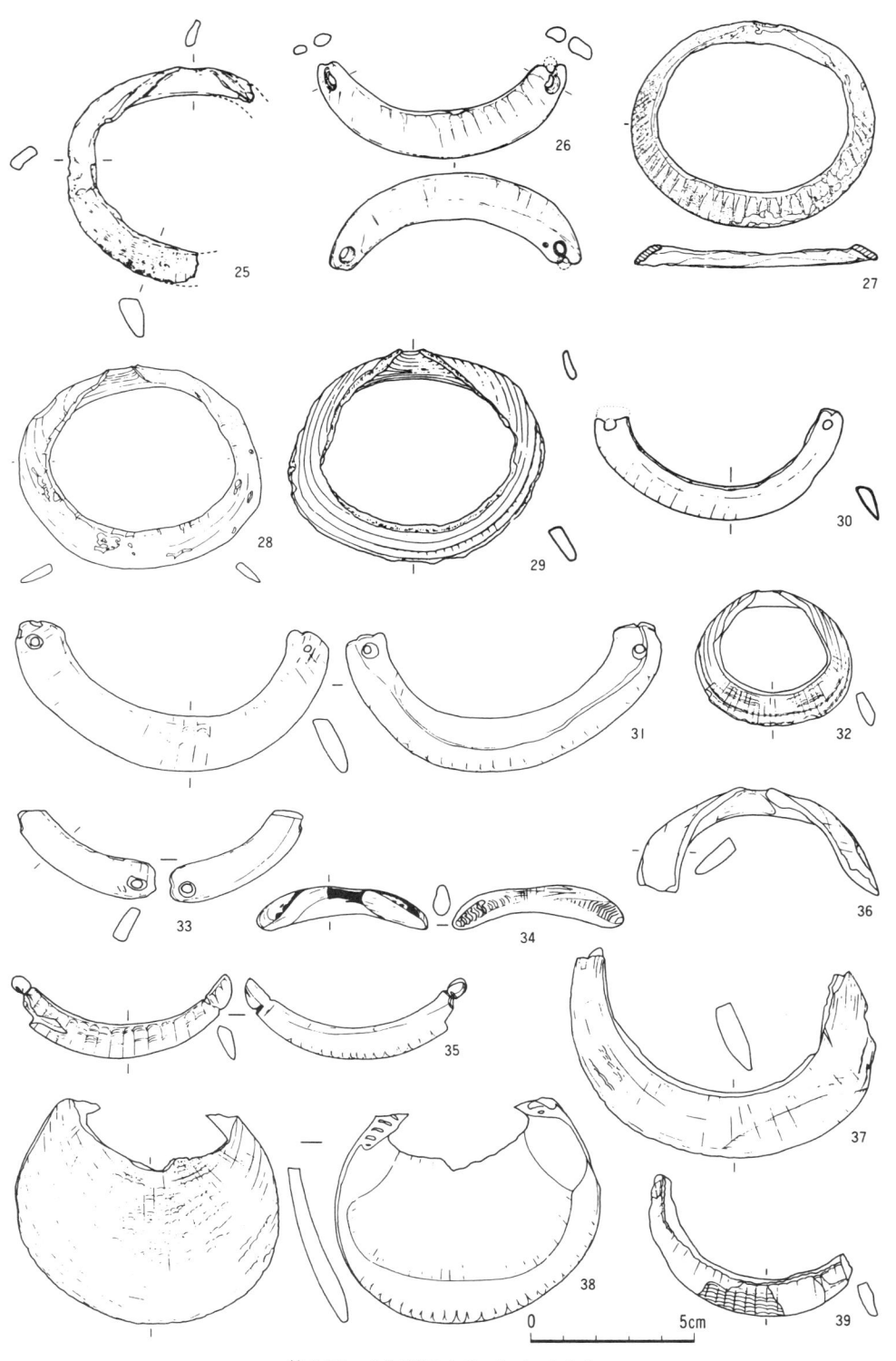

164　第IV章　津軽海峡域の貝類文化

第5図　北海道出土のベンケイガイ

1 北日本におけるベンケイガイ交易　165

ベンケイガイが採取される
七里長浜

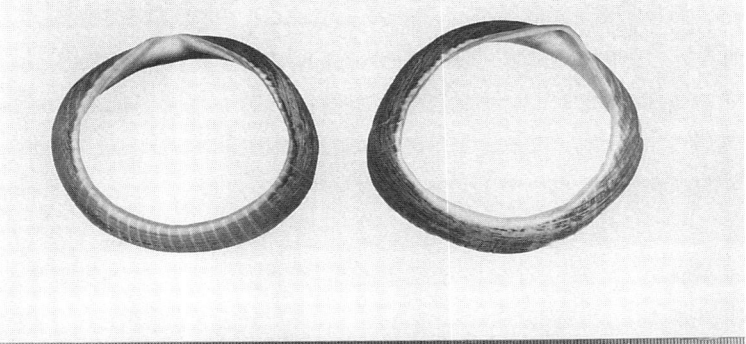

（参考）
ベンケイガイで作った腕輪
（筆者製作）

能代市柏子所貝塚出土品
↓

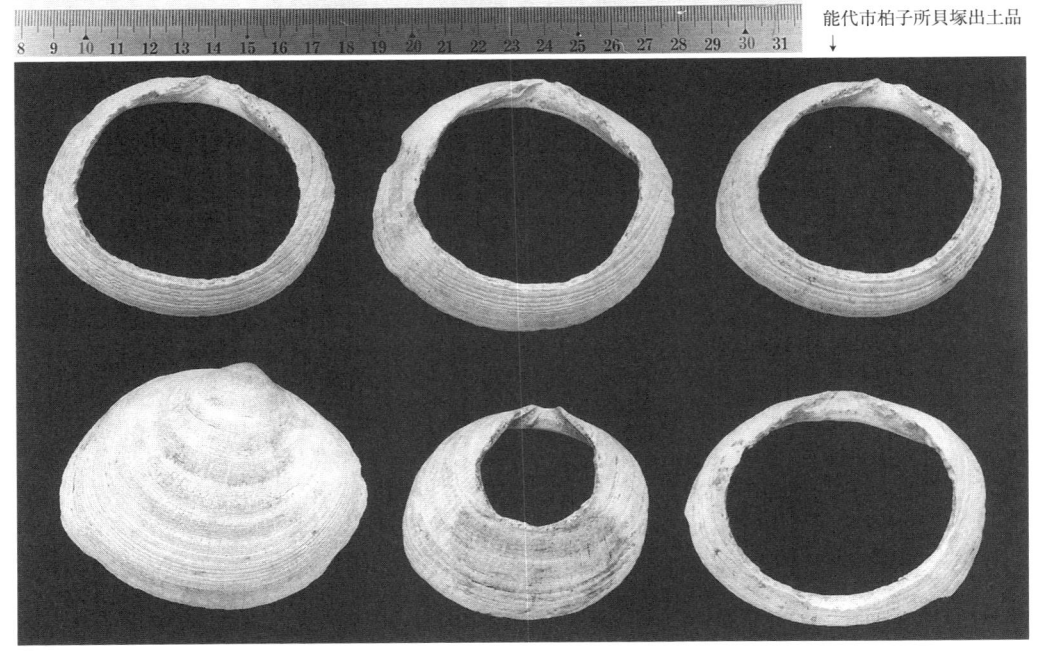

写真4　青森県七里長浜と柏子所貝塚出土品（第4図とは合致しない。）

なお，有珠10遺跡の第16号墓（縄文晩期・大洞A式期）では屈葬の成人女性2体の左腕に貝輪がはめられており，1体には環状型のオオツタノハ製1，環状型のベンケイガイ製4，半環状型のベンケイガイ製2，もう1体にはベンケイガイ・オオツタノハ製環状型各1点がある（27，大島ほか1990）。これは，時期は異なるものの青森県倉石村（現五戸町）薬師前遺跡（縄文後期前葉）で壮年女性の左腕に7点の環状型貝輪がはめられる例と共通している。

（3）北日本におけるベンケイガイ交易

今まで，青森県域におけるベンケイガイの生息分布と北日本各地のベンケイガイ製貝輪の状況について述べたが，それでは，いったいこれら各地で出土した貝輪は主にそれぞれどの地域からもたらされたものであろうか。田小屋野貝塚に近い七里長浜との関わりで考えてみよう。

言うまでもなく，縄文時代には東北地方北部と北海道さらには東北地方南部などとの交易が盛んに行われたわけであり，出土する土器や石器・土製品・石製品などの類似性や黒曜石・八郎潟付近産の天然アスファルト・糸魚川産ヒスイ・南海産の貝などの広範な分布などから，その状況をある程度うかがうことができる。また，日本海側と太平洋側の交易も同じようにヒスイや天然アスファルトさらに黒曜石などによって考えることができる。これらとのかかわりも考慮しながら，主にベンケイガイの交易経路について考えてみたい。

【岩手県南部と宮城県出土の例】

まず，岩手県南部や宮城県など太平洋沿岸の東北地方南部出土のベンケイガイ製貝輪であるが，この地域では縄文後期・晩期の出土例が多い。したがって，田小屋野貝塚の事例とは直接的には結びつかない。この地域は，暖流が沿岸を流れないため採取されないということを考えれば，地理的に近くて，生息分布密度が濃くしかも時期的な出土傾向が類似する房総半島など，関東地方から主にもたらされたものと考えやすい。このことは，岩手県南部や宮城県の貝塚からはベンケイガイ製品とともにオオツタノハ・イモガイ・タカラガイ製品など房総半島以南や伊豆諸島産とみられる貝が少数ながら出土することを考えあわせれば理解されよう。しかし，豊富な生息地を背後にもった秋田県柏子所貝塚の例を考えれば，東北地方北部の日本海沿岸から来た可能性ももっと考慮しないわけにはいかないであろう。それは，この頃に秋田県昭和町（現潟上市）槻木など日本海沿岸の産油地産とみられる天然アスファルトが奥羽山脈を越えた三陸・仙台湾沿岸各地で用いられていたと考えられるからである。この点について，日本各地の貝製品に詳しく，また戸井貝塚の発掘調査も指導した西本豊弘氏は北海道・東北地方からベンケイガイが運ばれた可能性を考えている（林1993）。

【東北地方北部出土の例】

つぎに，東北地方北部から出土したものについてであるが，秋田県や津軽などの日本海沿岸から出土するものは，時期的には縄文前期・晩期しか確認されていないものの，縄文〜弥生を通じて，能代〜七里長浜など日本海沿岸産とほぼ断言してもよい。このことは製作地と考えられる縄文前期の田小屋野貝塚や晩期の柏子所貝塚の例などからつよく言える。また下北半島，八戸市・

岩手県北部など太平洋沿岸出土のものについては，地元でも採取されることから，それを利用した可能性はある。とくに，三沢市野口貝塚では縄文早期末葉〜前期初頭のベンケイガイ製貝輪が多数出土しており，製作地と考えてよい。しかし，この遺跡は小川原湖という内湾奥部にあって，付近に豊かな産地を控えた地域ではないため，この地域には秋田県北部〜七里長浜産が多数供給されていた可能性がつよいと思われる。それは出来島産の黒曜石の問題である。前に述べたように，ベンケイガイが採取される七里長浜のうちとくに出来島海岸南部ではまったく同一地点において黒曜石原石が容易に採取される。そして，この地域の原石を用いた石器が縄文前期以降津軽で用いられ，後期以降は下北半島，晩期には太平洋沿岸でも用いられる事例がある。このことから，東北地方北部出土のベンケイガイ製貝輪はかなりの数が能代〜七里長浜産であったと思われる。田小屋野貝塚が岩木川下流・十三湖，柏子所貝塚が米代川河口，という日本海そして津軽海峡に連なる交通の要衝にあったこととは無縁のことではない。

【北海道出土の例】

　最後に，北海道出土のものであるが，南部からベンケイガイ製貝輪が出土している。北海道南部は地域的に大きく日本海側と太平洋側に分けられる。このうち，日本海側南部のものは津軽とは地理的に近くしかも対馬暖流によって結ばれるということから，津軽・七里長浜産の可能性がきわめてつよい。これに対して，戸井貝塚のような津軽海峡域や噴火湾沿岸など太平洋側出土のものについては事情が異なる。それは，地理的に近い下北半島や東北地方北部の太平洋側産を用いたものと単純に考えられやすいわけであるが，その間を流れる津軽海峡をどのように考えるかということによって事情が大きく変わってくる。この海峡を対馬暖流が東流し，北海道方面では噴火湾に向かって流れている。この潮流を考慮すれば，日本海沿岸を北上したあと，津軽海峡を東行して噴火湾に到るという経路も充分考えられるのである。事実，この経路によって縄文中期以降，糸魚川産ヒスイや秋田県槻木産とみられる天然アスファルトなどが運ばれたことを考慮すれば，ベンケイガイもこれと同じ日本海沿岸の秋田県北部や七里長浜産が主であったことも考えられるわけである。とくに，苫小牧市〜噴火湾沿岸から出土した縄文前期中頃の例は，田小屋野貝塚例と同時期でもある。また，田小屋野貝塚では前述したように同時期の北海道産黒曜石も出土しており，双方の関連を考えないわけにはいかない。さらに，戸井貝塚の多量のベンケイガイ需要を満たすには対岸の下北半島よりは七里長浜の方が可能性がつよいであろう。問題として残るのは，有珠10遺跡や戸井貝塚などオオツタノハなど南海産の貝製品をともなう事例である。この貝を太平洋側経路によったものとすれば伊豆諸島（橋口1988）や伊豆半島以南産，日本海側経路（森1989，大島1993）とすれば奄美諸島以南産と考えたいところである。ただし，これらの南海産の貝製品とベンケイガイ製品とは異なる経路で持ち込まれた可能性もあろう。いずれにせよ，これら南海産の貝をともなう事例がどこから供給されたかを確定にはまだまだ解決しなければならない問題が多い。

168　第IV章　津軽海峡域の貝類文化

おわりに

　以上，青森県田小屋野貝塚出土のベンケイガイによって，縄文時代における東北地方北部の日本海沿岸と北海道および他地域とのベンケイガイをめぐる交易について述べた。そして，東北地方北部の日本海沿岸地域が当時のベンケイガイの一大産地（製作地）であり，北海道など各地へ多数のベンケイガイ（貝輪）を供給したと考えられるわけであるが，このなかでとくに津軽海峡をめぐる交流・交易について，従来から筆者は土器のほかに黒曜石・ヒスイ・天然アスファルトなどの問題（福田 1990b・1994a）から，西本豊弘氏はイノシシ（西本 1985）・海獣（西本 1993c）などの自然遺物の分析などの点からアプローチしてきている。そして，津軽海峡をめぐる交流の実態が少しづつではあるがわかるようになってきた。今回のベンケイガイ製貝輪の問題も筆者の一連の研究の延長線上にあるものである。

　北海道南部と東北地方北部とのベンケイガイをめぐる交易と言うからには，その実体について述べなければならないが，まだ具体的には明かでない。ベンケイガイ製貝輪が交易という手段以外によって動いたものもあったはずであろう。人々の腕にはまったまま移動したか，あるいは供給先と考えた人々が実は，産地までベンケイガイを採取しに来て，採取し持ち帰ったあとに製作し使用したかも知れないのである。また，交易はある程度の等価交換が原則であると思われるが，一方的な贈与もあるとみられ，具体的なことはまだよくわからない。本稿では，これを充分承知したうえで，北日本から出土するベンケイガイ製貝輪の動きを，生息地の現地踏査をしたうえで，産地―消費地という簡単な図式の交易として考えてみたものである。交換に基づく交易とすれば，東北地方北部と北海道との関わりのなかで，ベンケイガイ製貝輪（あるいは原材料も）と交わされた北方からの交換品は何であろうか。それはひとつか，複数か。可能性として，津軽では縄文前期以降に北海道産黒曜石が青森県に南下していることから，その可能性は充分ある。また，それ以外のもので，たとえば本州には生息しないヒグマ（亀ヶ岡遺跡出土の犬歯。晩期。金子 1984）など北海道特有の動物・植物などの資源であろうと言うことはできよう。しかしまだまだ具体的に明確に言える段階ではない。これは，東北地方北部と南部（とくに太平洋側）との関わりでもまったく同じことである。現在，石器や石製品について行われ，大きな成果が収められている自然科学的産地分析が，今後貝類やその他の自然遺物にも応用され，産地分析が可能になることを願うものである。

註
1)　平成7年3月に青森県立郷土館が刊行する予定の『田小屋野貝塚発掘調査報告書』（仮題）に産地分析結果を掲載する予定である。
2)　市浦村（現五所川原市）で秋田谷さんが経営する「太公望」では，漁師に依頼して八尺（ハッシャク。桁網）によってベンケイガイを採捕している。そして，メニューとしてこの貝の刺身を提供している。刺身以外には煮ても焼いても食には適さないとのことである。なお，筆者の食べた感じでは味はウバガ

イ（ホッキガイ）に似ている。
3) 青森県立郷土館に出土品が所蔵されている。
4) 昭和51年出土という解説がある。市浦村コミュニテイセンターに展示されているのを実見・撮影した。
5) 東京水産大学奥谷喬司氏からのご教示として，1992年10月28日着の学研生物図鑑編集部からの手紙でご連絡いただいた。
6) 市浦村（現五所川原市）の秋田谷さんによれば，かつて「かまど」をつくる際に，殻が厚いこの貝をタイル替わりに貼りつけたため，このように呼ばれていたと言う。
7) 平成5年3月に八戸市児童科学館で開催中の，藤木倶子氏の貝コレクション展に大須賀海岸沖のものが展示されているのを実見した。
8) この後，青森県立郷土館の山内智研究主査が東通村岩屋の海岸から採集した貝類のなかに，充分腕輪になる大きさのベンケイガイがあることを確認した。
9) 柏子所貝塚出土のものは能代市教育委員会に保管されているのを実見・撮影した。第4図11・12（大和久1966）。ただし，10は筆者の採集品。

2 津軽海峡域と南海産貝類
——津軽海峡域におけるイモガイ形製品をめぐって——

はじめに

北海道南部から本州北辺にかけての津軽海峡域では，縄文時代早期以降きわめて類似した文化が展開しており，海峡を介した交流が行われてきたことが知られている。そして，近年の自然科学的な手法による産地分析の成果もあって，海峡を渡った具体的な物の内容も少しづつではあるが判明してきた（福田1990b・1994a・1995a）。また，南海産のイモガイを模倣したとみられる遺物がこの地域の縄文時代の遺跡から出土していることもまた既に知られている（芹沢1960）。この遺物は，その生息海域と津軽海峡域との何らかの交流を推測させるものであって，その実体を明らかにすることは，縄文時代における北日本の文化交流を研究するうえで，不可欠な作業であろう。

本稿では，このイモガイ形製品を紹介し，関連する諸問題について述べてみたい。

1. イモガイ形製品の出土例

イモガイは分類学上，マキガイ綱（腹足類）マキガイ亜綱（前鰓類）バイ目（新腹足類）のイモガイ科（Conidae）に属する（波部監修1990）海産の巻貝の仲間である。外形がサトイモに類似しているためにイモガイと命名された。非常に美しい貝で，おもに熱帯や亜熱帯の岩礁やサンゴ礁に生息する（白井1997）が，わが国では，伊豆諸島・相模湾以南などの黒潮海域に生息する。このイモガイを石や土で模倣して作ったとみられるものが，北海道・東北地方の縄文時代の遺跡から出土している。

(1)「内面渦状土（石）製品」と呼称されてきたもの（第1〜3図，写真1）

イモガイ螺塔部を輪切りにした製品と酷似し，土製・石製がある。従来，稲野裕介氏によって「内面渦状土（石）製品」と呼称されてきた（稲野1982）ものである。

この遺物は，共伴する土器が不明なものが多いが，ほぼ縄文時代（以下，時代を省略する）晩期前半とみられる。分布・出土数は，稲野氏がまとめた段階では，出土地不明の土製品1点のほかに，北海道南部と東北地方北部の5遺跡計18点（稲野1982）であったが，その後東北地方南部からも出土しており，現在では，北海道2，青森県6，秋田県1，岩手県4，山形県1遺跡の計14遺跡27点である。内訳は，土製品が9遺跡20点（出土地不明を含めると21点），石製品が5遺跡7点である。これらのうち土製品は，青森県南部〜岩手県北部の馬淵川流域に集中し，6遺跡17点がある。以下，稲野氏が紹介した資料をもとに[1]，その後発見された資料を加え紹介するが，それらは材質・形態等によって以下のように分類される。

【第1類】（第1・2図，写真1）

　円形で小型の容器ないしは円盤形を呈するもので，土製である。内面に渦巻文様が施されるが，外面は無文である。中央部に孔が1カ所あり，大半は，周縁部の渦巻末端が段差状を呈する。また，渦の方向には，（孔を起点として）右巻と左巻がある。

a．容器形を呈するもの

○青森県八戸市是川中居遺跡例（1～10）…縄文晩期前半とみられるもの10点がある（稲野1982，八戸市博1988b）。1は長径6.0cmで重さ26g，2は長径7.0cmで重さ47g，3は長径6.5cmで重さ25g，4は長径7.2cmで重さ56g，5は長径6.2cmで重さ44g，6は長径7.0cmで重さ49g，7は長径6.1cmで重さ26g，8は長径6.2cmで重さ26g，9は長径6.2cmで重さ27g，10は長径6.1cmで重さ23g。これらのなかで，1～6は右巻，7～10は左巻（稲野1982）であり，表面に白色顔料が塗られたものもある。

○青森県八戸市八幡遺跡例（11）…晩期前葉とみられる破片1点が表面採集された。右巻で推定直径6.0cm（八戸市教委1988b）。

○青森県福地村（現南部町）珠渡遺跡例（12）…晩期前半とみられる破片1点が出土した。右巻で，外面には巻きあげ手法を示す渦（左巻）が残されている。現存長3.0cm（青森県立郷土館1997）。

○岩手県一戸町蒔前遺跡例（13～15）…晩期前半とされる3点がある。すべて右巻で，13・14はともに長径6.5cmで重さ約30g，15は長径6.4cmで重さ約30g（稲野1982）。

○岩手県一戸町山井遺跡例（16）…晩期前～中葉とされる1点が出土した。右巻で長径5.7cm（一戸町教委1995）。

○岩手県軽米町例…晩期とみられる1点がある。右巻で，直径4.5cm・厚さ1.5cm（東京国立博1996）。

b．円盤形を呈するもの

○青森県青森市宮田遺跡例（17）…晩期中葉とみられる1点がある。左巻で，直径5.2cm・重さ19.2g（福田1992b）。

○青森県弘前市十腰内遺跡例（18）…晩期とみられる1点がある。左巻で長径5.4cm，外面状況は不明（磯前・赤澤1996）。

○岩手県花泉町（現一関市）貝鳥貝塚例（19）…後・晩期とされる1点がある。右巻で長径3.6cm，外面状況は不明（東北歴史資料館1996）。

【第2類】（第3図，写真1）

　円形で小型の容器ないしは円盤形を呈するもので，石製である。ただし，容器形のものは土製品にくらべて，湾曲の度合が低く浅い。内面に渦巻文様が施されるが，外面は無文である。大半は中央部に孔が1カ所あり，周縁部の渦巻末端が段差状を呈する。また，渦の方向には右巻と左巻（孔を起点として）がある。

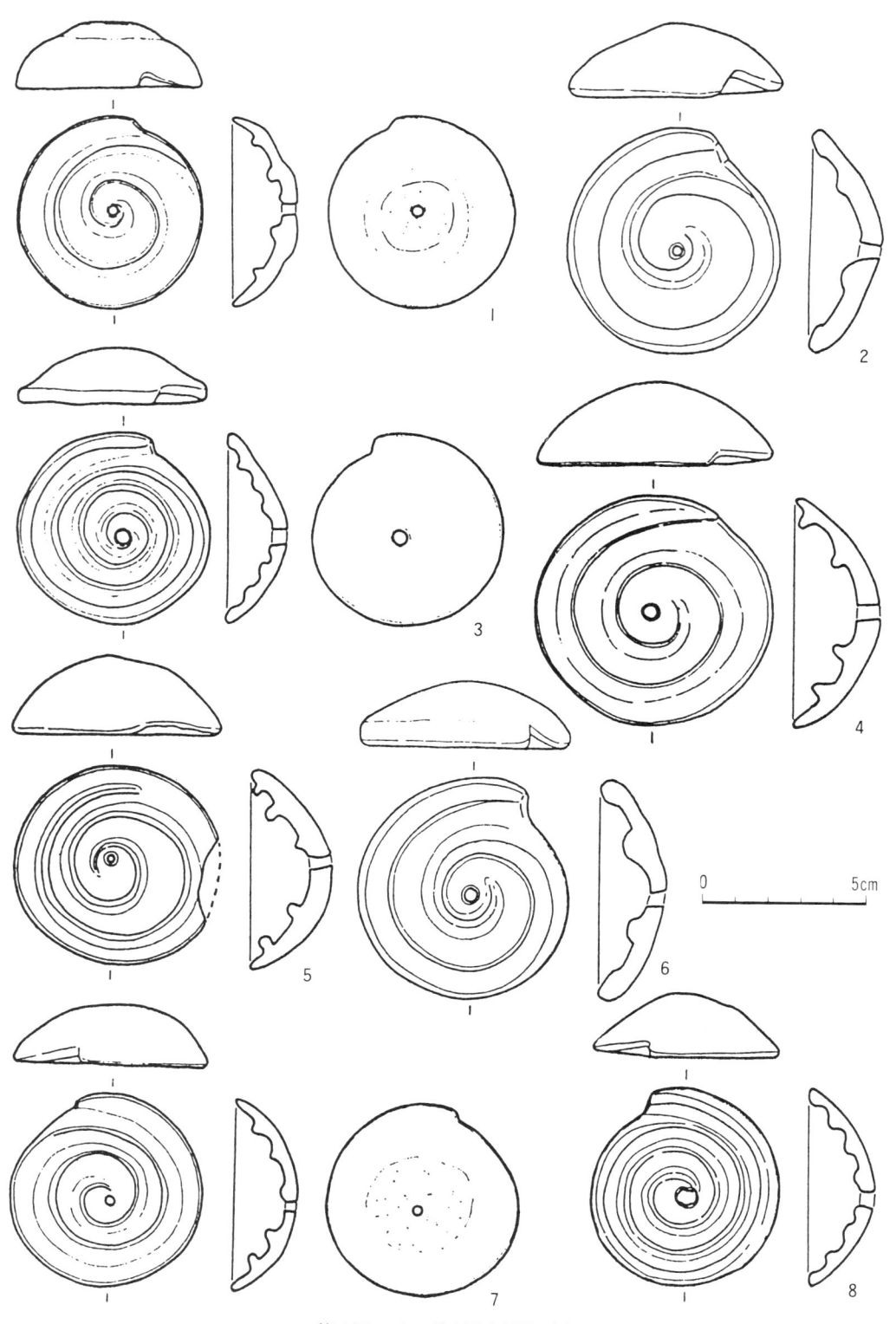

172　第IV章　津軽海峡域の貝類文化

第 1 図　イモガイ形土製品 (1)

2 津軽海峡域と南海産貝類　173

第 2 図　イモガイ形土製品 (2)

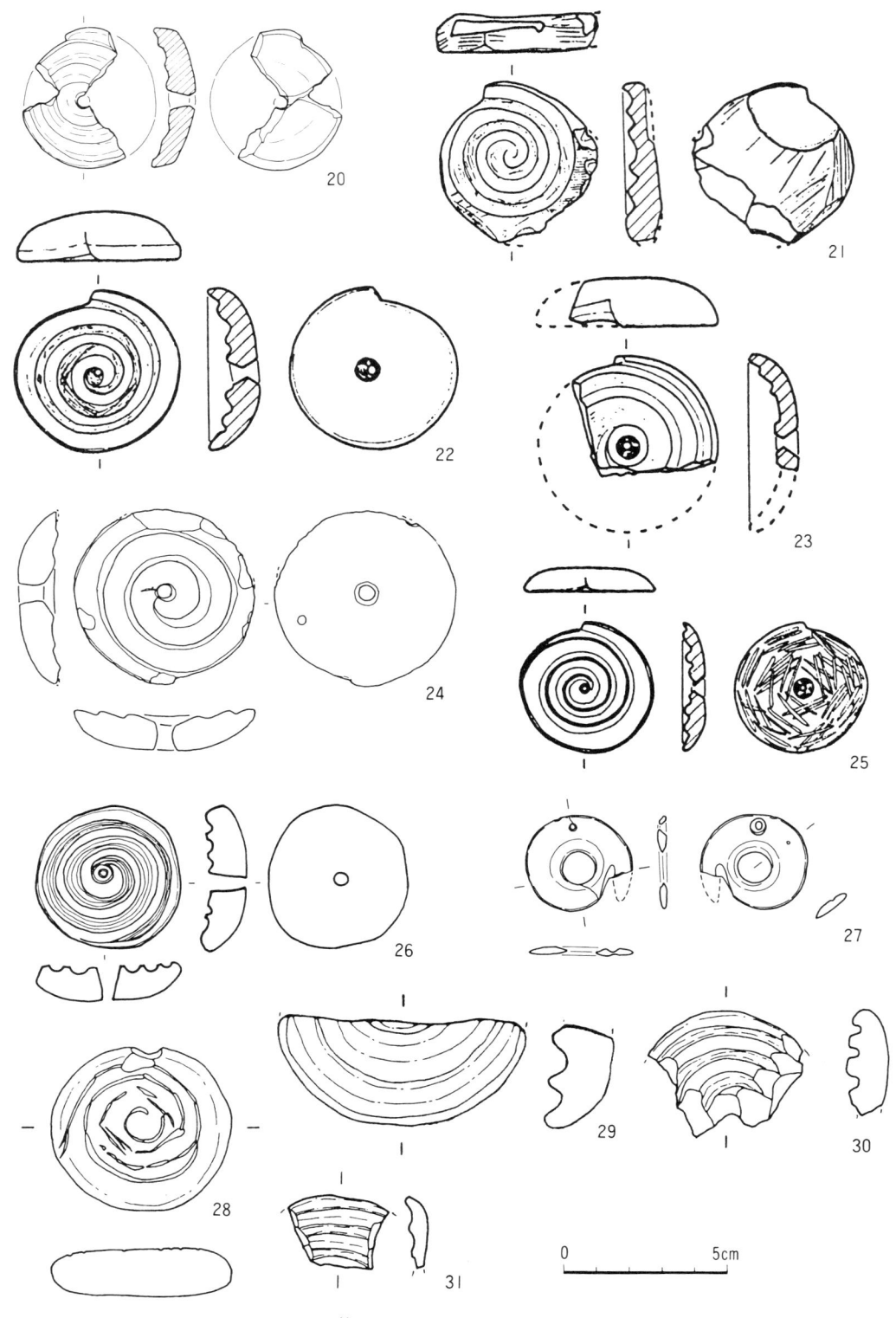

174　第IV章　津軽海峡域の貝類文化

第3図　イモガイ形石製品

a．浅い容器形を呈するもの。
○北海道千歳市ママチ遺跡例（20）…縄文晩期中～後葉とされる破片1点が出土した。左巻で内外に黒色の付着物がある。砂岩製で，直径4.4cm・重さ9.4g（道埋文1987）。
○北海道函館市女名沢遺跡例（22・23）…晩期中～末葉とみられる2点がある。すべて左巻で石材は不明。22は直径5.1cmで重さ25g，23は現存長3.8cmで重さ10g（稲野1982）。
○青森県平内町槻ノ木遺跡例（24）…晩期前半とみられる1点がある。左巻で砂質凝灰岩製。長径5.6cmで重さ31.8g（福田1992b）。
○秋田県小坂町内岱遺跡例（25）…晩期とみられる1点がある。左巻で石材は不明。直径4.1cm（稲野1982）。
○山形県村山市宮の前遺跡例（26）…晩期前～中葉とみられる1点が出土した。ただし，周縁部には渦巻末端の段差状部がない。右巻で砂質凝灰岩製。長径4.4cm（山形県埋文1995）。
b．円盤形を呈するもの
○北海道函館市女名沢遺跡例（21）…晩期中～後葉とみられる1点がある。左巻で石材は不明。中央部に孔がないもので，直径5.1cmで重さ25g（稲野1982）。

(2) 「の字状石製品」などと呼称されてきたもの（第3図，写真1）

文字どおり，ひらがなの「の」の字状を呈する石製品で，イモガイの螺塔部を輪切りにして穿孔したものを石で模倣したとされている（飯島・中山1989）。北海道・東北地方では，青森県の馬淵川流域から1点発見されている。
○三戸町泉山遺跡例（27）…縄文中期中～後葉（大木7b・8a式，円筒上層d・e式）の土器多数とともにフラスコ形土坑から1点出土した。結晶片岩製で，長さ3.3cmで重さ3.22g。この遺構からは，ほかに石鏃・石槍・磨製石斧・石皿・石冠・すり石・たたき石・くぼみ石・石刀・板状土偶・骨針などが出土し，さらに，鹿角・猪の頭蓋骨や歯・焼骨，炭化した海獣骨・クリ・クルミなども出土した（青森県教委1976）。

(3) その他（第3図）

「内面渦状土（石）製品」と呼称されてきたものに類似するが，中央部に孔がないものである。石製品のみで，秋田県北部から4点発見されている。
○鹿角市大湯遺跡例（28～31）…破片を含めて4点出土した。うち1点（29）は遺構からの出土で，泥質凝灰岩製の破片である。墓とされる楕円形土坑から，縄文後期前葉の土器や石鏃・スクレイパー・磨製石斧・板状土製品とともに出土した（鹿角市教委1989）。また，遺構外からは完形品1点（28）（鹿角市教委1995），破片2点（30，鹿角市教委1995，31，鹿角市教委1997）が出土した。完形品は円盤形・泥岩製で直径5.6cm，破片は凝灰質泥岩製・軽石製である。また，このほかに未報告のものに青森市三内丸山遺跡の出土品がある。中期のもの2点で，イモガイを外形そのままに模倣したとみられるものである[2]。

2. 津軽海峡域の南海産貝類

つぎに，イモガイ形製品がイモガイを実際に模倣したものかどうかについて述べるが，その前に，イモガイなどの南海産貝類が，生息地から離れた津軽海峡域等の北日本地域にどのように分布しているのか見ておく必要がある。

南海産貝類はすべて貝塚が密集する太平洋沿岸地域から出土しており，イモガイのほかにタカラガイ・オオツタノハガイなどがある[3]。タカラガイは黒潮圏の岩礁や珊瑚礁に生息する貝類（ニナ目）で，巻貝の一種である。中国古代に貝貨として用いられた（江上 1932）ものの仲間である。また，ツタノハガイは外洋に面した岩礁に付着する低い笠形の貝類（オキナエビスガイ目）で，同様に巻貝の一種であるが，そのなかでとくに大きいものがオオツタノハガイで黒潮圏に生息している。

以下，津軽海峡域を中心に紹介するが，出土数はきわめて少ない（第4図）。

○北海道伊達市北黄金貝塚例…縄文前期中〜後葉のタカラガイ穿孔製品1点が出土した[4]。
○北海道伊達市有珠10遺跡（通称・有珠モシリ遺跡）例（40）…晩期後葉とされる成人女性の屈葬人骨にベンケイガイ製腕輪とともに装着されたオオツタノハガイ製腕輪2点（40）（大島ほか1990）と続縄文時代のイモガイ製腕輪やタカラガイ穿孔品・ゴホウラ・マクラガイ・ホタルガイが出土した（大島ほか 1989，佐藤 1991）。
○北海道虻田町（現洞爺湖町）入江貝塚例（32・33・41）…後期前葉とされるイモガイ螺塔部製の垂飾品2点（32・33），オオツタノハガイ製腕輪1点（41）が出土した（大島 1994）。
○北海道戸井町（現函館市）戸井貝塚例（34・37・38・42・48）…後期初頭のイモガイ螺塔部製の垂飾品1点（34），オオツタノハガイ製腕輪1点（42），小型で半月形のタカラガイ製品2点（37・38，38には黒いアスファルト状物質が付着）とマクラガイ，またこの地域の海で採取されるカズラガイ製品（48）が出土した（西本 1993b）。
○岩手県久慈市二子貝塚例（43）…晩期中葉のオオツタノハガイ製腕輪1点（43）とホタルガイが出土した（久慈市教委 1993）。

これらのほかに，北日本では，北海道礼文町浜中1遺跡で後期中葉の大型のタカラガイ穿孔品1点が出土し[5]，東北地方北部では，岩手県宮古市崎山貝塚で中期の赤色が付着した小型で半月形のタカラガイ製品1点（武田 1996），同岩泉町岩谷洞穴で後〜晩期の小型で半月形のタカラガイ製品1点が出土した（岩手県立博 1984）。また，東北地方南部では，岩手県花泉町（現一関市）貝鳥貝塚で後期末葉のイモガイ螺塔部の未穿孔品1点（35）と晩期のオオツタノハガイ製腕輪2点（44・45）（草間・金子編 1971），宮城県気仙沼市田柄貝塚で後期後葉のタカラガイ穿孔品（39）1点とオオツタノハガイ製腕輪（46）1点（宮城県教委 1986b），同鳴瀬町（現東松島市）里浜貝塚で晩期中葉のイモガイ螺塔部製の垂飾品1点（36）とオオツタノハガイ製腕輪が比較的多く出土した（東北歴史資料館 1985）。このほか，岩手県南部以南ではまだまだ出土例があるが，省略することとしたい。

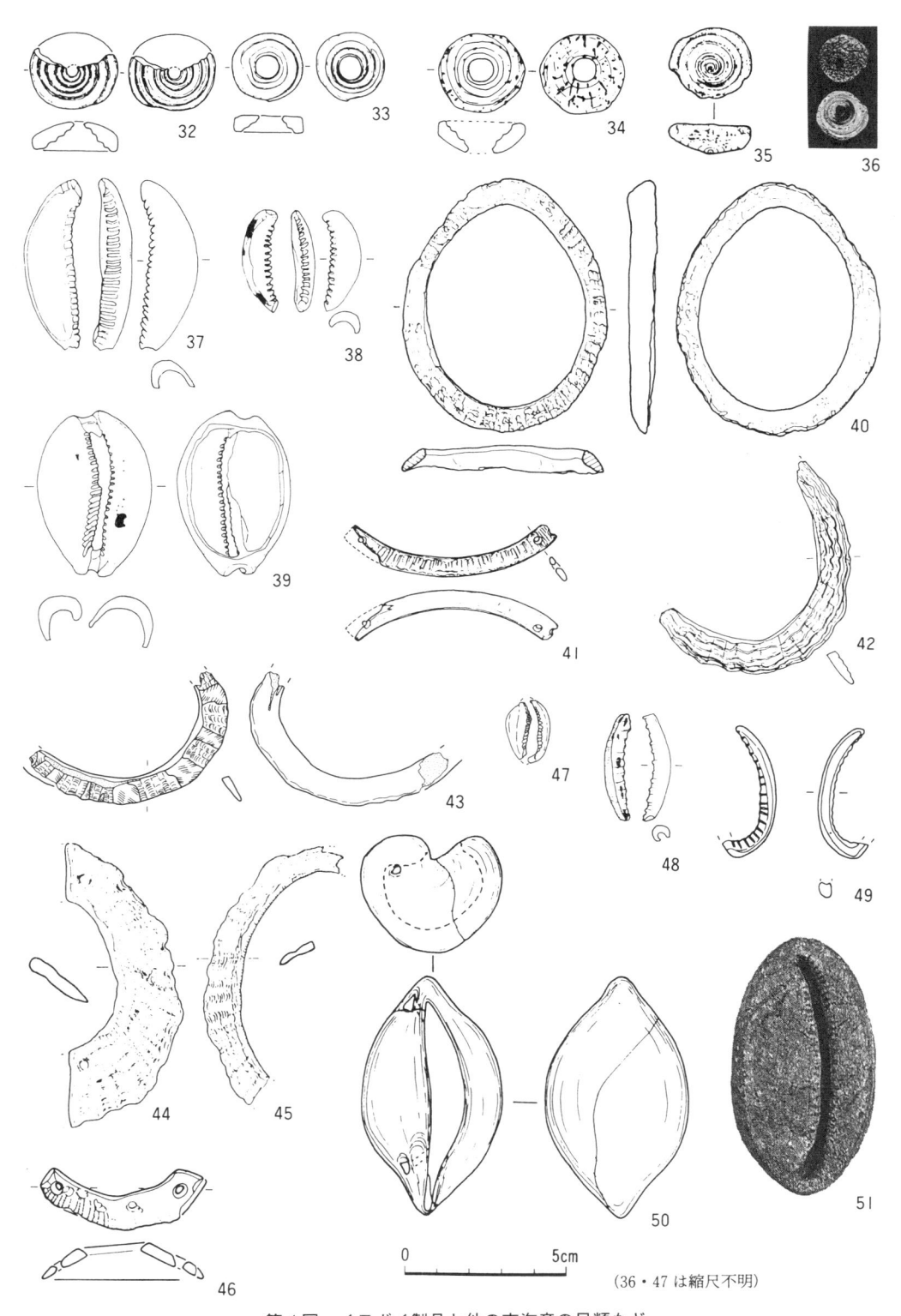

2 津軽海峡域と南海産貝類　177

第 4 図　イモガイ製品と他の南海産の貝類など

(36・47 は縮尺不明)

178　第Ⅳ章　津軽海峡域の貝類文化

このほかに，タカラガイ等の模倣品とみられる土製品が岩手県内陸部から出土しており，大迫町（現花巻市）立石遺跡では後期前葉のもの1点（50，タカラガイよりはウミウサギガイに近い）（大迫町教委1979），同東和町（現花巻市）安俵六区遺跡では後期前葉のもの2点（51，ハチジョウダカラガイを模倣したものか）が出土している（東北歴史資料館1996）。

3. イモガイ（形）製品に関する諸問題

つぎに，本稿で当初からイモガイ形製品として述べてきたものが，実際にイモガイを模倣したものかどうかという点を中心にして，関連する2，3の問題について述べる。

(1) イモガイとの比較（写真1）

まず，「内面渦状土（石）製品」と呼称されてきたものであるが，実際にイモガイ螺塔部を輪切りにして内側を見てみると，明確に隆起線状の渦が残され，さらに殻口上端の段差状張出し部も残されている（A上段右）。また，螺塔部には高いものや低いものもあり，双方が類似していることは論をまたないであろう。また，かつて奄美大島の海岸でイモガイを採集した際に，中央部に自然に孔があいて「内面渦状土（石）製品」と酷似したイモガイ螺塔部片（B中・下段）とともに，まだ孔があいていない螺塔部片も見たことがある（B中・下段）。また，螺塔部の周縁部に段差状張出しが残るもの（B中・下段）のほか，円盤形にすり減ってしまったものもある（B下段右）。海岸で採集されるものはすり減って美しい白色をしたものが多く，そのまま装身具として利用できるほどであり，沖縄の貝塚時代の遺跡にはその出土例がある。是川中居遺跡の「内面渦状土製品」には，白い顔料が付着したものがあるが，イモガイのもつ白さを表現したものであろう。「内面渦状土（石）製品」は，イモガイを模倣したものとして良いであろう。

つぎに，「の字状石製品」などと呼称されてきた板状のものであるが，奄美大島の浜で，これと類似したイモガイ螺塔部破片（B中段右）を見たことがある。これも同様に，イモガイを模倣したものとして良いであろう。

「の字状石製品」は，前山精明氏によれば，現在，西は岡山県，南は八丈島，北・東は青森県まで分布している。泉山遺跡以外にも11遺跡12点が知られており，うち6点が新潟県巻町（現新潟市）など新潟～北陸地域から出土している。石材には蛇紋岩が多用されることから，新潟県頸城地方周辺で作られたものと考えられている。大半が縄文前期末葉から中期初頭のものである（前山1994）が，泉山遺跡例のみが唯一中期中葉と，やや遅れるのは，廃棄までの伝世期間が長かったためであろうか。

なお，「の字状石製品」の時期と同時期のイモガイ螺塔部製品が，津軽海峡域で未発見であるため，双方の関わりについて疑問視する向きもあろうが，前山氏が述べるように「の字状石製品」はほぼ新潟県域で作られたとみられるため，むしろその地域とイモガイ生息域との関わりで考えるべきものである。この点，「の字状石製品」を出土した八丈島倉輪遺跡（イモガイ生息区域）では，新潟県域を中心として作られたとみられる玦状耳飾りや北陸系土器なども出土しており

2 津軽海峡域と南海産貝類　179

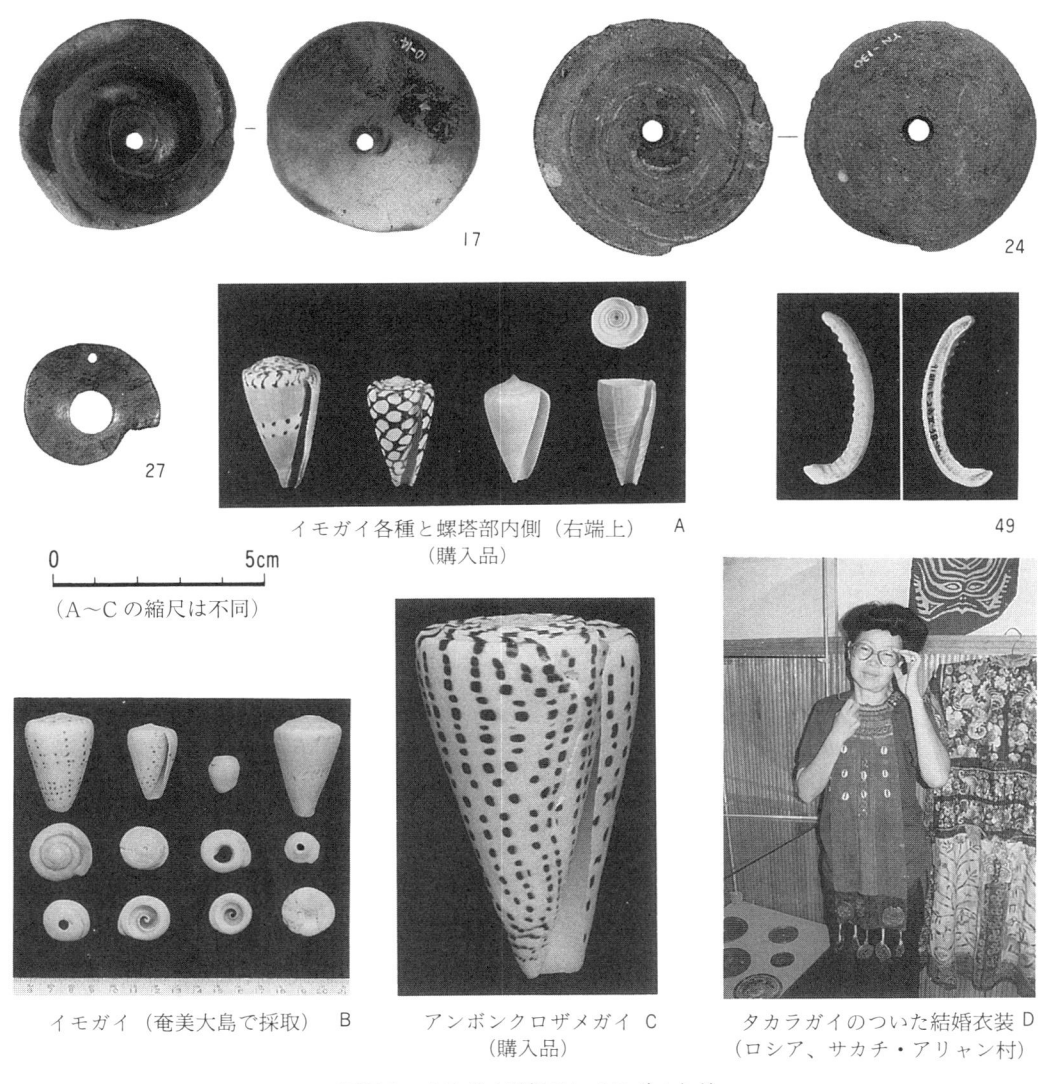

写真1　イモガイ形製品とイモガイなど

（八丈町倉輪遺跡調査団1987），双方の関わりをつよく示唆している。また，南海産のタカラガイ製品が前期中頃には北海道の噴火湾に達していることから，この頃には同じ南海産のイモガイに関する情報も津軽海峡域には届いていたとみるべきであろう。

(2) イモガイ（形）製品の変遷

　イモガイの本場・南島（琉球列島）においては，イモガイ製の玉類や円盤形製品が出土しており，時期的には，沖縄の貝塚時代早期（縄文早期～中期に相当）から見られる（木下1996）。このイモガイ製品は九州以北でも，四国・中部・関東地方の早期中葉以降の遺跡からも点々と出土することが知られている（川島1992）。

津軽海峡域におけるイモガイ製品は，資料的にきわめて限定されたものであるが，後期以降になって現れ，晩期になって突如，「内面渦状土（石）製品」が出現する。土・石製のもので，現在14遺跡27点が確認されている。これらは，晩期前半に属することはほぼ間違いない。しかし，共伴する土器内容が不明であるため，その変遷を明らかにすることはできないが，稲野氏は所属時期を一応推定したうえで，岩手県蒔前→青森市宮田→函館市女名沢すなわち，馬淵川中流域→陸奥湾→渡島半島の順になると考えている。そして，その初現形態を馬淵川中流域の土製・右巻のものとし，それが次第に北に分布圏を拡大する過程で土製から石製へ材質を変化させ，渦を右巻から左巻へと変化させていった。また，その過程で製品が小型化していったとした（稲野1982）。これを，今回行った分類にあてはめて考えると，第1類a→第1類b→第2類という変遷になる。この点について，新資料を含めて検討してみると，宮の前遺跡例が右巻であるのが新しい点で，あとはほとんど変わっていない。宮の前遺跡例は，周縁部が段差状を呈しておらず，しかもやや小型であるのは，時期的にやや新しいものともみられるが，明確ではない。

　また，晩期とされる女名沢遺跡の石製品には円盤状を呈する無孔のものがあり，後期前葉の大湯遺跡例と類似した点がある。孔がない点では，女名沢遺跡例は未完成品とも考えられるが，後期前葉という線は考えられないものか。あるいは，女名沢遺跡例と大湯遺跡例はまったく無関係で，大湯遺跡例をイモガイ形製品からはずすべきであるとする考えもできよう。ここでは，とりあえずこのように区分しておいたが，今後の類例の増加を待って判断したい。

　いずれにせよ，今の段階では，晩期前半に馬淵川流域で土製品が現れたあと，各地へ分布を広げる過程で石製品が現れるという点，すなわち第1類→第2類の変遷は充分考えられるが，それ以上の細かな変遷は，それぞれの明確な共伴土器がわからない以上，今後の課題としておきたい。

(3) イモガイ（形）製品などの用途

　イモガイ製品は，イモガイ生息地域ではさまざまな用途がある。白井祥平氏は，螺塔部の円形が好まれた理由であるとしたうえで，各地の民族例や出土品によって，円盤は首飾りや耳飾り・ペンダントなどの装身具類としておもに用いられたほかに，ベルト飾り・腕輪・貝貨・頭骨や偶像にはめ込む眼球，また螺塔部以外の利用では腕輪・貝符・呪物（宝物）などがあることを紹介している（白井1997）。

　イモガイ製品の用途は，円形で中央部に孔があいたものが主であることから，孔に紐を通して下げる垂飾品と考えられる。しかし，「内面渦状土（石）製品」は，中央部に孔がある小型で容器形・円盤形の区分のほかに土製・石製の区分があり，さらに中央部に孔があるもの，ないもの，周縁部が段差状を呈しているもの，呈していないものの区分もある。これには何らかの機能上の差が当然考えられるが，判然としない。ただ，垂飾品と考えられる有孔品が多いなかで，女名沢遺跡例は貫通孔がないものである。これは未製品とも考えられるものの，完成品とすれば，用途は決定的に違っていたはずである。しかし，その場合の用途は判然としない。また，「その他」に分類した大湯遺跡例も同様に不明である。

「内面渦状土（石）製品」は，「の字状石製品」より大型で重いことから，耳たぶへ装着したり下げることはまったく不可能ではないが，首に下げるペンダントと考えるべきであろう。また，「の字状石製品」は，薄く軽いことから耳飾りと考えられる。孔の数が異なるものの，類例としてミクロネシア連邦のチューク諸島に耳飾りの民族例がある（大田区立郷土博 1997）。

一方，津軽海峡域から出土しているイモガイ以外のタカラガイ・オオツタノハガイなどの南海産貝製品の用途であるが，タカラガイもまた美しい貝で，古代中国において貨幣として用いられたものもある（江上 1932）。これについて佐藤一夫氏は，中央に穿孔があるものは垂飾品，主体をしめる穿孔・溝等がないものは頭巾・衣服等に縫いつけたり，小袋などに入れてお守りとしたものではないか。また，小型で半月形のものは漆やアスファルト等の接着剤によって木製品等にはめ込まれ，指輪やその他の装身具として用いられたのではないかとしている。そして，その使用目的として，基本的には呪術的性格をもっており，女性の安産，豊穣を願う護符的装身具と考えられるとしている（佐藤 1991）。これについては，ほとんど異論がないが，それは，従来から指摘されてきたようにタカラガイの美しさとその内・外唇部形状の特異性に由来するものであったろう。

また，オオツタノハガイは人骨に装着されたままで出土した事例によって，言うまでもなく腕輪（ブレスレット）として用いられたものである。

また，これらの南海産貝製品は，上記の具体的な用途のほかに，所有者のステイタス・シンボル，出自などを示すものもあったと考えられる。

(4) イモガイなどの南海産貝類はどこから来たか（写真 1）

さて，津軽海峡域で出土するイモガイ製品は，長（直）径が 2～2.5 cm 前後と比較的小型のものであるが，いわゆる「の字状石製品」は，やや大きく 3 cm ほどある。これに対して，縄文晩期の「内面渦状土（石）製品」は，土製品が，3.6 cm の最小を除いて，6～7 cm 前後ときわめて大型である。石製品は 4～5 cm 台と一回り小型であるが，それでもイモガイ製品にくらべて大型である。

貝類にはまったく門外漢であるが，南海産貝類の出土遺跡の分布状況によって考えてみると，イモガイ製品は東北地方南部～関東地方の太平洋側に分布する早期～後期の貝塚 10 カ所から出土している（川島 1992）という。このことから，一般的ではあるが太平洋側の伊豆諸島（周辺）かそれ以西産のものとして考えておきたい。また，「内面渦状土（石）製品」については，東北地方南部～関東地方の太平洋側に分布する貝塚から，このような大型のイモガイ製品は出土していないようである。「内面渦状土（石）製品」のなかで，とくに大型の土製品については，実物を写実的に模倣したとすれば，伊豆諸島以西産のカバミナシガイや奄美諸島以南産の，たとえばアンボンクロザメガイ（C）やダイミョウイモガイなどの殻径 6～7 cm の大型のものを考えざるをえないが，縄文時代の北日本からはその貝自体が出土しておらず，しかもアンボンクロザメガイやダイミョウイモガイの螺塔部は低い（平坦の場合もある）。また，奄美諸島以南産とするには

距離的に余りにも離れすぎている（ちなみに，続縄文時代の有珠10遺跡の腕輪はアンボンクロザメガイかダイミョウイモガイ製とされるが，縄文時代とは伝播経路が異なる可能性がある）。おそらく，その装飾・権威性を強調するために，実物以上の大型に作ったものであろう。

「内面渦状土（石）製品」が，馬淵川中流域を主とする津軽海峡域から多く出土し，日本海側からほとんど出土しないのは，この太平洋側との親近性を示すものであり，ひいてはより南の伊豆諸島等とのつながりを示唆しているようである。

つぎに，タカラガイ製品であるが，東北地方南部〜東京湾沿岸の早期〜晩期の貝塚から比較的多く出土し，東京湾沿岸には中期〜晩期の貝塚が7カ所とやや集中する傾向がある（佐藤1991）。これは，この付近に供給源があることを暗示している。小型のメダカラガイが東北地方南部の海域で少しは採取されるとはいえ，三浦半島や伊豆諸島では小型のタカラガイが簡単に採取されることを考慮すれば，伊豆諸島（周辺）かそれ以西の相模湾としておきたい。ちなみに，やや大型のヤクシマダカラガイは三浦半島でも採取される。

また，オオツタノハガイ製品であるが，橋口尚武氏によれば伊豆諸島の八丈島以南産が供給源（橋口1988）とされている。また，今橋浩一氏によれば，オオツタノハガイ製腕輪は，関東地方では前期の遺跡を最古として21カ所から出土しているが，後期初頭から増加し，伊豆半島や大島・式根島からも出土している（今橋1989）。これは，東北地方北部や北海道南部でオオツタノハガイが出土する時期とほぼ同じであることから，伊豆諸島産のものがもたらされた可能性がつよい。関東地方では，後期初頭の土器に，交換を目的としたものか，オオツタノハガイをまとめて収めた例があるが，その一部が津軽海峡域に運ばれた可能性がたかい。

なお，北上川下流域などの仙台湾一帯には，南海産貝類が比較的密に分布するわけであるが，津軽海峡域の南海産貝類には，この地域で中継されて北上したものが多かったのであろう。

以上のことから，本稿で用いた南海産貝類というのは，それぞれ供給源が多少異なることは想定されるが，大ざっぱに伊豆諸島（周辺）かそれ以西の海域産貝類を念頭においたものとしておきたい[6]。

4. 津軽海峡域における南海産貝類の意義

以上のように，津軽海峡域に多く見られるイモガイ形製品は伊豆諸島（周辺）産などのイモガイをもとにして作られたものである。イモガイ自体もタカラガイ・オオツタノハガイ製品等と同じように，太平洋側を北に運ばれて来たものと考えられる。

津軽海峡域に南海産貝類の情報が伝わったのは，生息地に近い関東地方よりもあとの縄文前期中頃のことで，伊達市北黄金貝塚にそれを示すタカラガイ製品が出土している。これは，この地域への何らかのタカラガイ関連の呪術が伝播していたことを示すものであろう。苫小牧市静川22遺跡から，前期末葉のツグチガイ（第4図47，ニナ目ウミウサギガイ科で，北海道南部の海域でも採取される）が出土し（佐藤1991），日本海側の青森県岩木川流域にある木造町（現つがる市）田小屋野貝塚（前期中葉）からも，暖流系のカズラガイ（ニナ目のトウカムリガイ科で，付近の海域で採取

される）の殻口外唇部片（第4図49，写真1）が出土している（青森県立郷土館 1995a）が，これらは，いずれもタカラガイの殻口部の鋸歯状形態と類似した部位をもつものであり，西本豊弘氏が指摘するようにタカラガイの代用品（西本 1993b）と考えられる。またこのことは，タカラガイ以外に，イモガイなどの南海産貝類に関する情報も，この頃には津軽海峡域の沿岸に伝わっていたことを示すものであろう。その後，津軽海峡域においては，南海産貝類に関する情報は中期を経て，後期初頭に増加する。タカラガイ製品とともに，イモガイ・オオツタノハガイ製品などがセットで見られるようになる。東北地方北部の内陸部では，それとほぼ同時に大湯遺跡例などのイモガイ製品類似品や安俵六区遺跡例などのタカラガイ形土製品が現れる。北海道南部の戸井（第4図48）・入江両貝塚では，カズラガイがタカラガイの代用品として引続き用いられている。そしてその後，晩期前半になって，この地域ではイモガイ製品への関心がたかまって，馬淵川流域の人々が，土製の代用品を作るようになった。この代用品の製作は，おそらくイモガイ自体のもつ美しさ・希少性に加えて，何らかの呪術的関心によるものであったとみられる。この時期のイモガイ製品は，東北地方北部や北海道南部にはこの時期の貝塚が少ないため，未発見であるが，晩期前半にも当然用いられていたと考えられる。

　縄文時代には中期以降，糸魚川産ヒスイ（硬玉）のように，日本海側を舞台とした北陸―津軽海峡域間の長距離交易を示すもの（福田 1994a）がある。南海産貝類は，資料的にはまだまだきわめて限定されてはいるが，太平洋側を舞台とした関東―津軽海峡域間の交流を垣間見させてくれるものとして注目される。

　この津軽海峡域と関東地方等との交流については，海峡域の人々の南下・採集か，あるいは関東地方の人々の北上か，あるいは，貝類をめぐる長距離交易か等々，種々想定されるが，海峡域から南海産貝類が出土する際には，各種まとまっている場合があることから，貝類の交易以外に，たとえば，たとえば移住・婚姻などに付随してもたらされた場合もあったと考えられる。

おわりに

　青森県域のイモガイ形製品に触発されて，かつて沖縄の石垣島から奄美大島，そして伊豆の大島などの海岸を歩いたことがある。石垣島では珊瑚礁の浜で，柳田国男のわが国への稲作伝播論構想につながるタカラガイがいとも簡単に採集され，奄美の浜では，孔のあいた美しいイモガイ螺塔部片が波打ちぎわで踊っていることに驚き，感激したものである。それに紐を通すだけでそのまま装身具として利用できるものであった。また，伊豆の大島の浜では，イモガイは小型のものしか採集されなかったが，各種のタカラガイが簡単にしかも多数採集された。その興奮は，津軽海峡域という北の地で，南海産貝類に接した縄文人の興奮とあい通ずるものであったに違いない。

　それにしても，南海産貝類に対する北に住む人々の憧れであろうか，その分布は広範囲である。日本列島では，縄文後期中葉にはわが国最北の礼文島までタカラガイが運ばれている。大陸でも，生息海域から遠く離れた地域にこれらの貝類が出土することが知られており，江上波夫氏は，中

第IV章　津軽海峡域の貝類文化

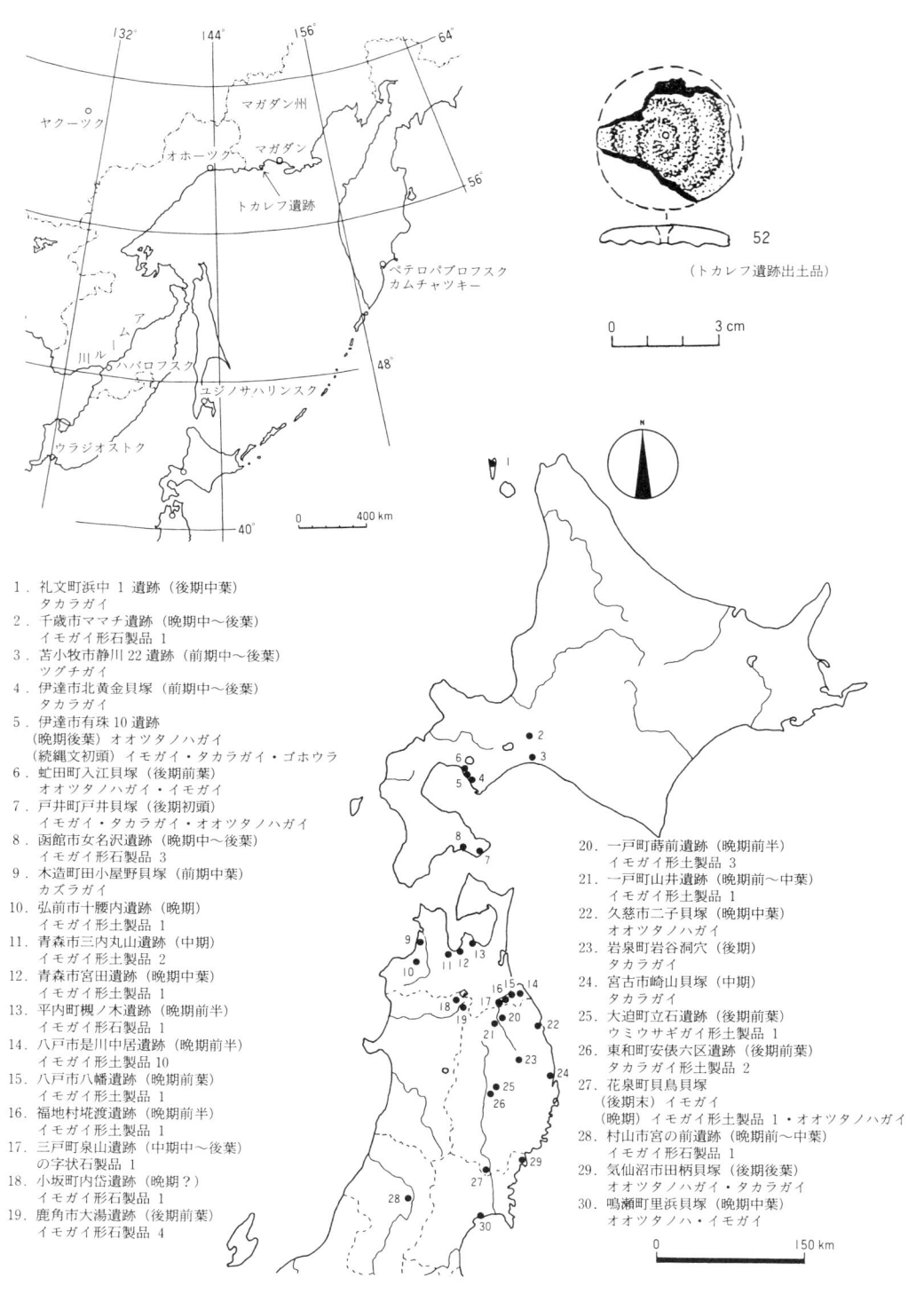

1．礼文町浜中1遺跡（後期中葉）
　タカラガイ
2．千歳市ママチ遺跡（晩期中～後葉）
　イモガイ形石製品　1
3．苫小牧市静川22遺跡（前期中～後葉）
　ツグチガイ
4．伊達市北黄金貝塚（前期中～後葉）
　タカラガイ
5．伊達市有珠10遺跡
　（晩期後葉）オオツタノハガイ
　（続縄文初頭）イモガイ・タカラガイ・ゴホウラ
6．虻田町入江貝塚（後期前葉）
　オオツタノハガイ・イモガイ
7．戸井町戸井貝塚（後期初頭）
　イモガイ・タカラガイ・オオツタノハガイ
8．函館市女名沢遺跡（後期中～後葉）
　イモガイ形石製品　3
9．木造町田小屋野貝塚（前期中葉）
　カズラガイ
10．弘前市十腰内遺跡（晩期）
　イモガイ形土製品　1
11．青森市三内丸山遺跡（中期）
　イモガイ形土製品　2
12．青森市宮田遺跡（晩期中葉）
　イモガイ形土製品　1
13．平内町槻ノ木遺跡（晩期前半）
　イモガイ形石製品　1
14．八戸市是川中居遺跡（晩期前半）
　イモガイ形土製品　10
15．八戸市八幡遺跡（晩期前葉）
　イモガイ形土製品　1
16．福地村垳渡遺跡（晩期前半）
　イモガイ形土製品　1
17．三戸町泉山遺跡（中期中～後葉）
　の字状石製品　1
18．小坂町内岱遺跡（晩期？）
　イモガイ形石製品　1
19．鹿角市大湯遺跡（後期前葉）
　イモガイ形石製品　4
20．一戸町蒔前遺跡（晩期前半）
　イモガイ形土製品　3
21．一戸町山井遺跡（晩期前～中葉）
　イモガイ形土製品　1
22．久慈市二子貝塚（晩期中葉）
　オオツタノハガイ
23．岩泉町岩谷洞穴（後期）
　タカラガイ
24．宮古市崎山貝塚（中期）
　タカラガイ
25．大迫町立石遺跡（後期前葉）
　ウミウサギガイ形土製品　1
26．東和町安俵六区遺跡（後期前葉）
　タカラガイ形土製品　2
27．花泉町貝鳥貝塚
　（後期末）イモガイ
　（晩期）イモガイ形土製品　1・オオツタノハガイ
28．村山市宮の前遺跡（晩期前～中葉）
　イモガイ形石製品　1
29．気仙沼市田柄貝塚（後期後葉）
　オオツタノハガイ・タカラガイ
30．鳴瀬町里浜貝塚（晩期中葉）
　オオツタノハ・イモガイ

52
（トカレフ遺跡出土品）

第5図　関連遺跡

国黄河流域やシベリア方面からタカラガイ製品が出土することを述べている（江上1932）。平成6 (1994) 年夏に，所用でロシア・ハバロフスクに行った際に，近郊のサカチ・アリャン村でナナイ族の結婚衣裳に，タカラガイ穿孔品8個が縫いつけられている（写真1D）のを見たことがある。100年ほど前のものということで，とくに驚くべきものではないかも知れないが，アムール川河口から約700kmも遡った内陸（日本海経由で伝わっていない可能性もつよいが…）に，南海産貝類が一定の意味をもって伝えられて来ていることを目の当たりにして強いショックを受けた。

ところで，最後になってしまったが，ロシア共和国マガダン州のマガダン市に近いトカレフ遺跡からも，「内面渦状石製品」に酷似した石製品1点が出土している。石材は不明であるが，直径4.1cmで，断面形がやや湾曲し，渦は左巻である（第5図52）。この遺跡の3件の放射性炭素年代測定値は，3,540±60年，2,300±100年，2,170±45年 B.P. であり，紀元前 2,000～1,000 年の中間とされている（Лебединцев 1990）。これは，わが国では3,500年前の後期中頃ということになる。周縁部の段差状張出しが不明ではあるものの，津軽海峡域のものと形態的に酷似したものである。しかも，渦も左巻と同一であり，まさにイモガイ形製品と言ってよいであろう。タカラガイ製品の北方への伝播を想起させるものである。トカレフ遺跡の年代測定値のうち，2,300±100年 B.P. 値が津軽海峡域のものに近いという点もあり，双方の何らかの関わりを想定せざるをえないが，北海道からは1,600余kmもあって，余りに離れすぎている。今後，双方の関連性の有無が問題になろう。

いずれにせよ，縄文時代には，津軽海峡域でイモガイ形製品が作られ，タカラガイ関連の呪術なども伝わっていた可能性がある。そして，それぞれの南海産貝類が担っていた役割があったものであろう。しかし，その具体的な内容は，資料的に限定されているため，不明な点が多い。また，南海産貝類が，関東地方あるいは東北地方南部とどのような交流が行われてこの津軽海峡域に運ばれてきたのかという点も，同様である。今後の研究が大いに期待されるところであるが，本稿が，それらの問題を考える際に，多少とも益するところがあれば幸いである。

註
1) 本稿で使用した図のなかで，女名沢・是川中居・蒔前・内岱遺跡のものは稲野氏の論文に使用されたもの（稲野1982）であり，他の図もそれぞれの引用文献に使用されていたものである。
2) 1点は，長軸方向に貫通孔があり，他の1点は孔がないものである。類例がないため，イモガイを模倣したものかどうか疑問視する向きもある。しかし，愛媛県美川村（現九万高原町）上黒岩岩陰では縄文早期中頃（江坂編1973），神奈川県横浜市高田貝塚では前期末葉（江坂1972）のイモガイをそのまま用いた製品があることから，模倣した可能性はつよいと考えられる。
3) ベンケイガイにも南海産貝類とともに北に運ばれたものが当然含まれていたはずであるが，青森・秋田両県域の砂浜では現在でも採取される（福田1995a）ため，ここではあえて除外した。
4) 伊達市教育委員会の大島直行氏のご教示による。
5) 筑波大学の前田潮氏のご教示による。
6) 日本列島では，早期後半から前期中頃にかけて，温暖化がピークに達したいわゆる縄文海進期に，南

海産貝類の生息分布が北上したことは充分考えられるが，この貝類が北日本の縄文貝塚から出土することはきわめて例外的であって，その生息状況は現在と大差ないとみられるため，人間の活動によって北上したものと考えられる。

第Ⅴ章　津軽海峡域の漁猟・祭祀

1　津軽海峡域における土器片錘
　　―下北半島発茶沢(1)遺跡の資料をもとにして―

はじめに

　昭和54・55（1979・80）年，下北半島六ヶ所村の発茶沢遺跡（現発茶沢(1)遺跡）を調査したことがある。ここではそれまで県内では例のない41点という多数の土器片錘が出土した。土器片錘は縄文土器の破片を長方形・楕円形等に成形し，上下横辺のほぼ中央に切込みを入れたもので，その切込みに漁網の下辺を結んでおもりとしたとされているものである。この遺跡の調査報告書では，土器片錘をさまざまな角度から分析した（青森県埋文 1982a）が，近年になってあらためて本県域内外の類例をみたところ，本県域や北海道島南部という津軽海峡域の土器片錘は，縄文早期中葉～前期初頭に多くあり，本県域では大半が前期初頭に使用されたことがわかってきた。この時期は，前期中葉～中期中葉の津軽海峡域に展開した円筒土器文化のまさに直前にあたることから，この文化の漁撈文化の成立のみならず，先史時代における海峡交流史を考えるうえでも注意すべき文物であると考えられる。

　そこで小稿では，発茶沢(1)遺跡の土器片錘について述べたのち，一帯の湖沼群地域，津軽海峡南部そして海峡北部における様相を述べ，関連するいくつかの問題について考えてみたい。

1.　発茶沢(1)遺跡と周辺地域の土器片錘

(1)　発茶沢(1)遺跡の土器片錘（第1～3図）

　六ヶ所村の発茶沢(1)遺跡（以下，発茶沢(1)とする）は，下北半島南部とそれ以南の太平洋側一帯に広がる小川原湖沼群（北の尾駮沼から南の小川原湖・姉沼までの7つの湖沼の総称。なお，小川原湖はかつて小川原沼と呼称されていた）のうち，尾駮・鷹架の両沼間にある遺跡である。この遺跡の東側A地区から昭和53年の調査で土器片錘が2点（青森県教委 1979c），同54・55年の調査で41点（第3図1～5）の計43点（青森県埋文 1982a）が出土した。すべて前期初頭の土器破片を利用したものである。記述に先だって，土器片錘各部の名称を第1図①のとおり示しておく。

【製作】（第1図②・③）

　土器片錘の素材となったものは，縄文前期初頭（早稲田6類）の尖底（丸底）土器破片である。

　土器破片の使用部位（第1図②）には，口縁部片を使用するもの（A），胴部片を使用するもの（B）の2種類がある。（A）には，口唇部をそのまま土器片錘の横辺として使用するもの（Aa）

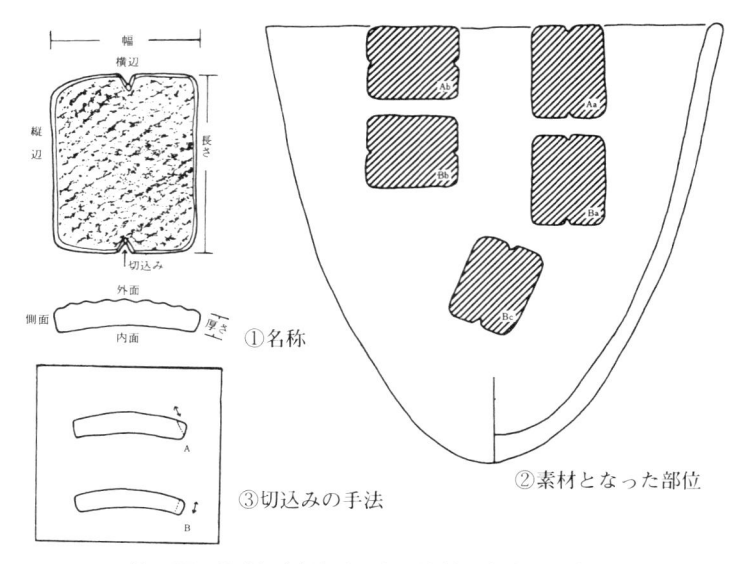

188　第Ⅴ章　津軽海峡域の漁猟・祭祀

第1図　発茶沢(1)遺跡の土器片錘の名称と模式図

（第3図3）と口唇部を土器片錘の縦辺として使用するもの（Ab）（第3図4）がある。また，（B）には，土器片錘の縦辺を土器の縦方向に一致させるもの（Ba）（第3図1・2・5），土器片錘の横方向に一致させるもの（Bb），土器の斜め方向に一致させるもの（Bc）の3種類がある。43点のうち最多は（Ba）で24点，ついで（Bb）が7点，（Aa）が4点あり，（Ba）・（Bb）で全体の約72％を占め，胴部片の使用が多数である。

　また，土器片錘の製作工程には，土器片を打ち欠いておおまかな形態を作った（成形）後，さらに擦る（整形）場合がある（第3図2）が，43点のうち29点は成形後に整形を行わないもので（第3図1・3～5），全体の約67％を占めており，必ずしも整形する必要性はなかったようである。

　当遺跡の土器片錘は，すべて上下両短辺（横辺）のほぼ中央に切込みを1ヶ所づつ入れたものである。切込みの入れ方（第1図③）には，大きく分けて外面から斜めに入れるもの（A）（第3図1），側面から切り込みを入れるもの（B）（第3図2～5）の2種類がある。このうち，（B）が33点（約77％）と大半を占めているのに対し，（A）は10点（約23％）と少なく，しかも大型のものにみられる。また，内面から斜めに切込みを入れたものはない。

【形態・大きさ】（第2図①～④）

　大半が破片のため形態は不明であるが，大ざっぱに，ほぼ次の6種類に分けられる。

　　A類―長方形で長さ80mm未満（第3図2～4）

　　B類―長方形で長さ80mm以上（第3図1）

　　C類―不整方形で長さ60mm以上

　　D類―菱形

　　E類―楕円形

　　F類―不整形で長さが60mm未満（第3図5）

　A～F類のなかで最多はA類，ついでB類，以下C，E，F，D類の順である。A類では長さ60mm台が最多で，B類では長さ107mm，115mm等もある。また，完形や完形に近い16点の長さ・幅を計測したところ（第2図①），長さ55～75mmが過半数の9点あり，1.1～1.7の長／幅指数のなかで，1.1～1.2が半数の8点である（第2図②）。また，43点の厚さでは8～12

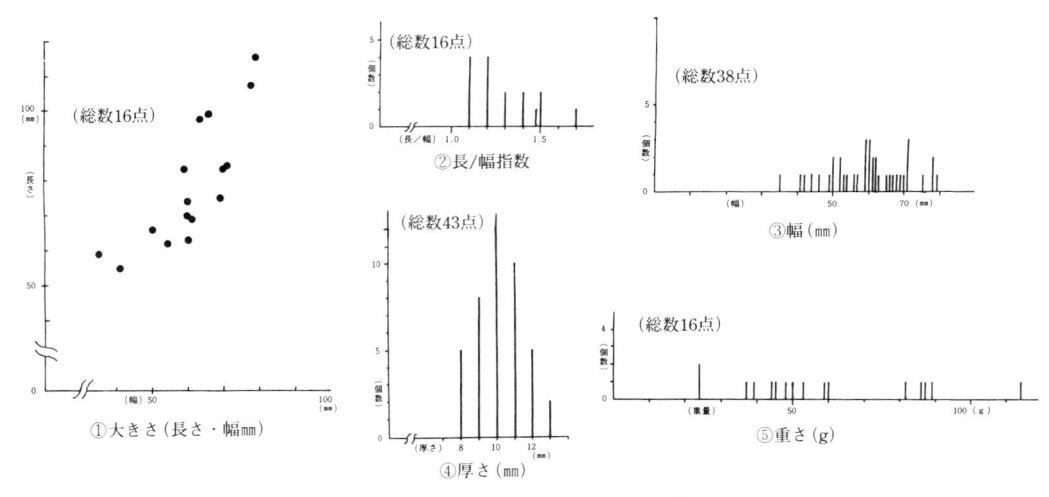

第2図　発茶沢(1)遺跡の土器片錘グラフ

mmのうち9〜11mmが31点（約72％）（第3図1・3・5）である（第2図④）。

【重さ】（第2図⑤）

　計測可能な16点では，24gが2点（第3図5），37〜60gが9点（第3図2），82〜89gが4点（第3図1），114gが1点とばらつくが，37〜60gが過半数を占めている。

【出土状況】

　調査中に土器片錘として認識した例は少なく，単に土器片としてグリッド・層位ごとに一括して取り上げたものが大半であるため，出土状況は不明であるが，N-15グリッド（4m四方）からは集中して12点出土した。ちなみに，当グリッド及び周辺からは，土器片錘と同一土器型式の土器片が多数出土している。

(2) 小川原湖沼群のなかの発茶沢(1)遺跡の土器片錘（第3図，第1表）

　つぎに，発茶沢(1)の土器片錘を周辺の小川原湖沼群のものと比較してみる。

　発掘調査によって土器片錘が出土したのは尾駮・鷹架沼，小川原湖・姉沼の周辺地域で，前期初頭の土器片錘を出土した遺跡が計15ヶ所あり，本県域全体の21遺跡のなかで71％強を占めている。湖沼ごとにみると，尾駮沼北岸に6遺跡，尾駮沼・鷹架沼間に2遺跡，鷹架沼南岸に1遺跡あり，本県域最大の面積を誇る小川原湖周辺では，南岸にはやや離れた十和田市山ノ外（第3図13）も含め2遺跡，東岸には4遺跡とやや少ない。

　これらのうち，発茶沢(1)に次いで資料が多いのは六ヶ所村上尾駮(2)（第3図10・11）で長方形を主とする29点がある。計測数12点のうち長さは51〜74mmのものが最も多く，重さは22〜35gのものが多数を占めており，長さ55〜75mmのものが過半数を占める発茶沢(1)とほぼ類似した傾向である。ただし，重さでは，37〜60gが多い発茶沢(1)よりは軽いものが多い。また，大きさでは，六ヶ所村大石平(1)・(2)，上尾駮(1)（第3図9）・家ノ前（第3図12）・富ノ沢

(2)・表館(1)のものは発茶沢(1)に比べてやや小さい。

　これらの点から，尾駮・鷹架沼周辺のものは発茶沢(1)で主体を占めるものに比べて，やや小型が主体となっている印象を受けるが，出土数及び完形品数の差が大きいため，みかけ上の違いであるようにも思われる。

　また，小川原湖周辺の出土例には未発表資料が多く，当遺跡のものと比較することができないため，現在のところ資料数が最も多い発茶沢(1)例を小川原湖沼群の代表例としておきたい。

2. 津軽海峡域の土器片錘の様相

(1) 本州島北端部 （第3・4図，第1表）

【縄文前期初頭】

　本県域における縄文前期初頭の土器片錘出土遺跡は21ヶ所であり，縄文時代の出土遺跡の大半を占めている。これを立地ごとにみると，A湖沼周辺，B海岸，C河川流域に区分される。これらのうち，湖沼周辺では，小川原湖沼群周辺に15遺跡（71％強）あり，海岸では，津軽海峡に面した大間町に1遺跡，今別町に1遺跡，日本海に面した中泊町に1遺跡，陸奥湾南部に面した蓬田村に1遺跡の計4遺跡（19％強）ある。また，河川流域では，太平洋側の五戸川流域に1遺跡，馬淵川流域に1遺跡の2遺跡（9％強）ある。また，日本海側隣県の秋田県域では米代川下流の能代市に1遺跡（第3図17）ある。ただし，小川原湖沼群周辺や太平洋側の河川流域の遺跡は，当時が縄文海進期で内湾沿岸にあったと考えられることから，海岸の遺跡と同様に扱っても差しつかえないもので，すべてを海岸立地と解しても問題はない。

　また，日本海側の汽水湖・十三湖（かつては十三潟と呼称されていた）周辺に出土例が少ないのは，前期初頭の遺跡が希薄であることもあるが，全国的にみても日本海側には少ないという傾向と軌を一にしたものであろう。

　つぎに，立地A～Cの各遺跡の土器片錘を小川原湖沼群を代表する発茶沢(1)のものと比較すると，まず大きさでは，中泊町坊主沢のもの（第3図6）は明らかに小型である。また，大間町小奥戸(1)も8点（第3図7・8）のうち長さ5.0～5.3cmのものが過半数の5点でやや小型である。また，八戸市和野前山では，計測可能な16点（第3図14・15）のうち長さ70mm台のものが6点，58～68mmのものが4点あり，発茶沢(1)とほぼ同じ傾向である。このほか，八戸市田面木平(1)（第3図16）・今別町山崎(2)のものも類似している。また，形態ごとにみると，発茶沢(1)で最多数のA類（長方形で長さが80mm未満）が多い。また，土器破片の使用部位は，発茶沢(1)で大半を占めるB類（胴部片の使用）が多く，A類（口唇部片の使用）は，小奥戸(1)（第3図7），家ノ前（第3図12）・上尾駮(1)，東北町蓼内久保(1)，田面木平(1)等にあるが，点数は少ない。

　また，出土状況では，何らかの遺構に伴って出土したものは皆無である。しかし，発茶沢(1)のN-15グリッドでは12点，上尾駮(2)では28点のうち15点が隣接し合う3グリッドに集中し，和野前山でも隣接する二つのグリッドに集中し，蓼内久保(1)でも集中して出土している（古屋敷2006）のは，土器片錘の一つの出土傾向を示すものとして注意される。

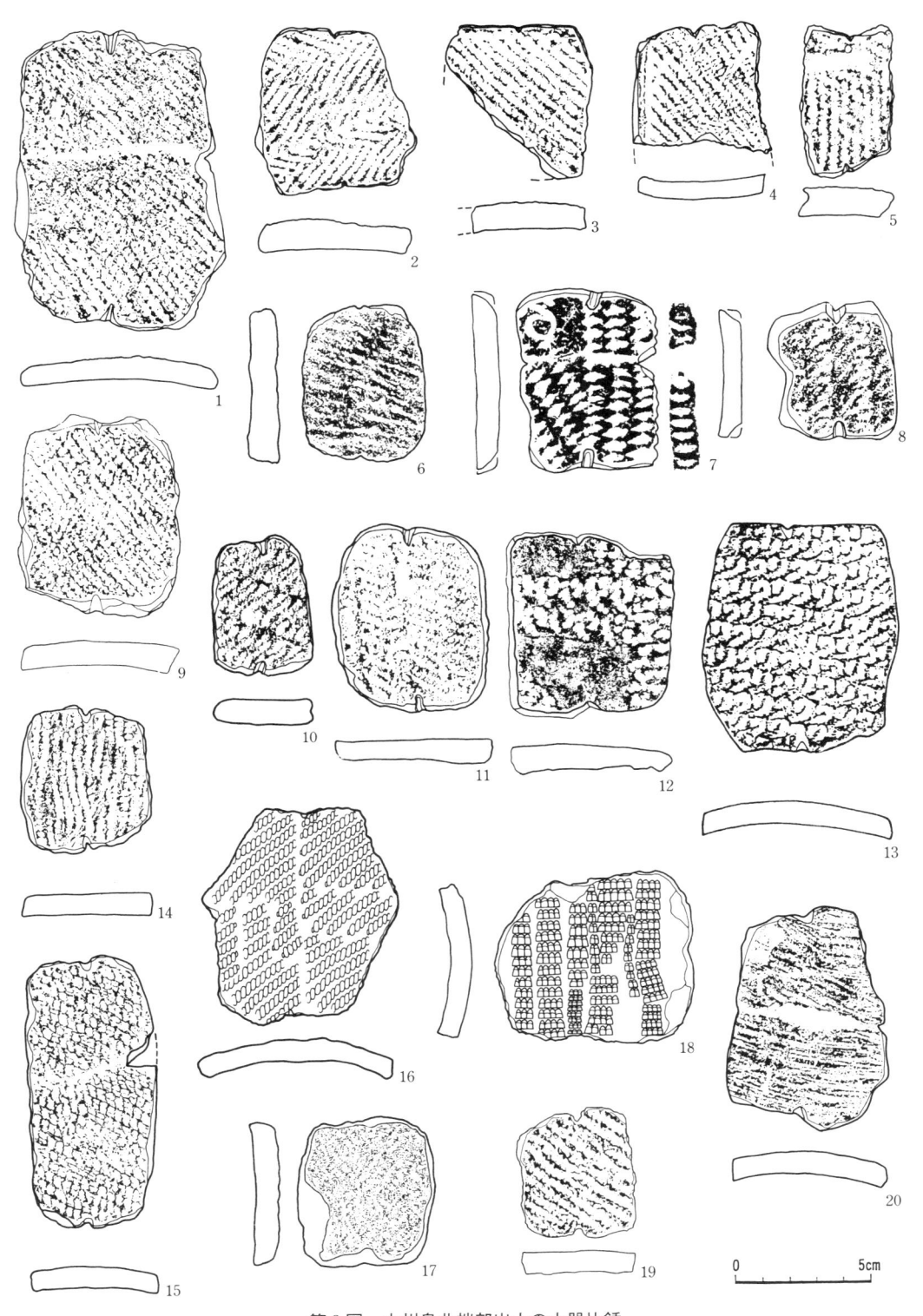

1　津軽海峡域における土器片錘　191

第3図　本州島北端部出土の土器片錘

第V章　津軽海峡域の漁猟・祭祀

第1表　本州島北端部出土の土器片錘一覧

図番号	遺跡名	遺跡の立地	出土状況	点数	時期（土器型式）	土器部位	備考（重さ・引用文献など）
3-6	青森県今別町山崎(2)	三厩湾を望む丘陵	D地区の遺構外	17	前期初頭（芦野I群）	胴部多、口縁部付近1	破片、重さの記載なし。青森県埋文1982b
	中泊町功ヶ台沢	小泊港を望む丘陵	遺構外	11	前期初頭（芦野I・II群、早稲田6類）	胴部	完形8、破片3、最大が1で53g、最小が5で16g。小泊村教委2003
	蓬田村玉松台(2)	陸奥湾を望む丘陵	遺構外	4	前期初頭（春日町式か早稲田6類）	胴部	破片（格子目押型文土器）、重さの記載なし。蓬田村教委2000
3-7・8	大間町小奥戸(1)	津軽海峡を望む丘陵	北区の遺構外	8	前期初頭（表館式）	口縁部2、胴部6	完形6、破片2、重さの記載あり。青森県教委1993
	六ヶ所村大石平(1)	老部川の右岸丘陵	I・III区の遺構外III区第14号住居跡	14 1	前期初頭（尾駮式）	胴部	完形9、破片5、重さの記載あり。青森県埋文1985b 完形、43.3g、石錘の共伴なし。
	六ヶ所村大石平(2)	老部川の右岸丘陵	IV区の遺構外VI区の遺構外	10 4	前期初頭（早稲田6類）前期初頭（早稲田6類）	胴部 胴部	完形5、破片5。完形2（38g・30g）、破片2。青森県埋文1986b
	六ヶ所村富ノ沢(2)	尾駮沼の北岸丘陵	B地区の遺構外	4	前期初頭（早稲田6類）	胴部	完形3、破片1、重さの記載なし。青森県埋文1991a
3-9	六ヶ所村上尾駮(1)	尾駮沼の北岸丘陵	C地区の遺構外	4	前期初頭（早稲田6類）	胴部	完形2、破片2、重さの記載なし。青森県教委1988
3-10・11	六ヶ所村上尾駮(2)	尾駮沼の北岸丘陵	遺構外	29	前期初頭（早稲田6類）	口縁部10、胴部19	完形10、破片19、うち旧102号遺跡は胴部片で36.5g。青森県埋文1988b・青森県教委1979a
3-12	六ヶ所村家ノ前	尾駮沼の北岸丘陵	遺構外	9	前期初頭（早稲田6類）	口縁部・胴部	完形5、破片4、重さの記載あり。青森県埋文1994d
3-1〜5	六ヶ所村発茶沢(1)	尾駮・鷹架沼間の丘陵	A地区の遺構外	43	前期初頭（早稲田6類）	口縁部、胴部	完形11、破片32。青森県埋文1982a・青森県教委1979c
3-20	六ヶ所村表館(1)	尾駮・鷹架沼間の丘陵	遺構外	10	早期中葉（貝殻条痕文）〜前期初頭（早稲田6類）	胴部	完形5（うち1点は早期中葉）、破片5、重さ一覧あり。青森県埋文1985c
3-18	六ヶ所村新舘屋(2)	鷹架・市柳沼間の丘陵	遺構外	1	早期中葉（吹切沢式）	胴部	完形で75.5g。3ヶ所に浅い切込みあり。青森県教委1981c
	六ヶ所村鷹架	鷹架・市柳沼間の丘陵	遺構外	1	前期初頭（早稲田6類）	胴部多、口縁部	完形、重さの記載なし。青森県教委1981b
3-19	東北町蛇内久保(1)	小川原湖南部の西岸丘陵	遺構外	約70	早期後葉（赤御堂式）	胴部	土器片錘同士が接合した例あり。古屋敷2006
	三沢市山中(1)貝塚	小川原湖の東岸丘陵	採集資料	2〜3	前期初頭（早稲田6類）	胴部	完形2、重さの記載なし。三沢市教委2005
	三沢市谷地頭(7)	小川原湖の東岸丘陵	遺構外	約10	前期初頭（早稲田6類）		完形1、破片1、重さの記載なし。三沢市教委2000
	三沢市野口貝塚	小川原湖の東岸丘陵	遺構外	10以上	前期初頭（早稲田6類）		図の掲載がなく詳細は不明。岡本・加藤1963
	三沢市根井沼(3)	小川原湖の東岸丘陵	遺構外		前期初頭（早稲田6類）		市教委の平成17年の調査で出土。
	三沢市小田内沼(5)	小川原湖の東岸丘陵	遺構外		前期初頭（早稲田6類）		市教委の平成11年の調査で出土。
3-13	十和田市山ノ外	砂土路川・渚水の沢の合流点に突出した丘陵	遺構外	5	前期初頭（早稲田6類）	胴部	完形3、破片2、縄棒れ痕あり。十和田市教委2004
3-14・15	八戸市和野前山	五戸川の南岸丘陵	遺構外	20	前期初頭（早稲田6類）	胴部	完形16、破片4、石錘多。青森県埋文1984b
3-16	八戸市田面木平(1)	馬淵川と東側の沢に挟まれた丘陵	遺構外	14	前期初頭（早稲田6類）	口縁部1、胴部13	完形2、破片12。八戸市教委1988a
	新井田川王寺	新井田川の左岸丘陵	A地点下部黒褐色	1	中期中葉（榎林式か）	不明	完形、6×4cm大の厚手式土器とするが、図の掲載なし。宮坂1940
3-17	秋田県能代市鳥野上台	米代川の南岸丘陵	東側調査区遺構外	4	前期初頭（早稲田6類似）	胴部	完形2、破片2、旧二ツ井町駒形色。秋田県埋文2006

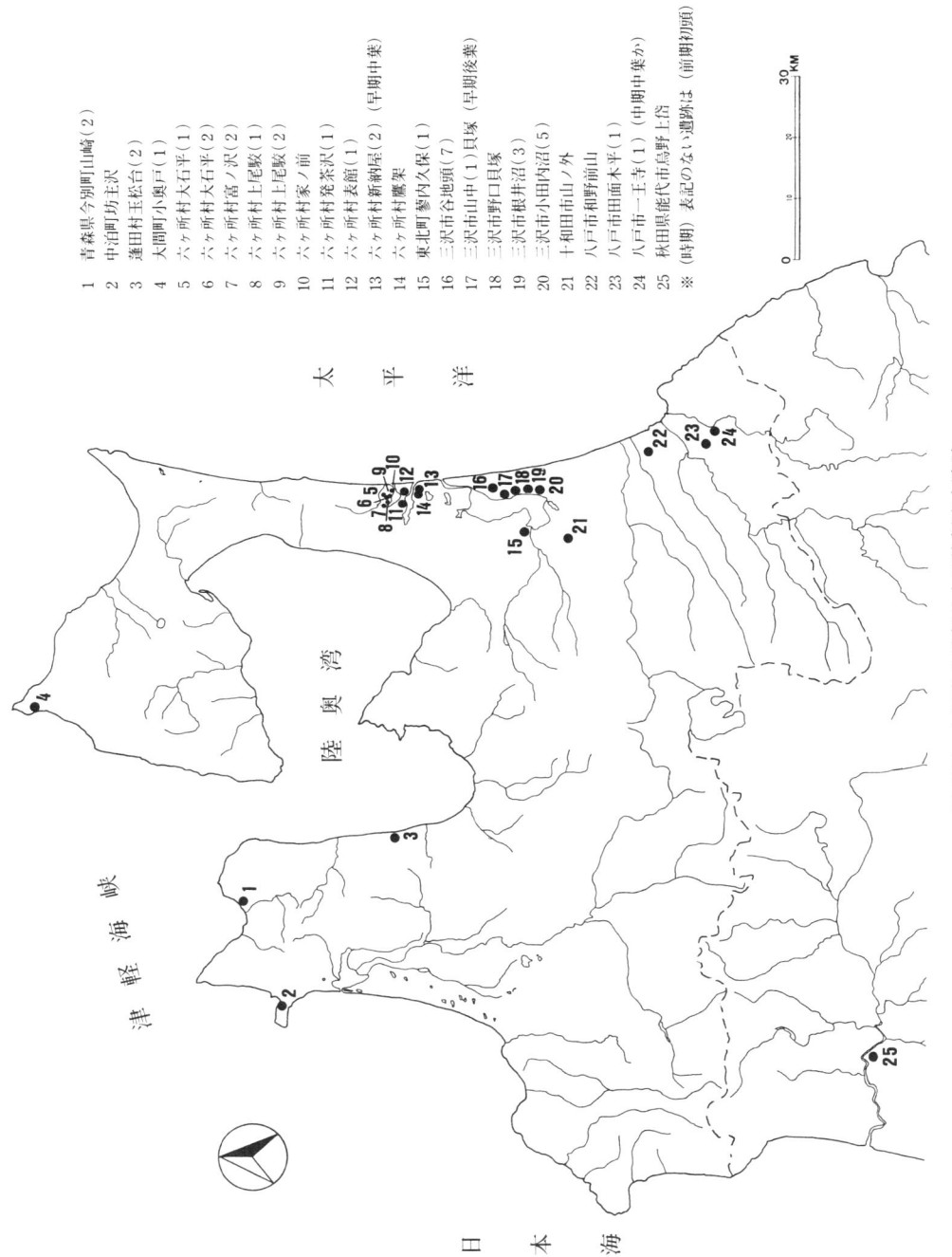

1 津軽海峡域における土器片錘　193

1　青森県今別町山崎（2）
2　中泊町坊主沢
3　蓬田村玉松台（2）
4　大間町小奥戸（1）
5　六ヶ所村大石平（1）
6　六ヶ所村大石平（2）
7　六ヶ所村富ノ沢（2）
8　六ヶ所村上尾駮（1）
9　六ヶ所村上尾駮（2）
10　六ヶ所村家ノ前
11　六ヶ所村発茶沢（1）
12　六ヶ所村表館（1）
13　六ヶ所村新納屋（2）（早期中葉）
14　六ヶ所村櫃架
15　東北町蓼内久保（1）
16　三沢市谷地頭（7）
17　三沢市山中（1）貝塚（早期後葉）
18　三沢市野口貝塚
19　三沢市根井沼（3）
20　三沢市小田内沼（5）
21　十和田市山ノ外
22　八戸市和野前山
23　八戸市田面木平（1）
24　八戸市一王寺（1）（中期中葉か）
25　秋田県能代市鳥野上岱
※（時期）表記のない遺跡は（前期初頭）

第4図　本州島北端部の土器片錘出土遺跡

194　第Ⅴ章　津軽海峡域の漁猟・祭祀

【その他】
　本県域最古の例は早期のもので小川原湖沼群にみられる。発茶沢(1)の東側に隣接する表館(1)に早期中葉とみられる貝殻条痕文の1点（第3図20），鷹架沼南岸の六ヶ所村新納屋(2)に早期中葉で3ヶ所に浅い切込みを入れた特殊な例1点（第3図18），小川原湖東岸の三沢市山中(1)貝塚に早期後葉の1点（第3図19）がみられるのみで，非常に少ない状況である。また，中期以降のものでは，中期中葉とみられる八戸市一王寺(1)の例があるとされるが，図示されていないため詳細はまったく不明である。

(2)　北海道島南部（第5・6図，第2表）
【縄文前期初頭】
　縄文前期初頭の土器片錘を出土した遺跡は7ヶ所ある。この地域で大半を占める時期のものであり，津軽海峡に面した地域に5遺跡，太平洋側の千歳市〜苫小牧市の河川流域に2遺跡ある。このなかで出土数が最も多い苫小牧市柏原17遺跡例について概要を述べる。
　柏原17では遺構外から45点出土した。図示された11点（第5図23〜25）（17点と記されているが，明確ではない。長さ30，40mm台の小型のものは，土器片錘かどうか検討の余地がある）をみると，形態は菱形・不整方形のものもあるが，長方形が大半で長さ80mm以上の大型が7点，60〜80mm未満が4点ある。また，重さ80〜100gが6点，40〜60gが4点と分かれる。なお，この遺跡では石錘が皆無である点が注目される。
　つぎに，この地域の土器片錘を発茶沢(1)例と比較すると，形態は発茶沢(1)で最多のA類（長方形で長さが80mm未満）が多いのとやや類似した傾向を示している。また，土器破片の使用部位は，発茶沢(1)の（A）（口唇部片の使用）が函館市豊原1にみられるが，大半は発茶沢(1)で多数を占める（B）（胴部破片の使用）である。また，大きさは柏原17では長さ80mm以上の大型のものが7点，60〜80mm未満が4点あり，豊原1（第5図29・30）は51〜71mm，千歳市美々5（第5図21・22）は50〜63mmのものである。重さは，記載例が少ないなかで，柏原17では80〜100gが6点，40〜60gが4点ある。また，函館市梁川町には4辺に浅い切込みを入れた特殊な例もある。
　つぎに出土遺跡の立地は，海岸に5遺跡（71％強），河川流域に2遺跡（28％強）あるが，千歳〜苫小牧例は縄文海進期のものであり，当時の内湾沿岸にあったとみられるので，すべて海岸立地とみなしてよいであろう。また，日本海側には皆無である。出土品の大半は遺構外出土例で，竪穴住居跡出土例が美々5，豊原1にあるものの，多くは遺構の年代とは直接，関わりのない覆土出土例である。また，石錘は極端に少ない。これらの状況は，本県域と非常に類似している。
【縄文早期中葉】
　最古のものは縄文早期のもので函館市に2遺跡ある。津軽海峡に面した中野B・石倉で，以下にその概要を示す。
　中野B（市立函館博1977，道埋文1995b・1998a・1999a）では，早期中葉（住吉町式期）の竪穴住居

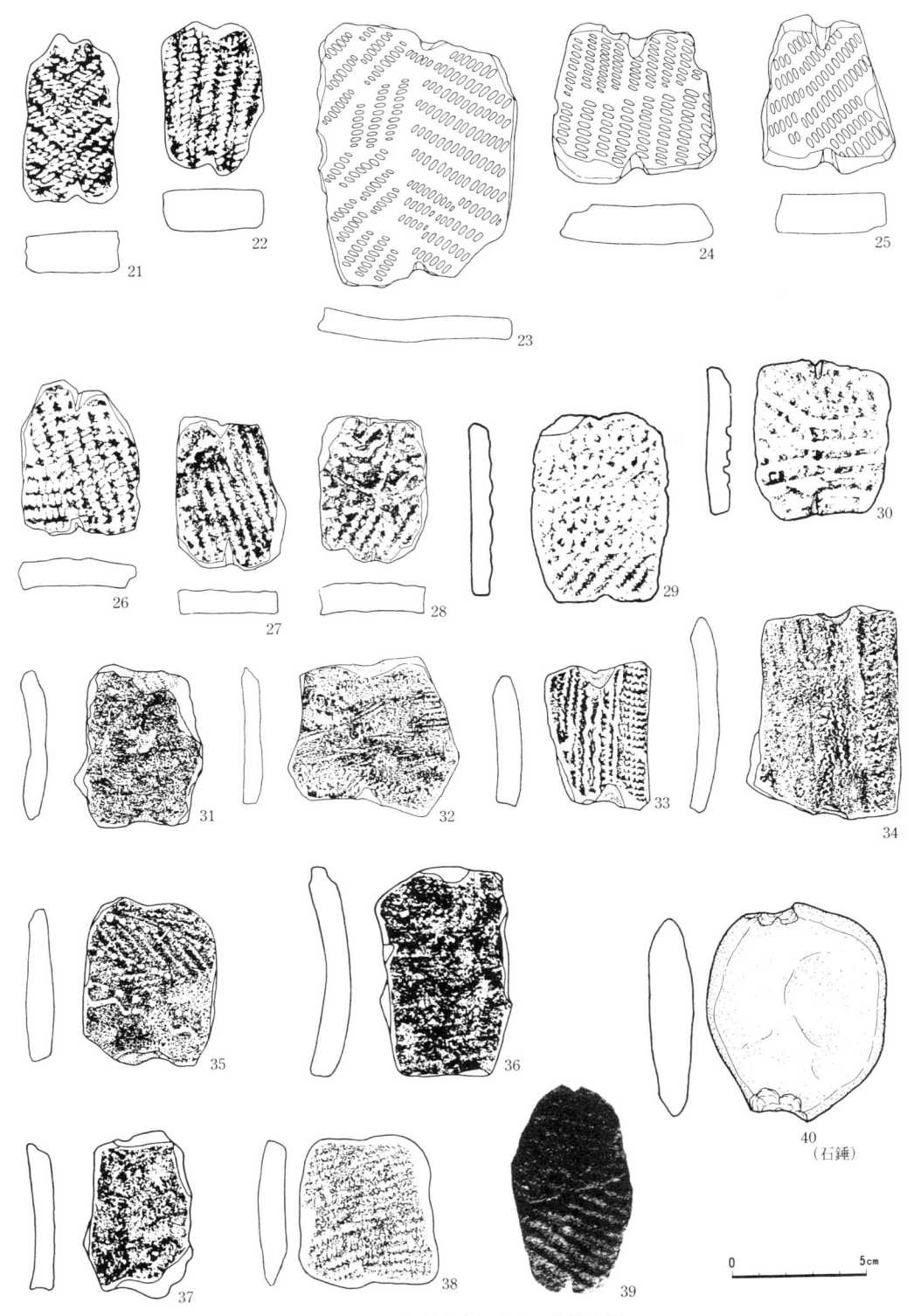

1 津軽海峡域における土器片錘　195

第5図　北海道島南部出土の土器片錘

第V章　津軽海峡域の漁猟・祭祀

第2表　北海道島南部出土の土器片錘一覧

図番号	遺跡名	遺跡の立地	出土状況	点数	時期（土器型式）	土器部位	備考（重さ・引用文献など）
5-21・22	千歳市美々5	美沢川の右岸丘陵	AH28	3	前期初頭（春日町式）	胴部	完形、重さ記載なし、石錘1共伴。
			Ⅱ黒	3	前期初頭（春日町式）	胴部	完形、重さ記載なし、石錘多。道教委1979
5-23～25	苫小牧市柏原17	安平川の右岸丘陵	B地区の遺構外	45	前期初頭（春日町式）	胴部	17点を図示、うち6点は土器片錘か？　完形13、石錘皆無、苫小牧市埋文2002
5-38	洞爺湖町入江貝塚	内浦湾を望む丘陵	B区の貝層下	1	後期前半（ニセコ式）	胴部	完形、土錘もあり。苫小牧市埋文1990
5-39	松前町高野	日本海を望む丘陵	遺構外	9	中期・後期	胴部	完形1で35g、破片8。峰山編1974
	木古内町釜谷4	津軽海峡を望む丘陵	遺構外	1	前期初頭（春日町・椴法華式）	胴部	破片、重さの記載なし。木古内町教委1991
	函館市春日町	津軽海峡を望む丘陵		2	前期初頭（春日町式）	胴部	完形、有孔、うち1は円形。児玉・大場1954
	函館市梁川町	津軽海峡を望む丘陵		1	前期初頭（春日町式）か	胴部	完形、4ヶ所に浅い切込み。市立函館博1955
5-26～28	函館市中野A	津軽海峡を望む丘陵	H-15	1	前期初頭（春日町・椴法華式）	胴部	完形、重さの記載なし。
			H-43	2	前期初頭（春日町・椴法華式）	胴部	完形、重さの記載なし。
			遺構外	8	前期初頭（春日町・椴法華式）	胴部	完形4、破片4。道埋文1993
	函館市中野B（旧函館空港第4地点）	津軽海峡を望む丘陵	13号住居址	各3	早期中葉（住吉町式で、以下同じ）	胴部	完形の記載あり。重さの記載あり。
			21号住居址	7		口縁・胴部	完形の記載あり。重さの記載あり。
			遺構外	3		胴部	重さの記載あり。市立函館博1977
5-31～35	函館市中野B	津軽海峡を望む丘陵	H-3・H-18	各1	早期中葉（住吉町式で、以下同じ）		有孔土器片錘あり。
			H-20・H-22A				
			H-34・H-42				
			H-43・H-46				
			H-58・H-63				
			H-65・H-74				
			H-98・H-102				
			H-105・H-121				
			H-148・H-156	各2			
			H-69・H-140				
			H-99	5			
			H-100	6			
			H-114	3			
			土坑	2			
			遺構外	15			重さの記載あり。道埋文1995b
	函館市中野B	津軽海峡を望む丘陵	H-473・H-406	各1	早期中葉（住吉町式で、以下同じ）	口縁・口縁部	
			H-461・H-493				
			H-499	1		口縁部	
			H-490	2		口縁・口縁部	
			遺構外	7		胴・胴部	道埋文1998a
	函館市中野B	津軽海峡を望む丘陵	H-544	2	早期中葉（住吉町式で、以下同じ）	胴部	重さの記載あり。
			H-560	8			重さの記載あり。道埋文1999a
			H-624	1			
5-36・37・40	函館市石倉貝塚	津軽海峡を望む丘陵	西地区				重さの記載あり。住居跡は前期初頭、住居跡は住吉町式期、石錘多
			H-1覆土1層	1		胴部	完形、
			H-6覆土2層	1		胴部	完形、
			H-7覆土1層	1		胴部	完形、
			H-8覆土1層	3		胴部	完形、
			H-10覆土2層	6		胴部	完形5、破片1、石錘あり
			H-12末面直上	4		胴部	完形2、破片1。道埋文1996b
			遺構外	3		胴部	
5-29・30	函館市豊原1	津軽海峡を望む丘陵	1・2号住居址及び遺構外	23	前期初頭（春日町・椴法華式）	胴部多、口縁部	完形3点のみ図示、他は破片か、重さの記載なし。函館市教委1987

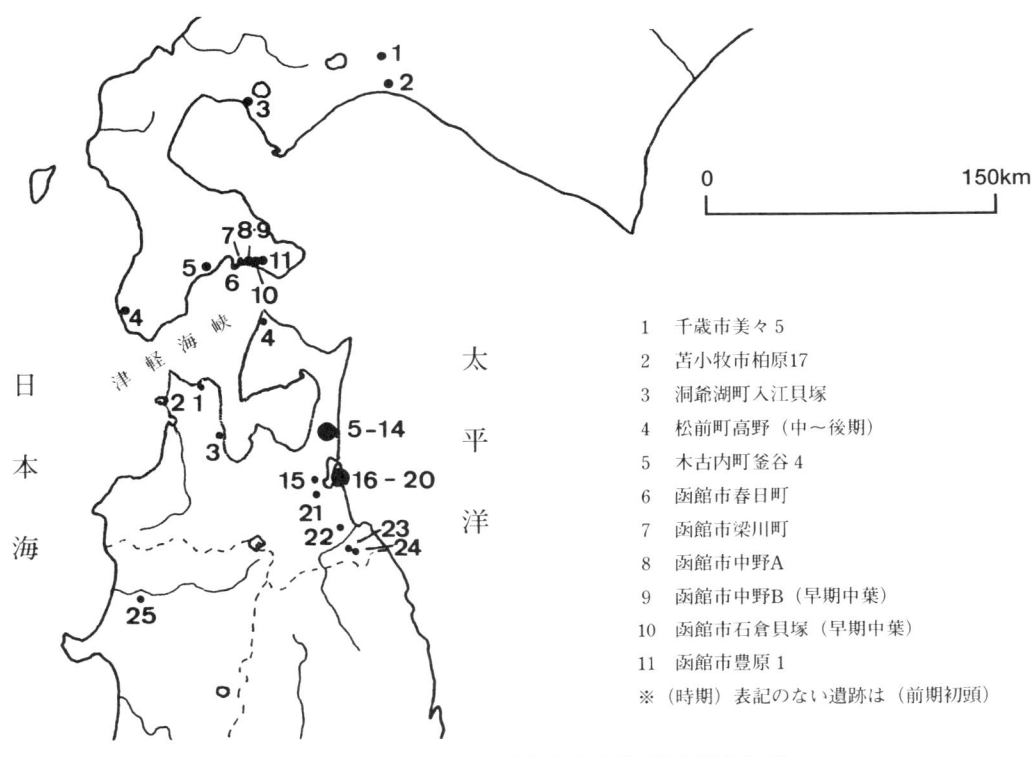

1　津軽海峡域における土器片錘　197

  1　千歳市美々5
  2　苫小牧市柏原17
  3　洞爺湖町入江貝塚
  4　松前町高野（中～後期）
  5　木古内町釜谷4
  6　函館市春日町
  7　函館市梁川町
  8　函館市中野A
  9　函館市中野B（早期中葉）
 10　函館市石倉貝塚（早期中葉）
 11　函館市豊原1
※（時期）表記のない遺跡は（前期初頭）

第6図　津軽海峡域の土器片錘出土遺跡（北海道島南部）

跡36棟以上及び遺構外から多数の土器片錘が出土した。このなかで，『（財）北海道埋蔵文化財センター調査報告書第97集』（道埋文1995b）に限定すると，住居跡23棟から36点出土し（第5図31～35），住居跡1棟から1点ないし2点出土したものが多数を占めるが，5，6点出土した例もある。このほか，土坑2基から2点，遺構外から15点出土している。大半が土器の胴部片を使用したものであるが，口縁部片を使用したもの（第5図33・34）もある。形態は大半が長方形・不整方形で，前期以降にみられる楕円形等のものは少ない。また，切込みは前期以降のものに比べ著しく広く，しかも浅い。なお，土器片錘を出土した住居跡のなかで，16棟からは石錘も出土している。

　出土した53点のうち長さがわかる49点では，38～89mmあるうち，41～68mmのものが45点と多く，前期初頭の発茶沢（1）で長さ51～74mm例が多いのに比べてやや小型である。また，重さがわかる45点では，17.4～63.5gあるうち，30.3～47.6gのものが28点と多く，発茶沢（1）の37～60gが多いのに比べて軽い。

　また，石倉貝塚（道埋文1996b）は中野Bとは近距離にあり，早期中葉（住吉町式期）の竪穴住居跡6棟から16点出土している。多くは覆土から出土したものであるが，H-12には床面直上出土例（第5図36・37）もある。長さ5～6cmのものが多く，すべて胴部破片を使用している。形態は長方形を主とし，切込みは中野Bと同様に広く浅い。また，H-12の床面直上からは石錘

も出土している（第5図40）。

【その他】

中期以降の例については，後期前半のものが太平洋側の洞爺湖町入江貝塚に1点（第5図38），中期～後期とされるものが日本海側の松前町高野に9点（第5図39）あり，ともに遺構外から出土している。

以上のなかで，資料が多い函館市の早期中葉例と前期初頭の発茶沢(1)例を比較してみると，早期中葉例は，形態は長方形が主で小型が多く，切込みは浅くて広いものである。また，函館市の早期中葉例は，実測図をみた限りでは，成形後に整形を行わないものが大半であり，整形する必要性はなかったようである。また，いずれも多数の石錘と共伴している点が明らかに異なる。

3. 発茶沢(1)遺跡の土器片錘に関する若干の考察

発茶沢(1)の報告書において，形態・大きさについてA～F類に分類したが，これはいずれも短辺中央に1個ずつ切込みをもつものであり，縄文時代の漁労活動の研究に多くの優れた業績を残している渡辺誠氏の分類（渡辺1973）によれば，土器片錘A種にあたり（土器片錘B種は長辺中央に切込みをもつもので，非常に稀であるという），列島では一般的な形態のものである。当遺跡の土器片錘には，大きさ・形態・重さにおいて種々の違いが認められるが，これらが土器片錘の使用方法に違いがあったことを示すものかどうか。今後の課題である。

また，土器破片の使用部位には5種類認められたが，このなかで，胴部片使用の（Ba），（Bb）の手法は，福島県いわき市大畑貝塚（縄文中・後期）の報告書に示された2，1の手法（いわき市教委1975）にそれぞれ対比される。また，製作の工程では，成形だけのもの，成形後に整形を行うものの2種類の手法を指摘したが，これは茨城県大洗町おんだし遺跡（縄文中・後期）の報告書で指摘されたA工程（粗製土錘），B工程（精製土錘）の区分（おんだし遺跡調査団1975）にそれぞれ対比されるもので，発茶沢(1)の素材使用・製作工程が特殊なものではないことを示している。

縄文時代の漁網のおもりとして考えられているものの一つに石錘があるが，それとの相関性については，当遺跡には石錘がわずか1点しかなく，周辺の上尾駮(2)，鷹架においても同様である。これに対して，早期中葉の新納屋(2)では，まったく逆で石錘が720点も出土したのに対し，土器片錘はわずか1点しか出土しなかった（青森県教委1981b）。両遺跡は距離的にも近く，しかも湖沼に面するという類似した立地条件を考慮するならば，時期によって網の形態や網漁等に大きな変化があったということになる。これと同様の傾向は和野前山においてもみられ，早期末葉（早稲田5類期）には多量の石錘が伴うのに対し，前期初頭には少なくなり逆に土器片錘が多数出土している（青森県埋文1984b）。また，当遺跡で見られた土器片錘の集中出土例は，同時期の他の遺跡でも見られるものである。このような出土状況は早期中葉の石錘にも見られ，新納屋(2)では，40×50 cmの範囲に石錘が43点集中していた（青森県教委1981b）。このような土器片錘・石錘の出土状況は，単純にこれらをまとめて廃棄した状況を示していると解することもできるが，

写真1　表館(1)遺跡の上空から尾駮沼を望む

たとえば網に付けたままの状態で小屋に掛けていた，収納していたことを示したものとも解され，非常に興味深いものがある。

　さて，土器片錘は漁網用のおもりとされてきたが，網とともに出土した例が皆無であるため，その当否は，厳密に言えば不明である。しかし，今回の小論でもこの用途を否定する材料は見いだすことができず，逆に，出土遺跡の分布は縄文海進期に内湾地形であった小川原湖沼群周辺や八戸市の河川流域に集中しており，海水・汽水域との関連性を強く示唆していることがあらためて確認された。また，同様に網のおもりとされる石錘との関わりでみると，前期初頭には石錘がほとんど出土しないことから，仮に土器片錘が網のおもりでないとした場合，この時期には網のおもりが存在ないという不可解なことになる。以上の点からここでは，従来通り漁網のおもりと考えておきたい。この時期に石錘から土器片錘に移行した理由は，網の変化，漁法の変化，あるいは石錘用の石材確保が何らかの理由によってできなくなった等の理由が考えられるが，明確ではない。

　最後に，この土器片錘を用いた網と対象魚類の問題がある。土器片錘は石錘とは違って軽く破損しやすく，しかもより水の抵抗・浮力を受けやすいことから，流れが穏やかで浅い湾内や内湾砂泥底域で使用された可能性が想定される。このため，土器片錘を付けた網を小舟で引く漁法よりは，魚が自ずとかかってくるのを待つ網漁の方が考えやすい。おそらく主に刺網のおもりとして用いられたもので，潮の干満や魚群の回遊コースを考慮したうえで網が設置されたのであろう。対象魚類については，土器片錘が多数出土した小川原湖沼群や八戸一帯では，前期初頭に近い早期後葉（赤御堂式期）の三沢市山中(2)貝塚（青森県立郷土館1992）の例では，イワシ類・ウグイ類・カサゴ科・カレイ科が多く，その他スズキ・マダイ・ヒラメ・マサバもまとまって発見され

ている。また，この遺跡と同時期の八戸市赤御堂貝塚（八戸市教委1989）でもイワシ類・カレイ科・ウグイ類・マサバなどが多く発見されており，これらが対象魚類となっていたことが考えられる。

おわりに ―課題と展望―

これまで，発茶沢(1)遺跡出土の縄文前期初頭の土器片錘をもとに，津軽海峡域の類例を紹介し早期中葉の土器片錘を含めて比較・検討を行った結果，つぎのようにまとめられる。

海峡域における石錘・土器片錘による網漁は函館湾一帯で早期中葉から開始され，本県域の小川原湖沼群周辺においても始まった。これは，温暖化による海域拡大に伴い海域における漁撈活動が活発化したことが大きな要因であろう。しかし，前期初頭になると海峡域ではもっぱら土器片錘のみが用いられるようになり，遺跡によって土器片錘の大きさ・形態等に違いも生じた。これは，当時の周辺の水域環境に合わせたために生じた対象魚・漁法あるいは網の違いによるものであろうか。

また，津軽海峡域の例とそれ以外の地域の例を比較した場合，年代的に近い前期中葉の宮城県名取市宇賀崎貝塚例（宮城県教委1980a）はやや小型である。また，前期の福井県若狭町鳥浜貝塚例（福井県教委1979）や中・後期の福島県～茨城県などの例は，小型で非常に軽いものである。これらの小型のものはおそらく，網の大きさ・流れの速さ等にあわせて数量で重さを調節しやすくするための一方法であった可能性もあるのであろうか。土器片錘の大きさ・形態の時期的変化，さらに地域による違いについては今後の研究課題である。

また，海峡域における前期初頭の，たとえば本県域の表館式と早稲田6類間等の土器編年の問題もまだ残されている（武藤1988）。前期初頭という短期間にみられる土器片錘の違いは，より短い時間差を表していることも考えられる。単純に前期初頭の地域差として片づけることはできない。

この地域ではその後，土器片錘は廃れ前期中葉以降はほとんどが石錘に取って代わられ，以後，網漁には石錘使用が定着している。しかし，東北地方南部から関東地方にかけての太平洋側では，前期以降も引き続き土器片錘や石錘が使用されている。この地域差がなぜ生じたのか。また，海峡域において，前期初頭という限られた期間にのみ，なぜ土器片錘が用いられたのか。これも，今後の研究課題である。また，鳥浜で漁網用のおもりとしても利用された可能性があるとされた有孔円板（福井県教委1979）（筆者の言う土器片円盤）については，北海道島南部では早期中葉以降，本県域では早期末葉以降から晩期にかけて用いられている。紡錘車のはずみ車や装身具とされる場合もあるが，土器片錘ではないと断言できるのかどうか。この点についても今後の研究課題であろう。

縄文早期中葉に函館湾で始まり，前期初頭にかけて小川原湖周辺や苫小牧周辺，そして津軽海峡沿岸各地で盛んに行われた土器片錘を用いた網漁。この網漁の主体者は，海峡沿岸に居住し漁撈を主な生業としていた，民俗（族）学の方で言うところの「海民・海人」であったとみられる。

海域における彼らの活動は，その巧みな操船技術によって海峡交流を促進させ，やがて北海道島南部―本州島北端部の海峡域に展開・盛行した円筒土器文化の素地をつくったのであろう。この意味において，海峡域の土器片錘の問題は，海峡交流の担い手，主体者でもあった人々の果たした役割すなわち活動内容にも関わってくる。

　今後，先史時代における海峡交流（福田 1990b）の実態に迫るには，海峡を越えて運ばれた物に視点を当てることは当然のこととして必要であるが，海峡域における土器片錘・石錘などの網漁具，さらに釣針・銛（福田 2005a）等の各種漁具に基づいた「先史時代の海民・海人の活動」を明らかにしていくという視点も必要になってくると思われる。

（追記）

　脱稿後に，三沢市教育委員会が平成 17 年度から調査を行っている三沢市猫又(2)遺跡（姉沼南部）から，縄文中期末葉（大木 10 式期）のものとみられる土器片錘が 1 点出土していることを知ったので，ここに記しておく。また，市浦村（現五所川原市）オセドウ貝塚から，土錘として「土器破片の周囲を打ち破って円形とした錘の平凡なもの」が出土している（第 345 図 8）（清野 1969）が，土器片円盤であるため，今回は土器片錘には含めていない。

2 縄文期のサケ漁具2例 ── 民俗資料との比較から ──

はじめに

　毎年秋から冬にかけて，北日本の河川に遡上するサケは，人びとにとって，とくに冬期間の食料にはなくてはならない存在であり，サケに関する漁具・漁法や伝承・信仰等の研究が，民俗学の分野において積極的に行われている（赤羽2006，高松2006）。

　一方，考古学には，「サケ・マス論」という有名な説がある。縄文文化が近畿以西よりも中部以東の東北日本に盛行した要因として，主食に木の実のほかにサケ・マスがあったとするもので（山内1964），縄文土器の編年研究の基礎を築いた山内清男が60年ほど前に提唱した縄文文化論である。

　それ以来，考古学では縄文期のサケ・マスのサケ類，なかでもサケ（シロザケ）の出土が注目されてきた。当初，サケの出土例が少ない点が問題視されたが，やがて各地の沿岸部や内陸部の遺跡から出土例が増え，サケが縄文人にとって重要な食料であったことが再確認されてきている（松井2008）。また，河川や流域の低湿地遺跡の発掘調査が行われた結果，縄文期の川漁に使われた網やヤス等の漁具や河川に設置した漁撈遺構が各地で発見され，縄文人と川漁との深い関わりが次第に判明してきた。

　しかし，明らかにサケ漁に使われた漁具は，なかなか発見されない状況が続いてきた。

　こうした状況のなか，平成17（2005）年になって北海道石狩紅葉山49号遺跡の発掘調査で，縄文期の漁撈遺構の発見とともに，捕獲したサケの頭部をたたく魚たたき棒とされる木製品の出土が報告され（石狩市教委2005），平成19年には，青森県東北町赤平(2)遺跡で，平安期に遡る本県では最も古いサケ鉤とみられる鉄製品の出土が報告された（青森県埋文2007e）。このため，これらの例については，民俗関係者で既にご存じの方もおられるかと思われるが，あらためて紹介し，縄文期のサケ漁具の問題について述べてみたい。

1. サケの漁具とみられる出土品2例

(1) 魚たたき棒とみられる木製品（第1図）

　この木製品を出土した石狩紅葉山49号遺跡は，石狩川河口部左岸の低湿地にある。標高は0～6m。平成7～14年に石狩市教育委員会が行った発掘調査によって，縄文中期後半～後期初頭（約4,000年前）の大規模な漁撈遺構（魞）が発見され注目された。木製品（第1図1）はやや離れた地点から発見されたが，魞遺構とほぼ同年代とみられる。全長51cm，太さ4cmのトネリコ属（ヤチダモ）の丸木製である。先端部が最も太く，柄の部分は10cmにわたって焦げている（石狩市教委2005）。端部は野球用バットの握り状で，当初アイヌ民族の魚たたき棒と形態が異なるため，横槌とされていたが，『蝦夷器具図式』（寛政11（1799）年）に，瓜二つのサケをたたく

棒があることから，魚たたき棒と推定された（石橋編 2005）。

(2) サケ鉤とみられる鉄製品（第2図）

　この鉄製品を出土した赤平(2)遺跡は，小川原湖西岸で東北町を流れる七戸川（高瀬川）南岸にある。標高は 27～28 m。鉄製品（第2図1）は平成 17 年に青森県埋蔵文化財調査センターが行った発掘調査によって，一辺 4.3～5.7 m の長方形の竪穴住居跡から出土した。平安中頃（10 世紀中葉～11 世紀代）のものである。また，この遺跡に隣接する赤平(3)遺跡からは，ほぼ同年代に北海道を中心に分布する擦文土器破片が 200 点以上も出土した。本州では本県の津軽・下北から出土し，上北ではほとんど出土例がなかったため，下北・北海道との交流を示すものとして注目されている。

　鉄製品は，細い鉄棒をカギ状に曲げて作られたカギ先で，全長 12.4 cm，軸部上半は最大で太さ約 2 cm，軸部と先端部との間隔が約 6.9 cm である。軸部上半は空洞・袋柄状で，先端部内側には返しが付けられている。全体が錆に覆われているが，軸部には紐の巻付け痕が明瞭に残っている（青森県埋文 2007e）。軸部外側の紐が細い綱紐をも巻き込んだように膨らんでおり，綱紐が付いた離頭状のカギ先であった可能性がたかい。

　平成 20 年 2 月に県埋蔵文化財調査センターにおいて，この鉄製品を実見し，軸部が短いものの，形状や軸部と先端部との間隔が民俗資料とほぼ同じ点からサケ鉤のカギ先と判断した。

2. 各地の類例と若干の考察（第1～4図）

(1) 魚たたき棒

　新潟県や東北地方・北海道・樺太，さらに北アメリカ等のサケの遡上地域にみられるもので，今も使われている。アイヌ民俗資料にもあり，知里真志保は，「イ・サパ・キク・ニ（それの・頭を・打つ・木）（打頭棒）」で，「直径 1 寸ぐらいの太さのヤナギまたはミズキを，長さ 1 尺 5 寸ぐらいに切りとり，握る部分を約 5 寸ぐらい，皮をむいてやや細く削る。握ったばあい，刀ならつばに相当する部分に，ひげのように細い短い削りかけをつける。アイヌは漁期になれば，かならずこれを新しく作って，川漁に歩くときはいつも腰にさしている。そして，とった鮭は，1 本 1 本，この打頭棒で頭を叩いて殺すのである。…」（知里 1959）とし，その図を紹介している（第1図4）（知里 1953）。また，萱野茂は，イ・サパ・キク・ニ（それ・頭・叩く・木）（魚叩き棒）について，「太さ 4 cm ほどのスス（柳）の木を 40 cm ほどの長さに切り，握る部分として 10～15 cm ほど皮を削り取った棒である」（萱野 1978）と図を付して述べている。

　魚たたき棒は，本州では一般に鮭叩き棒とされ，地域によってナエヅチ，ノデボウ，コンボウ，ツツ棒，サイヅチ，エビス棒，ナヅチ等と呼称され，桐・柳・ナラ・クヌギ・松や藤・桑・椿等が用いられる（安斎 1987，小野寺 1998）。また本県では，一般にエビス棒と称されるが，十和田市を流れる奥入瀬川（相坂川）ではナデ棒と呼ばれる（昆 2004）。全長約 40 cm ほどで握り部分の皮を剝ぎとり，端部に膨らみを作り出したもの（A 類とする）と膨らみがない単なる棒状のもの（B

第Ⅴ章　津軽海峡域の漁猟・祭祀

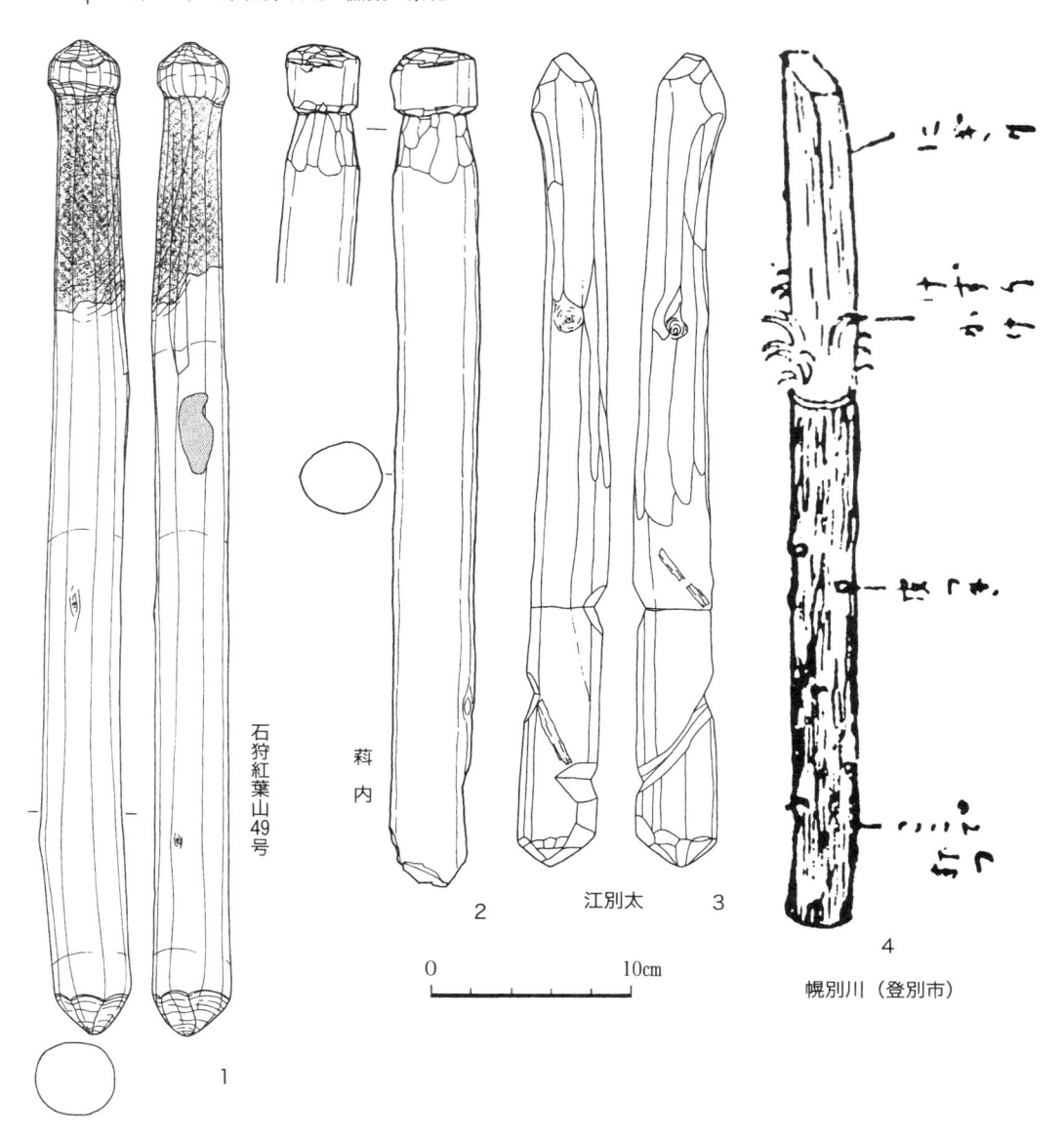

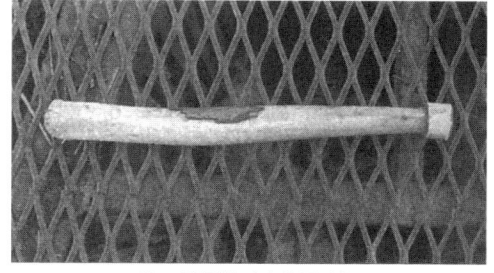

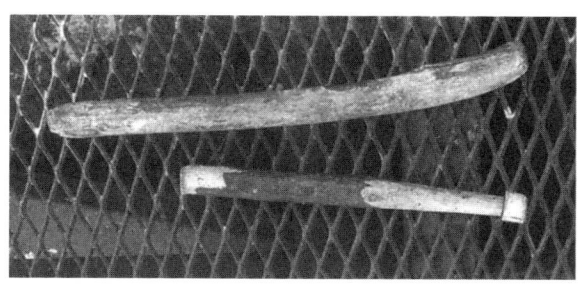

1　石狩紅葉山49号

2　莇内

3　江別太

0　　　10cm

4　幌別川（登別市）

5　相坂川（十和田市）　　　　6　相坂川（おいらせ町）

第1図　魚たたき棒

類とする）が使われており（第1図5・6），馬淵川流域では，皮のついた枝を鋸で切っただけの棒も使われている[1]。

さて，石狩紅葉山49号遺跡出土品と類似したものが，実は本州では岩手県盛岡市を流れる雫石川（北上川支流）流域の萪内遺跡（現在は御所ダム湖底）にある（第1図2）（岩手県埋文1982）。縄文後期中葉〜後葉（約3,500年前）とみられるもので，先端が欠けているが，現在長は42.6 cm，太さは3.6〜4.0 cm。材質の記載はないが，柄の末端部に膨らみを作り付けており，今も奥入瀬川など東北地方各地で使われるものに酷似している。また，石橋孝夫によれば，魚たたき棒は，北海道の千歳川（石狩川支流）右岸の江別市江別太遺跡に続縄文前半（本州の弥生期にあたる。約2,000年前）例がある（第1図3）。丸木（樹種不明）を削りくびれ状の柄を作り出したものである。ここではまた，これと同年代の魞とみられる杭列も発見されている（江別市教委1979，石橋2005）。

魚たたき棒のなかで，奥入瀬川・馬淵川流域にみられる握り端部にくびれや膨らみがないもの（B類）は，他県等にもあるとみられ，当然のことながら縄文期にも使用されたとみられるが，この種のたたき棒認定は非常に難しくなろう。また，魚をたたく機能をもつこの棒に，A・B類双方があるのは，それぞれの使う意味・使う場面に違いがあったことを示すものとみられる。

(2) サケ鉤

サケ鉤は東北地方・北海道，その他沿海地方等と広範囲にみられる。本県では岩木川や奥入瀬川，馬淵川，下北半島の大畑川等，全県的にみられる（ちなみに，サケ鉤漁は現在は禁止漁法である）。文献上，本県最古のサケ鉤は，津軽藩江戸屋敷勤士の比良野貞彦が天明8（1788）年に著した『奥民図彙』に「鮭ヲヒクカギ」として登場する。津軽の河川で使われたとみられるものである（第2図3）（比良野1788）。赤平(2)遺跡例のような袋柄状（A類とする）とは違って，細い鉄棒を曲げて作ったもの（B類とする）である。これに類似したものは，青森県立郷土館にも幾つか収蔵されている。いずれもカギ先軸部が30〜50 cmほどと長いもので，これに弓と称する1 m前後の軟らかい木の中柄を付け，さらにこれを長い木柄に縛り付けた全長2〜3 m以上の，いわゆる「ホリ鉤」（第3図1・2）（青森県立郷土館2002）が多い。この鉤には，カギ先軸部から木柄にかけてサワリ糸（脈糸）を付けサケを感知する仕掛けがあり，北海道の幌別川（登別市）・沙流川（平取町）や青森・秋田両県にみられる。今回紹介した赤平(2)遺跡例は，このホリ鉤に比べカギ先軸部が短く，しかも上部が太く袋柄状であることから，ホリ鉤のカギ先ではなく，袋柄に直接，木柄を差し込んで使ったとみられる。この種のカギ先は，本県の民俗資料にはみられないようであるが，類例が，かつて紹介した（福田1980）秋田県米代川流域の大館市館コ遺跡（第2図2）（大館市史編さん委1974）にある。カギ先軸部は短いが，袋柄の形状や軸部と先端部との間隔はほぼ同様である。報告書には年代の記載がないが，中世の可能性がたかいようである。

この種の数少ないカギ先は，民俗資料では新潟県村上市を流れる三面川流域にある（東北歴史博2003）。カギ先に細い綱が付いており，離頭状である。赤平(2)遺跡例も軸部外側が細い綱状のものを巻きこんだように膨らんでおり，離頭状のカギ先であった可能性がたかい。サケを引っか

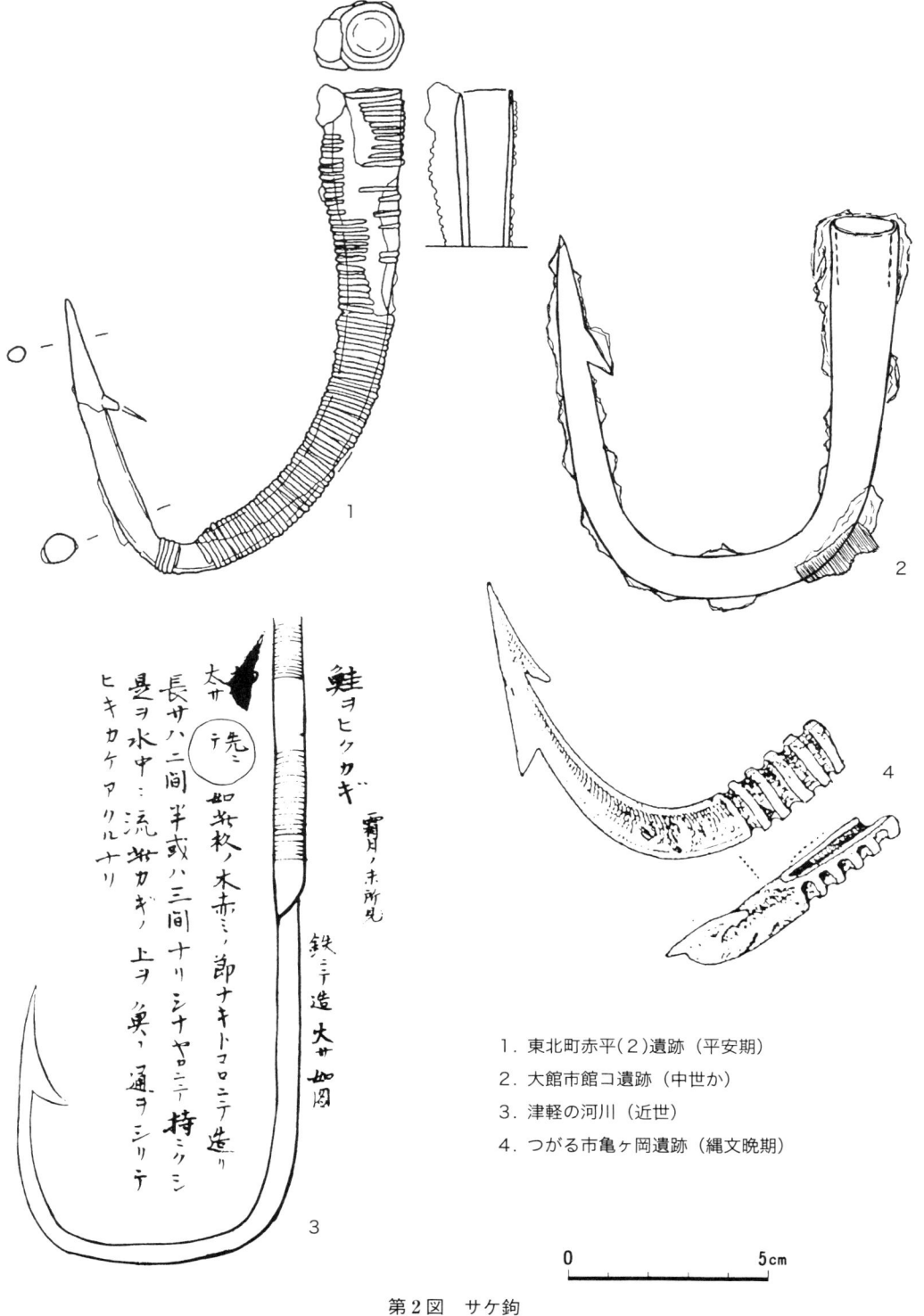

206　第Ⅴ章　津軽海峡域の漁猟・祭祀

1. 東北町赤平(2)遺跡（平安期）
2. 大館市館コ遺跡（中世か）
3. 津軽の河川（近世）
4. つがる市亀ヶ岡遺跡（縄文晩期）

第2図　サケ鉤

2 縄文期のサケ漁具2例　207

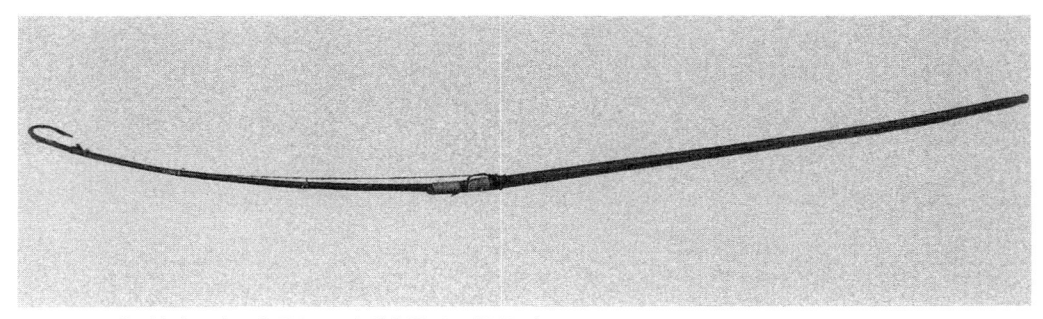

1　サケ鉤（十和田市　全長 341　カギ先長 50　幅 20cm）

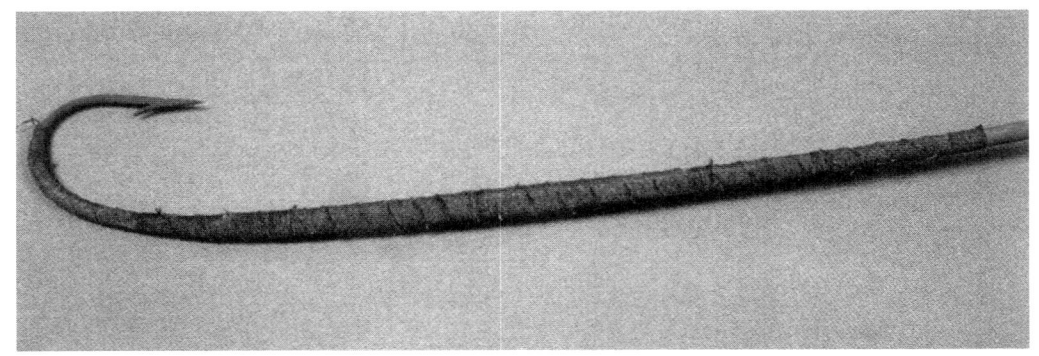

2　サケ鉤（三戸町　カギ先長 55cm）

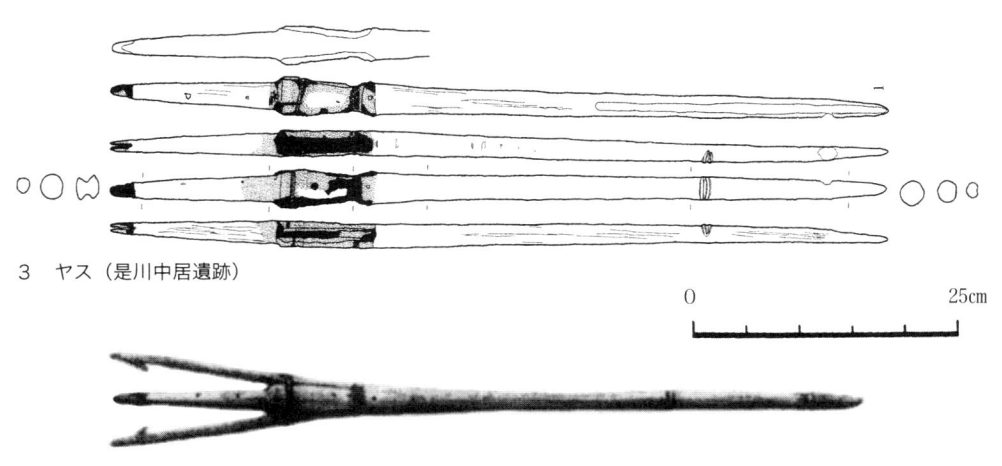

3　ヤス（是川中居遺跡）

4　3の復元写真

第3図　サケ鉤とヤス

けたカギ先が木柄から抜け落ちた場合を想定した仕掛けとみられる。

　筆者の知る限り，遺跡から出土したサケ鉤とみられるものはこの2例のみであるが，ともにカギ先軸部が短く袋状である点が特徴である。おそらく，この袋柄状（A類）のカギ先が古い型式であり，次第に細い棒状（B類）に変化したとみられる。

　赤平(2)遺跡の北を流れる七戸川では，小川原湖を経てサケが遡上しており，出土したカギ先の先端部を水中で上向きにして持ち，サケを狙っていたのであろう。場所はサケの産卵場所「ホリ（ホリ場）」であった可能性がたかい。そして，その付近にはナデ棒も当然あったはずである。

　なお，赤平(2)遺跡に隣接する赤平(3)遺跡からは，県内各地で一般的に出土するこの時代の土器（土師器）とともに，北海道に広く分布する擦文土器が出土していることは，双方の交流を示しており，東北地方・北海道で使われたサケ鉤の発生・系譜を考えるうえで，注目すべきものであろう。

3. 縄文期のサケ漁具（第2・3図）―「おわり」にかえて―

　「サケ漁」という言葉には，特別な思いがある。大学の学部時代に，何度かおハガキをいただいた山内清男先生の「サケ・マス論」の呪縛かもしれない。

　社会人になって，北海道新千歳空港建設予定地の発掘調査や出土品整理に携わっていた際にも，近くを流れる千歳川を遡上するサケやインデイアン水車によるサケの捕獲等を見，また各地の資料館に展示されていたサケ関連資料も見た。

　青森県にUターンしてからも，奥入瀬川や新井田川のサケのヤナ漁を見，同様に各地の資料館の展示資料を見た。また，25年以上も前になるが，相馬川支流の作沢川流域にある「大助」（現弘前市）の地名に惹かれて歩き回ったところ，作沢川岸に開口していた縄文前期の洞穴遺跡発見という副産物につながったこともある（福田1986）。また，勤務先の県立郷土館で開催された「青森県の産業絵馬展」では，村人がサケ鉤・投網・四本ヤスやナデ棒を用いてサケ漁を行っている場面を描いた絵馬（三戸町熊野神社に明治20年に奉納）（青森県立郷土館1993）に出会う幸運にも恵まれた。そしてまた，発掘調査の出土品（骨角器や木器など）にも注意を払ってきた。

　しかし，縄文期のサケの漁具に出会うことはなかった。そうこうしているうちに，北海道の縄文期の魚たたき棒発見の報に接した。今のサケ漁につながる出土品である。類例をたどるうちに岩手県の縄文期にも同様のものがあることを知り，ようやく縄文期にサケ漁が行われた実感をもつことができた。しかし，サケの捕獲に直接用いたと断定できる漁具には，なかなか出会うことはなかった。そしてこの平安期のサケ鉤に出会った。

　今から1,000年も前のサケ鉤があるということは，それからさらに1,500年ほど遡る縄文期にも，これに類したサケ鉤があるのか…という思いから，この赤平(2)遺跡例を頼りに，あらためて本県出土の縄文期の骨角器を見直すと，古くから知られている木造町（現つがる市）亀ヶ岡遺跡に類例があった。鹿角製で先端両側に返しをもち，基部にアスファルトが付着したものである。資料を報告した若林勝邦は，これに柄を差し込み，窪み5ヶ所で木皮の紐等を巻いて固定したヤ

ス先とみた（若林 1892）が，金子浩昌・忍沢成視は組み合せ式釣針とみている。この資料（第2図4）（金子・忍沢 1986b）は，大きさ・形態はサケ鉤のカギ先状を呈するが，内外2ヶ所の返しは釣針状であり，しかも軸部が短いため，サケ鉤のカギ先と断定するには難がある。しかし，これを引っかけたサケをバレにくくした工夫とみれば，縄文版サケ鉤の可能性はある。また，釣針とみた場合でも，サケを釣った可能性もある。残念ながら，軸部上部が欠損し，不明な点もあるため，結論は今後の類例増加にまつしかない。

また，この一方で，サケの遡上が県内でもっとも多い新井田川流域の八戸市是川中居遺跡（縄文晩期・約2,500年前）では，平成14，5年の調査で，長さ約70 cm の木製3本ヤス（ムラサキシキブ属材）（第3図3・4）（八戸市教委2005）が出土している。先端部には，石鏃の装着・固定用にアスファルトが付着しており，報告者は，何らかの海漁に使った可能性もあるとしているが，川を遡上するサケを突いた可能性は充分ある。

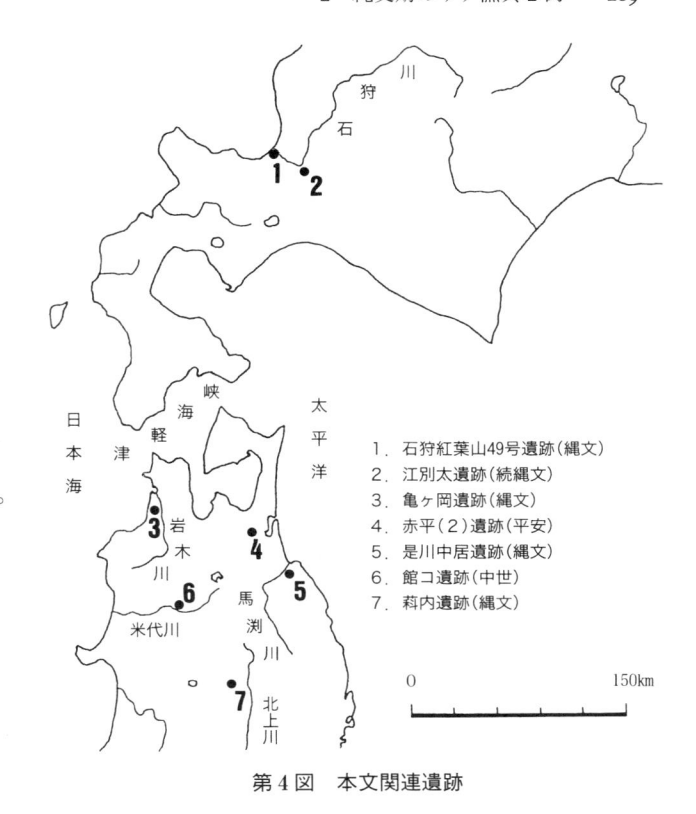

縄文期のサケ漁に用いられた可能性のある漁具が，このように最近になって少しづつ明らかになってきた。縄文期のサケ漁関連資料には，民俗事例・資料や遺跡発見の捕獲施設，各種の網や筌（うけ）などとともに，鉤・ヤスの機能をもった漁具も含まれていたことはほぼ間違いない。

縄文期〜古代の漁具等の用途を考えるには，民俗資料との比較研究が不可欠であることを強調し，サケの漁具とみられる出土品を紹介させていただいた次第である。

第4図　本文関連遺跡

1．石狩紅葉山49号遺跡（縄文）
2．江別太遺跡（続縄文）
3．亀ヶ岡遺跡（縄文）
4．赤平（2）遺跡（平安）
5．是川中居遺跡（縄文）
6．館コ遺跡（中世）
7．萪内遺跡（縄文）

註
1）　青森県立郷土館の昆政明氏のご教示による。

3 本州北辺地域における先史アスファルト利用

はじめに

　東日本の縄文遺跡から出土する石器や土器・土偶などに，しばしば黒色の付着物が確認される。これらの大半は，一般的に天然アスファルト（以下，アスファルトとする）とみられるもので[1]，石鏃・石槍などの着柄，土器・土偶の修理等の際の接着剤として用いられたものである。

　アスファルトは，原油に含まれる揮発成分が失われた結果，あとに残った不揮発製の物質である。わが国では，日本海側の秋田県から新潟県にいたる油田地帯に産出するが，縄文人による利用が確認されているのは，秋田県昭和町（現潟上市）の槻木地域（豊川油田）のみである。アスファルトは，このように産地がある程度限られているため，従来から縄文人の交流・交易の問題を扱う場合には，糸魚川産ヒスイとともに必ず引合いに出される資料でもあった。しかし，アスファルト付着遺物はヒスイとは異なって，日用品としてあまり目立たない存在であるためか，研究者からはほとんど注目されず，青森県域に限ってもごく最近までは縄文時代の利用状況が把握されていなかったのが実状である。

　アスファルト付着遺物が青森県域から多数出土しているという認識は，以前からもっており，昨年それらの資料集成を行った（福田1999d）が，短期間の資料収集であったため遺漏が多く，その後の調査によって，さらに多数の資料が追加される状況となった。

　このことから，本稿ではあらためて本州北辺地域に位置する青森県域出土のアスファルト資料の集成を行うこととし，あわせて関連する若干の問題についてふれることとしたい。

1. 青森県域のアスファルト付着遺物研究略史

　わが国のアスファルト付着遺物について，最初に言及したのは地質学者の佐藤傳蔵である。佐藤は明治30年に「本邦石器時代の膠漆的遺物に就て」と題する論考を『東京人類学会雑誌』に発表し，とくに発見例が多い本県域の三内（青森市）出土の石鏃，亀ヶ岡（現つがる市）出土の石鏃・石匙・土偶破片・土器，百沢（現弘前市）出土の石鏃，花巻村（現黒石市）出土の石鏃，湯口村（現弘前市）出土の石鏃等に黒い付着物があることを図示し，これらがおもに東北地方から出土することを指摘した。また，その付着物については，化学分析をしていない段階ではあるが，一種の水炭（炭水）化合物（Hydro carbon）であり，膠・漆のように現在は凝固しているが，熱すれば溶け，さらに強く熱すれば黒煙をあげて燃えるものであるとし，さらに土器内の塊状物や土器内面の付着物から，土器がそれらの物質を製造・貯蔵するための容器であるとする考え方を示した（佐藤1897）。この付着物質については，この報文に接した佐藤初太郎が，翌年同誌に「石器土器ニ附着スル膠漆様遺物ニ就イテノ愚見」を発表し，これらが秋田県の特産物である土瀝青（すなわち，アスファルト Asphalt）が付着したものであるとし（佐藤1898），これらの付着物に対す

る以後の基本的な見方・考え方の方向性を示した。

　その後，本県域のアスファルト付着遺物については，昭和46年に江坂輝彌氏（江坂1971）が，昭和57年には安孫子昭二氏（安孫子1982）が，全国的な視野からわが国のアスファルト利用について述べた際にふれ，江坂氏は本県域の出土遺跡を9ヶ所，安孫子氏は24ヶ所をあげている。この後，出土遺跡はさらに増え，平成11年に筆者は約100ヶ所になることを指摘した（福田1999d）。また，このほかにアスファルトによる石鏃の着柄方法については，昭和45年に寺田徳穂氏（寺田1970），平成7年に白鳥文雄氏（白鳥1995）らがふれたものがある。また，昭和34年には亀ヶ岡遺跡出土の籃胎漆器の分析結果（三田史学会1959）が発表され，昭和61年には八戸高等専門学校の小山陽造氏による八戸市丹後谷地（小山1986），同62年にはむつ市大湊近川遺跡（小山1987）などのアスファルト分析結果が紹介され，現在にいたっている。

2. 青森県域のアスファルト利用状況

(1) アスファルトの利用

　現在，青森県域の縄文・弥生時代の141遺跡から，アスファルト付着遺物が発見されている。石器類が圧倒的に多いが，なかでも石鏃に付着する例がもっとも多く，次いで石匙・石錐（石材の大半は珪質頁岩）などに付着する例がある。石鏃では茎部付着例が大半で，着柄に用いられたことを示している。また，石匙ではつまみ部への付着例が多く，紐類の固着に用いられたとみられる。ただし，本県域では秋田（秋田県埋文1989）・岩手両県（中村1998）で出土例がある石錘の付着例は未発見である。土器ではひび割れや注口破損部の補修などに用いられ，土製品では土偶破損部の接着・修復に用いられている。また，骨角器では刺突具の着柄などにも用いられている。まれに，土偶の眼・口の表現する材料として用いられた例もある。また，これらの使用例とは別に，アスファルトの溶融・貯蔵容器として用いられた土器もある。また，弥生時代では石鏃茎部の着糸に用いられた例もある。

　ちなみに，天然アスファルトは，産出地の秋田県槻木地区では幕末に油煙墨製造用として用いられたが，明治に入って固形アスファルトの精製方法が開発された。固形アスファルトは，耐久性・堅牢性等にすぐれており，道路建築用としてさかんに採掘された。また，民家では土間の湿気予防としても用いられた（昭和町誌編さん委1986）。アスファルトの採掘はすべて人力による露天掘りによって採掘され，明治30年代中頃以降にピークを迎えたが，明治末からの石油開発以降急速に衰退した。

(2) アスファルト利用の時期的推移

　本県域出土のアスファルト付着の石器では，縄文前期初頭（早稲田6類ほか）に遡る可能性のある例として八戸市沢堀込遺跡の石鏃，東通村前坂下(13)遺跡の石匙があるが，各1点ときわめて少ない。前期例では，ほかに8遺跡に11点の石鏃付着例があるが，中葉（円筒下層b式）の青森市三内丸山遺跡例以外は，大半が前期末葉（円筒下層d式）のものである。これらのほか，前期

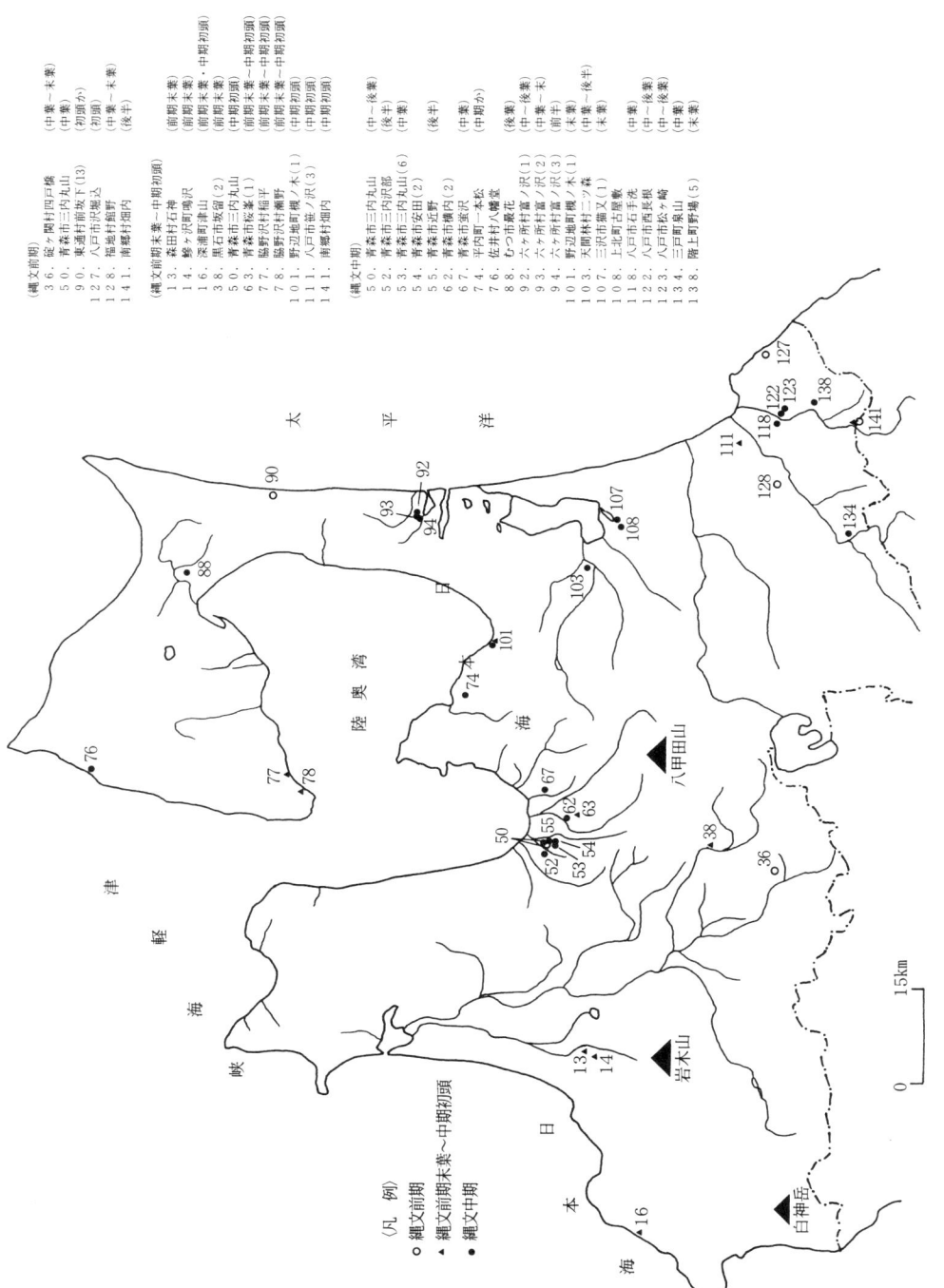

212　第Ⅴ章　津軽海峡域の漁撈・祭祀

〈凡　例〉
○　縄文前期
▲　縄文前期末葉～中期初頭
●　縄文中期

〈縄文前期〉
36. 碇ヶ関村四戸橋　　　　　（中葉～末葉）
50. 青森市三内丸山　　　　　（中葉）
90. 東通村前坂下(13)　　　　（初頭）
127. 八戸市沢堀込　　　　　 （初頭か）
128. 福地村館野　　　　　　 （中葉～末葉）
141. 南郷村畑内　　　　　　 （後半）

〈縄文前期末葉～中期初頭〉
13. 森田村石神　　　　　　　（前期末葉）
14. 鰺ヶ沢町鳴沢　　　　　　（前期末葉）
16. 深浦町津山　　　　　　　（前期末葉・中期初頭）
38. 黒石市坂留(2)　　　　　 （前期末葉）
50. 青森市三内丸山　　　　　（前期初頭）
63. 青森市桜峯(1)　　　　　 （前期末葉～中期初頭）
77. 臨野沢村稲平　　　　　　（前期末葉～中期初頭）
78. 臨野沢村楯野　　　　　　（前期末葉～中期初頭）
101. 野辺地町槻ノ木(1)　　　（中期初頭）
111. 八戸市是川(3)　　　　　（前期末葉～中期初頭）
141. 南郷村畑内　　　　　　 （中期初頭）

〈縄文中期〉
50. 青森市三内丸山　　　　　（中～後期）
52. 青森市三内沢部　　　　　（後半）
53. 青森市三内丸山(6)　　　 （中葉）
54. 青森市安田(2)　　　　　 （後半）
55. 青森市近野　　　　　　　（中葉）
62. 青森市横内(2)　　　　　 （中期初頭）
67. 青森市宝沢　　　　　　　（中葉）
74. 平内町一本松　　　　　　（後葉）
76. 佐井村八幡堂　　　　　　（中葉）
88. むつ市最花　　　　　　　（後葉）
92. 六ヶ所村富ノ沢(1)　　　 （中～後葉）
93. 六ヶ所村富ノ沢(2)　　　 （中葉～末）
94. 六ヶ所村富ノ沢(3)　　　 （前葉）
101. 野辺地町槻ノ木(1)　　　（末葉）
107. 天間林村二ッ森　　　　 （末葉）
108. 上北町古屋敷　　　　　 （中～後葉）
118. 八戸市石手洗　　　　　 （中葉）
122. 八戸市西長根　　　　　 （中～後葉）
123. 八戸市松ヶ崎　　　　　 （中葉）
134. 三戸町泉山　　　　　　 （中葉）
138. 階上町野場(5)　　　　　（末葉）

第1図　青森県域のアスファルト遺物出土遺跡①（縄文前～中期）

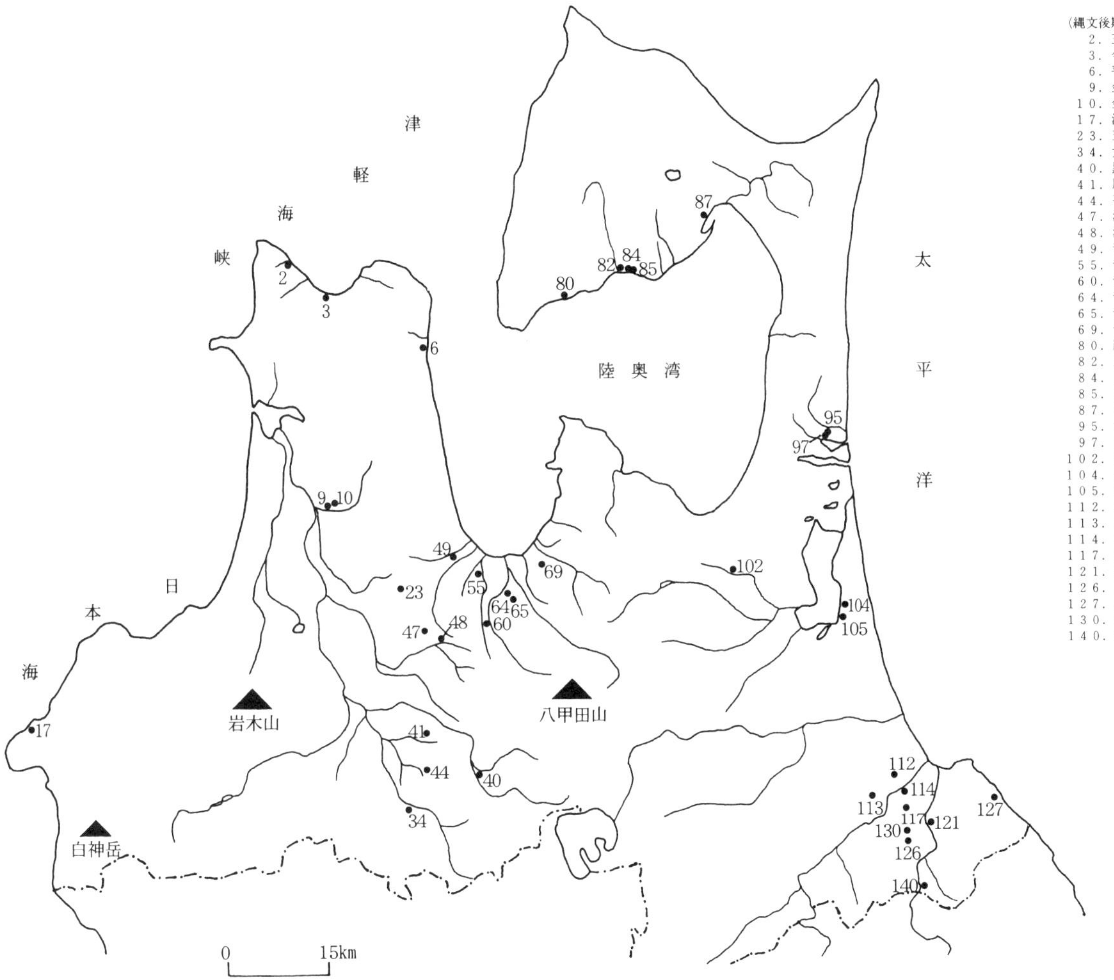

3 本州北辺地域における先史アスファルト利用   213

(縄文後期)
2. 三厩村宇鉄　　　　　　　(初頭)
3. 今別町ニッ石
6. 平舘村尻高(4)　　　　　　(後葉)
9. 金木町神明町　　　　　　(前・中葉)
10. 金木町嘉の海(1)　　　　　(後葉)
17. 深浦町日和見山　　　　　(中葉)
23. 五所川原市原無(6)
34. 大鰐町土牡丹森　　　　　(中葉)
40. 黒石市一ノ渡　　　　　　(末葉)
41. 尾上町李平Ⅱ号　　　　　(前葉)
44. 平賀町堀合Ⅰ号　　　　　(前葉)
47. 浪岡町野尻(2)　　　　　　(前半)
48. 浪岡町平野
49. 青森市宮本(2)　　　　　　(前葉)
55. 青森市近野　　　　　　　(前葉)
60. 青森市四ツ石
64. 青森市小牧野　　　　　　(末葉)
65. 青森市面木野　　　　　　(後期か)
69. 青森市稲山
80. 脇野沢村外崎沢(1)　　　　(中葉)
82. 川内町桜越　　　　　　　(後期か)
84. 川内町熊ヶ平
85. むつ市大湊近川　　　　　(後葉)
87. 川内町高野川(3)　　　　　(前葉)
95. 六ヶ所村大石平
97. 六ヶ所村土尾駁(2)　　　　(前葉)
102. 東北町大平(4)
104. 三沢市野口　　　　　　　(後葉)
105. 三沢市小田内沼(1)　　　　(前葉)
112. 八戸市毛合清水(1)・(2)(前葉)
113. 八戸市晴山　　　　　　　(初頭)
114. 八戸市丹後谷地　　　　　(前葉)
117. 八戸市丹後谷地　　　　　(前・中・後葉)
121. 八戸市鳳凰平　　　　　　(後葉)
126. 八戸市風張(1)　　　　　　(前葉)
127. 八戸市鴨平
130. 八戸市沢堀込　　　　　　(初頭)
140. 福地村・八戸市昼久沢　　(前葉)
南郷村片筋久辺　　　　　(前葉)

第2図　青森県域のアスファルト遺物出土遺跡②(縄文後期)

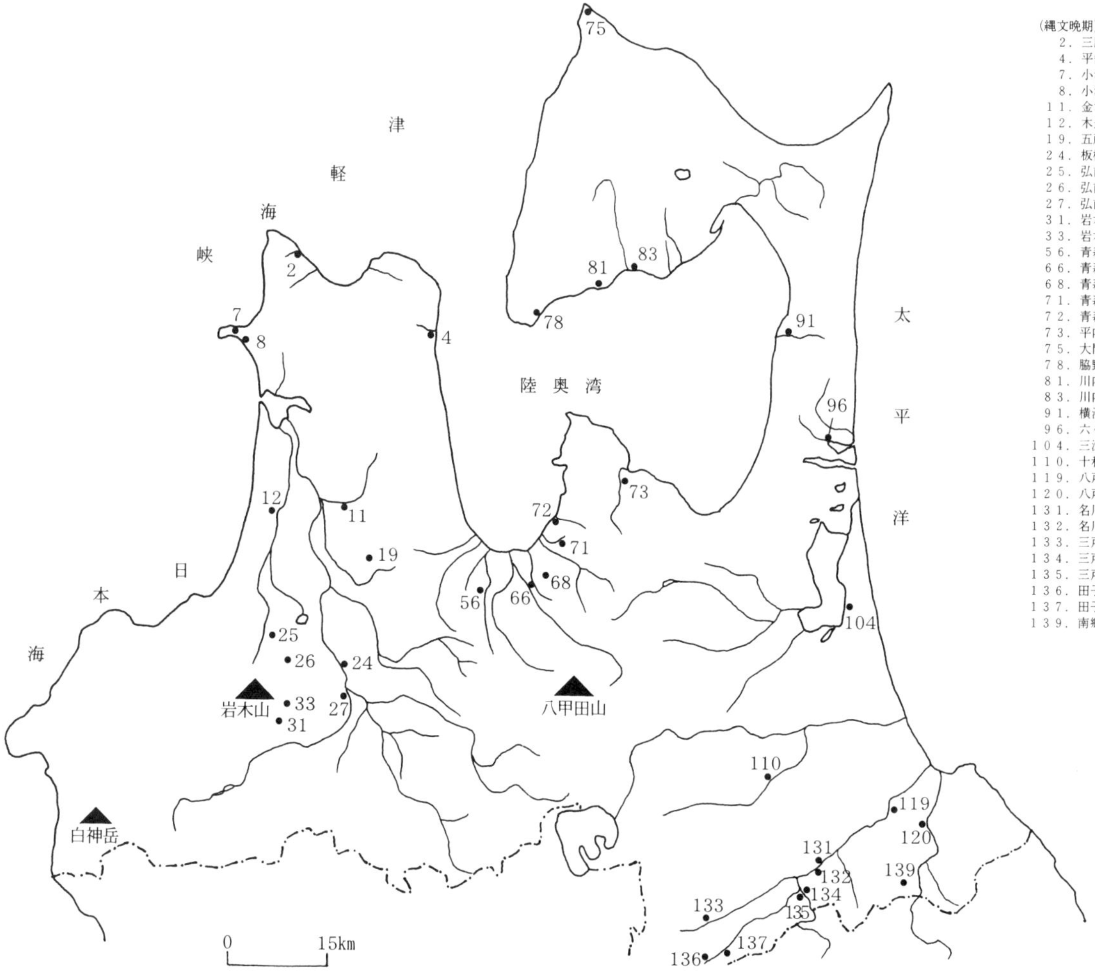

214　第Ⅴ章　津軽海峡域の漁猟・祭祀

(縄文晩期)
4. 三厩村宇鉄　　　　　　　　(後半)
7. 平舘村今津　　　　　　　　(中葉)
8. 小泊村大湊　　　　　　　　(前半)
11. 金木町縄文沼
12. 金木町亀ヶ岡　　　　　　　(後半)
19. 五所川原市観音林　　　　　(後半)
24. 板柳町土井1号　　　　　　(中葉)
25. 弘前市十腰内(1)　　　　　(前半)
26. 弘前市大森勝山　　　　　　(初頭)
27. 弘前市野脇
31. 岩木町小森山東部
33. 岩木町薬師山1号
56. 青森市細越　　　　　　　　(中―後葉)
66. 青森市玉清水(1)　　　　　(後葉)
68. 青森市沢山　　　　　　　　(中葉)
71. 青森市長森　　　　　　　　(前半)
72. 青森市大浦貝塚
73. 平内町榎のき
75. 大間町ドウマンチャ
78. 脇野沢村瀬野無　　　　　　(前葉)
81. 川内町不備野　　　　　　　(前半)
83. 川内町板子塚　　　　　　　(末葉)
91. 横浜町松木
96. 六ヶ所村土尾駅(1)C
104. 三沢市野口
110. 十和田市明戸
119. 八戸市八幡　　　　　　　　(前葉)
120. 八戸市是川中居　　　　　　(前半)
131. 名川町剣吉荒町
132. 名川町虚空蔵　　　　　　　(末葉)
133. 三戸町杉沢
134. 三戸町泉山　　　　　　　　(初頭・中葉)
136. 田子町松原(1)
137. 田子町石亀　　　　　　　　(前半)
139. 南郷村右エ門次郎窪　　　　(前・中葉)

第3図　青森県域のアスファルト遺物出土遺跡③(縄文晩期)

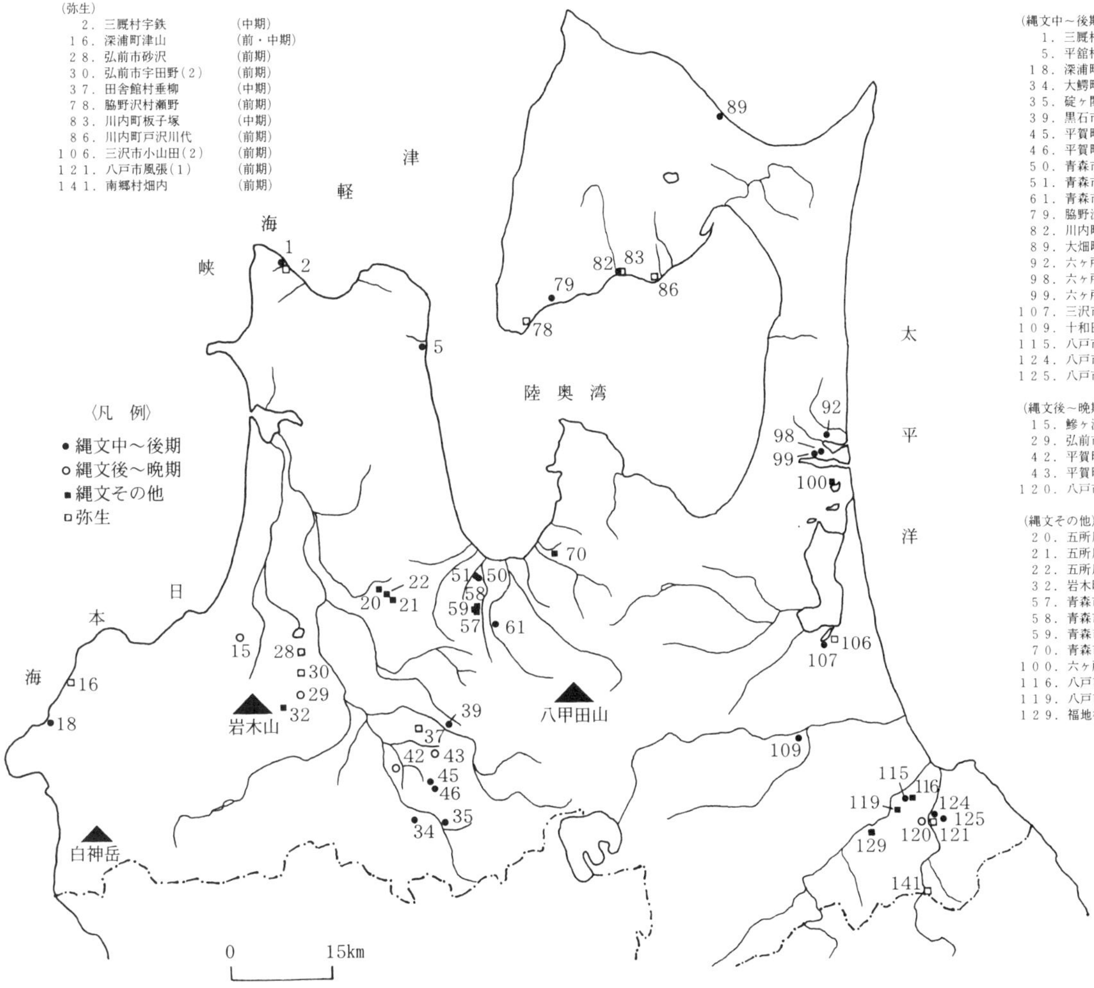

3 本州北辺地域における先史アスファルト利用 215

(縄文中〜後期)
1．三厩村中ノ平
5．平舘村関ノ沢
8．深浦町一本松
34．大鰐町上土田野
35．鈍ヶ関村水野
39．黒石市花巻
45．平賀町堀合Ⅱ号
46．平賀町井沢
50．青森市三内丸山
51．青森市三内小三内
61．青森市山吹(1)
79．脇野沢村桂ヶ岱の上
82．川内町螢穀
89．大泊町木木沢(1)
92．六ヶ所村富ノ沢(1)
98．六ヶ所村弥栄平(1)
99．六ヶ所村弥栄沢(2)
107．十和田市今仁(3)
109．八戸市島木沢
115．八戸市弥次郎窪
125．三沢市里牧

(中〜後期)
(中期末葉〜後期初頭)
(中期)
(中〜後期)
(中期か)
(中期中〜後期初頭)
(中期中葉〜後期初頭)
(中期中葉〜後期初頭)
(中期中葉〜後期初頭)
(中期末葉か後期初頭)
(中期後〜後期初頭)
(中期後半〜後期前葉)
(中期末葉〜後期)
(中〜後期)
(中期末葉〜後期)
(中期後葉〜後期前葉)
(中期後葉〜後期前葉)
(中〜後期)
(中期末葉〜後期)
(中期末葉〜後期)
(中期末〜後期)

(縄文後〜晩期)
15．鰺ヶ沢町大曲皿号
29．弘前市尾上山付近
42．平賀町石郷
70．八戸市是川中居

(後〜晩期)
(後〜晩期)
(後期初頭〜晩期)
(後期初頭〜晩期)

(縄文その他)
20．五所川原市実吉
21．五所川原市磯無(1)
22．五所川原市磯無(4)
57．岩木町東岩木山(1)
58．青森市朝日山(2)
59．青森市朝日山(3)
70．六ヶ所村幸畑(3)
116．八戸市ヶ八幡
119．八戸市八幡
129．福地村西張(2)

(縄文)
(縄文)
(縄文)
(縄文)
(縄文中〜晩期)
(縄文中〜晩期)
(縄文中〜晩期)
(縄文中期末葉〜晩期・弥生)
(縄文中晩期・弥生)
(縄文後晩期〜晩期・弥生)
(縄文後期初頭〜晩期・弥生)

(弥生)
2．三厩村宇鉄
16．深浦町津山
28．弘前市砂沢
37．田舎館村垂柳
78．脇野沢村楯野
83．川内町板子塚
106．川内十三沢川代
121．三沢小山田(2)
141．八戸市風張
南郷村泥内

(中期)
(前・中期)
(前期)
(中期)
(中期)
(前期)
(前期)
(前期)
(前期)

〈凡例〉
● 縄文中〜後期
○ 縄文後〜晩期
■ 縄文その他
□ 弥生

0   15km

第4図 青森県域のアスファルト遺物出土遺跡(4) (縄文中〜晩期、弥生)

末葉～中期初頭（円筒上層 a 式）例では，9 遺跡に 18 点以上の有茎石鏃付着例があるが，数量的には少ない。しかし，中期中葉・後半例では急増し，以後晩期までの付着例は 100 遺跡以上となる。以下，それらを時代順に述べる。

中期中葉以降の中期出土例として 22 遺跡ある。アスファルト付着率がたかいのは，六ヶ所村富ノ沢(2)遺跡の捨て場 1 例（円筒上層 c～弥栄平式）で，石鏃 165 点のうち 30 点（18.2％），また，同富ノ沢(1)遺跡例（円筒上層 d～最花式）で，石鏃 72 点のうち 19 点（26.4％）に付着する。また，八戸市西長根遺跡例（大木 8b 式頃）では，石鏃・尖頭器・石錐計 56 点のうち 11 点（19.6％）に付着している。また，むつ市最花貝塚例では，中期末葉の骨角器にも付着している。従来，中期のアスファルト塊は未発見であったが，昨年 6 月に青森市三内丸山(6)遺跡の中期中葉（円筒上層 d・e 式）の住居跡床面から長径 20 cm，厚さ 3～5 cm ほどの楕円状塊として出土した。この住居跡は，アスファルト関連の作業場とみられるもので，本県域のアスファルト利用は，この頃に一般化したと考えられる。

アスファルト使用は縄文後期にも引き継がれ，後期の出土例としては 38 遺跡があるが，中期～後期のものを含めると 60 遺跡となる。後期前葉には石鏃への付着例が多数ある。付着率がたかいのは青森市小牧野遺跡例（十腰内 I 式）で，82 点のうち 17 点（20.7％），金木町（現五所川原市）妻の神(1)遺跡例（十腰内 I 式）では 107 点のうち 17 点（15.94％）に付着する。また，八戸市丹後谷地遺跡の土偶にはこの時期のアスファルト補修例もある。また，この時期のアスファルト塊は八戸市鶉窪（青森県埋文 1983b）・沢堀込遺跡（青森県教委 1992）など 7 遺跡で土器内から発見されている。後期中葉の付着例は少ないが，後期後葉には，土偶の補修に多用される点が注目される。八戸市風張(1)遺跡（十腰内 IV 式）では，32 点のうち 9 点（28.1％）の破片に用いられ，重文（現国宝）指定になった合掌土偶はその好例である。また，注口土器の全盛期に当たるこの時期には，欠損しやすい注口部の接着剤としても多用された。

晩期の出土例としては 37 遺跡がある。後期～晩期のものを含めると 42 遺跡となる。利用がより一般化し，各種の遺物多数に付着例がある。石鏃のほか石匙・骨角器などの着柄，土器破損部の補修以外に，前葉には平内町槻の木遺跡例のような岩偶補修，後葉には例外的ではあるが五所川原市観音林遺跡例（五所川原市 1993）のように土偶の眼・口を表現する材料としても用いられた。晩期の石鏃で付着率がたかいのは，前半の横浜町桧木遺跡例で 36 点のうち 9 点（25.0％）に付着し，石匙も数的に少ないものの 5 点のうち 3 点（60.0％）に付着する。また，同時期の十和田市明戸遺跡例では，石鏃 161 点のうち実に半数近い 79 点（49.1％）に付着し，中葉の平舘村（現外ヶ浜町）今津遺跡の密集ブロック例（大洞 C_2 式）では，431 点のうち 78 点（18.1％）に付着する。また，三戸町泉山遺跡例では晩期の土偶破片 132 点のうち 15 点（11.4％）に付着する。

アスファルト利用は弥生時代にも引き続き行われ，11 遺跡の付着例がある。前期は 8 遺跡あり水田跡が発見された弘前市砂沢遺跡例（砂沢式）では，石鏃 267 点のうち 13 点（4.9％）に付着し，深浦町津山遺跡例では土偶の補修にも用いられた。中期は 3 遺跡あり三厩村（現外ヶ浜町）宇鉄遺跡例（青森県立郷土館 1989）では石鏃 21 点のうち 2 点（9.5％）に付着するが，石鋸では数

的に少ないものの6点のうち4点（66.7%）と高い付着率を示している。さらに，大規模水田が築かれた田舎館村垂柳遺跡例では，石鏃14点のうち4点（28.6%）に付着する。しかし，アスファルト塊の出土は未発見である。本県域のアスファルト利用はこの中期を最後として，以後の状況はまったく不明となる。

なお，アスファルト付着遺物を出土した遺跡の分布については，縄文前期から弥生中期まで図4枚（第1〜4図）に示したが，とくに時期的な有意の分布変化はみられなかった。各時期とも遺跡数の濃淡はあるものの縄文前期から弥生中期まで，全県的な分布状況を示している。このため，どの地域でアスファルト使用が始まり，どの地域で終わりを迎えたかというような特徴的な点については指摘することはできない。

3. 青森県域のアスファルト出土遺構

アスファルト付着の遺物のなかには，遺構内から出土したものが多数あり，とくに石鏃付着例は竪穴住居跡から出土した例が多い。しかし，それらの出土状態は廃絶した竪穴住居跡内への廃棄を示すもので，遺構のもつアスファルトに関連した機能あるいは何らかのアスファルト利用方法やアスファルト付着遺物の用途等を窺わせるものではない。

本来のアスファルト利用を窺わせるものとしては，以下の2例がある。竪穴住居跡の出土例である。

○青森市三内丸山(6)遺跡（青森県埋文2001b）

平成11年に県埋蔵文化財調査センターが行った調査で出土したもので，縄文中期中葉（円筒

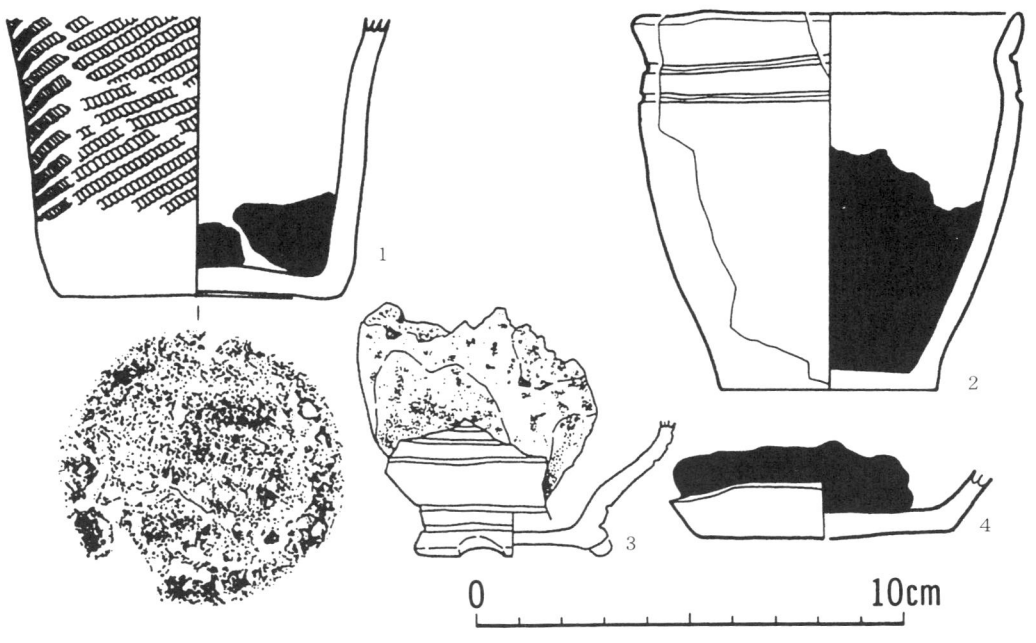

第5図　青森県域出土のアスファルト入り土器

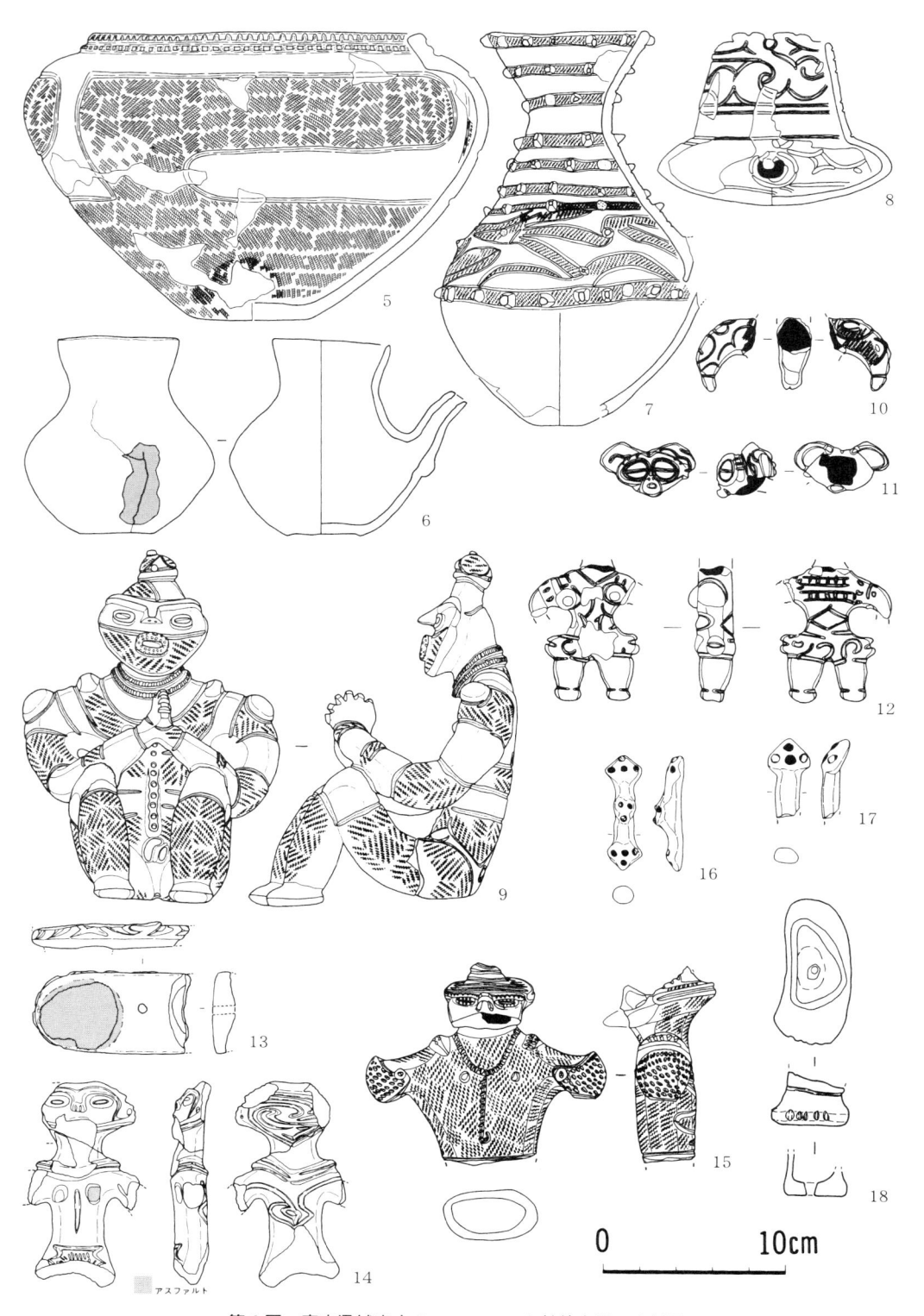

218 第Ⅴ章 津軽海峡域の漁猟・祭祀

第6図 青森県域出土のアスファルト付着土器・土製品

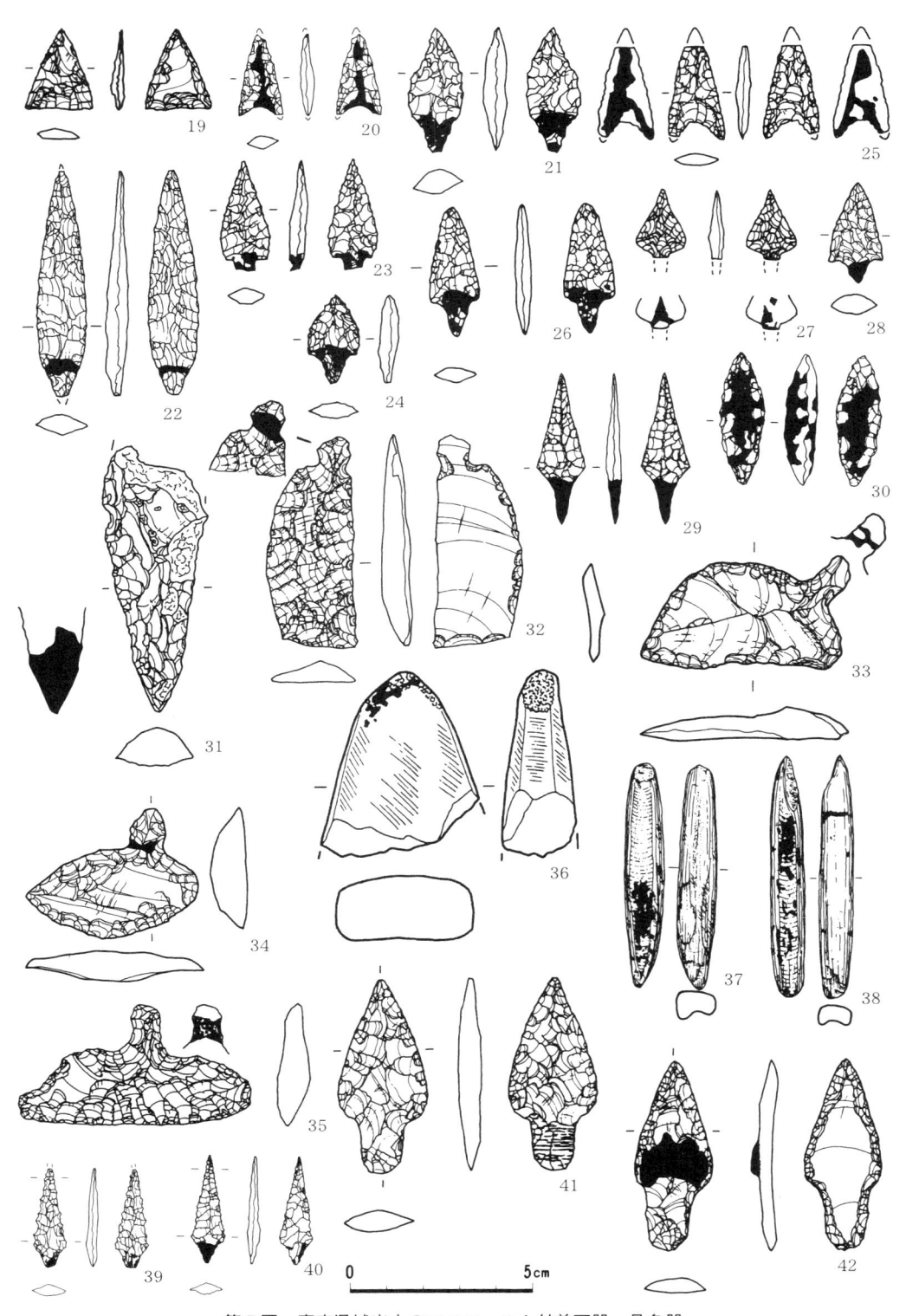

3 本州北辺地域における先史アスファルト利用 219

第7図 青森県域出土のアスファルト付着石器・骨角器

第Ⅴ章　津軽海峡域の漁撈・祭祀

1　アスファルト入り土器とアスファルト塊（八戸市鶴窪）

2　アスファルト入り土器（八戸市沢堀込）

3　フレイクが付着したアスファルト塊（八戸市丹後谷地）

4　アスファルトの球状塊（平川市李平Ⅱ号）

5　アスファルト付着石鏃（青森市三内沢部）

6・7　アスファルトで眼と口を表現した土偶（五所川原市観音林）

8　アスファルト付着石銛（外ヶ浜町字鉄）

9　アスファルト塊の出土状況（青森市三内丸山(6)）

10　アスファルト産地（秋田県潟上市槻木）

写真1　青森県域出土のアスファルト遺物と秋田県昭和町（現潟上市）のアスファルト産地

上層d・e式）の竪穴住居跡の床面から長径20 cm，厚さ3〜5 cmの楕円形状にまとまって出土している。また，この住居跡のピットからは石器フレイクが多数出土している。
○八戸市丹後谷地遺跡（八戸市教委1986）
　縄文後期後葉（十腰内Ⅳ式）の火災住居とされる第46号竪穴住居跡の西側（入り口部から地床炉を越えて突き当る壁際）の柱穴P50から，石器フレイク82点のほかに，フレイク6点を付着させた状態でアスファルト塊が1点出土している。

4. 考　察

　以上，青森県域のアスファルト利用について述べたが，これに関連する若干の問題についてふれる。

(1) アスファルト利用の開始と終末

　わが国で，石器の着柄に何らかの接着剤が使われた痕跡をとどめるもっとも古い例は，縄文時代では，山形県八幡町（現酒田市）八森遺跡の槍先形尖頭器の例で草創期まで遡る（文化庁編1999）が，これについてはアスファルトかどうか不明である。一般的に，アスファルトの利用は，産出地のある秋田県域では，男鹿市大畑台遺跡例（円筒上層a式期。第38号住居跡床面からアスファルト塊が土器に入った状態で出土）を最古として縄文中期初頭以降に利用された（男鹿市教委1979）と一般的に理解されているが，今回の資料調査の結果，青森県域では前期の例が10遺跡にあることが判明した。他県域では，従来から山形県の前期後葉の2遺跡例（安孫子1982）があり，その後北海道南部の恵山町（現函館市）日ノ浜砂丘1遺跡でも前期中葉（円筒下層a・b式）ともみられる有茎石鏃付着例があり（恵山町教委1986），さらに福島県域でも前期初頭に遡る可能性のある例が報告されている（玉川1999）。これらのことから，前期に遡る例はそれ以外の県域にもあるものとみられる。ただし，各遺跡における出土点数がきわめて少ないことから，一般化していたと考えることはできない。まだ，ほんの一部の人々にしか利用されていなかったとみられる。しかも，本県域の例について言えば，この時期の黒色物質の化学分析がまったく行われていないため，アスファルト以外の物質である可能性もある。今後，この時期のアスファルト付着遺物については，利用の開始時期の問題と関わるものであり，理化学分析が不可欠となろう。

　また，アスファルト利用は本県域でも，他県域とほぼ同様に弥生時代中期で終わる。この理由については明確には指摘できないが，何らかの意味でこの頃からその必要性がなくなったことは確かであろう。

(2) アスファルトの利用内容

　アスファルト利用の主たる目的は，出土品による限り接着剤としての利用である。しかし，それ以外の利用の問題もある。従来から指摘されていることであるが，ひとつの遺跡でアスファルトが付着する石鏃と付着しない石鏃があるという事例である。また，アスファルト付着の石鏃が

多数あるにもかかわらず，アスファルト塊がない例や逆にアスファルト塊があるにもかかわらず，付着遺物があまり多くないといった事例もある。これらのうち前者については，石鏃のアスファルト付着・非付着の問題は，その違いが石鏃の用途に関わるものとすれば，たとえばアスファルトの耐水・防水性を考慮して（漁撈用の骨角器に使用される例は多い），水中漁撈用としての利用や，あるいは陸上でもより強固な着柄が必要とされる獲物用としての利用も考えられるであろう。さらにまた極論ではあるが，アスファルト付着の石器は，ちかじか使用が予定されているもので，非付着品は当分の間使用が予定されていないものであったのであろうか。また，着柄部の修理方法の一つとしてアスファルトが使用された可能性も考えられよう。後者については，アスファルトの別な用途も想定させることにもなる。とくに，秋田・岩手両県域に出土例があるアスファルト付着の石錘例から連想されるような丸木舟や筏のロープに塗るなどの使用，あるいはまた燃やすものとして祭祀的な灯明なども考えられるものである。これらは，今後アスファルト利用を考える際のもつべき視点であろう。

(3) アスファルト関連遺構

　本県域では，縄文中期中葉の三内丸山(6)と後期後葉の丹後谷地両遺跡で，竪穴住居跡内からアスファルト塊とともにフレイクがまとまって出土していることが注目される。このことは，この遺構で石器製作が行われたことを窺わせるものであり，しかも丹後谷地例のようにアスファルト塊にフレイクが付着している点は，これらの建物内で石器製作とアスファルト関連の作業が行われていたことを示すとみられる。すなわち，これらの2軒の竪穴住居跡はアスファルト関連の作業場兼物置き場と考えられるもので，ここでアスファルトを用いた石鏃着柄等の作業やアスファルトの保管が行われたと推定される。大畑台遺跡出土の中期初頭の球状塊は，住居跡床面で土器に入った状態で出土しているが（フレイクは出土していない）（男鹿市教委1979），これも同様の施設であった可能性がある。なお，岩手県安代町（現八幡平市）赤坂田II遺跡の中期末葉（大木10式期）の球状塊（岩手県埋文1983a）は竪穴住居跡の床面直上，また平成10（1998）年10月に読売新聞紙上で報じられた秋田県田沢湖町（現仙北市）潟前遺跡の球状塊も同様に中期後葉（大木9式期）の竪穴住居跡から出土しており，同様にアスファルト関連の施設であったとみられる。

　なお，本県域の尾上町（現平川市）李平II号遺跡（青森山田高校考古学研究部1980）からは，縄文後期前葉とみられるフラスコ状（袋状）土坑の埋め土第5層から野球ボール大の塊が1点（表面に溝状の削り痕跡をもつ）出土している。類例は前述した大畑台遺跡にもある。ただし，この種の遺構は一般的に貯蔵穴（時として墓穴）として用いられるものであり，これからアスファルト塊が出土したという点については，この種の土坑に保存あるいは廃棄されたものか，それともアスファルトの利用・用途等と何らかの関わりがある出土状況を示したものか不明である。

　なお，北海道南部の南茅部町（現函館市）磨光B遺跡では縄文後期後半の土坑から塊が出土し，アスファルトを溶かすなどの工房址と解されている（南茅部町教委1996）。しかし，この類例は東北地方ではまだ発見されていない。今後の資料増加を期待したい。

第1表 青森県域出土のアスファルト付着遺物一覧

地図番号	遺跡名	時期（土器型式）・付着遺物・点数・遺構等	文献・遺物図
1	三厩村中ノ平	縄文中〜後期の有茎石鏃多数に付着。	県報告7
1	三厩村中ノ平	縄文中〜後期の有茎石鏃に付着。	県報告25
2	三厩村宇鉄	縄文後期初頭（唐竹式主体）の有茎石鏃1点に付着（第3地点）。	村教委『宇鉄皿遺跡報告』1983年
2	三厩村宇鉄	縄文晩期中葉（大洞C₂〜A式）の石鏃436点のうち有茎等110点、石鏃摘み部8点、石匙1点に付着、縄文晩期中葉（大洞C₂〜A式）の玉装土製品の集骸部と欠損部に付着。第1地点。化学分析。	村報告-2、1996年、第6図16
2	三厩村宇鉄	縄文晩期中葉（大洞C₂〜A式）の有茎石鏃・土器底部に付着。第1地点。	村報告-1、1996年、第6図17
2	三厩村宇鉄	弥生中期（宇鉄II式）の石鏃6点のうち4点に厚く付着（第2号土広墓）。第2地点。	県立郷土館報告25、第7図41・42
2	三厩村宇鉄	弥生中期（宇鉄II式）の石鏃21点のうち2点の茎部に付着。第2地点。	県立郷土館報告6
3	今別町二ツ石	縄文後期の石鏃13点のうち有茎2点の茎部に付着。	県報告117
4	平舘村今津	縄文晩期中葉（大洞C₂式）の有茎石鏃38点のうち26%の石鏃と石匙2点に付着	『平舘村史』1974年
4	平舘村今津	縄文晩期中葉（大洞C₂式）の石鏃431点のうち78点に付着、石錐4点、石匙1点に付着（密集ブロック）。	県報告95、第7図29・30
4	平舘村今津	縄文晩期中葉（大洞C₂式）の石鏃192点のうち19点の茎部、石匙1点、土偶乳房部1点に付着。	県報告95、第6図14
5	平舘村間沢	縄文中葉〜後期初頭の石鏃3点と石錐1点に付着。化学分析。	県報告95
6	平舘村尻高(4)	縄文後期半の有茎石鏃1点に付着。表面採集品。	県報告89
7	小泊村大調		『とどまつう』4
8	小泊村縄文沼	縄文晩期前半の石鏃126点のうち12点、石匙24点のうち2点に付着。とくに5号土坑の石鏃に顕著。	村文化財報告2
9	金木町神明町	縄文後期の石鏃14点のうち1点に付着。	県報告58
10	金木町妻の神(1)	縄文後期前葉の石鏃107点のうち3点に付着。	県報告30
11	金木町十川(1)	縄文晩期前葉の有茎石鏃39点のうち6点、石匙28点のうち17点、石鏃19点のうち1点に付着	県報告174
12	木造町亀ヶ岡	縄文晩期の骨製鉤突具1点の基部に付着。	『東京人類学雑誌』118
13	森田村石神	縄文前期末葉（円筒下層d式）の有茎石鏃1点に付着。	村報告1997年
14	鯵ヶ沢町鳴沢	縄文前期末葉（円筒下層d式）の石鏃茎部2点に付着。	県報告142
15	鯵ヶ沢町大曲皿皿号	縄文後〜晩期の石匙にまみ1点に付着。	岩木山刊行会『岩木山』1968年
16	深浦町津山	縄文前期後葉（円筒下層d式）・中期後葉（円筒上層a式）の石鏃各1点等に付着（第8・9号竪穴住居跡）、弥生前期の石鏃に1点に付着（第1・2号竪穴住居跡）、弥生の大型土偶脚部に付着。	県報告221、第6図18、第7図22
17	深浦町日和見山	縄文後期後葉（十慶内IV式）の石鏃5点のうち茎部1点に付着（1号竪穴住居跡）。	町報告5
18	深浦町一本松	縄文中期後半〜晩期初頭の石鏃2点に付着。	町報告1980年
19	五所川原市観音林	縄文晩期後葉（大洞A式）の土偶両眼と口に付着。	市報告10

第Ⅴ章 津軽海峡域の漁猟・祭祀

19	五所川原市観音林	縄文晩期後葉（大洞A式）の石鏃6点に付着。化学分析。	『市史史料編1』1993年
20	五所川原市実吉	縄文晩期の横形石匙1点に付着、アスファルト塊1点あり。化学分析。	県報告207
21	五所川原市隈無(1)	縄文中〜晩期の石鏃21点のうち有茎1点に付着。	県報告237
22	五所川原市隈無(4)	縄文晩期の石鏃7点のうち有茎2点に付着。	県報告209
23	五所川原市隈無(6)	縄文後期中葉（十腰内Ⅰ式）の土器口縁1点の底部に付着。	県報告237、第6図5
24	板柳町土井Ⅰ号	縄文後期中葉の土器注口部に付着。	町教委報告1993年
25	弘前市十腰内(1)	縄文晩期前葉（大洞BC式）のフレイク2、晩期の有茎石鏃37点の内15点と石匙1点摘み部に付着。	県報告261
26	弘前市大森勝山	縄文晩期前半の石匙1点に付着、スクレイパー1点に小塊付着。	岩木山刊行会『岩木山』1968年
27	弘前市野協	縄文晩期の石鏃・石匙1点に付着。	県報告149
28	弘前市砂沢	弥生前期（砂沢式）を主とする石鏃267点の内13点の茎部に付着。石匙、スクレイパー、ピエス・エスキーユ、多頭石斧各1点に付着。表面採集品。	市報告1991年
29	弘前市尾上山付近	縄文〜後期とみられる有茎石鏃に付着。表面探集品。	『県立郷土館収蔵資料目録』8,1998年
30	弘前市宇田野	弥生前期の石鏃164点のうち10点に付着。	県報告217年
31	岩木町小森山東部	縄文晩期初頭（大洞B式）、弥生期の有茎石鏃、頭部欠損した横形石匙各1点に付着。	岩木山刊行会『岩木山』1968年
32	岩木町東岩木山(5)	縄文後・晩期、弥生期の有茎石鏃2点に付着。	市報告1997年
33	岩木町薬師Ⅰ号	縄文晩期中葉〜後期初頭、筆者が表面採集した無茎石鏃1点に付着。	岩木山刊行会『岩木山』1968年
34	大鰐町上牡丹森	縄文後期前葉（十腰内Ⅳ式）の土器注口部に付着、小塊あり（第2号住居跡）。縄文中〜後期の有茎石鏃、磨製石斧各1点に付着。	町報告1986年
35	碇ヶ関村永野	縄文中〜後期？の石鏃2点に付着。	県報告56
36	碇ヶ関村四戸橋	縄文前期中〜末年（円筒下層a〜d₂式）の石鏃17点のうち1点のみ付着。	村報告1998年
37	田舎館村垂柳	弥生中期の石鏃14点のうち4点の茎部に付着。	県報告88
38	黒石市板留(2)	縄文前期末葉（円筒上層d₄式）の尖基式石鏃茎部1点に付着（第5号住居跡）。	県報告59
39	黒石市花巻	縄文中期後半〜後期初頭を主体とする無茎石鏃1点に付着。	市報告4
40	黒石市一ノ渡	縄文中葉〜後期初頭の石鏃49点のうち6点に付着。	県報告79
41	尾上町李平Ⅱ号	縄文後期の石鏃12点のうち5点に付着、後期前葉とみられる野球ボール大（長さ約9.0cm）の塊1点（袋状出土）あり。	『縄文文』9、青森県埋文『図説ふるさと青森の歴史②』1992年
42	平賀町石郷	縄文後期末葉〜晩期前葉（大洞BC式）の石鏃69点のうち13点、石匙33点のうち2点に付着。	町報告7
43	平賀町木戸口	縄文後期前葉の石鏃・石匙に付着。	町報告12
44	平賀町堀合Ⅰ号	縄文後期前葉の石鏃8点のうち1点に付着。	町報告9
45	平賀町堀合Ⅱ号	縄文中葉〜後期初頭の石鏃34点のうち有茎・挟り合せて6点に付着。	町報告1972年
46	平賀町井沢	縄文中葉〜後期初頭の石鏃18点のうち1点に付着。	町報告5
47	浪岡町尻(2)	縄文後期前半のスクレイパー1点に付着。	県報告172
48	浪岡町平野	縄文後期を主体とする石鏃5点のうち有茎1点に付着。	県報告193
49	青森市宮本(2)	縄文後期前葉（十腰内Ⅰ式）の有茎石鏃1点に付着。	実物を実見
50	青森市三内丸山	縄文中期後半多数の石鏃（県166）、中・後期初頭の石鏃1点に付着（県204）。	県報告166・204・204
50	青森市三内丸山	縄文前期中葉（円筒下層a・b式）の挟り入り石鏃1点に付着。第6鉄塔地区。	県報告249-1、第7図20

50	青森市三内丸山	縄文中期後葉の有茎石鏃3点に付着（第91号住居跡）。	県報告250-1, 第7図24
50	青森市三内丸山	縄文前期中葉（円筒下層b式）と中期初頭（円筒上層a式）の石鏃各1点に付着（280・287号住居跡）。	県報告250-3
50	青森市三内丸山	縄文中期中葉〜後葉の有茎石鏃に付着。	県報告251
50	青森市三内丸山	縄文中期後半の石鏃3点と石匙1点に付着。表面採集品。	『県立郷土館収蔵資料目録』8, 1998年
51	青森市小三内・三内丸山(2)	縄文中期中葉（円筒上層e式主体）の石鏃104点のうち有茎8点に付着。	市報告23
51	青森市小三内	縄文中期末葉〜後期前葉の扶入り有茎2点に付着（第8号住居跡）。	市報告22
52	青森市三内沢部	縄文中期後半の石鏃茎部9点に付着。	県報告41
53	青森市三内丸山(6)	縄文中期の石鏃に付着。中期中葉（円筒上層d・e式）のアスファルト塊（長径20cmほど。住居跡内）あり。	実物を実見
54	青森市安田(2)	縄文中期の石鏃8点のうち有茎1点に付着。	県報告255
55	青森市近野	縄文中期後葉（十腰内I式）の粗製深鉢形土器にアスファルト塊が入っていたとされる。	県報告33
55	青森市近野	縄文後期前葉（十腰内I式）の石鏃42点のうち5点に付着。	
56	青森市細越	縄文後期後半の石鏃4点に付着。	県報告47
57	青森市朝日山(1)	縄文中晚期中〜後葉の石鏃49点のうち6点、石匙8点のうち3点、石鉇1点に付着。	県報告49
58	青森市朝日山(2)	縄文晚期の有茎石鏃8点のうち2点に付着。	県報告156-1
59	青森市朝日山(3)	縄文晚期の石鏃1点に付着。	県報告156-2
60	青森市小牧野	縄文中期の石鏃茎部2点に付着。	県報告167
60	青森市小牧野	縄文中〜後期前葉（十腰内I式）の石鏃82点のうち17点に付着。	市報告30, 第7図26
60	青森市小牧野	縄文後期前葉（十腰内I式）の石鏃2点のうち1点に付着（第5号遺物集中ブロック）。	市報告35
61	青森市山吹(1)	縄文後期前葉（十腰内I式）頃の石鏃4点のうち1点に付着。	市報告45
62	青森市横内(1)	縄文中期中〜後期初頭の石鏃茎部2点に付着。表面採集品。	市報告16
63	青森市桜峯(1)C地区	縄文前期末葉〜中期初頭（円筒下層d₁〜円筒上層a式）の有茎石鏃1点に付着。	市報告24
64	青森市四ツ石	縄文後期中葉の土器・石鏃に付着。	市報告36
65	青森市田茂木野	縄文晚期末葉（大洞V式）の土器注口部、土器片に付着。	『青森市の原始時代研究録1』1968年
66	青森市玉清水(1)	縄文晚期頃の石鏃1点に付着。表面採集品。	市報告1986年
67	青森市蛍沢	縄文中期（円筒上層d〜e式）の石鏃各1点に付着（1・7号住居跡）。	『県立郷土館収蔵資料目録』8, 1998年
68	青森市沢山(1)	縄文晚期前葉中葉の石鏃14点のうち有茎2点、土偶頭部1点に付着。	蛍沢遺跡調査団『蛍沢遺跡報告書』
69	青森市稲山	縄文後期前葉とみられる有茎石鏃1点に付着。	『燃糸文』21, 図6-15
70	青森市上野尻	縄文中〜晚期の石鏃13点のうち有茎2点（A・B区）、石匙4点のうち横形石匙1点（C区）に付着。	実物を実見
71	青森市長森	縄文晚期前半の石鏃34点のうち8点の有茎に付着。	県報告258
71	青森市長森	縄文晚期末葉とみられる石鏃1点に付着。表面採集品。	市報告1985年
72	青森市大浦貝塚	縄文晚期中葉の骨角・骨鏃・釣針に付着。	『県立郷土館収蔵資料目録』4, 1994年
73	平内町槻の木	縄文晚期前半の岩偶の頭部の損傷部に付着。	市の埋蔵文化財7, 1971年
73	平内町槻の木	縄文晚期の土偶に付着。	県立郷土館に展示
74	平内町一本松	縄文中期とみられる有茎石鏃1点に付着。表面採集品。	『平内町史上巻』1977年
			『県立郷土館収蔵資料目録』4, 1994年

第 V 章　津軽海峡域の漁猟・祭祀

75	大間町ドウマンチャ貝塚	縄文晩期の有茎石鏃に付着。	縄文晩期の石鏃の有茎石鏃1点に付着。	『新版考古学講座』9, 1971年
76	佐井村八幡堂	縄文中期の有茎石鏃1点に付着。		村報告1997年
77	脇野沢村稲平	縄文前期末葉～中期初頭（円筒下層 d～円筒上層 a 式）の石鏃8点に付着。		西野編報告書(2). 村報告-3, 1998年
78	脇野沢村瀬野	縄文前期末葉～中期初頭（円筒下層 d～円筒上層 a 式）の有茎石鏃3点に付着（第4・8号住居跡ほか）。		西野編報告書(2). 村報告-2, 1998年
78	脇野沢村瀬野	縄文中期の石鏃、縄文晩期の異形石器に付着。		『東奥文化』41
78	脇野沢村瀬野	弥生前期の石鏃13点のうち3点に付着。		伊東・須藤『瀬野遺跡』1982年
79	脇野沢村家の上	縄文前期後半～後期前葉の有茎石鏃1点に付着。		村報告1
80	脇野沢村外崎沢(1)	縄文後期の有茎石鏃2点に付着。		村報告1
81	川内町木偏無	縄文晩期の石鏃・土偶等に付着、ほかに小石大の塊あり。		『東奥文化』41
82	川内町鞍縫	縄文前期～中期石器（石銛状石器）1点に付着（SI-32 竪穴住居跡）。		町報告1993年
82	川内町鞍縫	縄文後期中葉の異形石匙（十腰内皿式）の縦稜石匙のまみ部1点に付着。		町報告1996年
83	川内町板子塚	縄文晩期の垂下破片に付着。		『東奥文化』41
83	川内町板子塚	弥生中期の石鏃46点のうち4点に付着（第2号土壙墓），弥生中期の石鏃6点のうち5点に付着（第7号土壙墓）。		県報告180, 第7図39・40
84	川内町熊ヶ平	縄文後期とみられる有茎石鏃・スクレイパー基部各1点に付着。		県報告192
85	川内町高野川(3)	縄文後期の石鏃25点のうち4点に付着。		県報告179
86	川内町戸沢川代	弥生前期（砂沢式主体）の石鏃14点のうち柳葉形1点に付着。		町報告1991年
87	むつ市大湊近川	縄文後期後葉（十腰内Ⅳ・Ⅴ式）の注口土器（107号住居跡），注口部に付着（120号土坑）。化学分析。		県報告104, 第6図6
88	むつ市最花貝塚	縄文中期末葉の骨製刺突具3点に付着。最花D貝塚。		市文化財報告4, 図7-37・38
88	むつ市最花貝塚	縄文中期中葉の鹿骨製刺突具2点に付着。最花D貝塚。		市文化財報告9
89	大畑町木沢(1)	縄文中～後期の石鏃18点のうち2点に付着。		県報告34
90	東通村前坂下(13)	縄文前期初頭の可能性がある縦形石匙1点に付着。		県報告75, 第7図32
91	横浜町桧木	縄文晩期後半の石鏃36点のうち9点，石匙5点のうち3点に付着。		町報告1983年
92	六ヶ所村富ノ沢(1)	縄文中期後半（円筒上層 d～最花式）の石鏃72点のうち有茎等19点に付着。		県報告9
92	六ヶ所村富ノ沢(1)	縄文中～後期の石鏃茎部1点に付着。		県報告133
93	六ヶ所村富ノ沢(2)	縄文中期中葉（円筒上層 d 式）の石鏃茎部1点に付着。		県報告137
93	六ヶ所村富ノ沢(2)	縄文中期後半（円筒上層 e・榎林・最花式）の石鏃茎部に付着（住居跡）。		県報告143
93	六ヶ所村富ノ沢(2)	縄文中期中葉（円筒上層 c～弥栄平式）の石鏃165点のうち30点と石匙2点（捨て場1），遺構外の石鏃70点，石錐1点に付着。		県報告147-2
94	六ヶ所村富ノ沢(3)	縄文中期前半の石鏃基部1点に付着。		県報告147
95	六ヶ所村大平	縄文後期前葉（十腰内Ⅰ式）の石鏃99点のうち有茎等11点，石槍1点に付着，縄文後期前葉（十腰内Ⅰ式）の壺形土器底部破片に付着したアスファルト塊あり。		県報告103-1, 第5図3
96	六ヶ所村上尾駮(1)C地区	縄文晩期の石匙57点のうち横形3点のまみ部に付着。		県報告113
97	六ヶ所村上尾駮(2)B・C地区	縄文後期初頭（十腰内Ⅰ式主体）の石鏃148点のうち20点尖頭器1点に付着。		県報告115-1
98	六ヶ所村弥平(1)	縄文後期初頭～後期初頭の石鏃11点のうち2点に付着。		県報告98
99	六ヶ所村弥平(2)	縄文中期末葉～後期初頭前葉の石鏃を主体とする石鏃2点に付着。		県報告81
100	六ヶ所村幸畑(3)	縄文晩期の有茎石鏃1点に付着。		県報告222

	遺跡名	時期・内容	出典
101	野辺地町槻ノ木(1)	縄文中期初頭（円筒上層a式）の石鏃に付着。	県報告169
101	野辺地町槻ノ木(1)	縄文中期末葉の石鏃茎部6点に付着。	県報告77
102	東北町大平(4)	縄文後期の土器外面にアスファルト状物質付着。表面採集品	町報告3
103	天間林村二ツ森貝塚	縄文中期の有茎石鏃茎部2点に付着。	『県立郷土館収蔵資料目録』4, 1994年
103	天間林村二ツ森貝塚	縄文中期後半の有茎石鏃茎部1点に付着。	県立郷土館報告31
103	天間林村二ツ森貝塚	縄文中期中葉（円筒上層d式）の石鏃茎部2点に付着（1点は土坑）。	村報告5
103	天間林村二ツ森貝塚	縄文中期後半（榎林式）の石鏃茎部3点に付着。	村報告6
103	天間林村二ツ森貝塚	縄文中期中葉の骨角器に付着。	『新版考古学講座』9, 1971年
104	三沢市野口貝塚	縄文後期後葉の注口土器1点、晩期の有茎石鏃9点、石匙5点に付着。	『野口貝塚出土品図録』1982年
105	三沢市小田内沼(1)	縄文後期前葉（十腰内I式）の石鏃茎部4点、石匙1点（17号土壙）に付着。	市報告10
106	三沢市小山田(2)	弥生前期の石鏃茎部1点に付着。	市報告17
107	三沢市猫又(1)	縄文中期中葉（最花式）の抉入り石鏃1点、中～後期の縦形スクレイパー1点に付着。	市報告16
108	上北町古屋敷貝塚	縄文中期の骨角器3点に付着。	町報告1
109	十和田市寺山(3)	縄文中～後期の石鏃3点のうち有茎石鏃1点に付着。	県報告235
110	十和田市明戸	縄文晩期の石鏃81点のうち石匙13点のうち4点に付着。	県報告2
110	十和田市明戸	縄文晩期の土器底部内に塊あり。晩期の土器底辺部の補修用に付着。晩期の石鏃161点のうち79点と石匙、土偶頭部、遺光器土偶腰部、土製垂飾各1点に付着。	市報告3、第6図13、第7図35
111	八戸市笹ノ沢(3)	縄文中期初頭（円筒上層a式）の石鏃1点に付着。	実物を実見
112	八戸市毛合清水(1)・(2)	縄文後期前葉の有茎石鏃1点に付着。	市報告29
113	八戸市鴎堂	縄文後期前葉（十腰内I式？）の土偶左腕部に付着。	市報告43
114	八戸市鷲窪	縄文後期初頭の土器底部内に塊あり。	県報告76、第5図1
115	八戸市鳥木沢	縄文中～後期の有茎石鏃1点に付着。	市報告17
116	八戸市牛ノ沢(3)	縄文中期末葉～晩期、弥生期の石鏃11点に付着。	県報告86
117	八戸市丹後谷地	縄文後期の石鏃224点のうち石鏃3点（捨て場2・3等）に付着、後期前葉（十腰内II式）の板状土偶首部1点に付着。同時期のアスファルト入り土器1点（捨て場2）あり、後期中葉（十腰内III式）の石匙基部に付着（第24号住居跡）、後期後葉（第27号住居跡）の石匙2点に付着（第46号住居跡の柱穴）。化学分析。	市報告15、第5図2、第7図27・33
118	八戸市石手洗	縄文中期中葉（円筒上層d・e式）の有茎石鏃2点に付着。	市報告36
119	八戸市八幡	縄文晩期前葉の石鏃67点のうち2点、石匙12点のうち1点、土偶胸部1点に付着。	市報告26
119	八戸市八幡	縄文晩期中葉～弥生期の注口土器の輝緑岩製岩笄の基部1点に付着。化学分析。	市報告47、第7図36
120	八戸市是川中居	縄文晩期前半の注口土器ほかアスファルト入り土器2点。	市博『縄文の美・縄文の漆工芸』1988年
120	八戸市是川中居	縄文後期後葉～晩期の石鏃1点に付着。	市報告10
120	八戸市是川中居	縄文後期後葉～晩期の土偶1点、有茎石鏃2点に付着。	市報告82
121	八戸市風張(1)	縄文後期後半（十腰内IV式）の土偶32点のうち9点（とくに第15号竪穴住居跡の合掌土偶）、同時期の石鏃、石匙に付着。	市報告40、第6図7・9、第7図28・34
121	八戸市風張(1)	縄文後期後半（十腰内中葉（十腰内II・III式）の土器注口・土偶、有茎石鏃に付着（第4・6・9号住居跡）、弥生前期（二枚橋式）の有茎石鏃2点に付着（第7号住居跡）。	市報告42、市博『風張遺跡の縄文社会』1997年

第Ⅴ章 津軽海峡域の漁猟・祭祀

122	八戸市西長根	縄文中期（円筒上層d式以前）の石鏃1点（第2号住居跡），大木9式以前の石鏃1点（第2号住居跡），大木8b～9式以前（第11号住居跡）の石鏃2点（第4号住居跡），石鏃11点・磨製石斧1点に付着。	市報告61
123	八戸市松ヶ崎	縄文中期後半（円筒上層e～最花式）の石鏃に付着。	市報告60，第7図25・31
123	八戸市松ヶ崎	縄文中期後半（榎林式）の石鏃6点（29号住居跡），中期中葉（34号住居跡）の石鏃1点（10・12・20号竪穴遺構，第1号竪穴遺構，ほぼ同時期の大木9以前の石鏃1点に付着，アスファルト塊？あり。	市報告65
124	八戸市弥次郎窪	縄文中期後半の石鏃23点のうち3点に付着。	県報告128
125	八戸市黒坂	縄文中期末葉～後期初頭の土器底部内に塊あり。	実物を発見
126	八戸市鴨平(1)	縄文後期前葉の石鏃茎部1点に付着。	県報告72
127	八戸市沢堀込	縄文前期初頭（早稲田6類）の石鏃に付着（C-4号住居跡），縄文後期末葉～晩期前葉の土器底部内に塊あり（A-1号住居跡）。	県報告144，第5図4，第7図19
128	福地村舘野	縄文前期中葉～末葉の石鏃茎部2点に付着。	県報告119
129	福地村西張(2)	縄文後期前葉～晩期の石鏃8点のうち有茎1点に付着。	県報告233
130	福地村・八戸市昼巻沢	縄文後期前葉を主体とする石鏃8点のうち2点に付着。	県報告83
131	名川町剣吉荒町	縄文晩期末葉（大洞A式）の石鏃1点・骨角器等に付着。	県立郷土館報告22
132	名川町虚空蔵	縄文晩期の石鏃・骨角器等に付着。	県立郷土館報告40
133	三戸町杉沢	縄文晩期前半の岩偶1点と石鏃1点に付着。	『新版考古学講座』9，1971年
134	三戸町泉山	縄文晩期を主体とする石鏃62点のうち6点に付着。	県報告31
134	三戸町泉山	縄文中期中葉（円筒上層d式）の有茎石鏃1点に付着（第30号土坑）。	県報告181-1
134	三戸町泉山	縄文晩期中葉（大洞B式）の注口，晩期中葉の袖珍土器内，土偶132点のうち15点（11%）に付着。	県報告181-2，第6図8・10～12
135	三戸町松原(1)	縄文晩期前半の石鏃556点のうち基部40点に付着。	県報告190-4
136	田子町石亀	縄文晩期の石匙・Rフレイク各1点に付着。	県立郷土館報告40
137	田子町野面平	縄文晩期前半の有茎石鏃31点（全体の40%），石匙・スクレイパーの摘み部，土偶脚部に付着。	古代学研究所研究報告5
137	田子町野面平	縄文晩期中葉の石鏃・石匙・遮光器土偶に付着。	『じゅずかけ』4
138	階上町野場(5)	縄文中期末葉（大木9・10式）の石鏃に付着。	県報告150
139	南郷村舘ヶ工門次郎窪	縄文晩期の石鏃茎部1点に付着。	県報告69
140	南郷村筋久辺	縄文後期後半の石鏃茎部2点に付着。	県報告151
141	南郷村畑内	縄文晩期前半の石鏃茎部に付着（袋状の第258号土坑）。	県報告211，第7図21
141	南郷村畑内	縄文晩期初頭（円筒上層a式）の石鏃茎部1点に付着（第29号住居跡）。	県報告178，第7図23
141	南郷村畑内	弥生前期（砂沢式）の土器1点の胴部穿孔部に付着。	県報告262

*市町村名は平成の大合併により，次のように変わった。三厩村→外ヶ浜町，小泊町・中泊町，森田村・五所川原市，岩木町・相馬村→弘前市，金木町→つがる市，木造町・稲垣村・車力村・柏村・稲垣村→つがる市，平舘村・平賀町→平川市，浪岡町→青森市，脇野沢村・川内町・大畑町・むつ市，天間林村・七戸町，上北町・東北町，福地村・名川町→南部町，南郷村→八戸市

(4) アスファルトの産地

　従来から，縄文中期以降の利用が確認され，しかも本県域に近いという点から，本県域出土の付着アスファルトは秋田県昭和町（現潟上市）槻木（豊川油田）産のものと，一般に理解されてきている（安孫子 1982）。しかし，昨年，秋田県北部の二ツ井町（現能代市）駒形地区で新たな産地発見の報告があった（小笠原ほか 1999）。ここは槻木よりも本県域に近く，しかも日本海と奥羽山脈を結ぶ河川交通路としての米代川流域にあるため，その事実には注目せざるをえない。一方，津軽では古くから青森市西部の大釈迦（地質調査所 1925）・蟹田（地質調査所 1936）両油田が知られており，大釈迦油田では一部の試掘井から僅かながら出油をみている。アスファルト産出地は確認されていないものの，津軽の縄文人が地元産のアスファルトも利用していた可能性は残される。今後，本県域出土のアスファルト付着遺物の産出地を考える際には，単に従来どおりの昭和町（現潟上市）槻木一帯と固定化して考えるのではなく，新産出地も含めて広い視野をもつことが必要になる。

　理化学分析によるアスファルト産地同定は，北海道大学の小笠原正明氏を中心として，南茅部町（現函館市）豊崎N遺跡例以降積極的に進められ，最近では秋田県伊勢堂岱遺跡等の分析結果も発表されている（小笠原ほか 1994，浅野ほか 1999，小笠原 1999a・b・c）。今後の理化学的方法による産地分析の進展に期待するところが大きい。

おわりに

　以上，縄文・弥生時代における青森県域出土のアスファルト付着遺物について述べてきた。本県域で確認された関連遺物は，141ヶ所の遺跡から発見されている。この数は，『月刊考古学ジャーナル』No. 452（1999年）の「アスファルト特集号」によれば，秋田・岩手・宮城・山形4県域の事例は紹介されていないものの，北海道36ヶ所，新潟・福島各県域30ヶ所，新潟県域70ヶ所，長野県域を含めた関東地方全体14ヶ所（東京都，山梨・埼玉・神奈川各県域は未発見）とくらべて，突出して多いことがわかる。これは，本県域の資料について個人的ではあるが，悉皆調査を行った結果であり，東北地方北部の秋田・岩手両県域においても精査すればかなりの出土遺跡があることを予想させるものである。この本県域のアスファルトの多消費状況は，アスファルトの流通条件と密接に結びつくものとみられる。本県域出土のアスファルトは大半が産地のある隣県の秋田県域から，陸路や海路によってもたらされたと考えられる。その流通条件は流通ルート上に占める地理的条件という意味であるが，本県域の立地・地形がまさにその好条件下にあったのである。

　本県域は秋田県域というアスファルト産地に近接し，北は津軽海峡を介して北海道島という一大消費地域を結ぶ位置にあり，しかも陸奥湾という広い内湾も抱えている。さらに，東西も太平洋・日本海という広大な海域に面している。また，南は日本海と奥羽山脈を結ぶ米代川が流れ，この源流が奥羽山脈で，太平洋側地域を結ぶ河川とつながっている。この地理的条件は，遠距離交流の主役が舟であった先史時代には，まさにうってつけの条件であったと言えるであろう。と

くに，本県の海域に面する地域は広く（海岸線の距離は，実に青森―東京間を越える722kmもある），海上交流のみを考えても，アスファルトの搬入・搬出には好条件を備えていたわけである。このような海上さらに内陸部の交通上の好条件が，双方のアスファルト物資の交流を活発化させてきた大きな要因であったとみられる。

アスファルトをめぐる交流の具体的な内容，たとえば津軽など本州北辺地域の縄文人による直接採取が当時主流であったのか，あるいは産地一帯を居住域とする縄文人との交換が主であったのか，あるいは秋田県域の縄文人の北上が行われたのか。交換とすれば，何と交換したのか等々…，具体的な問題点があるが，これについては，考古学的にはなかなか明らかにすることができない。今後の課題として考えていきたい。

註

1) ここでアスファルトとしたものは，（天然）アスファルト，タール（状物質），ピッチ（痕），膠着物，あるいは黒色物質などとして呼称・報告されているもので，大半は化学分析を経たものではない。このため，アスファルト以外のものが含まれている可能性がたかいことは承知している。実際に，宇鉄遺跡出土の玉象眼土製品（晩期）の付着物は，化学分析の結果，漆の可能性が大きいことが報告されている（葛西編 1996）。また，古くからアスファルトを塗ったとされていた木造町（現つがる市）亀ヶ岡遺跡の縄文晩期の籃胎漆器例（三田史学会 1959）について，国立歴史民俗博物館の永嶋正春氏は，宮城県根岸・山王遺跡，秋田県中山遺跡の5例を分析したところ，アスファルトがなくすべて漆であったという結果を紹介し，アスファルト産出地の秋田県昭和町（現潟上市）槻木に近い場所にある中山遺跡例にも，アスファルト付着がなかった点を考慮して，従来言われてきた籃胎漆器へのアスファルト使用の可能性を否定するものと解釈できるとしている（永嶋 1985）。なお，籃胎漆器にアスファルトを塗ったことを述べた文献には，ほかに（見城 1983）がある。

4 宇鉄遺跡の石鏃装着 ──津軽海峡南岸の恵山文化期の例──

はじめに

　昭和62(1987)年に青森県立郷土館が実施した宇鉄遺跡第4次調査（青森県立郷土館1989）の際，石鏃（石製鏃先）が6点出土した。このなかに，鏃頭に装着された痕跡を残すアスファルト状物質が付着したものがあった。類例は，北海道島南部の恵山文化期の遺物に見られ，実際に，石鏃が鹿角製鏃頭に装着されたままの状態で出土した例もあることから，その具体的な装着法は既に知られている。しかし，津軽海峡を越えた本州島北端にある宇鉄例については，形態・大きさ等の類似から，装着法はほぼ同様であろうと想定はなされるものの，この時代の鏃頭が出土していない本県域では，具体的な検討はとくになされてこなかった状況がある。そこで小稿では，調査に関わった者の一人として，その具体的な装着法について検討してみたい。

1. 宇鉄遺跡と石鏃

(1) 宇鉄遺跡（第1図・写真1）

　宇鉄遺跡は，津軽半島先端の竜飛岬から6kmほど東南の海岸段丘にある。東側は三厩湾に面した急崖，西側は元宇鉄川という小河川によって画されており，標高は約20～30m。遺跡からは海峡の対岸に松前半島を間近に望むことができる。地籍は青森県東津軽郡三厩村（現外ヶ浜町）宇鉄字下平ほか。

　この遺跡には縄文晩期・後期，弥生期の各遺物出土地点があり，昭和50～52・62年に県立郷土館が行った弥生地点の調査において，中期前半の宇鉄Ⅱ式期を主とする土壙墓・カメ棺墓群

写真1　宇鉄遺跡
（1987.10.24(土)，叶丸から）

第1図　宇鉄遺跡の位置（本図は国土地理院発行の5万分の1地形図を複製したものである）

232　第Ⅴ章　津軽海峡域の漁猟・祭祀

が発見された（青森県立郷土館 1979・1989）。出土した土器・石器類は，北海道島南部を中心として盛行した続縄文前半期の恵山文化との関わりを強く窺わせるものであったが，一方では，土壙墓から糸魚川産とみられる硬玉製丸玉1点と佐渡猿八産の碧玉製管玉 350 余点（藁科・福田 1997）が出土するなど，新潟県域南部・佐渡・富山県域北部との関わりを窺わせるものもあり，おおいに注目された。

(2) 石鏃の分類 (第2・3・5図)

出土した石鏃は，昭和 62 年出土の 6 点と昭和 50～52 年出土の 4 点の計 10 点である（青森県立郷土館 1979・1989）。

昭和 62 年出土の 6 点は第 2 号土壙墓から出土した。土壙墓は楕円形で，確認面における長さは 110cm，幅は 82cm，深さは 34cm であった。このなかに 2 個の大型土器（カメ棺）が口縁を斜め下にして納められており，石鏃は 1 以外はすべて土器の外から出土した（第 2・3 図）。耕作によりカメ棺下半部が破損されていたため，石鏃が埋納された状態をとどめているかどうか不明であるが，カメ棺外に納められていたものとみられる。また，この土壙墓からは，ほかに珪質頁岩製のナイフ・玉髄製の靴形石器各 1 点（第 5 図）と珪質頁岩

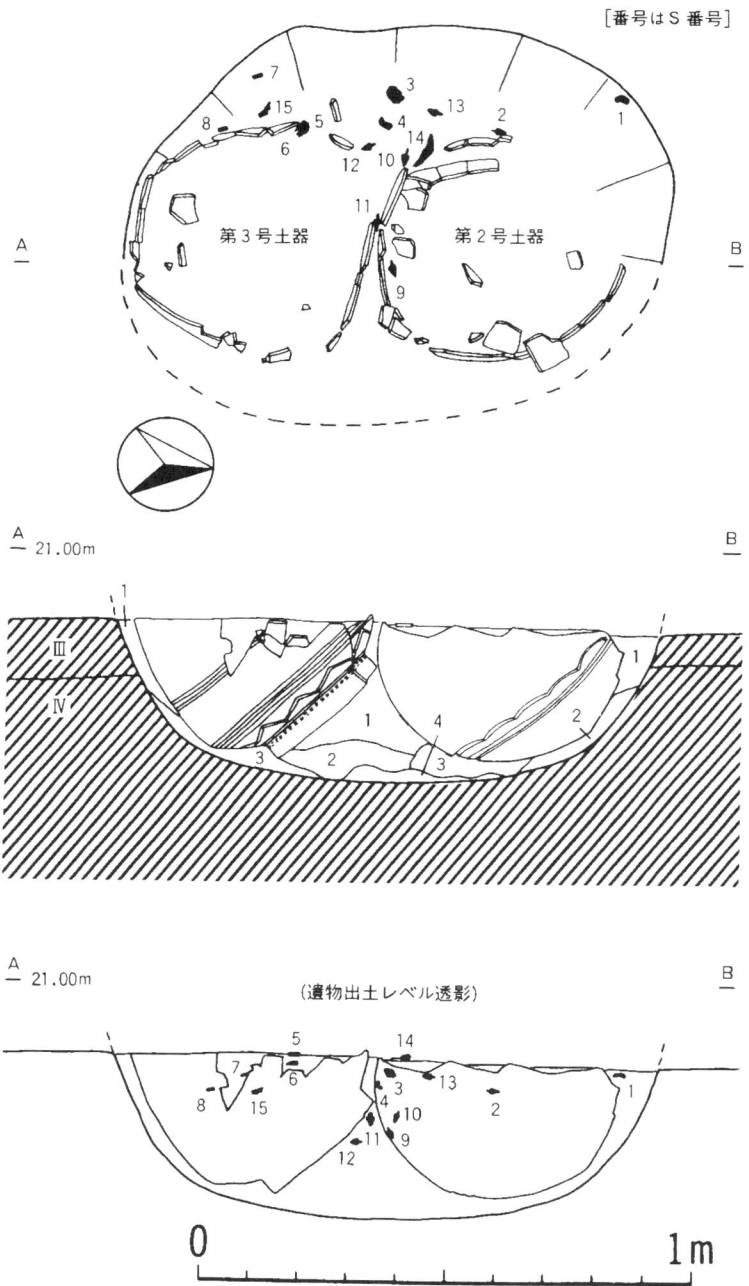

第 2 図　宇鉄遺跡の第 2 号土壙墓と石器の出土位置

製の同一母岩から剝ぎ取ったとみられる剝片8点, 凝灰岩製の小円礫1点と碧玉製管玉2点も出土したが, 同様にカメ棺外にあった可能性が非常にたかい。

さて, これら石鏃6点にはアスファルト状物質が付着したものや付着していないもののほかに, 糸巻状の痕跡が明瞭に残されたものがあり, その痕跡によって, つぎの5つに分類される（第3図1〜6）。

A(1)…a・b両面茎部に茶褐色のアスファルト状物質が認められるもので, b面に主要剝離面が残されている。唯一, カメ棺（第2号土器）内から出土した（第2図S-9）。

B(2)…b面茎部のみにアスファルト状物質が認められるものである（第2図S-2）。

C(3)…a面中央部に黒いアスファルト状物質が厚く付着しているものである。ただし, その下端は, 鏃頭先端部の形状を示すように弧状にカーブしている。b面には主要剝離が残され, 側面は湾曲している。また, b面にはアスファルト状物質の付着痕はまったく認められない（第2図S-10）。

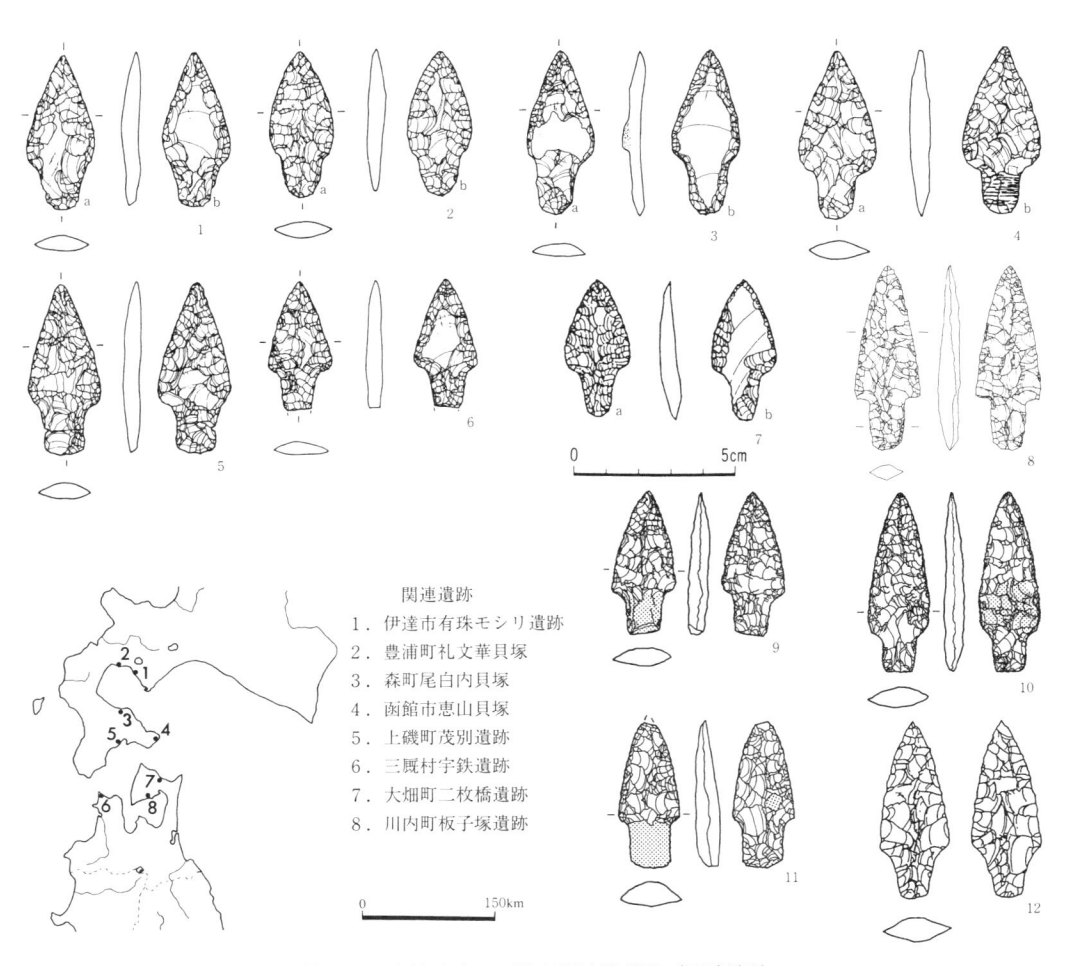

関連遺跡
1. 伊達市有珠モシリ遺跡
2. 豊浦町礼文華貝塚
3. 森町尾白内貝塚
4. 函館市恵山貝塚
5. 上磯町茂別遺跡
6. 三厩村宇鉄遺跡
7. 大畑町二枚橋遺跡
8. 川内町板子塚遺跡

第3図　宇鉄遺跡の石器と関連資料及び関連遺跡

D（4）…b面茎部に糸を密に巻き，茶褐色のアスファルト状物質で固めた際の痕跡が認められるものである。また，a面にはアスファルト状物質の付着痕はまったく認められない（第2図S-12）。

E（5・6）…アスファルト状物質の付着が両面に認められないもの（第2図S-11・13）で，昭和50〜52年出土の4点も同様であることから，計6点に認められないことになる。

これらの石材は，5が近隣の出来島産の黒曜石，他の9点は津軽半島産とみられる頁岩である。

2. 北海道島南部の石銛の装着例（第3・4図）

まず，アスファルト状物質が付着した石銛は，津軽海峡に面した上磯町（現北斗市）茂別遺跡（道埋文1998b）や噴火湾に面した森町尾白内貝塚（森町教委1993）等に類例があり，茂別例（9）は，茎部片面に付着が認められる点で宇鉄Bと同様であり，さらに茎部片面上方に付着した例（10）・尾白内（12）の厚く付着した例は，宇鉄Cと同様である。また，茂別（11）の茎部片面に糸巻痕，片面中央部にアスファルト状物質の付着が認められる例は，宇鉄Dと類似している。

つぎに，石銛の装着法を具体的に示す例は，函館市恵山貝塚（木村1982，佐藤・五十嵐1996），豊浦町礼文華貝塚の土壙墓（峰山・山口1972，渡辺1973，大島1988a），伊達市有珠10遺跡の土壙墓（遺跡名はこの後，有珠モシリ遺跡に変更された）（大島1988b・伊達市教委2003）から出土している。恵山には鹿角製銛頭が2点あり（佐藤・五十嵐1996），1点は先端に玉髄製の石銛が装着されたままの状態で出土している（13）。下端中央に銛柄（中柄）用の茎孔をもつもので，木村英明氏（木村1982）の言う茎孔式（ソケット式）に当たる。銛頭全面に浅く彫り込まれた幾何学文様と「く」の字形にカーブした正面観をもち，銛索（縄）がつけられる孔（索孔）がある。また，片側縁に大きな鋭い鐖（カエリ）をもち，銛頭先端には，石銛を装着するために片面を削ぎ落とし，茎部を納めるための浅い溝を作り，反対側に糸を巻きつけるための浅い糸かけ部を作りだしている。また，他の1点（14）は先端部破片で，アスファルト状物質が付着している。これらはいわゆる「燕尾形離頭銛頭」で，大島直行氏が茎孔式単尾銛頭Eタイプ（恵山タイプ）と呼称したもの（大島1988b）である。また，礼文華の土壙墓には頁岩製石銛が装着された状態で出土した銛頭が4点あり（15・16）（大島1988a），銛頭には彫刻があるものとないものがある。中柄を挿入した茎孔はすべて尾部中央にある。索孔は3点が体部下半の正面，1点が体部下半の側面にある。体部の鐖と同様に尾部も両側に突出しており，大島氏が茎孔式双尾銛頭Eタイプ（恵山タイプ）と呼称した（大島1988b）ものである。また，有珠モシリでは，頁岩製石銛が装着された状態で出土した鹿角製銛頭8点のうち，5点が写真と図で紹介された（大島1988b，伊達市教委2003）。茎孔式単尾銛頭Eタイプ3点（装着例2点は写真8・26）（伊達市教委2003），17・18は同タイプの非装着例（大島1988b），茎孔式双尾銛頭Eタイプ5点（うち図示装着例は3点，20・21）（伊達市教委2003）・（22）（大島1988b）である。また，このほかにここではじめて出土したもので，銛頭先端に切り込みが入れられ石鏃を差し込むタイプ（19）（大島1988b）も紹介され，茎孔式単尾銛頭Uタイプ（有珠10タイプ）と呼称されているが，これには石鏃が装着した状態で出土した例は見られない。

3. 宇鉄の石銛の装着復原 （第3〜5図）

　これらの北海道島南部例を参考にして宇鉄の石銛の装着復原を行ってみると，まず，茎部両面にアスファルト状物質が付着した宇鉄Ａについては，茎孔式単尾銛頭Ｕタイプ等の挟み込み接着の可能性が高いが，片面接着の可能性もないわけではない。また，片面にアスファルト状物質が付着したものでは，茎部上方にアスファルト状物質が厚く付着した宇鉄Ｃや尾白内例は，恵山・礼文華例の茎孔式単尾銛頭Ｅタイプないしは有珠モシリ例の茎孔式双尾銛頭Ｅタイプに片面接着法で装着されたとみられる。宇鉄Ｃはａ面の接着であろう。また，片面に糸巻痕とアスファルト状物質痕がある宇鉄Ｄ・茂別例は，装着の際に糸を巻きアスファルト状物質で固めた

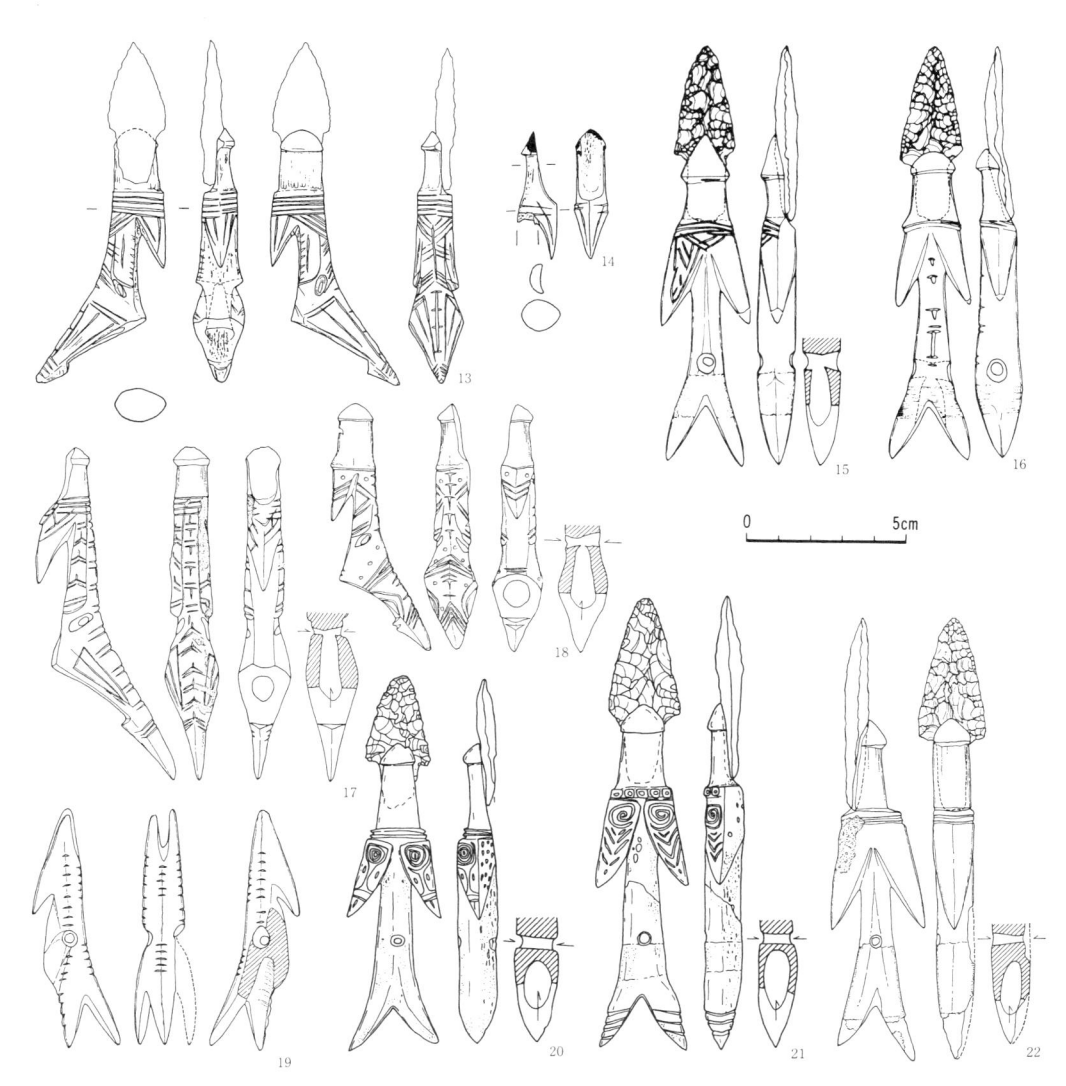

第4図　北海道島南部の銛頭と石銛装着例

とみられるもので，宇鉄Cと同様に片面接着法で装着されたとみられる。ただ，宇鉄Dは茎部が短めであることから，茎孔式単尾銛頭Eタイプに装着されたもので，a面を銛頭に接着させたものであろう。また，片面にアスファルト状物質が付着した宇鉄Bについても，茎部が短めであることから，茎孔式単尾銛頭Eタイプの片面接着法による装着例であろう。なお，これらが土壙墓に埋納される際に，装着したままで行われたかどうか不明である。

また，宇鉄例の大半を占めるアスファルト状物質の付着痕が認められない石銛（宇鉄E）は，恵山・有珠モシリ等の北海道島南部の恵山文化でも一般的なものであり，共通している。しかし，これが銛頭に片面接着法で装着されたものか，先端に石鏃を挟み込む茎孔式単尾銛頭（Uタイプ）に装着されたものか，あるいは他の材質の柄の装着等に用いられたものか明確ではないが，可能性としては有珠モシリ例等により，銛頭に片面接着法で装着されたものが多いとみられる。おそらく，宇鉄D・茂別例のように糸を密に巻いて（アスファルト固着を行わないで）銛頭に固定したのであろう。恵山文化期の北海道島南部におけるアスファルト使用頻度の少なさは，おそらくこの地域における石鏃等の着柄が，縄文期以来，アスファルトを余り使用しないで行ってきた技術の延長上にあるのであろう。

以上のように，アスファルト状物質の有無・付着状況によって，宇鉄の石銛例には銛頭への挟み込み接着と片面接着，あるいはその他まだ不明の装着法が想定されるが，多くは銛頭への片面接着で装着されたと考えられる。また，石銛形態との関連で言えば，すべてとは言えないが，宇鉄例は茎部が短めで，恵山の茎孔式単尾銛頭Eタイプ例（13）と大きさ・形態・鍼（カエリ）の部分が類似しており，しかもこの恵山資料には，茎孔式双尾銛頭Eタイプに石銛装着例がないことからも，茎孔式単尾銛頭Eタイプに装着された可能性がたかい。

さて，本州島北端における石銛の類例は非常に少なく，本県域の大畑町（現むつ市）二枚橋遺跡（第3図7）（須藤1970），川内町（現むつ市）板子塚遺跡（第3図8）（青森県埋文1995b）等から頁岩製のもの数例が知られているにすぎない。前者は弥生前期（二枚橋式期）のもの，後者は弥生中期～後半とされる第4号土壙墓から出土したものであるが，アスファルト状物質の付着痕はともに見られない（宇鉄E）。二枚橋例はb面に主要剥離面が残されており，形態から言えば宇鉄・恵山例に類似していることから，茎孔式単尾銛頭Eタイプに片面接着で装着された可能性がたかい。また，板子塚例は大型で長方形気味の長めの茎部をもつもので，礼文華・有珠モシリの茎孔式双尾銛頭Eタイプの装着例に，大きさ・形態が類似している。有珠モシリでは茎孔式単尾銛頭Eタイプも出土しているが，礼文華・有珠モシリに個体数が多い茎孔式双尾銛頭Eタイプに片面接着で装着された可能性がよりたかい。

有珠モシリの茎孔式単尾銛頭Uタイプ（19）に見られる，銛先鏃（形態は不明）を先端の切込みに挟んで固定する技法は，縄文後・晩期や続縄文期の銛頭，さらに周辺地域の近世アイヌのキテなどに見られ，これを東北地方の影響を受けたものとする大島氏の見解（大島1988b）には同感であるが，茎孔式単尾・双尾銛頭Eタイプに見られる片面接着という石銛装着法は，北海道島南部以外の縄文～古代等で明確な例は，今のところ宇鉄例のみで，まさに噴火湾沿岸から津軽

海峡域にかけて独自に見られる装着法と考えられる。この技法が用いられた理由は、石銛という大型石鏃の装着による重量増から軽量化を図る方法[1]であり、さらには銛頭の破損軽減や石銛交換の容易性でもあったとみられる。

4. 宇鉄の石銛の捕獲対象

つぎに、この石銛を装着した銛頭の対象が何であったのかという問題がある。一般的には海獣とされる場合が多いが、札幌大学の木村英明氏は、銛頭の発達は大型魚類か海獣猟に支えられたと考えられるが、すべてをそうとは言えないとし、銛頭の大小も考慮する必要性を述べた（木村1982）。また、北海道島函館市の戸井貝塚（縄文後期初頭）の自然遺物を調査した国立歴史民俗博物館の西本豊弘氏は、小面積から出土した多数のオットセイ個体に関連して、縄文期の角製銛先を装着した銛は北海道島においては、おもにアシカ科（トド・アシカ・オットセイ）の捕獲に用いられた（西本1993c）と考えている。

さて、宇鉄例についてこの問題を考えるには、この時期の本県海峡域の銛頭と自然遺物の関係を考える必要があるが、弥生期の貝塚は下北半島に2ヶ所知られているのみで、しかも角製銛頭が未発見であるため、相関関係をとらえることはできない。そこで、本県域の縄文・弥生の貝塚から出土する大型獣類・魚類を想定してみると、アシカ科類・鯨類・大型魚類等があげられる。しかし、このなかの鯨類については、海峡に多い寄り鯨の利用と考えられる（福田1998b）ことから除外し、可能性として残る候補は、アシカ科類か大型魚類となる。しかし、大型魚類については、すべてを否定することはできないものの、水中の動きの速さなどを考えると、回転離頭銛による捕獲は困難であり、効率も悪い。結論的には、アシカ科類がもっとも可能性がたかいとみられる。本県域におけるアシカ科類は、縄文〜近世の22遺跡から出土している（福田1998b、西本1999）が、西本氏が角製銛頭によるオットセイ猟を想定した戸井のようなオットセイ大量出土例は、本県域では見られないため、その他のアシカ科（トド・アシカ）猟がより可能性がたかい。オットセイよりも接岸性がたかく、比較的捕獲しやすいためである。とくに、毎年冬季から春季にかけて北海道島南部沿岸まで南下してくるトドは、この海峡域に残された椴（トド）法華、トド岬（松前大島）、魹（トド）島（尻屋崎沖）、海馬（トド）島（深浦町風合瀬沖）、トド島（八戸市大久喜沖）の地名からも推定されるように、恵山文化期の海峡域住民にとっては格好の獲物であったはずである。この時代、宇鉄一帯でも、石銛装着の離頭銛によるアシカ科類猟が行われていたとみられる。そしてその解体・調理には、対岸と同様に、土壙墓に石銛とともに埋納されていた玉髄製靴形石器（第5図23、第2図S-1）や尖端の曲がった

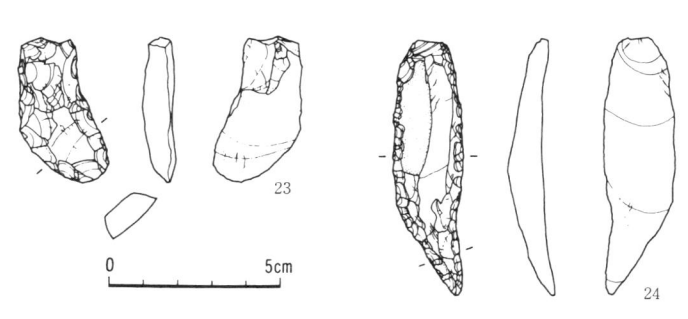

第5図　宇鉄遺跡の靴形石器と石製ナイフ

珪質頁岩製ナイフ（第5図24，第2図S-14）（青森県立郷土館1989）等が用いられたのであろう。

おわりに

　石銛が銛頭などの先端に装着される漁猟用の銛先であり，北海道島南部の恵山文化期に一般的な石器であることは，宇鉄遺跡の調査以前から承知していたが，本州島で出土状況を含めて見たのはこの遺跡調査が最初であった。しかし，宇鉄では連日，海峡の向こうに北海道島を眺めて調査していたため，この出土自体についてはとくに違和感はもたなかった。また，アスファルト状物質の付着という点についても，弥生期ということで多少の珍しさはあったものの，縄文晩期の石鏃等への付着例が多い津軽では，当然至極という思いで，報告書作成時（青森県立郷土館1989）には特段の注意を払うことはなかった。しかしその後，津軽海峡の文化交流を具体的に示すアスファルトへの関心の高まり（福田1999c・2000）から，報告書作成時に整理した宇鉄例について，あらためて当時の資料記録・メモ等を見直し，アスファルト状物質の付着痕によって，銛頭への装着復原を試みた次第である。その結果，北海道島南部例のなかでもとくに，距離的にも近い対岸の上磯町（現北斗市）茂別例等との類似性が確認され，あらためて海峡をめぐる津軽・渡島両半島の文化的関連を強く印象づけさせられることとなった。

　弥生・続縄文期においても津軽海峡をめぐる人々の交流は引き続き行われている（福田2002b）が，この主体者は，海峡を漁猟などで主な生業の場としていた人々であり，民俗学・歴史学で言う「海民」（網野1999ほか）的な人たちではなかったかと以前から想定していたが，石銛が海峡の対岸同士で，形態・柄の装着法はもちろん，墓の副葬品としても共通していたことが再確認されたことは，その想定が的はずれではないことを確信させてくれた。

註
1)　伊達市教育委員会文化財課の大島直行氏のご教示による。

5 津軽海峡域における動物装飾付き土器と動物形土製品

　縄文後・晩期にみられる動物意匠遺物の中で，陸獣は，北海道南部ではほとんどすべてがクマ，東北北部ではイノシシ・クマなどであるが，弥生・続縄文期には，両地域ともほぼクマに限定され，しかも大半が土器装飾に使われる状況がある。

1. 研　究　史

　この地域の動物意匠遺物は，明治中期に青森県亀ヶ岡遺跡出土の動物形土製品について佐藤傳蔵が「動物の形を模せる土器」として報告したのが最初である（佐藤 1896c）。その後，この種の遺物について総括的に言及したのは名取武光（1936）で，北海道における縄文〜オホーツク期の石製・土製・骨製品，土器の動物装飾などを集成し，その中で旧上磯町（現北斗市）茂辺地（現茂別遺跡）出土の縄文期のクマ形把手を紹介した。その後，江坂輝彌（1967b・1974）は，縄文期の動物形土製品・骨製品などおよび獣面把手・獣面付把手を全国的に集成し，動物形土製品が後・晩期の東日本に多い点を指摘し，一覧表にまとめた。そして，それまでの動物土偶の呼称を，現在一般化している動物形土製品とすべきことを提唱した。

　この後，松下亘（1968）は名取の後を受け北海道および千島・南樺太の動物意匠遺物を集成した。新たに続縄文期前半の恵山文化の土器把手や匙状骨角器などに付された動物意匠などにもふれ，動物形突起が青森県の弥生期の土器にもみられる点，そしてその多くが呪術的な要素をもっていたと指摘している。

　また，その翌年サントリー美術館（1969）では「土偶と土面」展が開催され，各地の縄文期以降の土偶・土面とともに東北・北海道の獣面・クマ形把手や動物形土製品も展示され，好評を博している。

　1970〜80年代は，発掘調査件数・出土資料の増加にともないこの分野の研究がしだいに活発化した。宇田川洋（1989）は，北海道を中心に縄文以降の動物意匠遺物を概観・集成し，続縄文文化のクマ意匠の多さにうかがわれるクマ信仰が，オホーツク文化を経てアイヌ文化に継承された可能性を指摘した。その後，春成秀爾（1995）は，北海道・東北のクマ形土製品，狩猟文土器などに注目し，この地域では縄文期のある時期に一種のクマ祭りが成立していたと推定した。また，乾芳宏（1995）は恵山文化のクマなどの動物意匠付き土器・骨角器を分類し，アイヌ文化のクマ信仰との関連性を述べ，クマ意匠の起源を東北の弥生文化との交流による可能性も想定した。

　1998年に刊行された『東北民俗学研究』第6号（東北学院大学民俗学OB会）では，北海道と東北6県の動・植物意匠遺物に関する特集号を組み，8名が各県の状況を報告した。これにより，動物意匠遺物が北海道南部（以下，道南部）〜青森・岩手両県から多数出土する点が明らかになり，特に青森県について福田友之（1998d）は，縄文・弥生期の資料数が160点以上の多き（縄文期116点，弥生期46点）にのぼる点を報告した。翌年，斎野裕彦（1999a）は，特別企画展解説書

『動物デザイン考古学』の中で，それまでの北海道・東北の出土例をまとめ，動物意匠が付された土器の装飾部位・意匠化の方法などにより，口縁・口縁外面・把手・香炉形土器頂部・蓋形土器などに分類した上で，各類資料の様相について述べた。これは，それまでの集成・用途中心の研究方法とは異なって，資料の分類という考古学の基礎的視点に立つもので，今後の新たな方向性を示すものとなった。その後，斎野（2005）はさらに北海道・東北の四肢獣形について，成立要因とその後の展開を述べ，東北の弥生初頭におけるそれらの変容・消滅要因を東北の生業再編に求め，北海道との地域関係を含め社会の実態に踏み込むという積極的な方向性も示している。

2. 縄文期の動物装飾付き土器の様相

東北北部や道南部では，中期以降動物意匠による土器装飾が行われたが，陸獣ではイノシシ・クマや特定不可の動物が多い。中期のものは非常に少なく，わずかに前葉例として，青森県石神遺跡に深鉢形土器の口縁4箇所にイノシシかクマとみられる動物頭部突起が付く例，また，道南部の栄浜1遺跡には深鉢形土器口縁部にクマの全身像が付く例（第1図1）があるのみである。

後期には動物装飾付き土器が増加する。クマ頭形とみられる例が多く，後期前葉では北海道石倉貝塚にクマ形頭部が鉢形土器口縁部に付く例（第1図4）があり，青森県三内丸山(6)遺跡には土器の波状口縁部にクマ形頭部が付く例（第1図5）もある。また，この時期の東北北部では「狩猟文土器」やクマやイノシシとみられる動物形を土器内底部に貼付した「動物形内蔵土器」（藤沼1997）もある。また，後葉では香炉形土器頂部にクマ形頭部とみられるものが顕著になり，青森県二ツ石（第1図8）・水木沢遺跡，岩手県近内中村遺跡などにあり，水木沢例は頭部に人面も付されている。最近出土した青森県川原平(1)遺跡例（第1図9）には人面・獣面が貼付されている。しかし，晩期には意外に少なく，北海道志美第4遺跡の鉢形土器口縁部（中～後葉）に付く例があり，青森県桧木遺跡の鉢形土器口縁部（中葉）にクマらしき獣面2面が並び付く例（第1図10）があるに過ぎない。

3. 弥生（続縄文）期の動物装飾付き土器の様相

弥生・続縄文期になると動物意匠遺物の様相は一変し，東北北部と道南部ではもっぱらクマ意匠が土器に用いられるようになる。従来，道南部の恵山文化に顕著であることが知られているが，札幌市H37遺跡にはそれ以前の続縄文初頭例（第1図12）がある。しかし，弥生前期例は東北北部の青森県・岩手県（第1図19）にもみられ，特に青森県には10箇所以上の出土遺跡がある。弥生初頭の砂沢式には，鉢・壺形土器の口縁突起にクマ形頭部が刺突文とともに付く例が多く，塩見形(2)遺跡（第2図21）には，壺形土器の山形口縁部に刺突文が施されたクマ形頭部が3箇所付された例がある。また，特異なものとして，青森県大蛇遺跡には，全体がクマ形をした壺形土器もある。クマ形頭部は，これに後続する二枚橋式の鉢形土器になると全県的にみられるようになり，山形・波状口縁端部や平縁部に付く（第1図15）。さらに後続する宇鉄Ⅱ式では，宇鉄遺跡でカップ形土器の把手にクマ形が付くようになる（第1図13・14）。この時期の道南部には，古

5　津軽海峡域における動物装飾付き土器と動物形土製品　241

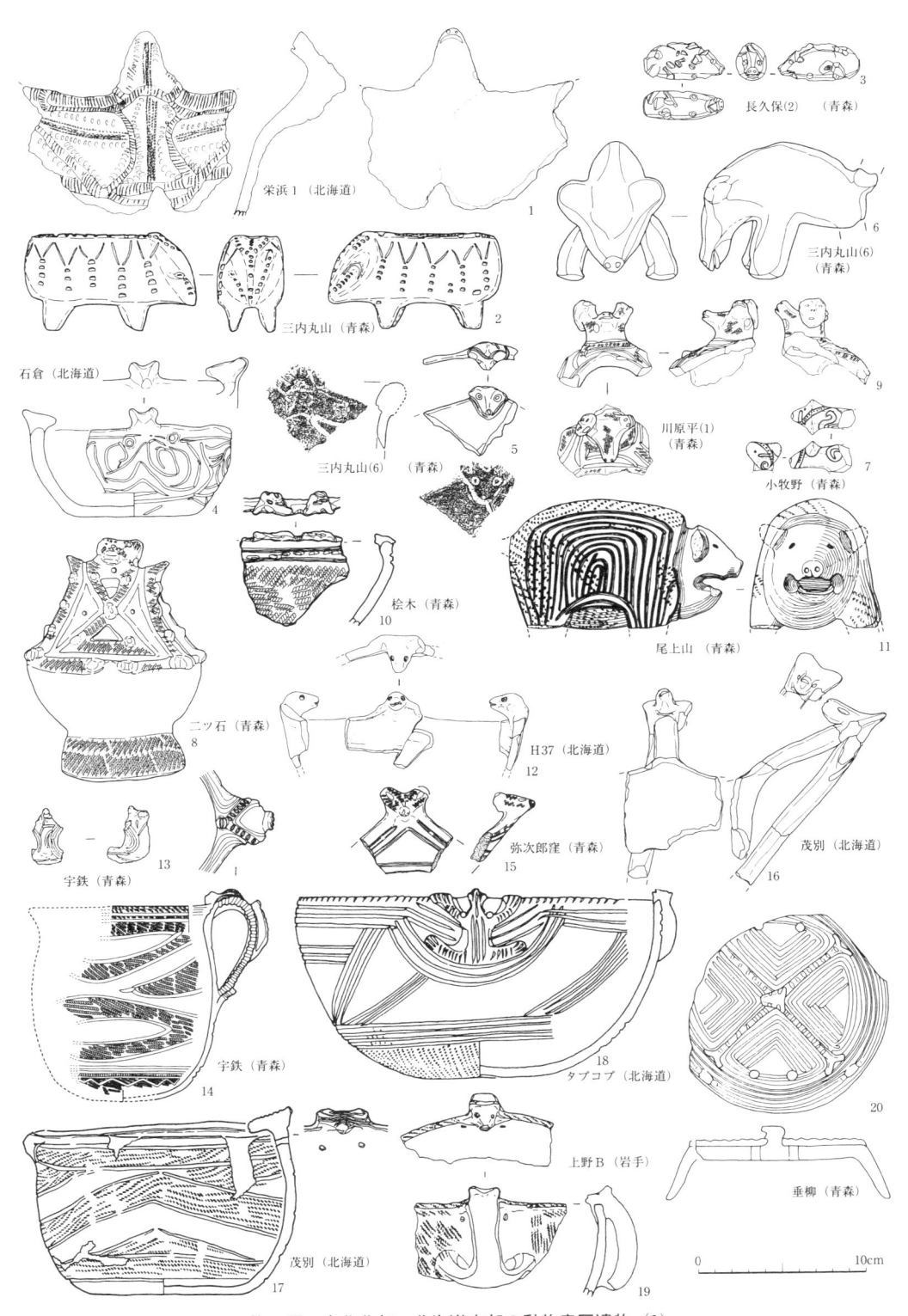

第1図　東北北部〜北海道南部の動物意匠遺物（1）

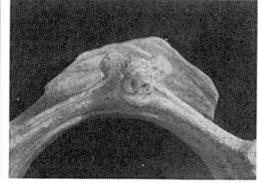

21：塩見形(2)(青森)　　　　　　　　　　　　　　　　　22：恵山貝塚（北海道）

第2図　東北北部〜北海道南部の動物意匠遺物（2）

くからよく知られた函館市恵山貝塚の優品がある（第2図22）が，北海道茂別遺跡では約30点ものクマ形頭部付き土器片が出土し（第1図16・17），顔の表現に沈線を多用している。カップ形土器の完形品やクマ形頭部付き鉢形土器は，茂別遺跡などでは土坑墓から出土している。また，青森県垂柳遺跡（中期）にはの倒皿状の蓋形土器につまみとしてクマ形頭部が付く例（第1図20）もある。クマ意匠は骨角器にも付され，北海道では恵山貝塚や有珠モシリ遺跡の好例があり，青森県では垂柳遺跡の杓子状木製品の柄に付された例もある。動物装飾付き土器はこの後，弥生後期には東北北部ではほとんど姿を消し，北海道でも減少する。

4．動物装飾付き土器と動物形土製品

東北北部や道南部では，縄文中期以降に各種の動物形土製品も作られた。イノシシ・クマ・特定不可の陸獣・鳥などさまざまであるが，陸獣ではイノシシ・クマや特定不可の動物が多い。土製品では，青森県三内丸山遺跡に容器状のイノシシ形土製品（中期中葉，第1図2）があり，長久保(2)遺跡では，四肢を差し込むための孔をもつイノシシ形土製品（中期後葉。第1図3）もある。また，後期中葉では，青森県十腰内(2)遺跡に，写実性に優れたイノシシ形土製品の優品があり，晩期にもイノシシ・クマ形土製品がある。しかし，これらと時期を同じくする土器の動物装飾は未発見であり，双方の時期・関連性は不明であるが，その中で青森県では後期前葉と後葉で，双方が同時に使われている。前葉では，三内丸山(6)遺跡（第1図6）に，土器装飾のほかにクマ形土製品があり，さらにクマ形装飾の石皿もある。また，後期後葉では水木沢遺跡に動物形土製品もあり，クマ信仰の多様化を物語っている。

しかし，弥生期になると動物形土製品はクマ形に限られるようになり，しかも土器の動物装飾に比べ少ない。青森県津軽（第1図11）から南部，岩手県花巻市野原III遺跡例を南限とする地域に少数みられる程度で，いずれも，中空大形で，砂沢式土器に類似した平行沈線や刺突文が多用されている。このほかに，クマ形石製品は青森県畑内遺跡には砂沢式期のものが1例ある。

このように，縄文期では後期前葉・後葉，弥生期では前・中期のクマ形土・石製品が，動物装飾付き土器と同時に使われていることは，明らかにこの時期にクマ意匠が盛行・多様化し，双方それぞれが異なった意味をもっていたことをうかがわせる。

5 津軽海峡域における動物装飾付き土器と動物形土製品　243

第1表　北海道南部〜東北北部の主な動物（四肢獣）意匠遺物出土遺跡

No.	市町村・遺跡名	時期（土器型式）	動物意匠遺物、遺構、引用文献等
1	北海道余市町大川	縄文後期〜晩期	熊形土製品、町教委報告1995
2	石狩市志美第4	縄文晩期中〜後葉	熊頭形突起（顔外向き）、土坑墓、石狩町教委報告1979
3	札幌市H37	続縄文初頭	熊形突起、住居跡状遺構、市文報告50
4	江別市対雁2	縄文晩期後葉	熊形土製品、胴部に未貫通孔1ヶ所、北埋調査147
5	江別市元江別1	続縄文前半（恵山式）	熊頭形貼付舟形鉢形土器、土坑墓、市文報告XⅢ
6	江別市高砂	縄文晩期末葉〜続縄文初頭	熊頭形石製品、市文報告Ⅳ
7	千歳市キウス4	縄文後期後葉	熊頭形突起、北埋調報124
8	千歳市美々4	縄文後期末葉〜晩期初頭	動物頭形突起、北埋調報3
9	苫小牧市タプコプ	続縄文前半（恵山式）	熊形貼付鉢形土器、土坑墓、市教委・市文報告1984
10	伊達市有珠モシリ	続縄文前半（恵山式）	熊（頭）形付骨角器、土坑墓、市教委図録2003
11	豊浦町小幌洞穴	続縄文前半（恵山式）	動物形突起、宇田川1989
12	八雲町コタン温泉	縄文後期前葉か	熊形土製品、町教委報告1992
13	八雲町栄浜1	縄文中期初頭（円筒上層b式）	熊頭形突起付深鉢形土器、町教委報告1995
14	森町尾白内貝塚	続縄文前半（恵山式）	熊形突起把手、駒井『音江』(1959)
15	函館市恵山貝塚	続縄文前半（恵山式）	熊形付骨角器・熊形橋状把手付カップ形土器、『市立函館博物館研究紀要』6・11（1996・2001）
16	函館市日ノ浜	縄文晩期中葉	瓜坊形土製品、『北海道大学北方文化研究報告』15（1960）
17	函館市石倉貝塚	縄文後期前葉（十腰内Ⅰ式）	熊頭形突起付鉢形土器片、朱彩、市教委報告1999
18	函館市西桔梗B2	続縄文前半（恵山式）	熊形突起、函館圏開発事業団報告1974
19	七飯町桜町	続縄文前半（恵山式）	熊形突起、宇田川1989
20	北斗市下添山	続縄文前半（恵山式）	熊形突起、宇田川1989
21	北斗市茂別・旧茂辺地	縄文後期末葉・続縄文前半	熊頭形突起、名取1936、熊頭形突起付鉢形土器、熊頭形突起、土坑墓ほか、北埋調報121
22	青森県外ヶ浜町宇鉄	弥生中期（宇鉄Ⅱ式）	熊形橋状把手付カップ形土器、土坑墓、県立郷土館1979
23	今別町二ツ石	縄文後期末葉（十腰内Ⅴ式）	熊形突起付香炉形土器、住居跡、県埋文報告117
24	中泊町坊主沢	弥生前〜中期（二枚橋〜宇鉄Ⅱ式）	熊形橋状把手、小泊村教委報告2003
25	つがる市亀ヶ岡	縄文晩期中葉〜後葉か	動物形土製品、東人誌125・江坂1967・サントリー美術館1969
26	つがる市石神	縄文中期初頭（円筒上層a式）	猪形把手付深鉢形土器、江坂編『石神遺跡』(1970)
27	鰺ヶ沢町大曲	続縄文前半（恵山式）	熊形突起、『県立郷土館調査研究年報』13（1989）
28	深浦町塩見形(2)	弥生前期（砂沢式）	熊頭形突起3ヶ所、『県史だより』4（1998）
29	弘前市十腰内(2)・(1)	縄文後期中葉（十腰内Ⅲ式）、後〜晩期	猪形土製品、『岩木山』(1968)、猪・熊形土製品、『東北大学考古学資料図録』2（1982）・『東京国立博物館図版目録 縄文篇』(1996)
30	弘前市砂沢	弥生前期（砂沢式）	熊形突起（皿も）・猪形土製品、市教委報告1988・1991
31	弘前市宇田野(2)	弥生前期（砂沢式）	熊形突起、県埋文報告217
32	弘前市尾上山	弥生前期か	熊形中空土製品、春成1995
33	弘前市牧野(2)	弥生前期か	熊形中空土製品、『弘前大学考古学研究』2（1983）
34	西目屋村川原平(1)	縄文後期後葉	人面・熊頭形突起付香炉形土器、県埋文報告409
35	田舎館村垂柳	弥生中期（田舎館式）	熊形突起付皿、サントリー美術館1969、熊形付木製杓子、村教委報告1989
36	田舎館村高樋(1)	弥生中期（田舎館式）	熊形環状？把手・熊頭形突起、県埋文報告88
37	青森市小牧野	縄文後期前葉（十腰内Ⅰ式）	熊形土製品、土坑墓、動物形付石皿、市埋文報告30・60
38	青森市三内丸山(6)	縄文後期前葉（十腰内Ⅰ式）	熊形土製品・熊頭形突起・熊付石皿、県埋文報告279・327
39	青森市三内丸山	縄文中期（円筒上層c式）	猪形土製容器、『小杉嘉四蔵蒐集考古学資料集』(1982)
40	横浜町桧木	縄文晩期中葉（大洞C1式）	熊形突起2個並列、町教委報告1983
41	むつ市梨ノ木平	弥生前期（二枚橋式）	熊頭形突起、『むつ市文化財調査報告』16（1990）
42	むつ市水木沢	縄文後期後葉（十腰内Ⅳ・Ⅴ式）	人面・動物頭形突起付香炉、熊形土製品、住居跡、県埋文報告34
43	むつ市二枚橋	弥生前期（二枚橋式）	熊頭形突起、『考古学雑誌』56-2（1970）
44	むつ市戸引川代	弥生前期（砂沢〜二枚式）	熊頭形突起、川内町教委報告1991
45	むつ市不備無ほか	弥生前期（二枚橋式）	熊頭形突起、『古代文化』49-6（1997）
46	むつ市瀬野	弥生前期（二枚橋式）	熊頭形突起、サントリー美術館1969、伊東・須藤『瀬野遺跡』(1982)
47	佐井村八幡堂	弥生前期（二枚橋式）	動物形橋状？突起、『東通村史歴史編Ⅰ』(2001)
48	六ヶ所村大石平	縄文後期前葉（十腰内Ⅰ式）	動物形土製容器か、県埋文報告103
49	三沢市小山田(2)	弥生前期（砂沢〜二枚式）	動物形橋状把手・動物形土製品、赤色付着、市埋文報告17
50	五戸町古街道長根	縄文中〜後期	動物形口縁部貼付、『古代文化』43-8（1991）
51	八戸市韮窪	縄文後期後葉（十腰内Ⅰ式）	猪形土製品、住居跡、県埋文報告84
52	八戸市長久保(2)	縄文中期後葉	猪形土製品、下面に未通孔4ヶ所、県埋文報告367
53	八戸市弥次郎窪	弥生前期（二枚橋式）	熊頭形突起、住居跡、県埋文報告238
54	八戸市畑内	弥生前期（砂沢式）	熊形石製品、県埋文報告211
55	階上町大蛇	弥生前期（砂沢式）	熊形土器、『月刊考古学ジャーナル』145（1978）
56	三戸町泉山	縄文晩期前半	動物形土製品、県埋文報告181
57	岩手県一戸町上野B	弥生中期	熊形橋状把手、町教委報告1985
58	二戸市上杉沢	弥生前期（砂沢式）	熊形中空土製品、浄法寺町教委報告2001
59	秋田県小坂町大岱Ⅰ	弥生後期	動物頭形突起、秋田県文報告109
60	北秋田市伊勢堂岱	縄文後期前葉（十腰内Ⅰ式）	熊形土製品、秋田県文報告293

5. 動物装飾付き土器のもつ意味

　これらの縄文・弥生（続縄文）期の動物意匠遺物により，各時期に狩猟・動物儀礼があったとする考えは，研究者間ではほぼ一致しており（宇田川1989，春成1995，乾1995，女鹿1998ほか），豊猟を願う祭祀・儀礼，クマ信仰に用いられた道具であったとされる場合が多い。

　この中で，北海道の縄文・続縄文期の動物装飾遺物（陸獣）は，道南部の日ノ浜遺跡のイノシシ形土製品（晩期，犬飼1960）を除き，すべてクマとみられるものである。また，青森県にもクマ意匠遺物が多い。このことから，クマ信仰があったことは間違いない。また，出土状況をみると，多くが遺構外から出土している中で，北海道志美第4遺跡のクマ形頭部突起の付いた鉢形土器は朱が施され，ベンガラが敷かれた晩期中〜後葉の円形土坑墓から出土し，青森県小牧野遺跡からは，クマ形土製品（第1図7）が後期前葉の楕円形土坑墓の底面直上から出土しており，副葬品としても用いられたことを示している。

　副葬品としてのクマ装飾付き土器は，弥生・続縄文期になると増加する。青森県宇鉄遺跡では，楕円形土坑からカップ形土器（第1図14）が出土しており，津軽海峡を挟んで対岸にあたる北海道茂別遺跡（第1図17）では赤色が施された例が，円形土坑から環石（装身具）などとともに出土しており，北海道タプコプ遺跡（第1図18）では，楕円形の土坑墓から壺形・鉢形土器や石皿などとともに出土している。また，北海道元江別1遺跡では円形土坑から，壺形土器や石鏃とともに出土している。これらの土器は，狩猟に際し豊猟を願うクマ信仰にかかわる祭器であるとともに，葬送儀礼にかかわる土器

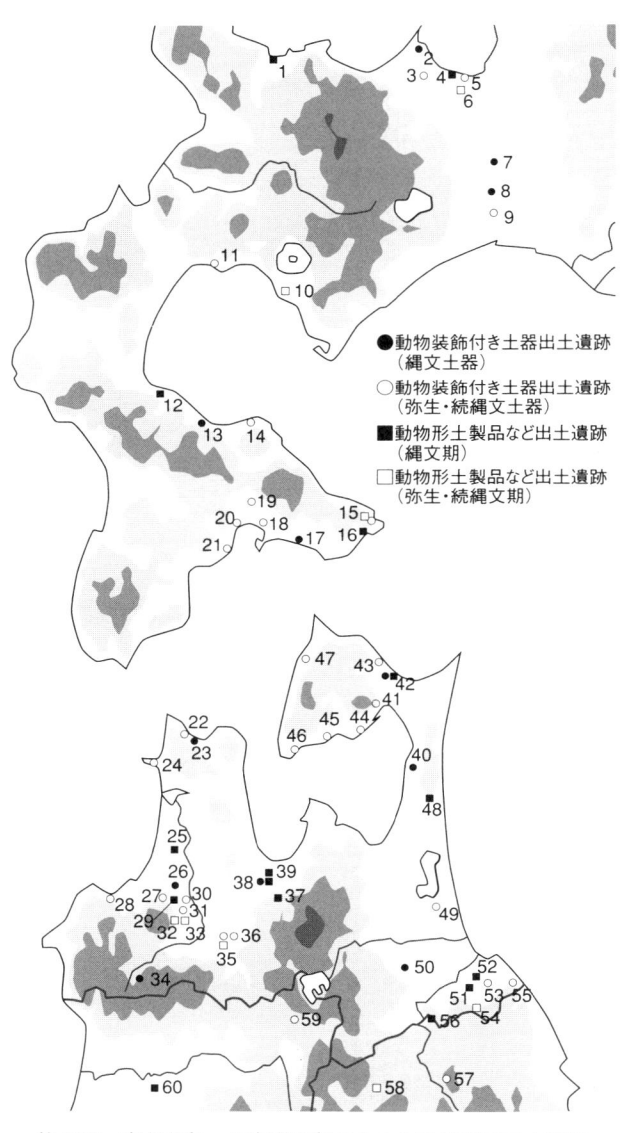

第3図　東北北部〜北海道南部のおもな動物意匠出土遺跡

でもあったのであろう。

6. 弥生・続縄文期の動物装飾付き土器の系譜

　東北北部と道南部の弥生・続縄文期のクマ意匠遺物については，道南部の土器装飾や骨角器装飾の優品などから，一般的には，道南部の恵山文化から影響を受け東北北部に展開したとされる場合が多いが，土器装飾については，札幌市H37遺跡の続縄文期初頭のクマ頭部意匠をもつ土器（第1図12）および砂沢式土器によって，羽賀憲二（1996）は，動物頭部を土器に付ける手法は砂沢式土器の影響下で生じた可能性を指摘している。乾芳宏（1995）も恵山文化のクマ意匠遺物は東北の弥生文化との交流から生まれたとみている。このような見解に対して，藤沼邦彦（2004）は，東北北部の縄文晩期や北海道の縄文期にクマ意匠遺物がみられることから，ともに縄文文化の伝統を受け継いだもので，どちらも一方的な影響で成立したものではないとした。しかし，クマ装飾付き土器は，クマ形土製品とは系譜を別にするとみられ，さらに晩期の青森県桧木・北海道志美第5遺跡の出土例は，弥生期のものとは動物装飾手法が異なっており，双方の連続性が考えにくいことから，弥生期になって独自に発生したものとも考えられる。

　クマ装飾付き土器は，弥生前期の砂沢式土器に多くみられることから，この時期の遺跡が集中する津軽で発生したとみられる。これが，後続する二枚橋式に受け継がれ，道南部の恵山文化へ伝わったのであろう。このクマ装飾が津軽を中心に土器装飾に採用された背景には，弥生期にいち早く水田稲作を取り入れたこの地域が，稲作と対極的な狩猟・漁猟を中心とし，最後まで稲作を取り入れることのなかった北海道への前線地帯であったことと何らかのかかわりがあったものとみられる。

6 津軽海峡交流と弥生石偶 ――青森県畑内遺跡出土の石偶をめぐって――

はじめに

　岩手との県境にある青森県南郷村（現八戸市）畑内遺跡から，弥生時代前期の石偶が1点出土している（青森県埋文1999c）。石偶は，黒曜石や頁岩・玉髄などの剝片製の人形石製品で，わが国ではこれまで北海道・東北地方から発見されており，研究者によっては「異形石器」とも呼称されてきた。

　石偶は，北海道及び千島列島以北の例については，富良野市郷土館の杉浦重信氏による最近の集成的研究（杉浦1998）があり，東北地方の例については，東北大学の須藤隆氏による先駆的研究（須藤1974）がある。それによれば，石偶は縄文時代後期〜弥生時代に作られている。北海道では続縄文前葉のものが多く，東北地方の弥生例は青森県下北半島の二枚橋例のみであった。しかし，畑内例はそれより120kmほど南からの出土例であり，明確な弥生例としては，おそらくわが国最南の例となろう。

　そこで本稿では，この畑内例の出現・伝播について，その後の出土例を紹介し，東北・北海道例との比較や弥生石器等の検討を行いながら述べてみる。

1. 東北地方の石偶

　東北地方出土の石偶は，筆者が確認したものでは，弥生時代とみられるものが6点，縄文時代と縄文か弥生か不明のものが15点，計21点ある。ただし，石偶のとらえ方は，研究者によって一致しているわけではなく，本稿に紹介したうちの何点かは「異形石器」のままで良いとする考えもあろうし，逆に動物形のものが含まれていないのではないかとみる向きもあろう。ここでは，人形を呈しているとみられるもののみを「石偶」とし，動物形は含めない。

（1）弥生時代の石偶（第1図，第1表）

　6点はすべて青森県から出土している。まず畑内例（1）（青森県埋文1999c）は，弥生前期砂沢式期のもので，尖った頭をもち，腕を傾かせた左右非対称形をとっており，何らかの動作を表現した形態とみられる。弥生例としては，東北地方最古になる。弥生例は，ほかに砂沢式に後続する例が大畑町（現むつ市）二枚橋に2点（2・3）（須藤1974），小泊村（現中泊町）坊主沢[1]に1点ある。2の二枚橋例は，胴幅・長幅比が異なるものの，尖った頭，腕の傾き，脚の形態，動作形態は畑内例と酷似している。また他の二枚橋例（3）は，円形土坑から，弥生前期の二枚橋式土器多数と石皿・石小刀・石器剝片等とともに出土したものである。丸い頭・三角突起状の腕・長い脚をもち，左右対称形を呈する点は2の二枚橋例とは大きく異なっている。

　なお，坊主沢例は左右対称形で丸い頭と長い脚をもつ点は，3の二枚橋例に類似している。た

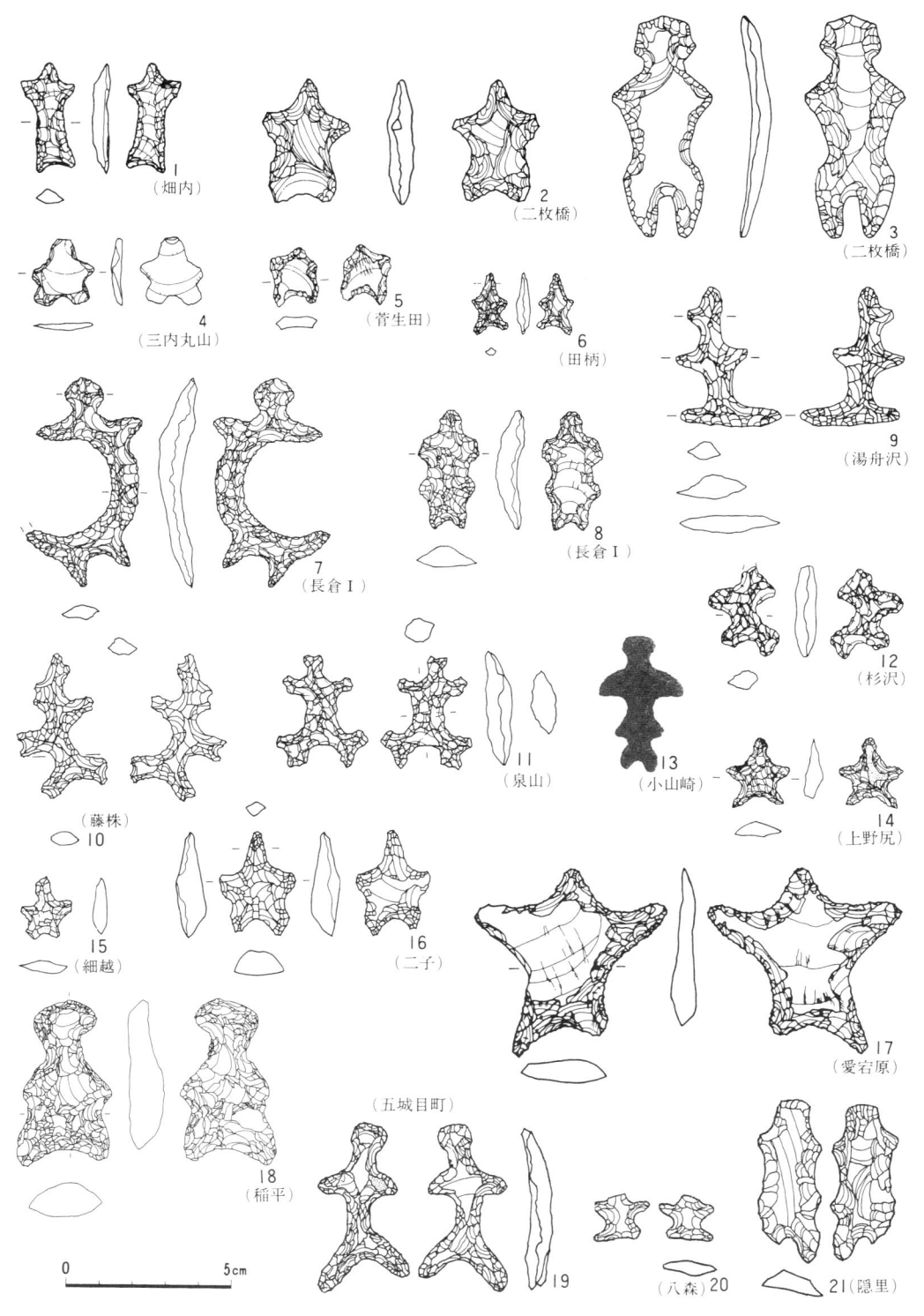

6 津軽海峡交流と弥生石偶 247

第1図 東北地方出土の石偶（第1表参照）

第1表　東北地方の弥生・縄文時代の石偶一覧

( )内の数値は現存値を示す。

図番号	遺跡名	時期(土器型式)	長(cm)	幅(cm)	厚(cm)	重(g)	石材	出土状況・引用文献
1-1	青森県南郷村畑内	弥生前期(砂沢式)	3.25	1.6	0.5	2.1	灰色の玉髄	弥生時代遺物集中区から出土。青森県埋文1999c
1-2	〃　大畑町二枚橋	弥生前期(二枚橋式)	3.71	2.58	0.73	—	黒曜石	須藤1974
1-3	〃	〃	6.86	3.04	0.62	—	白色泥岩質頁岩	直径1m、深さ0.3mの円形小竪穴から土器・石器とともに出土。須藤1974
—	〃　小泊村坊主沢	弥生前期	約6.5	—	約0.5	—	黒曜石	2001年秋の調査で出土[1]。
1-4	〃　青森市三内丸山	中期中葉(円筒上層d式)	2.1	1.9	0.3	0.9	珪質頁岩	青森県教委1998c
1-5	宮城県白石市菅生田	中期末葉(大木10式)	1.8	1.45	0.44	1.1	不明(記載なし)	第16号住居跡埋土。宮城県教委1982
1-6	気仙沼市田柄貝塚	後期後葉(十腰内Ⅳ)	1.9	1.1	0.39	0.5	赤色珪質頁岩	宮城県教委1986a
1-7	岩手県軽米町長倉Ⅰ	後期後葉～晩期初頭	6.5	3.6	0.9	8.2	凝灰岩質粘板岩	岩手県埋文2000b
1-8	〃	〃	3.6	1.8	0.8	3.9	粘板岩質チャート	岩手県埋文2000b
1-9	滝沢村湯舟沢	後期末葉～晩期初頭	4.3	3.1	0.6	—	流紋岩質極細粒凝灰岩	ⅩⅡTh-2住居址床面から出土。滝沢村教委1986
1-10	秋田県鷹巣町藤株	晩期初頭(大洞B式主体)	4.6	2.3	0.4	—	頁岩	秋田県教委1981
1-11	青森県三戸町泉山	晩期前葉	3.6	2.8	0.75	4.1	珪質頁岩	青森県埋文1996
1-12	〃　三戸町杉沢	晩期前半	(3.1)	2.3	0.8	(3.8)	珪質頁岩	青森県立郷土館1997
1-13	山形県遊佐町小山崎	後期末葉～晩期前葉	約4.3	約2.5	約0.5	—	頁岩	山形県立博1999
1-14	青森県青森市上野尻	後～晩期	2.3	1.9	0.5	1.1	玉髄質珪質岩	青森県埋文1999a
1-15	〃　青森市細越	晩期中葉(大洞C1～C2式)	1.9	1.5	0.5	0.8	玉髄	青森県教委1979b
1-16	岩手県久慈市二子貝塚	晩期	3.1	2.3	0.9	3.8	硬質頁岩	久慈市教委1993
1-17	福島県福島市愛宕原	縄文か	5.8	5.7	0.8	12.6	頁岩	144号土坑から出土。福島市教委ほか1989
1-18	青森県脇野沢村稲平	弥生前期か	5.1	2.7	1.0	12.0	黒曜石	脇野沢村1998
1-19	秋田県五城目町	後期か	4.2	2.8	0.7	—	頁岩	須藤1974
1-20	青森県むつ市八森	晩期前葉(大洞B～BC式)	(1.3)	1.7	0.5	—	黒曜石	須藤1974
1-21	〃　川内町隠里	縄文晩期～弥生前期	5.1	1.9	0.6	—	黒曜石	サントリー美術館1969、須藤1974

(註)　弥生時代のもののみに弥生を冠し、縄文時代のものは縄文を省略した。また、これらのほかにも石偶とみられるものが須藤(1974)・サントリー美術館(1969)・青森県立郷土館風韻堂コレクション(大高1969b)にあるが、出土地や大きさ等が不明確であったり、形状が異なるなどの点からあえて除外したものもある。
＊市町村名は、平成の合併により次のように変更された。南郷村→八戸市、大畑町・脇野沢村・川内町→むつ市、小泊村→中泊町、鷹巣町→北秋田市

だし、出土品の整理作業はこれからであり、詳細については報告書の刊行を待ちたい。

　なお、川内町(現むつ市)隠里例(21)(須藤1974)は、方形の頭と三角突起状の腕とやや長めの脚をもち、3の二枚橋例に類似することから、双方の年代は近いものと考えられる。また、脇野沢村(現むつ市)稲平例(18)(脇野沢村1998)は、頭が丸い点では3の二枚橋例や坊主沢例に、それ以外では2の二枚橋例に類似しており、双方の年代は近いものと考えられる。

(2) 縄文時代の石偶 (第1図、第1表)

　つぎに、15点の縄文例(時期不明例も含めて)では、青森市三内丸山に中期中葉に遡る例(4)(青森県教委1998c)がある。また後～晩期例では、宮城県田柄(たがら)に後期後葉のもの(6)(宮城県教委1986a)があり、岩手県長倉Ⅰ(7・8)(岩手県埋文2000b)・湯舟沢例(9)(滝沢村教委1986)に後期後葉～晩期初頭のものがある。7の長倉Ⅰ例は踊りの動作、8の長倉Ⅰ例の腰の膨らみは衣装の表現であろうか。また、湯舟沢例は踊りか何かの開脚動作の表現とみられる。これに年代が近いむつ市八森例(20)(須藤1974)も同様であろう。晩期前半例では、秋田県藤株(10)(秋田県教委

1981），三戸町泉山（11）（青森県埋文1996）の二股状の頭や下半身をもつものや山形県小山崎例（13）（山形県立博1999）の腰が張り出したものなどがある。ともに着衣・装飾品等の表現とみられる。また晩期例では，青森市上野尻（14）（青森県埋文1999a）・細越（15）（青森県教委1979b），岩手県二子(ふたご)（16）（久慈市教委1993）に，頭・両腕・両脚を星印形で表現したものがある。なお，17は福島県愛宕原例（福島市教委ほか1989）で，土坑から出土したが，伴出土器がないため，時期不明である。

（3）石偶と土偶との関係（第1・2図）

ところで，これまで紹介してきた石偶について，はたして人形を表したものかどうか疑問視する向きもあろうと思われるので，この点について，縄文・弥生を通じて人形を表している土偶との形態上の類似をあげて述べる。

まず，弥生例では，既に二枚橋の土偶（22）（須藤1974）が北海道恵山（恵山式期）の石偶（27）（須藤1974）に類似する点が指摘されており（須藤1974），その後の例では，岩手県君成田(きみなりた)Ⅳ（砂沢式期）例に二枚橋（2）・畑内の石偶と類似した土偶（23）（岩手県埋文1983b）がある。また，縄文例では，今回新たに確認された三内丸山の中期中葉例は，北海道サイベ沢の中期土偶（24）（函館市教委1986）に類似している。また，晩期例では，上野尻・二子の星印形石偶のほか開脚動作状の石偶が，秋田県戸平川(とびらがわ)例（25・26）（秋田県埋文2000）等の東北地方の晩期土偶に類似している。また，膨らんだ腰や二股状の頭の石偶も，細部の違いはあるもののこの地方の晩期土偶に類例がある。

まだ少ない例ではあるが，これらの例によって，石偶と土偶の形態には，細部の違いは別にして，各年代によって共通性がみられるようであり，同一形態をとる「土偶」と「石偶」が同時期に用いられていたと考えられる。しかし石偶には，動作姿勢を示す左右非対称形（1・2・9・10・11・15・17・19）が多く，さらに末端の表現や大きさ等にも土偶とは明確な違いがある。また，出土例も極めて少数である。これは，各年代における土偶と石偶との何らかの用途の違い，あるいは材質に関わる製作技法の違いなどがあったためであろう。

（4）青森県例と北海道の石偶（第1・2図）

つぎに，畑内例など青森県の石偶を北海道例と比較してみる。杉浦氏の集成（1998）によれば，北海道では縄文後期〜続縄文前葉の44点（うち41点が人形で，続縄文前葉のもの9例）があり，渡島半島，石狩低地帯，網走地方に集中しているが，ほぼ全道的にみられる。石材は道東・道北ではすべて黒曜石であるが，道央・道南は主体の黒曜石のほかに，頁岩・珪岩(けいがん)・めのう等もあり，他の剥片石器の石材と大差はない。また，道南・道央のものが縄文後期〜続縄文前葉にみられるのに対し，道東・道北のものは続縄文前葉のものが主体をなすようである。これらのうち，常呂(ところ)町（現北見市）常呂川河口例（30）（杉浦1998，文化庁編1995）等は続縄文前葉の墳墓から出土している。

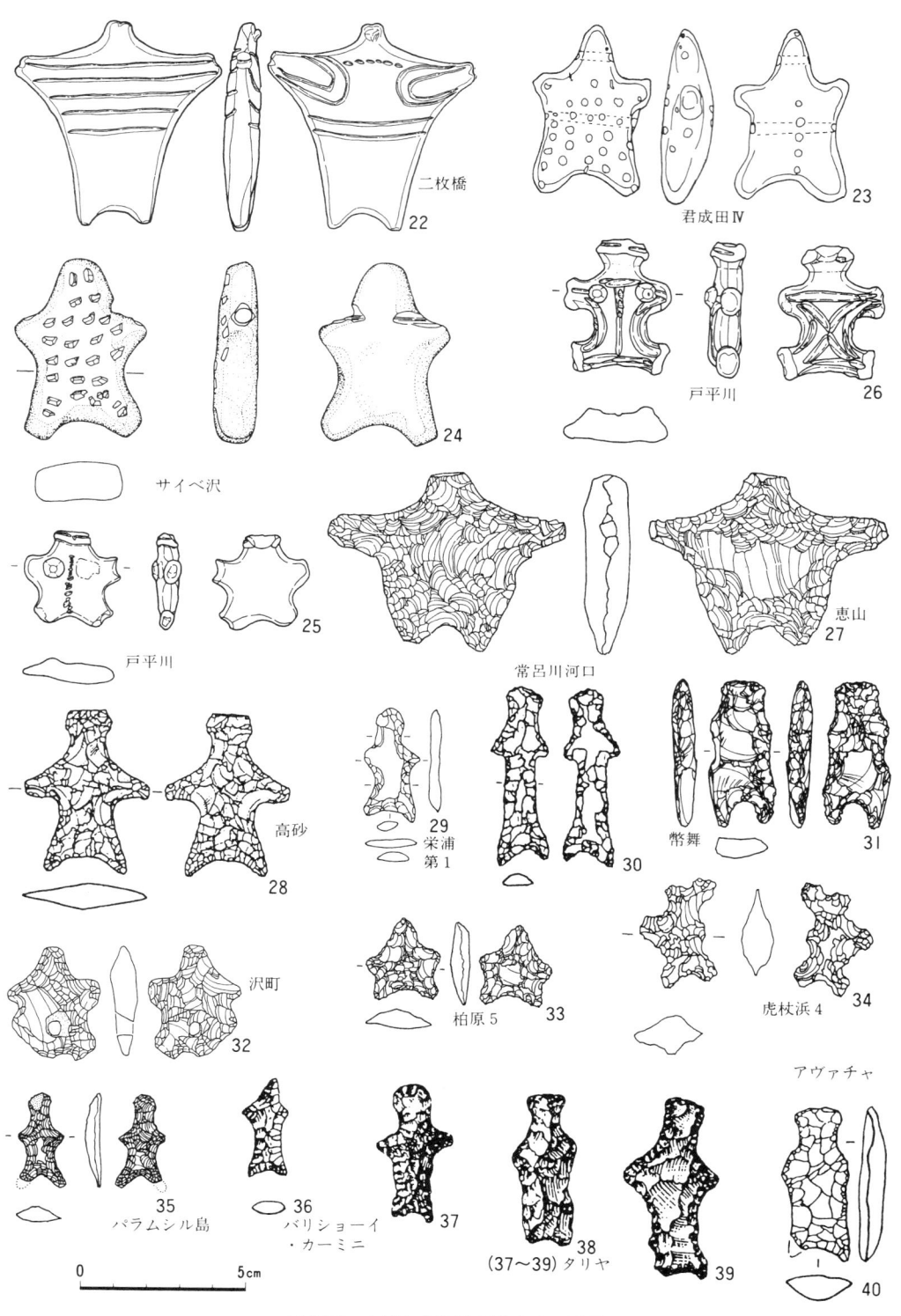

250 第Ⅴ章 津軽海峡域の漁猟・祭祀

第2図 土偶と北海道以北出土の石偶

これを青森県例と比較すると，年代・石材の点では道南とほぼ同様の傾向を示している。このなかで，畑内例を北海道の続縄文例と比較すると，渡島半島には恵山例のみで，札幌市周辺では江別市高砂（28）（江別市教委1991）・吉井の沢1例（道埋文1982）があるが，左右対称形であり，さらに形態上も畑内・2の二枚橋例とは違いがある。また，頭が丸い3の二枚橋例は，常呂町（現北見市）栄浦第1（29）（東京大学文学部考古学研究室ほか編1985）・常呂川河口例に類似しており，年代も続縄文前葉とほぼ同じである。しかし，脚の長さ，左右非対称形の点などで違いもある。むしろ，畑内・二枚橋例2点の特徴をあわせもった形態と言うべきかもしれない。また，二枚橋の土偶は，恵山の石偶と酷似した形態であり，双方の関連性が推測される。また，隠里例（21）は，杉浦氏の論考以後の発表になる釧路市幣舞例（晩期末葉〜続縄文前葉，31）（釧路市埋文1999）に酷似した形態で，同一年代の所産とみられる。

　なお，杉浦氏の論考に時期不明とある虎杖浜4例（34）（道埋文1981a）は，二股状の頭をもつ藤株例に類似し，同様の沢町例（32）（余市町教委1989）・柏原5例（33）（苫小牧市教委ほか1997）は，上野尻例等に類似していることから，縄文後期後葉〜晩期中葉のものとみられる。

2. 青森県における道南と共通する弥生文物

　以上，畑内例など青森県出土の弥生石偶を中心にして，北海道の石偶との異同等について述べてきた。これによって，弥生時代の津軽海峡を巡る文化交流が想定されるが，この点について，その他の北海道との関わりを示す文物についてみておきたい。なお，この点については斎野裕彦氏も具体的資料により述べている（斎野1999b）。

(1) 土器

　本州の弥生前・中期に対比される道南の恵山文化期の遺跡として，古くから知られた恵山町（かつての尻岸内町で現函館市）恵山貝塚（尻岸内町教委1984），豊浦町礼文華（峰山・山口1972）のほかに，森町尾白内（森町教委1993），瀬棚町（現せたな町）南川（瀬棚町教委1976・1983）・奥尻町青苗B（奥尻町教委1999），上磯町（現北斗市）茂別（道埋文1998b），函館市西桔梗B（千代編1974），伊達市有珠10（大島ほか1990）など多数の遺跡がある。これらの文化内容と共通したものが青森県の津軽・下北両半島にみられる。

　まず，恵山式系土器であるが，津軽半島の三厩村（現外ヶ浜町）宇鉄（青森県立郷土館1979・1989）や下北半島の二枚橋（須藤1970）・六ヶ所村大石平（青森県埋文1986b）などから出土しており，宇鉄では中期（宇鉄II式期）の甕棺墓・土壙墓群，大石平では，前期（二枚橋式期）の土壙墓が発見されている。また，脇野沢村（現むつ市）瀬野（伊東・須藤1982）では，二枚橋式期の竪穴住居跡が1軒調査されている。また，ここでは二枚橋式土器とともに，東北地方唯一の弥生の突瘤文土器も出土している。また，川内町（現むつ市）板子塚（青森県埋文1995b）では，中〜後期の土壙墓群が発見されている。これらの青森県の土器文化は，道南から波及したものと考えられる。

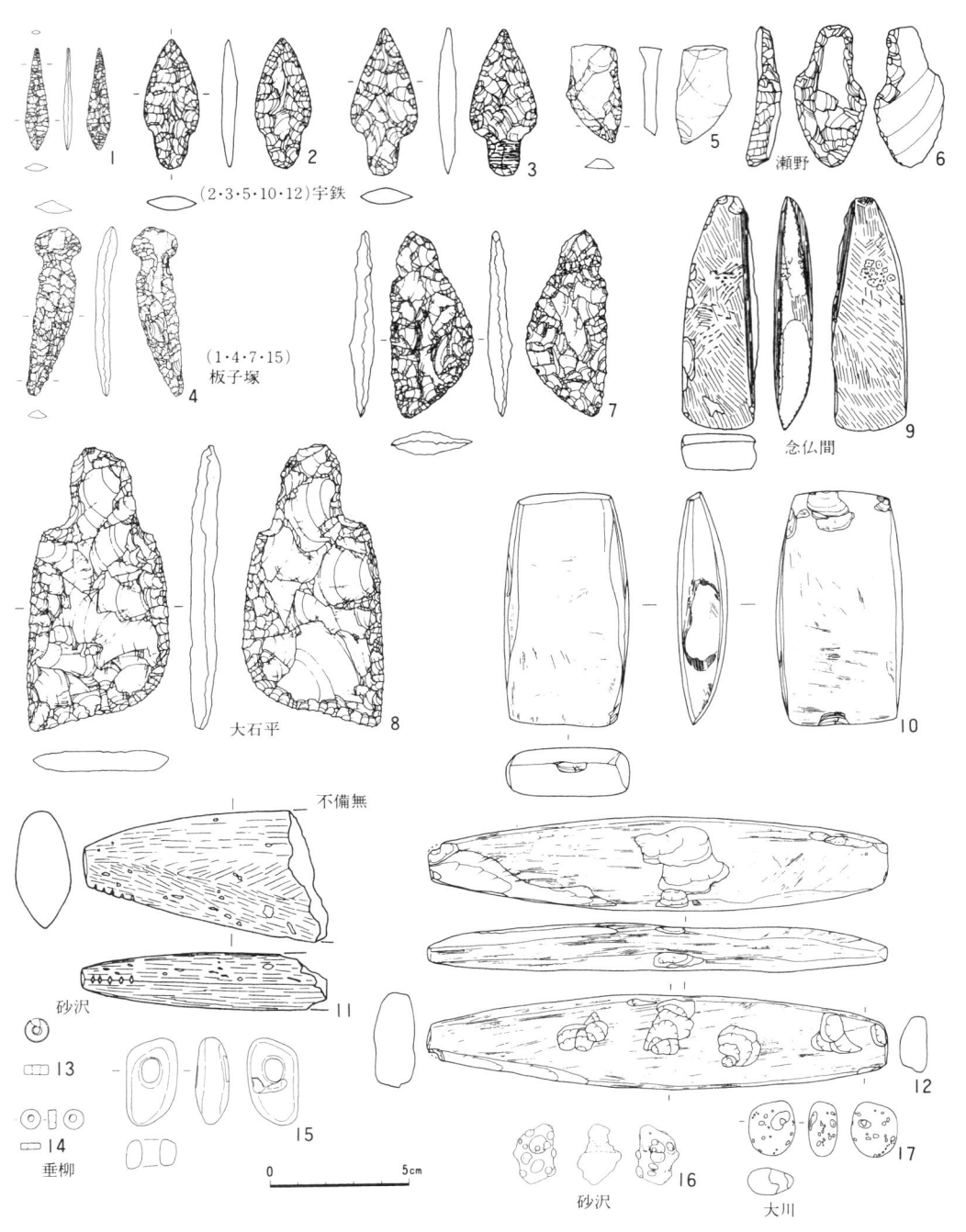

252　第Ⅴ章　津軽海峡域の漁猟・祭祀

第3図　青森県における道南と共通する弥生石器

また，恵山式系土器の分布圏外ではあるが，津軽平野では弘前市砂沢（弘前市教委1991）から前期（砂沢式期），田舎館村垂柳から中期（田舎館式期）の水田跡が発見されている（青森県埋文1985a）。

(2) 石器・石製品（第3図）

また，道南の恵山文化にみられる石器・石製品と共通するものも青森県にみられる。まず，石銛とも称される大型の有茎石鏃は，宇鉄（2・3）（青森県立郷土館1989）のほか二枚橋（須藤1970）・板子塚（青森県埋文1995b）から出土しており，板子塚の土壙墓出土の石鏃（1）（青森県埋文1995b）は，白老町アヨロ（高橋編1980）等に類例がある。つぎに靴形石器は，宇鉄（5）（青森県立郷土館1989）・瀬野（6）（伊東・須藤1982）・板子塚（7）・大石平（8）（青森県埋文1986b）・二枚橋（須藤1970）などに出土例がある。また，緑色凝灰岩製を主とし擦切技法により作られた扁平片刃石斧も東通村念仏間（9）（東通村史編集委2001）・瀬野・宇鉄（10）（青森県立郷土館1989）などから出土している。また，魚形石器は川内町（現むつ市）不備無（11）（東通村史編集委2001）・宇鉄（12）（青森県立郷土館1989）の2遺跡から出土している。ただし，念仏間・不備無例は採集資料であり，明確な時期は不明である。

また，北海道の続縄文土壙墓には，北海道以北産とされるコハク玉類が多数副葬される場合が顕著であるが，砂沢（13）（弘前市教委1991）・垂柳（14）（青森県埋文1997c）からもコハク平玉が各1点出土し，さらに大ぶりのコハク玉も1点，板子塚（15）（青森県埋文1995b）の土壙墓から出土している。これらは，形態・年代等から，岩手県久慈地方からではなく，北海道からもたらされたとみられる。また，余市町大川（17）（余市町教委2000b）等の恵山文化期の土壙墓にみられる玉類に酷似した，微細礫を含む小礫玉が砂沢（16）（弘前市教委1991）にもみられる。

(3) 北海道産の黒曜石製石器（第3図）

青森県における弥生時代の黒曜石製石器の産地分析によって，3遺跡から北海道産黒曜石を用いた石器が確認されている。大石平では石鏃3点が白滝産（藁科・東村1989），垂柳では石鏃2点が白滝産（藁科・東村1991）と判定され，板子塚では石鏃（1）・石匙（4）・スクレイパー・剥片など25点が十勝・置戸・赤井川産と判定された（藁科・東村1995）。また，弥生以前ではあるが，晩期後半の二枚橋(2)では，36点のうち27点が白滝産や赤井川産などの北海道産と判定されている（藁科2001）。

3. 道南における青森県と共通する弥生文物

今まで述べてきた文物の主な流れとは逆に，青森県から北海道へ波及した土器文化もある。前期に限定すると，まず砂沢式土器がある。この型式の土器は青森県全域と秋田県北部に分布しており，北海道では，大半が道南に分布するが，数量的には少ない。また，砂沢式に後続する二枚橋式土器は，下北半島を中心にして上北地方や津軽半島先端部に分布している。道南にも分布し，

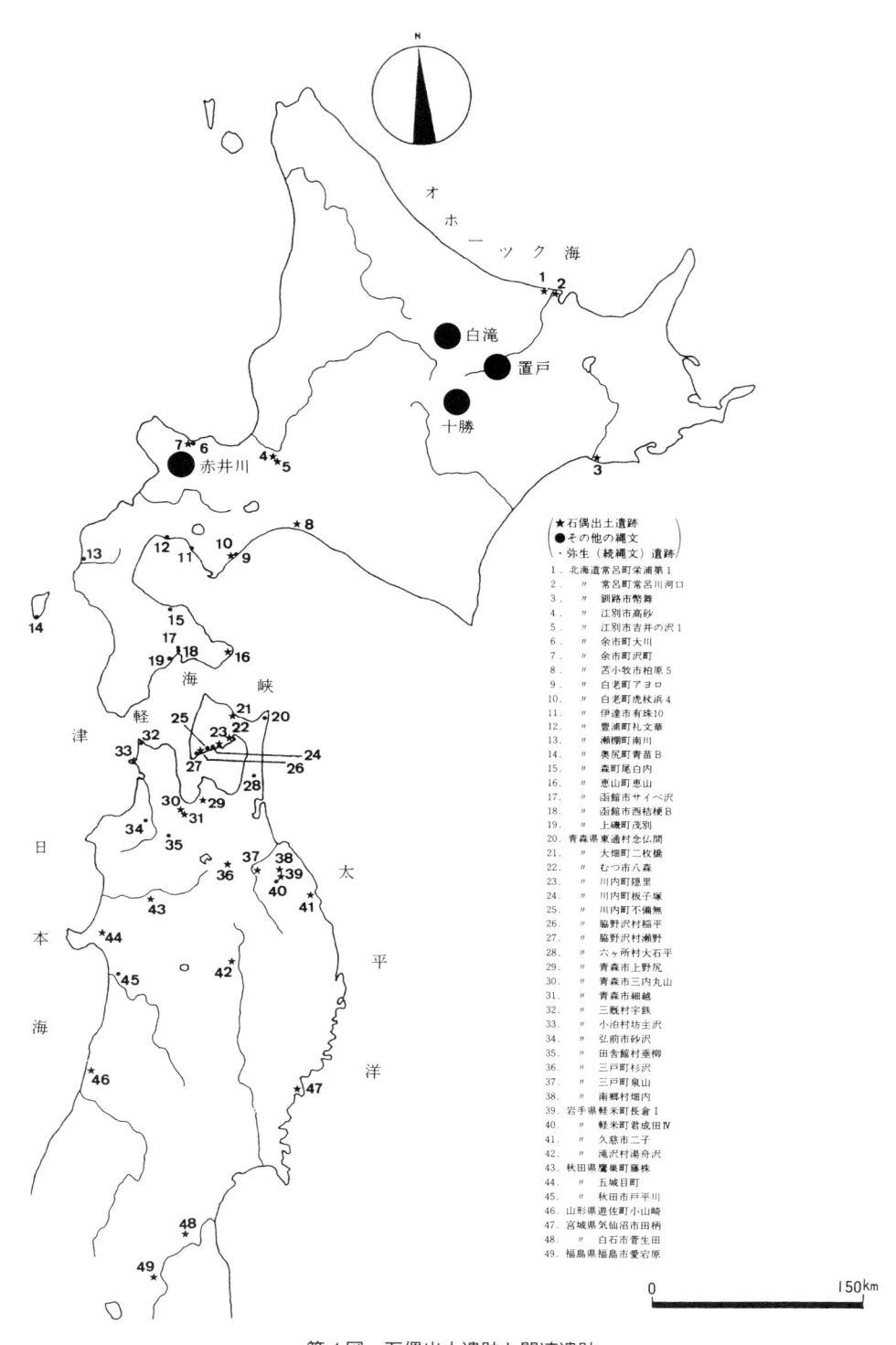

254　第Ⅴ章　津軽海峡域の漁猟・祭祀

★石偶出土遺跡
●その他の縄文
・弥生（続縄文）遺跡

1. 北海道常呂町栄浦第1
2. 〃 常呂町常呂川河口
3. 〃 釧路市幣舞
4. 〃 江別市高砂
5. 〃 江別市吉井の沢1
6. 〃 余市町大川
7. 〃 余市町沢町
8. 〃 苫小牧市柏原5
9. 〃 白老町アヨロ
10. 〃 白老町虎杖浜4
11. 〃 伊達市有珠10
12. 〃 豊浦町礼文華
13. 〃 瀬棚町南川
14. 〃 奥尻町青苗B
15. 〃 森町尾白内
16. 〃 恵山町恵山
17. 〃 函館市サイベ沢
18. 〃 函館市西桔梗B
19. 〃 上磯町茂別
20. 青森県東通村念仏間
21. 〃 大畑町二枚橋
22. 〃 むつ市八森
23. 〃 川内町隠里
24. 〃 川内町板子塚
25. 〃 川内町不備無
26. 〃 脇野沢村稲平
27. 〃 脇野沢村瀬野
28. 〃 六ヶ所村大石平
29. 〃 青森市上野尻
30. 〃 青森市三内丸山
31. 〃 青森市細越
32. 〃 三厩村宇鉄
33. 〃 小泊村坊主沢
34. 〃 弘前市砂沢
35. 〃 田舎館村垂柳
36. 〃 三戸町杉沢
37. 〃 三戸町泉山
38. 〃 南郷村畑内
39. 岩手県軽米町長倉Ⅰ
40. 〃 軽米町君成田Ⅳ
41. 〃 久慈市二子
42. 〃 滝沢村湯舟沢
43. 秋田県鷹巣町藤株
44. 〃 五城目町
45. 〃 秋田市戸平川
46. 山形県遊佐町小山崎
47. 宮城県気仙沼市田柄
48. 〃 白石市蒼生田
49. 福島県福島市愛宕原

第4図　石偶出土遺跡と関連遺跡

恵山I期の土器と類似した型式内容をもつことから，恵山式土器成立に関わる土器群と評価されている（須藤1983，高瀬1998）。この土器型式の分布は，恵山期における道南と下北半島との密接な交流を示している。

　また，道南の恵山文化以降の続縄文時代には，茂別例（道埋文1998b）のように，クマ形意匠が付けられた土器が多数みられる。東北地方北部の弥生にも多数みられるが，とくに青森県に多く，砂沢式以降の22遺跡が知られている（福田1998d）。このなかの垂柳には頭部を作り出した木製柄杓（ひしゃく）（田舎館村教委1989），畑内にはクマ形石製品（青森県埋文1997b）もある。

　また，道南の有珠10（大島ほか1990）などの恵山文化期の遺跡や釧路市幣舞（ぬさまい）（釧路市埋文1994）では，続縄文前期（興津式期）（おこつ）のベンケイガイ製腕輪が出土している。これらはベンケイガイの生息分布の北端である津軽海峡南岸（福田1995a）などからもたらされた可能性がたかい。

　なお，前期以降，津軽海峡を越えて北海道へわたった文物には，ほかに佐渡産管玉（くだたま）や糸魚川産ヒスイの玉類があり，さらに有珠10にみられるような南海産の貝製品の問題もあるが，今回はふれない。

　また，青森県産の黒曜石を用いた石器が，道南の縄文遺跡から出土しているが，弥生遺跡からは，筆者の知る限り，まだ出土していない。

4．畑内遺跡出土の石偶の位置

(1) 畑内周辺の歴史環境

　これまで述べてきたように，弥生時代における道南と青森県の文化内容には共通性がみられ，津軽海峡をめぐる文化交流（福田1990b）が縄文以降も引き続き行われていたことが理解される。

　道南の恵山文化を特徴づける大型石鏃や靴形石器，及び魚形石器等は漁猟関連の道具とみられているが，これと類似したものが津軽半島北部や下北半島にみられることは，津軽海峡の北岸・南岸両地域において，ほぼ同様な漁猟活動が行われ，双方をめぐる交易活動が行われていたことを示している。

　青森県の弥生石偶は，このような歴史環境のもとに，下北半島から多く出土しているわけであるが，ここで，畑内遺跡と周辺地域の状況についてふれておく必要がある。畑内は，岩手県北部に水源をもち八戸湾に注ぐ新井田川の河口から約17kmほど上流にある。内陸の山間地で，青森県や北海道の弥生・続縄文石偶を出土する遺跡の多くが海岸部にあるのとは好対照をなしている。しかし，畑内では砂沢式土器とともに，西日本の稲作文化と密接な関わりをもつ遠賀川系（おんががわ）土器も出土し，さらにクマ形石製品も出土している。また，縄文のものではあるが，サメ・マグロなど海域産の魚類も出土し，新井田川を介した太平洋沿岸地域との交流が窺われる遺跡でもある。そして，この太平洋沿岸地域のなかで，八戸から津軽海峡にかけては縄文早期末葉以降弥生も含めて，断続的ながら北海道産黒曜石の石器が用いられてきてもいる（藁科・東村1989）。

　遠賀川系土器は，この新井田川と，近接した馬淵川（まべち）の両流域に色濃く分布しており，八戸市八幡では，砂沢式期の炭化米120粒以上も出土している（八戸市教委1992b）。

(2) 畑内石偶と津軽海峡交流

　今まで述べてきたことをもとに，畑内出土の石偶を考古学的に位置づけてみると，まず畑内例は遺跡一帯で採取される玉髄製であり，さらにこの石偶と類似した形態の土偶が近隣の君成田Ⅳにみられることから，畑内例は，砂沢式期における畑内一帯の人形表現形態に基づいたものと推測される。この形態の祖源は，砂沢式直前の晩期後葉資料が未発見のため，遡って晩期中葉例を参考とせざるをえないが，岩手県北に二子，青森市に細越例がある。これらは，全体形が畑内例とは異なるものの，頭・腕・脚の各部の形態とは類似点もあり，細越例は動作形態も呈している。このことから，これらが畑内例の祖源的な形態であった可能性が考えられる。

　この畑内例の形態は，砂沢式・二枚橋式期と共通した土器文化圏にあった下北半島二枚橋の石偶・土偶に受け継がれたとみられる。そして，それとほぼ同時に，ここで頭の丸い石偶も作られ，道南では恵山例などが作られたのであろう。二枚橋・恵山双方の形態類似は津軽海峡対岸同士の交流によるものである。二枚橋の黒曜石例の産地分析は行われていないが，北海道産である可能性は非常にたかい。

　一方，道東の常呂町にも続縄文前葉の黒曜石製石偶がある。常呂川河口例は宇津内Ⅱa式期の土壙墓出土例で，道南の恵山Ⅰ期，青森県の二枚橋式と併行するようである（石川1999，斎野1999b）。しかし，二枚橋例とは頭の形態は類似するが，脚の形態や動作表現の左右非対称形をとる点では異なっており，むしろカムチャッカ半島例に類似した形態である。弥生時代の道南・下北半島―道東間では白滝・置戸産などの黒曜石交流が認められることから，石偶情報の交換も当然あったものと推測される。しかし，道東の石偶の起源・展開と青森県や道南の石偶がどのように関わっていたのかという点については，形態・年代の問題があって，まだはっきりしない。

　このような観点から，下北半島隠里例と酷似する釧路市幣舞例の年代が今後注目されるところである。

　畑内と二枚橋で類似した石偶が用いられたのは，両地域が同一文化圏・交流圏にあったことが要因としてあげられるが，縄文時代と違って弥生時代の場合には，それ以外にも，前期に本州最北端の津軽に到達し，近代にいたるまで遂に津軽海峡を越えることのなかった稲作文化に関わる要因もあったと考えられる。とくに，新井田川・馬淵川流域は，遠賀川系土器の分布密度がたかく，下北半島瀬野等には二枚橋式期の稲籾痕土器もある（須藤1983）。このことを重視すれば，下北半島や津軽海峡対岸の住人にとっては，この流域が新しい食料・作物としての稲作・米情報を得るための最も近い地域として知られており，その目的で南下した人々が畑内例を津軽海峡域や海峡の北に伝えた可能性もあったとみられる。

　ともあれ，北日本における弥生石偶の発生・伝播の問題については，縄文晩期末葉から弥生初頭にいたる間の共伴土器型式のわかる資料の蓄積，さらに黒曜石の産地分析が今後重要になるとみられる。

おわりに

　平成11年に，勤務先の青森県埋蔵文化財調査センターの調査によって，弥生石偶の新資料が出土していることを知った。北海道例とほぼ同一年代とみられるものであり，弥生例としては最南の出土例になると直感した。ここで，昭和48年に北海道鵡川町（現むかわ町）在住の故辺泥和郎さん宅で拝見したパラムシル島発見の石偶（第2図35）（辺泥・福田1974）を思い起した。北千島と弥生最南の石偶資料との何かしら因縁めいた出会いを感じてまとめたのが本稿である。

　杉浦氏によれば，石偶は道東以北から北千島を経てカムチャツカ半島，そしてさらに北のチュクチ半島にも分布しており，カムチャツカ半島の石偶（第2図36～40）は，タリヤ文化（B.C.10世紀～B.C.1世紀）のもので，北海道のものと大差ない年代であるとされている（杉浦1998）。東北地方の石偶も大半がこの年代に収まるものであり，カムチャツカ半島バリショーイ・カーミニ（第2図36）（杉浦1998）には畑内例に類似した形態のものもある。この点から，双方が何らかの直接的関係をもつと考えたいところである。しかし，双方が同一年代かどうかという問題や遠隔地である等の問題が残されている。常呂町（現北見市）などの道東と北千島以北の石偶との関わりについては，双方の石偶の類似や飛び石伝いに航行が充分可能である点から，杉浦氏の述べるように文化的関連性が考えられる。しかし，青森県例と北千島・カムチャツカ半島例との関わりについては，中間地域の幣舞例を考慮したとしても，まだまだ資料不足の感が強く，何らかの結論めいたことを言える状況ではない。今後の資料蓄積や北方地域の黒曜石製石器の産地分析等の進展に期待するところが大きい。

（付記）
　小泊村（現中泊町）坊主沢遺跡から出土した，弥生時代前期の石偶については，その後調査報告書が刊行されたので，第Ⅴ章7第1図および，付章第15図に掲載している。

註
1）　平成13年9月5日（水）付の東奥日報朝刊の記事，及調査担当者の葛西勵氏のご教示による。

7 弥生の水田稲作と津軽海峡域

1981～83（昭和56～58）年，青森県田舎館村の垂柳遺跡から弥生中期（約2,000年前）の大規模水田跡（写真1）が発見・調査された（青森県埋文1985a）あと，1987年には，近隣の弘前市砂沢遺跡から弥生前期（約2,100年前）に遡る水田跡が発見され，弥生時代には本州最北端の津軽地方でも間違いなく水田稲作が行われていたことが明らかになった。垂柳では2003～05（平成15～17）年には，従来発見されていた墓地跡・水田跡に加え，新たに竪穴住居跡や高床式とみられる建物跡も確認され，この地域の弥生稲作集落の様子が次第に浮かび上がってきた。一方，本県三八地方では水田跡は未だ発見されていないが，1988年以降，八戸市の風張(1)・八幡や小川原湖南部にある三沢市小山田(2)などの弥生前・中期遺跡から100～500粒以上の炭化米が発見され，この時代には，本県各地に弥生文化が及んでいたことがほぼ明らかになっている。

紀元前7, 8,000年前に中国長江流域で開始された水田稲作は，縄文晩期後半（約2,500年前）に九州北部に達したのち，これまで予想されてきた以上の速さで本州北端に到達した。これは，西日本における稲作文化成立に深い関わりをもつ遠賀川系土器（福岡県遠賀川流域の弥生前期土器の総称）の本県における分布からも裏付けられる。また，土器以外では西日本などの弥生墓から多数発見される管玉（細い管状の石製装身具）も垂柳・砂沢，外ヶ浜町宇鉄のほかに，八戸市是川中居などの遺跡からも発見されており，北海道南部（以下，道南部）まで及んでいる。また，最近では岩手県境に近い八戸市荒谷遺跡から弥生前期の抉入柱状片刃石斧という，関東以北では非常に稀な大陸系の磨製石器も発見されている。

このように，この時代の本県域には各種の弥生系文物が北上してきているが，その一方では，縄文以来の北海道との密接な交流を示す文物も依然として色濃く分布している。

東北北部に弥生文化が及んでいた頃，道南部には恵山文化（函館市恵山貝塚に由来する）が展開した。狩猟・漁撈・植物採集という縄文的な生業を基本とし，稲作を採り入れなかったことから続縄文文化と称されている。本県弥生土器と類似した土器とともに，海獣狩猟に用いた石銛・銛頭（第1図1・2）（青森県立郷土館1989，伊達市教委2003）や海獣類の解体に用いた靴形石器（ナイフ）（第1図4）（青森県埋文1986b），海漁に用いたとされる魚形石器などの特徴的な石器が作られた。恵山文化の貝塚からは，その他に噴火湾沿岸の伊達市有珠モシリ等にみられるようなヤスや釣針など各種の骨角製漁具も多く出土している。この恵山文化の石器は，津軽・下北両半島北部の3～7遺跡からも発見され，さらに，本県から出土した黒曜

写真1　田舎館村垂柳遺跡の弥生水田跡

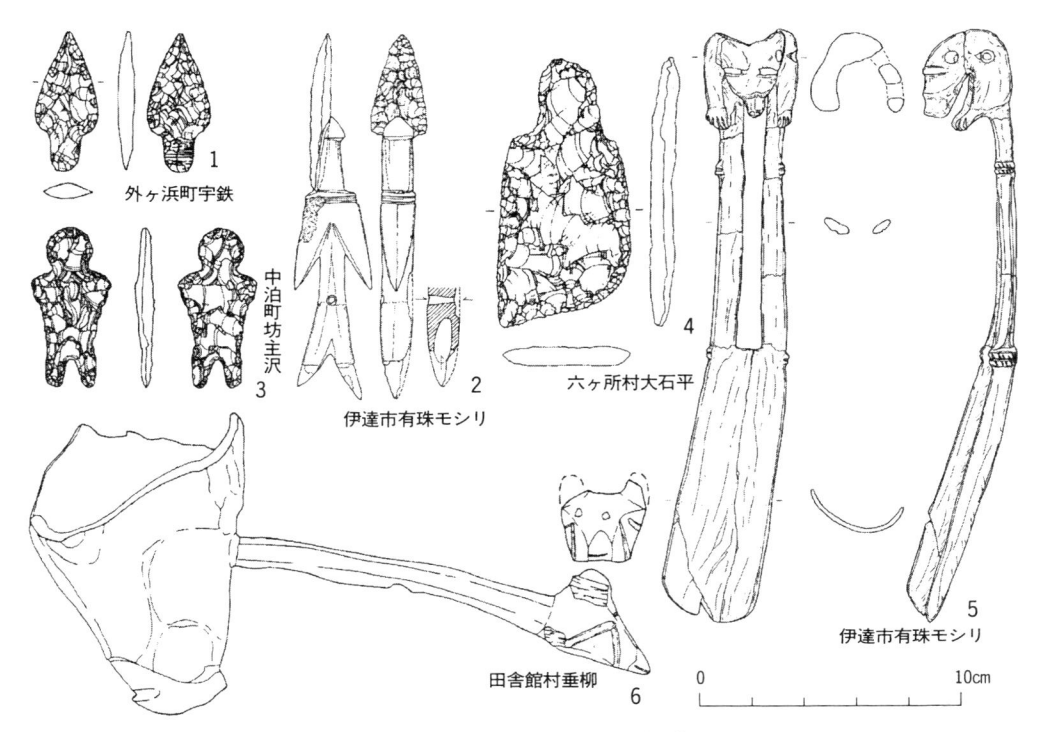

第1図 津軽海峡域の続縄文系文物

　石石器の蛍光X線による産地分析では，3遺跡で北海道産が確認され，垂柳の石鏃2点は大雪山系の白滝産であった。また，恵山文化にはクマ意匠の付いた土器や骨角器（第1図5）（伊達市教委2003）など，クマ信仰に関連するものが多く，本県各地からもクマ意匠の土器が発見され，垂柳ではクマ意匠の付いた木器（第1図6）（田舎館村教委1989）も出土している。ヒグマとツキノワグマの違いこそあれ，最強の陸獣に対する信仰も共通していた。このほかに護符的な用途をもつもので，黒曜石などの剝片で作った石偶（第1図3）（小泊村教委2003）も本県に南下しており，恵山文化と共通した文物が色濃くみられる。

　このように弥生時代にも津軽海峡をめぐる交流は盛んに行われたが（福田2002b），津軽・下北両半島の北部や北海道渡島半島以北の人々は，最後まで水田稲作を受け入れなかったようである。この要因として研究者の多くは，その冷涼な気候によるとみているが，生業の違いによるとみる研究者（佐藤2006）もいる。

　水田稲作にとって気候が重要条件であることは間違いないが，広い平野部が殆どない津軽・下北両半島はともかくとしても，対岸の函館〜北斗・七飯一帯にはやや広い平野部があり，気候条件も津軽地方の内陸部と大差なく，水田稲作の可能性が残る地域である。しかし，未だ水田跡はもちろん，炭化米や籾圧痕が付いた恵山式土器の出土例などもない。水田稲作を渡島半島で受け入れなかったとすれば，その要因は，気候・生業の違いだけなのであろうか。私には，そのほかに人々の伝統的な意識も大きく関わっていたと思われてしようがない。

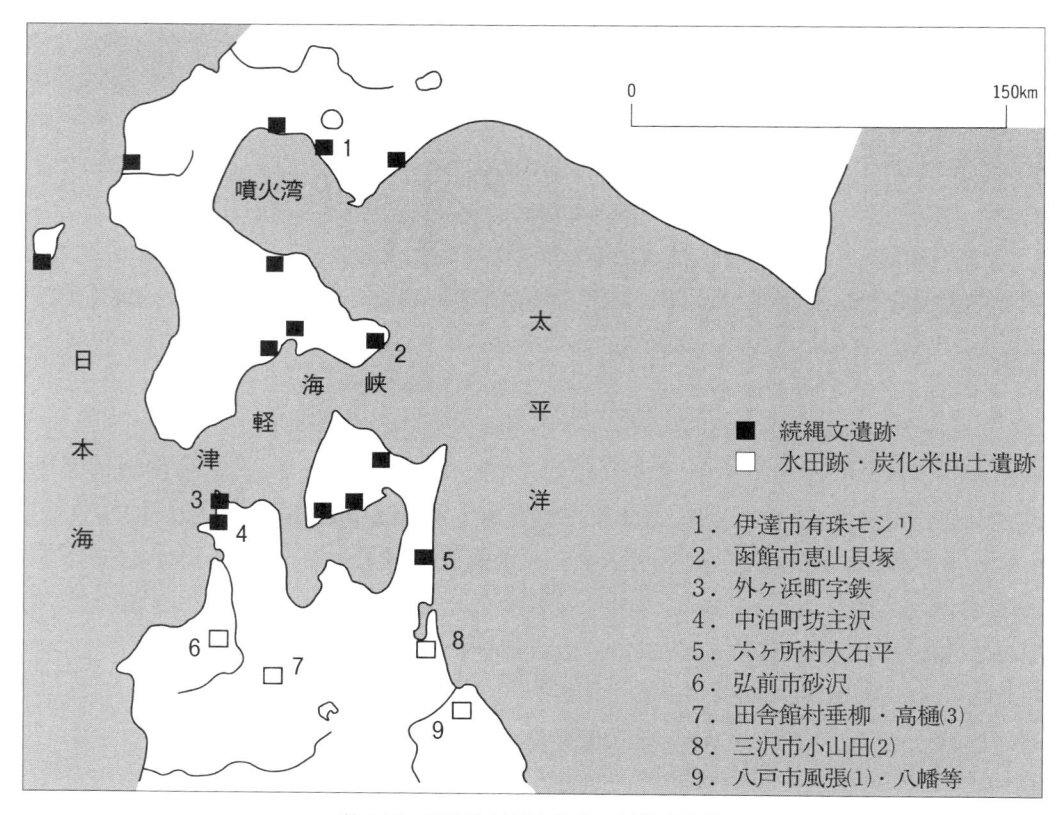

第2図　津軽海峡域の弥生・続縄文遺跡

　恵山文化を特徴づける石器・骨角器は、大半が狩猟・漁猟、なかでも漁猟に関わるものであり、水田稲作とは対極的な位置にある。この恵山文化の人々は、半島という山がちの陸地で、周囲の海と密接に関わらざるをえない立地条件のもと、縄文以来続けてきた生活様式やムラの仕組みを敢えて変えてまで水田稲作を行う必要性は感じていなかったとみられる。かれらはまた、海峡交流を担う人々でもあった。かれらは、津軽地方内陸部の水田稲作民のもつ稲作技術とは無縁というだけでなく、逆にその受容に否定的な意識をもつ者が大半であったに違いない。半島部は、このような意識をもつ人々が多くを占めていたとみられる。このような人々の存在も、渡島半島における水田稲作採否に当たって、大きく作用したのであろう。
　この津軽海峡域の弥生水田稲作の問題については、今のところ発掘調査の進展を見守るしかないが、これまで言われてきた気候・生業の要因のほかに、海峡域住民の意識や海峡域という地域的特性を考慮することもまた必要であろう。

第VI章　津軽海峡域の特殊な遺物

1　ロシア連邦国立極東博物館所蔵の大型磨製石斧

はじめに

　平成8（1996）年秋，青森県立郷土館で開催された「"ロシア極東の自然と文化"ハバロフスク郷土博物館（現・ロシア連邦国立極東博物館）所蔵展」において，大型の磨製石斧を展示したことがある（青森県立郷土館1995b）。しかし，その年代・性格については興味をもちながらも，まったく検討しないまま今日に至ってしまった。そこで，今回あらたにこの磨製石斧を図示・検討することとするが，発見地周辺のロシア・中国の類例にはまったく疎いため，主にわが国の資料を集成し，それらとの比較を通じて行ってみたい。なお，石斧各部の名称は，故佐原眞氏の分類（佐原1977・1994）によった。

1. ロシア連邦国立極東博物館所蔵の大型磨製石斧

　2点所蔵されている（青森県立郷土館1995b）。1点（第1図1）は両面が丁寧に磨かれ，刃部は円刃・両凸刃で基部は斜基。刃縁は直縁で使用による刃こぼれ痕がある。側面に擦切り痕はない。長さ30.0cm，幅6.4cm。他の1点（第1図2）は両面が丁寧に磨かれ，刃部は円刃・両凸刃で，刃縁は直縁で使用による刃こぼれ痕がある。側面には擦切り痕はない。長さ27.0cm，幅6.4cm。2点とも緑色凝灰岩に類した石材を用いている。同館のイーゴリ・シェフコムード（Dr. Igor' Y. Shewkomud）氏によれば，2点とも古い時期のコレクションのため，出土地は明確ではないが，ハバロフスク州内のウスリー川下流域で発見された可能性があり，年代は新石器時代とのことであった。また，同館にはこの他に34.9cm長の磨製石斧材とみられるもの（第1図3）も1点ある（青森県立郷土館1995b）。一側は弧状を呈し，他側は直線状を呈するが擦切り痕はない。他の石斧2点と同じ石材を用いたもので，ハバロフスク市の南，ウスリー川流域のブィチハ村の遺跡から発見されたという。

2. 東日本及び韓国の類例

　わが国発見の長さ約30cm以上の特に大型の磨製石斧については，以前まとめたことがある（福田1994b）ので，その後の追加分を含め，今回新たな表にまとめた。この種の石斧は，おもに北海道島南部や本州島北端の遺跡から発見されているが，調査による出土品でないものが大半で

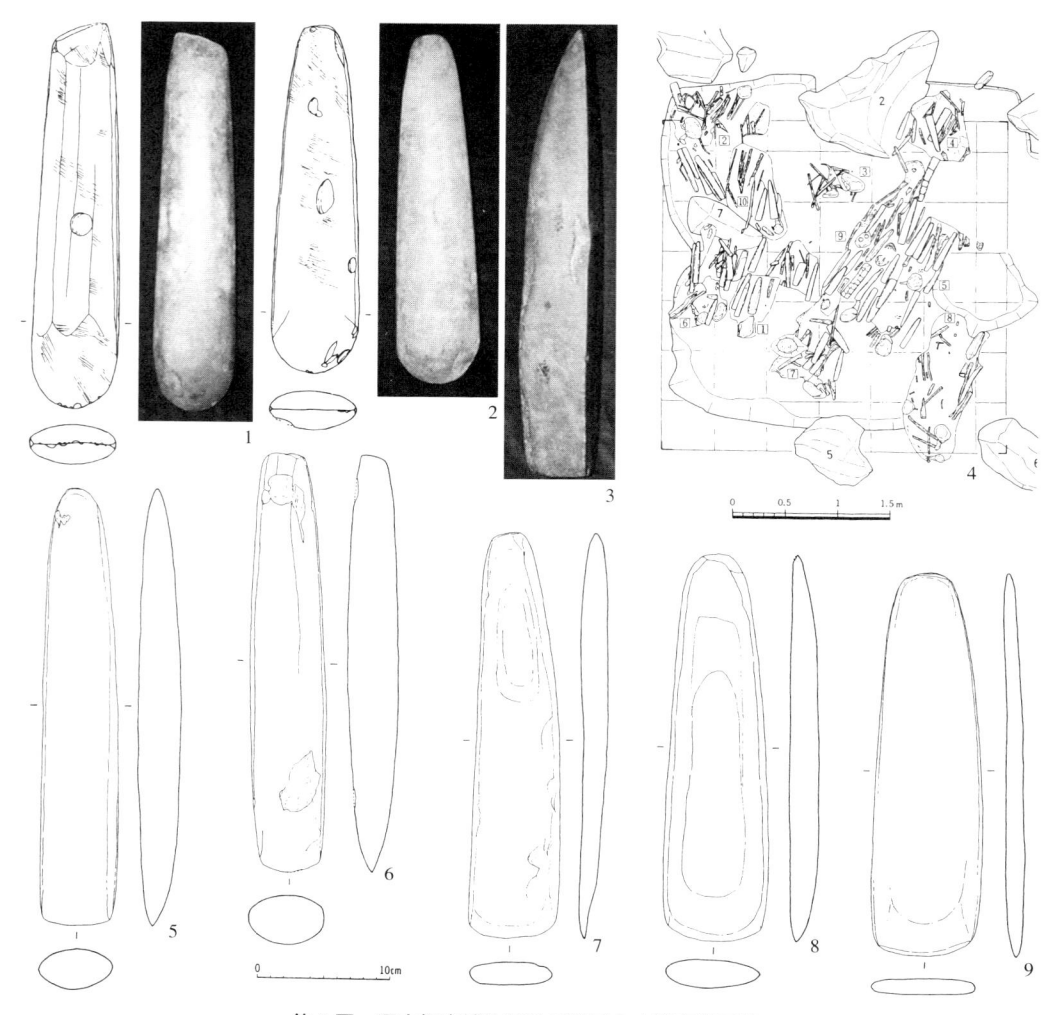

262　第Ⅵ章　津軽海峡域の特殊な遺物

第1図　国立極東博物館及び韓国の大型磨製石斧

ある。調査時の出土例として，千歳市ママチ（第2図11）・苫小牧市静川8（第2図12）・伊達市有珠モシリ例（第2図13）などがあり，ママチ例は縄文晩期後葉，有珠モシリ例は続縄文恵山式期で，ともに土壙墓に関連して出土した。また，静川8例は細身で縄文早期後半の他の長さ18cm台の大型例2点とともに遺構外から出土したいわゆるデポ例である。

　また，石巻市南境例は幅広で後期前葉の遺構外出土品，函館市日の浜例（第2図14）は晩期後半の遺跡採集品である。つがる市亀ヶ岡発見かとされる例（第2図15・16）も晩期とみられるが，出土地とも明確ではない。また，やや長めの秋田県上掵例（第2図17）は，他の40〜60cm長の特大例3点とともに一括発見されたデポ例である。発見後の追跡調査により，前期後半と考えられるにいたった（庄内1999）。

　また，朝鮮半島では，比較的よく知られた例に韓国南部の厚浦里例がある。調査によって，径約3.5〜4.5m，最深約60cmで長楕円形〜不整長方形の窪地状地点から，多数の磨製石斧が複

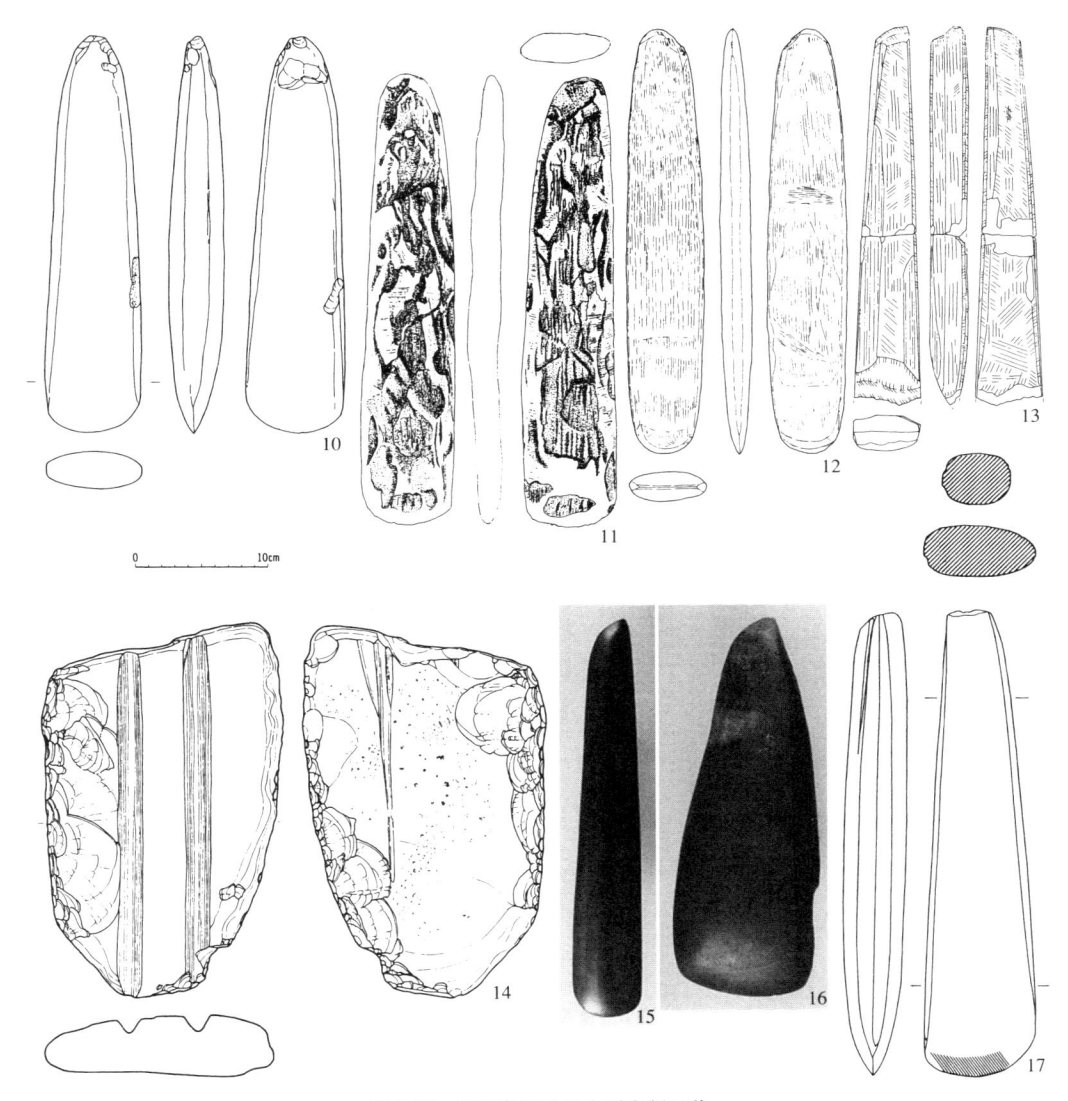

第 2 図　津軽海峡域の大型磨製石斧

葬骨群とともに出土した（第1図4）。ホルンフェルス・片岩製が主で，長さ54.2 cmを筆頭に180点ある。内訳は，現存値も含めて，長さ50.1 cm以上4点，40.1～50.0 cm 20点，30.1～40.0 cm 82点，20.1～30.0 cm 39点，10.1～20.0 cm 12点，10.0 cm以下23点で，擦切り痕のあるものや偏刃・斜基はきわめて少ない（第1図5～9）。土器が出土しなかったため，この墓の年代は不詳であるが，新石器時代と解されている（國立慶州博編1991）。また，韓国春川市の校洞遺跡（洞穴）では，長さ40.8 cmの花崗岩製が人骨とともに出土し，北朝鮮咸鏡北道の煙臺峰遺跡の新石器時代墳墓にも，長さ29 cmの砂岩製副葬例がある（金1987）。朝鮮半島ではその他，南部の日本海側地域にも出土例がある（中山1992b）。

第VI章　津軽海峡域の特殊な遺物

第1表　東日本の大型磨製石斧一覧表

図番号	遺跡名	時期（土器型式）	長さ(cm)	幅(cm)	重さ(g)	石材	形状・引用文献など
2-10	北海道浦白町	縄文	30.9	7.4	1,440	灰色の凝灰岩	円刃・両凸刃で使用により摩滅、擦り痕あり。青森県立郷土館風韻堂コレクション（福田1994b、大高1969b）。
2-11	〃 千歳市ママチ	縄文晩期（大洞A式期）	35.0	7.0		頁岩	円刃・両凸刃で基部両身に打痕あり、土壙墓上面から出土（千歳考古学研究会・千歳市教委1971）。
2-12	〃 苫小牧市静川8	縄文早期（東釧路III式期かコックロ式期）か	32.8	5.9		蛇紋岩	円刃・両凸刃で、他の磨製石斧2点（18.6cm長、18.2cm長）とともに出土（苫小牧市教委・千歳市埋文1990）。
2-13	〃 伊達市有珠モシリ	続縄文（恵山式期）	29.5	4.5	786	緑色泥岩	片刃で擦りの痕あり、刃部欠。2片接合、5号墓から匙形垂角製品（故意破損か）、5号墓多数とともに出土（伊達町教委2003）。
	〃 函館市谷地頭（函館公園内）	縄文	38.7	8.5		緑色凝灰岩	偏刃・両凸刃、片面に擦り痕あり。斜基。「ブラキストンの石斧」、市立函館博物館蔵（函館市1980、青森県立郷土館1988）。
2-14	北海道内	縄文晩期後葉（聖山式期）か	27.9	18.3		緑色凝灰岩	未製品で表面に2条の擦切り溝あり。国立歴史民俗博物館蔵（国立歴史民俗博2001）。
	〃 函館市日の浜	縄文早期～前期とする	51.5	32.4		緑色凝灰岩か	未製品で表面に3条の擦切り溝あり。2004年に展示品を実見、擦切り痕はない。東京国立博物館蔵（東京国立博1990）1)。
	青森県むつ市葛沢	縄文か	33.8	8.9	2,590	安山岩	未製品か。刃部は未研磨で全面に細かい敲打痕があるが、擦りの痕あり、青森県立郷土館蔵（福田1994b）。
2-15	〃 つがる市亀ヶ岡か	縄文晩期か	32.5	5.3		緑色凝灰岩	円刃・両凸刃で表面に擦切り痕あり。斜基（青森県立郷土館1988）。
2-16	〃 つがる市亀ヶ岡か	縄文晩期か	30.5	11.0		緑色凝灰岩	円刃・両凸刃で表面に擦切り痕あり。斜基（青森県立郷土館1988）。
	〃 五所川原市高野	縄文	49.4	8.5	2,995	緑色凝灰岩	偏刃・両凸刃で擦りの使用痕あり、側面に擦り痕あり、折損後に接合、一部剥落。ほぼ完形品で斜基。昭和14年に発見か、五所川原市歴史民俗資料館蔵（福田1994b、五所川原市1993）。
	〃 八戸市高山	縄文	39.4			直刃気味の円刃・両凸刃で擦り痕なし。斜基。八戸市博物館今測コレクション（青森県立図書館編1968、青森県立郷土館1975a）。
	〃 八戸市是川	縄文	33.0				完形品で旧泉山氏蔵（OHYAMA1930）。
	青森県内	縄文	29.7	6.1		緑色凝灰岩	円刃・両凸刃で刃部をまとって斜基。細身で斜基（青森県立郷土館1988）。
	秋田県東成瀬村上掵	縄文前後半とする	60.2	10.0	4,400	緑色凝灰岩	以下4点がまとまって発見された。円刃・両凸刃で擦切り痕あり、斜基。重要文化財で秋田県立博物館蔵（庄内1987・1999）。
	〃 東成瀬村上掵	縄文前期後半とする	59.3	8.5	1,400	緑色凝灰岩	直線的な偏刃。片凸刃で使用痕あり。表面に擦切り痕あり。完形品（庄内1987・1999）。
	〃 東成瀬村上掵	縄文前期後半とする	49.8	7.2	3,200	緑色凝灰岩	直刃・両凸刃で擦りの短側刀、擦切り痕あり、使用痕あり（庄内1987・1999）。
2-17	〃 東成瀬村上掵	縄文前期後半とする	36.7	8.6	2,300	緑色凝灰岩	偏刃・両凸刃で擦りの円刃・両凸刃で表面に擦切り痕あり。斜基。完形品（庄内1987・1999）。
	岩手県盛岡市戸	縄文後期	47.1			緑色凝灰岩	偏刃気味の円刃・両凸刃で表面に擦切り痕あり。斜基（岩手県立博1993）。
	宮城県石巻市南境貝塚	縄文後期（宮戸Ib式期）	33.0	11.5		蛇紋岩	円刃・両凸刃か。斜基（福田1994b、宮城県教委1969b）。
	山形県高畠町瓜割	縄文	30.1			蛇紋岩	他に硬砂岩製の27.5cm長のものあり（高畠町文化財史編集委・高畠町史編纂委1971）。
	長野県茅野市	縄文	32.0				孔棒状磨製石斧。茅野市尖石考古館蔵（埼玉県立博）。
	福井県永平寺町鳴鹿山鹿	縄草創期	34.0				局部磨製石斧。降線地から江戸末期に52.8cm長の両面加工石器1点と有舌尖頭器22点等が一括出土（土肥1988）。
	岐阜県高山市名田	縄文	32.3		2,090		斜基。（財）辰馬考古資料館蔵（佐原1979）。

第3図 大型磨製石斧の出土地

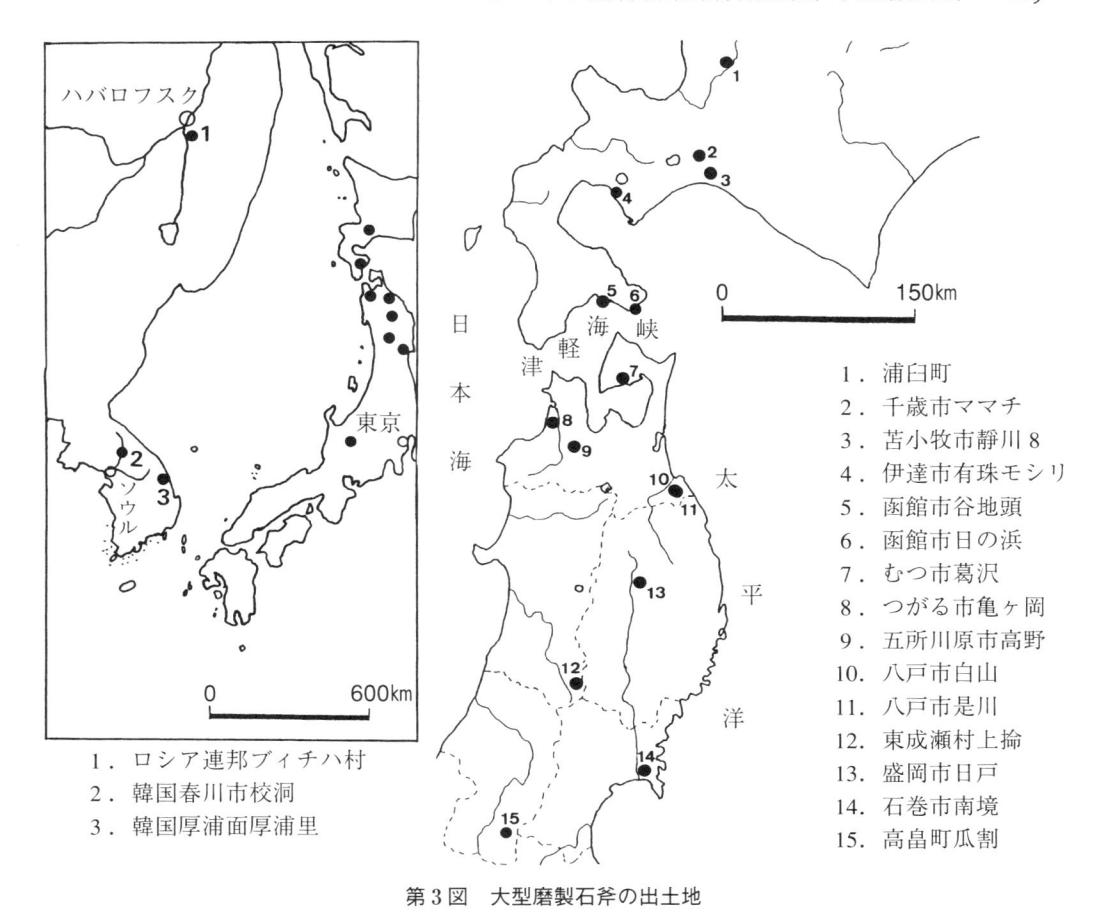

1. ロシア連邦ブィチハ村
2. 韓国春川市校洞
3. 韓国厚浦面厚浦里

1. 浦臼町
2. 千歳市ママチ
3. 苫小牧市静川8
4. 伊達市有珠モシリ
5. 函館市谷地頭
6. 函館市日の浜
7. むつ市葛沢
8. つがる市亀ヶ岡
9. 五所川原市高野
10. 八戸市白山
11. 八戸市是川
12. 東成瀬村上掵
13. 盛岡市日戸
14. 石巻市南境
15. 高畠町瓜割

3. 大型磨製石斧の年代と性格

　国立極東博物館例は，半円状の円刃が特徴であるが，わが国ではこの円刃に類するものは見られない。北日本の大型例では，墓や遺構外から一括出土したデポ例がある。まず，北海道島では，晩期後葉のママチ例，続縄文期の有珠モシリの例は副葬品で宝器（威信財）とみられる。また，苫小牧市美沢1（道教委1979）・恵庭市柏木B遺跡（恵庭市教委1981）の縄文後期後半の周堤墓，余市町栄町5遺跡（道埋文1990a）の晩期後葉の土壙墓にも，副葬品とみられるやや大型例がある。また，本州島北端部では，大館市池内（秋田県埋文1997）・青森市新町野遺跡[2]の前期後半の土壙墓に，大型例ではないが，磨製石斧の副葬例が近年報告された。北海道島例は，報告書で見る限り頻繁に伐採等に使用したとはみられず，とくに後期後半例は宝器（威信財）の意味あいがより強かったとみられる。また，デポ例については，田中英司氏の詳細な研究（田中2001）にあるように，各地には草創期以降の例が多数見られる。今回の大型磨製石斧のデポ例では，静川8・上掵例がある。人間の多岐にわたる行為との係わりのなかで，用途を考えなければならないため，その特定は難しいが，上掵例を報告した庄内昭男氏が，使用痕が認められる例があることから，

斧としての樹木伐採等の実用性とともに「象徴的宝器的斧として位置づけられる。……祭祀にかかわって使用された可能性がある」（庄内 1987）とした見解には説得力がある。また，厚浦里の副葬品126点の特大例（30.1～54.2cm長）は，被葬者が生前に所有していた宝器であったとみられるが，年代不詳で，しかも国立極東博物館例のような極端に半円に近い円刃例とは異なることから，対比資料としてはあまり参考にならない。

以上の諸点から，国立極東博物館例について，結果的には年代は不明とせざるをえないが，北海道島例の形態にやや類似するという感想をもつことはできた。また，北海道島・韓国厚浦里例等から，墓の副葬品であった可能性がつよいとみられる。そして，その具体的用途は，筆者が先に指摘したように巨木伐採等（福田 1994b）に係わる祭祀において使用されたものであろう。

おわりに

アジア大陸東縁に見られる大型の磨製石斧が，わが国でもっとも出土例の多い地域が本州島北端部から北海道島南部にかけての津軽海峡域である。必然的に，双方の文化的関連性について想いをめぐらすことになった。この種の磨製石斧が双方の何らかの文化的関連を物語るものかどうか。物語るとすれば，どのような内容であったのか等の観点から資料集めを行ってきた。しかし，今回の比較においては双方の発掘調査出土例や年代対比資料の不足のため，具体的には触れることはできなかった。今後さらに，他の出土品を含め関心をもっていきたいと思っている。

（付記）

国立極東博物館の名称は，現在はハバロフスク（地方）郷土（誌）博物館の旧称に戻っている。

註
1) 本書では早期としているが，東京国立博物館の展示室では，早期～前期としている。
2) 平成15年度に青森市教育委員会が行った調査で発見された。

2 津軽半島今津遺跡の鬲状三足土器
――「江南文化和古代的日本」（安1990）に関連して――

はじめに

昭和59年に青森県平舘村（現外ヶ浜町）今津遺跡から出土した縄文晩期大洞 C_2 式期の鬲状三足土器（新谷・岡田1986, 青森県埋文1986a）（口絵2）の器形について，わが国では独自に発生したとする見方や大陸（沿海地方か）からの影響によるとする見方がある[1]が，論文の形では発表がないようである。これについて，昨年ようやく鬲の本場中国の学者による見解が発表された。安志敏（元中国社会科学院考古研究所副所長）の「江南文化和古代的日本」である。これは平成元年4月29・30日に佐賀市で開催された「日中友好佐賀シンポジウム―徐福をさぐる」において同氏が29日に発表したものを補訂し，注釈と挿図をつけたものである。このシンポジウムの内容は『日中合同シンポジウム―徐福伝説[2]を探る』（安・梅原ほか1990）として刊行され，同氏の発表「江南文化と古代の日本」が和文で収録されている。論文と発表の内容は同一と言ってよいが若干異なる部分もある。論文は一，稲作農耕　二，高床式建築　三，玦状耳飾りと漆器　四，鬲形土器と印文土器　五，吉野ヶ里遺跡の情報　六，海流と交通からなり，古代における楊子江南部地域とわが国との密接な文化的関連性を出土品に基づいて述べたものであるが，このなかの「四，鬲形陶器和印紋陶」（鬲形土器と印文土器）において今津の鬲状三足土器について触れている。この文献は本県の研究者にはほとんど知られていない状況を考え，中国語にはまったくの素人ではあるが，あえて関係部分を和訳・紹介し，この土器について感想を述べてみたい。

1. 鬲形土器と印文土器

「鬲形土器と印文土器は古代中国の代表的遺物で，日本列島から少量発見されているのは，文化交流の必然的結果である。

鬲形土器は紀元前2000年以上も前の竜山文化より始まり，商周時期までずっと主要な炊飯器であった。日本の大分県と宮崎県から六個の鬲足[20]が発見され，青森県東北町[21]と今津[22]（図六）で2個の完全な鬲形土器が出土しているが，東周時期の形式に非常に近い。しかし，中国東

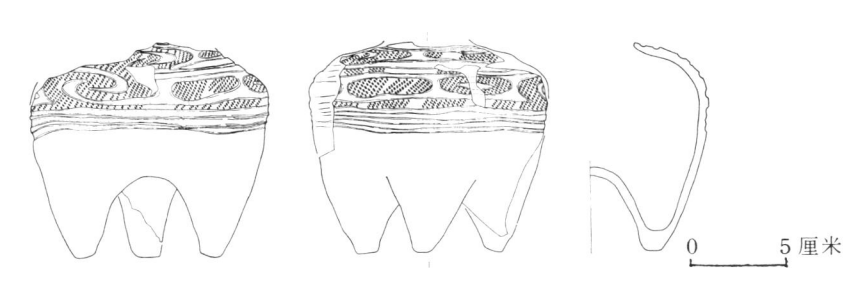

図六　青森県今津出土的鬲形陶器

北地区の器形とははっきりと異なっている。また，朝鮮半島では鬲形土器は未発見である。このことから海路で伝来した可能性が高い。特に江蘇，浙江一帯の鬲形土器は少し複雑で，一類は商周式で黄河流域とほとんど違いはない。他の一類は江南の地域的特徴をもっており，多くは突出した円肩をもち，無文が主で，一部が幾何形印文がある。今津の鬲形土器は江南の形態に近い。しかし，文様に縄文文化の特徴をもっていることは，まさに日本で模倣して製作したもので，両者のかなり密接な文化的つながりがあったことを表している。

幾何形印文土器は江南文化の顕著な特徴で，商周時期に最も盛行した。日本の長崎の福江市で発見された印文陶罐[23]はその器形と文様が江南に近く，縄文文化の土器と同じではない。

以上の二種の土器は明らかに日本で製作された土器である。しかし，それらの祖形は疑いなく中国大陸から来たものである。

その他，佐賀，福岡，長崎等の地で発見された東周式の銅剣[24]も上述の二種の土器の時代とは大差がない。これらは少なくとも秦代以前の文化交流がかなり頻繁であったことを表している」。

注釈
(20) 賀川光夫：《縄文式後晩期における大陸文化の影響》，《歴史教育》9巻3号，21-23頁，1961年。
(21) 喜田貞吉：《奥羽北部の石器時代（ママ，文化を欠く）における古（ママ，代を欠く）シナ文化の影響について》，《喜田貞吉著作集》第一巻，80-81頁，1980年。
(22) 新谷　武，岡田康博：《青森県平舘村今津遺跡出土の鬲状三足（ママ，土を欠く）器》，《考古学雑誌》，71巻2号，109-114頁（ママ，1986年を欠く）。
(23) 朝日新聞社：《アサヒグラフ》3237号，17頁，1984年。
(24) 佐賀県立博物館：《古代史発掘―新出土品にみる九州の古代文化》，52頁，1986年。

2. 鬲状三足土器と津軽海峡

以上であり，東周期の江南地方とわが国の文化的関連性を述べられたわけであるが，これについては，筆者は中国や朝鮮半島・沿海地方などの大陸の考古学に関する知識は皆無であり，論評することはできないしまたその任でもない。ただし文化交流に果たした海流の評価についてはまったく同感である。ここでは，この鬲状三足土器をめぐる文化の伝播について，今津遺跡の位置する津軽海峡域の，最近の文化交流に関する知見（福田1990b）を踏まえ若干の感想を述べてみたい。

わが国出土の鬲状三足土器については，喜田貞吉博士が大正15年に本県東北町黒洲田（黒志多）の例について触れ，これに先秦時代の大陸からの影響があると述べた（喜田1927）のが最初であるが，その後今津例，最近の六ヶ所村富ノ沢(1)例（青森県埋文1989b）（第2図）がある。また，三足ではないが鬲足に類似した青森市玉清水(1)の大洞C_1～C_2式期の双脚土器（小杉1988）も注意される。亀ヶ岡式土器の中空の足は私の知るかぎりではすべて本県域の発見である。一方，

鬲状三足土器は九州の大分・長崎県などからも数例が発見されている（賀川1961）。このなかで九州の例は地理的に大陸に近く，最近では平成元年に多発した中国から九州への漂流民の実例などもあるように，彼我との往来・交易等を当然考慮しなければならないものであるが，本県域の例はいったいどのような状況下に生まれたのであろうか。調査を担当した県埋蔵文化財調査センターの岡田康博氏によれば，今津の例は伴出した他の亀ヶ岡式土器と胎土はやや異なるものの，文様は津軽海峡域の特徴を備えているとのことであるので，この土器が遠隔地から運ばれて来た可能性はないと思われる。したがってその器形の発生には大きくつぎのようなケースが想定されよう。

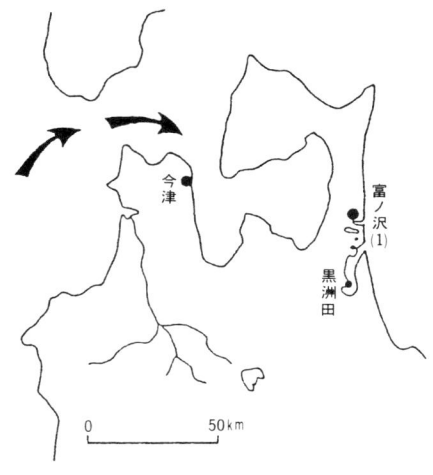

第1図　今津遺跡の位置

(1) 本県域・津軽海峡域の亀ヶ岡文化人のなかで，この器形が独自に考案・製作された。大陸のものと酷似しているのは偶然の結果である。
(2) 本場の鬲を実見した者が模倣・製作した結果この器形が生まれた。
(3) 本場の鬲を実見した者からの情報をもとにして，実見していない者が製作した結果この器形が生まれた。

これらのうちで今津の器形は亀ヶ岡式土器やそれ以前の縄文土器にはほとんどない，例外的なものであるため，(1)のケースによる可能性をまったく否定することはできないものの，近隣地域に年代的にほぼ一致し，酷似した器形を多用する土器文化がある場合には双方に何らかの文化的関連があったと考えるべきであろう。また，(2)のケースの可能性も否定はできないものの，かりにそうであれば器形の類似以外に亀ヶ岡式土器に鬲そのものなどの大陸からの将来品が伴ってしかるべきと思われる。たとえば，北海道伊達市の有珠（うす）10出土品には，九州以南という遠隔地からの将来品とされるオオツタノハの貝製腕輪（大洞A式期）が地元の遺物とともに発見されている。この点から筆者にはおそらく(3)のケースによるものであろうと思われる。たとえば8～10世紀，中国東北部の渤海からの使者の船が出羽（能代（のしろ））～長門・対馬にいたる海岸（出羽・能登・加賀・隠岐が多い）に着岸（漂着も多い）した（上田・孫1990）ように，この長い海岸線をもつ日本海沿岸にはおそらく縄文時代にも大陸（朝鮮半島以南であれ，以北であれ）の情報が届きやすかったし頻繁に届いていたであろうと想定されるからである。

日本海沿岸各地と本県域・津軽海峡域との文化交流については，近年各種遺物の自然科学的分析の進展によってあらたな展開をみせている。新潟県姫川・青海川（おうみがわ）流域と付近の海岸で採取される糸魚川（いといがわ）産ヒスイと各地産の黒曜石である。本県域から出土するヒスイは縄文時代中期末葉～晩期には糸魚川産が用いられており，本県の太平洋沿岸地域からも多数出土している。しかもその数量は他の東北地方よりも多い（福田1990a）[3]。糸魚川産ヒスイは北海道南部からも多数出土し

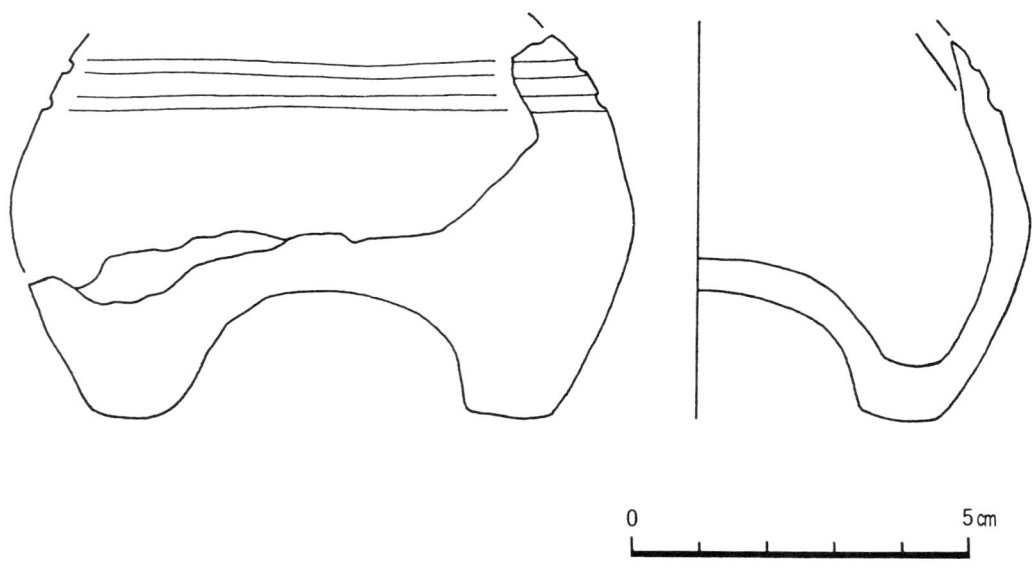

第2図　冨ノ沢(1)遺跡の鬲状三足土器

ている。また，日本海沿岸の男鹿（秋田県）産や深浦・出来島（本県）産の黒曜石を用いた縄文時代の石器が少数ではあるが，津軽海峡域や太平洋沿岸地域からも発見されており，旧石器時代末期には深浦産の黒曜石が富山県域まで運ばれている。また，男鹿産の黒曜石を用いた石器が大陸の沿海地方からも出土している。このほか，秋田県八郎潟付近産とみられる天然アスファルトの付着した石器が津軽海峡域や本県の太平洋沿岸の縄文遺跡（とくに晩期）からも多数出土しており，北陸系の縄文土器が秋田県域（冨樫1984）や本県域からも出土している。これからわかるように北陸地方および以北の日本海沿岸各地と本県域・津軽海峡域とは密接な関連を数千年にわたって保っていたようであり，その交易経路（連絡網）があったものと思われる。このような双方の関連が生じた最大の理由には，日本海沿岸を北上し一部が津軽海峡に入って東流するという対馬海流の存在を考えなければならない。つまりこの潮流を利用すれば日本海沿岸地域から北海道や津軽海峡域（陸奥湾岸も），さらに本県や北海道の太平洋沿岸地域へも抜けられるという海上交通の要路に本県域が面しているからである。このことから本県域・津軽海峡域には他地域以上に広範な各種の情報が集まったと考えられ，本県域以南の縄文人からすれば，本県域は北海道に関する知識・情報の窓口的意味をもっていたのであり，北海道の縄文人からすれば東北地方南部などに関する窓口的意味をもっていたのである。本県域はこの意味で北海道と東北地方南部あるいは北陸地方を結ぶ境界としての地域的特性をもっていたのである。この境界地域を舞台に頻繁な交流が行われ，各種情報が流れたものと思われる。本州最北にあって気候的に寒冷な本県域に縄文時代晩期に高度の技術に裏打ちされた芸術性豊かな亀ヶ岡文化が展開したのは，決してこのことと無関係ではあるまい（もちろん風土との関連性も考えなければならないが）。ところで，平舘村（現外ヶ浜町）の今津遺跡は津軽海峡と陸奥湾の接点という交通の要衝にあり，交易を行ううえで

の好条件下にある。事実，この遺跡では男鹿産の黒曜石製石器が出土しており，糸魚川産とみられるヒスイ製小玉も出土している。また，同村（現外ヶ浜町）尻高(4)遺跡では北海道系の縄文時代後期の土器（余市式・堂林式）や北海道赤井川・置戸産の黒曜石製石器が出土しており，まさにその地理的特性を表している。この地域から鬲状三足土器が出土し，さらに他の同種の器形の土器を出土した2遺跡も小川原湖沼群沿い（太平洋を経て津軽海峡につながる）にあるというのも充分納得されるものである。

　縄文時代晩期の中頃，大陸（江南地方であれ他の地域であれ）から日本海沿岸地域に入って来た鬲に関する情報が，たとえば縄文時代中期に始まり，この頃により一層緊密化したヒスイ交易経路などから推定される広範な連絡経路（連絡網）によって（経由して），本県域・津軽海峡域に伝播した結果，芸術性志向のとくに強い（風土の）本県域の亀ヶ岡文化の陶工によって具体的な形に表現されたのがこの今津の器形であったのではないだろうか。しかし鬲の本来的用途が，深鉢を基本的煮沸具とする縄文文化にあわないことや大陸側からの情報量が絶対的に少なく，しかも組織的でないなどの事情のためにこの器形が一般に広まらなかった，つまり縄文文化に吸収されてしまったと考えられるのである。今津の土器にベンガラが塗られ，祭器として用いられたのもその辺の事情を表しているものと考えられる。晩期中頃の他の遺物たとえば東北地方各地の脚付き土器や津軽海峡域の内反りの石刀（青森県三厩村（現外ヶ浜町）宇鉄遺跡や北海道木古内町札苅遺跡出土例）などもこれと同じような情報の伝達によって大陸系の遺物が模倣され，製作されたと考えてもよいのかも知れない。

　註
1）　昭和60年7月12日（金）付けの各新聞に発表された研究者のコメントによる。
2）　司馬遷の『史記』にある。秦の始皇帝が徐福に童男童女数千人を引き連れ東海に不老不死の仙薬を求めさせたというもの。本県の小泊村（現中泊町）尾崎神社には徐福伝説が残されている。
3）　福田（1990a）では，県内発見の縄文時代のヒスイ製玉の総数を280点ほどとしたが，八戸市風張(1)遺跡では昨年，縄文時代後期の玉があらたに100点以上出土しているので400点ほどになると思われる。

3 津軽海峡と青玉象嵌

はじめに

　青森県立郷土館の風韻堂コレクションに津軽海峡南岸の外ヶ浜町宇鉄遺跡から発見された「玉象嵌土製品」という一風変わった遺物が1点ある（大高1969a）。緑（古くから青と同義）の小石を嵌め込んだ土製品で，縄文文化の象嵌資料を代表するものとして扱われ（野口1977），平成10（1998）年に，児玉大成氏によってはじめて類例の集成・考察が行われた（児玉1998）。この土製品については，以前から，津軽海峡域の玉をめぐる状況や小石を象嵌した意味とともに，象嵌技法採用の背景に何が考えられるのか興味をもってきた。そこで小稿では，このような観点からこの土製品について述べる。

1. 宇鉄遺跡の玉象嵌土製品（第1・2図）

　この資料（第1図1・2）は，両端が銛頭状にとがった細長い平板状の土製品で，長さ6.0 cm，最大幅2.0 cm，厚さ0.85～0.97 cmである。赤色が付着し，両端は肥厚している。8ヶ所の窪みのうち，1ヶ所（最上部）には丸く整形された薄緑の美麗な小石が象嵌されている。小石については，硬玉や碧玉と記載される場合があるが，未分析のため不明である。他の窪みには小石（貝殻等の可能性もあるが，同様の小石であろう）を接着した黒色物質が残っている。

　宇鉄遺跡からは平成5・6年の発掘調査によって，新たに類例が7点出土している（葛西編1996）。破片4点と完全品3点で，長さは5.7～6.4 cmである。いずれも板状であるが，当コレクション例と異なり中央部にも小石が象嵌された例（第1図3・5）や当コレクション例に類似するが窪みには未だ象嵌されていない例（第1図6）などがある。窪みには黒色物質が付着し（第1図4・5），3の表面には赤色が付着している。7点のうち2点（第1図3・4）は，白瑪瑙礫や割石の集石した80 cm四方及び30 cm四方の二つの区域から出土し，前者からは石鏃や皿形土器も発見された。竪穴住居跡や土坑から出土したものはなく，時期は縄文晩期中葉の聖山Ⅰ式（大洞C_2式）期である。

2. 各地の玉象嵌土製品

（1）各地の出土例（第1・2図）

　児玉氏によれば，玉象嵌土製品は，北海道八雲町鮎川洞窟例（第1図11）（児玉1998）を最北として，七飯町聖山（第1図7・8）（芹沢編1979）・大中山，函館市女名沢，北斗市添山（第1図9）（上磯町教委1983），木古内町札苅（第1図10）（野村編1974），本県宇鉄の7遺跡から計29点が出土している。このなかで，小石が残されているのは白瑪瑙が3ヶ所に象嵌された鮎川例1点と宇鉄例4点のみで，他は黒色物質の付着痕があるものとないものである。これらのうち鮎川・宇鉄例

3 津軽海峡と青玉象嵌 273

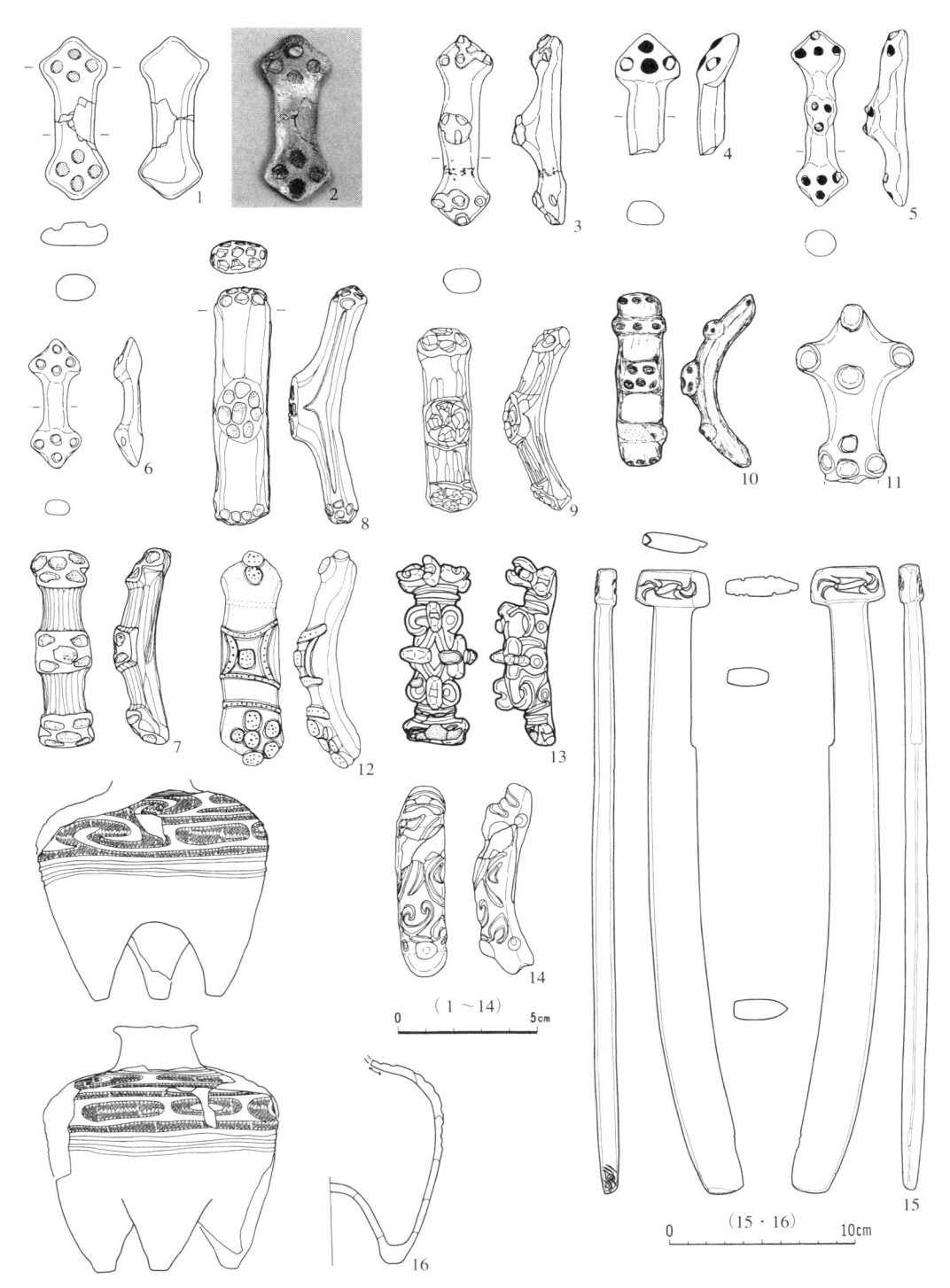

第1図 玉象嵌土製品・内反りの石刀・鬲状三足土器

以外の剥落した象嵌物については，緑色凝灰岩の可能性がたかい。鮎川例以外の象嵌部が肥厚しているのは，象嵌用の窪みを設けるためであろう。土製品の形態や小石の石材・数・単位等には地域差があるが，各例については同氏の論考に詳しいので，ここではふれない。

この論考以後の新たな確認例として，新潟県立歴史博物館に展示されている「瑪瑙象嵌土偶」が1点ある。本県の岩木川周辺出土とされ[1]，鮎川例に類似しているが，より大型である。7ヶ所の窪みのうち4ヶ所には白色のほか黄・褐色の瑪瑙も象嵌されており，他の窪みには黒色物質が付着している。

本例を加えると玉象嵌土製品の発見総数は30点で，小石が残っている例はうち6点となる。竪穴住居跡や土坑から出土した例はないが，宇鉄と聖山例は土器との共伴状況がわかるもので，ともに縄文晩期中～後葉（聖山I～II式・大洞C_2～A式期）とされている。

(2) これまでの見解

児玉氏によれば，形態には板状を呈するもの，弓状を呈するもの，棒状を呈するものの3種類があり，分布地域はそれぞれ，渡島半島日本海側沿岸（鮎川例），渡島半島津軽海峡沿岸（聖山・大中山・女名沢・添山・札苅例），津軽半島先端（宇鉄例）である。また，この遺物の系譜については，北秋田市藤株遺跡などで弓状を呈し両端に粘土粒が貼付され腕飾りとされた晩期前半（大洞B～C_1式期）の土製品（第1図12）（秋田県教委1981）があることから，弓状から板状や棒状へ遷移したものと想定し，秋田県周辺から北上し，粘土粒から玉類へと材質変化したものであろうとしている（児玉1998）。

また，性格・用途については，縄文時代の象嵌遺物をまとめた野口義麿氏は，装飾品ではなく，省略された土偶や土版，動物形土製品などに類似する何かを模倣した遺物であろうとし，きわめて信仰的な色彩がつよいもの（野口1977）と考え，その後，野村崇氏は札苅例について腕輪もしくは装飾品と考えている（野村1984）。また，児玉氏は弓状を呈するものは，紐を巻き付けることが可能であり，その形状や類似資料，秋田県下の出土例から，腕飾りの可能性が考えられるとし，板状・棒状を呈するものは，一部の資料が祭祀的な要素をもつと思われる特異な集石遺構の上面に接して出土したことなどから，装飾品ではなく，（精神的な糧を得るための）第二の道具である可能性を考えている（児玉1998）。

(3) その後の類似土製品

玉象嵌土製品に類似した土製品は，児玉氏が述べた以外に，青森市朝日山(1)遺跡で晩期前半とみられる土坑墓底部から出土した例（第1図13）がある。赤い色が付着したもので，髪飾りの可能性が指摘されている（青森県埋文1994a）。また，岩手県軽米町長倉I遺跡では，晩期前葉（大洞B～BC式期）の例で赤色が付着し腕飾りとされた例（岩手県埋文2000b）もある。これらの類似土製品は，晩期前葉から中葉になるに従い，全体的に派手な装飾が消え単純な形に変化している。

3. 玉象嵌土製品出現の技術的背景

つぎに，玉象嵌技法の前提となる技術的背景として，玉類の製作と接着等の様相について述べる。

(1) 玉類の流行と製作技術

東北地方北部・北海道南部（以下，道南）の津軽海峡域には縄文中期初頭から糸魚川産のヒスイ（硬玉）がほぼ継続的にもたらされており，出土遺跡数や出土点数は東北地方南部に比べて，際だって多い点が判明している（福田 2004）。縄文晩期もその傾向が顕著で，糸魚川産ヒスイを用いた丸玉・勾玉などの玉類が，海峡域各地の土坑墓から多数発見されている。また，これに同調するように当地域に産出する緑色凝灰岩(りょくしょくぎょうかいがん)などの青系の玉類も多数作られた。宇鉄遺跡では緑色凝灰岩の玉類を主に，300点近くが出土し（葛西編 1996），下北半島の六ヶ所村上尾駮(かみおぶち)(1)遺跡では，晩期中葉の土坑墓群から，糸魚川産ヒスイの玉類 90 点余のほかに緑色凝灰岩製玉類が少なくとも 700 点近く出土した例もあり（青森県教委 1988），この時期においても津軽海峡域では玉類，しかも青系の玉類への意識・需要が非常に高かったことがうかがわれる。

また，緑色凝灰岩などの玉作(たまつくり)遺跡は宇鉄遺跡やつがる市亀ヶ岡遺跡などの津軽地方のほかに，南部地方でも確認されており，穿孔(せんこう)を要しない象嵌用の玉類加工程度であれば本州北端では，何ら問題ない技術レベルにあった。

(2) 接着剤としての漆・アスファルト利用

つぎに，玉類接着用の黒色物質の問題がある。道南例についてアスファルトとされた場合が多いが，宇鉄遺跡の1例（第1図3）は赤外吸収スペクトル法による分析結果では，漆である可能性が指摘された（小山・千葉 1996）。

そこで，この海峡域における漆及びアスファルト関連遺物をみると，漆塗り関連では，本県野辺地町向田(のへじまちむかいだ)(18)遺跡では，既に縄文前期末葉の木器装飾に巻貝のふたを漆で固定した例があり（野辺地町教委 2004），縄文晩期の亀ヶ岡文化では，赤漆・黒漆塗りの土器のほかに藍胎(らんたい)漆器・弓・装身具などが作られ，亀ヶ岡遺跡や八戸市是川中居遺跡からは漆入りの土器や漆漉(うるしこ)し布も出土しており，当地においても漆の利用が盛んに行われたことがうかがわれる。また，アスファルトでは，玉類の接着に用いられたという分析結果はまだないが，この時期には接着剤として，槻木(つきのき)産等の秋田県北部産とみられるものが本県全域（福田 2000）や道南の津軽海峡沿岸地域（阿部 1999）で用いられている。石鏃・石槍の着柄や釣針等の骨角器の固定，さらには土器・土偶・岩偶などの破損部補修に用いられたほかに，五所川原市観音林遺跡の晩期中葉の土偶では，両眼や口の表現法として，各部分の窪みにアスファルトとみられる黒色物質を付着させた例（五所川原市 1993）もある。

このように，この時期の津軽海峡域では漆塗り技術やアスファルト利用が一般化していた状況

第 VI 章　津軽海峡域の特殊な遺物

〈凡　例〉
● 玉象嵌土製品出土遺跡
○ 三足土器出土遺跡
■ その他出土遺跡

〈関連遺跡〉
1．宇鉄遺跡（象嵌・石刀・玉作）
2．鮎川洞穴（象嵌）
3．聖山遺跡（象嵌・石刀）
4．大中山遺跡（象嵌）
5．女名沢遺跡（象嵌・石刀）
6．日ノ浜遺跡（三足土器か）
7．添山遺跡（象嵌・石刀）
8．札苅遺跡（象嵌・石刀）
9．今津遺跡（三足土器・象嵌類似）
10．亀ヶ岡遺跡（漆塗・石刀・玉作）
11．観音林遺跡
　　（土偶アスファルト眼・口）
12．朝日山(1)遺跡（象嵌類似）
13．富ノ沢(1)遺跡（三足土器か）
14．上尾駮(1)遺跡（緑色凝灰岩玉）
15．黒須多遺跡（三足土器）
16．是川中居遺跡（漆塗）
17．虚空蔵遺跡（三足土器）
18．長倉I遺跡（象嵌類似）
19．藤株遺跡（象嵌類似）

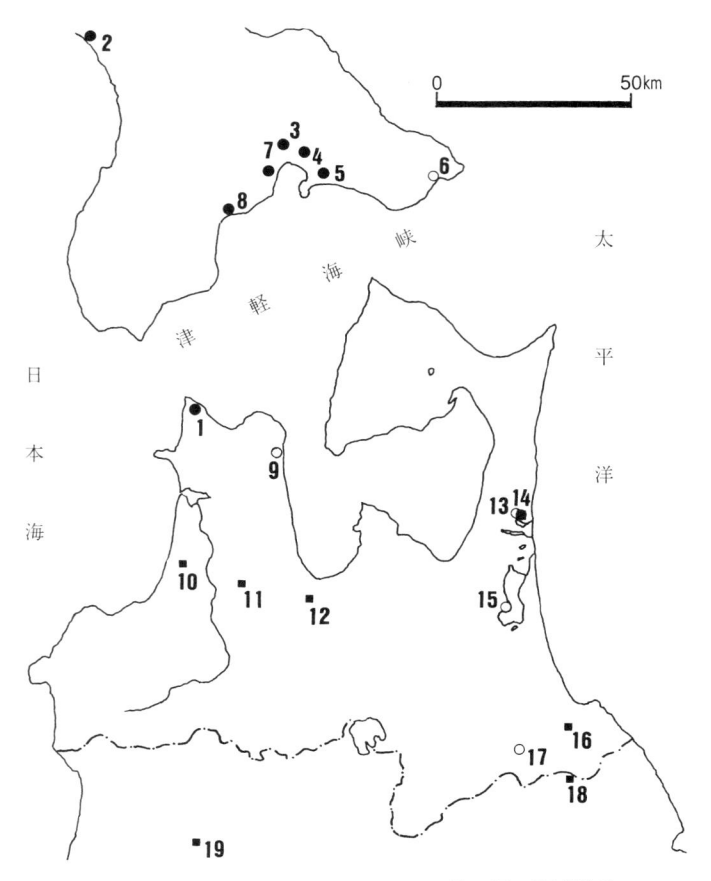

第 2 図　関連遺跡

がうかがわれる。

4. 玉象嵌土製品の性格・用途

つぎに，青系の玉類を象嵌した意味と玉象嵌土製品の性格・用途について述べる。

縄文晩期の玉類の大半はヒスイと緑色凝灰岩という青系の玉であり，宇鉄遺跡においては，緑色凝灰岩の玉類加工が行われ，土坑墓からも緑色凝灰岩製の玉類が多数出土している（葛西編 1996）。

玉類はほとんどすべてが装身具類であり，遺体とともに土坑墓に副葬されたものである。ヒスイは白地に緑（青）の青系の美麗な玉類であるが，硬質で加工が非常に難しく，また，原産地も糸魚川一帯に限定されている。これに対して，緑色凝灰岩は，美麗さはヒスイに比べて遜色があるものの，軟質・脆弱で穿孔も含め加工が非常に容易である。しかも，当地でも容易に採集できる石材である。

青系の玉類が用いられたのは，青は魂の色であり（金関 1975），そしてまた，一般的に言われるように，青は青葉若葉のみずみずしい命の色で生命の再生・長寿，さらに魔よけ等の呪術的意

味もあったとみられる。以前，ヒスイの色の意味を具体的に述べたことがある。「厳しい冬（ヒスイの白）がはやく過ぎさり，雪が消えて青葉の芽吹く春（ヒスイの青）が来ることを待ち望んだ北国の縄文人の気持ち・心情がうかがわれる」（福田 2003）色であったのであろうか。

　ヒスイと同系の緑色凝灰岩の玉を象嵌した土製品は，魔よけ・再生等の呪術的意味をもたせたお守り（護符）的なものであったとみられる。また，玉象嵌土製品に赤く塗った例があるのも同様の意味があったためとみられる。児玉氏は，弓状のものは腕輪としての装身具類であり，板状・棒状のものは呪術的な意味があるとしているが，後者については，筆者もまったく同感である。また，前者についても，類似土製品の両端に穿孔された藤株例や外ヶ浜町今津遺跡例（第1図14）（青森県埋文1986a）があるため，紐を通し縛るための紐通し孔として腕飾りが考えやすく，装身具とすることには同感である。ただし，弓状のものにはカーブが腕や手首回りに対応するもののほかに，それに対応しない大型のものや棒状に近いものもあることから，必ずしも腕輪に限定はできないのではないかと思われる。おそらく，弓状を呈するもののなかには，朝日山(1)遺跡から出土した類似土製品が髪飾りと報告されたように，腕以外の部位に用いる装身具でもあった可能性がある。そして，その使用後には，板状・棒状のものと同様に宇鉄遺跡にあったような白瑪瑙破片の集石地域，すなわち，「もの送り場」的な神聖な場所へ納められたのであろうか。

5. 津軽海峡域と玉象嵌技法 —おわりにかえて—

　昭和63（1988）年，青森県立郷土館で「津軽海峡縄文美術展」を開催した。その際，担当の一人として鮎川洞穴と風韻堂コレクションの宇鉄遺跡の玉象嵌土製品を展示したわけである（青森県立郷土館1988）が，それ以来，なぜ青玉を土製品に象嵌したのか，なぜ縄文晩期のある時期に象嵌技法を用いた土製品がこの海峡域で作られたのかという問題が頭の片隅でくすぶってきた。

　この土製品は，他の地域だけでなく，これ以前の津軽海峡域にも見られないもので，列島内ではこの土製品の系譜を辿ることができない。ということは，海峡域の亀ヶ岡文化人がまったく独自の発想で玉象嵌技法を考案してこの土製品を作ったのであろうか。この可能性は，当然あるわけであるが，これに関連して頭に浮かぶのが，ほぼ同時期にこの海峡域に分布している他の遺物である。

　その一つに，古くから古代中国の青銅刀子（せいどうとうす）との関連が指摘されている内反（うちぞ）りの石刀（喜田1926，後藤2007）がある。宇鉄例（第1図15）（喜田1926，山田・藤沼2007）の発見に端を発し，亀ヶ岡や札苅・聖山・添山・女名沢などの遺跡にも類例がある。また，そのほかに，同様に古代中国の鬲（れき）・鬲形（れきがた）陶器と酷似すると指摘されている三足土器もある。古く小川原湖南部の旧甲地村黒志多（現東北町黒須多）発見例（喜田1927）に端を発しており，昭和59年には外ヶ浜町今津遺跡の発掘調査において出土し，全国的に注目された鬲状三足土器（第1図16）（青森県埋文1986a）である。中空の三足をもつ壺形土器で，類例は南部町虚空蔵（こくぞう）遺跡（菊池・岡内・高橋1997）や六ヶ所村富ノ沢(1)遺跡などにもある。函館市日ノ浜遺跡にも中空の短い三足状の例があり[2]，津軽海峡域に限って出土している。この鬲状三足土器については，以前，大陸文化の情報に基づいて海峡域の亀

ヶ岡文化人が製作した土器ではないかと述べたことがあり（福田1991），ほかにも幾人かの研究者が見解を述べている（中山1992a，小川2002）。

さて，本稿で扱った玉象嵌土製品も，大陸文化からの情報に基づき津軽海峡域の縄文人が作り出した可能性はないのであろうか。ここで注目されるのが古代中国の象嵌遺物の状況である。縄文晩期後葉（すなわち今から約2,500～2,600年前）は，中国古代の春秋時代（前770～476年）から戦国時代（前475～221年）にかけての時期にあたる。この春秋後期から戦国前期にかけては，青銅器が新たな展開を見せ，製作技術にも大きな変化があった時期とされており，「銅器の表面にトルコ石などの美しい玉石や金・銀・純銅などの異種の金属をはめ込むことによって色鮮やかな紋様を作り出す象嵌，金や銀をメッキする鍍金などが流行しはじめた」（谷ほか1999）という状況で，代表例として戦国前期の湖北省随州市の曽侯乙墓の出土品（高浜・谷1992）等があり，筆者も上野の東京国立博物館で開催された特別展を見に行ったことがある。中国考古学にはまったくの門外漢で断定的なことは言えないが，糸魚川産ヒスイの津軽海峡域における濃密分布からうかがわれる北陸─津軽海峡域間の密接な交流のなかで，海峡域には大陸文化の各種情報が到来していたとみられ，そのなかに象嵌に関わる情報があった可能性が考えられる。そして，それに基づき，当時この海峡域で高揚していた青玉信仰を背景にして，自らの技術等により，弓状土製品の装飾を粘土粒から青玉に換えたのではないか。おそらく，大陸からの漂着者等による情報が中部日本海沿岸や津軽海峡域に集積していたのであろう。

この宇鉄例について，平成7（1995）年に当時，中国考古学会理事・吉林大学教授であった郭大順氏が来館されたおり，実物をお見せし中国大陸との関連性についてうかがったことがある。先生は黙って聞いておられたが，帰国後に縄文文化と中国東北部の古代文化との関連あるものとして宇鉄・鮎川例を紹介した論考を発表された（郭1997）。

この象嵌技法の列島への伝播の問題解決には，中国大陸から将来された象嵌文物自体の出土が期待されるわけであるが，大陸の青銅刀子や鬲形陶器自体も未だ発掘調査では出土しない状況である。新資料の出土を今後に期待し，課題として残しておくしかないが，津軽海峡域に分布する玉象嵌土製品によって，大陸文化と津軽海峡域との関わり，そしてまた，津軽海峡のもつ海の道としての意味を，あらためて認識させられることとなった。

註
1) 新潟県立歴史博物館で実見した（2007年11月）。
2) 市立函館博物館で実見した（2002年11月）。

付　章

1　津軽海峡と亀ヶ岡文化

　本稿後，津軽海峡域で使用されていたとみられる縄文時代の舟に関わる資料が出土している。そのなかで注目されるのは，北海道戸井町（現函館市）の戸井貝塚（遺跡位置は本書第Ⅱ章6第1図を参照）から出土した，縄文時代後期初頭の舟形土製品である（第1図）（口絵2）（戸井町教委1994）。長さ10.3 cm，幅3.5 cmの大きさで，両端が張り出し，両側は山形に盛り上がり，底面に長い線が2条刻まれたものである。これらの表現は，浅く刳りぬいた1本の丸木を舟底（ムダマ）にし，両側に部材を付して波よけ用に高くした，最近まで津軽海峡沿岸で使われていたムダマ・ハギ（ムダマを接ぎ合わせた）構造の磯舟や近世北海道アイヌが海猟などに用いたイタ・オ

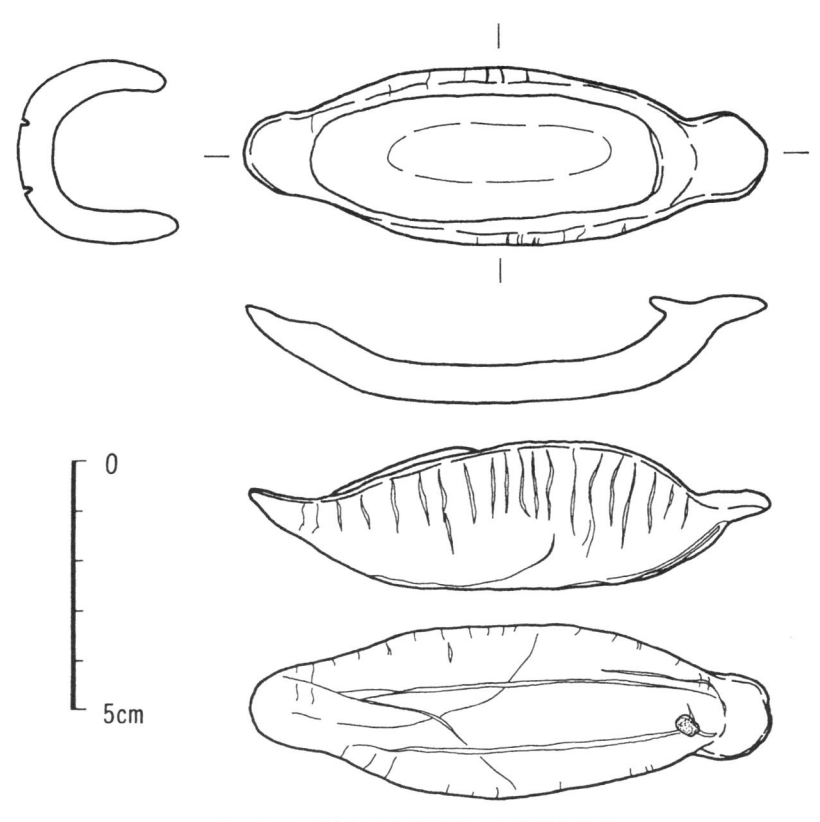

第1図　函館市戸井貝塚出土の舟形土製品

マ・チップ（板付け舟・板綴り舟）を想定させるものである。この貝塚からは，各種の魚骨類のほか200個体以上のオットセイなどの海獣も出土しており，このような舟で漁猟や海峡渡海を行っていたとみられる。

　このほかに，石狩市の石狩紅葉山49号遺跡からは，縄文中期後半〜後期初頭の丸木舟破片4点（最長150 cm，トネリコ属材か）・舟形容器（最長101 cm，ハリギリ材）・櫂(かい)（パドックを含む）13点（最長160 cm，モクレン属材）（石狩市教委2005）が出土している。また青森県では，野辺地町向田(むかいだ)(18)遺跡から縄文前期末葉の丸木舟の破片1点（38.3 cm大，ハリギリ材）（野辺地町教委2004），青森市岩渡小谷(いわたりこたに)(4)遺跡からは縄文前期中葉〜後葉の舟形木製品（最長73.9 cm，コシアブラ材）・櫂（パドック）状木製品（長さ69.1 cm，コナラ材）（青森県埋文2004c）が出土している。しかしながら，これらはいずれも内陸河川流域の遺跡から出土したもので，沿岸漁撈や渡海などに用いられたとは考えにくいものである。

2　津軽海峡を巡る黒曜石の動向

　青森県域出土の黒曜石製石器の産地分析は本稿後も引き続き行われ，分析データが蓄積されてきた。そうしたなかで，筆者は本県日本海側にある深浦町に産する黒曜石，すなわち深浦産黒曜石の石器について，その分布範囲・年代についてまとめ，旧石器～縄文時代には，深浦産の黒曜石が富山県南礪市立美遺跡や長野県野尻湖周辺遺跡を最南とし，太平洋側地域も含めた本県や岩手・秋田・山形県などの東北地方に広く分布しているが，旧石器時代および縄文草創期の北海道には分布していないことを指摘した。さらに，北海道産の黒曜石が多数出土した青森市三内丸山遺跡（縄文前・中期）では，それまでの分析総数 683 点（藁科 2005d，斎藤 2005，杉原・鈴木 2006 など）のうち，北海道産が 167 点あり全体の約 25% を占めていることも指摘した（福田 2008a）。また本稿では，深浦産黒曜石が，縄文早期中葉以降に北海道南部においても使われ，北海道産黒曜石も早期中葉以降，本県域において使われていることから，この時期から津軽海峡を巡る黒曜石交流が行われていたことを指摘していたが，福田（2008a）ではあらたに新潟県の小瀬ヶ沢洞窟において縄文草創期に北海道産黒曜石（赤石山産，置戸町の所山産の剥片各 2 点）が使われていた（藁科・小熊 2002）ことから，本県域では未発見ながらもこの時期に津軽海峡を越えた交流が既に行われていたらしいことも紹介した。ただし，本県域では，それ以前の旧石器時代には，北海道産黒曜石が使われた痕跡はいまだ見つかっていない。

　このような状況のなかで，近年，山形県小国町湯の花遺跡の細石刃石器群の剥片 6 点のうち，3 点が白滝産であるという分析結果も出され（建石ほか 2012），さらにまた，茨城県ひたちなか市後野遺跡の縄文草創期資料（及川ほか 2008），山形県高畠町日向洞窟の縄文草創期資料も白滝産と判定された（建石ほか 2008）。このように，縄文草創期以前における北海道産黒曜石の本州への分布は，少しづつ確認されるようになってきてはいるが，まだ稀薄な状況であり，この時期の深浦産黒曜石の北海道への分布も未確認である。今後の分析結果の進展が期待される。

　つぎに，本稿以降の本県域出土の黒曜石製石器の分析結果のなかで，おもに津軽海峡交流に関わるものを列記しておきたい。

　まず，本県域の旧石器時代では，八戸市田向冷水遺跡の後期旧石器時代のチップ 2 点は深浦町八森山産（望月 2006），津軽半島蟹田町（現外ヶ浜町）大平山元 II 遺跡出土の後期旧石器時代の 2 点のうち黒曜石剥片（二次加工あり）は長野県の和田土屋橋西群と判定された（青森県教委 2005）。

　また，縄文時代では，草創期では，東北町赤平(1)遺跡出土の黒曜石製縦長剥片 1 点が分析され，深浦町の六角沢・八森山産と判定された（遺物材料研 2008）。早期では，後葉とみられる東通村ムシリ遺跡採集の黒曜石製石刃鏃 1 点が，北海道の置戸所山系と判定された（齋藤ほか 2008）。前期では，東北町東道ノ上(3)遺跡の中葉のスクレーパー・石匙・剥片各 1 点が所山産，剥片 1 点が赤石山産（遺物材料研 2006），青森市山元(1)遺跡出土の前期の石鏃 1 点が赤井川産（藁科 2005c）と判定され，むつ市湧舘遺跡の前期の黒曜石製石器には，置戸安住群が 1 点，豊浦豊泉

群が 1 点，赤井川曲川群が 8 点，白滝 8 号沢群が 1 点あった（青森県教委 2012）。また，青森市石江遺跡の前期（円筒下層 b～d 式式期が主体）の黒曜石製石器のうち，石鏃 1 点が赤井川エリア，もう 1 点の石鏃が上士幌エリア，前期後葉の石匙 2 点が置戸エリア，前・中期の石鏃 1 点が上士幌エリアの可能性が高いと判定された（竹原 2008）。そのほか，深浦町津山遺跡の前期～中期初頭の黒曜石製石器には，所山系が 3 点（前期末葉～中期初頭），赤井川系が 2 点（中期初頭）があった（杉原ほか 2008）。中期では，青森市近野遺跡の黒曜石製石槍・RF（加工痕のある剥片）各 1 点がともに赤井川産（藁科 2005b），青森市米山(2)遺跡の中期後葉の石槍 1 点が赤石山産と判定され（藁科 2005a），外ヶ浜町中の平遺跡出土の中期～後期前葉の花十勝の石槍 1 点は，赤石山産と判定された（杉原ほか 2008）。後期では，西目屋村砂子瀬遺跡の前葉を主とする 90 点の黒曜石製剥片等は，ほとんどすべてが地元木造出来島群産であったが，1 点のみ置戸安住群と判定された（望月・アルカ 2012）。晩期では，むつ市不備無遺跡の黒曜石製石鏃が上士幌・美蔓系 A，異形石器は赤井川系と推定された（杉原・金成 2012）。

　これらのほかに，縄文時代とみられる黒曜石製石器の分析では，青森市宮田館遺跡の石鏃 1 点が赤井川産（遺物材料研究所 2007a），風間浦村沢ノ黒遺跡の石鏃 1 点が赤石山産（遺物材料研究所 2007b），青森市二股(2)遺跡の石匙 1 点が所山産（遺物材料研 2007c）とそれぞれ判定された。

　また，弥生時代では，弘前市宇田野(2)遺跡出土の前期（砂沢式）の黒曜石製石鏃 20 点では，赤井川地区赤井川系が 7 点，十勝地区上士幌・美蔓系 A が 6 点，赤石山系が 3 点・置戸地区所山系が 3 点と，計 19 点が北海道産と判定された（杉原ほか 2008）。

　続縄文時代・古墳時代では，七戸町森ヶ沢遺跡出土の黒曜石製チップ類 10 点が分析され，うち 3 点が赤井川産，2 点が十勝産，1 点が豊浦産と判定され（阿部編 2008），八戸市田向冷水遺跡の古墳後期以前のものにも北海道赤井川エリア曲川産と判定されたものが 1 点ある（望月 2006）。

　これら県内資料の分析例のほかに，県外の黒曜石例では北海道松前町東山遺跡の縄文時代の剥片には，赤井川 4 点・白滝産 1 点があり（松前町教委 2005），秋田県北秋田市漆下遺跡の縄文後期の資料には，赤井川産が 1 点（藁科 2005d），岩手県陸前高田市雲南遺跡の縄文前・中期の石器のなかに，赤井川産，赤石山産が各 1 点あり（藁科 2006），山形県朝日村アチヤ平遺跡の縄文中～後期の石器のなかにも赤石山産の石鏃が 1 点あった（藁科 2002）。

3 ベンガラの利用と交易

　本稿後,青森県内では縄文時代の赤色顔料付着の土器・石器・木製品,あるいは赤色顔料原石等が,引き続き各地で出土している。いちいち紹介はしないが,そのなかで赤色顔料(大半がベンガラ)入り土器について,新しい知見があったので紹介しておくと,県内では,従来,八戸市丹後谷地遺跡の後期後葉(十腰内IV式期)の徳利形土器(第2図1)(八戸市教委1986)や同市是川中居遺跡の晩期の壺形土器(八戸市博1988b),青森市玉清水遺跡の晩期の注口土器(青森県立郷土館蔵)などが知られていたが,それとはまったく異なる形態の赤色顔料入り土器が出土している。第3図は鰺ヶ沢町餅ノ沢遺跡の中期例2点(青森県埋文2000b)で,取っ手がついたもの(第3図1)や人面が付いたもの(第3図2)がある。ともに弧状に反った形態で,一見,水鳥を思わせる。また,第2図2は八戸市田代遺跡の中期末葉(大木10式併行期)の無文小型壺である(青森県埋文2011a)。このほかに,平成24年に県埋蔵文化財調査センターが行った西目屋村大川添(3)遺跡の調査によって出土した中期末葉～後期前葉例は,全体がやや反った形態で取っ手が付き,一方を注ぎ口としたもので,しかも,注ぎ口にはキノコ形土製品で蓋をした状態で出土している。餅ノ沢例にやや類似した形状であり,しかも両者は比較的近い距離にあることから,青森県西部におけるこの時期のベンガラ専用の容器であったと考えられる。

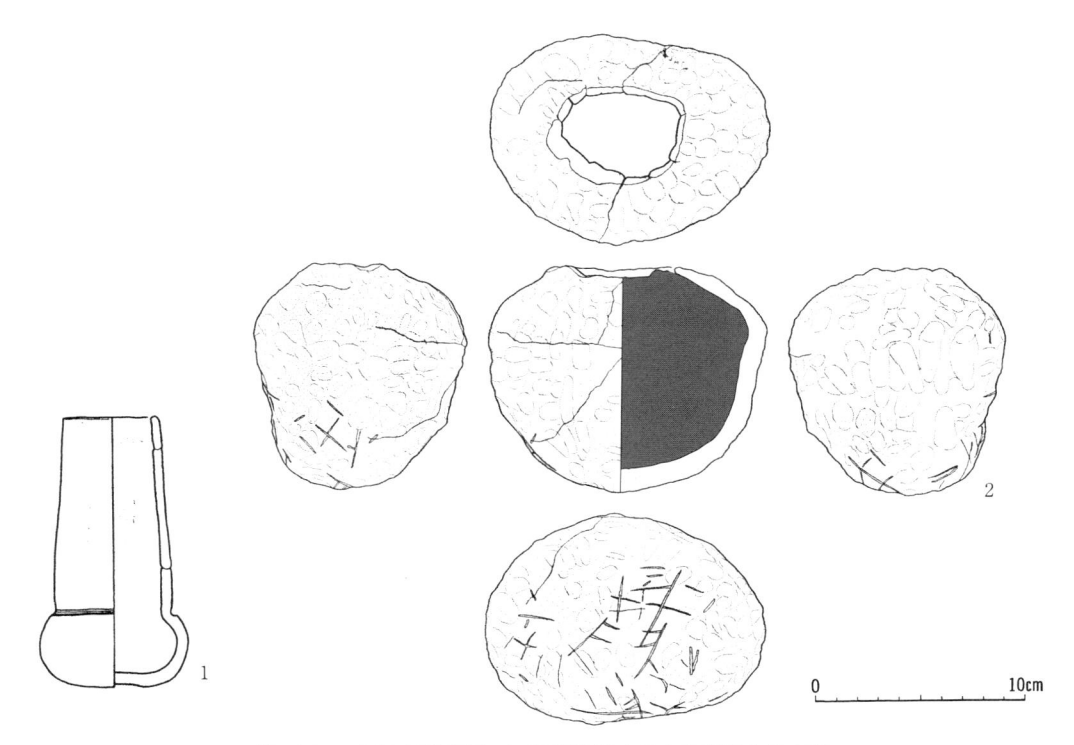

第2図　八戸市丹後谷地・田代遺跡出土の赤色顔料入り土器

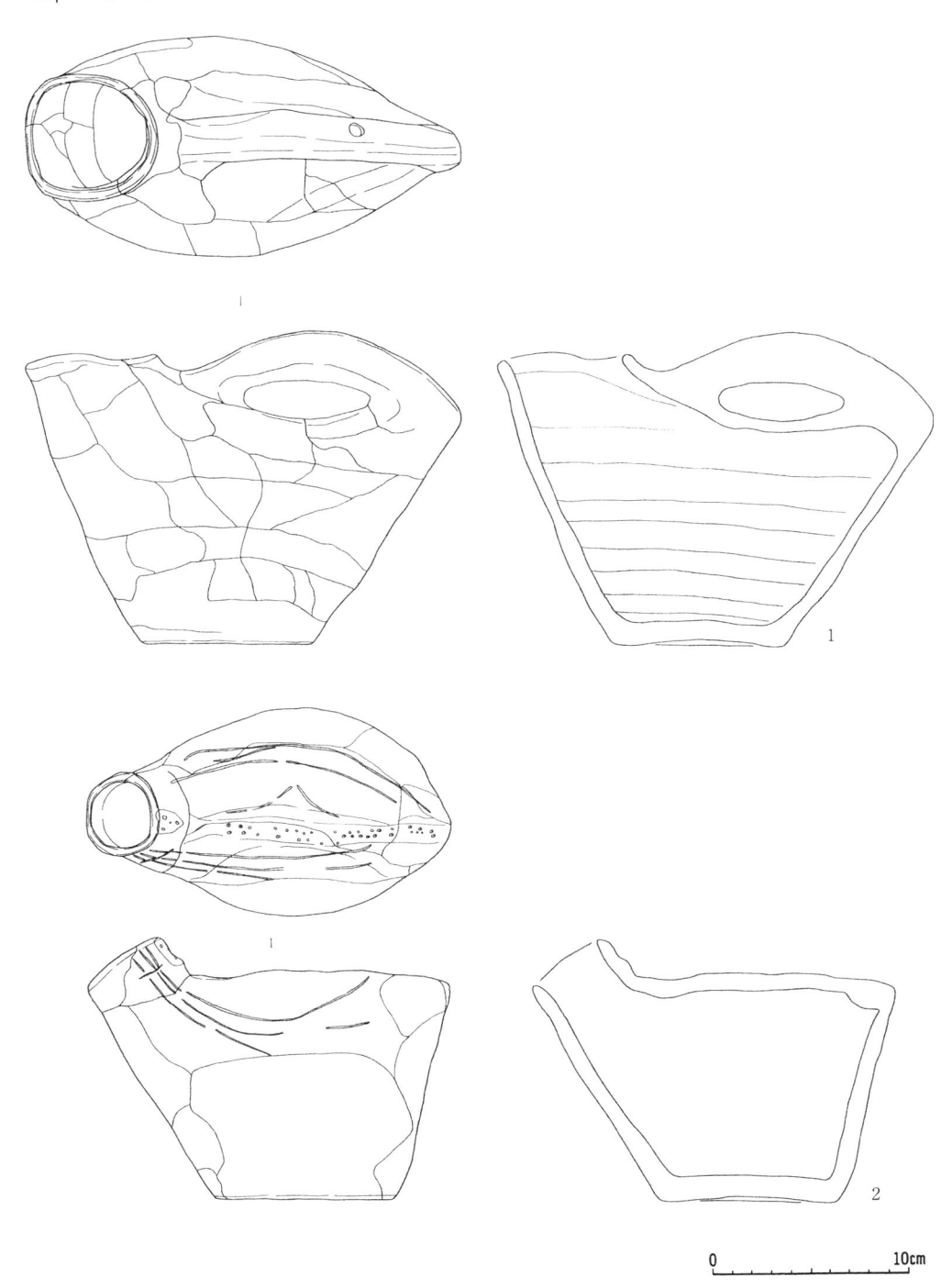

284　付　章

第3図　鰺ヶ沢町餅ノ沢遺跡出土の赤色顔料入り土器

　赤色顔料についてはまた，顔料製作の実験的な研究（児玉 2002・2005，児玉・河崎 2012）も積極的に行われるようになってきている。今後の研究の進展に期待したい。

4 津軽海峡域における玦状耳飾り

　津軽海峡域においては本稿発表後も，新たに確認されたり出土した三角形玦状耳飾りがあるので，ここに紹介しておきたい。

　まず，新たな確認例として，北海道では，八雲町栄浜1遺跡B地点の遺構外から1ヶ所に穿孔された破片1点があり（第4図1）（八雲町教委1983），新たな出土例では森町鷲ノ木遺跡からはその上辺部破片（滑石製）が1点出土している（第4図2）（森町教委2008）。

　つぎに，青森県では，新たな確認例として弘前市独狐七面山遺跡から出土した破片（滑石製）1点（第4図3）（弘前市教委2001）と青森市四ツ石(1)遺跡から出土した破片1点がある（第4図4）（高橋2006）。また，その後の発掘調査による出土例では，青森市新町野遺跡から破片2点が出土している。平成17年に出土したものは，竪穴住居跡から出土した縄文時代前期末葉（円筒下層 d_2 式期）例（第4図5），他の1点（第4図6）は平成18年に出土したもので，ともに頁岩製である（青森市教委2008）。また，三沢市根井沼(3)遺跡からは円筒下層 d_2 式土器に伴って破片（蛇紋岩製）が1点（第4図7）出土している（三沢市教委2009）。

　また，青森県埋蔵文化財調査センターの調査では，平成14年には青森市宮田館遺跡D区の遺構外から，前期末葉とされる破片1点（緑色細粒凝灰岩製）が出土している（第4図8）（青森県埋文2007a）。下北半島の風間浦村沢ノ黒遺跡では，平成17年に第1号捨て場から，前期末葉～中期初頭（円筒下層d～上層a式期）の破片（片岩製）2点が出土している（第4図9・10）（青森県埋文2007b）。また，平成20年には，蓬田村山田(2)遺跡のB区第2号・30号土坑（ともにフラスコ形）から，前期末葉（円筒下層 d_1 式）の大理石製・粘板岩製破片各1点が出土し（第4図11・12）（青森県埋文2010c），同遺跡の平成21年の調査でも，B区遺構外から前期末葉～中期初頭（円筒下層d式～円筒上層a式期）の破片1点（第4図13），B区西捨て場からも同期とみられ破片3点が出土している（第4図14～16）（青森県埋文2011b）。平成20年の調査では，十和田市明戸遺跡からも破片（ヒスイ製）1点が出土している（第5図17）（青森県埋文2010a）。このほか，未発表資料であるが，西目屋村水上(2)遺跡では，平成23年の調査で黒色頁岩製の破片2点が出土している。

　また，県教育委員会の調査では，青森市三内丸山遺跡の南盛土出土の三角形玦状耳飾り破片2点が報告されている（青森県教委2009）が，これは，既に紹介されており（川崎2000），筆者も本稿に収録済みのものである。また，むつ市湧舘遺跡からは，平成22年の調査で，前期末葉（円筒下層 d_1 式期）とみられる三角形玦状耳飾りの接合品・破片各1点（第5図19・20）と縦長破片1点が出土した。いずれも軟玉製である（青森県教委2012）。

　以上述べてきた玦状耳飾りはすべて，筆者の分類でIV類（三角形）としたものに含まれるが，これらのほかに，青森市二股(2)遺跡では，平成17年の青森県埋蔵文化財調査センターの調査で，それまでに類例がない形態のものが出土している。長さ7.4cmという大型の縦長破片（ネフライト製）であるが，下端が弧状を呈しているもので，IV類の変形として扱っておきたい。時期は

286 付　章

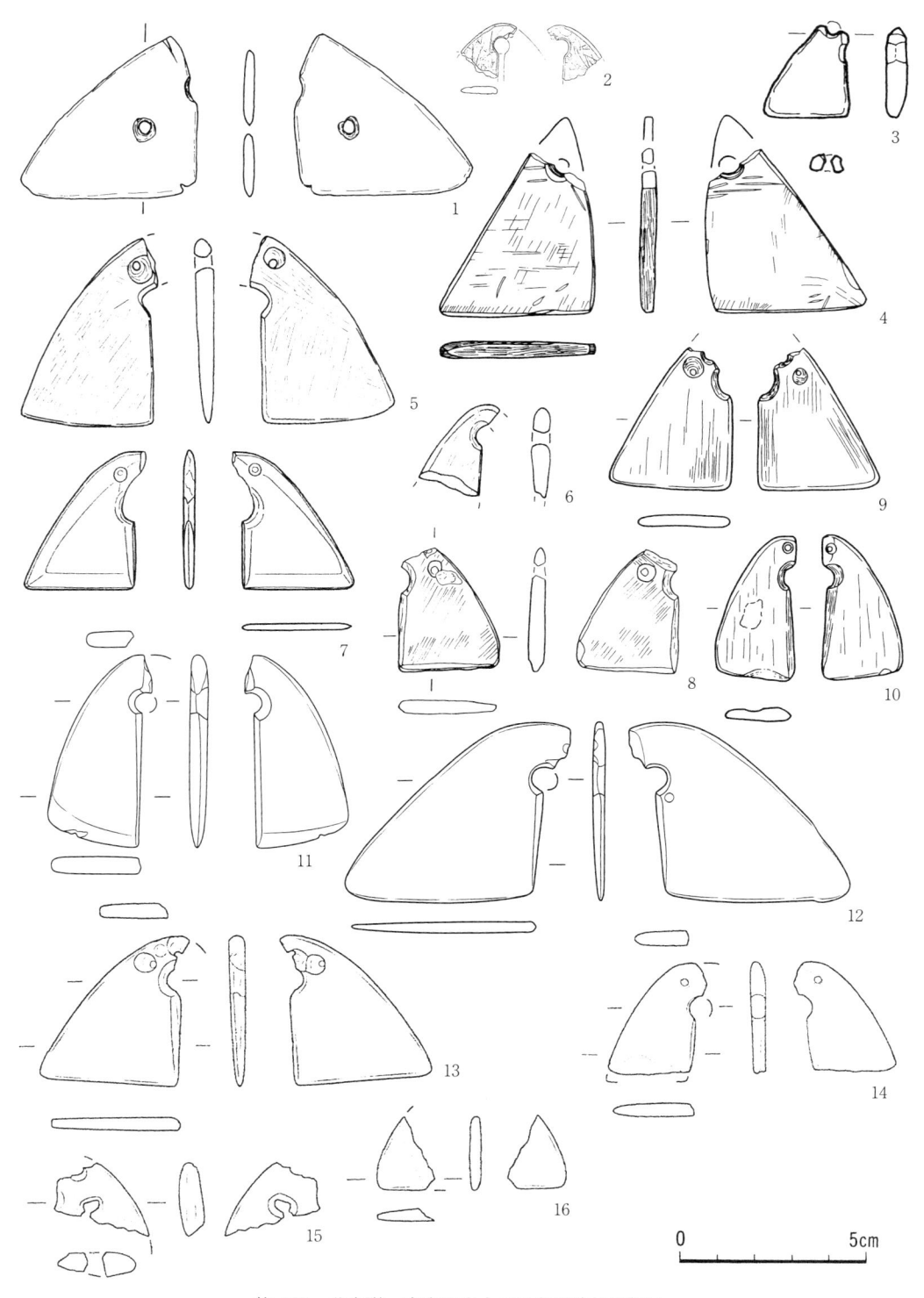

第４図　北海道・青森県出土の三角形玦状耳飾り

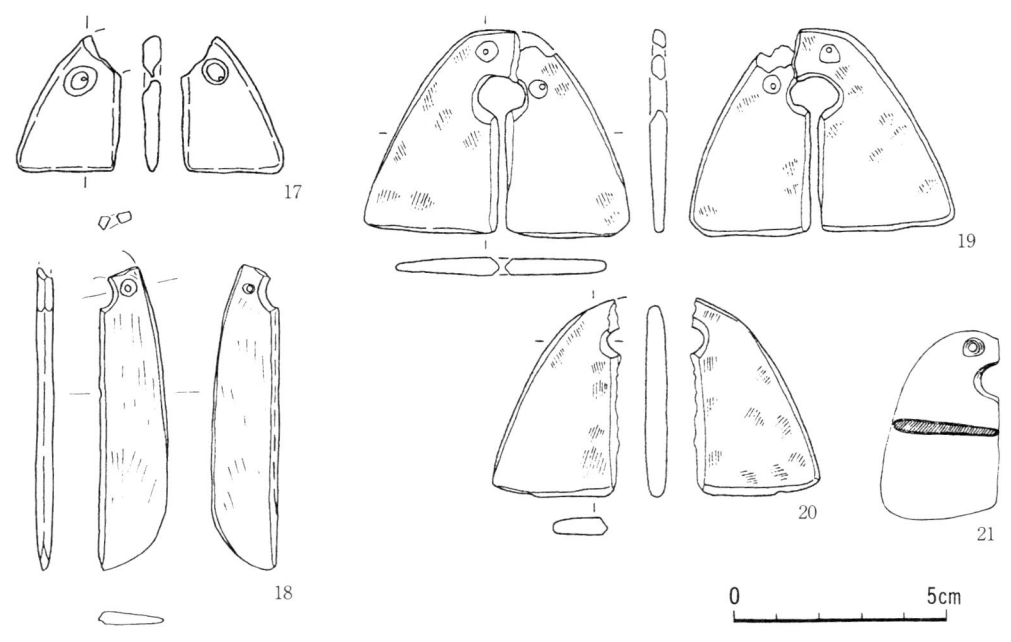

第5図　青森県ほか出土の三角形玦状耳飾り

前期末葉（円筒下層 d_1〜d_2 式期）である（第5図18）（青森県埋文 2007d）。

また，関東地方では，新たな確認例として，神奈川県中川村（現横浜市）三王社趾（第5図21）（樋口 1929），東京都馬込[1]に三角例がある。いずれも Ⅳ 類に該当する。

なお，以上のほかに，『玉文化』第7号（日本玉文化研究会 2010）では，わが国各地域の玦状耳飾りの集成作業を行っており，北海道出土の玦状耳飾りの集成も行われている。このなかには三角形のものも含まれているが，筆者の本稿（本書第Ⅲ章2）に集成したもの以外は見られない。また，本州各県のものも発表されており，三角形例は茨城県つくば未来市大谷津B遺跡，千葉県千葉市子和清水・市原市草刈A・芝山町瓜台遺跡，石川県辰口町（現能美市）灯台笹裏野A遺跡，静岡県河津町段間・伊豆の国市上西ノ窪A・裾野市上川・長泉町柏窪・沼津市長井崎・藤枝市天ヶ谷・浜松市梔池遺跡，鳥取県名和町名和乙ヶ谷遺跡，山口県宇部市月崎遺跡から出土している。また，『玉文化』第9号では神奈川県の集成も発表され，横浜市大隈仲町・宮之前・住撰・玄海田・西之谷大谷遺跡，伊勢原市田中万代遺跡，平塚市原口遺跡から出土している（坪田 2012）。

三角形玦状耳飾りが，本州最北と北海道南部の津軽海峡周辺に濃密な分布を示し，遠隔地にも分布する傾向は，以前とまったく変わっていないが，ヒスイ製玉類の生産地である新潟県や，近隣の山形・福島県に出土例がないのは，分布上非常に興味がある問題である。

註
1) 東京国立博物館に展示されているものを実見した。

5　津軽海峡域における先史ヒスイ文化

　津軽海峡域では本稿発表後も引き続き新たな確認・発掘資料が続出している。目についた例をあげると，まず青森県域では，縄文時代では青森市宮田館遺跡の竪穴住居跡から出土した，前期末葉（円筒下層d_2式期）に遡るヒスイ製玉の未製品が1点（第6図1）（青森県埋文2007a）あり，分析の結果糸魚川産と判定された。これは，津軽海峡域におけるヒスイの使用開始期に関わるものとして注目される。八戸市笹ノ沢(3)遺跡では，中期初頭（円筒上層a式期）の土坑から円盤形のものが1点出土している（第6図2）（青森県埋文2004d）。これは，本県の太平洋側地域では最も古いヒスイ製品となる。また，中期の例では，東北町蓼内久保(1)遺跡から中期末葉（大木10式併行期）の鰹節形の大珠未製品が1点出土しており（第6図3）（東北町教委2008），類例が，その後青森市後潟(1)遺跡からも出土している（第6図4）（青森県埋文2012）。平成4年の調査以来，多くのヒスイ製品や原石等が出土している青森市三内丸山遺跡では，中期のヒスイ原石片2点（第6図5）（青森県教委2004）や，南盛り土出土の円盤形大珠の優品や垂飾品・未製品など10点も報告され（第6図6，第7図7～11）（青森県教委2009），(有)遺物材料研究所の藁科哲男氏による糸魚川・青海産，日高産とする産地分析結果も紹介されている（藁科2009）。また，三内丸山遺跡に隣接する近野遺跡では，本稿（本書第Ⅱ章6）でも触れた中期中葉（榎林式期）の重さ850gもある大きなヒスイ原石1点のほかに，ヒスイ製玉の破片1点も出土した（第7図12）（青森県埋文2006b）。このほかに中期の例としては，十和田市明戸遺跡から，ヒスイ製の球状大珠破片1点が出土し（第7図13）（青森県埋文2010a），また，調査による出土例ではないが，『川内町史』では川内町（現むつ市）野家遺跡（現葛沢遺跡）出土とされる本県では類例の少ない細長い鰹節形のヒスイ製大珠や垂玉（第7図14～16）・不備無遺跡出土とされる玉斧（第7図17）等も紹介されている（川内町2005）。

　後期例では，平成2～4年の調査で，土坑墓群から県内で最も多くのヒス製イ玉類を出土したことで知られる八戸市風張(1)遺跡のヒスイ製玉群（後期後葉）の全貌が報告されたことも注目される（八戸市教委2008）。八戸市では，このほかに是川中居遺跡からも縄文後期後葉のヒスイ製勾玉1点が出土し（第7図18）（八戸遺跡調査会2004），さらに晩期前葉等のヒスイ製勾玉の出土も報告されている（第7図19）（八戸市教委2004b）・（第7図20・21）（八戸市教委2005）。また同市松石橋遺跡では，後～晩期とみられ三角柱状のヒスイ製垂玉が1点出土している（第7図22）（青森県教委2003a）。

　晩期では，以上のほかに青森市朝日山(2)遺跡では，土坑墓群から勾玉（第8図23）（青森県埋文2004a）・丸玉等計35点以上のヒスイ製玉類（第8図24～29）（青森県埋文2004b）が出土しており，階上町寺下遺跡でも晩期中葉のヒスイ製小玉（第8図30～34）（階上町教委2007）がまとまって出土している。また，八戸市荒谷遺跡では晩期末葉～弥生前期の土坑墓からヒスイ製玉が1点出土し（水野編2007），新たな確認例では浪岡町（現青森市）山元(3)遺跡出土の晩期とみられるヒスイ

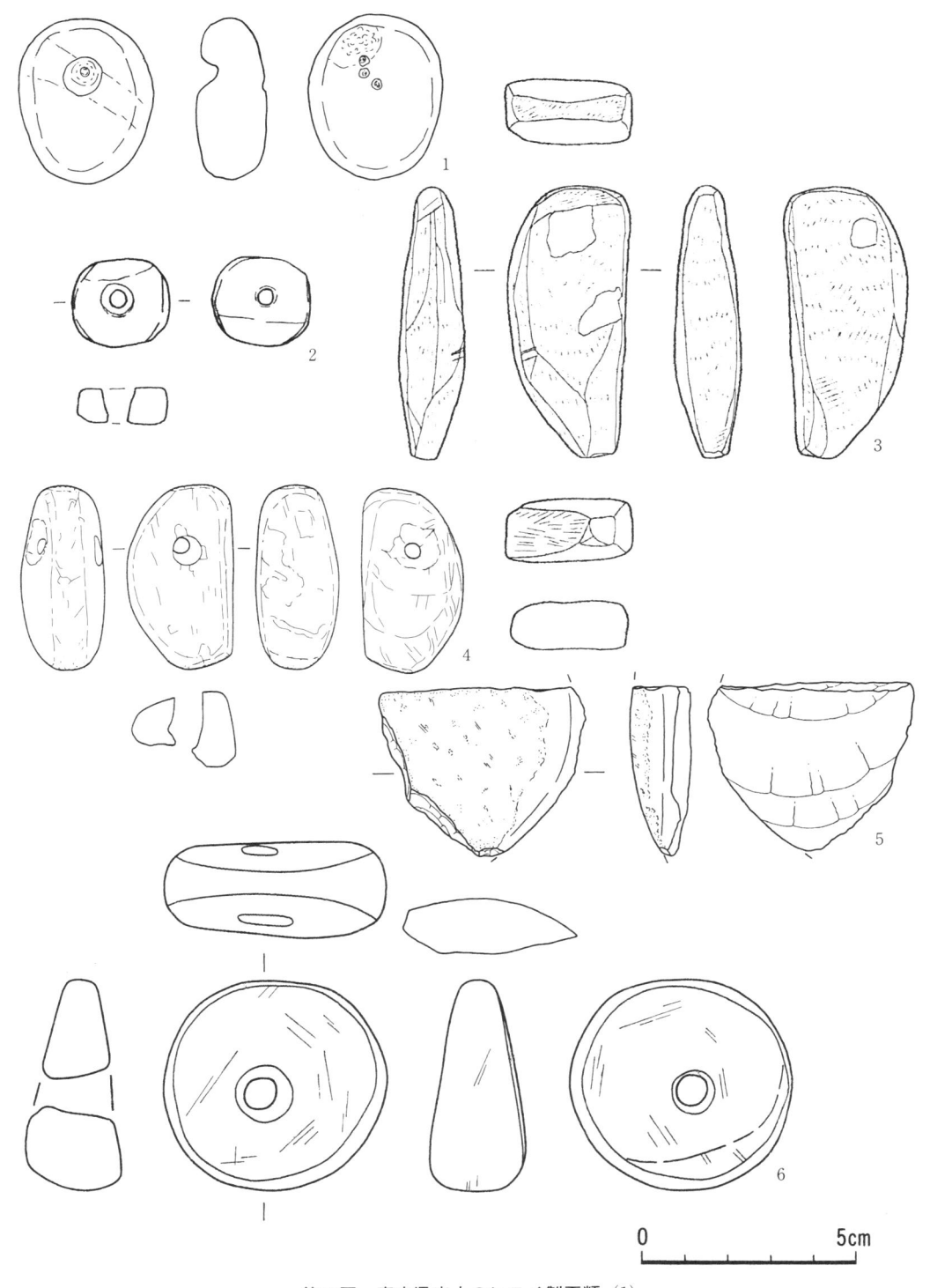

5 津軽海峡域における先史ヒスイ文化　289

第6図　青森県出土のヒスイ製玉類（1）

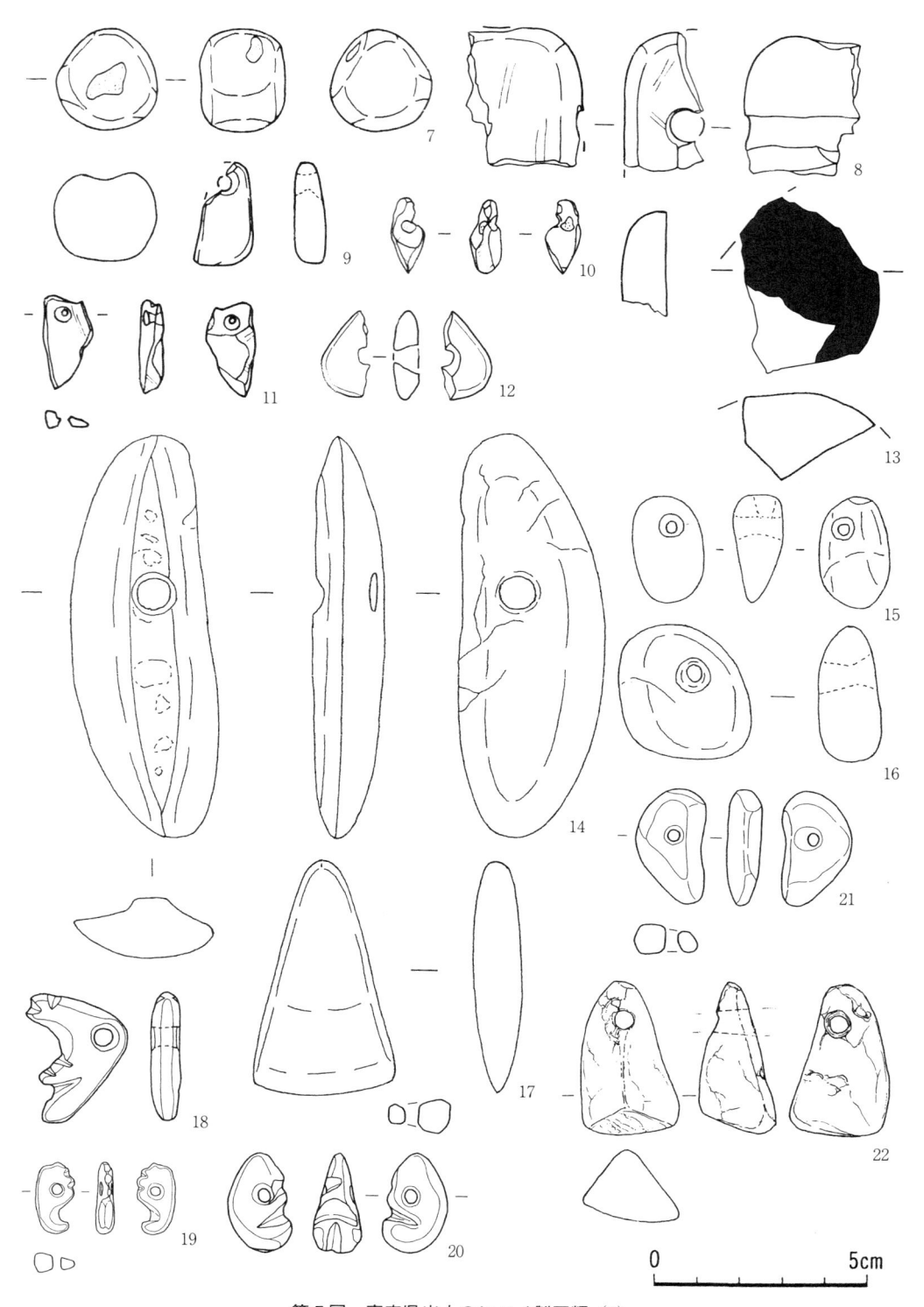

290 付章

第 7 図　青森県出土のヒスイ製玉類 (2)

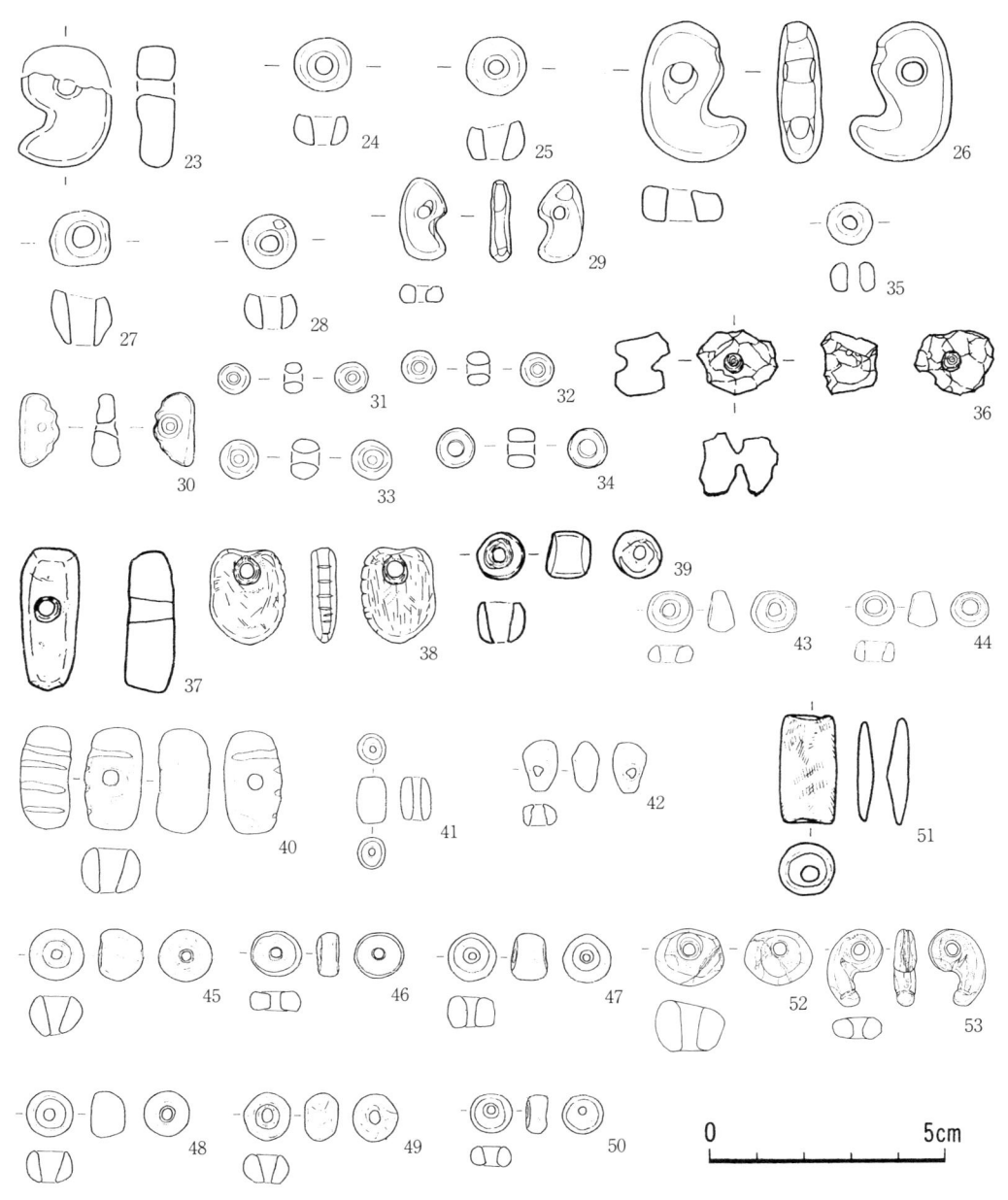

5 津軽海峡域における先史ヒスイ文化　291

第 8 図　青森県・北海道出土のヒスイ製玉類

製丸玉 1 点もある（第 8 図 35）（青森県埋文 1994c）。これらのほかに，発掘資料ではないが，弘前大学人文学部附属亀ヶ岡文化研究センターでは，青森市の成田コレクション（平成 21 年 7 月に遺族から一括寄贈されたコレクション）の整理を行っていたが，その図録を刊行し，伝黒石市花巻遺跡出土とされる球状大珠や青森市王清水遺跡とされる勾玉などのヒスイ玉類 15 点を図示・紹介している（関根・上條編 2009）。

これらの報告のほかに，未発表資料としては，青森県埋蔵文化財調査センターが平成23年に調査した西目屋村水上(2)遺跡では中期のヒスイ製大珠（円形）等3点，同じく弘前市薬師遺跡では土坑墓からはヒスイ製玉類，さらに25年度に調査している西目屋村川原平(4)遺跡では晩期とみられる土坑墓からヒスイ製玉類多数が出土し，さらに，五所川原市教育委員会が調査している旧市浦村の五月女萢遺跡では後期末葉から晩期後葉にかけての，いまだにマウンドが残されている土坑墓群の一部からヒスイ製勾玉・丸玉等多数が出土しており，今後の整理が注目される。

弥生時代では，田舎館村垂柳遺跡から弥生中期（田舎館式期）のヒスイ製の玉の未製品1点が出土している（第8図36）（田舎館村埋文2009）。また，新たな確認例として平賀町（現平川市）大光寺新城跡遺跡から，弥生時代の可能性のあるヒスイ製玉類2点が出土している（平賀町教委2001）。

つぎに，北海道南部では，新たな出土例としては，南茅部町（現函館市）垣ノ島A遺跡では後期末葉（堂林式期）の土坑からヒスイ製垂飾品1点（第8図37），遺構外からヒスイ製垂飾品1点（第8図38）（南茅部町埋文調査団2004）があり，臼尻C遺跡でも後期末葉（堂林式期）のヒスイ製とみられる丸玉1点（第8図39）（函館市教委・函館市埋文事業団2007）があり，松前町東山遺跡では縄文晩期の土坑墓一基（土坑墓6）から漆塗り櫛や土製の玉類とともに連珠状の状態でヒスイ製玉が18点出土している（第8図40～50）（松前町教委2005）。

また，続縄文時代の新たな確認例として，上磯町（現北斗市）茂別遺跡の土坑墓から出土したヒスイ製管玉1点があり（第8図51）（道埋文1998b），新たな出土例としては，森町鷲ノ木遺跡のヒスイ製の丸玉・勾玉各1点（第8図52・53）（森町教委2008）がある。

6　青森県出土の琥珀

　本稿ののちも青森県域からは琥珀の出土が相次いでいる。このなかで，目についた例を示すと以下のとおりである。

　まず縄文時代のものでは，本稿で述べた野辺地町向田(18)遺跡の装飾品・原石各1点（第9図1・2）（野辺地町教委2004）のほか，十和田市明戸遺跡では，縄文前期後半という本県域では最も古い時期の琥珀片が竪穴住居跡から出土し（青森県埋文2010a），五戸町西張平遺跡では，中期初頭（円筒上層a式期）の竪穴住居跡から琥珀破片が少量（青森県埋文2007c），中期後葉～末葉では，東北町蓼内久保(1)遺跡の竪穴住居跡から琥珀製品・琥珀加工品各1点（第9図3・4）と細片（東北町教委2008），中期末葉では，八戸市田代遺跡の竪穴住居跡から，中期末葉（大木10式併行期）の琥珀片（青森県埋文2006a），後期では八戸市中居林遺跡の竪穴住居跡などから後期初頭の琥珀微量（青森県埋文2009a）が，それぞれ出土している。

　また，北海道では，石狩市紅葉山49号遺跡出土の縄文中期後半の琥珀に，産地分析の結果，サハリンの栄浜，石狩市望来浜産と久慈産の琥珀があったとする結果が報告されている（小笠原・原2005）。北海道出土の縄文時代の琥珀については，以前から北海道南部の八雲町栄浜1遺跡の中期末葉例（八雲町教委1983）や登別市川上B遺跡の中期末葉～後期前葉例（道埋文1983・1986）について，久慈産とする見解（北沢1985，寺村1986）があったわけであるが，石狩地方以南から出土する縄文時代の琥珀については，久慈産が多いものと推測される。

　また，弥生時代のものでは，八戸市是川中居遺跡では，遺構外から前期の琥珀製玉1点が出土し（第9図5）（八戸遺跡調査会2004），田舎館村垂柳遺跡では遺構外から中期の琥珀製管玉1点と琥珀製平玉2点が出土している（第9図6～8）（田舎館村埋文2009）。

　また，本稿の段階では正式な報告書未刊としていた七戸町森ヶ沢遺跡の調査報告書が平成20年に刊行された（阿部編2008）。これによると，古墳時代中期の琥珀製玉41点と，その埋木玉3点の計44点が出土しており，うち42点が10号土壙墓の出土品（第9図10～30）である。内訳は勾玉5点（10・11），枝状玉（12）2点，棗状玉（13）1点，半割玉（14）1点，丸玉（16・21・29）11点，臼玉（15・26・27）10点，玉（18～20・22～24・30）9点，そろばん玉（25・28）2点，小玉（17）1点で，うち30ほか2点は埋木玉である。そのほか，7号墓からは琥珀小原石片1点，C4住居址からは琥珀製臼玉剥片が1点出土しており，これらのうちの2点が分析され，久慈産とするには疑問が残るとしている。古墳時代の出土例としてはほかに，八戸市市子林遺跡で古墳中期の続縄文土器を伴う土坑から琥珀製玉（第9図9）やガラス製玉・石製臼玉等多数の玉類が出土している（八戸市教委2004a）。同時期例としては，ほかに同市田向冷水遺跡でも，中～後期の竪穴住居跡から琥珀玉未製品・原石が出土しており，当地においても琥珀の加工が引き続き行われていたことがうかがわれる（八戸市教委2006）。

　また，古代では八戸市八幡遺跡では平安時代前半（9世紀前半）の竪穴住居跡から琥珀細片が出

294 付 章

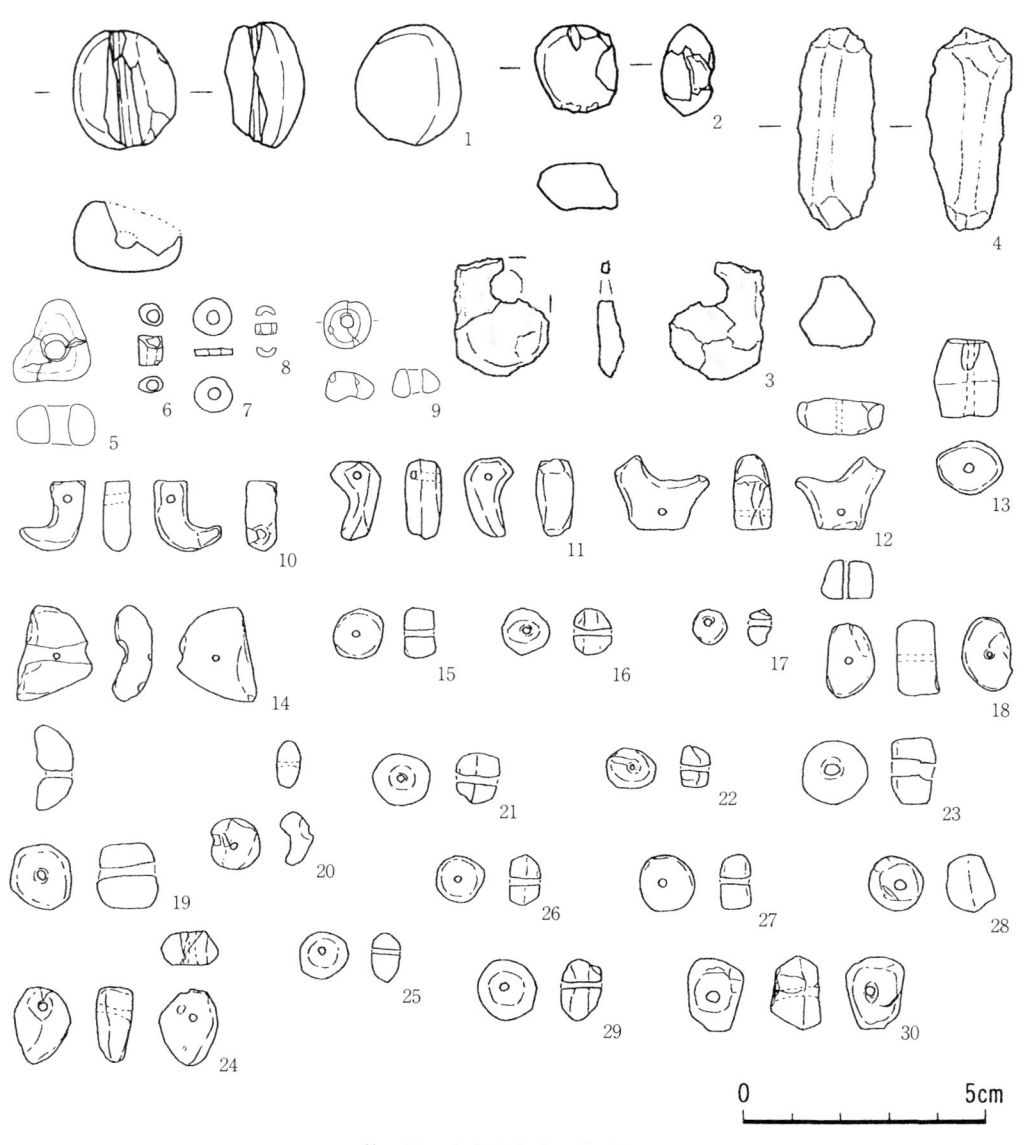

第 9 図　青森県出土の琥珀製品

土している（八戸市教委 2007）。

　以上のように，本県の琥珀は，従前通り太平洋側地域から多数出土しているが，平成 24 年に青森県埋蔵文化財調査センターが行った西目屋村水上(2)遺跡の調査では，縄文中期後半の琥珀片が出土している。未発表資料ではあるが，一見して久慈産と推測されるもので，従来，本県域では青森市三内丸山遺跡がその分布の西限であったが，日本海側地域にまで及んでいたことを示すものとして注目される。

7 津軽海峡とサメの歯

　本稿ののち，津軽海峡域におけるサメ歯の穿孔品については，類例が若干増えているので，ここに紹介しておくと，まず北海道では，函館市石倉貝塚で縄文時代後期前葉の第2貝層からサメ類歯の穿孔品1点（第10図1），同第3貝層からサメ類歯の穿孔品，アオザメ歯の穿孔品が各1点出土している（第10図2・3）（函館市教委1999）。また，津軽海峡に面する上磯町（現北斗市）茂別遺跡では，続縄文前半（恵山式期）の墓（P112）から石鏃2点，環石破片1点とともにホホジロザメ歯の加工品が1点出土しており（第10図4）（道埋文1998b），墓の副葬品とみられるものである。

　また青森県では，サメ歯の穿孔品ではないが，八戸市是川中居遺跡から，縄文晩期のサメ歯（八戸市教委2002b），同遺跡長田沢地区からも晩期のアオザメ歯1点が出土し（八戸遺跡調査会2002a），三戸町泉山遺跡では平成13年の捨て場跡の調査で，サメ歯の化石3点が出土している（野田2005）。また，上北町（現東北町）東道ノ上(3)遺跡からは前期中頃（円筒下層a式期）のサメ類（アオザメか）の加工品も出土している（青森県埋文2006c）。

　これらのほか，ごく最近になって，津軽半島十三湖北岸の五所川原市五月女萢遺跡の調査では，縄文後〜晩期の土坑墓からサメの歯がまとまって出土している。詳細は，整理作業中のためまだ不明であるが，本県としては初めての土坑墓出土例となる。この例と同様の例は，実は岩手県浄法寺町（現二戸市）の上杉沢遺跡に既にある。晩期中葉（大洞C₁〜C₂式期）の土坑から土器片・石鏃6点・赤色顔料とともにホホジロザメ歯が2点出土している（浄法寺町教委2001，金子2001）。ともに，土坑墓の副葬品とみられるもので，東北地方北部の縄文後・晩期の葬送儀礼・祭祀，北海道との関わりを知るうえで，注目される。

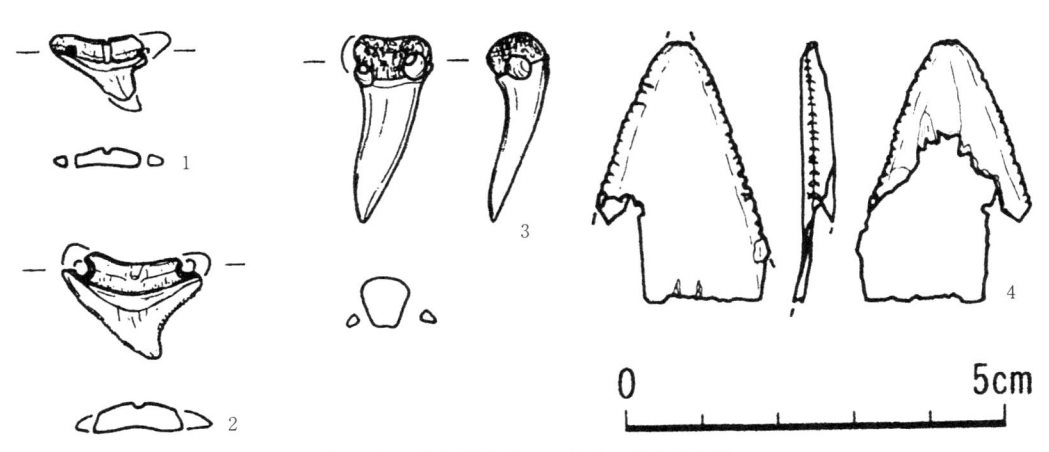

第10図　北海道南部出土のサメ歯の加工品

8 北日本におけるベンケイガイ交易

　本稿発表後になって，つがる市田小屋野貝塚の正式な発掘報告書が刊行された（青森県立郷土館1995a）が，その後，津軽海峡域では縄文時代の新たな資料が出土したり，ベンケイガイ産地に関する新情報が得られているので，ここに紹介しておく。

　まず，北海道におけるベンケイガイ製貝輪については，函館市石倉貝塚の調査によって，未製品・破損品を含めてベンケイガイ製貝輪が出土している（第11図1）（函館市教委1999）。これらを踏まえ，苫小牧市埋蔵文化財調査センター（当時）の佐藤一夫氏は北海道内の貝製品を集成し，縄文〜続縄文遺跡計22ヶ所を収録している（佐藤2000）。

　また，筆者は，（財）北海道埋蔵文化財センター（当時）の越田賢一郎氏からの，平成13年8月に「北海道瀬棚町の海岸でベンケイガイを採取した」との情報を紹介した（福田2002a）。これは，従来，北海道におけるベンケイガイの生息情報が考古学研究者には，ほとんど知られていないことから紹介したもので，その後の研究者に一つの視点を提供することとなった。

　この後，千葉県市原市埋蔵文化財調査センターの忍沢成視氏は，北海道出土のベンケイガイは，すべて本州からもたらされたのかという問題意識に立って，北海道南部の海岸においてベンケイガイ殻の打ち上げ状況を調査した結果，函館市の古川海岸で大型の個体を2点採集し，今後の北海道南部沿岸地域における打ち上げ貝調査の継続と津軽半島における縄文中期以降，とくに後期の生産遺跡の調査に期待がかけられるとする課題を指摘した（忍沢2006）。この函館市における生息分布については，平成18年には函館市大森浜での採集例も紹介され[1]，北海道南部の津軽海峡沿岸におけるベンケイガイの生息は疑い得ない事実となった。

　つぎに青森県では，平成7年以降筆者は，青森市三内丸山遺跡出土の縄文前期中葉（円筒下層a・b式期）のベンケイガイ破片例（青森県教委1998a），及び倉石村（現五戸町）薬師前遺跡の後期前葉（十腰内I式期）の壮年女性人骨にはまった状態で発見されたベンケイガイ製貝輪例（倉石村教委1998）を追加し，本県域出土の貝製品についてまとめている（福田2002a）。

　本県域におけるその後の新たな出土例として，小川原湖南部西方の天間林村（現七戸町）二ツ森貝塚（西地区第II号貝塚）では，平成15年の調査によって縄文中期中葉（円筒上層c式〜榎林式期）の環状形のベンケイガイ製貝輪未製品2点が出土し（第11図6）（七戸町教委2007），小川原湖南西部の上北町（現東北町）東道ノ上(3)遺跡では，平成16年の県埋蔵文化財調査センターの調査によって前期中葉（円筒下層a式期）のベンケイガイ製貝輪や破片が多数出土している（青森県埋文2006c）。これらのなかでとくに注目すべきは東道ノ上(3)例で，環状型の未製品・破片（第11図4・5）のほかに，本県では初めての半環状型の製品・未製品も出土した（第11図2・3）ことである。両端に穴をあけ複数個を紐で連結して用いたとみられるもので，北海道ではそれまで多数出土していたタイプのものである。ベンケイガイの破片数は135点，最少個体数は13点と本県ではもっとも多い出土数で，この地域において明らかに貝輪製作が行われたことを示すものと言

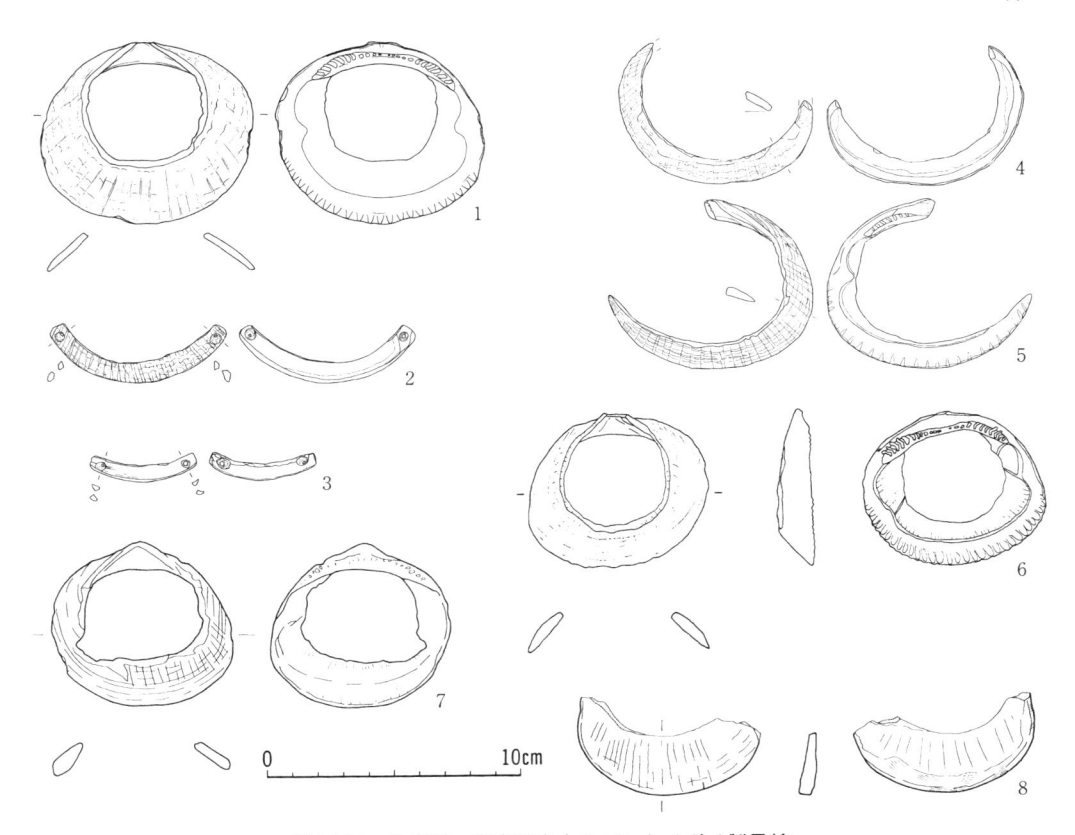

第 11 図　北海道・青森県出土のベンケイガイ製貝輪

えよう。また，太平洋側の岩手県との県境に近い階上町寺下遺跡からは，平成 16 年の調査によって，晩期中葉（大洞 C_1 式期）のベンケイガイ製貝輪の未製品・破損品など 12 点が出土している（環状型。第 11 図 7・8）（階上町教委 2007）。

註
1) 2006 年 4 月 30 日に青森県立郷土館で行われた青森県地学教育研究会の席上，函館市の遺愛女子中学校教諭の雁沢夏子氏が発表した，函館市大森浜における漂着物調査で採集した貝のなかに大型のベンケイガイがあった。

9 津軽海峡域と南海産貝類

本稿後,津軽海峡域の南海産貝類の問題に関連して,北海道や東北地方北部で新たに確認された資料がいくつかある。北海道礼文町船泊遺跡の縄文時代後期中葉のイモガイ・メダカラガイ(以下,メダカラ)製品(礼文町教委2000)や岩手県軽米町長倉Ⅰ遺跡の後期末葉～晩期前半のイモガイ製品・オオツタノハ製装身具の土製模造品(岩手県埋文2000b),北海道余市町大川遺跡の晩期のイモガイ殻頂部の土製模造品(宮編1995,中鉢1999),さらに青森市三内丸山遺跡のイモガイの全形を模倣したとみられる中期の土製品などであるが,これらについては既にまとめて紹介した(福田2002a)ので,この後新たに出土したり確認された例について,ここに紹介しておきたい。

1. タカラガイ

青森県からいわゆる南海産の貝類とされるタカラガイが初めて出土した。東北町東道ノ上(3)遺跡から出土したもので,縄文前期中葉(円筒下層a式期)のメダカラ4点である(第12図1～3)。しかし,メダカラには明確な加工痕は認められていない。ここではほかに,殻頂部が欠損したマクラガイも26点出土している(青森県埋文2006c)。

なお,メダカラの生息地の北限とされる青森県域で,筆者は2007年7月以来,採集調査を行っており,これまで津軽半島北部の日本海岸においてメダカラ多数(写真1)とチャイロキヌタを少数採取し,さらに下北半島六ヶ所村泊の海岸においてもメダカラを少数採集している。メダカラについては,津軽海峡に面した北海道松前町の海岸においても採集されており(鈴木・福井2010),北海道船泊遺跡等から出土しているメダカラの伝来経路等を考えるうえで注目される。

2. イモガイ形土製品

イモガイ螺頭部を輪切りにしたような形態のものが2点ある。第12図4は,これまで多くの類例を出土している八戸市是川中居遺跡(長田沢地区1区)の遺構外から出土した晩期のもので,半分以上が欠失している。渦は右巻きであろうか(八戸遺跡調査会2002a)。第12図5は同市松石橋遺跡の遺構外から出土した晩期のもので,周縁部が欠損している。渦は右巻きである(青森県教委2003a)。ともに,筆者が第1類a(福田1998c)に分類したものである。またこのほかに,近年,旧市浦村(五所川原市)五月女萢遺跡からも出土したものがあるが,未報告である。

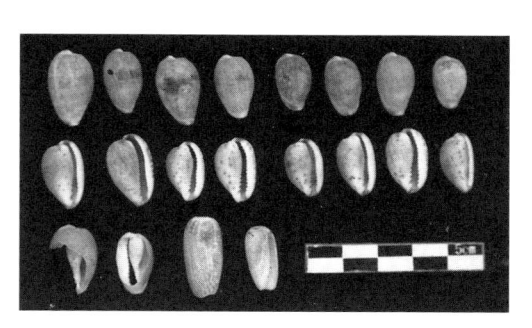

写真1 津軽半島北部の海岸で採集したメダカラ
(下段右2点はマクラガイ)

9 津軽海峡域と南海産貝類　299

3. イモガイ形石製品

　同様のもので石製品が2点ある。第12図6は青森市稲山遺跡の第291号土坑から出土した後期前葉（十腰内Ⅰ式期）とみられるものである。完形品で渦は左巻き，凝灰岩製とみられる（青森市教委2002）。また，第12図7は既出資料の再確認であるが，釧路市幣舞遺跡の遺構外から出土

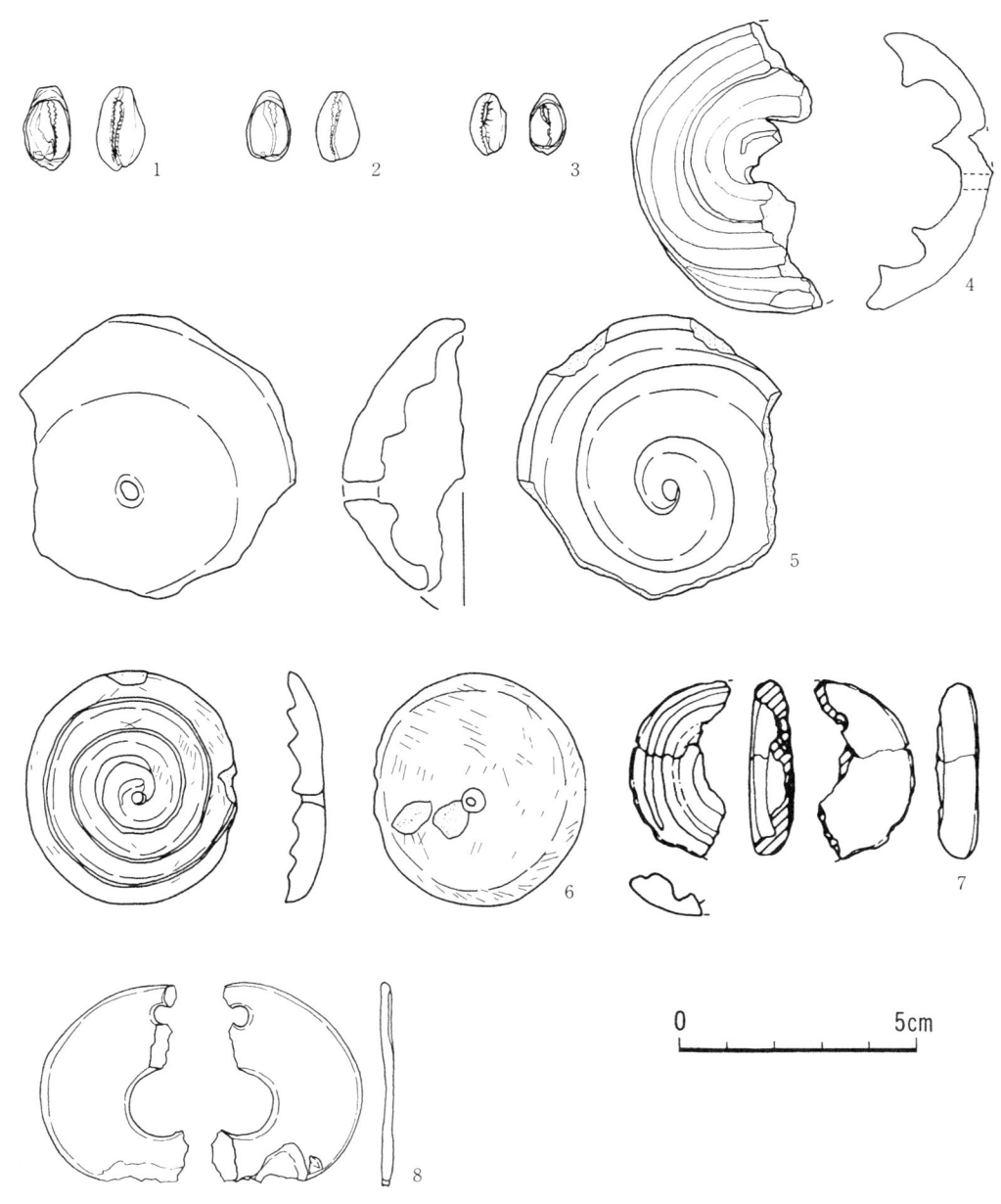

第12図　北海道〜岩手県出土の南海産の貝類関連遺物

していた晩期後半〜続縄文前半のもので，半分以上が欠失している。渦は左巻きで凝灰岩製である（釧路市埋文1996）。ともに，筆者が第2類a（福田1998c）に分類したものである。この幣舞例は，イモガイ形製品の濃密分布地域である津軽海峡域とはかなり離れた地域からの出土例ではあるが，この遺跡では続縄文前半（興津(おこつ)式期）の墓から，北海道南部でも生息が確認されている暖流系のベンケイガイ製貝輪が19点も出土している（釧路市埋文1994）ことから，イモガイに関わる情報が何らかの形でこの地に及んでいたとしてもおかしくはない。

なお，このイモガイ製石製品や土製品については，最近，その編年や用途等について検討がなされている（金子2011）

4.「の字状石製品」

イモガイ螺頭部(らとうぶ)を模したとみられるもので，新たに確認されたものが1点ある（第12図8）。昭和56年に盛岡市大館町遺跡の大型竪穴住居跡（RA306号）から出土していた中期前葉（大木(だいぎ)7b式期）のもので，半分近くが欠失している。石材は記載がなく不明である。報告者は，「玦状耳飾りの欠損品とみられるが，懸垂飾ともみられる」（盛岡市教委1982）としている。この石製品は長野・新潟両県域を中心に分布している「の字状石製品」とみられるもので，東北地方北部では，本県三戸(さんのへ)町泉山遺跡についで2例目となるが，実は本県日本海側の鰺ヶ沢町東禿(ひがしかむろ)(2)遺跡には，平成20年に同町教育委員会が行った調査で，土坑内から出土した未報告例1点がある。これは，副葬品ともみられるもので，報告が待たれる。

10　津軽海峡域における土器片錘

　本稿発表後，津軽海峡域においては新たな資料の確認や報告があったので，筆者の目に付いたものをここに紹介しておきたい。

　まず，本県例では，新たな確認例として下北半島太平洋側にある東通村前坂下(13)遺跡では，土坑から前期初頭（表館式併行期）の土器片錘の完形品が1点出土している（第13図1）（青森県埋文1983a）ことが確認された。また，調査者により東北町蓼内久保(1)遺跡出土の資料をもとにした県内の土器片錘の集成も行われている（工藤2007）。蓼内久保(1)遺跡は小川原湖南西岸にある遺跡で，平成17・18年に東北町教育委員会によって調査が行われ，同20年3月に報告書が刊行された。縄文前期初頭（早稲田6類期）の土器片錘が72点以上という県内で最も多くの資料を出土し（第13図2～14），しかもそのなかには，同一土器から作られた接合資料も含まれており注目される（東北町教委2008）。同じく小川原湖南西部にある東北町大坊頭遺跡では早期末葉～前期初頭の土器片錘2点が出土した（第13図15）（青森県埋文2008a）。また平成17～19年に三沢市教育委員会によって調査が行われた，小川原湖東岸の三沢市根井沼(3)遺跡では，前期初頭（早稲田6類・尾駮式期）の土器片錘が20点出土した（三沢市教委2009）。そのほかに，これまでまったく資料がなかった陸奥湾南奥の青森市では西部の新田川流域において，新田(1)遺跡（A区）から，前期初頭（早稲田6類期）の土器片錘が11点出土し（第13図16～19）（青森県埋文2009b），さらに八戸市田代遺跡では，本県では非常に稀な縄文中期（末葉）の土器片錘が1点出土している（第13図20）（青森県埋文2011a）。長さ3.3cmという小型であるが，両側面中央に抉り込みが施されており，本県南部の河川流域では，小川原湖南部の姉沼周辺と同様，この時期にも土器片錘が使われていたことが明確になった。

　これらのほかに，青森市中平遺跡では，これも本県では類例がない縄文後期以降の土器片錘が出土したとされるが，抉りが不明確であり土器片錘とするには疑問が残る（青森県埋文2010b）。

　つぎに，岩手県であるが，あらたな確認例として，県北の軽米町長倉Ⅰ遺跡から，縄文後期後葉の土器片錘とされるものが出土している（岩手県埋文2000b）。長辺部の中央がやや抉られたような感じであるが，津軽海峡沿岸地域の早期～前期初頭のものとはかなり異なるので，類例の増加を期待して，不明としておく。

302　付　章

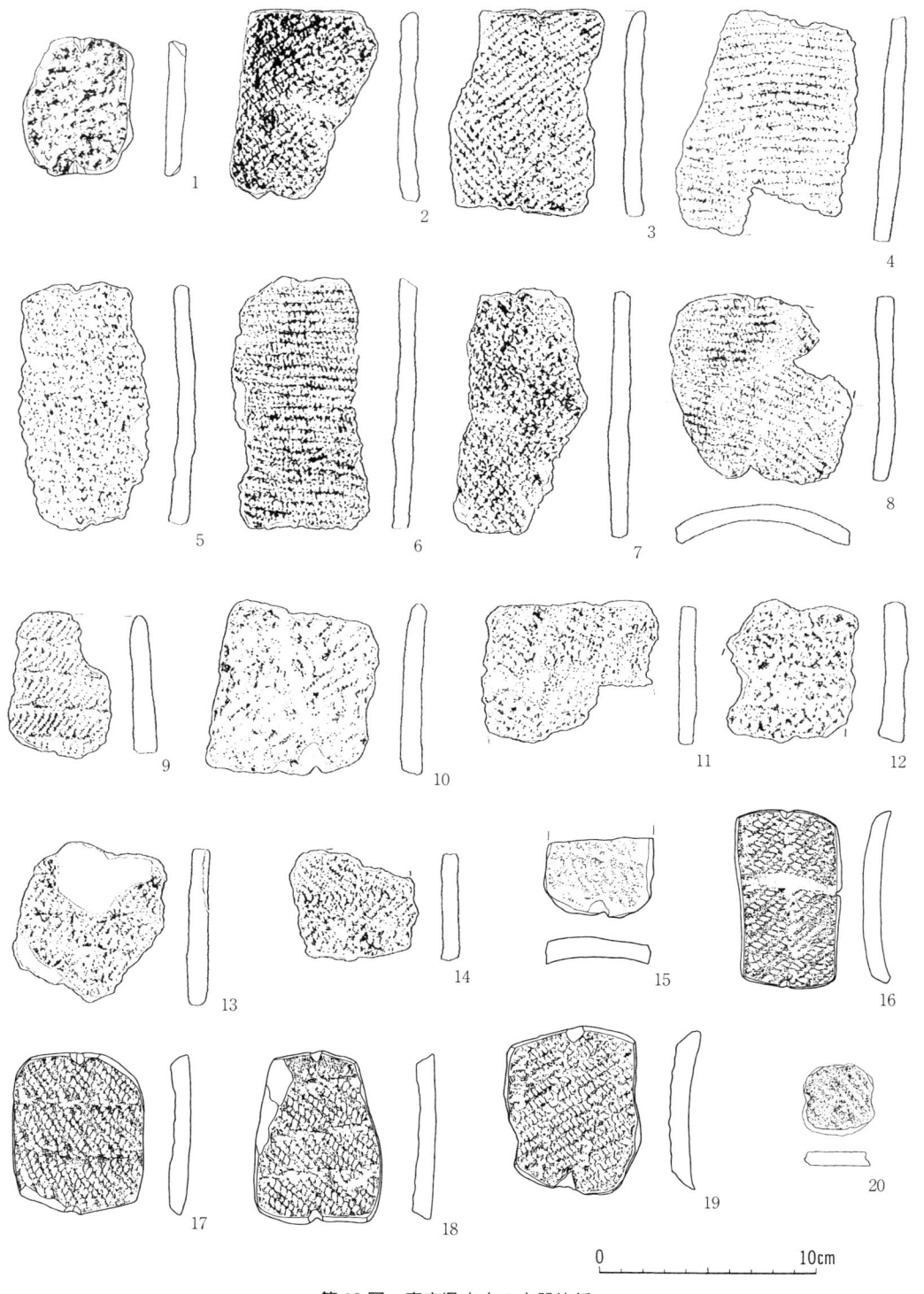

第13図　青森県出土の土器片錘

11 本州北辺地域における先史アスファルト利用

　アスファルトが付着した遺物，さらにアスファルト塊は，津軽海峡の南北地域から多数出土している。本稿後，青森県域からは，引き続きアスファルトが付着した遺物等の出土例が相次いでおり，とくに縄文時代中期以降の資料が多い。この時期には，本県域の各集落においては一般化していたものとみられ，とくに珍しい貴重な存在ではなくなったようである。このような考えから，その後の新たな出土遺跡の集成は行っていないが，それらのなかで，注目される例，及び分析結果などについてまとめておく。

　まず，青森県で注目される代表格は，青森市石江遺跡の例であろう。ここでは，縄文前期末葉の土坑からアスファルトの小塊が深鉢形土器に納められた状態で出土している（第14図1）（青森県埋文2008c）。この土坑からは，ほかに石鏃・石匙・大型磨製石斧等も出土し，副葬品の一つであったと考えられる。アスファルトはこの時期には貴重品として扱われていたのであろう。また，野辺地町向田(36)遺跡では，同様に前期末葉（円筒下層d_1式期）に遡る深鉢形土器の内面に，アスファルトが付着したものが出土している（野辺地町教委2011）。このほかに，八戸市黒坂遺跡でもアスファルトが入った中期末葉〜後期初頭の深鉢底部が出土し（第14図2）（青森県埋文2001），さらに東北町蓼内久保(1)遺跡でも，中期末葉のアスファルト塊10.6g・アスファルト入り土器底部・アスファルト付着土器が出土している（東北町教委2008）。

　また，八戸市中居林遺跡では墓とみられる土坑内で，入れ子状態で逆さまに出土した後期初頭の粗製深鉢（内側）から珪質頁岩製スクレイパーとともにアサリの貝殻に入れた痕跡のあるアスファルト塊（第14図4）が出土しており（青森県埋文2008b），二枚貝がアスファルトをすくう匙の機能をもつ道具に使われたことが推定される。類例には，平成7年に五所川原市実吉遺跡から出土した縄文時代とみられるもので，大型二枚貝の殻頂部痕の付いた13.2cm長のアスファルト塊（第14図5）がある（青森県埋文1997a）。このほか，蓬田村山田(2)遺跡でも，後期初頭のアスファルト入り粗製深鉢底部（第14図3）が出土している（青森県埋文2010c）。この報告書では，青森市三内丸山(6)・石江例，中居林例も含めた成分分析と原産地推定が行われており，中居林例は本県蟹田町（現外ヶ浜町）産，秋田県駒形産の双方に近く，三内丸山(6)[1)]・石江・山田(2)例は秋田県旧昭和町（現潟上市）産（豊川油田）に近いという結論が述べられている（氏家ほか2010）。

　また，弥生時代では，八戸市風張(1)遺跡の土坑から前期（馬場野Ⅱ式期）の甕形土器に団子状のアスファルト塊が複数個入った状態で出土している（八戸市教委2008）。弥生例としては，本県では初めての出土例であり注目される。

　また岩手県では，大船渡市長谷堂貝塚で，中期末葉〜後期初頭の埋設土器からアスファルト塊が出土している（岩手県埋文2001b）。このほかに，秋田県田沢湖町（現仙北市）潟前遺跡では，中期末葉の土器から2,480gという多量のアスファルト塊が出土した例がある（秋田県埋文1999c）。また，北海道南部では，八雲町野田生1遺跡から，後期中葉のアスファルトが付着した石器や埋

304　付章

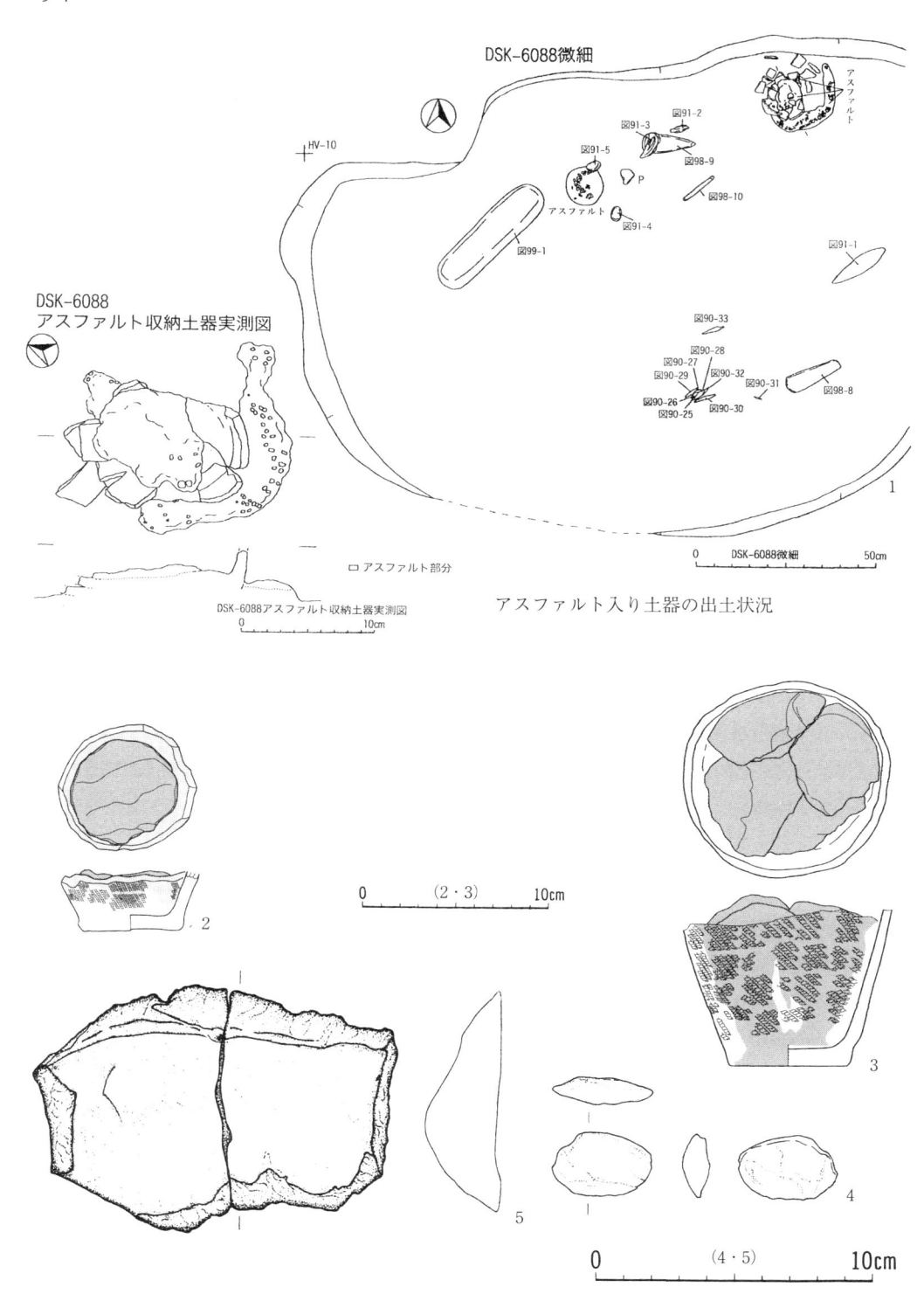

第14図　青森県出土のアスファルト入り土器とアスファルト塊

設土器にアスファルト塊が入った状態で出土しており，道内各地の類例は，各遺跡に近い油田・油徴地産のものが使われたのであろうとする新たな考えも提示された（道埋文2003a・2004）。これらのほかに，新潟県の例では，津川町（現阿賀町）大坂上道遺跡では，平成5年の調査で後期中葉の土器内からアスファルト塊が出土している（新潟県教委ほか1996）。大坂上道例は，新潟県ではこれまで，類例がほとんど知られていなかったもので，この地域のアスファルトの流通ルートを考えるうえで重要であろう。

また，北海道礼文町船泊遺跡出土の頁岩製剝片と鹿角製離頭銛頭（後期中葉）に付着していたアスファルト例については，糸魚川産ヒスイや南海産のイモガイ製品の出土など南との関わりからも注目された遺跡の出土品であるが，この方面の研究の第一人者である北海道大学の小笠原正明氏は，分析の結果，その一部は国内産ではないことを指摘した（小笠原2000a）が，その後同氏は，これについて地理的に近いサハリン産の可能性も考えられるとし，さらに秋田県の産地周辺や岩手県沿岸にかけての遺跡から出土したアスファルトについては，新潟県産（新津市）ではなく，秋田県産の可能性が高く，新潟県の産地周辺から東北地方南部の出土例は新潟県産の可能性が高いことを指摘している（小笠原2000b）。また，北海道南部出土のものは，秋田県豊川油田産であったとしている（小笠原・阿部2007）。

今後，縄文時代等のアスファルトの研究は，現在行われているような化学的産地分析による原産地推定の進展とともに，新たな原産地の発見（確認），そしてアスファルトの精選作業の復元研究が望まれる。

註
1) 小笠原氏は，三内丸山(6)遺跡出土アスファルトについては，秋田県二ツ井産（現能代市駒形産）と判定した（小笠原2001）。

12 津軽海峡交流と弥生石偶

　本稿を発表後，本県中泊町（旧小泊村）坊主沢遺跡の発掘調査報告書が刊行され（小泊村教委2003），さらにまた，新たな石偶出土例や論考，既発表資料の確認があったので，目にとまったものを紹介しておく。

　まず青森県の石偶では，坊主沢遺跡の遺構外から，弥生時代前～中期の二枚橋～宇鉄II式期のもので，6.37 cm 大の大型の黒曜石製石偶が1点出土している（第15図4）（小泊村教委2003）。また，青森市上野尻遺跡では，遺構外から縄文後期後葉とみられる珪質頁岩製の石偶が1点出土し（第15図1）（青森県埋文2003c），八戸市是川中居遺跡では，G区遺構外から弥生前期（砂沢式期）の珪質頁岩製の石偶1点が出土している（第15図3）（八戸遺跡調査会2004）。

　つぎに北海道では，既出資料の確認例ではあるが，釧路市幣舞遺跡では，遺構外から縄文晩期後半～続縄文前半の黒曜石製石偶が1点出土し（第15図5）（釧路市埋文1996），上磯町（現北斗市）茂別遺跡では，遺構外から続縄文前半（恵山式期）の珪質頁岩製石偶が1点出土している（第15図6）（道埋文1998b）。

　また，宮城県では石越町（現登米市）富崎貝塚から，縄文後期後葉（宮戸IIIa式期）の石偶（第15図2。石材不明）1点が出土している（石越町教委2003）。

　さらに，これらのほかに，青森県立郷土館（当時）の鈴木克彦氏による石偶等の集成・分類的な研究も発表されている（鈴木2005）。

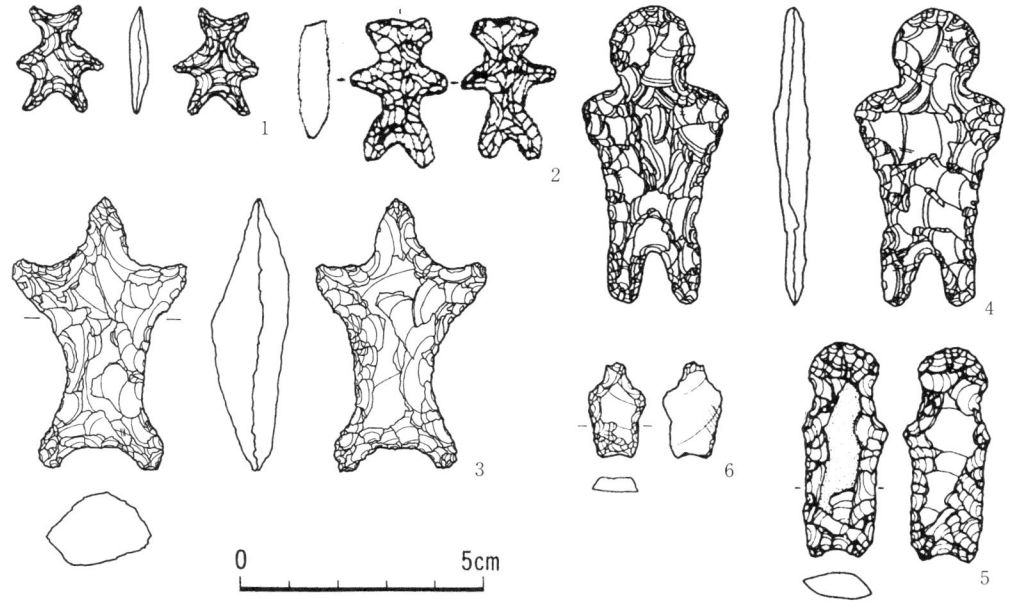

第15図　北海道～宮城県出土の石偶

13 ロシア連邦国立極東博物館所蔵の大型磨製石斧

　長さ30 cm以上もある特大石斧ではないが，20 cm台後半の大きさの大型石斧の資料については，本稿発表後も増加している。まず，北海道では，以前から出土していたもので，新たに確認できたものに津軽海峡に面した上磯町（現北斗市）茂別遺跡例がある。ここでは縄文時代前期とされる長楕円形の土壙墓から，北壁に立てかけられた状態で円刃タイプの大型石斧（長さ26.8 cm，緑色泥岩製）が1点出土している（第16図1）（道埋文1998b）。また，北海道南部の上ノ国町北村遺跡では，昭和58年の水道管工事の際に大型磨製石斧3点が出土しており，平成18年になって報告された。すべて円刃タイプで，そのうちで最長のものは長さ29.8 cm，重さ1,392.3 gである（第16図2）。同町教育委員会はのちに，出土地周辺にテストピットをあけて調査したが，新たな出土遺物はなく年代は不詳であった（上ノ国町教委2006）。

　つぎに，青森県のその後の出土例としては，平成18年に行われた青森市石江遺跡の調査によって出土したものがある。前期後葉（円筒下層c式期）の土坑から出土した偏刃タイプの大型石斧1点（第16図3，長さ27.1 cm，重さ970.5 g，緑色片岩製）である（青森県埋文2008c）。出土状況や年代がわかり，しかも秋田県上捌遺跡例と類似した形態をもっていることから，上捌例の推定年代も前期後葉と考えられる。

　また，本書第VI章1の第1表で亀ヶ岡遺跡出土品か？として写真を紹介した特大の磨製石斧2点（青森県立郷土館1988）については，その後，所有者から弘前大学人文学部に寄贈され，もう1点の円刃タイプの大型石斧（第16図6，長さ23.7 cm，軟玉製）とともに実測図紹介がなされている（第16図4・5）。石材等は，4が角閃岩製（重さ627.0 g），5が軟玉製（重さ2,600 g）で，5は旧女鹿沢村（現青森市浪岡女鹿沢）出土，4は出土地不明とされている（関根・上條編2009）が，本県出土品である可能性がたかい。

　なお，参考までに，筆者が平成6年に紹介した資料（福田1994b）のなかで，その後の特大・大型石斧資料収集のきっかけとなった特大の磨製石斧を参考までに図示しておく（第17図）。第2次大戦前に青森県五所川原市高野から採集された偏刃タイプのもので，49.4 cmの長さがあり，北海道・青森県では目下，最大の石斧である。

　以上の国内例のほかに，国外の新たな確認例としては，ロシア沿海地方のチョルトヴィ・ヴァロータ洞窟遺跡から出土した長さ27 cmの大型磨製石斧がある（道開拓記念館1994）。また，中国四川・湖北省の大渓文化の湖北省紅花套遺跡では，花崗岩製の長さ43.1 cm，重さ7,250 gの大型磨製石斧が出土し，重慶市大渓遺跡55号墓では長さ38 cmの大型磨製石斧が副葬されていた例もある（小柳2001）。そのほか，平成19年に東京国立博物館で開催された特別展「マーオリ―楽園の神々―」では，ニュージーランド国立博物館所蔵品で，西暦1500～1900年とされる長さ49.5 cmの儀式用の手斧，西暦1300～1800年とされる長さ27.8 cmの擦切り製の手斧未完成品等が展示・紹介された（東京国立博2007）。

308　付章

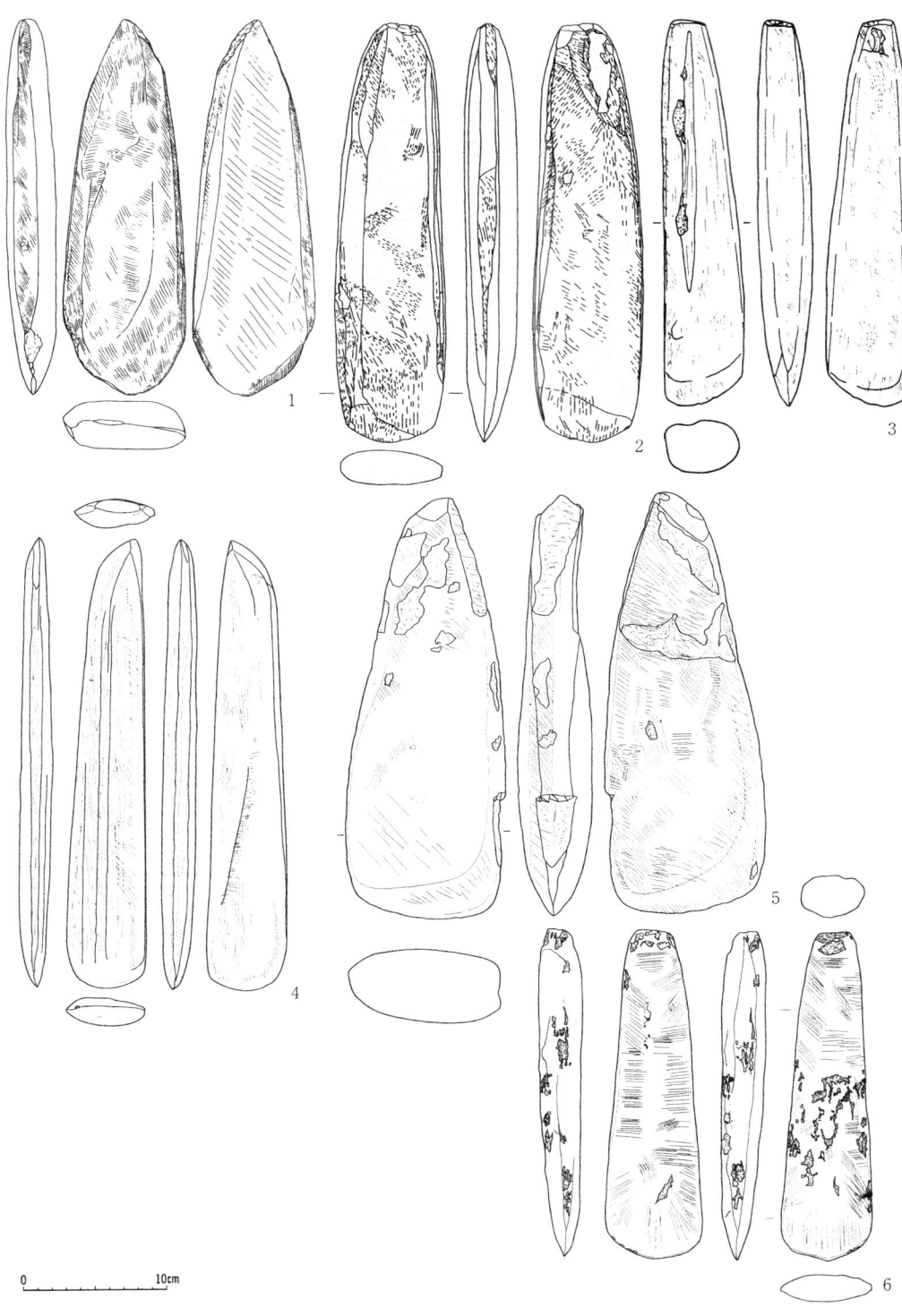

0　　　　10cm

第16図　北海道・青森県出土の大型磨製石斧

13 ロシア連邦国立極東博物館所蔵の大型磨製石斧　309

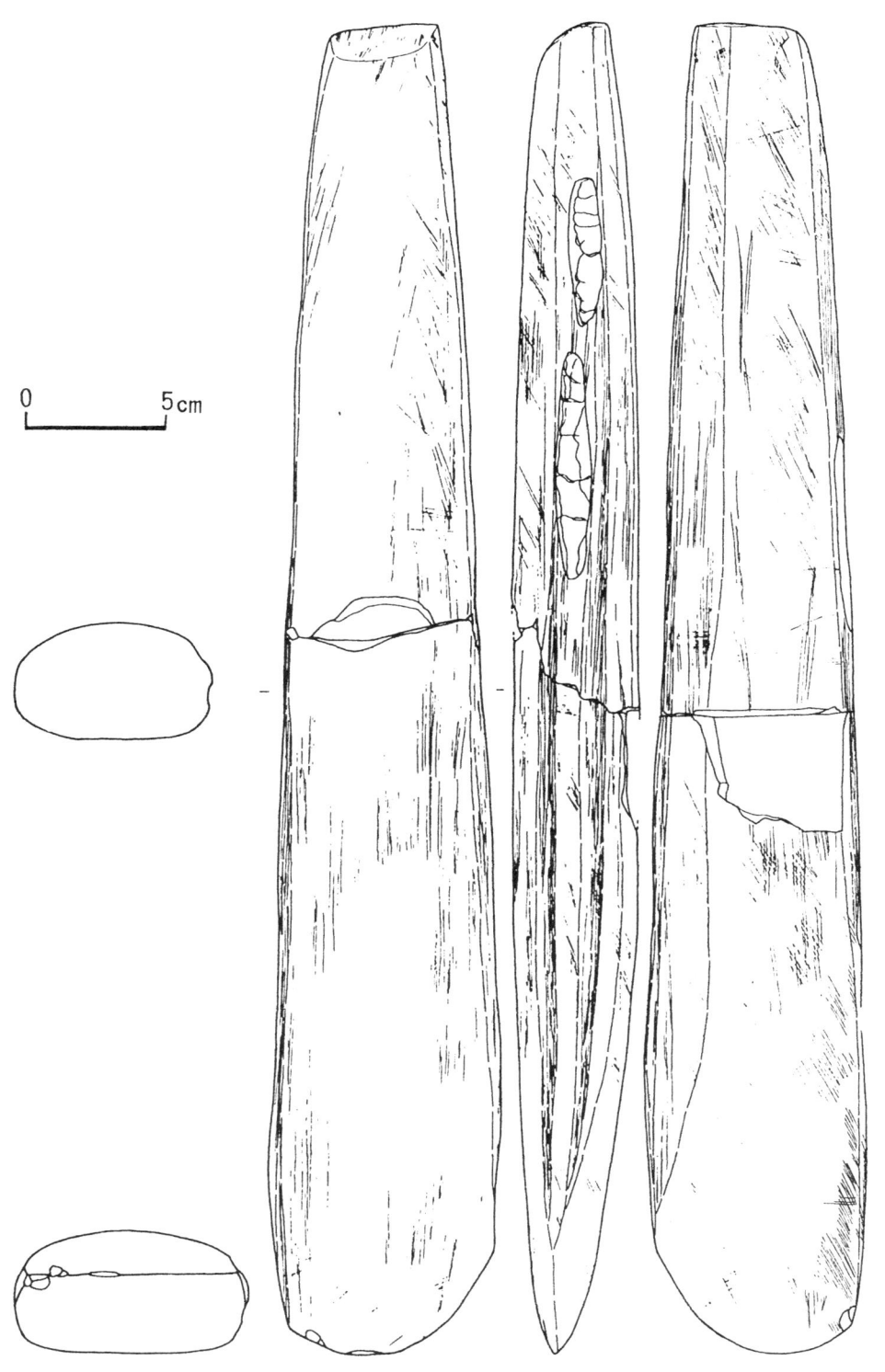

第17図　五所川原市高野出土の特大の磨製石斧

14 津軽半島今津遺跡の鬲状三足土器

　本稿発表後，鬲状三足土器は，青森県名川町（現南部町）虚空蔵遺跡から昭和20年代に発見された土器が1点紹介されている（第18図）（菊池・岡内・高橋1997）。縄文時代晩期中葉（大洞C₁式）近似の壺形土器で，俯瞰形は隅丸の三角形である。口縁部や肩部がやや欠損しているが，ほぼ全形をうかがい知ることができる。中空の3足は平舘村（現外ヶ浜町）今津遺跡例に比べてより膨らみがあり太い。また，今津例にあった赤色顔料の塗布はない。この土器について，執筆者の高橋龍三郎氏は，この形態を大陸からの影響のもとに成立した可能性を考えており，岡内三眞氏は中国東北地区から沿海州にかけてのものに近い可能性を考えているようであるが，両者の隔たりは大きく今後の資料の増加に待ちたいとしている。

　そのほかに，英国エディンバラ市にあるスコットランド王立博物館のマンロー・コレクション例（小林1999），新潟県立歴史博物館蔵例もあるが，出土遺跡がともに不明であるのが残念である。また，本資料に関する論考を『考古』に発表された安志敏氏は，中国社会科学院考古研究所助教授の王巍氏（現同所所長）とともに，平成5年12月5日，今津遺跡の出土品実見のため，当時，筆者が勤務していた青森県立郷土館に来られ，展示中の資料を調査された。そして，翌日にはお二人を今津遺跡にご案内したわけであるが，安氏は，これらの調査をもとに再度この三足土器について，中国北京で発行の『考古』紙上に論考を発表している（安1995）。

　また，筆者はその後，津軽海峡域の鬲状三足土器や内反りの石刀・玉象嵌土製品などの大陸風の文物についてまとめている（福田2008b，青森市史編集委2011）。

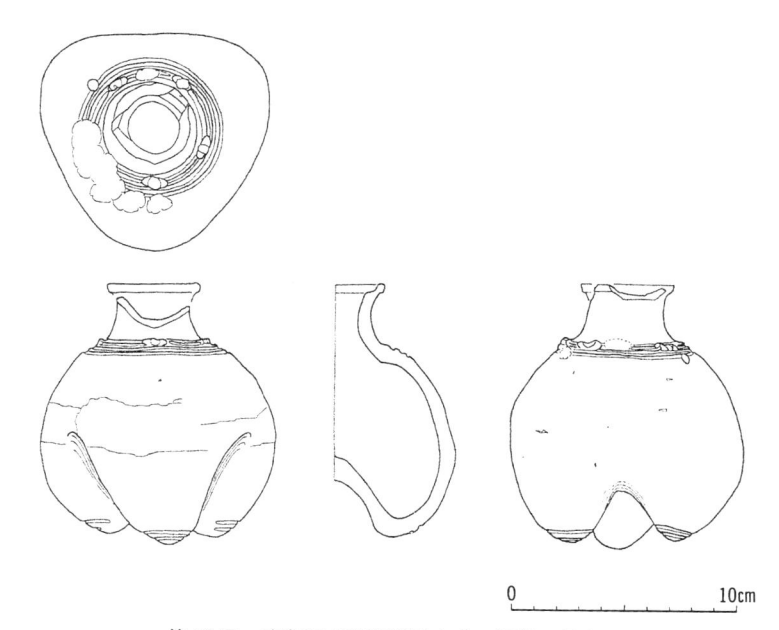

第18図　南部町虚空蔵遺跡出土の鬲状三足土器

引用文献

青木　滋　1959「下北半島の現生貝類（I）」『資源科学研究所彙報』第 50 号
青森県教育委員会　1974a『小栗山地区遺跡発掘調査報告書』青森県埋蔵文化財調査報告書第 11 集
青森県教育委員会　1974b『亀ヶ岡遺跡発掘調査報告書』青森県埋蔵文化財調査報告書第 14 集
青森県教育委員会　1975a『近野遺跡発掘調査報告書（II）』青森県埋蔵文化財調査報告書第 22 集
青森県教育委員会　1975b『むつ小川原開発地域関係埋蔵文化財試掘調査概報』青森県埋蔵文化財調査報告書
　　　第 24 集
青森県教育委員会　1975c『中の平遺跡発掘調査報告書』青森県埋蔵文化財調査報告書第 25 集
青森県教育委員会　1976『泉山遺跡発掘調査報告書』青森県埋蔵文化財調査報告書第 31 集
青森県教育委員会　1977『水木沢遺跡発掘調査報告書』青森県埋蔵文化財調査報告書第 34 集
青森県教育委員会　1978『源常平遺跡発掘調査報告書』青森県埋蔵文化財調査報告書第 39 集
青森県教育委員会　1979a『むつ小川原開発予定地域内埋蔵文化財試掘調査概要』青森県埋蔵文化財調査報告
　　　書第 48 集
青森県教育委員会　1979b『細越遺跡発掘調査報告書』青森県埋蔵文化財調査報告書第 49 集
青森県教育委員会　1979c『むつ小川原港臨港道路に係わる埋蔵文化財発掘事前調査報告書』青森県埋蔵文化
　　　財調査報告書第 50 集
青森県教育委員会　1980a『大平遺跡発掘調査報告書』青森県埋蔵文化財調査報告書第 52 集
青森県教育委員会　1980b『大鰐町砂沢平遺跡』青森県埋蔵文化財調査報告書第 53 集
青森県教育委員会　1980c『碇ヶ関村大面遺跡発掘調査報告書』青森県埋蔵文化財調査報告書第 55 集
青森県教育委員会　1980d『長七谷地貝塚遺跡発掘調査報告書』青森県埋蔵文化財調査報告書第 57 集
青森県教育委員会　1981a『表館遺跡発掘調査報告書』青森県埋蔵文化財調査報告書第 61 集
青森県教育委員会　1981b『新納屋遺跡(2)発掘調査報告書』青森県埋蔵文化財調査報告書第 62 集
青森県教育委員会　1981c『鷹架遺跡発掘調査報告書』青森県埋蔵文化財調査報告書第 63 集
青森県教育委員会　1988『上尾駮(1)遺跡 C 地区発掘調査報告書』青森県埋蔵文化財調査報告書第 113 集
青森県教育委員会　1992『沢堀込遺跡発掘調査報告書』青森県埋蔵文化財調査報告書第 144 集
青森県教育委員会　1993『小奥戸(1)遺跡発掘調査報告書』青森県埋蔵文化財調査報告書第 154 集
青森県教育委員会　1996『三内丸山遺跡 VI』青森県埋蔵文化財調査報告書第 205 集
青森県教育委員会　1997『三内丸山遺跡 VIII ―第 6 鉄塔地区調査報告書 1―』青森県埋蔵文化財調査報告書
　　　第 230 集
青森県教育委員会　1998a『三内丸山遺跡 IX』青森県埋蔵文化財調査報告書第 249 集
青森県教育委員会　1998b『三内丸山遺跡 X』青森県埋蔵文化財調査報告書第 250 集
青森県教育委員会　1998c『三内丸山遺跡 XI』青森県埋蔵文化財調査報告書第 251 集
青森県教育委員会　2000『三内丸山遺跡 XVII』青森県埋蔵文化財調査報告書第 289 集
青森県教育委員会　2003a『松石橋遺跡』青森県埋蔵文化財調査報告書第 360 集
青森県教育委員会　2003b『三内丸山遺跡 22』青森県埋蔵文化財調査報告書第 362 集
青森県教育委員会　2004『三内丸山遺跡 24』青森県埋蔵文化財調査報告書第 382 集
青森県教育委員会　2005『大平山元 II 遺跡』青森県埋蔵文化財調査報告書第 401 集

引用文献

青森県教育委員会 2009『三内丸山遺跡 35』青森県埋蔵文化財調査報告書第 478 集
青森県教育委員会 2012『涌舘遺跡』青森県埋蔵文化財調査報告書 521 集
青森県埋蔵文化財調査センター 1982a『発茶沢遺跡発掘調査報告書』青森県埋蔵文化財調査報告書第 67 集
青森県埋蔵文化財調査センター 1982b『今別町山崎遺跡(1)(2)(3)発掘調査報告書』青森県埋蔵文化財調査報告書第 68 集
青森県埋蔵文化財調査センター 1983a『下北地点原子力発電所建設予定地内埋蔵文化財発掘調査報告書 ―前坂下(13)遺跡・南通遺跡・銅屋(1)遺跡―』青森県埋蔵文化財調査報告書第 75 集
青森県埋蔵文化財調査センター 1983b『鶉窪遺跡発掘調査報告書』青森県埋蔵文化財調査報告書第 76 集
青森県埋蔵文化財調査センター 1984a『一ノ渡遺跡発掘調査報告書』青森県埋蔵文化財調査報告書第 79 集
青森県埋蔵文化財調査センター 1984b『和野前山遺跡調査報告書』青森県埋蔵文化財調査報告書第 82 集
青森県埋蔵文化財調査センター 1984c『韮窪遺跡発掘調査報告書』青森県埋蔵文化財調査報告書第 84 集
青森県埋蔵文化財調査センター 1985a『垂柳遺跡発掘調査報告書』青森県埋蔵文化財調査報告書第 88 集
青森県埋蔵文化財調査センター 1985b『大石平遺跡発掘調査報告書』青森県埋蔵文化財調査報告書第 90 集
青森県埋蔵文化財調査センター 1985c『表館遺跡発掘調査報告書 II』青森県埋蔵文化財調査報告書第 91 集
青森県埋蔵文化財調査センター 1985d『尻高(2)・(3)・(4)遺跡発掘調査報告書』青森県埋蔵文化財調査報告書第 89 集
青森県埋蔵文化財調査センター 1985e『売場遺跡発掘調査報告書（第 1 次・2 次調査）』青森県埋蔵文化財調査報告書第 93 集
青森県埋蔵文化財調査センター 1985f『売場遺跡発掘調査報告書（第 3 次・第 4 次調査）・大タルミ遺跡発掘調査報告書』青森県埋蔵文化財調査報書第 93 集
青森県埋蔵文化財調査センター 1986a『今津遺跡・間沢遺跡発掘調査報告書』青森県埋蔵文化財調査報告書第 95 集
青森県埋蔵文化財調査センター 1986b『大石平遺跡 II 発掘調査報告書』青森県埋蔵文化財調査報告書第 97 集
青森県埋蔵文化財調査センター 1986c『沖附(2)遺跡発掘調査報告書』青森県埋蔵文化財調査報告書第 101 集
青森県埋蔵文化財調査センター 1987a『大石平遺跡発掘調査報告書 III』青森県埋蔵文化財調査報告書第 103 集
青森県埋蔵文化財調査センター 1987b『大湊近川遺跡発掘調査報告書』青森県埋蔵文化財調査報告書第 104 集
青森県埋蔵文化財調査センター 1988a『上尾駮(1)遺跡 A 地区』青森県埋蔵文化財調査報告書第 112 集
青森県埋蔵文化財調査センター 1988b『上尾駮(2)遺跡（I）』青森県埋蔵文化財調査報告書第 114 集
青森県埋蔵文化財調査センター 1988c『上尾駮(2)遺跡 II（B・C 地区）発掘調査報告書』青森県埋蔵文化財調査報告書第 115 集
青森県埋蔵文化財調査センター 1989a『二ツ石遺跡発掘調査報告書』青森県埋蔵文化財調査報告書第 117 集
青森県埋蔵文化財調査センター 1989b『富ノ沢(1)・(2)遺跡』青森県埋蔵文化財調査報告書第 118 集
青森県埋蔵文化財調査センター 1989c『館野遺跡発掘調査報告書』青森県埋蔵文化財調査報告書第 119 集
青森県埋蔵文化財調査センター 1989d『表館(1)遺跡発掘調査報告書 III』青森県埋蔵文化財調査報告書第 120 集
青森県埋蔵文化財調査センター 1991a『富ノ沢(1)・(2)遺跡 III』青森県埋蔵文化財調査報告書第 133 集
青森県埋蔵文化財調査センター 1991b『図説ふるさと青森の歴史シリーズ③　北の誇り・亀ヶ岡文化　縄文時代晩期編』
青森県埋蔵文化財調査センター 1992a『鳴沢遺跡・鶴喰(9)遺跡』青森県埋蔵文化財調査報告書第 142 集

青森県埋蔵文化財調査センター 1992b『富ノ沢(2)遺跡発掘調査報告書Ⅴ』青森県埋蔵文化財調査報告書第143集
青森県埋蔵文化財調査センター 1992c『図説ふるさと青森の歴史シリーズ②　青い森の縄文人とその社会　縄文時代中期・後期編』
青森県埋蔵文化財調査センター 1993a『富ノ沢(2)遺跡発掘調査報告書Ⅵ(2)・富ノ沢(3)遺跡発掘調査報告書』青森県埋蔵文化財調査報告書第147集
青森県埋蔵文化財調査センター 1993b『家ノ前遺跡・幸畑(7)遺跡Ⅱ発掘調査報告書』青森県埋蔵文化財調査報告書第148集
青森県埋蔵文化財調査センター 1993c『野脇遺跡発掘調査報告書』青森県埋蔵文化財調査報告書第149集
青森県埋蔵文化財調査センター 1993d『野場(5)遺跡発掘調査報告書』青森県埋蔵文化財調査報告書第150集
青森県埋蔵文化財調査センター 1993e『図説ふるさと青森の歴史シリーズ④　北の農耕文化の始まり　弥生時代，古墳時代，飛鳥・奈良時代編』
青森県埋蔵文化財調査センター 1994a『朝日山遺跡Ⅲ　第1分冊　朝日山(1)遺跡 ―遺物編』青森県埋蔵文化財調査報告書第156集
青森県埋蔵文化財調査センター 1994b『三内丸山(2)遺跡Ⅱ』青森県埋蔵文化財調査報告書第157集
青森県埋蔵文化財調査センター 1994c『山元(3)遺跡』青森県埋蔵文化財調査報告書第159集
青森県埋蔵文化財調査センター 1994d『家ノ前遺跡Ⅱ・鷹架遺跡Ⅱ』青森県埋蔵文化財調査報告書第160集
青森県埋蔵文化財調査センター 1994e『三内丸山(2)遺跡Ⅲ』青森県埋蔵文化財調査報告書第166集
青森県埋蔵文化財調査センター 1995a『槻ノ木(1)遺跡』青森県埋蔵文化財調査報告書第169集
青森県埋蔵文化財調査センター 1995b『板子塚遺跡発掘調査報告書』青森県埋蔵文化財調査報告書第180集
青森県埋蔵文化財調査センター 1995c『熊ヶ平遺跡発掘調査報告書』青森県埋蔵文化財調査報告書第180集
青森県埋蔵文化財調査センター 1995d『泉山遺跡発掘調査報告書』青森県埋蔵文化財調査報告書第181集
青森県埋蔵文化財調査センター 1996『泉山遺跡発掘調査報告書Ⅲ』青森県埋蔵文化財調査報告書第190集
青森県埋蔵文化財調査センター 1997a『実吉遺跡』青森県埋蔵文化財調査報告書第207集
青森県埋蔵文化財調査センター 1997b『畑内遺跡Ⅳ』青森県埋蔵文化財調査報告書第211集
青森県埋蔵文化財調査センター 1997c『垂柳遺跡・五輪野遺跡』青森県埋蔵文化財調査報告書第219集
青森県埋蔵文化財調査センター 1997d『津山遺跡』青森県埋蔵文化財調査報告書第221集
青森県埋蔵文化財調査センター 1999a『山下遺跡・上野尻遺跡』青森県埋蔵文化財調査報告書第258集
青森県埋蔵文化財調査センター 1999b『野尻(1)遺跡Ⅱ』青森県埋蔵文化財調査報告書第259集
青森県埋蔵文化財調査センター 1999c『畑内遺跡Ⅴ』青森県埋蔵文化財調査報告書第262集
青森県埋蔵文化財調査センター 1999d『櫛引遺跡』青森県埋蔵文化財調査報告書第263集
青森県埋蔵文化財調査センター 2000a『丹内遺跡』青森県埋蔵文化財調査報告書第273集
青森県埋蔵文化財調査センター 2000b『餅ノ沢遺跡』青森県埋蔵文化財調査報告書第278集
青森県埋蔵文化財調査センター 2000c『砂子遺跡』青森県埋蔵文化財調査報告書第280集
青森県埋蔵文化財調査センター 2001a『黒坂遺跡』青森県埋蔵文化財調査報告書第306集
青森県埋蔵文化財調査センター 2001b『三内丸山(6)遺跡Ⅲ』青森県埋蔵文化財調査報告書第307集
青森県埋蔵文化財調査センター 2001c『畑内遺跡Ⅶ』青森県埋蔵文化財調査報告書第308集
青森県埋蔵文化財調査センター 2003a『笹ノ沢(3)遺跡Ⅲ』青森県埋蔵文化財調査報告書第346集
青森県埋蔵文化財調査センター 2003b『朝日山(2)遺跡Ⅶ』青森県埋蔵文化財調査報告書第350集

青森県埋蔵文化財調査センター　2003c『上野尻遺跡 IV』青森県埋蔵文化財調査報告書第 353 集
青森県埋蔵文化財調査センター　2004a『朝日山(2)遺跡 VIII』青森県埋蔵文化財調査報告書第 368 集
青森県埋蔵文化財調査センター　2004b『朝日山(2)遺跡 IX』青森県埋蔵文化財調査報告書第 369 集
青森県埋蔵文化財調査センター　2004c『岩渡小谷(4)遺跡 II』青森県埋蔵文化財調査報告書第 371 集
青森県埋蔵文化財調査センター　2004d『笹ノ沢(3)遺跡 IV』青森県埋蔵文化財調査報告書第 372 集
青森県埋蔵文化財調査センター　2006a『田代遺跡』青森県埋蔵文化財調査報告書第 413 集
青森県埋蔵文化財調査センター　2006b『近野遺跡 IX』青森県埋蔵文化財調査報告書第 418 集
青森県埋蔵文化財調査センター　2006c『東道ノ上(3)遺跡』青森県埋蔵文化財調査報告書第 424 集
青森県埋蔵文化財調査センター　2007a『宮田館遺跡 VI』青森県埋蔵文化財調査報告書第 429 集
青森県埋蔵文化財調査センター　2007b『沢ノ黒遺跡』青森県埋蔵文化財調査報告書第 435 集
青森県埋蔵文化財調査センター　2007c『西張平遺跡 II』青森県埋蔵文化財調査報告書第 436 集
青森県埋蔵文化財調査センター　2007d『二股(2)遺跡』青森県埋蔵文化財調査報告書第 437 集
青森県埋蔵文化財調査センター　2007e『赤平(2)・(3)遺跡』青森県埋蔵文化財調査報告書第 438 集
青森県埋蔵文化財調査センター　2008a『坪毛沢(1)遺跡 II・柴山(1)遺跡 II・大坊頭遺跡・赤平(1)遺跡・赤平(2)遺跡』青森県埋蔵文化財調査報告書第 449 集
青森県埋蔵文化財調査センター　2008b『長久保(2)遺跡 II・中居林遺跡』青森県埋蔵文化財調査報告書第 454 集
青森県埋蔵文化財調査センター　2008c『石江遺跡・三内沢部(3)遺跡 III』青森県埋蔵文化財調査報告書第 458 集
青森県埋蔵文化財調査センター　2009a『長久保(2)遺跡 III・糠塚小沢遺跡 II・中居林遺跡 II』青森県埋蔵文化財調査報告書第 470 集
青森県埋蔵文化財調査センター　2009b『新田(1)遺跡』青森県埋蔵文化財調査報告書第 472 集
青森県埋蔵文化財調査センター　2010a『明戸遺跡・高屋遺跡』青森県埋蔵文化財調査報告書第 488 集
青森県埋蔵文化財調査センター　2010b『中平遺跡 II』青森県埋蔵文化財調査報告書第 490 集
青森県埋蔵文化財調査センター　2010c『山田(2)遺跡 II』青森県埋蔵文化財調査報告書第 495 集
青森県埋蔵文化財調査センター　2011a『田代遺跡 III』青森県埋蔵文化財調査報告書第 506 集
青森県埋蔵文化財調査センター　2011b『山田(2)遺跡 III』青森県埋蔵文化財調査報告書第 508 集
青森県埋蔵文化財調査センター　2012『四戸橋富田遺跡・後潟(1)遺跡 II』青森県埋蔵文化財調査報告書第 512 集
青森県立郷土館　1975a『第 7 回特別展図録　今渕コレクション』
青森県立郷土館　1975b『青森県の漁具』
青森県立郷土館　1976『小田野沢　下田代納屋 B 遺跡発掘調査報告書』青森県立郷土館調査報告第 1 集　考古―1
青森県立郷土館　1979『宇鉄 II 遺跡発掘調査報告書』青森県立郷土館調査報告第 6 集　考古―3
青森県立郷土館　1984『亀ヶ岡石器時代遺跡』青森県立郷土館調査報告第 17 集　考古―6
青森県立郷土館　1988『津軽海峡縄文美術展図録』
青森県立郷土館　1989『三厩村宇鉄遺跡発掘調査報告書 (II) ―弥生甕棺墓の第 4 次調査』青森県立郷土館調査報告第 25 集　考古―8
青森県立郷土館　1992「三沢市山中(2)貝塚」『小川原湖周辺の貝塚』青森県立郷土館調査報告第 31 集　考古―9

青森県立郷土館　1993『青森県の産業絵馬展』
青森県立郷土館　1994『青森県立郷土館収蔵資料目録第4集　考古編』
青森県立郷土館　1995a『木造町田小屋野貝塚 ―岩木川流域の縄文前期の貝塚発掘調査報告書―』青森県立郷土館調査報告第35集　考古―10
青森県立郷土館　1995b『《特別展》ロシア極東の自然と文化 ―ハバロフスク郷土博物館所蔵展』
青森県立郷土館　1996『縄文の玉手箱 ―風韻堂コレクション図録』
青森県立郷土館　1997『馬淵川流域の遺跡調査報告書』青森県立郷土館調査報告第40集　考古―11
青森県立郷土館　2002『青森県立郷土館収蔵資料図録第4集・民俗編（1）』
青森県立図書館編　1968『青森県埋蔵文化財展目録』青森県文化財保護協会
青森市教育委員会　1962『三内霊園遺跡調査概報』青森市の文化財1
青森市教育委員会　1985『長森遺跡発掘調査報告書』
青森市教育委員会　1991『山吹（1）遺跡発掘調査報告書』青森市埋蔵文化財調査報告書第16集
青森市教育委員会　2002『稲山遺跡発掘調査報告書II』青森市埋蔵文化財調査報告書第62集
青森市教育委員会　2008『新町野遺跡発掘調査報告書IV』青森市埋蔵文化財調査報告書第98集
青森市史編集委員会　2011『新青森市史　通史編第1巻　原始・古代・中世』
青森山田高等学校考古学研究部　1980「尾上町李平II号遺跡発掘調査報告書」『撚糸文』第9号
青柳文吉　1988「北海道出土のひすい製玉について」『北海道考古学』第24輯
赤羽正春　2006『鮭・鱒I』ものと人間の文化史133―I　法政大学出版局
秋田県教育委員会　1981『藤株遺跡発掘調査報告書』秋田県文化財調査報告書第85集
秋田県埋蔵文化財センター　1983『平鹿遺跡発掘調査報告書』秋田県文化財調査報告書第101集
秋田県埋蔵文化財センター　1988a「上ノ山II遺跡」『東北横断自動車道秋田線発掘調査報告書　II下』秋田県文化財調査報告書第166集
秋田県埋蔵文化財センター　1988b『一般国道7号八竜道路建設事業に係る埋蔵文化財発掘調査報告書I―寒川I遺跡・寒川II遺跡―』秋田県文化財調査報告書第167集
秋田県埋蔵文化財センター　1989『八木遺跡発掘調査報告書』秋田県文化財調査報告書第181集
秋田県埋蔵文化財センター　1993『国道103号道路改良事業に係る埋蔵文化財調査報告書VII ―萩ノ台II遺跡―』秋田県文化財調査報告書第236集
秋田県埋蔵文化財センター　1997『池内遺跡（遺構編）』秋田県文化財調査報告書第268集
秋田県埋蔵文化財センター　1999a『池内遺跡　遺物・資料篇』秋田県文化財調査報告書第282集
秋田県埋蔵文化財センター　1999b『小袋岱遺跡』秋田県文化財調査報告書第285集
秋田県埋蔵文化財センター　1999c『潟前遺跡（第1次）』秋田県文化財調査報告書第290集
秋田県埋蔵文化財センター　2000『戸平川遺跡発掘調査報告書』秋田県文化財調査報告書第294集
秋田県埋蔵文化財センター　2004『高野遺跡』秋田県文化財調査報告書第372集
秋田県埋蔵文化財センター　2006『烏野上岱遺跡』秋田県文化財調査報告書第406集
浅野克彦・伊東　潤・小笠原正明　1999「北東北の『アスファルトの道』の解明」『日本文化財科学会第16回大会研究発表要旨集』
朝日新聞社　1997「三内丸山遺跡と北の縄文社会」『アサヒグラフ別冊』通巻3928号
朝日町教育委員会　2003『富山県朝日町柳田遺跡発掘調査報告書』
安孫子昭二　1982「アスファルト」『縄文文化の研究第8巻 ―社会・文化』雄山閣出版

虻田町教育委員会　1991『入江遺跡発掘調査報告』

虻田町教育委員会　1994『入江貝塚出土の遺物』虻田町文化財調査報告第4集

阿部明義・澤田　健　2010「北海道の玦状耳飾り」『玉文化』第7号

阿部義平編　2008『〔特定研究〕北部日本における文化交流 ―続縄文期　寒川遺跡・木戸脇裏遺跡・森ヶ沢遺跡発掘調査報告』国立歴史民俗博物館研究報告第144集

阿部千春　1999「北海道におけるアスファルト利用」『月刊考古学ジャーナル』No. 452

阿部宗明　1989『原色魚類検索図鑑Ⅰ（改訂13版）』北隆館

網野善彦　1999「海民」『日本民俗大辞典　上』吉川弘文館

天羽利夫　1965「亀ヶ岡文化における土版・岩版の研究」『史学』第37巻第4号

新谷　武・岡田康博　1986「青森県平舘村今津遺跡出土の鬲状三足土器」『考古学雑誌』第71巻第2号

安　志敏　1990「江南文化和古代的日本」『考古』第4期　科学出版社（北京）

安　志敏　1995「記日本出土的鬲形陶器」『考古』第5期　科学出版社（北京）

安　志敏・梅原　猛ほか　1990『日中合同シンポジウム ―徐福伝説を探る』小学館

安斎忠雄　1987「鮭叩き棒考」『民具研究』69

飯島正明・中山清隆　1989「箕面市瀬川遺跡出土の「の」字状石製品」『月刊考古学ジャーナル』No. 310

石狩市教育委員会　2005『石狩紅葉山49号遺跡発掘調査報告書』

石狩町教育委員会　1979『SHIBISHIUSU Ⅱ』

石川　朗　1999「北海道東部続縄文前半の遺跡と遺物」『日本考古学協会1999年度釧路大会　シンポジウム・テーマ2・3資料集Ⅱ ―海峡と北の考古学』

石川県立歴史博物館　1995『真脇遺跡と縄文文化』

石越町教育委員会　2003『富崎貝塚』石越町文化財調査報告書第1集

石橋孝夫編　2005『サケの考古学　いしかり砂丘の風資料館第2回特別展図録』

磯前順一・赤澤　威　1996『東京大学総合研究博物館所蔵　縄文時代土偶・その他土製品カタログ〔増訂版〕』言叢社

板柳町教育委員会　1993『土井Ⅰ号遺跡』

市川金丸　1980「青森県薬師前遺跡」『日本考古学年報』31

市毛　勲　1998『新版　朱の考古学』雄山閣出版

一戸町教育委員会　1995『山井遺跡 ―縄文晩期の包含層―』一戸町文化財調査報告書第36集

伊東信雄・須藤　隆　1982『瀬野遺跡 ―青森県下北郡脇野沢村瀬野遺跡の研究』東北考古学会

田舎館村教育委員会　1989『垂柳遺跡 ―垂柳遺跡範囲確認調査』

田舎館村埋蔵文化財センター　2009『史跡垂柳遺跡発掘調査報告書』田舎館村埋蔵文化財調査報告書第16集

稲野裕介　1982「亀ヶ岡文化における内面渦状土（石）製品とその分布」『史学』第52巻第2号

乾　芳宏　1995「恵山文化の動物意匠遺物について」『みちのく発掘 ―菅原文也先生還暦記念論集―』菅原文也先生還暦記念論集刊行会

犬飼哲夫　1960「民族学的に見た北海道の野猪」『北海道大学北方文化研究報告』第15輯

（有）遺物材料研究所　2006「東道ノ上(3)遺跡出土の黒曜石製石器，剥片の原材産地分析」『東道ノ上(3)遺跡』青森県埋蔵文化財調査報告書第424集

（有）遺物材料研究所　2007a「宮田館遺跡出土黒曜石製石器，剥片の原材産地分析」『宮田館遺跡Ⅵ』青森県埋蔵文化財調査報告書第429集

（有）遺物材料研究所 2007b「黒曜石製石器，剥片の原材産地分析」『沢ノ黒遺跡』青森県埋蔵文化財調査報告書第 435 集
（有）遺物材料研究所 2007c「二股(2)遺跡出土黒曜石製石器の原材産地分析」『二股(2)遺跡』青森県埋蔵文化財調査報告書第 437 集
（有）遺物材料研究所 2008「赤平(1)遺跡出土の黒曜石製石器の原材産地分析」『坪毛沢(1)遺跡 II・柴山(1)遺跡 II・大坊頭遺跡・赤平(1)遺跡・赤平(2)遺跡 II』青森県埋蔵文化財調査報告書第 449 集
今橋浩一 1989「伊豆諸島産の貝の流通について」『月刊考古学ジャーナル』No. 311
いわき市教育委員会 1975『大畑貝塚調査報告』
岩手県教育委員会 1982『東北縦貫自動車道関係埋蔵文化財調査報告書 XV-2』岩手県文化財調査報告書第 70 集
（財）岩手県文化振興事業団埋蔵文化財センター 1988『打越・東角地遺跡・古館跡発掘調査報告書』岩手県文化振興事業団埋蔵文化財調査報告書第 131 集
（財）岩手県文化振興事業団埋蔵文化財センター 1993『仁沢瀬遺跡群発掘調査報告書』岩手県文化振興事業団埋蔵文化財調査報告書第 185 集
（財）岩手県文化振興事業団埋蔵文化財センター 1995a『田代 IV・田代 VI 遺跡発掘調査報告書』岩手県文化振興事業団埋蔵文化財調査報告書第 223 集
（財）岩手県文化振興事業団埋蔵文化財センター 1995b『大日向 II 遺跡発掘調査報告書 —第 2～第 5 次調査—』岩手県文化振興事業団埋蔵文化財調査報告書第 225 集
（財）岩手県文化振興事業団埋蔵文化財センター 1995c『鳩岡崎上の台遺跡発掘調査報告書』岩手県文化振興事業団埋蔵文化財調査報告書第 240 集
（財）岩手県文化振興事業団埋蔵文化財センター 2000a『大向上平遺跡発掘調査報告書』岩手県文化振興事業団埋蔵文化財調査報告書第第 335 集
（財）岩手県文化振興事業団埋蔵文化財センター 2000b『長倉 I 遺跡発掘調査報告書』岩手県文化振興事業団埋蔵文化財調査報告書第 336 集
（財）岩手県文化振興事業団埋蔵文化財センター 2001a『清水ヶ野遺跡発掘調査報告書』岩手県文化振興事業団埋蔵文化財調査報告書第 351 集
（財）岩手県文化振興事業団埋蔵文化財センター 2001b『長谷堂貝塚発掘調査報告書』岩手県文化事業団埋蔵文化財調査報告書第 367 集
（財）岩手県文化振興事業団埋蔵文化財センター 2002a『米沢遺跡発掘調査報告書』岩手県文化振興事業団埋蔵文化財調査報告書第 376 集
（財）岩手県文化振興事業団埋蔵文化財センター 2002b『中半入遺跡・蝦夷塚古墳発掘調査報告書』岩手県文化振興事業団埋蔵文化財調査報告書第 380 集
（財）岩手県埋蔵文化財センター 1982『御所ダム建設関連遺跡発掘調査報告書　盛岡市薪内遺跡（I～III）』岩手県埋文センター文化財調査報告書第 32 集
（財）岩手県埋蔵文化財センター 1983a『赤坂田 I・II 遺跡発掘調査報告書』岩手県埋文センター文化財調査報告書第 58 集
（財）岩手県埋蔵文化財センター 1983b『君成田 IV 遺跡発掘調査報告書』岩手県埋文センター文化財調査報告書第 62 集
（財）岩手県埋蔵文化財センター 1983c『上野山遺跡発掘調査報告書』岩手県埋文センター文化財調査報告

書第 67 集
岩手県立博物館 1984『埼玉・岩手文化交流展　縄文の風景 —大地と美術』
岩手県立博物館 1987『岩手県野田村根井貝塚発掘調査報告書』岩手県立博物館調査研究報告書第 3 冊
岩手県立博物館 1993『じょうもん発信 —第 8 回国民文化祭記念，第 37 回企画展図録』(財) 岩手県文化振興事業団
岩内町教育委員会 1958a『岩内遺跡』
岩内町教育委員会 1958b『東山遺跡』
岩内町教育委員会 2004『岩内町東山 1 遺跡』
上田　耕 1981「九州における玦状耳飾について」『鹿児島考古』第 15 号
上田　雄・孫　栄健 1990『日本渤海交渉史』六興出版
氏家良博・布施辰弥・下総麻衣子・相澤武宏 2010「山田(2)遺跡出土のアスファルトの成分分析と原産地の推定」『山田(2)遺跡 II』青森県埋蔵文化財調査報告書第 495 集
宇田川　洋 1989「動物意匠遺物とアイヌの動物信仰」『東京大学文学部考古学研究室研究紀要』第 8 号
宇部則保 1989「根城跡出土の黒曜石剝片」『南北海道考古学情報』創刊号
梅原末治 1971「史前の玦状耳飾りに就いての所見」『日本古玉器雑攷』吉川弘文館
浦幌町教育委員会 1976『共栄 B 遺跡』
上屋眞一・佐藤幾子 2000「恵庭市カリンバ 3 遺跡の装身具」『月刊考古学ジャーナル』No. 466
江上波夫 1932「極東に於ける小安貝の流伝に就きて」『人類学雑誌』第 47 号第 9 号
江坂輝彌 1960「三戸郡名川町大字平字前ノ沢出土の合口かめ棺について」『奥南史苑』第 4 号
江坂輝弥 1961「先史時代における奥羽地方北部と北海道地方の文化交流の研究」『民族学研究』第 26 巻第 1 号
江坂輝弥 1967a『日本文化の起源』講談社現代新書
江坂輝彌 1967b「動物形土製品」『土偶 (改訂増補版)』校倉書房
江坂輝弥 1971「天然アスファルト」『新版考古学講座』第 9 巻　雄山閣出版
江坂輝弥 1972「横浜市港北区高田貝塚の調査」『月刊考古学ジャーナル』No. 74
江坂輝彌 1974「動物形土製品」『土偶芸術と信仰』古代史発掘 3　講談社
江坂輝弥 1983『化石の知識 —貝塚の貝』考古学シリーズ 9　東京美術
江坂輝弥編 1970『石神遺跡』ニュー・サイエンス社
江坂輝弥編 1973『古代史発掘 2　縄文土器と貝塚』講談社
江坂輝弥・高山　純・渡辺　誠 1965「青森県九曳泊岩蔭遺跡調査報告」『石器時代』第 7 号
江坂輝弥・野口義麿編 1974『土偶芸術と信仰　古代史発掘 3』講談社
江坂輝弥・渡辺　誠・高山　純 1967「大間町ドウマンチャ貝塚」『下北 —自然・文化・社会』平凡社
恵山町教育委員会 1986『日ノ浜砂丘 1 遺跡』
恵庭市教育委員会 1981『北海道恵庭市柏木 B 遺跡発掘調査報告書』
恵庭市郷土資料館 2003『図録　カリンバ 3 遺跡』
江別市教育委員会 1979『江別太遺跡』江別市文化財調査報告書 IX
江別市教育委員会 1991『高砂遺跡 (8)』江別市文化財調査報告書 44
及川・池谷・高橋・鴨志田・川崎・安蒜 2008「茨城県ひたちなか市後野遺跡の研究 —A 地区出土黒曜石製剝片について」『日本考古学協会第 74 回総会研究発表要旨』
大島直行 1987「石器および骨角貝器」『高砂貝塚 —噴火湾沿岸貝塚遺跡調査報告 2』札幌医科大学解剖学第

二講座
大島直行 1988a「北海道続縄文の漁撈具 —恵山式銛頭について—」『月刊考古学ジャーナル』No. 295
大島直行 1988b「続縄文時代恵山式銛頭の系譜」『季刊考古学』第 25 号
大島直行 1988c「新遺跡レポート／有珠 10 遺跡の発掘調査」『歴史読本』第 33 巻第 21 号
大島直行 1989「北海道出土の貝輪について」『月刊考古学ジャーナル』No. 311
大島直行 1993「南の貝の腕輪」『考古学の世界 1 —北海道・東北』ぎょうせい
大島直行 1994「貝製品」『入江貝塚出土の遺物』虻田町文化財調査報告第 4 集
大島直行・石田　肇・百々幸雄・川内　基 1989「北海道有珠 10 遺跡」『日本考古学年報』40
大島直行・石田　肇・松村博文・百々幸雄・川内　基 1990「北海道有珠 10 遺跡」『日本考古学年報』41
大高　興 1969a「硬玉で飾られた土偶」『月刊考古学ジャーナル』No. 35
大高　興 1969b『風韻堂遺物収蔵庫 —縄文文化遺物蒐成』青森
大田区立郷土博物館 1997『特別展図録　ミクロネシア —南の島々の航海者とその文化』
大館市史編さん委員会 1974『大館市片山「館コ」発掘調査報告書』大館市史編さん調査資料集第 13 集
大迫町教育委員会 1979『岩手県稗貫郡大迫町　立石遺跡 —昭和 52 年・53 年度発掘調査告書』大迫町埋蔵文化財報告 3
大場磐雄 1931「関東に於ける奥羽薄手式土器（上）」『史前学雑誌』第 3 巻第 5 号
大場磐雄 1932「関東に於ける奥羽薄手式土器（下）」『史前学雑誌』第 4 巻第 1 号
大場利夫・渡辺兼庸 1966「北海道爾志郡三ツ谷貝塚」『考古学雑誌』第 51 巻第 4 号
大畑町教育委員会 2001『二枚橋(2)遺跡発掘調査報告書』
OHYAMA KASHIWA 1930「Korekawa-Funde」『史前学雑誌』第 2 巻第 4 号
大和久震平 1957『能代市柏子所貝塚』能代市教育委員会・秋田県教育委員会
大和久震平 1966『秋田県史跡　能代市所在　柏子所貝塚 —第 2 次・第 3 次発掘調査報告書』秋田県文化財調査報告書第 8 集
小笠原正明 1999a「小袋岱遺跡出土のアスファルトの成分分析」『小袋岱遺跡』秋田県文化財調査報告書第 285 集
小笠原正明 1999b「伊勢堂岱遺跡出土のアスファルトの産地同定」『伊勢堂岱遺跡』秋田県文化財調査報告書第 293 集
小笠原正明 1999c「アスファルトの化学分析と原産地」『月刊考古学ジャーナル』No. 452
小笠原正明 2000a「礼文町船泊遺跡出土のアスファルトの性質」『礼文町船泊遺跡発掘調査報告書』礼文町教育委員会
小笠原正明 2000b「縄文時代のアスファルトの交易範囲 —礼文島から新潟まで—」『日本文化財科学会第 17 回大会研究発表要旨集』
小笠原正明 2001「青森県三内丸山(6)遺跡出土アスファルトの成分分析」『三内丸山(6)遺跡 III』青森県埋蔵文化財調査報告書第 307 集
小笠原正明・阿部千春 2007「天然アスファルトの利用と供給」『縄文時代の考古学 6　ものづくり —道具製作の技術と組織—』同成社
小笠原正明・阿部千春・前川靖明・横山　晋 1994「豊崎 N 遺跡出土の天然アスファルト塊」『月刊考古学ジャーナル』No. 373
小笠原正明・櫻田　隆・能登谷宣康 1999「二ツ井町富根字駒形不動沢地内のアスファルト滲出地について」『秋田県埋蔵文化財センター研究紀要』第 14 号

小笠原正明・原　奈々絵　2005「石狩紅葉山 49 号遺跡出土琥珀の産地推定」『石狩紅葉山 49 号遺跡発掘調査報告書』

小笠原幸範　1981「平沼貝塚について」『遺址』創刊号

男鹿市教育委員会　1979『大畑台遺跡発掘調査報告書』日本鉱業株式会社船川製油所

岡田　要　1971『新日本動物図鑑〔下〕（7 版）』北隆館

岡田　要　1973『新日本動物図鑑〔中〕』北隆館

岡本　勇・加藤晋平　1963「青森県野口貝塚の発掘」『MOUSEION ―立教大学博物館研究』No. 9

小川　誠　2002「縄文文化の高状三足土器」『日本文化研究』第 4 号　駒沢女子大学日本文化研究所

奥尻町教育委員会　1999『青苗 B 遺跡』

小山内寿一・岡田康博　1983「木造町神田遺跡出土の後北式土器について」『弘前大学考古学研究』第 2 号

忍澤成視　2006「北海道のベンケイガイ製貝輪生産」『月刊考古学ジャーナル』No. 543

小樽市教育委員会　1993『手宮公園下遺跡』小樽市埋蔵文化財調査報告書第 8 輯

音喜多富寿　1956「八戸周辺に於ける貝塚の自然遺物」『奥南史苑』第 1 号

小野忠正　1961「無土器文化と青森県」『東奥文化』第 20 号

小野寺正人　1998「東北地方の鮭叩棒とアイヌのイサパキクニについて」『東北民俗学研究』第 6 号

小山陽三　1986「丹後谷地遺跡出土遺物の化学的調査」『丹後谷地遺跡発掘調査報告書』八戸市埋蔵文化財調査報告書第 15 集

小山陽三　1987「大湊近川遺跡出土の人形土偶等の土器赤色彩色顔料と漆状こう着物およびアスファルトの分析」『大湊近川遺跡発掘調査報告書』青森県埋蔵文化財調査報告書第 104 集

小山陽造・千葉憲一　1996「青森県東津軽郡三厩村宇鉄遺跡出土遺物の物理化学的研究」『宇鉄遺跡発掘調査報告書』三厩村教育委員会

おんだし遺跡調査団　1975『茨城県おんだし遺跡』日本核燃料開発株式会社・茨城県大洗町教育委員会

賀川光夫　1961「縄文式後晩期における大陸文化の影響」『歴史教育』第 9 巻第 3 号

郭　大順　1997「玉之路和縄文人的文明信息 ―日本北陸，東北地区文物考察―」『東北亜考古学研究 ―中日合作研究報告書』文物出版社（北京）

葛西　勵　1973「平賀町出土の突瘤文土器について」『青森県考古学会会報』第 4 号

葛西　勵　1974「小金森遺跡」『青森県平賀町唐竹地区埋蔵文化財発掘調査報告書』平賀町教育委員会

葛西　勵　2002「薬師前遺跡出土の牙製垂飾品」『海と考古学とロマン ―市川金丸先生古稀記念献呈論文集―』104 頁を加工

葛西　勵編　1996『宇鉄遺跡発掘調査報告書』三厩村教育委員会

葛西　勵・高橋　潤・永井　治　1983『五輪野遺跡発掘調査報告書』調査報告 4　考古 ―4　尾上町教育委員会

鹿角市教育委員会　1984『天戸森遺跡発掘調査報告書』鹿角市文化財調査資料 26

鹿角市教育委員会　1989『大湯環状列石周辺遺跡発掘調査報告書（5）』鹿角市文化財調査資料 35

鹿角市教育委員会　1995『特別史跡大湯環状列石発掘調査報告書（11）』鹿角市文化財調査資料 52

鹿角市教育委員会　1997『特別史跡大湯環状列石発掘調査報告書（13）』鹿角市文化財調査資料 58

加藤晋平　1989「最古のハンター」『日本のあけぼの』1　毎日新聞社

金関丈夫　1975「魂の色 ―まが玉の起り―」『発掘から推理する』朝日新聞社

金程向原土地区画整理組合・金程向原遺跡発掘調査団　1996『金程向原遺跡 III ―第 III 地点（遺物編）発掘調査報告―』

金子昭彦　2011「北日本・縄文晩期の三角玉ほかの装飾品 ―三角玉・鍔形・内面渦状製品」『岩手考古学』第22号

金子浩昌　1967「下北半島における縄文時代の漁猟活動」『下北 ―自然・文化・社会』平凡社

金子浩昌　1972「海老ガ作貝塚」『海老ヶ作貝塚』船橋市教育委員会

金子浩昌　1973「骨・角・牙・貝製品」『栄磯岩陰遺跡発掘報告』島牧村教育委員会

金子浩昌　1975「中の平遺跡出土の動物骨」『中の平遺跡発掘調査報告書』青森県埋蔵文化財調査報告書第25集

金子浩昌　1982「縄文人の生活と動物」『縄文時代Ⅱ（中期）　日本の美術』No.190　至文堂

金子浩昌　1984「風韻堂コレクションにみる骨角牙製品の特色と動物遺存体について」『青森県考古学』第1号

金子浩昌　1992「境A遺跡における脊椎動物遺存体」『北陸自動車道遺跡調査報告 ―朝日町編7―境A遺跡総括編』富山県教育委員会

金子浩昌　2001「上杉沢遺跡の動物骨」『岩手県二戸郡浄法寺町　上杉沢遺跡』浄法寺町教育委員会

金子浩昌・牛沢百合子・橘　善光・奈良正義　1978「最花貝塚第1次調査報告」『むつ市文化財調査報告』第4号

金子浩昌・忍沢成視　1986a『骨角器の研究　縄文篇Ⅰ』考古民俗叢書〈22〉慶友社

金子浩昌・忍沢成視　1986b『骨角器の研究　縄文篇Ⅱ』考古民俗叢書〈23〉慶友社

金子浩昌・橘　善光・奈良正義　1983「最花貝塚第3次調査報告」『むつ市文化財調査報告』第9号

上磯町教育委員会　1983『添山』

上ノ国町教育委員会　1987『大岱沢A遺跡』

上ノ国町教育委員会　2006『町内遺跡発掘調査等事業報告書Ⅸ　遺物編』

上ノ国村教育委員会・江差町教育委員会　1955『檜山南部の遺跡』

萱野　茂　1978『アイヌの民具』すずさわ書店

川内町　2005『川内町史』

川崎　保　1998「玦状耳飾と管玉の出現」『考古学雑誌』第83巻第3号

川崎　保　2000「三内丸山遺跡出土の石製装身具の流通・交易経路の解明」『平成11年度　三内丸山遺跡発掘調査報告会及び特別研究推進事業報告会』青森県教育庁文化課三内丸山遺跡対策室

川崎　保　2004a「縄文時代の軟玉（ネフライト）製品の起源と展開（予察）」『玉文化』創刊号

川崎　保　2004b「玉の類型編年」『季刊考古学』第89号

川島正一　1992「群馬県館林市大袋遺跡採集のイモガイ製品について」『利根川』13

（財）元興寺文化財研究所　2001「三内丸山（6）遺跡出土琥珀分析報告書」『三内丸山（6）遺跡Ⅲ』青森県埋蔵文化財調査報告書第307集

関西大学・島根大学共同隠岐調査会編　1968「岩井津（岩泉）散布地」『隠岐 ―隠岐文化総合調査報告―』毎日新聞社

木内石亭　1801『雲根志』三編（斎藤　忠　1968『木内石亭』人物叢書97　吉川弘文館）

菊池徹夫・岡内三眞・高橋龍三郎　1997「青森県虚空蔵遺跡出土土器の共同研究」『早稲田大学大学院文学研究科紀要』第42輯・第4分冊

木古内町教育委員会　1991『釜谷4遺跡』

木島　勉　2004「硬玉の加工開始の諸問題」『環日本海の玉文化の始源と展開』敬和学園大学人文社会科学研究所

喜田貞吉　1926「奥羽地方のアイヌ族の大陸交通は既に先秦にあるか」『民族』第1巻第2号

喜田貞吉　1927「奥羽地方の石器時代文化に於ける古代支那文化の影響について」『民族』第2巻第2号

北上市教育委員会　1968『北上市稲瀬町樺山遺跡緊急調査中間報告』文化財調査報告第3集

北上市教育委員会 1983『滝ノ沢遺跡 (1977～1982年度調査)』北上市文化財調査報告第33集
北上市教育委員会 1990『滝ノ沢遺跡Ⅱ (1989年度)』北上市文化財調査報告第60集
北沢 実 1985「北海道の琥珀製品」『文教台考古 ―特別号・大場利夫先生退職記念論文集』
北林八洲晴 1972「青森県陸奥湾沿岸の製塩土器 (予報)」『考古学研究』第18巻第4号
北林八洲晴 1994「青森県」『近藤義郎編 日本土器製塩研究』青木書店
木下尚子 1996「南島の古代貝文化」『南島貝文化の研究 ―貝の道の考古学』法政大学出版局
(財) 岐阜県文化財保護センター 2000『上原遺跡Ⅱ』岐阜県文化財保護センター調査報告書第54集
木村英明 1982「骨角器」『縄文文化の研究』第6巻 雄山閣出版
清野謙治 1969『日本貝塚の研究』岩波書店
吉良哲明 1971『原色日本貝類図鑑』保育社
金 元龍 1987『韓國考古學研究』一志社 (ソウル)
日下部元慰智 1988『青森県さかな博物誌』東奥日報社
草間俊一・金子浩昌編 1971『貝鳥貝塚』花泉町教育委員会・岩手県文化財愛護協会
久慈市教育委員会 1987『大尻遺跡発掘調査報告書』久慈市埋蔵文化財報告書第7集
久慈市教育委員会 1988『中長内遺跡発掘調査報告書』久慈市埋蔵文化財発掘調査報告書第8集
久慈市教育委員会 1989『中長内遺跡発掘調査報告書 (Ⅱ)』久慈市埋蔵文化財発掘調査報告書第10集
久慈市教育委員会 1993『二子貝塚』久慈市埋蔵文化財調査報告書第16集
釧路市埋蔵文化財調査センター 1994『釧路市幣舞遺跡調査報告書Ⅱ』
釧路市埋蔵文化財調査センター 1996『釧路市幣舞遺跡調査報告書Ⅲ』
釧路市埋蔵文化財調査センター 1999『釧路市幣舞遺跡調査報告書Ⅳ』
工藤 司 2007「青森県内の土器片錘」『青森県考古学』第15号
倉石村教育委員会 1998『薬師前遺跡 ―縄文時代後期集合改葬土器棺墓調査―』倉石村埋蔵文化財調査報告書第1集
栗島義明 1985「硬玉製大珠の広大な分布圏」『季刊考古学』第12号
見城敏子 1983「漆工」『縄文文化の研究第7巻 道具と技術』雄山閣出版
小井川和夫・加藤道男 1994「宮城県・岩手県」『近藤義郎編 日本土器製塩研究』青木書店
甲野 勇 1932「北海道上磯町発見の縄文式土器」『史前学雑誌』第4巻第1号
國立慶州博物館編 1991『蔚珍厚浦里遺蹟』
国立歴史民俗博物館 1994『蝦夷の墓 ―森ヶ沢遺跡調査概要』
国立歴史民俗博物館 2001『日の浜遺跡』『落合計策縄文時代遺物コレクション』国立歴史民俗博物館資料図録1
輿水達司 1989「三厩村宇鉄遺跡および鰺ヶ沢町大曲遺跡から出土した黒曜石片のフィッション・トラック年代測定」『三厩村宇鉄遺跡発掘調査報告書 (Ⅱ)』青森県立郷土館調査報告第25集 考古―8
輿水達司 1990「栄町5遺跡出土黒曜石の原産地同定および水和層年代測定」『余市町栄町5遺跡』(財) 北海道埋蔵文化財センター調査報告書第66集
輿水達司・野村 崇 1990「サハリンの遺跡出土黒曜石のルーツ」『月刊考古学ジャーナル』No. 315
五所川原市 1993『五所川原市史 史料編1』
五所川原市教育委員会 1992『観音林遺跡 (第10次発掘調査報告書)』五所川原市埋蔵文化財調査報告書第15集
小杉嘉四蔵 1988『小杉嘉四蔵 蒐集考古学資料写真集 ―玉清水(1)遺跡』
児玉作左衛門・大場利夫 1954「函館市春日町出土の遺物について」『北方文化研究報告』第9輯

児玉大成 1998「玉象嵌土製品について —聖山式土器に伴う特殊な土製品—」『北方の考古学 —野村　崇先生還暦記念論集』野村　崇先生還暦記念論集刊行会
児玉大成 2002「縄文時代におけるベンガラ生産の一様相 —宇鉄遺跡出土赤鉄鉱の考古学的分析—」『青森県考古学第 13 号—青森県考古学会 30 周年記念論集』
児玉大成 2005「亀ヶ岡文化を中心としたベンガラ生産の復元」『日本考古学』第 20 号
児玉大成・河崎衣美 2012「縄文時代における砂質土を利用したベンガラの可能性について」『青森県埋蔵文化財調査センター研究紀要』第 17 集
小泊村教育委員会 2003『坊主沢遺跡発掘調査報告書』小泊村文化財調査報告第 3 集
後藤信祐 2007「刀剣形石製品」『縄文時代の考古学 11　心と信仰』同成社
小林和彦 1997「畑内遺跡西捨場出土の動物遺存体」『畑内遺跡 IV』青森県埋蔵文化財調査報告書第 211 集
小林達雄 1999『縄文人の文化力』新書館
駒井和愛 1959『音江　北海道環状列石の研究』慶友社
小柳美樹 2001「大渓遺跡における副葬石斧への理解 —「中国四川省古代文物展」を通じて—」『研究紀要』17　山梨県立考古博物館・山梨県埋蔵文化財センター
昆　政明 2004「幻の漁法鮭カギ漁」『月刊れぢおん青森』311 号
近藤祐弘 1984「亀ヶ岡遺跡出土黒曜石の水和層年代と産地分析」『亀ヶ岡石器時代遺跡』青森県立郷土館調査報告第 17 集　考古—6
近藤義郎 1962「縄文時代における土器製塩の研究」『岡山大学法文学部学術紀要』第 15 号
埼玉県立博物館 1975『特別展「原始の世界」展示品図録』
斎藤　岳 1999「石器からみた交流の様子」『三内丸山遺跡・縄文シンポジウム・99 —検証　三内丸山遺跡—』青森県教育庁文化課三内丸山遺跡対策室
斎藤　岳 2005「三内丸山遺跡の黒曜石について」『特別史跡三内丸山遺跡年報』8
齋藤　岳・合地信生・森岡健治・葛西智義・松本建速 2006「縄文～続縄文時代における北海道中央部から東北地方への緑色・青色片岩製磨製石斧の流通 —考古学的・岩石学的検討—」『日本考古学協会第 72 回総会研究発表要旨』
齋藤　岳・杉原重夫・金成太郎・太田陽介 2008「青森県ムシリ遺跡・十腰内(2)遺跡出土黒曜石製遺物の原産地推定」『青森県立郷土館調査研究年報』第 32 号
斎野裕彦 1999a「解説」『動物デザイン考古学』仙台市富沢遺跡保存館
斎野裕彦 1999b「東北の弥生から見た北海道文化」『日本考古学協会 1999 年度釧路大会シンポジウム・テーマ 2・3 資料集 II —海峡と北の考古学』
斎野裕彦 2005「東北における動物形土製品：四肢獣形の変容・消滅」『北奥の考古学　葛西　勵先生還暦記念論文集』葛西　勵先生還暦記念論文集刊行会
坂川　進 1992「青森県八戸市風張(1)遺跡」『日本考古学年報』43
酒詰仲男 1961『日本縄文石器時代食料総説』土曜会
櫻田　隆 1997「秋田県池内遺跡」『日本考古学協会 1997 年度大会研究発表要旨』
笹沢魯洋 1953『宇曽利百話』下北郷土会
札幌医科大学解剖学第二講座 1987『高砂貝塚』噴火湾沿岸貝塚遺跡調査報告 2
札幌市教育委員会 1998『N30 遺跡』札幌市文化財調査報告書 58
佐藤一夫 1991「タカラガイの道」『苫小牧市博物館研究報告』第 1 号

佐藤一夫　2000「北海道の貝製装飾品について」『苫小牧市埋蔵文化財調査センター所報』2
佐藤二郎　1980「東裏遺跡から出土したサメの歯化石について」『東北縦貫自動車道関係埋蔵文化財調査報告書Ⅵ（一関地区　東裏遺跡）』岩手県文化財調査報告書第55集
佐藤傳蔵　1896a「陸奥亀ヶ岡発掘報告」『東京人類学会雑誌』第11巻第118号
佐藤傳蔵　1896b「陸奥亀ヶ岡第二回発掘報告」『東京人類学会雑誌』第11巻第124号
佐藤傳蔵　1896c「陸奥國亀ヶ岡第二回発掘報告（前号の続き）」『東京人類学会雑誌』第11巻第125号
佐藤傳蔵　1897「本邦石器時代の膠漆的遺物に就て」『東京人類学会雑誌』第12巻第138号
佐藤敏也　1969「日本に於ける稲の初現」『月刊考古学ジャーナル』No. 35
佐藤智雄　1998「北海道の動植物を意匠する製品」『東北民俗学研究』第6号
佐藤智雄・五十嵐貴久　1996「能登川コレクションの骨角器について」『市立函館博物館研究紀要』第6号
佐藤初太郎　1898「石器土器に附着する膠漆様遺物に就いての愚見」『東京人類学会雑誌』第13巻第147号
佐藤由紀男　2006「紀元前，灌漑型水稲農耕はなぜ津軽平野までしか波及しなかったのか」『考古学の諸相Ⅱ　坂詰秀一先生古稀記念論文集』坂詰秀一先生古稀記念会
佐原　眞　1977「石斧論 ―横斧から縦斧へ」『考古論集慶祝・松崎寿和先生六十三歳論文集』
佐原　眞　1979「磨製石斧」『1979年秋季展　東日本の縄文文化』（財）辰馬考古資料館
佐原　眞　1994『斧の文化史』UP考古学選書［6］　東京大学出版会
サントリー美術館　1969『土偶と土面 ―春の特別展図録』
七戸町教育委員会　2007『二ツ森貝塚 ―範囲確認調査報告書―』七戸町埋蔵文化財調査報告書第71集
篠遠喜彦　1978「《連載第5回》ポリネシア遺物控　鮫の歯を使用した遺物」『えとのす』第10号
島谷良吉　1944『津輕海峽の史的研究』晴南社
清水潤三　1966『是川遺跡』中央公論美術出版
下田町教育委員会　1989『阿光坊遺跡発掘調査報告書』下田町埋蔵文化財調査報告書第1集
下田町教育委員会　1990『阿光坊遺跡発掘調査報告書』下田町埋蔵文化財調査報告書第2集
下田町教育委員会　2001「阿光坊遺跡」『下田町内遺跡発掘調査報告書4』下田町埋蔵文化財調査報告書第15集
下田町教育委員会　2003『下田町内遺跡発掘調査報告書6　十三森(1)遺跡　天神山遺跡』下田町埋蔵文化財調査報告書第19集
庄内昭男　1987「秋田県東成瀬村上掵遺跡出土の大型磨製石斧」『考古学雑誌』第73巻第1号
庄内昭男　1999「東成瀬村上掵遺跡における大型磨製石斧の発見状況」『秋田県立博物館研究報告』第24号
昭和町誌編さん委員会　1986『昭和町誌』昭和町
浄法寺町教育委員会　2001『岩手県二戸郡浄法寺町　上杉沢遺跡』
白井祥平　1997「イモガイ（芋貝）類」『貝Ⅱ』ものと人間の文化史83―Ⅱ　法政大学出版局
白老町教育委員会　1978『白老町虎杖浜2遺跡 ― 1977年度試掘調査報告書』
白鳥文雄　1995「アスファルトの付着のみられる石鏃の着柄について」『槻木(1)遺跡』青森県埋蔵文化財調査報告書第169集
知内町教育委員会　1975『知内町森越遺跡調査報告書』
尻岸内町教育委員会　1984『恵山貝塚』
市立函館博物館　1955『函館市梁川町遺跡』
市立函館博物館　1958『サイベ沢遺跡 ―函館郊外桔梗村サイベ沢遺跡発掘報告書』
市立函館博物館　1977『函館空港第4地点・中野遺跡』函館市教育委員会

新里貴之・上村俊雄 1998「南西諸島に分布するサメ歯製品及びその模造品について」『南島考古』第17号
杉浦重信 1990「北海道における黒曜石の交易について」『古代文化』第42巻第10号
杉浦重信 1998「考古学より見た北海道・千島・カムチャツカ」『北方の考古学』野村　崇先生還暦記念論集刊行会
杉原重夫・金成太郎 2012「黒曜石製遺物の原産地推定」『下北半島における亀ヶ岡文化の研究　青森県むつ市不備無遺跡発掘調査報告書　第2分冊　本文編2』弘前大学人文学部附属亀ヶ岡文化研究センター
杉原重夫・金成太郎・杉野森淳子 2008「青森県出土黒曜石製遺物の産地推定」『研究紀要』第13号　青森県埋蔵文化財調査センター
杉原重夫・鈴木尚史 2006「青森県三内丸山遺跡出土　縄文時代黒曜石遺物の産地推定」『特別史跡三内丸山遺跡年報』9
杉山寿栄男 1930「石器時代有機質遺物の研究概報 ―特に是川泥炭層出土品に就て」『史前学雑誌』第2巻第4号
鈴木明彦・福井淳一 2010「北海道松前半島におけるメダカラガイの出現」『日本古生物学会第159回例会講演予稿集』
鈴木克彦 1984「風韻堂コレクションの装身具」『青森県立郷土館調査研究年報』第9号
鈴木克彦 2004「硬玉研究序論」『玉文化』創刊号
鈴木克彦 2005「石偶に関する研究」『葛西　勵先生還暦記念論文集　北奥の考古学』葛西　勵先生還暦記念論文集刊行会
鈴木正語 2001「垂飾土製黒玉」『渡島半島の考古学』南北海道考古学情報交換会20周年記念論集作成実行委員会
鈴木　尚・酒詰仲男・埴原和郎 1952「下北半島岩屋の近世アイヌ洞窟について」『人類学雑誌』第62巻第4号
鈴木正男 1984「亀ヶ岡遺跡出土黒曜石の分析」『亀ヶ岡石器時代遺跡』青森県立郷土館調査報告第17集　考古―6
鈴木正男・戸村健児 1990「黒曜石の分析2」『南北海道考古学情報』2
寿都町教育委員会 1980「寿都3遺跡（第2次調査）」『寿都町文化財調査報告書II』
須藤　隆 1970「青森県大畑町二枚橋遺跡出土の土器・石器について」『考古学雑誌』第56巻第2号
須藤　隆 1974「青森県二枚橋遺跡出土の打製石偶について」『日本考古学・古代史論集』吉川弘文館
須藤　隆 1983「弥生文化の伝播と恵山文化の成立」『考古学論叢I』芹沢長介先生還暦記念論文集刊行会
須藤利一編 1968『船』法政大学出版局
関根達人・上條信彦編 2009『成田コレクション考古資料図録』弘前大学人文学部附属亀ヶ岡文化研究センター
瀬棚町教育委員会 1976『瀬棚南川遺跡』
瀬棚町教育委員会 1983『瀬棚南川』
芹沢長介 1960『石器時代の日本』築地書館
芹沢長介 1965「東北文化のあけぼの」『古代の日本8　東北』角川書店
芹澤長介編 1979『峠下聖山遺跡』
高瀬克範 1998「恵山式土器群の成立・拡散とその背景」『北海道考古学』第34輯
高橋　理 2001「北海道におけるイノシシ」『縄文時代島嶼部イノシシに関する基礎的研究 ―平成11～12年度科学研究費補助金（基礎研究（C）(2)）研究成果報告書―』
高橋　潤 2006「四ツ石(1)遺跡」『新青森市史　資料編1　考古』青森市

高橋正勝編 1980『アヨロ』北海道先史学協会
高畠町文化財史編集委員会・高畠町史編纂委員会 1971『高畠町史　別巻　考古資料編』高畠町
高浜　秀・谷　豊信 1992「曽侯乙墓出土の青銅器」『特別展　曽侯乙墓』東京国立博物館
高松敬吉 2006「青森県下北郡の河川漁法の習俗 ―特に鮭漁の変遷を中心に―」『うそり』42
滝沢村教育委員会 1986『湯舟沢遺跡』滝沢村文化財調査報告書第2集
滝沢村教育委員会 1993『大石渡遺跡』滝沢村文化財調査報告書第24集
武田良夫 1996「縄文時代の宝貝」『奥羽史談』第100号
竹原弘展 2008「石江遺跡出土黒曜石の産地推定」『石江遺跡・三内沢部(3)遺跡Ⅲ』青森県埋蔵文化財調査報告書第458集
橘　善光 1967「下北半島尻屋大平貝塚」『月刊考古学ジャーナル』No. 15
橘　善光 1974「北海道古代文化の本州北部への波及 ―下北半島の北方的遺跡」『季刊北海道史研究』第3号
橘　善光・工藤竹久 1974「青森県東津軽郡今津遺跡調査概報」『平舘村史』平舘村
橘　善光・奈良正義 1974「青森県大間貝塚調査概報」『月刊考古学ジャーナル』No. 99
建石・加藤・渋谷・会田・小菅・二宮 2012「山形県湯の花遺跡・群馬県稲荷山Ⅴ遺跡出土黒曜石資料の産地分析」『北関東地方の細石器文化予稿集』岩宿博物館・岩宿フォーラム実行委員会
建石・坂上・柳田・二宮 2008「縄文時代草創期遺跡出土黒曜石の原産地分析」『津南シンポジウムⅣ　縄文文化の胎動 ―予稿集―』信濃川火焔街道連絡協議会・津南町教育委員会
伊達市教育委員会 1998『国指定史跡　北黄金貝塚発掘調査報告書 ―水場遺構の調査―』
伊達市教育委員会 2003『図録　有珠モシリ遺跡』
田中英司 2001『日本先史時代におけるデポの研究』千葉大学考古学研究叢書1
谷　豊信・小澤正人・西江清高 1999『中国の考古学』世界の考古学⑦　同成社
玉川一郎 1999「福島県のアスファルト利用状況」『月刊考古学ジャーナル』No. 452
地質調査所 1925『青森県大釈迦油田（第日本帝国油田第二十一区）地質及地形図説明書』
地質調査所 1936『青森県蟹田油田（第日本帝国油田第三十二区）地形及地質図説明書』
千歳考古学研究会・千歳市教育委員会 1971『ママチ遺跡』
千歳市教育委員会 1994『丸子山遺跡における考古学的調査』千歳市文化財調査報告書第19集
茅野嘉雄 2000「脇野沢村瀬野遺跡採集の玦状耳飾り」『青森県考古学』第12号
茅野嘉雄 2002「青森県内における縄文時代前期末～中期初頭の異系統土器群について ―県内出土資料の集成」『研究紀要』第7号　青森県埋蔵文化財調査センター
千代　肇 1972「津軽海峡の文化 ―考古学からみた南進の文化」『うそり』9号
千代　肇編 1974『西桔梗』函館圏開発事業団
中鉢　浩 1999「北海道余市町出土のイモガイ形製品類似土製品について」『史峰』第26号
知里真志保 1953『分類アイヌ語辞典　第1巻　植物篇』日本常民文化研究所彙報第64（復刻版『知里真志保著作集　別巻Ⅰ』1976年　平凡社）
知里真志保 1959「アイヌのサケ漁 ―幌別における調査―」『北方文化研究報告』第14輯（復刻版『知里真志保著作集　第3巻』1973年　平凡社）
坪井正五郎　1895「北海道石器時代土器と本州石器時代土器との類似」『東京人類学会雑誌』第11巻第116号
坪田弘子 2012「神奈川県出土の玦状耳飾集成」『玉文化』第9号
寺田徳穂 1970「ピッチ付石鏃について」『東奥文化』第41号

寺村光晴 1986「琥珀の国　みちのくアンバーロード」『歴史読本』第31巻第14号
寺村光晴 2003「考古学上における貴石の出現 ―硬玉・琥珀の場合―」『新世紀の考古学 ―大塚初重先生喜寿記念論文集―』大塚初重先生喜寿記念論文集刊行会
天間林村史編纂委員会 1981『天間林村史（上巻）』天間林村
天間林村教育委員会 1994『二ツ森貝塚発掘調査報告書』天間林村文化財調査報告書第2集
天間林村教育委員会 1995『二ツ森貝塚』天間林村文化財調査報告書第3集
土肥　孝 1988「鳴鹿山鹿遺跡の石器一括出土」『古代史復元3　縄文人の道具』講談社
樋泉岳二 1998「三内丸山遺跡 No.6 鉄塔地点出土の魚類遺体（第1報）『三内丸山遺跡 IX』青森県埋蔵文化財調査報告書第249集
戸井町教育委員会 1991『浜町 A 遺跡 II』
戸井町教育委員会 1993『戸井貝塚 II』
戸井町教育委員会 1994『戸井貝塚 IV』
東京国立博物館 1990『特別展図録　日本の考古学 ―その歩みと成果』
東京国立博物館 1996『東京国立博物館図版目録　縄文遺物篇（土偶・土製品）』中央公論美術出版
東京国立博物館 2007『ニュージーランド国立博物館テ・パパ・トンガレワ名品展　マーオリ ―楽園の神々―』
東京大学文学部考古学研究室・文学部常呂研究室編 1985『栄浦第一遺跡』
東北学院大学民俗学 OB 会 1998「特集：民俗学と考古学における動植物」『東北民俗学研究』第6号
東北町教育委員会 2008『蓼内久保(1)遺跡』東北町埋蔵文化財調査報告書第17集
東北歴史資料館 1985『里浜貝塚 IV ―宮城県鳴瀬町宮戸島里浜貝塚西畑地点の調査・研究 IV』東北歴史資料館資料集13
東北歴史資料館 1996『東北地方の土偶』
東北歴史博物館 2003『鮭～秋味を待つ人々～』
遠野市教育委員会 2002『新田 II 遺跡』遠野市埋蔵文化財調査報告書第13集
富樫泰時 1974「円筒土器分布圏の意味するもの」『北奥古代文化』第6号
富樫泰時 1984「秋田県における北陸系の土器について」『本庄市史研究』第4号
苫小牧市教育委員会・苫小牧市埋蔵文化財調査センター 1990『苫小牧東部工業地帯の遺跡群 III』
苫小牧市教育委員会・苫小牧市埋蔵文化財調査センター 1993『美沢11遺跡』
苫小牧市教育委員会・苫小牧市埋蔵文化財調査センター 1997『柏原5遺跡』
苫小牧市埋蔵文化財調査センター 1990『入江遺跡』虻田町教育委員会
苫小牧市埋蔵文化財調査センター 2002『苫小牧東部工業地帯の遺跡群 VIII　苫小牧市静川遺跡・柏原17遺跡発掘調査報告書』苫小牧市教育委員会・苫小牧市埋蔵文化財調査センター
苫小牧市立図書館・苫小牧市教育委員会 1966『苫小牧市沼の端丸木舟発掘調査概要報告書』
富山県教育委員会 1987「馬場山 G 遺跡」『北陸自動車道遺跡調査報告書 ―朝日町編3―』
富山県埋蔵文化センター 1998『平成10年度　特別企画展図録　石のアクセサリー』
十和田市教育委員会 1984『明戸遺跡発掘調査報告書』十和田市埋蔵文化財調査報告書第3集
十和田市教育委員会 2004『山ノ外遺跡』十和田市埋蔵文化財発掘調査報告第11集
永嶋正春 1985「縄文時代の漆工技術 ―東北地方出土籃胎漆器を中心にして―」『国立歴史民俗博物館研究報告』第6集
永田泰弘監修 2002『新版　色の手帖』小学館

長沼　孝　1984「遺跡出土のサメの歯について —北海道の出土例を中心として」『考古学雑誌』第70巻第1号
中野　純　1998「柏崎市大宮縄文前期集落遺跡」『新潟県考古学会第10回大会研究発表・調査報告等要旨』
(財) 長野県埋蔵文化財センター　1998「松原遺跡　縄文時代」『上信越自動車道埋蔵文化財発掘調査報告書4 —長野市内　その2—』(財) 長野県埋蔵文化財センター発掘調査報告書27
中村良幸　1998「岩手県大迫町八木巻イタコ塚遺跡」『月刊考古学ジャーナル』No. 438
中山清隆　1992a「縄文文化と大陸系文物」『季刊考古学』第38号
中山清隆　1992b「玄海・日本海をめぐる大型石斧」『季刊考古学』第38号
名取武光　1936『北日本に於ける動物意匠遺物と其の分布相』北海道帝国大学農学部附属博物館（単）(北海道出版企画センター　1977『アイヌと考古学（一）』名取武光著作集Ⅰ再録)
名取武光・峰山　巌　1954『伊達町北黄金遺跡発掘報告』単（私家版）
名取武光・峰山　巌　1957「若生貝塚発掘報告」『北方文化研究報告』第12輯
名取武光・峰山　巌　1963「茶呑場遺跡の発掘報告」『北方文化研究報告』第18輯
浪岡町教育委員会　2002「平野遺跡発掘調査報告書」『平成13年度浪岡町文化財紀要』Ⅱ
奈良正義　1965「青森県下北半島の現生貝類相（第1報）」『青森県立田名部高等学校研究集録』1
新潟県教育委員会・(財) 新潟県埋蔵文化財調査事業団　1996『磐越自動車道関係遺跡発掘調査報告書 —大坂上道遺跡・猿額遺跡・中棚遺跡・牧ノ沢遺跡—』新潟県埋蔵文化財調査報告書第68集
西口陽一　1983「耳飾りからみた性別」『季刊考古学』第5号
西野　元編　1998『青森県脇野沢村　瀬野遺跡（第2分冊）』脇野沢村
西村正衛・櫻井清彦　1953「青森縣森田村附近遺跡調査概報（第2次調査）」『古代』第10号
西本豊弘　1979「骨・角・歯製品」・「動物遺存体」『稲倉石岩陰遺跡』厚沢部町埋蔵文化財調査報告2
西本豊弘　1983「栄浜1遺跡出土の動物遺存体」『栄浜』八雲町教育委員会
西本豊弘　1984「北海道の縄文・続縄文文化の狩猟と漁労」『国立歴史民俗博物館研究報告』第4集
西本豊弘　1985「北海道縄文イノシシの問題」『古代探叢Ⅱ —早稲田大学考古学会創立35周年記念考古学論集』早稲田大学出版部
西本豊弘　1989「骨角貝製品」『茶津洞穴遺跡発掘調査報告書』泊村教育委員会
西本豊弘　1993a「富ノ沢遺跡出土の動物遺体」『富ノ沢(2)遺跡発掘調査報告書Ⅵ(3)』青森県埋蔵文化財調査報告書第147集
西本豊弘　1993b「骨角器」・「貝製品」『戸井貝塚Ⅲ』戸井町教育委員会
西本豊弘　1993c「海獣狩猟から見た津軽海峡の文化交流」『古代文化』第45巻第4号
西本豊弘　1999「貝塚出土の動物遺存体」『東通村史 —遺跡発掘調査報告書編—』東通村
西本豊弘　2000「ヒスイの出土量」『平成11年度　三内丸山遺跡発掘調査報告会及び特別研究推進事業報告会資料』青森県教育庁文化課三内丸山遺跡対策室
日本玉文化研究会　2010『玉文化』第7号
日本大学文理学部史学研究室　1986『金程向原遺跡Ⅰ』日本大学文理学部史学研究室文化財発掘調査報告書第18集
二本柳正一・角鹿扇三・佐藤達夫　1957「上北郡早稲田貝塚」『考古学雑誌』第43巻第2号
Nelson Foster　1993『Bishop Museum and the Changing World of Hawaii』Bishop Museum Press, Honolulu
野口義麿　1952「石器時代の琥珀について」『考古学雑誌』第38巻第1号
野口義麿　1977「縄文時代の象嵌遺物」『MUSEUM』第311号　東京国立博物館
野田尚志　2005「馬淵川に面して発達した縄文集落　泉山遺跡」『図説三戸・八戸の歴史』郷土出版社

野辺地町教育委員会 2004『向田(18)遺跡』野辺地町文化財調査報告書第 14 集

野辺地町教育委員会 2011『向田(36)遺跡』野辺地町文化財調査報告書第 17 集

野村　崇 1975「いわゆる亀ヶ岡式土器の北方への伝播について」『北海道開拓記念館研究年報』第 4 号

野村　崇 1984「北海道の亀ガ岡文化」『北海道の研究第 1 巻　考古篇 I』清文堂

野村　崇 1990「北海道の玉文化」『ヒスイの輝き　甦るその神秘 ―第 3 回翡翠と日本文化を考えるシンポジウム』

野村　崇 2003「遠くまで運ばれた翡翠 ―北海道の玉文化―」『ヒスイ文化フォーラム "2003" 花開くヒスイ文化 ―縄文時代におけるヒスイとその広がり―』ヒスイ文化フォーラム委員会

野村　崇編 1974『札苅遺跡』木古内町教育委員会

羽賀憲二編 1996『H37 遺跡』札幌市文化財調査報告書第 50 集

函館市 1980『函館市史　通説篇』第 1 巻

函館市教育委員会 1986『サイベ沢遺跡 II』

函館市教育委員会 1987『豊原 1 遺跡』

函館市教育委員会 1997『湯川貝塚』

函館市教育委員会 1999『函館市石倉貝塚』

函館市教育委員会・特定非営利活動法人函館市埋蔵文化財事業団 2007『函館市臼尻 C 遺跡』函館市教育委員会・函館市埋蔵文化財事業団発掘調査報告書第 2 輯

階上町教育委員会 2007『寺下遺跡発掘調査報告書・笹畑遺跡発掘調査報告書』

橋口尚武 1988『島の考古学 ―黒潮圏の伊豆諸島』UP 考古学選書 3　東京大学出版会

八丈町倉輪遺跡調査団 1987『東京都八丈町倉輪遺跡』東京都八丈町教育委員会

八戸遺跡調査会 2001『田向冷水遺跡 I』八戸遺跡調査会埋蔵文化財調査報告書第 1 集

八戸遺跡調査会 2002a『是川中居遺跡　長田沢地区』八戸遺跡調査会埋蔵文化財調査報告書第 2 集

八戸遺跡調査会 2002b『八戸城跡 II』八戸遺跡調査会埋蔵文化財調査報告書第 3 集

八戸遺跡調査会 2004『是川中居遺跡　中居地区　G・L・M』八戸遺跡調査会埋蔵文化財調査報告書第 5 集

八戸市教育委員会 1983『是川中居遺跡発掘調査報告書』八戸市埋蔵文化財調査報告書第 10 集

八戸市教育委員会 1986『丹後谷地遺跡発掘調査報告書』八戸市埋蔵文化財調査報告書第 15 集

八戸市教育委員会 1988a『八戸新都市区域内埋蔵文化財発掘調査報告書 V ―田面木平(1)遺跡―』八戸市埋蔵文化財調査報告書第 20 集

八戸市教育委員会 1988b『八幡遺跡発掘調査報告書』八戸市埋蔵文化財調査報告書第 26 集

八戸市教育委員会 1989『赤御堂遺跡』八戸市埋蔵文化財調査報告書第 33 集

八戸市教育委員会 1990『八戸市内遺跡発掘調査報告書 1』八戸市埋蔵文化財調査報告書第 36 集

八戸市教育委員会 1991a『八戸市内遺跡発掘調査報告書 2 ―風張(1)遺跡 I』八戸市埋蔵文化財調査報告書第 40 集

八戸市教育委員会 1991b『丹後平古墳 ―八戸新都市区域内埋蔵文化財発掘調査報告書 X』八戸市埋蔵文化財調査報告書第 44 集

八戸市教育委員会 1992a『岩ノ沢平遺跡』八戸市埋蔵文化財調査報告書第 46 集

八戸市教育委員会 1992b『八幡遺跡発掘調査報告書 II』八戸市埋蔵文化財調査報告書第 47 集

八戸市教育委員会 1994『八戸市内遺跡発掘調査報告書 6』八戸市埋蔵文化財調査報告書第 60 集

八戸市教育委員会 1995a『八戸市内遺跡発掘調査報告書 7』八戸市埋蔵文化財調査報告書第 61 集

八戸市教育委員会 1995b『上七崎遺跡・蛇ヶ沢遺跡・上蛇沢(2)遺跡』八戸市埋蔵文化財調査報告書第 62 集
八戸市教育委員会 1996a『八戸市内遺跡発掘調査報告書 8』八戸市埋蔵文化財調査報告書第 65 集
八戸市教育委員会 1996b『丹後平(1)遺跡・丹後平古墳』八戸市埋蔵文化財調査報告書第 66 集
八戸市教育委員会 1997a『新井田古館遺跡』八戸市埋蔵文化財調査報告書第 70 集
八戸市教育委員会 1997b『酒美平遺跡』八戸市埋蔵文化財調査報告書第 73 集
八戸市教育委員会 1999『八戸市内遺跡発掘調査報告書 11』八戸市埋蔵文化財調査報告書第 77 集
八戸市教育委員会 2000『人首沢遺跡・毛合清水遺跡・大仏遺跡』八戸市埋蔵文化財調査報告書第 84 集
八戸市教育委員会 2002a『八戸市内遺跡発掘調査報告書 14』八戸市埋蔵文化財調査報告書第 90 集
八戸市教育委員会 2002b『八戸市内遺跡発掘調査報告書 15　是川中居遺跡 1』八戸市埋蔵文化財調査報告書第 91 集
八戸市教育委員会 2002c『八戸新都市区域内埋蔵文化財発掘調査報告書 XIII　丹後平古墳群 ―丹後平(1)遺跡・丹後平古墳』八戸市埋蔵文化財調査報告書第 93 集
八戸市教育委員会 2004a『八戸市内遺跡発掘調査報告書 18』八戸市埋蔵文化財調査報告書第 102 集
八戸市教育委員会 2004b『八戸市内遺跡発掘調査報告書 19　是川中居遺跡 3』八戸市埋蔵文化財調査報告書第 103 集
八戸市教育委員会 2005『八戸市内遺跡発掘調査報告書 20　是川中居遺跡 4』八戸市埋蔵文化財調査報告書第 107 集
八戸市教育委員会 2006『田向冷水遺跡 II』八戸市埋蔵文化財調査報告書第 113 集
八戸市教育委員会 2007『八幡遺跡発掘調査報告書 IV』八戸市埋蔵文化財調査報告書第 115 集
八戸市教育委員会 2008『風張(1)遺跡 VI』八戸市埋蔵文化財調査報告書第 119 集
八戸市博物館 1988a『図録　青森県の貝塚』
八戸市博物館 1988b『縄文の美　是川中居遺跡出土品図録第 2 集―』目で見る八戸の歴史 5
八戸市博物館 1997『国重要文化財指定記念　特別展「風張遺跡の縄文社会」』
八戸市立商業高等学校社会科研究会 1962「八戸市種差熊ノ林貝塚発掘について」『奥南史苑』第 6 号
波部忠重 1977『日本産軟体動物分類学　二枚貝綱／掘足綱』北隆館
波部忠重監修 1990『学研生物図鑑　貝 I　巻貝（改訂版）』学習研究社
波部忠重・奥谷喬司監修 1990『学研生物図鑑　貝 II』学習研究社
波部忠重・小菅貞男 1968『貝 ―標準原色図鑑全集／第 3 巻』保育社
林　謙作 1993「縄紋時代史 18.　縄紋人の領域（5）」『季刊考古学』第 44 号
春成秀爾 1995「熊祭りの起源」『国立歴史民俗博物館研究報告』第 60 集
春成秀爾 1996「性象徴の考古学」『国立歴史民俗博物館研究報告』第 66 集
東通村史編集委員会 2001『東通村史　歴史編 I』
東村武信 1986『石器産地推定法』考古学ライブラリー 47　ニュー・サイエンス社
樋口清之 1929「玦状耳飾の一新例」『史前学雑誌』第 1 巻第 2 号
樋口清之 1933「玦状耳飾考 ―石器時代身体装飾品之研究其一―」『考古学雑誌』第 23 巻第 1 号
平賀町教育委員会 1979『石郷遺跡（本文・実測図編）』平賀町埋蔵文化財調査報告書第 7 集
平賀町教育委員会 2001『大光寺新城跡遺跡発掘調査報告書』平賀町埋蔵文化財調査報告書第 29 集
比良野貞彦 1788『奥民図彙』（復刻版　青森県立図書館郷土双書 5　1973 年）
平吹　靖 2004「柏崎市大宮遺跡出土の日本最古の縄文時代前期ヒスイ加工品」『玉文化』創刊号

弘前市教育委員会 1991『砂沢遺跡発掘調査報告書 ―本文編―』
弘前市教育委員会 2001『独狐七面山遺跡発掘調査報告書』
福井県教育委員会 1979『鳥浜貝塚 ―縄文前期を主とする低湿地遺跡の調査1―』
福島市教育委員会・(財) 福島市振興公社 1989『昭和63年度市道原宿愛宕原1号線建設工事関連遺跡調査報告書 愛宕原遺跡』福島市埋蔵文化財報告書第31集
福田友之 1976「津軽海峡と亀ヶ岡文化」『季刊どるめん』11号
福田友之 1980「鮭鉤」『北海道・東北民具研究会報』通巻第4号
福田友之 1982「北からの視点 ―津軽海峡を越えて―」『東奥文化』第53号
福田友之 1986「津軽・相馬村大助発見の洞穴遺跡」『青森県考古学』第3号
福田友之 1988a「津軽海峡と黒曜石 ―昭和62年8月，津軽半島宇鉄」『北海道考古学会だより』第29号
福田友之 1988b「津軽海峡と縄文文化」『津軽海峡縄文美術展図録』青森県立郷土館
福田友之 1990a「本州北端の硬玉（翡翠）製玉飾り」『青森県考古学』第5号
福田友之 1990b「津軽海峡の先史文化交流 ―青森県出土の黒曜石製石器・硬玉製品・外来系土器―」『伊東信雄先生追悼 考古学古代史論攷』伊東信雄先生追悼論文集刊行会
福田友之 1991「津軽半島今津遺跡の鬲状三足土器 ―「江南文化和古代的日本」に関連して―」『青森県考古学』第6号
福田友之 1992a「木造町田小屋野貝塚の発掘調査（第1次・2次調査）」『青森県立郷土館調査研究年報』第16号
福田友之 1992b「貝殻の形象 ―アワビとイモ貝を模倣した考古資料」『青森県立郷土館だより』第23巻第2号
福田友之 1994a「縄文時代の物と人の移動 ―津軽海峡をはさむ文化交流」『北日本の考古学』吉川弘文館
福田友之 1994b「特大の磨製石斧」『青森県立郷土館調査研究年報』第18号
福田友之 1995a「北日本におけるベンケイガイ交易 ―津軽海峡を渡った貝輪」『北海道考古学第31輯 ―北海道考古学の諸問題』
福田友之 1995b「本州北端の琥珀」『青森県立郷土館調査研究年報』第19号
福田友之 1997a「ベンガラの利用と交易」『ここまでわかった日本の先史時代』角川書店
福田友之 1997b「市史編纂だより㊳新発見の考古資料紹介 ―青竜刀形石器と玦状耳飾り」『広報ごしょがわら』No. 886
福田友之 1998a「本州北辺の貝類出土遺跡総覧」『青森県立郷土館調査研究年報』第22号
福田友之 1998b「本州北辺における鯨類出土遺跡 ―津軽海峡南岸域における先史鯨類利用―」『青森県史研究』第2号
福田友之 1998c「津軽海峡域と南海産貝類 ―津軽海峡域におけるイモガイ形製品をめぐって―」『時の絆 石附喜三男先生を偲ぶ 道を辿る』石附喜三男先生を偲ぶ本刊行委員会
福田友之 1998d「青森県域出土の先史動・植物意匠遺物」『東北民俗学研究』第6号
福田友之 1999a「本州北端の玦状耳飾り」『研究紀要』第4号 青森県埋蔵文化財調査センター
福田友之 1999b「本州北端のヒスイ製装身具（2）」『青森県考古学』第11号
福田友之 1999c「北の道・南の道 ―津軽海峡をめぐる交流」『海を渡った縄文人』小学館
福田友之 1999d「青森県のアスファルト利用状況」『月刊考古学ジャーナル』No. 452
福田友之 2000「本州北辺地域における先史アスファルト利用」『研究紀要』第5号 青森県埋蔵文化財調査センター
福田友之 2002a「本州北辺出土の貝製品・貝類意匠遺物」『青森県考古学第13号 ―青森県考古学会30周年

記念論集』

福田友之 2002b「津軽海峡交流と弥生石偶 ―青森県畑内遺跡出土の石偶をめぐって―」『北海道考古学』第38輯

福田友之 2003「首飾りの色 ―本州北端・縄文晩期の例から―」『青森県の民俗』第3号

福田友之 2004「津軽海峡域における先史ヒスイ文化」『環日本海の玉文化の始源と展開』敬和学園大学人文社会科学研究所

福田友之 2005a「宇鉄遺跡の石鏃装着 ―津軽海峡南岸の恵山文化期の例―」『研究紀要』第10号 青森県埋蔵文化財調査センター

福田友之 2005b「ヒスイ以前の津軽海峡域 ―縄文前期以前の石製装身具を中心にして―」『北奥の考古学 葛西 勵先生還暦記念論文集』葛西 勵先生還暦記念論文集刊行会

福田友之 2008a「深浦産黒曜石の意味するもの」『芹沢長介先生追悼 考古・民族・歴史学論叢』六一書房

福田友之 2008b「津軽海峡と青玉象嵌」『青森県立郷土館調査研究年報』第32号

藤 則雄・四柳嘉章 1970「金沢の縄文晩期近岡遺跡からの稲の発見」『考古学研究』第17巻第3号

藤田富士夫 1989『玉』考古学ライブラリー52 ニュー・サイエンス社

藤田富士夫 1998a『縄文再発見 ―日本海文化の原像―』大巧社

藤田富士夫 1998b「日本列島の玦状耳飾りの始源に関する試論」『東亜玉器』香港中文大學中國考古藝術研究中心

藤田富士夫 2000「第2調査結果 6玦状耳飾り」『富山県朝日町馬場山H遺跡発掘調査報告書』朝日町教育委員会

藤田富士夫 2003a「環状型玦状耳飾に関する基礎的考察」『新世紀の考古学 ―大塚初重先生喜寿記念論文集―』大塚初重先生喜寿記念論文集刊行会

藤田富士夫 2003b「縄文時代の装身具 ―系譜と用途―」『ヒスイ文化フォーラム"2003"花開くヒスイ文化 ―縄文時代におけるヒスイとその広がり―』ヒスイ文化フォーラム委員会

藤沼邦彦 1997「土器に見る動物意匠」『縄文の土偶』歴史発掘③ 講談社

藤沼邦彦 2004「東北北部の弥生文化と北海道」『平成16年春季特別展 弥生のころの北海道』大阪府立弥生文化博物館図録29

藤村東男編 1980『九年橋遺跡第6次調査報告書』文化財調査報告第29集 北上市教育委員会

藤本英夫編 1963『GOTENYAMA ―PLATES―』

布施 正 1975「近世東蝦夷地渡海の変化」『釧路博物館報』第235号

古屋敷則雄 2006「蓼内久保(1)遺跡」『平成18年度青森県埋蔵文化財発掘調査報告会資料』青森県埋蔵文化財調査センター

文化庁編 1995『発掘された日本列島'95新発見考古速報』朝日新聞社

文化庁編 1999『発掘された日本列島'99新発見考古速報』朝日新聞社

辺泥和郎・福田友之 1974「北千島出土のひとつの石偶」『古代文化』第26巻第9号

保坂三郎 1972『是川遺跡出土遺物報告書』中央公論美術出版

北海道開拓記念館 1976『札苅』

北海道開拓記念館 1994『第40回特別展目録「ロシア極東諸民族の歴史と文化」―ロシア科学アカデミー極東支部所蔵資料―』

北海道教育委員会 1977『美沢川流域の遺跡群Ⅰ』

北海道教育委員会 1979『美沢川流域の遺跡群III』
北海道文化財研究所 1987『ヘロカルウス遺跡』北海道文化財研究所調査報告書第3集
（財）北海道埋蔵文化財センター 1980『フレペツ遺跡群』
（財）北海道埋蔵文化財センター 1981a『社台1遺跡・虎杖浜4遺跡・千歳4遺跡・富岸遺跡』（財）北海道埋蔵文化財センター調査報告書第1集
（財）北海道埋蔵文化財センター 1981b『美沢川流域の遺跡群IV』（財）北海道埋蔵文化財センター調査報告書第3集
（財）北海道埋蔵文化財センター 1982『吉井の沢の遺跡』（財）北海道埋蔵文化財センター調査報告書第5集
（財）北海道埋蔵文化財センター 1983『川上B遺跡』（財）北海道埋蔵文化財センター調査報告書第13集
（財）北海道埋蔵文化財センター 1984『美沢川流域の遺跡群VII』（財）北海道埋蔵文化財センター調査報告書第14集
（財）北海道埋蔵文化財センター 1985a『美沢川流域の遺跡群VIII』（財）北海道埋蔵文化財センター調査報告書第17集
（財）北海道埋蔵文化財センター 1985b『湯の里遺跡群』（財）北海道埋蔵文化財センター調査報告書第18集
（財）北海道埋蔵文化財センター 1985c『今金町美利河1遺跡』（財）北海道埋蔵文化財センター調査報告書第23集
（財）北海道埋蔵文化財センター 1986『登別市川上B遺跡C地区』（財）北海道埋蔵文化財センター調査報告書第27集
（財）北海道埋蔵文化財センター 1987『千歳市ママチ遺跡III』（財）北海道埋蔵文化財センター調査報告書第36集
（財）北海道埋蔵文化財センター 1988『木古内町新道4遺跡』（財）北海道埋蔵文化財センター調査報告書第52集
（財）北海道埋蔵文化財センター 1989『小樽市忍路土場遺跡・忍路5遺跡 第4分冊』（財）北海道埋蔵文化財センター調査報告書第53集
（財）北海道埋蔵文化財センター 1990a『余市町栄町5遺跡』（財）北海道埋蔵文化財センター調査報告書第66集
（財）北海道埋蔵文化財センター 1990b『美沢川流域の遺跡群XIV』（財）北海道埋蔵文化財センター調査報告書第69集
（財）北海道埋蔵文化財センター 1991『余市町フゴッペ貝塚』（財）北海道埋蔵文化財センター調査報告書第72集
（財）北海道埋蔵文化財センター 1992『函館市中野A遺跡』（財）北海道埋蔵文化財センター調査報告書第79集
（財）北海道埋蔵文化財センター 1993『函館市中野A遺跡（II）』（財）北海道埋蔵文化財センター調査報告書第84集
（財）北海道埋蔵文化財センター 1995a『七飯町大中山13遺跡（2）』（財）北海道埋蔵文化財センター調査報告書第93集
（財）北海道埋蔵文化財センター 1995b『函館市中野B遺跡』（財）北海道埋蔵文化財センター調査報告書第97集
（財）北海道埋蔵文化財センター 1996a『千歳市キウス5遺跡（2）B地区』（財）北海道埋蔵文化財センター調査報告書第104集
（財）北海道埋蔵文化財センター 1996b『函館市石倉貝塚』（財）北海道埋蔵文化財センター調査報告書第109集

引用文献

（財）北海道埋蔵文化財センター 1998a『函館市中野B遺跡（III）』（財）北海道埋蔵文化財センター調査報告書第120集

（財）北海道埋蔵文化財センター 1998b『上磯町茂別遺跡』（財）北海道埋蔵文化財センター調査報告書第121集

（財）北海道埋蔵文化財センター 1999a『函館市中野B遺跡（IV）』（財）北海道埋蔵文化財センター調査報告書第130集

（財）北海道埋蔵文化財センター 1999b『千歳市柏台1遺跡』（財）北海道埋蔵文化財センター調査報告書第138集

（財）北海道埋蔵文化財センター 2000『八雲町シラリカ2遺跡』（財）北海道埋蔵文化財調査報告書第142集

（財）北海道埋蔵文化財センター 2001『千歳市キウス4遺跡（8）』（財）北海道埋蔵文化財センター調査報告書第157集

（財）北海道埋蔵文化財センター 2003a『八雲町野田生1遺跡』（財）北海道埋蔵文化財センター調査報告書第183集

（財）北海道埋蔵文化財センター 2003b『森町濁川左岸遺跡 ―B地区―』（財）北海道埋蔵文化財センター調査報告書第190集

（財）北海道埋蔵文化財センター 2004「アスファルト」『遺跡が語る北海道の歴史』

堀江武史 1992「玦状耳飾りの分類と製作工具に関して」『國學院大学考古学資料館紀要』第8輯

前山精明 1994「の字状石製品の分布をめぐる新動向 ―角田山麓縄文遺跡群の事例から』『新潟考古』5

麻柄一志 2004「日本列島における後期旧石器時代の装身具」『環日本海の玉文化の始源と展開』敬和学園大学人文社会科学研究所

松井 章 2008「サケ・マス論，その後」『芹沢長介先生追悼 考古・民族・歴史学論叢』六一書房

松岡達郎 1981「先史時代における津軽海峡の渡航について」『物質文化』第37号

松下 旦 1968「北海道とその隣接地域の動物意匠遺物について」『北海道考古学』第4輯

松前町教育委員会 1974『松前町大津遺跡発掘報告書』

松前町教育委員会 1988『寺町貝塚』

松前町教育委員会 1991『松城遺跡』

松前町教育委員会 2005『東山遺跡』

三浦正人 1983「玦状耳飾」『川上B遺跡』（財）北海道埋蔵文化財センター調査報告書第13集

三沢市教育委員会 1999『小山田(2)遺跡・天狗森(3)遺跡』三沢市埋蔵文化財調査報告書第17集

三沢市教育委員会 2000『谷地頭(7)遺跡』三沢市埋蔵文化財調査報告書第18集

三沢市教育委員会 2005『山中(1)貝塚』三沢市埋蔵文化財調査報告書第22集

三沢市教育委員会 2009『根井沼(3)遺跡』三沢市埋蔵文化財調査報告書第23集

水野一夫編 2007『荒谷遺跡』八戸市

三田史学会 1959『亀ヶ岡遺蹟 ―青森県亀ヶ岡低湿地遺蹟の研究』有隣堂出版

湊 正雄・井尻正二 1966『日本列島（第2版）』岩波新書

南茅部町教育委員会 1981『ハマナス野遺跡VII』

南茅部町教育委員会 1983『ハマナス野遺跡IX』

南茅部町教育委員会 1996『磨光B遺跡 ―縄文時代後期の集落跡とアスファルト加工工房址の調査』

南茅部町埋蔵文化財調査団 1991『後駒B遺跡・ハマナス野遺跡』南茅部町埋蔵文化財調査団第2輯報告

引用文献

南茅部町埋蔵文化財調査団　1992『八木B遺跡』南茅部町埋蔵文化財調査団第3号報告
南茅部町埋蔵文化財調査団　1995『八木A遺跡II・ハマナス野遺跡』南茅部町埋蔵文化財調査団第5輯報告
南茅部町埋蔵文化財調査団　2004『垣ノ島A遺跡』南茅部町埋蔵文化財調査団第11輯報告書
峰山　巖編　1974『松前町高野遺跡発掘報告』松前町教育委員会
峰山　巖・山口　敏　1972「先史時代」『豊浦町史』
宮　宏明・青木　誠　1994「サメの歯とサパンペ」『動物考古学』第2号
宮　宏明編　1995『1994年度大川遺跡発掘調査報告書』
宮城県教育委員会　1969a『埋蔵文化財緊急発掘調査概報 ―長根貝塚―』宮城県文化財調査報告書第19集
宮城県教育委員会　1969b『埋蔵文化財第4次緊急調査概報 ―南境貝塚』宮城県文化財調査報告書第20集
宮城県教育委員会　1980a『金剛寺貝塚・宇賀崎貝塚・宇賀崎1号墳他』宮城県文化財調査報告書第67集
宮城県教育委員会　1980b『東北自動車道遺跡調査報告書IV』宮城県文化財調査報告書第71集
宮城県教育委員会　1982『東北自動車道遺跡調査報告書VII』宮城県文化財調査報告書第92集
宮城県教育委員会　1986a『田柄貝塚II ―土製品・石器・石製品編』宮城県文化財調査報告書第111集
宮城県教育委員会　1986b『田柄貝塚III ―骨角牙貝製品・自然遺物編』宮城県文化財調査報告書第111集
宮坂光治　1940「青森縣是川村一王寺史前時代遺跡発掘調査報告」『史前学雑誌』第2巻第4号
三輪道子編　1988『青森県営浅虫水族館貝類標本目録 ―1988年版』
武藤康弘、1988「東北地方北部の縄文前期土器群の編年学的研究 ―表館式，早稲田第6類土器をめぐって―」
　　『考古学雑誌』第74巻第2号
宗像神社復興期成会編　1986『沖ノ島　宗像神社沖津宮祭祀遺跡（第2刷）』吉川弘文館
村越　潔　1968「浮橋貝塚」『岩木山 ―岩木山麓古代遺跡発掘調査報告書』岩木山刊行会
村越　潔　1991『円筒土器文化』考古学選書10　雄山閣出版
村越　潔・小片　保　1963『青森県二ツ森貝塚発掘調査概報』青森県教育委員会
村越　潔・渡辺兼庸・田村誠一・磯崎正彦　1968「大森勝山遺跡」『岩木山』岩木山刊行会
女鹿潤哉　1998「北部東北地方弥生時代のクマ意匠が意味するもの」『岩手県立博物館研究報告』第6号
芽室町教育委員会　2000『芽室町小林遺跡 ―第5次発掘調査報告書―』芽室町埋蔵文化財調査報告第1輯
望月明彦　2006「田向冷水遺跡出土黒曜石産地推定」『田向冷水遺跡II』八戸市埋蔵文化財調査報告書第113集
望月明彦・アルカ　2012「黒曜石産地推定」『砂子瀬遺跡III』青森県埋蔵文化財調査報告書第513集
森　浩一　1989「南島から北上する貝輪」『図説日本の古代第3巻　コメと金属の時代』中央公論社
森　浩一編　1988『古代翡翠文化の謎』新人物往来社
盛岡市教育委員会　1982『大館遺跡群（大館町遺跡）―昭和56年度発掘調査概報―』
森田村教育委員会　1997『石神遺跡 ―森田村遺跡整備・活用計画に伴う試掘調査概要報告書―』
森町教育委員会　1993『尾白内2［続縄文遺跡の調査報告］』
森町教育委員会　2008『鷲ノ木遺跡』森町埋蔵文化財調査報告書第14集
八雲町教育委員会　1983『栄浜　栄浜1遺跡発掘調査報告書』
八雲町教育委員会　1987『栄浜1遺跡』
八雲町教育委員会　1992『コタン温泉遺跡 ―縄文時代集落と貝塚の調査―』
八雲町教育委員会　1995『栄浜1遺跡』
柳田国男　1967「海上の道」『海上の道』筑摩叢書85
矢野憲一　1976『鮫の世界』新潮社

矢野憲一 1979『鮫』ものと人間の文化史 35 法政大学出版局

山形県教育委員会・山形県埋蔵文化財緊急調査団 1987『高畠町押出遺跡第 3 次調査説明資料』

（財）山形県埋蔵文化財センター 1995『宮の前遺跡第 2 次発掘調査報告書』山形県埋蔵文化財センター調査報告書第 19 集

山形県立博物館 1999『小山崎遺跡 —第 2 次発掘調査概報』

山田敏子・藤沼邦彦 2007「青森県外ヶ浜町宇鉄遺跡出土の亀ヶ岡式土器と石刀について」『亀ヶ岡文化遺物実測図集（3）』弘前大学人文学部日本考古学研究室研究報告 5

山梨県教育委員会・日本道路公団 1986『釈迦堂 I』山梨県埋蔵文化財センター調査報告第 17 集

山内清男 1930「所謂亀ヶ岡式土器の分布と縄紋式土器の終末」『考古学』第 1 巻第 3 号

山内清男 1937「縄紋土器型式の細別と大別」『先史考古学』第 1 巻第 1 号

山内清男 1964『日本原始美術 1　縄文式土器』講談社

山内清男 1979『日本先史土器の縄紋』先史考古学会

ユカンボシ E3・E8 遺跡発掘調査団 1992『北海道恵庭市発掘調査報告書 1992　ユカンボシ E3 遺跡 A 地点・ユカンボシ E8 遺跡 B 地点』

余市町教育委員会 1989『沢町遺跡』

余市町教育委員会 2000a『大川遺跡発掘調査報告書』

余市町教育委員会 2000b『大川遺跡における考古学的調査 II（墓壙篇 1）』

（財）横浜市ふるさと歴史財団埋蔵文化財センター 1999『小丸遺跡』港北ニュータウン地域内埋蔵文化財調査報告 25

横浜町教育委員会 1983『桧木遺跡発掘調査報告書』

吉田　格・直良信夫 1942「青森縣相内村オセドウ貝塚」『古代文化』第 13 巻第 2 号

蓬田村教育委員会 2000『玉松台(2)遺跡』蓬田村文化財調査報告書第 2 集

蘭越町教育委員会・小樽市博物館 1973『港大照寺遺跡調査報告書』

礼文町教育委員会 2000『礼文町船泊遺跡発掘調査報告書 —平成 10 年度発掘調査の報告』

Лебединцев А.И. 1990『Древние приморские культуры Северо-Западного Приохотья』Ленинград（レベディンツェフ 1990『北西オホーツク海岸の古代沿海文化』レニングラード）

若林勝邦 1892「石器時代ノ釣鉤」『東京人類学会雑誌』第 7 巻第 77 号

脇野沢村 1998『青森県脇野沢村稲平遺跡』

渡辺　誠 1968「青森県八戸市骨沢貝塚」『日本考古学年報』16

渡辺　誠 1973『縄文時代の漁業』考古学選書 7　雄山閣出版

藁科哲男 1992「寒川 II，小出 I，II，IV，上猪岡，八木遺跡出土の黒曜石遺物の分析」『秋田県埋蔵文化財センター研究紀要』第 7 号

藁科哲男 2000「三内丸山遺跡野球場地区及び周辺地区出土の黒曜石製遺物の原産地分析」『史跡三内丸山遺跡年報』3

藁科哲男 2001「二枚橋(2)遺跡出土石器，石片の原材産地分析」『二枚橋(2)遺跡発掘調査報告書』大畑町文化財報告書第 12 集

藁科哲男 2002「アチヤ平遺跡上段出土石器，石片の原材産地分析」『奥三面ダム関連遺跡発掘調査報告書 XIII　アチヤ平遺跡上段』朝日村文化財報告書第 21 集

藁科哲男 2005a「米山(2)遺跡出土黒曜石製石器の原材産地分析」『米山(2)遺跡 III』青森県埋蔵文化財調査

報告書第 391 集

藁科哲男 2005b「E 区出土黒曜石製石器の原材産地分析」『近野遺跡 VIII』青森県埋蔵文化財調査報告書第 394 集

藁科哲男 2005c「山元 (1) 遺跡出土の黒曜石製石器, 剥片の原材産地分析」『山元 (1) 遺跡』青森県埋蔵文化財調査報告書第 395 集

藁科哲男 2005d「三内丸山遺跡出土の黒曜石製石器, 剥片の原材産地分析」『特別史跡三内丸山遺跡年報』8

藁科哲男 2006「平成 14 年度雲南遺跡出土黒曜石製石器, 剥片の原材産地分析」『雲南遺跡』陸前高田市文化財調査報告書第 26 集

藁科哲男 2009「三内丸山遺跡出土ヒスイ製などの遺物の産地分析」『三内丸山遺跡 35』青森県埋蔵文化財調査報告書第 478 集

藁科哲男・小熊博史 2002「新潟県小瀬ヶ沢洞窟・室谷洞窟遺跡出土黒曜石製遺物の原材産地分析」『長岡市立科学博物館研究報告』第 37 号

藁科哲男・東村武信 1985「富山県下遺跡出土の黒曜石遺物の石材産地分析」『大境』第 9 号

藁科哲男・東村武信 1987a「大湊近川遺跡出土の黒曜石製遺物の石材産地分析」『大湊近川遺跡発掘調査報告書』青森県埋蔵文化財調査報告書第 104 集

藁科哲男・東村武信 1987b「ヒスイの産地分析」『富山市考古資料館紀要』第 6 号

藁科哲男・東村武信 1988a「上尾駮 (1) 遺跡出土のヒスイ製玉類の産地分析」『上尾駮 (1) 遺跡 C 地区発掘調査報告書』青森県埋蔵文化財調査報告書第 113 集

藁科哲男・東村武信 1988b「上尾駮 (2) 遺跡を中心とした青森県出土のヒスイ製大珠玉類の産地分析」『上尾駮 (2) 遺跡 II (B・C 地区) 発掘調査報告書』青森県埋蔵文化財調査報告書第 115 集

藁科哲男・東村武信 1988c「石器原材の産地分析」『鎌木義昌先生古稀記念論集 —考古学と関連科学』

藁科哲男・東村武信 1989「上北郡六ヶ所村表館 (1) 遺跡を中心とした青森県内主要遺跡出土の石材産地分析」『表館 (1) 遺跡発掘調査報告書 III』青森県埋蔵文化財調査報告書第 120 集

藁科哲男・東村武信 1991「石器原材の産地分析」『日本文化財科学会第 8 回大会研究発表要旨集』

藁科哲男・東村武信 1995「板子塚遺跡出土の黒曜石製遺物の原材産地分析」『板子塚遺跡発掘調査報告書』青森県埋蔵文化財調査報告書第 180 集

藁科哲男・東村武信 1996a「美々 4 遺跡出土の玉類の産地分析」『調査年報』8 （財）北海道埋蔵文化財センター

藁科哲男・東村武男 1996b「石器原材の産地分析 (13)」『日本文化財科学会第 13 回大会研究発表要旨集』

藁科哲男・東村武信・福田友之 2001「津軽海峡域出土の黒曜石製遺物の原材産地分析」『渡島半島の考古学 —南北海道考古学情報交換会 20 周年記念論集—』

藁科哲男・福田友之 1997「青森県宇鉄・砂沢・垂柳遺跡出土の碧玉製管玉・玉材の産地分析」『青森県立郷土館調査研究年報』第 21 号

写真所蔵・提供者等一覧

口　絵
 1　北海道産黒曜石製石器（青森県教育委員会文化財保護課蔵）
  　北海道産黒曜石製石槍（青森県教育委員会文化財保護課蔵）
  　ヒスイ製首飾り（青森県埋蔵文化財調査センター蔵）
  　三角形玦状耳飾り（野辺地町立歴史民俗資料館蔵）
  　琥珀製玉（青森県埋蔵文化財調査センター蔵）
 2　鬲状三足土器（青森県埋蔵文化財調査センター蔵）
  　舟形土製品（函館市教育委員会蔵）

第Ⅰ章
 1　第4図　7.泊（青森県立郷土館所蔵）
 2　第13図　猪形土製品（市立函館博物館蔵）

第Ⅱ章
 2　写真1　北海道産黒曜石で作られた石鏃（青森県埋蔵文化財調査センター蔵）
  　写真2　ヒスイの首飾り（青森県埋蔵文化財調査センター蔵）
 5　写真1　ベンガラ漆で飾られた亀ヶ岡式土器群（青森県立郷土館風韻堂コレクション）
  　写真2　蓋付き壺（青森県立郷土館蔵）
  　写真4　赤根沢の赤岩とベンガラの製作用具（青森県土井Ⅰ号遺跡の石皿 ―板柳町教育委員会蔵，青森県黒石市の磨石 ―青森県立郷土館風韻堂コレクション，赤岩 ―青森県立郷土館蔵）
 6　写真1　北海道島産の黒曜石製石器（青森県教育委員会文化財保護課蔵）
  　写真2　約850グラムもあるヒスイ原石片（青森県埋蔵文化財調査センター蔵）
  　写真5　ベンガラ（赤鉄鉱）塊の出土状況（外ヶ浜町教育委員会提供）
  　写真7　猪の牙を加工した装身具（洞爺湖町教育委員会蔵）

第Ⅲ章
 2　第1図　8（青森県教育委員会文化財保護課蔵）
  　第2図　19～22（つがる市教育委員会蔵）
  　第8図　111（富山県埋文1998）
  　　　　　112（石川県立博1995）
 4　第1図　ヒスイの首飾り（青森県埋蔵文化財調査センター蔵）
  　第4図　貝玉の首飾り（苫小牧市埋文1990，洞爺湖町教育委員会蔵）
  　第5図　コハクの首飾り（余市町教委2000，余市水産博物館蔵）
  　第6図　トチの実の首飾り（道埋文1989，小樽市教育委員会蔵）

　　　　　第8図　碧玉とヒスイの首飾り（青森県立郷土館蔵）
　6　写真1　1　ホオジロザメの歯の垂飾品（横浜町教育委員会蔵）
　　　　　　　2　ホオジロザメの歯（板柳町教育委員会蔵）
　　　　　　　3　サメの歯形をした石製垂飾品（青森県立郷土館風韻堂コレクション）

第IV章
　1　写真1上　ベンケイガイの出土状況（青森県立郷土館提供）
　　　　　　下　出土したベンケイガイ（青森県立郷土館蔵）
　　　写真2上　三沢市野口貝塚出土品（三沢市教育委員会蔵）
　　　　　　下　市浦村（現五所川原市）墳館出土品（五所川原市教育委員会蔵）
　　　写真4下　能代市柏子所貝塚出土品（能代市教育委員会蔵）
　2　第2図　18（東京大学総合研究博物館蔵）
　　　　　　19（東北歴史資料館 1996）
　　　第4図　36（東北歴史博物館蔵）
　　　　　　51（東北歴史資料館 1996）
　　　写真1　17（青森県立郷土館風韻堂コレクション）
　　　　　　24（平内町歴史民俗資料館蔵）
　　　　　　27（三戸町教育委員会蔵）
　　　　　　49（青森県立郷土館蔵）

第V章
　1　第5図　39（峰山編 1974，松前町教育委員会蔵）
　　　写真1　表館(1)遺跡の上空から尾駮沼を望む（青森県埋文 1989d，青森県埋蔵文化財調査センター提供）
　2　第1図　5　相坂川（十和田市）（昆政明氏提供）
　　　　　　6　〃　（おいらせ町）（昆政明氏提供）
　　　第3図　1　サケ鉤（青森県立郷土館蔵）
　　　　　　2　〃　（青森県立郷土館蔵）
　　　　　　4　3の復元写真（八戸市教委 2005，八戸市埋蔵文化財センター是川縄文館蔵）
　3　写真1　1　アスファルト入り土器とアスファルト塊（青森県埋蔵文化財調査センター蔵）
　　　　　　2　アスファルト入り土器（青森県埋蔵文化財調査センター蔵）
　　　　　　3　フレイクが付着したアスファルト塊（八戸市博物館蔵）
　　　　　　4　アスファルトの球状塊（平川市郷土資料館蔵）
　　　　　　5　アスファルト付着石鏃（青森県埋蔵文化財調査センター蔵）
　　　　　　6・7　アスファルトで眼と口を表現した土偶（五所川原市教育委員会蔵）
　　　　　　8　アスファルト付着石銛（青森県立郷土館蔵）
　5　第2図　21：塩見形(2)（深浦町教育委員会蔵）
　　　　　　22：恵山貝塚（市立函館博物館蔵）
　6　第1図　13（小山崎）（山形県立博物館蔵）

第 VI 章

1　第1図　1～3（青森県立郷土館 1995b，ハバロフスク郷土（誌）博物館蔵）
　　第2図　15・16（旧成田裕之氏蔵，現在弘前大学人文学部付属亀ヶ岡文化研究センター成田彦栄コレクション）
3　第1図　2（青森県立郷土館風韻堂コレクション）

あとがき

　これまでの考古学研究のなかで，私がもっとも興味をもち長く研究を続けてきたのは，津軽海峡と先史文化との関わりである。これは，弘前大学人文学部の学生の時に聴講した同大学教育学部の村越潔先生の考古学特殊講義「円筒土器文化の研究」に関連して，北海道の博物館などで円筒土器関連の資料を見て歩き，青森県出土のものに非常によく似ていることを実感して以来のことである。

　その後，縁あって北海道教育委員会に就職することとなってからは，帰省などでたびたび乗った青函連絡船上では，縄文人の海峡渡海の問題が決まって頭に浮かぶようになっていた。

　この問題について初めて書いたのが「津軽海峡と亀ヶ岡文化」という拙文で，『季刊どるめん』（昭和51年）に掲載された。それ以来，北海道南部と本州北部をめぐる文化交流の問題は，筆者の大きなテーマとなり，のちに，青森県教育委員会に勤務するようになってからは，ますます強く意識するようになった。

　海峡の両岸地域ではその後，発掘調査の進展とともに，関連資料の出土例が加速度的に増えてきた。しかし，これらの資料はすべて状況証拠であり，明らかにこれが北海道から渡って来た物，本州から渡って行った物だという厳密な意味での証拠品がないため，しばらくは，このテーマについて書くことはなかった。

　この状況が大きく変わったのは，昭和61（1986）年以降のことである。これまでになかった新しい研究が行われるようになったのである。石器・石製品の理化学的な産地分析である。縄文後期末葉の本県平舘村（現外ヶ浜町）尻高(4)遺跡やむつ市大湊近川遺跡出土の黒曜石製石器の分析によって，北海道赤井川産などの黒曜石を使ったものの存在が確認され，縄文晩期中葉の六ヶ所村上尾駮(1)遺跡出土のヒスイ製品は，ほとんどすべてが新潟県糸魚川産のヒスイ原石を加工したものであることがわかり，津軽海峡，そして日本海をめぐる遠距離交流の問題が大きくクローズアップされてきたのである。

　これ以来，研究対象には産地分析結果を積極的に取り入れ，海峡交流のみならず，海峡域の先史文化に果たした海峡の意味についても注意するようになり，拙稿を重ねてきた。

　それを一書にまとめたのが本書である。関連するさまざまなテーマを取り上げ，考察を加えてきたわけである。しかしながら，これらのほかにも，各種の出土品，竪穴住居などの遺構等，さまざまな問題もまだある。さらに，すでに提起されている海峡を挟んで展開した円筒土器文化の分布圏（富樫1974）の意味・評価についての検討も必要である。まだまだ，多くの課題が残されていることが痛感させられる。

　ただ，はっきりしたことがひとつある。それは，かりに津軽海峡というものが存在しなかった

としたら，北の先史文化は，はたしてこれほどの特色と華やかさをもつことができたのかどうかということである。この意味で，この海峡域における先史文化はまさに「津軽海峡の賜物（たまもの）」と言っても過言ではない。

　現在，津軽海峡域を中心とした北海道・青森・秋田・岩手の4道県における縄文遺跡群を世界遺産に登録しようとする活動が官民ともに進められている。筆者は，とくにこの登録を意図して研究と執筆を行ってきたわけではなく，たまたま以前からの研究対象地域が一致したにすぎないが，この地域の先史文化がひろく注目されていることは非常にうれしいことである。本書によってこの海峡域に展開した先史文化について，少しでも理解を深めていただくことができれば，まさに望外の喜びである。

　なお，本書に収録した27編の論考は，発表年がかなり古いものもあって，現在の考古学の通念とは相容れない内容なども含まれているが，あえて訂正はしていない。ただし，あきらかな誤り・誤字については訂正した。また，当時と大幅に見解が異なってしまったものについても，各論考末尾に付記として加えた。なお，平成の市町村大合併により変更された市町村名は，本文中や表に（　）で現名称を記載したが，図中についてはあえて変更せず，旧名称のままとした。また，地名後の（ ）内数字は，遺跡名を構成する番号であり，（ ）後は遺跡の2文字を省略した。

　本書に収録した各論考は，資料の集成・提示を意識して行ったものが多く，しかも発表後かなり時間が経ったものもあるため，新たな出土資料や分析例が増加している。本書では，そのおもなものを付章としてまとめたが，その際に，既発表論考については本稿と表している。

　本書をまとめるにあたり，今回新たに写真等を提供してくださった機関，論考の転載使用を許諾してくださった出版社また，本稿執筆に際し，資料調査や写真掲載においてご協力・ご教示くださった多くの機関・研究者の方々に対し，心から感謝を申し上げる次第である。

　末尾に，好きな道に進むことを許し，協力を惜しまなかった亡き両親，そして妻の千鶴子に心から感謝したい。

　　　平成26年元旦

　　　　　　　　　　　　　　　　　　　　　　　　　　　　　　　　　　　福田　友之

初出一覧

第Ⅰ章　津軽海峡域の先史文化
1　津軽海峡と亀ヶ岡文化（『季刊どるめん』11号，82-95頁，JICC・出版局，1976年10月）
2　津軽海峡と縄文文化（『津軽海峡縄文美術展図録』，71-79頁，青森県立郷土館，1988年7月）
3　三内丸山遺跡と津軽海峡（『鏡ヶ丘同窓会報』復刊第1号（通巻第7号），弘前高等学校「鏡ヶ丘同窓会報」編集委員会，1995年5月）

第Ⅱ章　津軽海峡域の文化交流
1　津軽海峡の先史文化交流 ―青森県出土の黒曜石製石器・硬玉製品・外来系土器―（『伊東信雄先生追悼考古学古代史論攷』，163-186頁，伊東信雄先生追悼論文集刊行会，1990年11月）
2　亀ヶ岡文化圏の物の動き ―東北地方北部の黒曜石・ヒスイ製品を中心として―（『月刊考古学ジャーナル』No. 368，12-17頁，ニュー・サイエンス社，1993年11月）
3　津軽海峡を巡る黒曜石の動向（『第17回　東北日本の旧石器文化を語る会予稿集』，3-9頁，東北日本の旧石器文化を語る会，2003年12月）
4　オンネアンズと糸魚川（『図説　青森県の歴史』余録6「縄文時代の交易 ―黒曜石とヒスイ―（原題）」『陸奥新報』1991年11月7日付，陸奥新報社）
5　ベンガラの利用と交易（『ここまでわかった日本の先史時代』，350-354頁，角川書店，1997年6月）
6　津軽海峡を巡る交易の品々（『縄文時代の考古学6　ものづくり ―道具製作の技術と組織―』，268-273頁，同成社，2007年8月）

第Ⅲ章　津軽海峡域の装身具
1　ヒスイ以前の津軽海峡域 ―縄文前期以前の石製装身具を中心にして―（『北奥の考古学　葛西　勵先生還暦記念論文集』，377-391頁，葛西　勵先生還暦記念論文集刊行会，2005年10月）
2　津軽海峡域における玦状耳飾り ―三角形玦状耳飾りを中心にして―（『青森県考古学』第14号，9-30頁，青森県考古学会，2006年3月）
3　津軽海峡域における先史ヒスイ文化（『環日本海の玉文化の始源と展開』，131-142頁，敬和学園大学人文社会科学研究所，2004年3月）
4　首飾りの色 ―本州北端・縄文晩期の例から―（『青森県の民俗』第3号，109-118頁，青森県民俗の会，2003年7月）
5　青森県出土の琥珀（「青森県出土の琥珀について（原題）」『向田(18)遺跡』野辺地町文化財調査報告書第14集，320-325頁，野辺地町教育委員会，2004年3月）
6　津軽海峡とサメの歯 ―本州北辺地域出土のサメの歯をめぐって―（『村越　潔先生古稀記念論文集』，13-32頁，弘前大学教育学部考古学研究室OB会，2000年3月）

初出一覧

第IV章　津軽海峡域の貝類文化

1　北日本におけるベンケイガイ交易 —津軽海峡を渡った貝輪—（『北海道考古学第31輯—北海道考古学の諸問題』，125-146頁，北海道考古学会，1995年3月）

2　津軽海峡域と南海産貝類 —津軽海峡域におけるイモガイ形製品をめぐって—」（『時の絆　石附喜三男先生を偲ぶ　道を辿る』，99-118頁，石附喜三男先生を偲ぶ本刊行委員会，1998年5月）

第V章　津軽海峡域の漁猟・祭祀

1　津軽海峡域における土器片錘 —下北半島発茶沢(1)遺跡の資料をもとにして—（『三浦圭介氏華甲記念考古論集』，11-26頁，三浦圭介氏華甲記念考古論集刊行委員会，2007年4月）

2　縄文期のサケ漁具2例 —民俗資料との比較から—（『青森県の民俗』第8号，191-201頁，青森県民俗の会，2008年8月）

3　本州北辺地域における先史アスファルト利用（『研究紀要』第5号，1-24頁，青森県埋蔵文化財調査センター，2000年3月）

4　宇鉄遺跡の石鋸装着 —津軽海峡南岸の恵山文化期の例—（『研究紀要』第10号，45-52頁，青森県埋蔵文化財調査センター，2005年3月）

5　津軽海峡域における動物装飾付き土器と動物形土製品（「動物装飾付き土器と動物形土製品（原題）」『総覧　縄文土器』，1189-1193頁，アム・プロモーション，2008年6月）

6　津軽海峡交流と弥生石偶 —青森県畑内遺跡出土の石偶をめぐって—（『北海道考古学』第38輯，79-90頁，北海道考古学会，2002年3月）

7　弥生の水田稲作と津軽海峡域（『北方社会史の視座　歴史・文化・生活』第1巻，136-141頁，清文堂出版，2007年12月）

第VI章　津軽海峡域の特殊な遺物

1　ロシア連邦国立極東博物館所蔵の大型磨製石斧（『青森県立郷土館調査研究年報』第30号，13-18頁，青森県立郷土館，2006年3月）

2　津軽半島今津遺跡の鬲状三足土器 —「江南文化和古代的日本」に関連して—（『青森県考古学』第6号，5-10頁，青森県考古学会，1991年3月）

3　津軽海峡と青玉象嵌（『青森県立郷土館調査研究年報』第32号，1-6頁，青森県立郷土館，2008年3月）

著者略歴

福田　友之（ふくだ　ともゆき）

1947年　青森県弘前市生まれ

1972年　東北大学大学院文学研究科修士課程修了

1973年　北海道教育委員会文化課

1979年　青森県教育委員会文化課，青森県埋蔵文化財調査センター次長，青森県立郷土館副館長を歴任

現　在　青森県考古学会会長，青森県史編さん専門委員，青森県文化財保護審議会委員など

主要論文・著書

『図説　青森県の歴史』共著　河出書房新社　1991年

『海を渡った縄文人』共著　小学館　1999年

『青森県考古学関係文献目録』共著　青森県考古学会　2002年

『新青森市史　通史編第1巻―原始・古代・中世―』共著　青森市　2011年

『青森県の貝塚』北方新社　2012年

津軽海峡域の先史文化研究

2014年2月10日　初版発行

著　者　福田　友之

発行者　八木　環一

発行所　株式会社　六一書房

　　　　〒101-0051　東京都千代田区神田神保町2-2-22

　　　　TEL　03-5213-6161　　　FAX　03-5213-6160

　　　　http://www.book61.co.jp　　E-mail　info@book61.co.jp

　　　　振替　00160-7-35346

印　刷　株式会社　三陽社

ISBN 978-4-86445-039-3　C3021　Ⓒ Tomoyuki Fukuda 2014　　　　Printed in Japan